C000095644

# PSICOLOGIA OSCURA

## 6 LIBRI IN 1

*Introduzione alla Psicologia, come Analizzare le Persone, Manipolazione, Persuasione, Segreti di Psicologia Oscura, Intelligenza Emotiva e TCC, Abuso Emotivo e Narcisistico*

**BENEDICT GOLEMAN**

assolute. Naturalmente, sono presentate senza alcuna garanzia riguardo alla loro validità prolungata o qualità provvisoria. I marchi di fabbrica menzionati sono riportati senza consenso scritto e non possono in alcun modo essere considerati un'approvazione da parte del titolare del marchio.

# Indice

# Introduzione alla Psicologia

*Guida Psicologica per Migliorare l'Intelligenza Emotiva e Sviluppare una Forte Personalità per il Successo, il Pensiero Positivo, la Consapevolezza, la Fiducia e per Bloccare la Procrastinazione*

# Introduzione

Congratulazioni per aver acquistato *Introduzione alla Psicologia,* e grazie per averlo fatto.

Vi siete mai chiesti perché le persone fanno quello che fanno? O cosa ti fa pensare o agire nel modo in cui lo fai? Di solito, le persone si vantano di essere particolarmente uniche. Diamo per scontato che siamo completamente autonomi, in grado di prendere decisioni su ciò che vogliamo e di cui abbiamo bisogno con facilità. Diamo per scontato che nessuno possa controllare le nostre azioni o i nostri sentimenti semplicemente perché siamo esseri superiori e completamente razionali.

Tuttavia, le persone tendono a dimenticare che, in fondo, non sono così potenti come cercano di far credere. I nostri modi di pensare non sono unici in nessun senso - infatti, il pensiero delle persone può essere regolarmente e prontamente previsto da coloro che lo studiano. In particolare, tutto ciò che si fa si riduce a un certo innesco di impulsi neurali attraverso la chimica del cervello. La sensazione di innamorarsi non è altro che ormoni e impulsi elettrici, così come la rabbia che si prova quando qualcuno ci fa un torto e la gioia che si prova quando si può finalmente tenere in braccio il proprio bambino appena nato per la prima volta. In effetti, tutto può essere ridotto a semplici numeri. Proprio come il computer elabora tutte le sue funzioni in impulsi, così fa anche il cervello.

La psicologia cerca di capire il perché e il come di ciò che accade nella mente. In particolare, è lo studio scientifico della mente. Naturalmente, ci sono diverse interpretazioni di ciò che potrebbe significare. Potrebbe essere la comprensione di ciò che la mente fa e vedere esattamente come, a livello biologico, funziona. Potrebbe essere guardare per capire i comportamenti stessi. In definitiva, ciò che è importante in psicologia è capire esattamente cosa succede nella mente umana per comprendere come funziona e come prevedere i comportamenti.

Capire la psicologia può aiutare a capire meglio le persone stesse. Quando si conoscono le ragioni per le quali le persone si avvicinano, come si verificano questi legami e come facilitare questo tipo di attaccamento, si può capire molto efficacemente come lavorare intorno ad essi. Se sai che certe cose otterranno determinate reazioni, puoi assicurarti di ottenere sempre le migliori reazioni da coloro con cui interagisci.

All'interno di questo libro, sarete introdotti alla psicologia di base. Avrete un'idea della storia della psicologia e di come è cambiata nel tempo con i progressi della tecnologia e di ciò che le persone possono fare. Vedrete come esistono diverse prospettive attraverso le quali è possibile affrontare anche i comportamenti e le azioni. Vedrete come la psicologia influisce su ogni aspetto della vostra vita, guardando in profondità l'intelligenza emotiva e psicologica, lo stato emotivo di qualcun altro e altro ancora. Otterrete una solida comprensione di cosa sono le emozioni, come si crede che si verifichino e perché le abbiamo. Imparerete a conoscere le sette emozioni universali e ciò che sono destinate a trasmettere. Imparerete a gestire quelle stesse emozioni, così come i pensieri che possono essere alla base di esse in un'arte conosciuta come terapia cognitiva comportamentale, che viene utilizzata per combattere problemi di salute mentale come l'ansia o la rabbia. Sarete quindi guidati attraverso tre concetti distinti: come la psicologia influisce sulle vostre relazioni, sulle vostre possibilità di successo e come può allontanare la procrastinazione. Quando avrete capito questi concetti, potrete iniziare ad agire, approfittando della vostra ritrovata conoscenza di come funziona la mente per assicurarvi di essere sempre un passo avanti. Potete usare la conoscenza di come funziona la vostra mente per migliorare le vostre relazioni, per aiutarvi a muovervi verso il successo e per combattere la procrastinazione.

Ci sono molti libri su questo argomento sul mercato, grazie ancora per aver scelto questo! Ogni sforzo è stato fatto per assicurarsi che sia pieno di informazioni il più possibile utili; godetevelo!

## Capitolo 1: Breve Storia Della Psicologia

Le persone si sono interessate allo studio del comportamento e di come funziona la mente già nell'antica Grecia. Questo è significativo - l'uomo ha sempre cercato di capire come funzionano le persone e perché agiscono in un determinato modo.

Naturalmente, nei tempi antichi, le spiegazioni erano spesso piene di incantesimi ed esorcismi che avevano lo scopo di scacciare i demoni che si supponeva fossero la causa principale. Ciò che conta, è che si è rivolto lo sguardo sulla mente umana, creando un punto chiaramente definito tra ciò che è considerato un comportamento normale rispetto a ciò che viene considerato un tipo di comportamento problematico e che la gente rifiuta. Si sapeva che certi modelli di comportamento erano problematici e non rientravano nel regno della normalità - le persone che cercavano di capire come trattare questi modelli comportamentali anormali erano impegnate in una sorta di psicologia primitiva.

La storia della psicologia ha fatto molta strada dal credere che gli individui con un comportamento anormale siano posseduti e richiedano una sorta di esorcizzazione per poterli trattare. Al giorno d'oggi, i proverbiali demoni delle persone sono in grado di essere affrontati e trattati attraverso altri mezzi, come con farmaci e processi terapeutici, per garantire ciò di cui hanno bisogno per crescere.

All'interno di questo capitolo, vedremo un confronto tra allora e oggi, oltre a guardare i momenti chiave nel mezzo. Comprendere l'evoluzione di come queste informazioni sono state scoperte è fondamentale per capire meglio le persone in generale. Vedremo come quella che una volta era la filosofia della mente e del pensiero alla fine è divenuta la psicologia moderna che è attuabile.

Tenete a mente che, mentre leggete questo, state ottenendo una linea temporale condensata di alcuni dei momenti più importanti della psicologia. C'è molto di più di quello che vi viene presentato, ma per evitare di scrivere un libro a sé stante, vi verrà fornito solo il succo di quello che è successo in ognuno dei passaggi dalla psicologia antica fino al cognitivismo moderno.

## Antico Pensiero Psicologico

Anche nella storia antica, c'era la necessità di capire la mente, il cervello e il funzionamento del genere umano. Infatti, alcune delle prime trascrizioni mediche della storia riguardavano il cervello e il comportamento. La gente cercava di capire non solo come funzionava il corpo, ma anche come guarirlo. In tutto il mondo, è possibile trovare ogni sorta di documentazione su come si è sviluppata la psicologia, dall'Egitto alla Cina, e dalla Grecia all'India.

## Il Papiro Edwin Smith

Forse il più antico riconoscimento conosciuto del cervello e del suo funzionamento si trova nel Papiro Edwin Smith. Chiamato così per l'individuo che lo acquistò nel 1800, questo rotolo si crede che risalga al 1600 a.C. circa. In particolare, questa pergamena descrive dettagli sul trattamento attivo di diverse condizioni mediche e traumi che sono importanti da capire. Questi non includono solo lesioni e tentativi di trattare disturbi come una ferita aperta, ma anche informazioni sul cervello, nervi, e come certi tipi di infortuni possono creare effetti collaterali non voluti.

In particolare, è stato discusso il fatto che le lesioni cerebrali possono compromettere sia le funzioni motorie che quelle sensoriali. Questo è rilevante - identifica il fatto che il cervello è responsabile del controllo del corpo. Non solo sono state notate le lesioni, ma sono arrivate anche le prime spiegazioni sulla struttura del cervello, così come il modo di trattare le lesioni e sapere quando non farlo.
Anche se questo documento non spiega molto sul comportamentismo, crea la base per pensare che la psicologia e

il cervello diventino un campo medico legittimo e, quindi, scientifico. La conoscenza contenuta in questo rotolo è stata giudicata di gran lunga superiore a quella di Ippocrate, ritenuto il fondatore della medicina moderna, che è vissuto 1000 anni dopo la stesura di questi rotoli.

## Il primo esperimento di psicologia

Forse l'inizio dello studio psicologico, tuttavia, è avvenuto con la sperimentazione di Lin Xie nel VI secolo d.C. Questo esperimento portava a capire come le persone vulnerabili potessero essere distratte e, in particolare, prevedeva un test su diverse persone per determinare cosa fossero capaci di fare quando erano distratte.

In particolare, Lin Xie fece disegnare alle persone un quadrato con una mano mentre con l'altra disegnavano attivamente un cerchio per determinare se potevano controllare entrambi i lati del loro corpo in modi diversi allo stesso tempo. Anche se questo non ci fornisce molte informazioni oggi, è comunemente ritenuto la nascita dello studio della mente e di ciò che l'umanità può fare come scienza sperimentale. Proprio come con il Papiro Edwin Smith, quindi, questo è importante da riconoscere non per il contributo in sé, ma perché ha iniziato a porre le basi per comprendere la psicologia come una scienza invece che come un aspetto della filosofia.

## Il Vedanta

Andando avanti nella storia, il prossimo grande riconoscimento della psicologia potrebbe essere visto nel Vedanta dell'India. Questa era una serie di scritti filosofici buddisti che riconoscevano il senso del sé. In particolare, ha affrontato diversi concetti che chiunque abbia anche solo un po' di conoscenza della psicologia riconoscerebbe come parole chiave psicologiche comuni. In particolare, il Vedanta affrontava i sentimenti della mente in diversi modi. Questi erano il riconoscimento degli aggregati, il vuoto, il non-sé e la consapevolezza.

In particolare, gli aggregati comprendevano la comprensione di cinque concetti distinti. Questi erano forma, sensazione, percezione, formazioni mentali e coscienza. La forma riconosceva l'esistenza fisica o materiale di qualsiasi cosa, in particolare in relazione ai quattro elementi di terra, acqua, fuoco o vento. La sensazione si riferiva a qualsiasi tipo di interazione sensoriale con gli oggetti che può essere positiva, negativa o neutra. La percezione si riferisce alla comprensione di un processo sensoriale e mentale. Effettivamente, permette il riconoscimento e l'etichettatura di qualcosa, come il riconoscimento che il piccolo animale quadrupede peloso di fronte a voi è un gatto, o che la pianta accanto a voi è del colore verde. Le formazioni mentali si riferiscono alla capacità di creare una comprensione delle attività. È l'idea di condizionare un sentimento o un'azione in base all'esposizione a un oggetto. Infine, la coscienza si riferisce alla consapevolezza di qualcosa intorno o di fronte a te, così come la capacità di comprendere le sue componenti.

## Abu Zayd Ahmed ibn al-Balkhi e la psiche

Passando dall'India al Medio Oriente, incontriamo uno studioso persiano che era particolarmente interessato alla scienza e alla psicologia. Fu il primo a introdurre la salute mentale e l'igiene mentale, trattandole come un metodo per curare l'anima. In particolare, scrisse *Sustenance for Body and Soul*, definendolo una forma di salute spirituale. Nella sua opera, descrisse che la salute fisica e mentale sono direttamente collegate l'una all'altra, riconoscendo che la salute spirituale e psicologica sono intrinsecamente intrecciate e che i medici del tempo enfatizzavano troppo il corpo senza mai trattare anche la mente.

In particolare, affermava che, dato che le persone sono sia l'anima (o mente) che il corpo, è importante che entrambi siano sani. Inoltre, era certo che se il corpo si ammala, allora la psiche perde la sua capacità di funzionare, riferendosi al fatto che quando si è malati fisicamente, di solito ci si sente esausti, annebbiati e incapaci di funzionare veramente in modo appropriato. Se la psiche si ammala, allora, naturalmente, anche il corpo lotta, portando risposte fisiche alle malattie mentali.

Inoltre, fu il primo a riconoscere che c'è una differenza tra nevrosi e psicosi, affermando che la nevrosi è angosciante, ma permette ancora di funzionare, mentre la psicosi comporta una disconnessione tra realtà e fantasia. Identificò quattro distinti disturbi emotivi, che potreste riconoscere come abbastanza simili a molti dei disturbi più comunemente conosciuti oggi. Questi erano paura e ansia, rabbia e aggressività, tristezza e depressione, e ossessione. Quando si parla di depressione, se ne considerano tre tipi: depressione normale, depressione endogena che è una risposta a qualcosa di fisico, e depressione clinica, che è più reattiva.

Al-Balkhi è stato anche in grado di identificare il trattamento per queste malattie, come parlare attraverso una perdita, consigli e consulenze, e anche attraverso l'interno, come imparare a sviluppare altri metodi di pensiero per aiutare ad affrontarle. In effetti, questo fu il primo vero passo verso la psicologia che conosciamo oggi.

## La filosofia della mente

Fino a tempi relativamente recenti, la psicologia non era vista come una scienza come lo è oggi. Piuttosto, era considerata una branca della filosofia fino al 1800. Se avete familiarità con la filosofia, potreste riconoscere alcuni dei nomi più importanti che sono discussi qui. Filosofi influenti, come Immanuel Kant, Rene Descartes, David Hume e John Locke, si sono occupati di come affrontare il mistero della mente umana. Da sempre pensatori profondi, questi filosofi hanno cercato di capire perché ci comportiamo nel modo in cui ci comportiamo, proponendo idee che sarebbero diventate l'avanguardia della psicologia moderna.

## René Descartes

Anche se non sei particolarmente esperto di filosofi, probabilmente conosci Cartesio. Considerato il padre della filosofia moderna, è stato responsabile della diffusione di ben più che semplici idee o pensieri filosofici - ha anche contribuito notevolmente al calcolo e, cosa più importante per questo libro, all'idea di dualismo: un concetto all'interno della psicologia che riconosce che c'è una differenza intrinseca tra la mente e il corpo. In effetti, il dualismo dichiara che la mente è una cosa che non è fisica, rispetto al cervello, che è fisico e riconosce la divisione tra i due.

Con le sue monumentali parole, "*Cogito, ergo sum*" (Penso, dunque sono), Cartesio affrontò di petto il concetto di dualismo. Riconobbe che la mente e il corpo dovevano interagire da qualche parte, credendo che la ghiandola pineale fosse l'area attraverso la quale la mente può interagire con il corpo.

Nella sua opera *Le passioni dell'anima*, scritta nel 1646, dichiarò che c'erano spiriti animali che influenzavano l'anima umana; questi spiriti erano conosciuti come passioni, e ce n'erano sei che lui identificò. Queste erano: meraviglia, amore, odio, desiderio, gioia e tristezza. Come potete notare, queste sono abbastanza simili alle emozioni universali, mancano solo alcune di esse. In effetti, il pensiero era che la ghiandola pineale serviva come collegamento tra l'anima (o mente) e il corpo, ma gli spiriti animali potevano in qualche modo dirottare questa connessione, facendo reagire il corpo in modi che non sono solitamente previsti.

## John Locke

Continuando con il tema dei filosofi e della psicologia, dobbiamo ora guardare a John Locke. In particolare, era interessato alle capacità cognitive delle persone. Nel suo Saggio sulla comprensione umana, Locke tentò di affrontare il fondamento della conoscenza umana. Egli stabilì che la mente era effettivamente una lavagna bianca alla nascita, senza nulla memorizzato al suo interno. Pensate alla mente del neonato, quindi, come ad un hard disk nuovo di zecca che non è stato ancora collegato al vostro computer. Egli descrisse poi che, attraverso il tempo, la mente si è riempita di informazioni e di apprendimento attraverso l'esperienza. Era determinato a rifiutare il concetto comunemente accettato delle idee innate, come il pensiero che tutte le persone nascono con la capacità di fare o credere qualcosa.

Locke, tuttavia, rifiutò quel concetto e affermò che il pensiero di idee innate, come riconoscere qualcosa come dolce, non avviene perché gli esseri umani comprendono innatamente la dolcezza, ma piuttosto perché l'esposizione alla dolcezza avviene incredibilmente presto, prima che i bambini siano in grado di iniziare a comunicare ciò che sanno. Efficacemente, Locke ha affrontato l'idea dell'apprendimento e della conoscenza.

## David Hume

A metà del 1700, la continua ricerca della comprensione della mente umana continuò con *A Treatise of Human Nature* di David Hume, progettato per essere una sorta di combinazione tra empirismo, scetticismo e naturalismo. In modo efficace, discusse l'idea di etica in relazione alla mente - descrisse che le persone erano schiave delle loro passioni, segnando una differenza tra moralità e ragione. In effetti, voleva affrontare come e perché le persone prendono le decisioni che prendono.

Hume ha anche affrontato la sua teoria della mente e delle passioni - ha affermato che ciò che noi chiamiamo emozioni e desideri (le "passioni" di Hume) sono impressioni invece di essere idee. Le passioni provate, paura, dolore, gioia, speranza, avversione e desiderio, si manifestano direttamente in risposta al dolore o al piacere. Inoltre, le sue passioni indirette, come l'orgoglio, la vergogna, l'amore e l'odio, sono un po' più complesse e indirette - a differenza delle passioni elencate in precedenza, quelle indirette non guidano il comportamento ma piuttosto influenzano il pensiero.

Questo può essere riassunto nel tentativo di identificare come i nostri sentimenti verso le situazioni determinano i comportamenti. In Hume c'è molto da imparare sulle emozioni ma questa è la parte più rilevante per l'approfondimento della psicologia.

## Immanuel Kant

Il filosofo tedesco Immanuel Kant ha aiutato a capire ancora di più la psicologia attraverso i suoi scritti. Kant sentiva che la psicologia del suo tempo era troppo lontana dalla vera esperienza umana, concentrandosi troppo sui processi interni. Invece, cercò di esaminare come funzionava la mente. Voleva rispondere alle domande su come si raggiunge la conoscenza e quanto possiamo sapere su un oggetto.

Nella psicologia del suo tempo, la conoscenza non era altro che una replica del mondo esterno nella mente. Tuttavia, Kant ha riconosciuto che la mente è troppo complessa per essere semplicemente un riflesso dell'input sensoriale, e invece ha affermato che otteniamo la conoscenza attraverso le facoltà cognitive. In effetti, impariamo dal nostro ambiente, ma ciò che impariamo non è esattamente ciò che vediamo di fronte a noi - deve essere interpretato. La mente non impara soltanto: riceve input, capisce quell'input, elabora quell'input e poi impara da esso, tutte cose che sono unite dal senso di sé. In effetti, la mente è un conglomerato di tutte le facoltà mentali che si uniscono.

## Dal filosofico allo scientifico

Alla fine, nacque il ponte dalla filosofia alla disciplina vera e propria. Fino alla metà del 1800, era vista come poco più di una teoria, lasciata ai filosofi per discutere e capire in mezzo alla loro politica e metafisica. Tuttavia, col tempo, divenne chiaro che la psicologia era molto diversa dalla vera filosofia. Mentre entrambi erano infinitamente affascinati dal capire perché qualcosa accadesse o come funzionasse, la psicologia non dipendeva dalla logica.

La filosofia stessa è un campo incredibilmente guidato dalla logica: tutto deve rientrare in certi confini, e se non rientrano in questi confini, allora è probabile che vengano respinti dalla discussione filosofica.

Tuttavia, man mano che la psicologia diventava sempre più complessa, con domande da considerare, come il motivo per cui alcune persone tendevano a comportarsi in un modo in risposta a una cosa e un'altra persona rispondeva in modo completamente diverso, divenne chiaro che la psicologia avrebbe richiesto più della semplice logica e osservazione. Richiedeva la sperimentazione.

Fu la crescente comprensione della fisiologia e la necessità di studi scientifici che iniziarono a spingere la psicologia in una disciplina propria, completamente separata dalla filosofia. Divenne chiaro che lo studio continuo della mente avrebbe richiesto quel livello di struttura scientifica verso di essa, come si vide attraverso il lavoro del fisiologo tedesco della metà del 1800, Wilhelm Wundt.

## Wilhelm Wundt e i principi della psicologia fisiologica

Nel 1874, Wundt pubblicò un libro conosciuto come *Principi di psicologia fisiologica*. Questo fu ampiamente considerato come uno dei primi collegamenti tra la fisiologia e lo studio della cognizione e del comportamento umano. L' apertura del suo primo laboratorio di psicologia del mondo nel 1879 divenne noto come l'inizio della psicologia propria, e cominciò a spingere per studi empirici.

Wundt si concentrò sulla psicologia come studio della coscienza, usando esperimenti per studiare i processi mentali. L'unico modo in cui questo era possibile all'epoca era l'uso dell'introspezione. L'introspezione era l'atto di riflessione informale, così come quello che Wundt definì come il processo di auto-osservazione sperimentale. In effetti, prendeva diverse persone e le addestrava a diventare i propri psicologi; insegnava loro come analizzare attentamente i propri pensieri, il più possibile liberi da giudizi o pregiudizi.

Naturalmente, la maggior parte delle persone vede i metodi di raccolta dati di Wundt come tutt'altro che imparziali - dopo tutto, non c'è modo di monitorare veramente il funzionamento interno della mente di qualcun altro per testarne la veridicità, e a causa di ciò, i suoi metodi oggi sono probabilmente ritenuti come non scientifici, ma non c'è dubbio che questa ricerca fu monumentale nello spingere la psicologia come una propria disciplina.

Il laboratorio di Wundt ha educato circa 17.000 studenti, diffondendo l'idea della psicologia come concetto proprio in lungo e in largo. È innegabile che, mentre molte delle sue idee sono state disconfermate e rese meno influenti nel tempo, le sue stesse azioni hanno agito come catalizzatore nel passaggio alla psicologia scientifica.

## La diffusione della psicologia

Con la diffusione della psicologia di Wundt attraverso il suo laboratorio educativo, diversi altri rami cominciarono a sorgere. In particolare, due divennero notevoli nel progresso della psicologia: lo strutturalismo e il funzionalismo. Queste furono le prime due scuole in una catena di molte che la psicologia avrebbe visto crescere. Hanno fornito paradigmi attraverso i quali guardare l'impatto della psicologia, utilizzando diverse regole e pensieri comuni che avrebbero guidato il processo.

## Edward Titchener e lo strutturalismo

Lo strutturalismo divenne la prima scuola di pensiero della psicologia. All'interno di questa scuola di pensiero, si credeva che la coscienza potesse essere divisa in componenti più piccole, e attraverso la comprensione di queste componenti, si sarebbe stati in grado di iniziare a capire la mente. Come Wundt, Titchener si servì dell'introspezione come modalità primaria di raccolta dei dati e fece un punto per utilizzare diversi aspetti della psicologia di Wundt.

Sfortunatamente, lo strutturalismo non ha mai veramente preso piede nel campo, e come Titchener alla fine morì, così fece anche lo strutturalismo.

## William James e il funzionalismo

Con l'ascesa di una scuola di psicologia, cominciarono a sorgerne molte altre, tutte in competizione per il dominio nel campo. Come risposta diretta e una sfida allo strutturalismo di Titchener arrivò il funzionalismo. Uno dei primi grandi psicologi americani, William James, scrisse un libro conosciuto come *I principi della psicologia*. Con questo libro, riuscì a dominare il campo della psicologia americana, e il suo libro divenne molto rapidamente il nuovo standard utilizzato. Le informazioni all'interno di questo libro non erano direttamente intitolate al funzionalismo, ma servivano come base per la scuola di pensiero.

Quando il funzionalismo entrò in scena, portò alla comprensione di come funzionano i rapporti. In particolare, si preoccupava di imparare come i comportamenti avessero benefici per chiunque. Si cercava di vedere come alcuni comportamenti fossero favorevoli alla situazione mentre altri lo erano molto meno. In effetti, mentre sia lo strutturalismo che il funzionalismo enfatizzavano lo studio della mente inconscia, il funzionalismo dava la priorità allo studio della coscienza come un processo continuo attraverso il quale tutto veniva elaborato.

Anche il funzionalismo si estinse dopo un po', nonostante le teorie lasciate furono ancora piuttosto influenti.

## L'ascesa della psicoanalisi

Alla fine del 1800, un altro nome familiare alla maggior parte delle persone entrò alla ribalta: Sigmund Freud. Un neurologo austriaco, divenne il fondatore della psicoanalisi. Ciò che distingueva la psicoanalisi dalle sue controparti era principalmente la capacità di iniziare a trattare terapeuticamente i problemi che sono sorti. In effetti, l'idea della psicoanalisi spinge avanti l'idea della mente inconscia che guida tutto, e nel prendere informazioni dall'inconscio alla parte conscia della mente, si può ottenere la catarsi - la capacità di affrontare il problema a portata di mano.

In effetti, Freud fondò quello che sarebbe diventato uno degli aspetti più influenti della psicologia moderna: L'arte della terapia. I principi della psicoanalisi si allineano molto da vicino con quello che si vede nelle tecniche moderne come la terapia cognitivo-comportamentale, in cui si crede che i pensieri inconsci influenzano i sentimenti, che guidano certi comportamenti, e che si può iniziare a riformulare quei pensieri in qualcosa di più funzionale se li si porta alla mente cosciente per affrontarli.

La psicoanalisi ha portato con sé l'approccio psicodinamico alla psicologia, allontanandosi dalle idee del passato e concentrandosi invece sul fatto che la mente ha diversi aspetti che devono essere considerati.

Oggi, molti degli aspetti propri di Freud sono considerati abbastanza obsoleti, come il credere che tutto sia motivato dal sesso e dall'aggressività sessuale. Tuttavia, i principi che usava nel trattamento di altre persone rimangono incredibilmente influenti nella psicologia di oggi.

E con questo, siamo arrivati alla prima delle prospettive moderne della psicologia. Questa era una panoramica di migliaia di anni di sviluppo, portando la psicologia da filosofia teorica a una scienza dura che è guidata da prove, numeri e metodo scientifico.

## Capitolo 2: Cos'è la Psicologia?

Con la storia della psicologia alle spalle, è tempo di iniziare ad approfondire la comprensione della psicologia come campo. La psicologia stessa è incredibilmente influente: è necessario essere in grado di capire la mente per poterla veramente trattare. Man mano che impariamo sempre di più sulla mente, diventa imperativo che anche la nostra capacità di studiarla cresca. Mentre prima si supponeva che una sorta di turbamento emotivo fosse il risultato diretto di un demone o di uno spirito, ora si sa che può essere causato da altro, come disturbi della personalità o malattie mentali. A volte, è di natura biologica, come l'avere una struttura fisica del cervello diversa, mentre altre volte, coinvolge risposte apprese a una situazione o a stimoli.

Tuttavia, la psicologia stessa, come studio della mente, è fondamentale da imparare. Man mano che viene appresa e sviluppata, otteniamo molta più comprensione di ciò che succede con le altre persone. Impariamo a riconoscere ciò che trattiene le altre persone e ciò che le spinge in avanti. Vediamo cosa spinge le persone a comportarsi in modo altruistico o a prendersi cura della propria famiglia, e cosa le spinge a danneggiare gli altri. Capire la psicologia è capire l'essere umano e capire l'essere umano vuol dire sapere come trattare gli altri con gentilezza ed empatia.

### Lo studio della mente

Per definizione, la psicologia è lo studio scientifico della mente e del comportamento. Tuttavia, c'è così tanto nella mente e nel comportamento, pensate a tutti i campi della psicologia che esistono. Ci sono campi dedicati alla comprensione del normale sviluppo umano, vedendo come i bambini crescono e imparano. Altri campi guardano alla psicologia anormale e danno un'occhiata a come è importante e come trattarla. Alcuni studiano come imparare, mentre altri guardano a come le droghe e altre sostanze possono avere un impatto sul corpo e sulla mente. Alla fine della giornata, la psicologia copre tutto ciò che ha a che fare con la mente, sia mentalmente che fisicamente.

La psicologia raggiunge questo scopo attraverso quattro obiettivi principali: descrivere, spiegare, prevedere e cambiare il modo in cui le persone pensano e agiscono. Esamineremo ognuno di questi aspetti tra un momento, ma ciò che è fondamentale capire ora è che questi principi guidano la psicologia. Mettono in chiaro che agiamo in determinati modi per certe ragioni e cercano di capire se è necessario apportare eventuali modifiche.

**Descrivere**

Il primo obiettivo è descrivere i comportamenti e i flussi del pensiero. Questo è fondamentale se si vuole essere in grado di capire le regole generali che sono tipicamente esibite nel comportamento. Per esempio, se si vuole essere in grado di dire come qualcuno si comporterà, si dovrebbero guardare diverse istanze che mostrano esattamente come si comporterà. Osserviamo i bambini che giocano per capire che ad un certo punto qualcosa cambia e non pensano più che qualcosa cessi di esistere quando non è più in vista. Osserviamo come i bambini interagiscono tra loro senza guida per identificare quando inizia a svilupparsi un comportamento altruista.

Descrivere e osservare creano un primo passo critico proprio perché sono responsabili di sviluppare una comprensione di base del comportamento standard. Per essere in grado di analizzare, è necessario capire una norma di base per comprendere dove sono le deviazioni dalla norma.

## Spiegare

Dopo che si è in grado di descrivere i processi di altre persone, spiegare è il secondo obiettivo. Dopo essere stati in grado di descrivere ciò che accade, come ad esempio vedere i neonati che sembrano arrivare alla realizzazione che, anche quando mamma e papà sono fuori dalla vista, esistono ancora, la legge può iniziare ad essere assemblata. Possono iniziare a capire perché questo accade. Questo è ciò che accade durante il secondo obiettivo della psicologia: spiegare.

Di solito, questo obiettivo coinvolge la comprensione di ciò che è successo - guarda la descrizione di ciò che è successo nella fase di descrivere e poi comincia ad elaborare diverse teorie che possono o non possono supportarla. Queste teorie hanno lo scopo di arrivare a qualsiasi spiegazione per quel particolare comportamento.

In effetti, gli psicologi cercano di dare la spiegazione più ragionevole del perché qualcuno fa qualcosa e poi cercano di testarla.

## Prevedere

Quando la ricerca empirica produce spiegazioni potenziali per il comportamento studiato, la psicologia si muove verso la previsione come obiettivo primario. Durante questa fase, le spiegazioni create nella fase precedente vengono prese e testate. Se non soddisfano le aspettative, vengono rimosse dalla lista e si cerca di inventare qualcos' altro.
Per esempio, supponiamo che abbiate osservato vostro figlio che sembra completamente sconcertato quando voi sparite e

riapparite giocando a bubu-settete. Potete quindi supporre che vostro figlio pensi che voi non ci siate più quando sparite. Prevedete quindi che vostro figlio reagirà con lo stesso senso di sconcerto quando prenderete la palla con cui stava giocando e la coprirete con una coperta, perché il bambino cercherà la sua palla. Fate una prova, e sicuramente la vostra spiegazione è corretta.

## Cambiare

Infine, una volta che siete riusciti a descrivere, spiegare e prevedere i comportamenti, potete iniziare a capire come influenzare il cambiamento in altre persone. Potreste cercare di aiutare a controllare un comportamento negativo, come ad esempio qualcuno che soffre di ansia che impara ad affrontare quei sentimenti. Si può cercare di osservare qualcuno che ha un disturbo ossessivo-compulsivo, capire quali sono i suoi fattori scatenanti, e poi capire come meglio aiutarlo a cambiare quel comportamento.

Effettivamente, il cambiamento permette di modificare i comportamenti in modo che le persone sviluppino meccanismi di risposta sani, anche quando si trovano di fronte a situazioni difficili, disturbi o lotte che rendono difficile un funzionamento altrimenti normale. Si può imparare a superare le fobie una volta che si può capire e prevedere la causa, o si può imparare a risolvere i problemi di regolazione emotiva. Si può sfidare la depressione. Potete correggere i pensieri negativi. Si può iniziare efficacemente a trattare la mente dell'altra persona quando si sa come la mente è implicata.

Lo studio della psicologia può essere ampiamente suddiviso in cinque prospettive distinte, ognuna delle quali vuole concentrarsi su una parte completamente diversa della mente. Queste diverse prospettive sono la prospettiva biologica, la prospettiva psicodinamica, la prospettiva comportamentale, la prospettiva cognitiva e la prospettiva umanistica. Effettivamente, qualcuno che guarda un problema come la depressione dalla prospettiva biologica si concentrerà sulla biologia dietro la depressione studiata - guarderà i neurotrasmettitori e le aree del cervello che sono responsabili dei sentimenti. Tuttavia, qualcuno nella prospettiva comportamentale può essere alla ricerca del modo in cui il mondo esterno è direttamente responsabile e influenza quei sentimenti di depressione.

Daremo un'occhiata a tutte e cinque queste prospettive per avere una solida idea operativa di tutto ciò che accade all'interno della mente. Anche se avere un focus specifico può essere incredibilmente utile, ci vogliono tutti e cinque per mettere insieme una visione corretta e completa di ciò che sta accadendo.

## La prospettiva biologica

Come avrete supposto, l'approccio biologico riguarda il modo in cui il vostro corpo influisce sulla vostra mente. In particolare, è un tentativo di capire il legame tra gli stati mentali e il corpo di qualcun altro. Se vi sentite felici, cosa sta succedendo nel corpo? C'è un cambiamento fisiologico in risposta ai vostri sentimenti, e la prospettiva biologica è incredibilmente interessata ad esaminarlo. Effettivamente, quindi, si guarderà a come funziona il cervello.

Nella prospettiva biologica, effettivamente, voi e la vostra coscienza siete la somma collettiva del vostro corpo. Il vostro cervello si riunisce per lavorare attraverso impulsi elettrici e sostanze chimiche, e questi piccoli impulsi sono ciò che vi crea. Nel grande dibattito natura vs. cultura, questa è la parte della natura. Essa crede che la biologia del cervello e del corpo siano importanti nel determinare i comportamenti e i pensieri dell'altra persona.

Proprio come le altre prospettive, la prospettiva biologica è interamente interessata a capire le persone e i loro comportamenti. Tuttavia, si vogliono guardare altri aspetti. La genetica entra in gioco, così come i cambiamenti fisici del cervello. Possono avere un interesse speciale nel modo in cui la genetica influenza tutti i tipi di aspetti della personalità, come la depressione o l'ansia, o come i danni al cervello possono portare a diversi problemi di abilità o comportamento. In particolare, gli psicologi biologici esamineranno i gemelli identici, imparando il più possibile sulle tendenze delle persone rispetto a ciò che fanno realmente.

Quando si utilizza la prospettiva biologica, è probabile che si utilizzino strumenti per osservare il cervello il più direttamente possibile. Scansioni come la PET o la risonanza magnetica possono permettere agli psicologi di vedere la struttura fisica del cervello per iniziare a fare deduzioni sugli aspetti comportamentali della persona.

In particolare, la prospettiva biologica è una prospettiva potente da prendere - quando si usa la prospettiva biologica, si sta effettivamente assicurando di capire la fisiologia, e a volte, questo è sufficiente. Se si sa che qualcuno ha subito un ictus massiccio e si può vedere esattamente dove si trova il danno, per esempio, si può cominciare a prevedere esattamente quali parti del suo comportamento saranno probabilmente influenzate. Significa anche che certi cambiamenti comportamentali possono essere affrontati come un segno di un problema medico fisico, come una lesione cerebrale o un tumore.

Questa è anche la prospettiva che è responsabile di garantire che i farmaci siano efficaci. Quando la causa fisiologica è compresa, diventa molto più facile iniziare a identificare il modo migliore per affrontare il problema. Se ci sono alcune parti del cervello che stanno cercando di produrre un determinato neurotrasmettitore in abbondanza, per esempio, allora questo può essere usato per permettere al corpo di aiutare la mente.

## La prospettiva psicodinamica

L'approccio psicodinamico è iniziato con la psicoanalisi di Sigmund Freud, ma è cresciuto nel tempo fino a comprendere anche diverse altre teorie, come quelle di Karl Jung, Erik Erikson e Alfred Adler. All'interno della teoria psicodinamica, si crede che gli eventi della prima infanzia influenzino quasi tutto. In effetti, durante il periodo della prima infanzia, si è particolarmente suscettibili di essere danneggiati e quindi di interiorizzare problemi nella propria mente inconscia. Questi portano a problemi comportamentali che sono i risultati della mente inconscia.

In particolare, nella prospettiva psicodinamica, l'enfasi è posta sulla mente inconscia. Pensate alla mente come ad un iceberg: solo la punta è visibile. Potete vedere la parte cosciente della mente o la punta dell'iceberg, ma la maggior parte di essa è nascosta sotto la superficie dell'acqua. In effetti, la mente inconscia ospita quasi tutto. Tutti i vostri impulsi motivazionali sono ospitati nell'inconscio. I vostri sentimenti proverranno da esso, le vostre motivazioni saranno radicate in esso, e le vostre decisioni saranno basate su di esso.

La mente inconscia, pur essendo incredibilmente potente, è anche incredibilmente impressionabile. Questo, quindi, spinge l'attenzione del comportamento umano dalla natura all'educazione.

Inoltre, all'interno della prospettiva psicodinamica, si vedono tre parti della personalità che sorgono: L'Es, l'Io e il Super-Io.

Il vostro Es si riferisce agli istinti, è ereditato e contiene tutta la vostra personalità naturale e le tendenze comportamentali. Il vostro Io è la parte della mente che ha lo scopo di mitigare le richieste e i desideri dell'Es, che è principalmente piuttosto irrealistico, e il mondo che vi circonda. Questa è la parte che prende le decisioni. Infine, il Super-io è la serie di valori e morali che vengono appresi sia dalla società che dai genitori.

L'es e il super-io sono considerati la mente inconscia: entrambi combattono per conquistare il favore della mente (Io). In effetti, le vostre tendenze istintive verso il sesso e il comportamento aggressivo cercheranno costantemente di farvi agire impulsivamente, mentre la parte appresa cerca di tenervi in riga per garantire che non facciate qualcosa che non dovreste fare.

Il conflitto porta all'ansia, che l'Io deve affrontare in qualche modo. Questi meccanismi di risposta diventano il metodo attraverso il quale ci si comporta. Effettivamente, quindi, la mente cosciente è la schiava della mente inconscia, con la mente inconscia che prende le decisioni e controlla. Tuttavia, la mente inconscia è anche influenzata regolarmente da caratteristiche e istanze esterne. Un trauma può, per esempio, portare a un cambiamento nella mente inconscia, che poi si nota nel comportamento.

## La prospettiva comportamentale

La prospettiva comportamentale pone l'accento sui vostri comportamenti. Afferma che si può effettivamente essere addestrati a fare qualsiasi cosa se qualcuno è disposto a fare lo sforzo di farlo. Quando si crede nella prospettiva comportamentale, si rifiuta l'idea del libero arbitrio e si dichiara effettivamente che tutti i comportamenti vengono appresi attraverso rinforzi o punizioni.

I rinforzi si riferiscono alle conseguenze che si verificano dopo un comportamento che è positivo o negativo. Positivo si riferisce al fatto che qualcosa è stato messo in atto, mentre negativo si riferisce all'atto di qualcosa che viene rimosso. In questo caso, il rinforzo positivo è una situazione piacevole che viene aggiunta per incoraggiare il comportamento a continuare. Un rinforzo negativo, quindi, è una situazione che viene rimossa, di solito una situazione sgradevole, in risposta ad un comportamento per incoraggiarlo a continuare a verificarsi in futuro.

D'altra parte, la punizione è l'atto di qualcosa che accade per scoraggiare un comportamento. È l'opposto del rinforzo, nel senso che è progettato per essere scoraggiante, mentre il rinforzo non lo è. Come il rinforzo, la punizione può essere sia positiva che negativa. Per esempio, una punizione positiva potrebbe comportare l'aggiunta di lavori extra come ritorsione per non aver ascoltato o aver mentito su una situazione. D'altra parte, il rinforzo negativo è l'atto di rimuovere qualcosa di piacevole per scoraggiare il comportamento in futuro. Per esempio, immaginate che vostra figlia adolescente non abbia consegnato diversi compiti e che le venga tolto il cellulare finché non li avrà consegnati tutti. Le avete tolto qualcosa di piacevole, in questo caso il cellulare, per scoraggiare il comportamento di continuare a mancare i compiti.

I comportamentisti credono che i processi di cui sopra sono quelli che causano la continuazione o l'interruzione del comportamento. Quando si gode di una situazione o si ottiene qualcosa di piacevole in risposta, si vuole incoraggiare a fare qualcosa. Quando ci si rende conto che si ha la stessa risposta negativa ogni volta che si cerca di fare qualcosa, si impara a non avere più quel comportamento perché si vuole evitare lo stimolo negativo. In effetti, nel comportamentismo, i pensieri non contano, i comportamenti sì. Non importa quanto qualcuno sia arrabbiato per le conseguenze o quanto ingiusto sia stato per vostro figlio perdere il suo cellulare - tutto ciò che conta è il risultato finale.

## La prospettiva cognitiva

Gli psicologi cognitivi, d'altra parte, affermano che il comportamento è determinato dalle aspettative. Si ha un certo pensiero su una situazione e ci si aspetta che si comporti in quel modo. Effettivamente, quindi, si fanno aspettative che sono fondate sulla base di ciò che già si conosce e si cerca di fare le giuste inferenze nel comportamento. In questo caso, state risolvendo problemi e interagendo con il mondo sulla base della memoria di ciò che è successo in passato. Si presume che ciò che è accaduto in passato si ripeterà in futuro, o si fanno supposizioni basate su eventi simili.

Questo porta l'umanità lontano dall'idea di essere completamente priva di libero arbitrio e invece come qualcosa che è di nuovo capace di pensieri e sentimenti. Naturalmente, questo porta con sé anche molte più complicazioni di quelle presenti altrimenti.

Immaginate di avere in programma di uscire con gli amici per la notte. Supponete che la serata sarà piena di divertimento - voi e i vostri amici lascerete i bambini a casa, andrete al cinema e poi cenerete e berrete qualcosa nel vostro ristorante preferito. Ti vesti e ti prepari, ma quando arrivi al luogo dell'appuntamento, ti rendi conto che due dei tuoi tre amici hanno portato i loro figli con loro, il che significa che il film che volevi vedere non è più in programma.

In questo caso, probabilmente siete abbastanza delusi. Avevate certe aspettative, solo per averle completamente rovesciate, e questo può essere incredibilmente difficile da affrontare per alcune persone. Tuttavia, secondo i cognitivisti, non siete delusi per il fatto che i vostri amici hanno portato i loro figli a quello che doveva essere un evento senza bambini, siete infastiditi perché le vostre aspettative sono state completamente e totalmente gettate dalla finestra. Il fatto che l'istanza non si sia allineata con le vostre aspettative è il motivo per cui siete infastiditi e delusi. È quel processo di pensiero e la disconnessione che è la radice della delusione, non il fatto che le altre parti hanno fatto qualcosa di inaspettato.

È da qui che deriva l'idea che gli altri non sono responsabili dei tuoi sentimenti: solo i tuoi pensieri possono influenzare il tuo comportamento, e nessun altro ne è responsabile. Anche se qualcun altro non è all'altezza delle vostre aspettative, è compito vostro capire come gestire questa delusione.

## La prospettiva umanistica

Infine, l'approccio umanistico alla psicologia sottolinea che gli esseri umani sono motivati dalla loro intrinseca bontà. Effettivamente, le persone hanno bisogno di essere responsabilizzate per diventare la persona migliore che sono in grado di essere. Vogliono offrire supporto senza la guida, per dare agli individui la possibilità di prendere le proprie decisioni.

La psicologia umanistica affronta la situazione in un modo che rifiuta direttamente quegli approcci comportamentali e psicodinamici che sono ritenuti troppo limitanti. Invece, si crede che le persone siano completamente libere di prendere le proprie decisioni, e intrinsecamente, si sforzeranno sempre di essere migliori. Coloro che usano l'approccio umanistico enfatizzano l'idea che le persone lavoreranno attivamente per migliorare, cercando di superare le situazioni difficili al fine di raggiungere ciò che è noto come auto-realizzazione-soddisfazione nella vita.

In effetti, la forza motrice dietro i comportamenti non è il cervello o l'ambiente, ma piuttosto la spinta intrinseca delle persone a migliorare se stesse e la loro situazione. Naturalmente, anche questo ha le sue implicazioni: gli studi umanistici rifiutano intrinsecamente la metodologia scientifica. Si concentrano invece sulla ricerca qualitativa, come discutere le situazioni. Queste sono effettivamente utili per studi individuali per capire una singola persona senza cercare di capire l'intero comportamento del genere umano.

## Capitolo 3 : Intelligenza Emotiva e Psicologia

Una volta affrontate le basi, è il momento di iniziare a discutere dell'intelligenza emotiva. L'intelligenza emotiva è incredibilmente alla moda in questi giorni, e per una grande ragione. L'intelligenza emotiva in sé è stata usata in diversi modi, anche prima che fosse definita. Essa determina se siete in grado di interagire bene con gli altri o se piacete alla gente. Determina i vostri successi, così come il modo in cui andate avanti per migliorare in futuro.

In definitiva, si ritiene che quasi ogni comportamento che avete sia radicato in qualche modo alla vostra intelligenza emotiva, in particolare da una prospettiva cognitiva. Essenzialmente, se la vostra intelligenza emotiva agisce come un motivatore trainante, si può iniziare a prevedere come le persone si comporteranno in base a quanto sono emotivamente intelligenti.

Ciò che è vero, non importa quanta o poca intelligenza emotiva qualcuno abbia, è principalmente un insieme di abilità, e come un insieme di abilità, può essere sviluppato e imparato nel tempo. Potete imparare a diventare emotivamente intelligenti, anche se non lo siete naturalmente. Potete dedicare il tempo necessario a sviluppare queste abilità per diventare l'individuo emotivamente intelligente che desiderate essere.

In questo capitolo parleremo di cos'è l'intelligenza emotiva, toccando gli scopi principali, i pilastri e come l'intelligenza emotiva si collega ai concetti di psicologia, come le emozioni, l'empatia e la comunicazione. Mentre leggete questi capitoli, provate a pensare a voi stessi. Hai queste abilità di cui si parla? Vi sentite come se foste carenti nel settore dell'empatia, o forse che la vostra comunicazione potrebbe essere migliore? Se pensate di poter lottare con la vostra intelligenza emotiva, questa è forse una delle parti di voi stessi più semplici su cui lavorare.

**Definire l'intelligenza emotiva**

Prima di iniziare, diamo una definizione operativa di intelligenza emotiva. Principalmente, l'intelligenza emotiva è la capacità di fare tre cose. Si tratta di essere in grado di capire le emozioni, di regolare le proprie emozioni e di usare la propria capacità di capire le emozioni per gestire e facilitare le proprie relazioni con le altre persone.

Quando si è emotivamente intelligenti, in modo efficace, si è in grado di sfruttare attivamente queste capacità per raggiungere un alto potenziale di leadership. Quando si ha questo alto potenziale, si scopre che si è più capaci e sicuri quando si interagisce con altre persone.

In effetti, l'intelligenza emotiva è sostanzialmente capace di determinare se si è in condizione di comprendere le proprie emozioni, pur essendo in grado di regolare e influenzare anche le emozioni degli altri. Questa abilità è fondamentale nelle relazioni interpersonali per diversi motivi: determina il modo in cui ci si avvicina alle altre persone. Determina il modo in cui si è in grado di comunicare con le altre persone. Determina la probabilità di essere infastiditi dalle azioni o dalle inazioni degli altri.

L'intelligenza emotiva è effettivamente l'apice della maturità emotiva: quando si impara ad essere emotivamente intelligenti, si è resistenti e in controllo. Sarete in grado di gestire le emozioni difficili, come la rabbia o la tristezza. Sarete in grado di percepire questi segnali anche in altre persone e di agire di conseguenza per contribuire a mitigare gli effetti negativi o i comportamenti. Sarete in grado di risolvere i conflitti con altre persone con facilità, e sarete abbastanza in sintonia con le emozioni degli altri per assicurarvi di aiutare sempre le persone nel modo in cui hanno bisogno.

Le persone altamente intelligenti dal punto di vista emotivo sono incredibilmente abili quando si tratta di essere in grado di interagire con altre persone, e questo le rende incredibilmente desiderabili nelle relazioni, sul posto di lavoro e come leader. Quando si è emotivamente intelligenti, le persone si affideranno naturalmente a voi, poiché sentono che siete degni di fiducia, sicuri e carismatici abbastanza per essere un leader adeguato.

## I pilastri dell'intelligenza emotiva

In definitiva, uno dei metodi più semplici per capire l'intelligenza emotiva e le abilità che comporta è immaginare l'intelligenza emotiva come a una serie di pilastri. Questi sono una sorta di categorie di comportamenti che si esaminano per avere un'idea migliore delle abilità che comportano.

Si ritiene comunemente che l'intelligenza emotiva abbia quattro pilastri: Consapevolezza di sé, autoregolazione, consapevolezza sociale e regolazione emotiva. Ognuno di questi quattro pilastri è fondamentale da comprendere se si spera di padroneggiare l'intelligenza emotiva per se stessi.

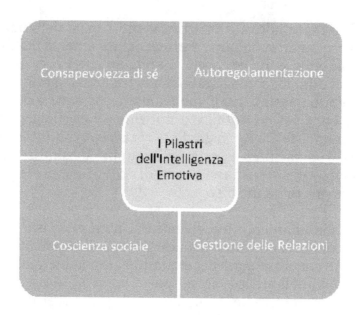

## Consapevolezza di sé

Il primo dei pilastri è l'autoconsapevolezza. Come potete immaginare, comporta la capacità di controllare il vostro stato emotivo in qualsiasi momento. Molte persone lottano per capire veramente le loro emozioni - si sentono bene o male, ma oltre a questo, non sono sicuri di cosa stanno provando. Questo è un peccato, perché i sentimenti hanno molte più sfumature di un semplice bene o male. Quando sapete esattamente cosa state provando, sarete in grado di capire meglio voi stessi, riconoscendo le vostre motivazioni e perché state facendo quello che state facendo.

Oltre ad essere consapevoli degli stati emotivi, l'autoconsapevolezza comprende anche la capacità di essere consapevoli delle proprie capacità in modo accurato. Quando si è in grado di identificare accuratamente le proprie capacità, si sa di cosa si è capaci, così come su cosa si lotta, e sapere questo permette di costruire una comprensione ragionevole, accurata e logica di chi si è come persona. Saprete su cosa avete bisogno di lavorare e di cosa siete capaci, in modo da non offrirvi mai come volontari per fare più di quanto possiate gestire.

L'autoconsapevolezza comporta anche la capacità di essere sicuri di sé. Sarete effettivamente in grado di fidarvi di voi stessi perché siete così in sintonia con le vostre capacità. In effetti, sapere come vi comportate, vi permette di riconoscere quando dovreste fidarvi di voi stessi per fare qualcosa. Se potete fidarvi di voi stessi per fare qualcosa, vi mostrerete più affidabili agli altri. Dopo tutto, è incredibilmente difficile fidarsi di qualcuno che non si conosce per fare qualcosa per voi o per altre persone.

## Autoconsapevolezza

- Autoconsapevolezza emotiva
- Autovalutazione accurata
- Fiducia in se stessi

## Autoregolazione

L'autoregolazione è il secondo dei pilastri dell'intelligenza emotiva. Quando si è in grado di usare l'autoregolazione, si è capaci di gestire le proprie emozioni. Con l'autocontrollo, si è in grado di assicurarsi che le proprie emozioni siano sempre espresse con un metodo efficace e appropriato. Se esprimete le vostre emozioni in un modo che non è appropriato, o se cedete a qualsiasi impulso emotivo che sentite, è probabile che bruciate i ponti nelle relazioni piuttosto rapidamente, rendendo questa un'abilità critica. Per quanto possa essere soddisfacente al momento urlare contro un cliente, non sarebbe così soddisfacente perdere il lavoro come risultato.

Oltre alla capacità di controllarsi, l'abilità di autoregolarsi implica molto sulle proprie motivazioni intrinseche. Coloro che sono abili nell'autoregolazione tendono ad essere orientati al risultato e auto-motivati. Questo significa che sono in grado di lavorare verso i loro obiettivi con la propria iniziativa. Quando si è disposti ad essere automotivati, si dimostra che si è disposti a lavorare per superare gli ostacoli, anche se questi ultimi sono problemi come la procrastinazione e semplicemente non essere motivati a lavorare.

L'autoregolazione viene anche con la capacità di essere trasparente: siete aperti e onesti quando siete in grado di autoregolarvi. Potete sapere che quello che state dicendo o facendo è meno popolare, ma avete fiducia in voi stessi e percepite che state prendendo la decisione giusta dicendo agli altri la verità. Questo porta con sé un senso di fiducia. Quando siete degni di fiducia, le altre persone sentiranno naturalmente che siete più accessibili.

L'autoregolazione, poiché implica anche la capacità di controllare le proprie emozioni, porta con sé anche la capacità di adattarsi - sapete che i cambiamenti a volte avvengono, e siete disposti e capaci di affrontarli. Siete in grado di gestire le vostre aspettative, anche quando non si realizzano. Sapete che c'è molto da imparare dai programmi che cambiano, anche se sono cambiati a causa di un fallimento, e siete abbastanza ottimisti da continuare a sperare per il meglio.

## Autoregolazione

- Autocontrollo emotivo
- Orientato al risultato
- Automotivazione
- Transparente
- Adattabile
- Ottimista

## Consapevolezza sociale

Il terzo pilastro dell'intelligenza emotiva è la consapevolezza sociale. Questa è la capacità di capire le altre persone. Questa abilità è fondamentale se si vuole essere in grado di interagire in modo significativo con altre persone. Se volete essere in grado di comunicare con gli altri, dovete essere capaci di capirli, e questo è l'intero scopo della consapevolezza sociale. La consapevolezza sociale arriva con tre abilità principali: la capacità di empatia, la capacità di consapevolezza organizzativa e lo sviluppo di un orientamento al servizio.

L'empatia stessa è la capacità di connettersi con altre persone in un modo che permette il riconoscimento e la comprensione dei loro sentimenti. È fondamentale per relazionarsi con altre persone. Dovete essere in grado di riconoscere le emozioni degli altri se volete essere in grado di capire le emozioni delle persone, e non è possibile riconoscere le emozioni degli altri se prima non capite i vostri sentimenti.

La consapevolezza organizzativa si riferisce alla vostra capacità di gestire come vi spiegate agli altri. È effettivamente la vostra capacità di assicurarvi che state sempre parlando a un livello che sia facilmente comprensibile per le altre persone. Siete in grado di assicurarvi che i livelli di comprensione di coloro che vi circondano siano sempre allineati e giusti. Pensate a come andrebbe una presentazione orientata ai bambini dell'asilo se fosse data a dei liceali: non si preoccuperebbero di prestarle attenzione perché sarebbe troppo semplice per essere degna di essere ascoltata. Allo stesso modo, se tu dovessi fare la stessa presentazione a un gruppo di bambini dell'asilo nonostante sia destinata ai liceali, i bambini probabilmente non capirebbero molto. Quando siete in grado di usare la consapevolezza organizzativa, tuttavia, saprete assicurarvi che state sempre parlando al pubblico appropriato ogni volta che state cercando di parlare a qualcun altro, permettendovi di mantenere l'attenzione più a lungo e più efficacemente.

Infine, l'orientamento al servizio si riferisce a quanto si è disposti ad aiutare le altre persone. Si tratta di essere propensi a contribuire agli sforzi, mostrando anche di essere felicemente disposti ad aiutare a guidare il gruppo verso l'obiettivo desiderato. Quando si fa questo, si è in grado di assicurarsi di ascoltare in modo efficace.

Consapevolezza Sociale

- Empatia
- Consapevolezza Orientativa
- Orientamento al servizio

## Gestione delle relazioni

L'ultimo pilastro dell'intelligenza emotiva è la gestione delle relazioni. Questo particolare pilastro si riferisce alla capacità di gestire le relazioni e di influenzare le altre persone. Per sviluppare la gestione delle relazioni, però, bisogna prima sviluppare tutti gli altri pilastri. La gestione delle relazioni richiede di essere consapevoli delle proprie emozioni e dei propri comportamenti e di saperli controllare. Richiede anche una solida comprensione delle altre persone. Le abilità nella gestione delle relazioni includono la capacità di ispirare la leadership, influenzare gli altri, gestire i conflitti, innescare il cambiamento, sviluppare gli altri ed essere abili nel lavoro di squadra.

La gestione delle relazioni crea leader ispirati che sono in grado di guidare altre persone. Che si tratti di un leader attraverso l'autorità o il rispetto o che lavori come mentore per altre persone, questa abilità è fondamentale se si vuole gestire gli altri. Questo è ciò che rende le persone disposte a seguirti inizialmente.

L'influenza permette a coloro che sono abili nella gestione delle relazioni di assicurarsi di poter convincere le altre persone a fare ciò che deve essere fatto. Sono persuasivi, articolati, motivanti e capaci di chiamare le persone all'azione con facilità. Questa abilità è critica nel condurre gli altri, poiché se non si riesce a convincere gli altri a fare ciò di cui hanno bisogno, non si può condurli.

La gestione dei conflitti garantisce a questi individui la capacità di gestire le relazioni con altre persone, sia interpersonalmente, sia tra due persone. Sono in grado di facilitare la comunicazione necessaria tra le persone per assicurarsi che tutti siano in grado di lasciare una situazione sentendosi come se fossero stati ascoltati e sostenuti. In modo efficace, la gestione dei conflitti permette di porre fine a discussioni o opinioni assicurando che tutti si ritrovino sulla stessa linea.

Il manager delle relazioni è in grado di facilitare il cambiamento nel mondo, anche se ciò significa che deve essere il catalizzatore di tale cambiamento. Sono disposti a sostenere qualsiasi cambiamento necessario, anche se questo significa che devono prendere una posizione difficile o scomoda. Faranno tutto ciò che è necessario per far sì che il cambiamento avvenga.

A causa della posizione unica del leader, è necessario capire come le altre persone interagiscono tra loro. Se si osservano due persone che interagiscono tra loro in un certo modo, di solito si può iniziare a capire chi lavora meglio con chi. Essere in grado di capire come le persone interagiscono significa che si possono mettere insieme squadre in modo efficace, e riuscire a vedere le abilità delle altre persone significa che sarete in grado di indirizzarle nella giusta direzione per garantire che tutti stiano sempre crescendo e si muovano verso il loro massimo potenziale.

Infine, il leader deve essere disposto e capace di lavorare con le altre persone in modo efficace, qualunque cosa accada. Questo richiede un'abilità a far fronte prontamente e facilmente a qualsiasi cambiamento che possa verificarsi.

## Gestione delle Relazioni

- Leadership stimolante
- Influente
- Responsabile dei conflitti
- Stimolatore del cambiamento
- Crescita degli altri
- Lavoro di squadra e collaborazione

# Emozioni e intelligenza emotiva

Le emozioni e l'intelligenza emotiva sono intricatamente combinate proprio in virtù del fatto che entrambe sono coinvolte nell'atto di sentire e riconoscere le emozioni. Come avete visto, le emozioni sono una specie di spina dorsale primaria dell'intero processo dell'intelligenza emotiva. Si deve iniziare con la comprensione delle proprie emozioni se si vuole essere in grado di progredire oltre il primo stadio di autoconsapevolezza, e senza questa consapevolezza delle proprie emozioni, non si può sperare di capire le altre persone. Se non riuscite a capire le altre persone, come potete sperare di assicurarvi che gli altri siano attivamente e prontamente disposti e capaci di ascoltarvi come leader? Se non riuscite a toccare la base delle vostre emozioni, come potete aspettarvi che gli altri siano disposti a sopportare voi e le vostre drammaticità se mai dovesse sorgere un conflitto?

Ciò che è importante notare è che, nonostante il fatto che l'intelligenza emotiva si concentri principalmente sul comportarsi in modi che non siano emotivamente impulsivi, non è alla ricerca di un divieto assoluto delle emozioni in generale. Infatti, l'intelligenza emotiva incoraggia fortemente le persone a sentire le loro emozioni ogni volta che è possibile e rilevante. Quando sentite le vostre emozioni, sentite ciò che il vostro corpo e la vostra mente inconscia vogliono. Le tue emozioni, come imparerai nel Capitolo 4, sono incredibilmente importanti. Servono uno scopo prezioso nel mantenervi regolati e, per questo motivo, non dovrebbero mai essere completamente ignorate o trascurate.

Piuttosto che ignorare le emozioni, l'intelligenza emotiva cerca di regolare l'atto di comportarsi impulsivamente in risposta. Quando sarete abili nel diventare emotivamente intelligenti, imparerete effettivamente a fermarvi quando provate forti emozioni in modo da poterle gestire. Sarete capaci di impedire a voi stessi di agire in modo inappropriato.

Immaginate per un momento di essere incredibilmente arrabbiati - forse avete appena scoperto che vostro figlio ha rotto l'orologio che vi era stato regalato dal vostro defunto padre. Siete assolutamente furiosi, perché quello era l'ultimo suo prezioso oggetto che avevate, e ora è rotto. Se sei emotivamente intelligente, riconosci quella rabbia - ti permetti di provare quelle emozioni perché essere in grado di provare emozioni è importante per trovare una sorta di chiusura o risoluzione. Tuttavia, pur riconoscendo la tua rabbia e continuando a sentirla, sei in grado di ricordare a te stesso che reagire con rabbia non è certo la decisione giusta. Vi ricordate che agire con rabbia non farebbe altro che sconvolgere il vostro bambino, che non voleva rompere intenzionalmente l'orologio. E 'stato un incidente sfortunato, e il vostro bambino era devastato per questo. Si potrebbe capire molto guardando il suo volto.

Quando siete in grado di riconoscere le vostre emozioni, riconoscendo il valore che portano, è possibile utilizzarle per informarsi. Puoi usare la sensazione di quell'emozione come spunto inconscio per ricordarti di rallentare, rilassarti e continuare ad andare avanti. Effettivamente, potete assicurarvi di essere capaci di usare le vostre emozioni e la consapevolezza che state provando quell'emozione per aiutarvi ad autoregolarvi.

Oltre a questo, però, immaginate di essere consapevoli delle emozioni degli altri. Tenendo presente che le emozioni sono indicative di un bisogno che attualmente non viene soddisfatto, quando siete in grado di utilizzare l'intelligenza emotiva per meglio permettervi di leggere i sentimenti di coloro che vi circondano, siete anche in grado di capire i bisogni di coloro che vi circondano e che potrebbero avere bisogno del vostro aiuto prima o poi. Quando riuscite a capire i bisogni delle altre persone, siete anche in grado di capire molto di più. Potete capire come fare in modo che gli altri soddisfino i loro bisogni, e con questo, potete diventare un leader efficace.

Le emozioni sono fondamentali: le sentiamo per motivi incredibilmente importanti e tentare di ignorarle, anche quando cerchiamo di pensare con una mentalità razionale, è fare un pessimo servizio a chi vi circonda.

## Intelligenza Emotiva e Empatia

L'empatia è una delle abilità più critiche dell'intelligenza emotiva. Mentre essere in grado di identificare le proprie emozioni è sempre importante, ciò che conta di più in molti casi è la capacità di empatizzare. Questo è ciò che fa da ponte tra il concentrarsi su se stessi e l'essere in grado di interagire accuratamente con gli altri.

Se guardate ancora una volta i quattro pilastri dell'intelligenza emotiva, potete notare che due di essi sono focalizzati sul sé, mentre gli altri due sono diretti verso gli altri. Il modo in cui ci si sposta dal sé agli altri è attraverso la capacità di empatizzare.

Per esempio, immaginate di essere in grado di riconoscere i vostri stati emotivi. Siete abbastanza sicuri della vostra capacità di capire come vi sentite - avete imparato il linguaggio del corpo che dovete conoscere. Avete capito come identificare al meglio quando intervenire sui vostri sfoghi emotivi. Sapete quali sono i vostri trigger emotivi più comuni. Ma riuscite a capire cosa provano le altre persone?

Essere in grado di capire il proprio sentimento non implica una capacità improvvisa di capire gli altri in quanto poter capire le emozioni degli altri richiede empatia, ma al fine di comprendere veramente il feedback che si ottiene tramite l'empatia, è necessario anche capire il proprio stato emotivo.

## Forme di empatia

L'empatia stessa è definita come la capacità di relazionarsi con altre persone, ed esiste principalmente in tre forme diverse. Si può entrare in empatia cognitivamente, emotivamente o compassionevolmente. Quando si empatizza cognitivamente, si comprendono i sentimenti dell'altra persona da una prospettiva diretta - si sa cosa stanno provando semplicemente perché si riconoscono i segni. Tuttavia, non c'è attaccamento emotivo da parte vostra. Non vi interessa particolarmente sapere cosa prova l'altra persona, semplicemente sapete che è così.

Quando empatizzi emotivamente, invece, sei in grado di capire i sentimenti dell'altra persona anche attraverso il tuo sentire. Vi state effettivamente relazionando con l'altra persona a tal punto da essere in grado di sentire la stessa cosa. Vedi qualcuno che soffre e senti il suo dolore come se fosse il tuo. Anche se non lo stai facendo volontariamente, la maggior parte delle volte, l'empatia emotiva implica che ti metti automaticamente nella posizione dell'altra persona nella tua mente. Sapete che sareste tristi e spaventati se non aveste un posto dove vivere e l'inverno si stesse avvicinando rapidamente.

Quando empatizzi in modo compassionevole, che è la forma di empatia che l'intelligenza emotiva enfatizza, stai effettivamente combinando le due precedenti. Capite cognitivamente i sentimenti della persona, permettendovi di avere una solida idea dei sentimenti dell'altra persona. Siete anche in grado di capire le emozioni dell'altra persona mentre vi relazionate con lei. Quando si empatizza sia cognitivamente che emotivamente, si è spesso spinti all'empatia emotiva - questo ci spinge ad agire in qualche modo. Sentire una relazione sia cognitiva che emotiva con l'altra persona vi spinge ad agire per assicurarvi che anche loro si prendano cura di voi. Volete aiutarli; tuttavia, potete fare in modo di soddisfare attivamente i loro bisogni per alleviare la loro sofferenza. Raramente c'è un motivo per voi se non quello di aiutare. La vostra empatia compassionevole è una sorta di chiamata all'azione a cui obbedite per assicurarvi di soddisfare attivamente i bisogni di coloro che vi circondano.

## Lo scopo dell'empatia

L'empatia ha principalmente due scopi che sono entrambi direttamente collegati all'intelligenza emotiva: agisce come un modo attraverso il quale potete autoregolarvi, e agisce come un mezzo di comunicazione, principalmente di segnali emotivi non verbali. Quando si è in grado di empatizzare, allora si è in grado di regolare, così come di leggere i segni per comprendere meglio le esigenze di chi ci circonda.

Tuttavia, prima di addentrarci in questo, consideriamo per un momento perché dovremmo avere bisogno di provare empatia. Cosa fa l'empatia per voi? Perché è importante? La risposta è abbastanza semplice: siamo una specie sociale. Infatti, quasi tutta l'intelligenza emotiva è rilevante solo perché siamo una specie sociale. Quando si vive in un ambiente di gruppo, che sia un'unità familiare, un quartiere, una tribù o un'intera città o paese, si deve essere in grado di comunicare. Gli esseri umani, poiché dipendono dagli altri per la sopravvivenza, devono essere in grado di comunicare con gli altri in modo chiaro.

Pensate agli esseri umani "allo stato selvaggio" per un momento - stiamo parlando di esseri umani che non hanno ancora fatto un passo verso le civiltà moderne. Stiamo parlando in particolare degli esseri umani che non avevano altra scelta che cacciare e coltivare il proprio cibo per sopravvivere. Dovevano esistere in gruppi. Gli umani cacciavano in gruppo anche con altre persone, permettendo loro di abbattere prede più grandi, il che è fondamentale quando si considera quanto gli umani siano più deboli rispetto ad altri animali. Gli esseri umani dovevano fare affidamento sulle loro tribù per fornire protezione e per cacciare. Facevano affidamento l'uno sull'altro per vivere e viaggiavano in queste specie di tribù.
L'empatia ha permesso di usare la comunicazione non verbale. Quando correte con un gruppo di persone in molte situazioni di vita o di morte, vorrete capire le emozioni di coloro che vi circondano, poiché queste emozioni vi forniranno ogni sorta di informazioni. Sarete in grado di dire che quelli intorno a voi sono spaventati quando c'è un pericolo, o tristi quando hanno bisogno di aiuto. Tuttavia, anche oltre questo, potrete vedere quali sono i loro bisogni per aiutarli a soddisfarli. Sarete spinti ad agire perché potete sentire i bisogni dell'altra persona, e siete disposti ad aiutare.

Quando sei disposto ad aiutare, incoraggi l'altra persona ad essere disposta a farlo con te ogni volta che ti trovi in un momento di bisogno. L'altruismo, quel comportamento di aiutare qualcun altro senza alcun beneficio, e possibilmente a scapito di te stesso, è un tratto efficace solo in una specie che è principalmente altruista, quindi l'empatia ci mantiene sulla strada giusta. Sapete che dovete assicurarvi che chi vi circonda sia curato e nutrito, quindi vi assicurate di avere sempre abbastanza cibo da condividere. Naturalmente, se mai dovessi trovsarti in periodi difficili, allora sarebbero più che felici di ricambiare e condividere con te.

Al di là della semplice sopravvivenza, tuttavia, l'empatia può giovare anche alle relazioni interpersonali. Quando si è in grado di entrare in empatia con altre persone, si sa come gestire se stessi intorno all'altra persona. Ripensate all'esempio di vostro figlio che rompe l'orologio di vostro padre: potevate vedere che vostro figlio era sconvolto e si sentiva in colpa per la situazione, ed essere in grado di vedere lo sguardo di vostro figlio vi ha aiutato a ricordarvi di non scattare contro di lui o giudicarlo in un modo che sarebbe stato dannoso per lui. Vi siete autoregolati in risposta diretta all'empatia con vostro figlio.

Un altro esempio di questo potrebbe presentarsi avendo una discussione con qualcuno. Forse state cercando di capire come far funzionare al meglio qualcosa. Il vostro partner continua a suggerire cose, ma voi abbattete ogni sua idea. Continuate a spegnerle semplicemente perché non hanno senso dato il contesto, e così facendo, finite effettivamente per stressarla. Puoi vedere che lei sta cominciando a stressarsi, e puoi sentire quelle familiari fitte di empatia, e sei in grado di capire cosa sta succedendo: Tu stai causando lo stress. Sei troppo dispotico e hai bisogno di regolare in qualche modo quello che stai facendo.

Allora sarete capaci di ridimensionare il tutto e fare diverse concessioni per il vostro partner, permettendo a quest'ultimo di non stressarsi più di tanto. Quando fai questo, ti assicuri che il tuo partner si prenda cura di te. Ti assicuri che il tuo partner si senta apprezzato invece che stressato. Nell'essere in grado di riconoscere che le proprie emozioni stavano causando un grave stress o altre emozioni negative in qualcun altro, si può indietreggiare e assicurarsi di non continuare a comportarsi in modi dannosi.

**Intelligenza emotiva e comunicazione**

L'intelligenza emotiva ha anche un impatto significativo sulle capacità di comunicazione. Questo ha senso: non si può essere influenti se non si ha modo di comunicare con le altre persone. Con la maggiore consapevolezza di come i propri sentimenti emotivi possono alterare il proprio modo di parlare e il linguaggio del corpo, è possibile iniziare a monitorare questo aspetto. Se sapete di essere stressati, potete usare le vostre abilità di intelligenza emotiva per assicurarvi di comportarvi attivamente in modi che vi faranno bene. Sarete in grado di fare quella pausa in più per comunicare chiaramente perché siete consapevoli delle vostre tendenze.

La comunicazione diventa più efficace semplicemente perché siete in grado di regolarvi meglio. Sapete che state parlando troppo rapidamente perché siete stressati, quindi prendete manualmente il controllo e parlate deliberatamente in modo più lento e controllato. Facendo questo si toglie il potere della vostra ansia in primo luogo, permettendovi di comunicare chiaramente.

In definitiva, proprio come lo sviluppo dell'intelligenza emotiva è stato fondamentale nella costruzione dell'empatia, è fondamentale anche nelle impostazioni di comunicazione. Dovete essere in grado di essere emotivamente intelligenti se volete comunicare nel modo più efficace possibile. Ricordate, il modo migliore per mantenersi lucidi quando si è stressati è quello di fare un respiro profondo dentro e fuori prima di parlare per rispondere alla domanda.

Come nota finale, ricordate che potete usare le vostre emozioni a vostro vantaggio. Potete far leva sulle vostre emozioni per permettervi di comunicare chiaramente. Ricordate, le vostre emozioni non sono un segno di debolezza, né richiedono l'eliminazione totale. Ci sono tempi e luoghi in cui utilizzare le vostre emozioni, e se trovate che la situazione attuale sia appropriata, dovreste assolutamente fare uso di quelle emozioni. Questo vi permette di rendere il vostro punto di vista ancora più chiaro, e se le vostre emozioni sono appropriate a qualsiasi situazione di cui state comunicando, la vostra manifestazione di emozioni può aiutarvi a sottolineare ulteriormente il vostro punto e quanto siete appassionati.

## Capitolo 4: Emozioni e Stato Psicologico

Gli stati emotivi sono fondamentali da capire quando si parla di contatto tra persone. Le emozioni possono complicare fortemente quasi tutto ciò che riguarda la vostra interazione con qualcun altro, cambiando il modo in cui vengono affrontate. Quando vi avvicinate al vostro stato psicologico con le vostre emozioni, in qualsiasi momento, scoprite che le emozioni stanno sempre costantemente interferendo con esso.

Le vostre emozioni sono costantemente in uno stato di fluttuazione, proprio a causa della natura delle emozioni stesse. Saranno sempre in diretta interazione con la vostra mente e i vostri comportamenti. Cambiano sempre da persona a persona, e questo è importante da tenere a mente.

Immaginate di sentirvi già abbastanza infastiditi mentre vi mettete in strada per tornare a casa dal lavoro. Eravate già frustrati, e per questo, mentre guidate, quando qualcuno vi taglia la strada, suonate il clacson con rabbia. Suonando rabbiosamente il clacson alla persona, cercate di superarla solo per farla finita, ma l'altra persona lo interpreta come un tentativo di correre. Accelerano per impedirti di passargli davanti, e questo è bastato a peggiorare la situazione.

Alla fine della giornata, hai quasi fatto un incidente prima di deviare dalla strada principale verso un'altra strada, imprecando e infuriando. Poi torni a casa e sei incredibilmente breve con i tuoi figli e il tuo partner, tutto perché sei già in quella mentalità combattiva, e finisci per sconvolgere le persone che erano semplicemente felici di averti a casa.

### Lo scopo delle emozioni

Le emozioni stesse hanno due scopi primari: permettono la comunicazione non verbale, che è fondamentale di per sé, e permettono la costante motivazione per tenervi in vita. In effetti, le vostre emozioni esistono perché la vostra mente inconscia ha bisogno di un modo attraverso il quale interagire con il mondo che la circonda.

Tenendo presente che la mente ha due parti distinte, il conscio e l'inconscio, è importante riconoscere che i due raramente comunicano tra loro. Non sono in grado di comunicare attivamente e in modo affidabile tra di loro, e a causa di ciò, non sono sempre efficaci come potrebbero essere.

La mente inconscia cerca di guidare il comportamento: si occupa di tutto ciò che durante la giornata non richiede attenzione, come ad esempio prestare interesse a ciò che si deve fare, come si deve fare, e assicurarsi che si è in grado di fare ciò che si deve fare senza sprecare lo spazio della mente cosciente.

Pensate per un momento a come la vostra mente cosciente sia direttamente responsabile delle vostre percezioni e decisioni coscienti - si occupa del lavoro pesante e di tutto ciò che richiede attenzione. Per esempio, prendete in considerazione l'atto di scrivere un'e-mail: la vostra mente cosciente è in grado di decidere esattamente cosa volete scrivere, mentre la vostra mente inconscia si occupa della digitazione attiva che fate per mettere il punto in modo appropriato. Questo significa che la tua mente inconscia fa i compiti più umili, prestando attenzione a come stai scrivendo e controllando manualmente le tue dita, così che tu non debba farlo.

La mente inconscia è tipicamente la più veloce delle due semplicemente perché è automatica. Accade senza che la mente cosciente abbia la possibilità di influenzarla. Fate semplicemente quello che si aspetta che facciate. Naturalmente, puoi coscientemente annullarlo se sai cosa stai per fare, ma per la maggior parte, non lo vedrai accadere.

Ora, scrivere un'email è relativamente poco rischioso - non importa molto se fate un errore di battitura perché tutto quello che dovete fare è correggerlo. Tuttavia, immaginate che stiamo considerando una situazione più pericolosa. Forse stai guidando lungo la strada quando un camion vira improvvisamente sulla tua corsia nel traffico. Schiacciate i freni per evitare di investirlo prima ancora di rendervi conto di ciò che sta accadendo: la vostra mente inconscia ne è stata responsabile.

## Comunicazione

A questo punto, è il momento di guardare le emozioni più in profondità in termini di modalità di comunicazione. Quando provi un'emozione, il tuo corpo cambia naturalmente in risposta. Potreste sentirvi stringere internamente quando siete nervosi, piegandovi su voi stessi e incrociando le vostre braccia per proteggervi. Potreste trovarvi a tentare attivamente di evitare il contatto visivo.

Questo comunica direttamente a tutti quelli che ti circondano un messaggio molto specifico: sei a disagio e chiuso. Il tuo comportamento dice attivamente alle altre persone che stai cercando di evitare l'interazione e che vuoi essere lasciato solo. Questo è il tuo modo di comunicare non verbalmente.

La comunicazione non verbale comprende gran parte del modo in cui comunichiamo con le altre persone. Prende in considerazione il linguaggio del corpo, come ad esempio quanto vicino o lontano dagli altri si è disposti ad andare, e quanto si è disposti a fare concessioni nel modo in cui ci si avvicina a qualcun altro. Ciò che è particolarmente critico da ricordare è che quando si interagisce con altre persone, è necessario considerare il fatto che il loro linguaggio del corpo è incredibilmente eloquente, e questo perché racconta le loro emozioni.

Pensate per un momento alla terapia cognitiva comportamentale. Se non avete familiarità con questa terapia, è una combinazione di terapia cognitiva e terapia comportamentale. Guarda al fatto che i pensieri influenzano le emozioni, le emozioni influenzano i comportamenti, e i comportamenti rinforzano i pensieri. Questo significa che se si può leggere il linguaggio del corpo, si può analizzare per identificare l'emozione che si prova. Se riuscite a capire quale emozione viene provata in un dato momento, potete iniziare a capire perché quell'emozione viene provata in primo luogo, permettendovi un migliore accesso alla mente degli altri. Questo vi permetterà di ottenere un prezioso feedback a cui altrimenti non avreste accesso. Quando capite la mentalità di qualcun altro, allora siete in grado di interagire meglio con le persone. Potete fare in modo di comportarvi in modi che sapete essere favorevoli al comportamento che volete, perché conoscete questo ciclo di pensieri, sentimenti e comportamenti, e riconoscete che il vostro linguaggio del corpo permette la comunicazione verso l'altra persona.

## Motivatori

Ora, guardiamo le vostre emozioni come motivatori - considerate come, quando eravate in pericolo, guidando sulla strada, avete premuto i freni senza essere coscienti di farlo. Questo perché, per quel momento, nel tuo stato estremo di emozione, la tua mente inconscia ha preso il sopravvento. È stata in grado di guidarvi attraverso il processo di schiacciare quel freno per proteggervi, perché la mente inconscia è in gran parte dedicata a mantenervi vivi e funzionali. Avete bisogno di essere in grado di proteggere voi stessi per rimanere vivi.

Le vostre emozioni funzionano quando la vostra mente inconscia sente il bisogno di intervenire attivamente in un processo o nel tentativo di fare qualcosa. In effetti, le emozioni sono progettate per orientarvi verso i comportamenti che hanno più senso per la vostra situazione. Pensate a come vi sentireste se qualcuno vi molestasse continuamente al lavoro: sareste arrabbiati. Questa è una risposta diretta al fatto che il vostro bisogno di limiti non è stato soddisfatto. I vostri confini sono stati ripetutamente oltrepassati, e non importa quanto abbiate cercato di dire alla persona gentilmente di lasciarvi in pace, avete scoperto che le violazioni dei confini continuavano a verificarsi ancora e ancora, così alla fine avete perso la speranza di comunicare con la persona e vi siete arrabbiati. Eravate motivati dalla vostra rabbia a far rispettare i vostri confini che venivano disattesi.

Ciascuna delle vostre emozioni primarie serve uno scopo motivazionale molto specifico: vi guida verso una sorta di comportamento stabilito per assicurarvi che i vostri bisogni interpersonali di base siano soddisfatti. Siete in grado di imporre che avete bisogno, per esempio, che qualcuno vi aiuti quando avete paura o siete tristi. Comunichi qualcosa di chiaro: c'è qualcosa che non va, e ci può anche essere potenzialmente un certo livello di pericolo che deve essere preso in considerazione.

Quando tieni a mente le emozioni come motivatore, iniziano a diventare incredibilmente facili da capire. Quando vi sentite arrabbiati, sapete che state avendo una sorta di confine violato, e questo vi sta frustrando. Quando vi sentite tristi, sapete che è perché qualcosa vi sta facendo male, e sentite il bisogno di lottare contro di essa o di ottenere sostegno, e così via.

Tuttavia, al giorno d'oggi, molte volte, le situazioni che scatenano le nostre emozioni non si allineano così tanto con l'idea che diceva che erano sviluppate in natura. Potreste sentirvi spaventati, ma quella paura viene dalla paura di perdere qualcosa piuttosto che da una paura della morte o di essere minacciati in altro modo. In effetti, reagirete con paura a una situazione che in realtà non giustifica una reazione così forte. Per esempio, avere qualcuno che commenta qualcosa di crudele sulla vostra pagina di social media è diverso dal sentirsi veramente minacciati dalla situazione a portata di mano come se steste fissando la bocca di un puma o di qualche altro animale che fosse principalmente determinato a mangiarvi e uccidervi.

Questo significa che la maggior parte delle volte, i vostri impulsi emotivi sono di solito grossolane reazioni eccessive a ciò che altrimenti avrebbero dovuto essere. Non avete bisogno di reagire come se qualcuno stesse cercando di uccidervi se vi sta semplicemente dicendo che non è d'accordo con voi, né avete bisogno di attaccare attivamente e combattere fino alla morte per una sorta di malinteso o per chi ottiene l'ultimo pacco di carta igienica al supermercato.

Naturalmente, questo non significa affatto che le vostre emozioni non siano importanti o che non debbano essere considerate. Le vostre emozioni sono critiche in diversi contesti, ed essere in grado di riconoscere le vostre emozioni può aiutarvi a sapere esattamente come vi sentite in un dato momento. Ciò che è importante, tuttavia, è sapere quando mettere quella distanza tra voi e ciò che sta accadendo, e quando quegli impulsi emotivi sviluppati in millenni di sopravvivenza del più forte in natura sono effettivamente appropriati per agire.

## La causa delle emozioni

Nonostante i tentativi di spiegare la causa delle emozioni, che vanno dagli spiriti e le passioni della vecchia psicologia filosofica fino all'ipotesi che si tratti di una sorta di evento ormonale, l'unica costante tra tutte le spiegazioni su cosa causa le emozioni è che non esiste una risposta definitiva. In effetti, ci sono sei teorie principali su ciò che provoca le persone ad avere emozioni in primo luogo e cosa le scatena. In questa sezione, affronteremo tutte e sei queste teorie, permettendovi di trovare la vostra spiegazione e la vostra teoria dopo averle ascoltate. Le sei principali teorie dell'emozione sono la Teoria Evolutiva, la Teoria dell'Appraisal Cognitivo, la Teoria del Facial-Feedback, la Teoria James-Lange, la Teoria Cannon-Bard e la Teoria Schacter-Singer.

In definitiva, queste teorie possono essere comprese in tre modi: essere di natura fisiologica, affermando che il corpo è ciò che causa le emozioni, essere di natura neurologica, affermando che il cervello è responsabile delle emozioni ed essere di natura cognitiva, affermando che i pensieri e gli stati mentali hanno influenza sulle emozioni.

| Teorie Fisiologiche | Teorie Neurologiche | Teorie Conoscitive |
|---|---|---|
| • Le risposte del corpo causano emozioni | • L'attività celebrale causa le emozioni | • I pensieri causano emozioni |

## Teoria evolutiva

A partire da Charles Darwin, la Teoria Evolutiva afferma che le emozioni esistono per mantenere gli animali in grado di sopravvivere e riprodursi. Effettivamente, proviamo alcune emozioni positive che portano all'accoppiamento, mentre altre emozioni incoraggiano le persone a combattere o a scappare. In definitiva, all'interno di questa teoria, le emozioni sono adattive - sono motivanti e permettono risposte rapide all'ambiente.

Capire come funzionano le emozioni negli altri permette anche la sopravvivenza adattiva - quando si è in grado di capire i sentimenti degli altri, si può effettivamente fare in modo di essere in grado di proteggersi. Per esempio, se sapete che sentirsi arrabbiati rende le persone volubili e pronte a reagire in caso di necessità, potreste vedere qualcuno che mostra comportamenti difensivi o aggressivi e prenderne intenzionalmente le distanze. Vi assicurerete efficacemente di rimanere al sicuro e a vostro agio perché state facendo in modo di evitare di incoraggiare qualsiasi comportamento che potrebbe diventare problematico per voi. Siete in grado di rispondere efficacemente perché capite i segnali emotivi dell'altro animale o persona.

## Teoria della valutazione cognitiva

All'interno delle teorie di valutazione, diventa chiaro che il pensiero deve avvenire prima che si verifichi un'emozione. In effetti, all'interno di una serie di eventi che scatenano un'emozione, il pensiero che avviene dopo lo stimolo è ciò che determina le emozioni. Pensate a come potreste essere assolutamente terrorizzati alla vista di un ragno, ma qualcun altro è più che felice di andare in giro con la sua tarantola appesa alla spalla. La ragione per cui si può essere terrorizzati da un ragno che porta a qualcun altro grande gioia sono i processi di pensiero dietro di esso.

## La teoria del feedback facciale

È stato notato nel corso degli anni che a volte le risposte del corpo hanno un impatto diretto sulle emozioni invece di essere una conseguenza di quell'emozione. Alcune persone portano questo all'estremo: suppongono che siano i cambiamenti nei muscoli facciali, quindi, a causare le emozioni. Pensate se dovete sorridere a qualcuno e, alla fine, iniziate effettivamente a divertirvi di più di quanto fareste altrimenti. Questo perché vi state impegnando con i muscoli facciali e i muscoli facciali ne sono direttamente responsabili.

Questo può sembrare inverosimile per alcuni, ma considerate che sia Charles Darwin che William James, di cui sentirete parlare più avanti, hanno entrambi riconosciuto questo legame tra fisico ed emotivo. A causa dei sostenitori di persone come Darwin e James, persone che credono in queste teorie, la teoria del feedback facciale è riuscita a diventare una delle più note.

## Teoria James-Lange

Tra tutte, però, forse la teoria più conosciuta sulla causa delle emozioni è la teoria di James-Lange. In particolare, questa teoria è stata sviluppata dallo psicologo William James e dal fisiologo Carl Lange. Insieme, i due misero insieme una teoria che affermava che le risposte emotive nascono da un risultato di reazioni fisiologiche agli eventi.

Questo può sembrare complicato, ma considerate per un momento cosa succede quando vedete un lupo o un orso o un altro predatore che vi fissa dal vostro cortile. Molto probabilmente, sentirete il vostro battito cardiaco accelerare. Noterete che il vostro corpo sembra tremare e diventare freddo. La vostra respirazione cambia. Queste risposte fisiologiche, quindi, devono essere interpretate in qualche modo. Dopo tutto, pensate a come molte di queste sensazioni siano simili anche all'eccitazione estrema? Se siete estremamente eccitati, sentirete anche la vostra frequenza cardiaca e la respirazione aumentare.

La teoria di James-Lange dice, quindi, che l'unica differenza tra la vostra sensazione di un cuore che batte per l'eccitazione o per il terrore è come la pensate. Siete essenzialmente impostati per interpretare la vostra risposta fisiologica, e poi questo fornisce la vostra emozione. Invece di sentire il tuo cuore correre perché sei spaventato, ti senti spaventato perché il tuo cuore sta attivamente correndo.

## La teoria di Cannon-Bard

Un'altra teoria comune è conosciuta come la teoria di Cannon-Bard e questa si propone di mostrare il disaccordo con la teoria di James-Lange. In effetti, poiché è del tutto possibile e previsto che le persone abbiano risposte fisiologiche per varie ragioni, è impossibile dire che è solo il fisico a determinare l'emotivo. Inoltre, poiché gli stati emotivi sono così rapidi, è impossibile che siano il risultato di cambiamenti fisici. Dopo tutto, sentiamo l'emozione immediatamente con i sintomi - se il fisico venisse prima, allora ci sarebbe un leggero ritardo nell'inizio dell'emozione e la reazione fisiologica.

Per affrontare questi problemi con la teoria James-Lange dell'emozione, è nata la teoria Cannon-Bard. All'interno di questa teoria, Cannon suggerisce che le vostre emozioni sono un risultato del talamo all'interno del cervello per rispondere a una sorta di stimolo. Un messaggio viene inviato e innesca l'esperienza emotiva, innescando allo stesso tempo anche quella fisiologica. In effetti, l'unico messaggio viene interpretato in due modi diversi.

Per esempio, immaginate di camminare verso la vostra auto, solo per trovare un orso che vi fissa. Il vostro corpo recepisce lo stimolo: registrate visivamente la consapevolezza dell'orso. Il vostro talamo cerca poi di rispondere all'orso. In risposta, il messaggio del talamo vi fa sentire terrorizzati, e contemporaneamente crea le vostre sensazioni di paura - vi sentite tremanti e nervosi, per esempio. Sentite il vostro cuore correre. Vuoi correre.

Stimolo ⟩ Il talamo invia un messaggio ⟩ Risposta emotiva e fisica

### Teoria di Schachter-Singer

L'ultima teoria che affronteremo è la teoria di Schacter-Singer, conosciuta anche comunemente come la teoria dei due fattori. Si tratta di una teoria cognitiva in cui la risposta fisiologica deve verificarsi prima della creazione di un'emozione. In risposta al fisiologico, poi si deve capire perché quell'eccitazione sta accadendo e poi etichettarla. Effettivamente, solo allora si può capire l'emozione.

Questa teoria è abbastanza simile alle teorie Cannon-Bard e James-Lange, attingendo da entrambe per crearne una nuova per spiegare il funzionamento delle emozioni. Consideriamo prima come la teoria James-Lange propone che le emozioni siano basate su deduzioni dalla reazione fisica ad uno stimolo e come la teoria Schachter-Singer rispecchia ciò. Sia il modello James-Lange che quello Schachter-Singer sottolineano che le persone fanno queste deduzioni dal fisico all'emotivo, usando un'interpretazione cognitiva.

Per quanto riguarda la teoria di Cannon-Bard, entrambi concordano sul fatto che la stessa reazione fisica può causare diverse emozioni. Per esempio, si può riconoscere una particolare sensazione, come il tremore, come paura in una situazione in cui si fissa l'orso, ma a volte, il tremore può essere il risultato diretto della propria eccitazione per qualcosa.

Quindi, se il modello Schachter-Singer prevede che una risposta fisica venga interpretata cognitivamente, immaginate di essere appena usciti e che l'orso sia seduto lì, a fissarvi. Notate che cominciate a tremare e che il vostro cuore batte forte. Guardate l'orso e riconoscete che è la presenza dell'orso a farvi sentire questi segni di eccitazione: siete iper-consapevoli della presenza dell'orso. Dovete quindi capire che cosa significa la vista dell'orso: riconoscete che la presenza dell'orso sarebbe considerata una minaccia e rispondete di conseguenza. Riconoscete che la presenza dell'orso è una minaccia e che la minaccia dovrebbe essere accolta con sentimenti di paura. Così, stabilite che il tremore e il cuore che corre in risposta alla vista dell'orso sono paura.

## Le emozioni universali

Insieme a tutti i modi in cui le emozioni potrebbero essere causate, un altro punto comune con cui confrontarsi è se le emozioni sono universali. Attualmente si crede che le emozioni che si provano, dall'essere piacevolmente sorpresi, al moderatamente irritati, fino al sentirsi colpevoli, provengono tutte da quelle che sono conosciute come le sette emozioni universali. Queste sette emozioni sono una sorta di famiglie per gli altri e molte delle emozioni che la gente conosce e riconosce derivano da una serie diverse di queste emozioni. Le sette emozioni universali sono rabbia, disprezzo, disgusto, paura, gioia, tristezza e sorpresa. Tutte le altre emozioni esistono da qualche parte all'interno di questi confini.

Ognuna di queste sette emozioni trasmette messaggi molto importanti per coloro che sono presenti intorno a loro. Trasmettono un qualche tipo di bisogno che non viene soddisfatto, o nel caso della felicità, una mancanza di bisogni insoddisfatti. Comprendere i bisogni che queste emozioni trasmettono aiuta enormemente nella gestione delle relazioni con gli altri. Queste emozioni sono determinate per essere universali perché sono riconoscibili, non importa da dove viene l'individuo che è esposto ad esse. Sono effettivamente un modo di comunicare che sembra essere innato - infatti, anche le persone che sono cresciute cieche continuano a trasmettere il linguaggio del corpo relativo a queste sette emozioni.

### Rabbia

La rabbia come emozione è fortemente motivazionale. È una risposta incredibilmente intensa ed è destinata ad essere usata come risposta alla percezione di una minaccia di qualche tipo. Quando provate la rabbia, di solito state trasmettendo alle altre persone che vi sentite minacciati - state dicendo che avete un bisogno di difesa o di limiti.

## Disprezzo

Il disprezzo è incredibilmente vicino alla rabbia, è una sensazione che qualsiasi cosa stiate guardando o con cui avete a che fare sia in qualche modo al di sotto di voi. Mostri che non ha valore per te in modo efficace. Si tratta di trattare altre persone o una cosa con disinteresse o disprezzo: in effetti, state dicendo che non rispettate quell'altra persona o ciò che quell'altra persona sta facendo. Questo è mostrare un bisogno di spazio dall'altra persona - siete effettivamente disgustati dalla presenza di quell'altra persona.

## Disgusto

Il disgusto è quella sensazione che si prova quando si guarda qualcosa di ripugnante. Se avete mai sentito l'odore di un pannolino sporco o aperto una confezione di cibo solo per scoprire che è coperto di muffa, probabilmente avete provato disgusto in qualche misura. Quando provate disgusto per qualcosa, state provando un intenso bisogno di allontanarvi da qualcosa, probabilmente perché rappresenta una minaccia per la vostra salute e sicurezza. Provate disgusto per impedirvi di mangiare qualcosa di ammuffito o tossico; per esempio, l'odore o l'aspetto sono sufficienti a farvi rivoltare lo stomaco e a scoraggiarvi dal continuare.

## Paura

La paura è la sensazione che si prova quando si è esposti a qualcosa che è una minaccia significativa per voi - porta alla risposta di lotta o di fuga, e come risposta, o avete paura, il che vi farà fuggire, o la vostra paura si sposta invece sulla rabbia e passate alla risposta di lotta. La paura è un'emozione necessaria per tenervi al sicuro: vi incoraggia a difendervi trasmettendovi il bisogno di proteggere o difendere. Dice alle altre persone che avete un bisogno di sicurezza e che avete bisogno di aiuto per soddisfarla.

## Gioia

La gioia è lo stato di sentirsi felici o calmi con ciò che sta accadendo. Vi sentite a vostro agio nell'ambiente che vi circonda e siete soddisfatti di ciò che sta accadendo, o addirittura vi divertite con voi stessi e con ciò che sta accadendo. Quando sperimentate la gioia, state sperimentando una mancanza di bisogni. Tutti i vostri bisogni sono stati soddisfatti e vi state divertendo.

## Tristezza

La tristezza si prova per una ragione molto importante: è destinata ad essere adattativa. La tristezza ha scopi molto reali che sono parte integrante di una vita felice, per quanto possa sembrare contraddittoria. Ti ricorda di prestare attenzione a ciò che dà significato alla tua vita. Ti dice che dovresti apprezzare ciò che hai. Ti permette di sentirti concentrato e motivato e incoraggia anche la resilienza. Mostra che hai bisogno di sostegno e ricorda alle persone di fornirti quell'aiuto e quella resilienza.

## Sorpresa

Infine, la sorpresa porta con sé la necessità di prestare attenzione a qualcosa. Mostra una sorta di scollamento tra le vostre aspettative e ciò che avevate di fronte. Potreste esservi aspettati una cosa, solo per scoprire che le vostre aspettative sono state completamente evitate. In effetti, quindi, sentite il bisogno di prestare maggiore attenzione a qualsiasi cosa stia accadendo intorno a voi per capire cosa sta succedendo. Questo segnala anche agli altri di prestare maggiore attenzione perché qualsiasi cosa stia accadendo si sta discostando dal previsto.

## Emozioni, stati d'animo e sentimenti

Infine, mentre concludiamo questo capitolo, è il momento di prestare particolare attenzione alla differenza tra emozioni, sentimenti e stati d'animo. Nonostante il fatto che ci si possa riferire a tutti e tre come alla stessa cosa, sono tutti nettamente diversi l'uno dall'altro. I vostri sentimenti ed emozioni sono diversi, così come i vostri stati d'animo. Anche se sono strettamente legati l'uno all'altro, dovete essere in grado di riconoscere anche le differenze intrinseche, specialmente considerando che diventano piuttosto rilevanti da capire in seguito.

Nel complesso, comunque, la differenza principale è il tempo. Il tempo porta qualcosa da un'emozione a una sensazione e da una sensazione a uno stato d'animo. Effettivamente, i tre lavorano insieme con sensazioni simili, ma hanno scopi diversi.

Si ritiene che le **emozioni** siano la risposta chimica all'innesco ed è quasi istantanea. Il cervello è in grado di capire lo stimolo e innescare le sostanze chimiche necessarie entro circa mezzo secondo. Queste sostanze chimiche vanno in tutto il corpo, ed è per questo che molte delle vostre emozioni hanno anche un impatto diretto sul vostro corpo. Queste emozioni durano circa sei secondi prima che l'emozione iniziale svanisca.

I **sentimenti**, quindi, sono l'integrazione dell'emozione. Comprendiamo l'emozione che è stata provata e cominciamo a capirla. Sentiamo sia fisicamente, come quando immergiamo il piede nell'acqua calda e sentiamo che è calda, sia emotivamente, come in risposta ad una forte emozione. Al contrario delle emozioni, che sono spinte dal cervello e dalle sostanze chimiche, i sentimenti sono cognitivi. Sono di solito diverse emozioni che si uniscono, insieme ai pensieri che le circondano. Sono anche più duraturi, ma ancora non permanenti.

Infine, gli **stati d'animo** sono sensazioni generali. Sono il vostro stato generale in un dato momento. Quando siete di buon umore, allora vi sentite per lo più bene con voi stessi e con ciò che sta accadendo. Sei generalmente calmo e rilassato, per esempio, e probabilmente sei più paziente. Quando siete di cattivo umore, invece, potreste scoprire di non avere la minima pazienza per affrontare qualsiasi cosa.

# Capitolo 5: Gestire i Pensieri e Regolare le Emozioni

Immaginate che vi stiate dirigendo verso il negozio di alimentari per prendere alcuni articoli dell'ultimo minuto prima di andare a casa per cena. È il venerdì prima del successivo Giorno del Ringraziamento e sapete che il negozio sarà pieno di gente. Avete già avuto una brutta giornata e vi sentite già impazienti. Mettiamo le cose in chiaro: avete due bambini malati a casa e il vostro terzo figlio è stato appena sospeso. La vostra auto è morta all'inizio della giornata e nel complesso siete proprio alla frutta. Non potete sopportare che qualcos'altro vada storto.

Naturalmente, però, nonostante vi sentite come se non poteste affrontare nient'altro, scoprite che 2/3 delle cose per cui siete andati al negozio sono, in effetti, esaurite, e non potete averle. Ne avevate bisogno per la vostra grande cena festiva, e senza di loro non potete assolutamente finire il pasto. Forse è il grande piatto principale che manca - forse non c'è più tacchino da comprare. Lo perdi proprio lì. Urli contro l'addetto che ti aveva appena chiesto se c'è qualcosa di cui hai bisogno. Gli dici che sei furioso che non abbiano tacchini quando è il Giorno del Ringraziamento, e non puoi credere che il negozio abbia fallito così tanto. Ti scarichi completamente su questo povero magazziniere di 16 anni che non fa altro che assicurarsi che ci sia del cibo sugli scaffali.

In realtà, non è colpa dell'impiegato - non è lui il responsabile della mancanza di tacchini. Certo, il negozio avrebbe potuto ordinarne di più, ma in realtà, l'unico da biasimare per la mancanza di tacchini in quel momento sei tu. Avresti potuto andare all'inizio della settimana a prenderne uno, il che avrebbe avuto molto più senso. Avresti potuto provare ad andare in un altro negozio per prenderne uno, ma eri troppo stanco per continuare a guidare ovunque. Avresti potuto fare un sacco di cose diverse, ma alla fine della giornata, hai scelto invece di urlare contro un povero impiegato adolescente che probabilmente aveva di meglio da fare in quel momento.

In questo esempio, è un segno di lotta con la regolazione emotiva. Va bene sentirsi furiosi per la propria situazione, ma ciò che non è accettabile è decidere di prendersela con una persona casuale e innocente che non ha nulla a che fare con ciò che si prova. Per quanto possa farvi sentire meglio urlare contro qualcun altro, non è particolarmente salutare farlo. Non è giusto nei confronti del dipendente a cui avete urlato, né è un metodo solido per gestire le vostre emozioni.

Essere in grado di autoregolarsi è un'abilità critica che tutti devono imparare, sia gli adulti che i bambini. Quando si è in grado di autoregolarsi, si può evitare di rispondere negativamente, come nel caso di cui sopra. Sapete come gestire le vostre emozioni e permettere loro di essere sentite in un modo che è sano e che porta effettivamente a risolvere il problema. Invece di urlare, avresti potuto scegliere di andare in un altro negozio, per esempio, o chiedere quando ci saranno altri tacchini, piuttosto che rischiare di essere bandito in modo permanente.

Naturalmente, l'autoregolazione non si limita alla gestione delle emozioni, ma può anche gestire i propri pensieri per gestire se stessi. Quando si è in grado di gestire i propri pensieri, si è in grado di regolare anche se stessi. Ripensate a come i vostri pensieri possano alterare il modo in cui registrate le vostre emozioni - se sentite che le vostre emozioni stanno per essere distorte dai vostri pensieri, potreste aver bisogno di cambiare il pensiero per assicurarvi che ciò non accada. Per esempio, potreste voler gestire i pensieri che circondano la vostra attuale fobia per evitare che le vostre emozioni siano problematiche.

Nel corso di questo capitolo, imparerete diverse situazioni in cui potreste aver bisogno di gestire i vostri pensieri. Imparerete a conoscere i pensieri negativi e le distorsioni cognitive e come questi pensieri debbano essere mitigati a causa della loro tendenza ad avere un impatto negativo sul vostro stato emotivo.

Imparerete come gestire i pensieri, guardando all'uso della terapia cognitivo-comportamentale e dell'intelligenza emotiva per aiutarvi a farlo. Poi vi concentrerete specificamente sulla regolazione emotiva, comprendendo cosa comporta e perché dovrebbe avvenire. Infine, mentre questo capitolo giunge alla fine, guarderete a diverse tecniche che sono usate per gestire i pensieri e regolare le emozioni.

Quando avrete finito questo capitolo, dovreste sentirvi a vostro agio con l'idea di controllare sia le vostre emozioni che i vostri pensieri. Così facendo, scoprirete che c'è un impatto positivo sulla vostra vita. Vi sentirete più capaci di gestire voi stessi in situazioni difficili o negative. Vi sentirete più in controllo di voi stessi, e scoprirete che anche le vostre relazioni più tese del passato diventeranno più facilmente gestibili.

## Quando i pensieri richiedono gestione

Vi è mai capitato di avere un pensiero e pochi istanti dopo desiderare di non averne avuto uno simile? Forse avete avuto un pensiero che vi ha spinto ad agire, come l'esempio nel negozio di alimentari, in cui eravate così sopraffatti dalla vostra giornata che vi siete scagliati emotivamente contro tutti i presenti. Dopo l'accaduto, mentre ti sedevi in macchina e raccoglievi i tuoi pensieri, potresti esserti sentito in imbarazzo o come se desiderassi aver gestito la situazione molto meglio di prima.

Tutti noi di tanto in tanto abbiamo pensieri problematici. Potresti sentirti abbattuto per aver incasinato qualcosa che pensavi fosse molto importante, come dire a te stesso che sei inutile per aver fallito. Potreste scoprire che siete rimasti bloccati a pensare in quello che presto riconoscerete come una distorsione cognitiva - pensare che è illogico e problematico e quindi dovrebbe essere ignorato.

Mentre è normale avere questi pensieri di tanto in tanto, è fondamentale assicurarsi di essere in grado di riconoscerli per poterli correggere. Dovete essere in grado di regolarvi, ricordando a voi stessi che questi pensieri che state avendo non favoriscono la felicità o il successo, e per questo motivo, dovreste ignorarli. Questa sezione cerca di identificare sia i pensieri negativi che le emozioni negative, in modo da sapere come gestire se stessi. Imparando a farlo, potrete contrastarli prima che vi sfuggano di mano una volta per tutte.

## Pensieri negativi

Vi è mai capitato di entrare in una situazione e di chiedervi immediatamente cosa succederà se fallite? Forse vi convincete a non provare a fare qualcosa perché siete convinti che il vostro tentativo sarà sempre un fallimento. Non importa quanto cerchiate di convincervi del contrario, rimanete intrappolati nei pensieri di negatività - i vostri pensieri sono radicati nei "non posso"e non voglio", e nonostante riconosciate che il vostro pensiero attuale è troppo negativo, non potete fare a meno di continuare.

In definitiva, il pensiero negativo è qualsiasi pensiero che è intrinsecamente bloccato nel funzionamento da un luogo di paura. È negativo e pericoloso, e non importa cosa si tenti di fare per cancellarlo, si scopre che continua a tornare. L'apprensione che sentite e che guida questi pensieri vi sfida direttamente - vi tiene indietro, convincendovi che non potete effettivamente passare attraverso i processi di cui avete bisogno. Vi fa sentire come se non valeste niente, lasciandovi sentire in colpa perché credete di essere incapaci, e contemporaneamente vi sentite in colpa per non averci mai provato.

Questi pensieri negativi sono ampiamente contagiosi - possono essere basati su ciò che dovrebbe essere o ciò che deve essere, creando effettivamente una sorta di obbligo. Dovresti essere in grado di fare questo, o devi assicurarti di finire quel lavoro prima della scadenza, e se non sei in grado di farlo, allora c'è un problema. Questo tipo di logica è problematica: ti costringe in questa situazione impossibile in cui pensi di dover fare qualcosa in un certo modo, e qualsiasi cosa oltre quel certo modo è un fallimento. Quando sei intrappolato nei pensieri negativi, scopri che li ripeti in continuazione. Si ha un pensiero, che provoca senso di colpa, che provoca inazione, che rinforza il pensiero, causando ulteriore senso di colpa.

Il più delle volte, questi si verificano a causa di una paura di qualche tipo. Si può avere paura di fallire o paura di avventurarsi in un territorio sconosciuto se non si ha familiarità con la situazione in cui si sta entrando. Questo causa problemi, specialmente perché i pensieri diventano automatici e ripetuti senza sforzo. Questo vi porta a tentare di fare meglio, ma in realtà rimanete bloccati nell'inazione, creando il suddetto ciclo.

## Distorsioni cognitive

I pensieri negativi menzionati sono solo una forma di distorsioni cognitive. Le distorsioni cognitive stesse si riferiscono a qualsiasi tipo di schema di pensiero esagerato che è spesso piuttosto irrazionale. Nell'essere irrazionale, spesso si vedono i problemi ad esso collegati. Si può avere un pensiero su come le cose devono andare in un certo modo, e quando non lo fanno, si lotta per compensare. In alternativa, potete pensare in un altro modo che vi porta a sentirvi come se capiste esattamente cosa sta passando nella mente della persona con cui state cercando di interagire. Presumete di sapere, anche se non avete modo di farlo veramente. Questo tipo di pensieri sono conosciuti come distorsioni cognitive, e spesso, se un pensiero cade in una delle distorsioni qui elencate, sapete che potete ignorarlo del tutto.

Per capire meglio questo, pensate alla logica corretta. Ci sono diverse forme di logica, conosciute come fallacie, che sono semplicemente inaccurate. Non possono essere utilizzate perché semplicemente non hanno senso nella logica formale. Non importa quanto duramente si possa tentare di giustificare qualcosa in logica con una fallacia, non sarà mai più valida come forma di argomento.

Le distorsioni cognitive che è probabile incontrare in qualsiasi momento sono:

- **Il bisogno di avere sempre ragione**: Questo pensiero presuppone che sia impossibile avere torto. In effetti, quando si cade in questo processo di pensiero, si cerca di giustificare i propri pensieri e sentimenti a tutti i costi, cercando letteralmente qualsiasi modo per forzare ciò che si è affermato come vero, anche se ciò comporta un'apparizione strana mentre lo si fa.
- **Dare la colpa**: Quando usate questa distorsione, trovate che tutti gli altri siano ritenuti responsabili di ciò che fanno di sbagliato, e siete veloci a ricordarglielo. Di fatto incolpate sempre gli altri, anche quando, in realtà, non appoggereste così tanto l'idea.
- **Ignorare la positività**: Quando usate questa distorsione, state effettivamente ignorando completamente tutto ciò che di positivo accade. Anche se vi è successo qualcosa di buono nel corso di una giornata, fate prima a concentrarvi su come tutto quel giorno è andato male.
- **Ragionamento emotivo**: Questa particolare forma di ragionamento è incredibilmente problematica. Quando vi impegnate in un ragionamento emotivo, permettete effettivamente ai vostri stati emotivi di determinare i vostri pensieri su qualcosa. Se vi sentite felici per qualcosa, assumete che sia positivo, anche se non è necessariamente la scelta giusta per voi. Questo è il tipo di logica che vi fa finire con una rata dell'auto che fate fatica a permettervi, semplicemente perché il pensiero di guidare l'auto vi ha fatto sentire bene e quindi avete scelto di comprarla.
- **Fallacia del cambiamento**: Con questa distorsione, si scopre che ci si affida al controllo sociale per convincere le altre persone a cooperare. In effetti, si cerca di costringere le persone a fare ciò che si vuole o di cui si ha bisogno, usando la pressione o altre tecniche per farlo.
- **La fallacia dell'equità**: Quando si cade in questa distorsione, spesso si parte dal presupposto che le cose devono essere giuste a tutti i costi, e se non lo sono, ci si sente come se qualcosa fosse ingiusto e, quindi, sbagliato.

Ti senti come se la vita, in generale, dovesse essere giusta, nonostante il fatto che la vita sia intrinsecamente ingiusta, e poi usi le tue emozioni sull'ingiustizia della situazione come ragionamento per come ti sei comportato.

- **Saltare alle conclusioni**: Quando si fa questo, di solito si arriva a una sorta di conclusione senza alcun supporto per quel processo di pensiero. Tipicamente, si tratta di una delle due forme di salto alle conclusioni. Ci si può impegnare nella lettura della mente in cui si presume di sapere cosa sta pensando l'altra parte. Si presume che i loro pensieri siano negativi, anche quando potrebbero non esserlo. Questo vi porta a comportarvi secondo il modo in cui supponete che gli altri lo facciano, il che può essere un grosso problema se state supponendo che l'altra parte sia intenzionalmente negativa o problematica. L'altra forma di saltare alle conclusioni riguarda la cartomanzia: quando si fa la cartomanzia, si presume di sapere come andrà a finire qualcosa. Si presume che il finale sarà negativo e si agisce di conseguenza.
- **Etichettare**: Quando etichettate qualcuno, state sovrageneralizzando - assumete effettivamente che le azioni di qualcuno siano direttamente indicative del suo carattere. Per esempio, se qualcuno accidentalmente ha fatto un errore, si può presumere che sia generalmente piuttosto incompetente e lasciare le cose come stanno.
- **Minimizzare**: Quando si minimizza qualcosa, la si sta intenzionalmente sminuendo - si sta cercando di farla sembrare meno negativa o problematica di quanto non sia in realtà. Per esempio, potreste dire a voi stessi che qualsiasi cosa abbiate fatto bene non è in realtà così buona o benefica per voi come pensavate fosse inizialmente.
- **Catastrofizzazione**: A volte, si va nella direzione opposta alla minimizzazione - quando si catastrofizza, invece di rendere qualcosa più piccolo, lo si ingigantisce in qualcosa di molto peggiore di quello che è in realtà. Si rende effettivamente la situazione il più terribile possibile.
- **Sovrageneralizzazione**: quando vi impegnate in questa distorsione, scoprite che state prendendo decisioni e

generalizzazioni senza prove sufficienti in un senso o nell'altro. Si può supporre che se il tuo amico cancella i piani con te per motivi di vita, non gli piaci, o vorrebbe che tu smettessi di invitarlo o portarlo in giro.

- **Personalizzazione**: Quando si personalizza, si prende tutto sul personale. Ti permetti di essere responsabile di tutto, sia buono che cattivo, anche se realisticamente, non hai avuto nessun vero controllo o influenza su ciò che è successo.

- **Devi fare delle affermazioni**: Quando si fa questo, ci si concentra su ciò che deve o dovrebbe - questo è aspettarsi che le cose siano diverse invece di tentare di cambiare o adattarsi meglio a ciò che è successo.

- **Pensiero dicotomico**: Infine, quando si usa il pensiero dicotomico, si pensa che tutto sia agli estremi. O è perfetto o è un fallimento. O è sempre o mai. Quando si fa così, non si riconoscono tutti i colori di grigio che si trovano tra gli estremi.

## Gestire i Pensieri

Se credete che la vostra mente possa essere governata da questi tipi di pensieri negativi, può essere importante iniziare a gestirli. Se siete in grado di gestire i vostri pensieri, potete iniziare a gestire anche i vostri comportamenti, e questo è incredibilmente importante il più delle volte. Se aveste potuto gestire le vostre emozioni, non avreste mai fatto esplodere l'impiegato del negozio di alimentari, per esempio: avreste accettato l'accaduto e sareste andati avanti.

Gestire i pensieri può mantenervi calmi quando vi trovate di fronte allo stress. Può rendervi più affidabili e capaci di proteggervi. Quando si è in grado di gestire i propri pensieri, ci si assicura di essere in grado di trarre il meglio da quasi tutte le situazioni. Trarre il meglio dalla situazione è a volte il meglio che si possa fare, e senza questo, ci si può sentire appesantiti o altrimenti incapaci. Ecco perché gestire i vostri pensieri può essere così incredibilmente vantaggioso.

In definitiva, ci sono diversi metodi attraverso i quali è possibile gestire i pensieri degli altri. I due su cui ci concentreremo, tuttavia, sono la gestione attraverso l'intelligenza emotiva e la gestione attraverso la ristrutturazione cognitiva, una tecnica comune usata nella terapia cognitivo-comportamentale.

## Gestire i pensieri con la TCC

La ristrutturazione cognitiva è un esercizio comune all'interno della TCC - si fa per identificare qualsiasi pensiero problematico che si ha, come i pensieri negativi o le distorsioni cognitive, e poi trovare una sorta di metodo che si può usare per affrontarli. Normalmente, la tecnica è progettata per andare oltre sfidando costantemente il pensiero o altrimenti rendere se stessi un giudice inaffidabile della situazione a portata di mano.

Per esempio, immaginate di essere terrorizzati dal ricevere aiuto da altre persone. Il solo atto di dover chiedere aiuto a qualcun altro è sufficiente a lasciarvi assolutamente terrorizzati. Quando questo accade, scoprirete che anche chiedere aiuto in caso di emergenza è quasi impossibile. Fate fatica a rivolgervi attivamente a coloro che potrebbero essere nella posizione di aiutarvi, e a causa di ciò, state fallendo molto più di quanto dovreste.

Naturalmente, questa paura di chiedere aiuto porta al fallimento costante. Non chiedete, e poi, come conseguenza naturale, fallite. Questo è problematico: non potete attraversare la vita fallendo costantemente. Per questo motivo, decidi che userai la ristrutturazione cognitiva per aiutarti a difenderti. Ti concentri quindi sull'identificazione dei pensieri responsabili della paura di chiedere aiuto, in modo da poterli colpire direttamente. Puoi fare in modo di dire a te stesso che il tuo processo di pensiero è difettoso perché colpisce la lista delle distorsioni, per esempio, e quindi non ha importanza. Può comportare altri metodi come il rinforzo costante attraverso la ripetizione costante, perforando efficacemente il pensiero nella mente di qualcun altro. Non importa il metodo che si usa, ciò che vale è che si dovrebbe essere in grado di cambiare i pensieri che si hanno per proteggersi in futuro.

## Gestire i pensieri con l'intelligenza emotiva

Rispetto alla terapia cognitiva comportamentale, i metodi di controllo del pensiero all'interno dell'intelligenza emotiva possono sembrare un po' più vaghi e meno intuitivi. In particolare, scoprirete che quando dovete fissare i vostri pensieri negativi con l'intelligenza emotiva, state attivamente facendo in modo di evitare che accadano in primo luogo. Potreste usare metodi come le affermazioni e la ristrutturazione cognitiva, o potreste scoprire che invece è meglio usare altri metodi per difendervi al meglio.

Quando usate l'intelligenza emotiva per regolare i vostri pensieri, vi state effettivamente assicurando che i vostri pensieri siano sani, imparando a bypassare quelli negativi. Sì, i pensieri negativi devono essere sconfitti in ogni modo possibile. Tuttavia, dovete anche tenere a mente che è incredibilmente importante per voi fare in modo di difendervi anche da essi.

L'intelligenza emotiva è così incredibilmente efficace con queste forme di pensiero perchè insegna la disciplina e il controllo. Quando si impara ad essere emotivamente intelligenti, si impara ad essere resilienti, capaci di qualsiasi cambiamento che arriva e altro ancora. Capite efficacemente come aggirare al meglio le emozioni povere o negative imparando a riconoscere che, in quanto pensieri negativi, non meritano più considerazione di quanta ne abbiano già avuta nel momento in cui sono stati riconosciuti in primo luogo. Siete in grado di ricordare a voi stessi che non dovreste, infatti, cedere ad ogni vostro capriccio e pensiero, e invece fate in modo di essere in grado di vedere oltre gli impulsi e verso gli obiettivi che vi siete prefissati.

## Regolazione emotiva

La regolazione emotiva avviene in gran parte allo stesso modo, indipendentemente dal metodo scelto - intelligenza emotiva o terapia cognitiva comportamentale. Tuttavia, ciò che è importante notare è che quando si sceglie di utilizzare la regolazione emotiva, non si sta completamente ignorando le emozioni che si stanno avendo in un dato momento. Ricordate, provare emozioni è incredibilmente importante e incredibilmente potente. Piuttosto che non provare emozioni, vi concentrate su come regolarle: state facendo in modo di imparare come indirizzare al meglio i vostri sentimenti e fare in modo che non vi intralcino, piuttosto che dire a voi stessi che ciò che provate è sbagliato.

Per esempio, immaginate di essere di nuovo arrabbiati al negozio di alimentari. Va bene essere sconvolti - quello che non va bene è stato effettivamente esplodere su qualcuno che era del tutto estraneo alla persona che era lì con voi. Piuttosto che andare avanti come se niente di importante fosse andato storto, state scegliendo di riconoscere che un problema si è verificato, e poi siete meglio in grado di iniziare a capire come controllare le emozioni che lo hanno causato in primo luogo.

Forse il nome migliore per questo è costruire la tolleranza emotiva - quando siete impegnati nella regolazione emotiva, continuate a sentire tutte le emozioni principali. L'unica differenza è che avete imparato ad essere consapevoli - avete imparato ad essere coscienti dell'intero concetto di dover evitare del tutto le emozioni. Invece, permettete a quelle emozioni di essere sentite e imparate da esse. C'è sempre qualcosa di più che si può imparare da qualcuno o da una situazione, se lo si cerca davvero.

## Gestire i pensieri e i sentimenti

Quando si è pronti a gestire i propri pensieri, un metodo comunemente usato è quello delle affermazioni. In particolare, si chiarisce che si possono gestire i propri pensieri ripetendo a se stessi pensieri positivi finché non li si interiorizza e ci si crede. Per esempio, immaginate che vi sia stato appena detto che siete stati licenziati per non aver immagazzinato abbastanza tacchini - se siete in grado di gestire i vostri pensieri, potete evitare di cadere in una spirale di depressione in cui vi incolpate all'infinito. Invece di vedere la situazione come una tua colpa, sei in grado di capire cosa fare dopo.

### Affermazioni

Le affermazioni si riferiscono alle brevi asserzioni che ripeterai a te stesso regolarmente. Userai queste affermazioni ogni volta che sentirai che stai lottando in qualche modo. Per esempio, se vi accorgete che non riuscite a superare un pensiero negativo sulla vostra inutilità, potete trovare un'affermazione che vi aiuti a contrastarlo direttamente. Tutto quello che dovete fare è assicurarvi di essere in grado di trovare un'affermazione che sia formata abbastanza bene da aiutarvi a farlo. Usare le affermazioni è incredibilmente importante per regolare i vostri sentimenti negativi, aiutandovi a superarli per continuare ad andare avanti.

Quando si fanno affermazioni, aiuta ricordare tre regole distinte: tenerle personali, tenerle positive e tenerle orientate al presente. Se riuscite a ricordare queste tre regole, scoprirete che anche il più difficile e ostinato dei pensieri negativi può alla fine essere ucciso come il mostro che è.

| Presente | Positivo | Personale |
|----------|----------|-----------|

Dovete mantenere la vostra affermazione personale perché alla fine della giornata, letteralmente, l'unica persona e situazione su cui avete il massimo controllo siete voi stessi. Quando non siete il soggetto dell'affermazione, scoprirete che non potete agire su di essa, il che significa che non potete assolutamente garantire che l'affermazione sia vera alla fine della giornata, rendendola quasi inefficace in primo luogo.

Dovete assicurarvi che la vostra affermazione sia positiva - quando non lo è, difficilmente vi state aiutando a sconfiggere un pensiero negativo. Mentre un negativo moltiplicato per un negativo può creare un positivo, non è così nelle interazioni del mondo reale. Se vi hanno appena tagliato la strada mentre state guidando verso il lavoro, la risposta giusta non è quella di seguire l'altra parte e molestarla fino all'arrivo della polizia. Questo significa che se volete essere efficaci, dovete assicurarvi che la vostra affermazione sia positiva.

Infine, la vostra affermazione deve essere orientata al presente. Questo significa che è attivamente vera nel momento esatto in cui viene discussa. Dovete essere in grado di riconoscere la veridicità dell'affermazione se sperate di usarla per la ristrutturazione cognitiva.

Quando queste tre regole si uniscono, si crea effettivamente un'affermazione che è fattibile perché è al presente e in grado di affrontare un problema molto specifico che si può avere. Quando si uniscono, potete scoprire che siete più che capaci di assicurarvi che state incoraggiando un buono stato d'animo perché state usando un linguaggio positivo. Infine, sapete che è focalizzato specificamente su di voi, quindi sapete che il pensiero che state correggendo è ben all'interno della vostra giurisdizione.

## Ristrutturazione cognitiva

Un altro metodo comune per regolare è la ristrutturazione cognitiva. Questo processo comporta principalmente quattro passi: devi identificare i pensieri problematici, devi identificare le distorsioni, devi contestare le distorsioni e poi devi sviluppare un argomento per i pensieri negativi. Se si seguono questi quattro passi, alla fine si possono superare i pensieri negativi o le distorsioni presenti.

Iniziando con l'identificazione, sapete esattamente a cosa vi rivolgerete e, per questo, sapete dove andranno i vostri sforzi. Nell'individuarli, state identificando o pensieri negativi o distorsioni cognitive che saranno sfidati.

Identificando qualsiasi distorsione esistente, avete già messo una specie di chip nella loro armatura. Dopo tutto, se sapete che qualcosa nei pensieri è intrinsecamente difettoso, sarete in grado di protestare attivamente contro quel processo di pensiero. Potreste essere in grado di ricordare a voi stessi i problemi per superarli meglio, per esempio. Sarete in grado di riconoscere che c'è un difetto intrinseco che può aiutarvi a buttare via il pensiero del tutto. Dopo tutto, se qualcuno venisse a dirvi che, nel suo paese, 2+2=6, lo guardereste come se fosse pazzo. La speranza è che, riconoscendo le distorsioni, darete lo stesso sguardo ai vostri pensieri distorti.

Poi, è il momento di contestare i pensieri automatici. Potete farlo mettendo attivamente in discussione voi stessi e i vostri pensieri, ad esempio chiedendosi in che modo quei particolari pensieri siano veritieri o chiedendosi perché dovreste seguire quel particolare filo logico in primo luogo.

Infine, nello sviluppo di una confutazione razionale, si arriva con un nuovo modo di pensare. State sostituendo il vecchio pensiero con uno nuovo, offrendo un pensiero alternativo che ha effettivamente senso. Invece di dirvi che non valete niente, il che è effettivamente solo pensare con un ragionamento emotivo e seguirlo con un certo grado di etichettatura, dite a voi stessi che state facendo il meglio che potete.

## Regolazione Emotiva

In definitiva, mettere a terra se stessi è una tecnica che è in gran parte personale. Ciò che funziona per voi potrebbe non funzionare necessariamente anche per altri, ma ciò che è importante è che siate disposti a provare a vedere cosa, in effetti, funziona per voi. Potreste scoprire che fate meglio con qualche tipo di tecnica di consapevolezza per regolare le vostre emozioni. Potreste sentire che avete bisogno di un esercizio di respirazione o di qualche altro esercizio in generale. La cosa più importante in questo periodo è che tu scelga un metodo che ti faccia sentire a tuo agio. In definitiva, dovete sentirvi abbastanza a vostro agio da usare questi metodi nei momenti di estrema costrizione in certe situazioni. Per questo motivo, si raccomanda sempre di usare questi metodi di messa a terra diverse volte prima di averne effettivamente bisogno. Volete assicurarvi di aver fatto abbastanza pratica per garantire che siate effettivamente in grado di usarli quando sono più importanti.

## Metodo di messa a terra

Uno di questi metodi di messa a terra comporta l'uso di ciò che vi circonda. Quando usate questo metodo, vi assicurate effettivamente di potervi concentrare su tutto ciò che vi circonda, identificandovi e impegnandovi con i vostri sensi per assicurarvi di essere concentrati su ciò che vi circonda piuttosto che su ciò che state facendo.

In questo caso, impegnerete ciascuno dei vostri sensi uno alla volta per farvi scendere dallo stato emotivo. Pensate a questo come se vi faceste lentamente strada per tornare a riva dopo essere andati troppo lontano in mezzo al lago.

Iniziando con la vista, trova cinque cose intorno a te che puoi vedere. Prendi nota di ognuna di esse mentre lo fai. Poi, passa a quattro cose che puoi sentire intorno a te. In terzo luogo, vuoi identificare tre cose che puoi toccare. Quarto, devi essere in grado di identificare due cose che puoi annusare. Infine, hai bisogno di un'altra cosa che puoi assaggiare.

Questo serve a due scopi: distrae la tua mente dandole qualcosa di strutturato da guardare e considerare, e fa anche in modo che tu sia in grado di regolarti. Distrai efficacemente la tua mente da qualsiasi tipo di attacco di panico o problemi che stavi avendo usando i tuoi sensi il più possibile.

## Respirazione profonda

C'è qualcosa di stranamente terapeutico nella respirazione profonda, qualunque essa sia; rende molto più facile per gli individui impegnarsi a cambiare le loro emozioni. Quando usate la respirazione profonda, state effettivamente attivando il nervo vago, un nervo che si collega dall'intestino al cervello ed è pesantemente coinvolto in molte delle connessioni fisiche ed emotive.

Quando usi la respirazione profonda, i tuoi respiri profondi attivano involontariamente il nervo vago. Questo non è problematico per la stragrande maggioranza, e in realtà fare uso di questo nervo è abbastanza salutare. Molte culture spingono una forte enfasi su questo tipo di metodo - ti incoraggiano attivamente a usare la respirazione profonda, come nelle preghiere che seguono naturalmente il ritmo del nervo vago, o nella meditazione che usa suoni lunghi e prolungati.

Quando volete usare la respirazione profonda per la regolazione delle emozioni, dovete effettivamente concentrarvi fortemente sui vostri respiri. Fate un respiro profondo, facendo durare l'inspirazione quattro secondi. Mentre lo fai, conta lentamente. Trattenete il respiro per quattro secondi prima di espirare profondamente dalla bocca. Quando si fa questo, si cominciano a sentire i risultati rapidamente.

Questo metodo è incredibilmente efficace. Ti permette di ricordare attivamente al tuo corpo che sei al sicuro e che il tuo stato emotivo non dovrebbe essere così volatile come sembra essere durante questi momenti di stress.

# Capitolo 6: Principi di Psicologia e le Tue Relazioni

Le relazioni sono spesso considerate fondamentali per il genere umano. Anche se molte persone vi dicono che dovreste vivere la vita senza permettere a qualcun altro di definirla, quasi tutti desiderano naturalmente una relazione di qualche tipo.

Essendo una specie sociale, sarete comunemente esposti alle persone e desidererete comunemente entrare in sintonia con loro, il che è del tutto naturale. Quando si sentono questi impulsi, può essere facile ricordare a se stessi che non è necessario preoccuparsi di una relazione o che non si ha alcun interesse in una relazione. Tuttavia, la stragrande maggioranza delle volte, questo non è vero.

È naturale che tu voglia avere altre persone con cui passare il tuo tempo. Volete naturalmente assicurarvi di potervi relazionare con gli altri, impegnandovi con loro e vivendo la vostra vita nel modo più felice possibile. Per questo motivo, diventa importante capire la psicologia dietro le relazioni che avrete. Quando capirete come funzionano psicologicamente, comincerete a capire dove sono fallite le relazioni passate.

Se vi siete comunemente imbattuti in relazioni che falliscono, potreste sentirvi del tutto scoraggiati dal continuare a cercare di impegnarvi con loro. Tuttavia, se vi impegnaste nelle vostre relazioni con una mentalità diversa e tentaste di avvicinarvi a loro in primo luogo, scoprireste che in realtà state molto meglio. Scoprirete che le vostre relazioni saranno più felici e di maggior successo, e questo significa che anche voi stessi sarete più felici.

## La psicologia delle relazioni

Vi starete chiedendo perché queste relazioni sono così importanti per voi. C'è una ragione particolare per questo: si tratta di un bisogno umano fondamentale. Se dovessi guardare la gerarchia dei bisogni di Maslow, vedresti l'amore e l'appartenenza proprio sulla lista, e questo perché è un bisogno psicologico proposto. Non importa quanto si possa tentare di convincere se stessi del contrario, si sente un bisogno biologico di adattarsi e di trovare l'amore. Continuerete a cercare anche questo il più possibile.

L'amore romantico, quindi, diventa una delle relazioni più importanti che avete nella vita - infatti, potreste scoprire che tutta la vostra vita è basata sulla ricerca di una tale relazione. Questo può sembrare assurdo, ma pensaci: hai passato del tempo a studiare per avere un buon lavoro. Hai passato del tempo a fare quel lavoro per poter risparmiare i soldi per una casa. Hai comprato quella casa, così hai avuto il tempo e lo spazio per avere una famiglia.

In effetti, quando l'imperativo biologico della vita è quello di riprodursi, si va alla ricerca di un compagno. Dopo tutto, non puoi riprodurti da solo - hai bisogno di un partner per farlo. Questo significa che tutta la tua vita sarà un accumulo di relazioni romantiche.

Sfortunatamente, le relazioni hanno la tendenza a fallire. Fallendo, causano anche molta tristezza o frustrazione come conseguenza diretta. Questo ha senso: se il tuo scopo nella vita è riprodurti, se ti sembra di non poter avere figli perché non riesci a trovare una relazione, ti sentirai come se stessi fallendo, e questo senso di fallimento può essere debilitante. Per questo motivo, imparare ad assicurarsi di avere le capacità di gestire le proprie relazioni è fondamentale. Dovete sapere che potete gestire le vostre relazioni nel modo più efficace possibile se sperate di iniziare e mantenere una relazione.

## Relazioni sane

Ciononostante, diamo un'occhiata a come sarà una relazione sana. Capirlo può davvero aiutarvi a saper affrontare al meglio le vostre relazioni future.

Prima di tutto, dovreste sempre sentire di poter comunicare con il vostro partner. Quando siete in grado di comunicare efficacemente con il vostro partner, voi e il vostro partner potete lavorare insieme su quasi tutti i problemi. Lavorare insieme in modo efficace crea una situazione in cui ci si può impegnare attivamente insieme, comprendendo entrambi i lati dei problemi fino a quando si può arrivare a una sorta di consenso o soluzione.

Oltre a questo, entrambe le parti dovrebbero essere disposte a passare del tempo insieme. Dovreste avere fiducia che il vostro partner voglia passare del tempo con voi, e anche se questo tempo è difficile da trovare in primo luogo, è fondamentale per voi trovarlo se sperate di essere efficaci nelle vostre relazioni. Dovete anche essere disposti ad adattarvi quando sorgono delle sfide. Forse il vostro partner deve andare via per due settimane per lavoro - ve la caverete? Alcune relazioni più deboli possono avere difficoltà con questo, ma se siete in grado di affrontarlo, potreste scoprire che la distanza rende il cuore più affettuoso.

La vostra relazione dovrebbe anche essere abbastanza equa - entrambe le parti dovrebbero mettere una ragionevole quantità di lavoro. Ricorda un aspetto critico qui: giusto non è sempre uguale. Se una parte lavora per un tempo eccessivo, allora è giusto supporre che l'altra parte farà più lavori di casa. Per esempio, diciamo che tu lavori una settimana lavorativa standard di 40 ore e il tuo partner lavora regolarmente per 60 ore. Dato che tu sei a casa il 50% in più del tuo partner, è logico che tu ti accolli una quantità maggiore di lavori domestici. Questo non significa che il tuo partner sarebbe esonerato, ma non dovrebbe fare quanto te.

Tutto ciò porta ad una relazione basata sulla gratitudine reciproca, ed entrambi i partner sono disposti a mostrarla. Inoltre, voi e il vostro partner siete entrambi molto più disposti a fornire quel senso di solidarietà e amore che state cercando. Quando sarete in grado di mantenere questo cameratismo a lungo termine, rafforzerete la vostra relazione.

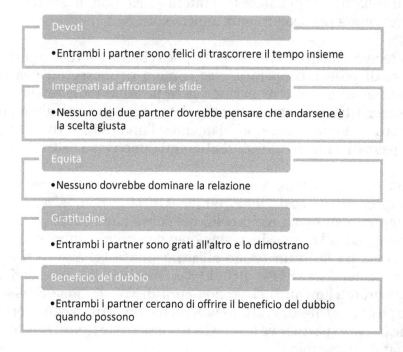

Devoti
- Entrambi i partner sono felici di trascorrere il tempo insieme

Impegnati ad affrontare le sfide
- Nessuno dei due partner dovrebbe pensare che andarsene è la scelta giusta

Equità
- Nessuno dovrebbe dominare la relazione

Gratitudine
- Entrambi i partner sono grati all'altro e lo dimostrano

Beneficio del dubbio
- Entrambi i partner cercano di offrire il beneficio del dubbio quando possono

## Reciprocità e relazioni

La reciprocità è fondamentale in quasi tutti i contesti della vostra vita personale e sociale. Poiché la reciprocità è una di quelle cose in cui si fa o non si fa, quando si è sempre disposti a includere la reciprocità nelle proprie relazioni, si è in grado di migliorare la relazione in generale. La reciprocità si riferisce a quanto è probabile che tu restituisca il favore.

Nelle relazioni intime, la reciprocità è fondamentale. È l'epitome dell'uguaglianza: sia voi che il vostro partner sentite che nessuno di voi è disposto a sopportare l'idea che uno di voi sia dominante nella relazione. Questo non significa dominante nel senso che un membro della relazione tende a preoccuparsi più dell'altro di questioni banali come dove andrete a mangiare o cosa farete la sera dell'appuntamento - si riferisce alla dominanza nel senso di controllo totale. Mentre alcune relazioni possono far funzionare questo, per la maggior parte, una relazione in cui una parte è in grado di dominare e controllare completamente l'intera cosa non è solitamente considerata particolarmente amichevole.

La reciprocità in una relazione implica che voi e il vostro partner siate disposti a cooperare, così come a riconoscere l'idea che mentre voi e il vostro partner siete persone individuali con i vostri gusti e le vostre antipatie, siete anche persone altamente interdipendenti. Fate affidamento l'uno sull'altro e siete impegnati a nutrire questi sentimenti l'uno verso l'altro.

Con questo in mente, potete cominciare a capire perché la reciprocità è così importante. Questo non si riferisce semplicemente alla reciprocità nel senso che dovete restituire un regalo alla prossima stagione dei regali dopo che una persona ha fatto un regalo all'altra; piuttosto, questo tipo di reciprocità si verifica quando voi due vi siete dedicati ad assicurare che l'altro si prenda cura di voi. È l'idea di essere disposti a offrire di grattare la schiena al vostro partner prima che il vostro partner ve lo chieda, e poi ricevere la vostra schiena grattata in cambio.

Si prega di notare, tuttavia, che l'aspettativa di reciprocità puòa volte portare ad alcune gravi sconnessioni. Ricordate che nelle vostre relazioni non dovreste aspettarvi nulla. Aspettarsi questo porta al proprio diritto, che è l'esatto contrario della reciprocità.

## Impegni e relazioni

Poi, tenete a mente che gli impegni sono fondamentali nelle relazioni. Se state prendendo un impegno all'interno della vostra relazione, vi state offrendo di fare una certa serie di cose per l'altra persona, e questo non dovrebbe essere preso alla leggera. Quando si prende alla leggera questo tipo di comportamento, si può scoprire che in realtà si fa fatica a trovare persone con cui si può creare una relazione significativa. Dopo tutto, gli impegni possono essere spaventosi e difficili da prendere, specialmente all'inizio. Tuttavia, le persone apprezzano l'impegno, e se si ha paura di impegnarsi, si ha essenzialmente paura di avere una relazione funzionante, perché essere disposti e capaci di impegnarsi è forse uno dei criteri più grandi per la maggior parte delle persone. Se qualcuno non è disposto a impegnarsi nella monogamia, è probabile che la maggior parte delle persone lotti con l'idea della relazione in sé. Se vi rifiutate di riconoscere che non perseguirete più altre persone, è probabile che la persona che state frequentando attivamente vi scarichi perché lo state effettivamente trattando come una riserva nel caso in cui arrivi qualcun altro che catturi la fantasia dell'altra persona.

Quando si è disposti a impegnarsi in una relazione, tuttavia, si può notare che le cose stanno effettivamente per cambiare in meglio. Se siete disposti a prendere impegni, le altre persone saranno più propense a impegnarsi con voi semplicemente per l'idea che dovreste ricambiare quando qualcun altro fa qualcosa per voi.

Questo significa quindi che nelle vostre relazioni, è probabile che troviate qualcuno da qualche parte che possa, in effetti, far funzionare le cose nel modo che desiderate. Quando lo trovate, non appena riuscite ad ottenere un impegno da parte sua, è probabile che riusciate ad ottenere qualsiasi cosa venga promessa.

## Aspettative e relazioni

Infine, una cosa che è importante guardare è cosa succede quando si aggiungono delle aspettative ad una relazione. Le aspettative sono certe cose che si presume accadranno semplicemente perché ci si crede. In molti casi, è accurato, ma oggi si sbaglia. Quando si è in una relazione con qualcun altro, si può scoprire che nel tempo, diventa incredibilmente facile sviluppare un'aspettativa per quella persona.

Quando siete in una relazione con qualcuno che non tende a riconoscere la realtà per quello che è, potreste lavorare sotto un narcisista. In particolare, quando guardate a una relazione che avete avuto in passato, potete identificare qualsiasi comportamento problematico che possa essere accaduto in precedenza. Qual è stata la causa principale? Potete identificare qualche volta, durante l'ultima relazione, che potreste aver avuto delle aspettative irrealistiche?

In particolare, le aspettative irrealistiche sono tra le peggiori che potete esporre al vostro partner. Se hai un'aspettativa irrealistica che il tuo partner debba avere sempre un certo tipo di fisico, e ti sei messo con qualcuno con quel tipo di fisico che alla fine è cambiato e hai lasciato quella relazione perché non soddisfaceva più le tue aspettative, potresti essere stato irrealistico. Essere irrealistici è tipicamente abbastanza brutto - anche se è importante avere un'idea di ciò che si vuole, avere diversi standard irrealistici può portarti a lottare per trovare una relazione con poca o nessuna fortuna. Si può provare disperatamente, eppure, ogni volta, si scopre che le persone scappano come se avessero i pantaloni in fiamme. Questa è un'enorme bandiera rossa che qualcosa che state facendo è inappropriato o problematico.

Con le vostre relazioni, forse la cosa migliore che potete fare è assicurarvi che le vostre aspettative siano ragionevoli.

Chiedetevi se siete disposti a seguire le aspettative che avete stabilito per voi stessi, per esempio. Tuttavia, mentre lo fate, ricordate che solo perché voi siete disposti a fare qualcosa non significa che tutti siano disposti a farlo, e dovete tenerlo a mente. È incredibilmente importante per voi capire cosa volete e di cosa avete assolutamente bisogno, mentre vi destreggiate anche tra ciò che è realistico e giusto aspettarsi dall'altra parte. Non dovete avere queste aspettative irrealistiche che sono impossibili da soddisfare, perché questo è chiedere troppo all'altra parte - non è giusto per loro e non dovrebbe mai essere forzato.

# Capitolo 7: La Psicologia del Successo

Il successo: tutti lo vogliono. Che tu voglia una relazione di successo, una carriera di successo o una vita di successo, stai lottando per l'eccellenza, e questo va bene. Quando lotti per questo tipo di eccellenza, stai dicendo a te stesso che meriti il meglio di ciò che hai da offrire a te stesso, e questo dimostra che ti interessa veramente come ti vedi e cosa fai con te stesso.

Questo è un bene: stai mostrando ciò che ti meriti. Stai dimostrando che sai di meritare il meglio e che sei disposto a dare il meglio di te. Tuttavia, può sembrare che sia difficile superare questo punto. Cos'è il successo? Come si fa ad avere successo? Come potete essere sicuri di ottenere alla fine la vita che sentite di meritare? Questo capitolo cerca di aiutarvi a rispondere a queste domande: daremo una definizione di successo, poi parleremo di come il successo esiste come psicologia all'interno dell'intelligenza emotiva e, infine, di come rafforzare l'intelligenza emotiva per assicurarvi di avere il successo che vi siete prefissati.

Quando hai successo, una cosa è certa: stai aprendo decine di porte per te stesso, e così facendo, sei destinato a trovarne una che è perfetta per te. Ne troverai una che ti serve bene e ti rende felice. Si tratta semplicemente di trovare la felicità e capire come perseguirla al meglio.

## Dare la propria definizione di successo

Il successo è una di quelle cose che è incredibilmente personale. È probabile che la tua definizione di successo sia molto diversa da quella di chi ti circonda. Questo va bene - il successo è qualcosa che è interamente per voi, quindi va bene che sia personale e che vari in base all'individuo. Dovreste assicurarvi che la definizione di successo che create sia una che comprenda veramente ciò che volete ottenere.

In particolare, ci sono sette punti per definire il proprio successo - se si possono seguire questi passi, è probabile che si scopra che si può trovare quel successo per se stessi.

Per prima cosa, dovete chiedervi cosa significa per voi il successo. Cerca di capire cos'è che vuoi dalla vita e scrivilo per te stesso. Vuoi una vita che sia definita dall'essere comodo? Forse vuoi assicurarti di essere felice. Forse è con un partner, esattamente tre figli, un bel minivan parcheggiato nel vialetto, e una bella casa di classe media che possiedi. Questa è un'immagine di successo che va benissimo, se il vostro sogno è quello di avere una famiglia. Può essere. In definitiva, però, la vostra immagine del successo dovrebbe riflettere direttamente ciò che volete nella vita.

Con quell'immagine di successo in mente, è il momento di fare un piano. Questo è il momento in cui si capisce esattamente come raggiungere quel successo che si desidera così profondamente. Questo passo è fondamentale per assicurarsi che siate effettivamente in grado di raggiungere il vostro successo - un piano che non è effettivamente pianificato non è probabile che vada in porto, e questo è problematico. Assicuratevi anche che il vostro piano sia il più specifico possibile quando lo fate. Con un piano specifico in mente, avrete molte più probabilità di realizzarlo di quanto possiate credere.

A questo punto, dovete far sì che il vostro obiettivo si realizzi. Fate quello che dovete e vedete cosa succede come risultato. L'altra parte è contenta di voi? Vi piacciono i risultati? È stato tutto quello che avete sempre desiderato? Questo è un punto critico in questa abilità.

Infine, dovete determinare se avete avuto successo o meno. Se siete stati grandi! Se no, riprovate in futuro. Potrebbe essere necessario apportare alcune modifiche a ciò che state facendo, ma ne varrà la pena quando finirete il vostro lavoro con facilità e scoprirete che il vostro successo è stato, di fatto, raggiunto una volta per tutte. Assicurandovi di non arrendervi mai, promettete a voi stessi di rimanere resilienti e fermi nel vostro tentativo di raggiungere il successo per voi stessi.

## Psicologia del successo e intelligenza emotiva

Ricorda, se vuoi avere successo, vuoi essere emotivamente intelligente. Questo significa che vuoi imparare ad operare con tutte quelle abilità di regolazione che sono state discusse finora. Volete imparare se potete, in effetti, tirare fuori con successo quegli obiettivi che avete raggiunto. Se ci riuscite, bene! In caso contrario, ricordate che non è la fine del mondo.

Coloro che sono emotivamente intelligenti tendono ad essere anche abbastanza abili quando si tratta di far fronte allo stress e al disagio. Grazie al fatto che sono bravissimi nell'autoregolazione, di solito è possibile tenere a bada lo stress e il disagio. Questo significa che è possibile proteggersi attivamente in modi che non si pensava fossero possibili in alcuni momenti.

Gli individui emotivamente intelligenti sono in grado di affrontare lo stress e i sentimenti opprimenti che accompagnano il fallimento, e quando affrontano la paura e il disagio, tendono a capire come affrontarli al meglio. L'individuo emotivamente intelligente può fare in modo, per esempio, di riprovare. Questo tipo di resilienza è fondamentale per coloro che stanno cercando di avere successo. Se riuscite ad avere successo facendo in modo di affrontare il fallimento, state effettivamente imparando per tentativi ed errori senza mai lasciare che qualcun altro si faccia male o abbia un impatto negativo su di voi.

Quando vi trovate di fronte al fallimento, decidete invece di imparare da esso. Trovate un nuovo modo di affrontare il problema, e il più delle volte, quando vi comportate in questo modo, scoprite che in realtà avete molte più probabilità di andare avanti nella vita. Si capisce come meglio prendersi cura di se stessi, e questo porta con sé una felicità e una sensazione di successo. In effetti, poiché hai continuato a provare e sei stato perseverante, alla fine hai trovato la soluzione da solo, e questo è degno di lode.

Questo significa, quindi, che se volete avere più successo in generale, volete capire come fare per diventare emotivamente intelligenti. Vuoi diventare attivamente intelligente emotivamente per perseguire quella definizione di successo, non importa quale sia questa definizione. Se si è in grado di rafforzare le proprie capacità di IE, si può scoprire che è molto più probabile raggiungere finalmente quel successo quando lo si raggiunge.

## Costruire l'intelligenza emotiva

Cercare di capire come costruire al meglio la propria intelligenza emotiva se non si sa cosa si sta facendo o dove si sta andando è incredibilmente difficile. Tuttavia, grazie a questo libro, avrete una breve guida proprio qui. Infatti, questa sezione vi fornirà diversi consigli per aiutarvi a costruire la vostra intelligenza emotiva a livelli in cui sarete molto più efficaci in generale.

## Trovare l'assertività

Ricordate, assertivo non è la stessa cosa di aggressivo. Se riesci a capire come essere visto come assertivo, puoi fare in modo che le persone non ti vedano come troppo aggressivo e, quindi, troppo minaccioso o troppo timido e quindi a rischio di essere abusato per dare loro cose gratis, per esempio.

## Imparare l'ascolto attivo

È fondamentale, per chi vuole avere successo, avere forti capacità di ascolto attivo. Quando si scoprono le proprie capacità, comunemente si passa troppo tempo a guardare se stessi e come ci si sente invece di imparare ciò che le altre persone stanno veramente cercando di comunicare. Per esempio, immaginate di essere in un litigio con il vostro partner. Se siete in grado di comunicare chiaramente attraverso i metodi associati all'intelligenza emotiva, avrete molte più probabilità di scoprire che alla fine della giornata sarete effettivamente in grado di capire il problema. In effetti, l'ascolto attivo incoraggerà l'attenzione e le capacità di apprendimento.

## Sviluppare la propria motivazione

Una delle differenze cruciali tra le persone che hanno successo e quelle che non lo hanno è principalmente una questione di se qualcuno è in grado di sopportare o meno alcuni comportamenti negativi e se si è disposti a sopportare, ma piuttosto quali sono le proprie motivazioni. Quando si sa quali sono le proprie motivazioni, di solito si può capire esattamente cosa è necessario fare per ottenere attivamente e con precisione ciò che si vuole nella vita. Capire la propria motivazione e trovare un obiettivo per se stessi può aiutare immensamente.

## Diventare un ottimista

Un'altra abilità critica nell'intelligenza emotiva è l'ottimismo. Se volete essere ottimisti, avrete molte più probabilità di successo semplicemente perché avrete una mentalità positiva.

Ricordate, le mentalità sono contagiose, e se pensate con una mentalità positiva, è probabile che attiriate più positività anche a voi stessi. Per questo motivo, si vuole fare un punto per guardare sempre il lato positivo delle cose per garantire che si è effettivamente felice come è necessario essere al fine di essere veramente di successo.

## Essere consapevoli di sé stessi

Se volete avere successo, dovete anche essere consapevoli di voi stessi. Nell'essere autoconsapevole, sei effettivamente in grado di autoregolarti quando non sei felice o ottimista. Effettivamente, siete in grado di iniziare a progredire nel vostro lavoro perché non dovete più preoccuparvi di cercare attivamente di proiettare qualcosa in particolare. La vostra capacità di diventare consapevoli di voi stessi è tutto ciò di cui avete bisogno.

### Imparare ad immedesimarsi

Il successo viene principalmente da dentro di voi, ma la maggior parte delle volte, le altre persone sono ancora rilevanti per esso. Dovete assicurarvi di interagire anche con altre persone per avere il maggior successo possibile. Questo significa quindi che non avete altra scelta che cercare attivamente di entrare in empatia con le altre persone. L'empatia porta con sé una migliore comprensione, e una migliore comprensione porta con sé migliori relazioni, e queste relazioni ti spingono nella giusta direzione verso il successo che naturalmente vuoi e desideri.

### Sviluppare il linguaggio del corpo aperto

Se volete avere successo in qualsiasi cosa che coinvolga altre persone, dovete assicurarvi di sviluppare attivamente un linguaggio del corpo che sia invitante piuttosto che chiuso al mondo. Questo significa rendere una priorità enfatizzare i sorrisi, mantenere il linguaggio del corpo rilassato, e altro ancora. Quando si fa questo, si scopre che le persone sono molto più amichevoli di quanto si pensi. In effetti, tutte le persone vogliono vederti e interagire con te quando sei attivamente amichevole e aiuti le altre persone.

## Sviluppare l'intelligenza emotiva per la leadership

Quando decidete attivamente che l'intelligenza emotiva è giusta per voi o che volete assolutamente essere in una qualche posizione di leadership, forse la cosa migliore che potete fare è spingere queste abilità di intelligenza emotiva per assicurarvi effettivamente di essere sulla strada giusta per la leadership e il successo.

### La sfida della positività

Considerando che forse una delle più grandi minacce al vostro successo è il vostro atteggiamento, specialmente se questo atteggiamento è di indifferenza o negatività, cambiare la vostra mentalità per diventare positivi è uno dei modi migliori per aumentare le vostre possibilità di successo. Considera per un momento quanti pensieri negativi ti passano per la testa nel corso di una giornata. Potresti scoprire di essere felice un minuto, ma non appena ti cade una tazza che si frantuma, ti ritrovi furioso e ti dici che sei stupido. Questo è problematico: non dovresti mai essere così negativo con te stesso.

Quando vi trovate in un momento negativo, una delle cose migliori che potete fare è assicurarvi di essere in grado di sfidare attivamente i pensieri negativi con quelli positivi. Avrete il compito di fornire tre aspetti positivi a qualsiasi cosa di cui parlate negativamente.

Per esempio, immaginate di dire a voi stessi che siete stupidi. Ora, dovete trovare tre distinti aspetti positivi, e dovrebbero essere tutti relativi a voi stessi. Quando fate questo, state effettivamente spostando il vostro pensiero, permettendovi di pensare in modo positivo invece che in modo negativo.
In effetti, ti stai insegnando attivamente a capire come evitare al meglio tutta la negatività annegandola in un mare di positività. Molto rapidamente, dopo diverse reiterazioni di

dover attivamente capire come affrontare positivamente una situazione su cui avete avuto un pensiero negativo, è probabile che iniziate a limitare l'abitudine, soprattutto se è legata a una sorta di ricompensa per voi stessi.

## Sfida della gratitudine

Simile all'idea di avere una sfida di pensiero positivo, dovete anche proporre una sfida sulle cose di cui siete grati. Pensate, per esempio, che non siete abbastanza grati per quello che avete ricevuto per Natale, perché vi sembra che gli oggetti che sono stati comprati per voi erano oggetti che probabilmente sarebbero stati serviti meglio all'altra persona.

Quando state tentando la sfida della gratitudine, volete effettivamente assicurarvi di essere in grado di praticare la gratitudine su base regolare. Volete assicurarvi di poter effettivamente riconoscere ciò che siete felici di avere che non vi spetta, e siete felici di ringraziare coloro che hanno lavorato così duramente per darvi ciò che avete.

Forse uno dei modi migliori per fare una sfida di gratitudine, tuttavia, è fatto su carta e matita per scrivere ciò per cui siete felici e grati. Potete scrivere ciò per cui siete grati di avere del cibo, per esempio, o che siete grati per i vestiti o il cibo per cani che è stato donato a un cane che non aveva nulla da dare. Quando riconoscete ad alta voce o su carta ciò per cui siete grati, questo può aiutarvi molto a capire cosa fare dopo e come proseguire.

## La sfida del contatto visivo

Questo non significa che dovreste tentare attivamente di fare gare di sguardi con tutti quelli che vi circondano - invece, dovreste tentare attivamente di mantenere il contatto visivo a un livello sano. Vorrai essere in grado di stabilire attivamente il contatto visivo con le altre persone se speri di avere una buona possibilità di successo.

Poiché gran parte del successo dipende da altre persone, è necessario saper guardare le persone negli occhi. Se sei in grado di stabilire un contatto visivo, è molto più probabile che tu riesca a ottenere quel successo semplicemente perché sarai più bravo a interagire con le altre persone. Se riuscite a farlo, vi accorgerete di essere percepiti socialmente migliori che se non foste affatto in grado di stabilire un contatto visivo.

Per fare questa sfida, dovete fare in modo di lavorare fino al contatto visivo per lunghi periodi di tempo con altre persone. In particolare, il numero magico è 50% quando si parla, 70% del tempo quando si ascolta. Questo è imperativo - è la quantità perfetta per far sapere all'altra persona che ti interessa quello che pensa, mentre eviti attivamente di fissare l'altra persona al punto che lui o lei si senta a disagio. Invece, mantieni il contatto visivo in qualche modo causale mentre sei ancora abbastanza attento con loro.

# Capitolo 8: Usare la Psicologia per Combattere la Procrastinazione

E finalmente siete arrivati alla fine del libro! Qui, avrete il compito di capire esattamente cosa dovete fare, come farlo e perché è importante. In effetti, con questo metodo, capirete esattamente come affrontare le situazioni di procrastinazione, che possono essere tra le più difficili da cui uscire semplicemente a causa della natura del problema.

Tutti procrastinano di tanto in tanto, ma a volte si arriva a un punto in cui è opprimente - è così problematico che si procrastina attivamente che non si riesce a fare le cose entro le scadenze per la maggior parte del tempo. Lentamente, un po' alla volta, ti accorgi che la tua procrastinazione si sta impossessando della tua vita e la sta rovinando. Volete fare il vostro lavoro, e sapete che avete del lavoro da fare, e invece vi accorgete che siete bloccati.

In quest'ultimo capitolo, affronteremo la procrastinazione in generale. Vedremo cos'è e qual è il problema della procrastinazione. Vedrete alcuni dei motivi più comuni per cui le persone intorno a voi tendono a procrastinare e, infine, sarete esposti a diversi metodi attraverso i quali potrete sconfiggere la procrastinazione una volta per tutte. Così facendo, potreste essere sorpresi di scoprire che molti dei vostri problemi relativi alla gestione del tempo scompariranno del tutto.

Facendo sparire questi problemi, potreste scoprire che anche il vostro livello di stress diminuisce drasticamente, e con quel livello di stress diminuito, potreste essere più adatti a continuare a portare a termine il vostro lavoro. Questo è un bene - con meno procrastinazione arriva più produttività, e quella produttività è ciò che state cercando se volete avere successo.

# Il problema della procrastinazione

La procrastinazione è incredibilmente difficile da affrontare: dopo un po' diventa un'abitudine, ed è solo demolendo il problema della procrastinazione che si è effettivamente in grado di sconfiggerla. Sconfiggendola, comincerete a migliorare il vostro successo, ma fino a quando non arriverete a quel punto, dovrete praticare un estremo autocontrollo se desiderate portare il problema della procrastinazione ad una brusca frenata.

Per prima cosa, guardiamo cos'è la procrastinazione. Al suo centro, la procrastinazione è l'assenza di fare ciò che si dovrebbe fare in un dato momento. State attivamente scegliendo di fare qualcosa di opposto a ciò che dovrebbe essere, anche se sapete che state facendo una cattiva scelta. Ciò significa che non è affatto la stessa cosa della pigrizia, che implica l'apatia.
In questo caso, si tratta di una volontà di fare qualcosa di completamente estraneo a ciò che deve essere fatto.

In genere, le persone procrastinano perché qualsiasi cosa sia stata incaricata di fare è noiosa, scomoda o generalmente sgradevole in natura, e decidono che è meglio evitare semplicemente di farla del tutto. Tuttavia, tutto questo non fa altro che causare più problemi alla fine. Ti porta invece a cercare di fare tutto di corsa all'ultimo minuto invece di prenderti il tuo tempo per fare tutto con meticolosa attenzione ai dettagli come ci si aspetta da te.

Ciononostante, le persone in tutto il mondo continuano a procrastinare. Anche sapendo che procrastinare è qualcosa di dannoso, lo si fa comunque volentieri. Naturalmente, poi, in risposta, il lavoro si accumula invece di essere fatto. Diventa una questione di avere un arretrato di lavoro mal fatto invece di avere il lavoro fatto meticolosamente in anticipo, e questo è problematico.

## Perché la gente procrastina

Le persone tendono a procrastinare per tutti i tipi di motivi. Alcuni lo fanno perché si annoiano e non vogliono fare quello che dovrebbero fare. Altri lo fanno perché preferirebbero trovare qualcosa di divertente o piacevole da fare. Altri ancora lo fanno per abitudine compulsiva. Diventano così abituati a procrastinare che diventa questo circolo vizioso da cui è incredibilmente difficile uscire.

Considerate per un momento che avete procrastinato per tutta la settimana quel grosso compito per il vostro corso di politica. Sapevi che stava per arrivare - era nel tuo calendario da mesi, eppure non l'avevi ancora toccato. Sapendo che doveva essere consegnato domani, lo avete cercato questa sera, solo per scoprire che non avete idea di cosa state facendo. Scegliete invece di passare un po' di tempo a guardare la televisione invece di lavorarci.

Un po' più tardi, ricordate a voi stessi che non avete altra scelta se non quella di fare quel lavoro se volete effettivamente finirlo. Vai a sederti al giornale, ma non puoi fare a meno di sentirti stressato mentre ti siedi lì. Presto, sei sui social media invece di lavorare, e subito dopo ti ritrovi a leggere costantemente messaggi online.

Anche se non ne siete consapevoli, tutto questo è dovuto al fatto che avete sviluppato la tendenza ad avere paura dei test in generale. Sai che di solito fai fatica con gli esami, e per questo ti ritrovi a stressarti per alcune settimane prima del loro arrivo. Naturalmente, poiché passi tutto quel tempo incredibilmente nervoso e non studi in modo efficace, la mattina dell'esame non sei per niente preparato. Presentate il vostro documento e sperate per il meglio.

Alla fine, hai davvero lottato. Tuttavia, quel fallimento avrebbe potuto essere una buona cosa. Se tu fossi stato più veloce o loro più lenti, saresti stato in grado di capire esattamente come affrontare il problema prima. Invece, avete fallito e avete preso a cuore quel fallimento. Quel fallimento preso a cuore diventa il motivo per cui si fatica a portare a termine il lavoro.

In effetti, portare a termine il lavoro diventa stressante. Quando siete al lavoro, non avete un vero margine di manovra nel vostro programma. Tuttavia, a casa, quel margine di manovra c'è e lo si usa tutto e anche di più. Questo problema ti porta ad essere costantemente in ritardo su tutto.

Tuttavia, se vi fermaste a considerare ciò che sta realmente accadendo in quel momento, vi rendereste conto che si tratta in realtà di un ciclo di ansia. Avete paura di fallire, quindi lottate per iniziare. Lottando per iniziare, arrivate in ritardo. Arrivando in ritardo, fallisci. Allora hai effettivamente solidificato quel particolare pensiero negativo: hai fallito. Pertanto, devi essere un fallimento.

Rimanere bloccati in questa mentalità è incredibilmente improduttivo, tuttavia, ed è nel vostro interesse assicurarvi di essere in grado di capire attivamente il modo migliore per combatterlo il prima possibile.

Il problema, tuttavia, è che la mente è effettivamente cablata per seguire l'abitudine negativa della procrastinazione. È progettata per evitare qualsiasi tipo di negatività. Quando si procrastina, si sta evitando una sorta di stimolo negativo, e alla fine della giornata, si è progettati per fare esattamente questo. In effetti, venite colpiti dall'ansia, e quell'ansia vi manda in modalità lotta o fuga. Si va poi istintivamente in modalità di fuga, permettendo di procrastinare ulteriormente nonostante il fatto che sia così incredibilmente dannoso per l'individuo. Si fatica a tenere il passo, e i livelli di stress salgono alle stelle in risposta e si rimane delusi da coloro che contano su di voi.

## Sconfiggere la procrastinazione con la psicologia

Sconfiggere la procrastinazione significa imparare a ricacciare indietro quei sentimenti di negatività per riportare la produttività. Se riuscite a farvi lavorare con la produttività invece che con la negatività, scoprirete che potete iniziare a rispettare le scadenze ancora una volta. Potrete lavorare attivamente per ottenere esattamente ciò di cui avete bisogno, perché sarete motivati, invece di essere evitanti.

Anche se sconfiggere il vostro problema di procrastinazione può sembrare incredibilmente intimidatorio, è abbastanza fattibile. Alla fine della giornata, tutto quello che dovete fare è capire come meglio attingere alla vostra mente per visualizzare esattamente ciò che volete. Dovete costringere la vostra mente a vedere che procrastinare è il nemico - nonostante il fatto che sembra essere esattamente quello che volete in quel momento, in realtà vi sta facendo molto più male di quanto vi aiuti, e questo può essere incredibilmente intimidatorio. Quando sentite che non potete più beneficiare della procrastinazione, potreste essere più disposti a evitarla in futuro, essenzialmente dirottando la vostra mente a spingere verso la motivazione come stato predefinito ancora una volta.

Man mano che la vostra mente accetta che essere motivati e ottenere è lo stato giusto in cui trovarsi, scoprirete che in realtà avete molte più probabilità di successo che mai. La vostra motivazione è attraente per le altre persone, e alla fine si presenteranno nuove opportunità per voi. Comincerete a vedere i benefici a lungo termine che si presentano se riuscite a convincere la vostra mente che ciò che dovete fare più di ogni altra cosa è capire come essere motivati ancora una volta.

## Visualizzate il vostro futuro

Forse uno degli strumenti più versatili che avete nel vostro arsenale è la vostra capacità di visualizzare. Potete visualizzare quasi tutto: potete fantasticare su qualcosa che avete sempre desiderato, o potete fantasticare sul successo. In definitiva, quello che farete qui è fantasticare su qualsiasi cosa sia incredibilmente importante per voi. Se per voi ciò che è importante è il successo, immaginerete quel successo esattamente come pensate che sia. In effetti, vuoi mostrare a te stesso esattamente ciò che vuoi ed esattamente come speri di ottenerlo. Se fate questo, è probabile che vi assicuriate che la vostra mente abbia un assaggio di ciò che potrebbe essere in serbo se siete in grado di spingere attivamente per ottenerlo.

Per esempio, immaginate di sapere che avete una vacanza in arrivo. Sapete che non volete portare il vostro lavoro in vacanza, ma dovrete farlo se non vi occupate di tutto ciò che deve essere fatto. Immaginate per un momento come vi sentireste a lavorare nella vostra stanza mentre guardate fuori dalla finestra la gente che si gode la spiaggia fuori senza di voi. Se non riuscite a fare quel lavoro, quello sarà il vostro futuro. Vuoi sottolineare a te stesso che non riuscendo a rispettare quella scadenza per te stesso, non avrai altra scelta che continuare su quella strada. Ricorda a te stesso che hai un sacco di tempo per raggiungere effettivamente i tuoi obiettivi se spendi il tempo per portare a termine tutto il lavoro senza procrastinare, e poi incoraggiati a fare esattamente questo. Volete assicurarvi di essere in grado di portare a termine quel lavoro in modo da poter essere liberi.

Ora, immagina la stessa vacanza se spendessi il tempo per finire il tuo lavoro in anticipo. Pensate alla spiaggia - la sabbia sotto i piedi e il suono dell'oceano che lambisce la riva. Ricorda a te stesso che ti piacerebbe assolutamente passare il tuo tempo lì invece che a casa o in albergo a lavorare. Ricorda a te stesso che lo scopo della tua vacanza è di lasciarti il lavoro alle spalle e di fare una breve pausa. Dì a te stesso che se vuoi quella pausa, dovrai lavorare mentre affidi questo pensiero alla memoria. Stampate nella vostra mente l'immagine della destinazione della vostra vacanza e riportatela alla vostra mente ogni volta che sentite che state cominciando a procrastinare. Così facendo, farete in modo di dissuadervi dal procrastinare ogni volta che inizierete a sentirvi tentati di farlo.

Se fatto correttamente, la vostra mente sarà disposta a finire il lavoro come previsto semplicemente perché ora sente che lavorare in vacanza è molto peggio che lavorare al lavoro quando preferireste guardare un altro video di gatti. Poiché la vostra mente sta ricordando a se stessa che se non lavoraste quando è tempo di lavorare, lavorereste di più durante la vacanza, scoprirete che siete più propensi a lavorare attivamente e a rispettare il programma.

## Responsabilità

Le persone spesso si trovano compagni di lavoro al solo scopo di rendere conto del proprio operato. Tutto sommato, allenarsi con qualcun altro può essere abbastanza distraente, ma come minimo offre un livello di responsabilità che altrimenti non avreste. A quel punto, se procrastinate, non solo deluderete voi stessi, ma anche l'altra persona. Lo farete andare in palestra da solo invece di andarci con un amico che ci va nello stesso momento.

L'idea di ritenersi responsabile è incredibilmente potente: gli esseri umani tendono a sentire che devono essere ritenuti responsabili semplicemente perché dire agli altri che si è fallito non è generalmente particolarmente piacevole. Se avete detto ad altre persone che avreste fatto qualcosa, sentirete il bisogno di assicurarvi di seguirla semplicemente a causa della responsabilità.

Poiché le persone vogliono essere viste come coerenti, tendono a seguire quando dicono che stanno per fare qualcosa, e questo è esattamente il motivo per cui si finisce per fare esattamente come promesso quando si dice agli altri cosa si sta facendo. In effetti, stai facendo in modo che altre persone ti seguano e ti chiedano del tuo lavoro, o stai facendo in modo che qualcun altro ti cerchi attivamente ovunque tu debba essere. Se dovresti essere in palestra ad allenarti, avrai qualcuno che ti aspetterà e che si aspetta che tu lo cerchi.

È generalmente molto più difficile per le persone essere disposte a deludere gli altri che a deludere se stesse, e questo è il motivo per cui è così importante impostare questa responsabilità: le persone seguiranno semplicemente perché vogliono evitare di deludere gli altri che potrebbero seguire o prestare attenzione a ciò che stanno facendo.

## Tangenti

Infine, un ultimo modo per mantenersi motivati è l'uso di tangenti. In psicologia, questo metodo è noto come rinforzo positivo: si premia attivamente il comportamento buono e positivo. Per questo motivo, è possibile utilizzare le tangenti per convincere efficacemente le persone a rimanere in linea con il loro lavoro. Lo farete se volete assicurarvi che tutti stiano facendo ciò che hanno detto che avrebbero fatto e ciò che devono fare.

Immaginate di avere un file di 30 pagine da esaminare al lavoro. Potreste pensare che sia troppo e continuare a rimandare semplicemente perché non volete lavorarci. Mentre lo fate, vi accorgete che viene rimandato semplicemente perché non volete farlo in primo luogo. Con questo in mente, fate invece in modo di corrompervi attivamente per portare a termine il lavoro.

Decidete che, dopo ogni 5 file completati, siete liberi di passare 30 minuti a giocare a un videogioco a cui morite dalla voglia di giocare. Una volta che tutti i file sono finiti, ti dici che ti comprerai anche quel nuovo gioco su cui muori dalla voglia di mettere le mani. In effetti, si stratifica così tanta positività su ciò che si deve fare che improvvisamente, arrivare a tutto è un gioco da ragazzi. Potreste scoprire che quei file sono finiti molto più velocemente di quanto sarebbero stati altrimenti, liberandovi e permettendovi di andare avanti con la vostra vita senza preoccuparvi che la procrastinazione continui a consumare il vostro tempo e la vostra energia.

Alla fine, si scopre che tutti i file sono finiti, e ci si sente abbastanza realizzati e orgogliosi. Questo da solo è un rinforzo positivo, ma quando aggiungete anche l'idea di ottenere effettivamente un nuovo gioco, avete rinforzato doppiamente questa nuova azione. State cominciando a vedere il procrastinare come un tentativo di evitare il lavoro e più come un tentativo di essere pigri, e poco a poco, scoprite che diventate più bravi a finire attivamente tutto il vostro lavoro senza lamentarvi. Alla fine, sarete anche in grado di sviluppare quella motivazione interna che viene da voi stessi. Finché si impara come attingere a questa motivazione, si scoprirà che tutto il resto viene naturale.

Come per la maggior parte dei compiti difficili e delle abitudini difficili da rompere, la parte più difficile è l'inizio. Non appena si inizia e si supera il primo ostacolo, tutto diventa più facile. Diventa sempre più facile trovare quella motivazione intrinseca dentro di te che ti aiuta, e hai molte più probabilità di avere successo. Tutto quello che devi fare è superare quella prima spinta una volta per tutte. Ricordate, potete farcela. Hai solo bisogno di metterti in testa di farlo.

# Conclusione

Congratulazioni! Sei arrivato alla fine di Introduzione alla psicologia! A questo punto, dovreste avere un'idea abbastanza solida sulle basi della psicologia, cosa comporta, e come dovreste affrontarla. Spero vivamente che abbiate trovato questo libro almeno tanto informativo quanto intendeva essere. Il libro è stato progettato per insegnare la psicologia il più possibile in un breve periodo di tempo, e anche se non è completo come può essere un testo di psicologia all'università, è pieno di alcuni dei principi fondamentali della psicologia, come ad esempio cosa sono le emozioni, cosa le causa, perché esistono, e altro ancora.

Mentre leggete questo libro, si spera che cominciate a mettere in pratica alcuni dei punti discussi. Fate in modo di ricordare a voi stessi quanto siete felici con il vostro partner per aiutare a costruire la vostra relazione. Dedicate del tempo a parlare con i colleghi dei vostri obiettivi, in modo da lavorare di più per raggiungerli, semplicemente perché vi aspettate che l'argomento venga tirato fuori più e più volte quando i vostri colleghi sono curiosi. Ricordate a voi stessi che le emozioni sono così incredibilmente importanti da capire e perché sono importanti.

Da qui, potete scegliere dove andare. Potreste approfondire alcuni dei più popolari campi di auto-aiuto della psicologia. Questi sono più comunemente la terapia cognitiva comportamentale, la psicologia oscura, la psicologia subliminale e l'intelligenza emotiva. Ognuno di questi argomenti fornirebbe un sacco di informazioni sulla mente, oltre a fornirvi ulteriori informazioni su tutto ciò.

Ricordate, questo libro è destinato a coprire un sacco di argomenti diversi - se lo desiderate, potete andare più in profondità per ognuno di essi. Potete scegliere di imparare di più sull'empatia o su come interagire con altre persone. Non importa cosa scegliete, comunque, sapete che state facendo una buona scelta semplicemente perché state imparando attivamente. L'apprendimento attivo è fondamentale se volete avere successo.

Mentre questo libro volge al termine, ricordate che siete capaci. Che si tratti di regolare le vostre emozioni, di affrontare la vostra rabbia, o anche di aiutarvi ad avere successo nelle relazioni e con le altre persone in generale, questo libro aveva un aiuto da offrirvi. Questo libro ha voluto fornirvi tutte le informazioni di base necessarie per riflettere sugli argomenti inclusi.

Infine, se vi è piaciuto questo libro, vi prego di considerare di lasciare una recensione con la vostra onesta opinione. È sempre molto apprezzato avere l'opinione di un lettore scritta, e sarebbe un onore avere anche la vostra. Grazie mille per esservi uniti a me in questo viaggio attraverso la mente dall'inizio alla fine. Speriamo che l'abbiate trovato penetrante, divertente e, nel complesso, abbastanza piacevole. Buona fortuna per il vostro viaggio. Se vi mettete in testa di farlo, sarete in grado di fare qualsiasi cosa. Ricordate, avete in mano il potere della vostra mente, tutto quello che dovete fare è imparare a sfruttarlo una volta per tutte. Se lo fate, sarete in grado di impegnarvi attivamente con la vostra mente nel modo più produttivo possibile.

# Come Analizzare le Persone con La Psicologia Oscura

*Imparando a Leggere le Persone Attraverso il Comportamento e il Linguaggio del Corpo, Capirete la Mente e la Personalità di Coloro che Vi Sono Vicini nella Vita Quotidiana*

# Introduzione

Congratulazioni per aver acquistato *Analizzare le Persone con la Psicologia Oscura*, e grazie per averlo fatto.

Le persone sono intrinsecamente difficili da capire. Con il libero arbitrio, la capacità di pensare e annullare gli impulsi emotivi, e innumerevoli tipi di personalità e temperamenti, può essere difficile capire esattamente cosa spinge qualcuno a fare quello che fa o prevedere cosa accadrà dopo. Quando si interagisce con qualcuno, spesso ci si può chiedere cosa stia succedendo nella mente dell'altra persona - questa è una cosa normale da chiedersi, specialmente se si tratta di qualcuno vicino a voi, o se state dubitando della veridicità della persona con cui state interagendo. Quando questo accade, il miglior modo possibile di agire è quello di imparare a leggere l'altra persona.

Quando si impara ad analizzare qualcuno, si impara a capire cosa lo fa scattare. Capisci le motivazioni e gli obiettivi. Si impara a capire cosa rende qualcuno quello che è e come spingerlo a comportarsi in certi modi. Si può fare questo per capire meglio chi è qualcuno, o si può anche tentare di far fare qualcosa a qualcuno. Puoi usarlo per individuare le bugie o per migliorare le tue relazioni. Potete usarlo per diventare più abili nel vostro lavoro, permettendovi di sviluppare migliori abilità con le persone. Le possibilità per il tuo uso di analizzare altre persone sono infinite.

In particolare, un modo per analizzare le persone è attraverso la comprensione e l'uso della psicologia oscura. Questo può sembrare insidioso e minaccioso, ma non deve esserlo. La psicologia oscura non è necessariamente progettata per essere malvagia e subdola, ma deriva direttamente dall'osservazione di come funzionano alcune delle menti più oscure del mondo. In particolare, guarderete come le persone tendono a comportarsi come se steste guardando attraverso gli occhi di un predatore umano - qualcuno il cui unico obiettivo è capire cosa motiva le altre persone e capire come esercitare il controllo assoluto e comandare la perfetta sottomissione dell'altra parte.

Mentre leggete questo libro, sarete guidati nell'imparare ad analizzare le persone per voi stessi. Vi addentrerete nella comprensione dei vari tipi di personalità che le persone possono avere, imparando di più su come gli altri vedono il mondo. Svilupperai una comprensione della comunicazione verbale rispetto a quella non verbale e di come entrambe sono usate costantemente quando interagisci con altre persone. Sarete guidati su come leggere i più comuni segni rivelatori della comunicazione non verbale, così come a falsificare il vostro linguaggio. Imparerete come rilevare quando le persone sono ingannevoli con voi, imparando perché, come e cosa cercare. Sarete introdotti alla psicologia oscura e a come capire il mondo attraverso gli occhi dei predatori umani, imparando ad usarla per analizzare gli altri. Infine, comincerete a vedere come la psicologia oscura influenzi le persone, sia per quanto riguarda i tentativi malevoli di manipolare gli altri, sia quando viene usata in modo benevolo e in modo da aiutare altre persone.

Durante la lettura, vi verranno fornite tutte le informazioni di cui avete bisogno per iniziare a capire le persone intorno a voi. Se siete disposti a memorizzare le informazioni che vi verranno fornite, scoprirete che comprendere anche gli estranei diventerà più facile per voi.

Ci sono molti libri su questo argomento sul mercato, grazie ancora per aver scelto questo! È stato fatto ogni sforzo per assicurarsi che sia pieno di informazioni il più possibile utili; godetevelo!

# Capitolo 1: Analizzare le Persone

Prendetevi un momento per ricordare un episodio in cui la vista di qualcuno vi ha fatto venire i brividi lungo la schiena. Forse non sapete perché, ma vi sentivate semplicemente a disagio con la persona che avevate di fronte. Nonostante i vostri migliori tentativi di identificare la ragione dietro il vostro problema, avete scoperto che non c'era una ragione particolare che potevate discernere. Tutto quello che sapevate era che avevate paura della persona di fronte a voi e che non avevate idea di cosa guidasse quei sentimenti o come superarli.

C'era un'ottima ragione per questa reazione gutturale: il tuo istinto ti stava dicendo che qualcosa nell'altra persona non andava bene. Non avevate bisogno di conoscere i dettagli, e tutto ciò che vi importava era che le vostre reazioni fossero accurate. Questo perché tutto ciò che queste reazioni gutturali devono fare è tenervi in vita. Finché questo è gestito, i tuoi istinti hanno fatto il loro lavoro.

Quando guardi qualcuno per la prima volta, la tua mente inconscia passa attraverso tutti i tipi di informazioni per arrivare a quella che presume sia una lettura valida della persona. Naturalmente, tutto questo avviene al di sotto della vostra consapevolezza cosciente. Questo significa che siete completamente inconsapevoli di ciò che accade, e tuttavia siete in grado di reagire senza sforzo. Naturalmente, essere in grado di reagire senza doverci pensare molto è sempre abbastanza utile in contesti di sopravvivenza.

Tuttavia, se non siete in una situazione di vita o di morte, volete davvero agire d'impulso? I vostri impulsi vi aiuteranno davvero a discernere se la persona al colloquio sta mentendo o è semplicemente a disagio per qualcosa? O a determinare come si sente il vostro partner durante una discussione? Ci sono infinite ragioni per cui essere in grado di capire razionalmente cosa sta succedendo nella mente di qualcun altro è fondamentale, anche se avete già una buona reazione di pancia.

In definitiva, quando si è in grado di analizzare qualcuno con calma e consapevolmente essere a conoscenza del perché si è a disagio o cosa vi sta mettendo in pericolo, si è meglio preparati a far fronte al problema in questione. Questo perché siete in grado di agire razionalmente. Si può strategizzare su come reagire nel modo più favorevole che vi permetterà di avere successo nella situazione.

Questo significa che nel mondo moderno, quando le cose sono molto raramente situazioni di vita o di morte, fare uno sforzo per arrivare a rispondere razionalmente e consapevolmente è quasi sempre la cosa migliore. Sarete in grado di capire quando qualcuno fa scattare i vostri campanelli d'allarme perché sembra minaccioso o perché sembra ingannevole. Sarete in grado di capire qual è il problema per rispondere in modo appropriato.

## Perché analizzare le persone?

Analizzare le persone è qualcosa che viene utilizzato da diverse persone in diverse capacità. La ragione più basilare per cui si può decidere di analizzare qualcuno è semplicemente per capirlo. Mentre avete già il vostro metodo incorporato per capire le altre persone, attraverso la capacità di entrare in empatia con loro, scoprirete che avere una connessione cognitiva piuttosto che emotiva è fondamentale se volete veramente entrare nella mente di qualcun altro.

Considerate per un momento che state cercando di concludere un affare con un cliente molto importante. Sapete che la trattativa è fondamentale se sperate di mantenere il vostro lavoro e forse anche di ottenere una promozione, ma sapete anche che sarà un compito difficile da gestire. Se hai la capacità di leggere qualcun altro, puoi effettivamente concederti la capacità di sapere veramente cosa sta succedendo nella sua mente. Pensateci: sarete in grado di dire se il cliente è a disagio e rispondere di conseguenza. Sarete in grado di dire se il cliente è ingannevole o sta nascondendo qualcosa e rispondere di conseguenza. Potrete capire se il cliente è disinteressato, si sente minacciato, o anche solo infastidito dai vostri tentativi di influenzarlo, e potrete quindi capire come rispondere.

Quando sei in grado di capire la mentalità di qualcun altro, puoi autoregolarti. Potete mettere a punto i vostri comportamenti per garantirvi di essere persuasivi. Potete fare in modo che il vostro cliente si senta a suo agio, essendo in grado di regolare il vostro comportamento per capire cosa stava causando il disagio in primo luogo.

Oltre ad essere in grado di autoregolarsi, essere in grado di leggere le altre persone è fondamentale anche in molte altre situazioni. Se riesci a leggere qualcun altro, puoi proteggerti da qualsiasi minaccia che possa sorgere. Se riesci a leggere qualcun altro, puoi semplicemente capire meglio la sua posizione. Puoi capire come persuadere o manipolare l'altra persona. Puoi convincere le persone a fare cose che altrimenti eviterebbero.

In definitiva, essere in grado di analizzare le altre persone ha così tanti benefici importanti che vale assolutamente la pena essere in grado di farlo. Sviluppare questo set di abilità significa che sarete più in contatto con i sentimenti di coloro che vi circondano, permettendovi di affermare che avete un'intelligenza emotiva superiore semplicemente perché arrivate a capire come sono le emozioni. Sarete in grado di identificare le vostre emozioni attraverso l'auto-riflessione e imparando a prestare attenzione ai movimenti del vostro corpo. La capacità di analizzare le persone può essere inestimabile in quasi tutti gli ambienti.

## Come analizzare le persone

Anche se può sembrare intimidatorio, imparare ad analizzare altre persone non è così difficile come può sembrare inizialmente. Non ci sono regole complicate da memorizzare o abilità da imparare, tutto quello che dovete fare è imparare il modello dei comportamenti e il loro significato. Questo perché una volta che si conoscono i comportamenti, di solito si può iniziare a mettere insieme l'intento dietro i comportamenti. Si può iniziare a capire esattamente cosa significa il restringimento degli occhi di qualcuno e poi iniziare a identificarlo con il contesto di diverse altre azioni o comportamenti. Si può capire cosa si intende quando il discorso di qualcuno e il suo linguaggio del corpo non corrispondono. Il linguaggio del corpo raramente mente quando le persone non sono consapevoli di come funziona, quindi spesso ci si può rivolgere ad esso per informazioni cruciali se si sta interagendo con altre persone.

Il motivo per cui questo funziona per capire le persone è perché è comunemente accettato che c'è un ciclo tra pensieri, sentimenti e comportamenti. I tuoi pensieri creano sentimenti, e i sentimenti che hai influenzano automaticamente i tuoi comportamenti, come puoi vedere attraverso il linguaggio del corpo. Il più delle volte, questo è un ciclo completamente inconscio. Non siete consapevoli di ciò che accade. Tuttavia, diverse scuole di terapia hanno scelto di identificare e utilizzare questo ciclo, come la psicologia cognitiva comportamentale. Quando siete in grado di riconoscere che questo ciclo esiste, potete approfittarne - potete iniziare a utilizzare la vostra comprensione del ciclo per seguirlo al contrario.

Effettivamente, guarderete i comportamenti che le persone mostrano e poi li farete risalire ai sentimenti che ci sono dietro. Questo è il motivo per cui il linguaggio del corpo è così importante da capire. Quando puoi capire cosa sta succedendo con il comportamento di qualcuno, puoi capire i suoi sentimenti. Quando capisci i loro sentimenti, puoi iniziare a capire i pensieri sottostanti che hanno. Questa è la cosa più avvicina alla lettura del pensiero che si possa raggiungere veramente.

Per analizzare altre persone, c'è un semplice processo da seguire: dovete prima capire la linea di base neutrale del comportamento. Questo è il comportamento predefinito della persona. Si deve poi iniziare a cercare le deviazioni in quel comportamento neutro. Da lì, si cerca di mettere insieme gruppi di comportamenti per capire cosa sta succedendo nella mente di qualcun altro, e poi si analizza. Questo processo non è difficile, si può imparare a farlo, imparando anche a interpretare i vari tipi di linguaggio del corpo e si scoprirà che capire le altre persone non potrebbe mai essere più facile.

## Stabilire una serie di comportamenti di base neutrali

L'aspetto più importante per essere in grado di analizzare qualcun altro è imparare a identificare il suo comportamento di base. Se riesci a fare questo, puoi effettivamente permetterti di identificare come quella persona si comporta in un ambiente neutrale. Effettivamente, imparerete quali possono essere le stranezze di quella persona. Per esempio, qualcuno a cui capita di essere riservato o particolarmente timido è probabile che mostri diversi segni comuni di disagio, anche per difetto. Può incrociare le braccia per schermare il corpo, o stare sulla difensiva e rifiutare il contatto visivo. Come imparerai più tardi attraverso la lettura, questo è un linguaggio del corpo comune che viene regolarmente esibito da coloro che stanno mentendo e non sanno come coprire le loro tracce. Tuttavia, la persona timida probabilmente non sta mentendo se il suo comportamento di default comporta l'incrociare le braccia e rifiutare il contatto visivo.

Poiché i tipi di personalità di base e le abitudini delle persone variano così drasticamente da persona a persona, questo diventa un primo passo essenziale, e bisogna fare in modo di non saltarlo mai. Altrimenti, si potrebbe supporre che ogni persona timida stia cercando di ingannarvi. Ottenere un quadro della personalità di base e delle stranezze della comunicazione non verbale è fondamentale.

## Identificare le deviazioni dai comportamenti neutrali

Una volta che la linea di base è stata stabilita, potete iniziare a identificare qualsiasi deviazione da essa. Questo significa che puoi capire quali comportamenti che stai osservando non corrispondono a quello che ti saresti aspettato attraverso le tue osservazioni iniziali. Questa fase può avvenire durante tutti i tipi di interazioni. Si può fare una domanda e poi osservare per vedere quale sarà la risposta al fine di determinare se quella persona sta rispondendo sinceramente. Si può sondare e cercare segni di disagio. Si può effettivamente testare per vedere quanto si è convincenti quando si cerca di persuadere qualcuno a fare qualcosa.

## Identificare gruppi di deviazioni

Naturalmente, solo identificare le singole deviazioni non è sempre sufficiente. Devi anche fare in modo di riconoscere i gruppi di deviazioni per ottenere il vero quadro. Quando arriverete al Capitolo 4: Leggere il linguaggio del corpo, vedrete che gran parte del linguaggio del corpo umano può essere interpretato in modi diversi a seconda del contesto, e spesso, è necessario ottenere quel contesto guardando altri comportamenti che si stanno verificando insieme ai comportamenti che state analizzando. Per esempio, ci sono diversi comportamenti nell'inganno che potrebbero avere diversi significati, ma non appena si verificano insieme, di solito si può dedurre che c'è un certo livello di inganno, il che significa che è necessario procedere con cautela.

## Analizzare

Infine, quando si identificano questi gruppi di deviazioni dalla linea di base comportamentale originale e neutrale, si può iniziare a capire cosa significano. Si può iniziare a risalire a ritroso per capire se la persona è onesta o meno o come si sente. Quando si inizia ad analizzare, è allora che si ottiene veramente l'istantanea reale dei pensieri all'interno della mente della persona. Sarete in grado di mettere insieme se la persona ha un problema in certi ambienti basandovi sulle risposte generali ripetute. Sarete in grado di dire cosa è intimidatorio per loro, o cosa sembra motivarli costantemente a continuare a lavorare verso i loro obiettivi. Passando attraverso questa fase, si può iniziare a capire esattamente ciò che è necessario per influenzarli o manipolarli, se si dovesse scegliere di farlo.

## Quando analizzare le persone

Analizzare le persone è una di quelle abilità che può essere usata in quasi ogni contesto. Potete usarla al lavoro, nelle relazioni personali, in politica, nella religione e anche solo nella vita quotidiana. A causa di questa versatilità, potreste scoprire che state costantemente analizzando le persone, e questo va bene. Ricordate che la vostra mente inconscia già emette giudizi istantanei sulle altre persone e sulle loro intenzioni, quindi stavate già analizzando le persone inizialmente. Ora, state semplicemente facendo uno sforzo per assicurarvi che quelle analisi siano fatte nella vostra mente conscia in modo da poterne essere consapevoli.

Ora, diamo un'occhiata a diverse situazioni avvincenti in cui essere in grado di analizzare consapevolmente qualcuno è un'abilità critica da conoscere:

- **Nella genitorialità**: Quando siete in grado di analizzare le altre persone, potete iniziare a usare queste abilità verso i vostri figli. Ora, potreste pensare che la mente di un bambino non è abbastanza sofisticata per ottenere una lettura affidabile, ma ricordate, i sentimenti del bambino sono di solito del tutto genuini - hanno i loro sentimenti e, anche se la ragione dietro quei sentimenti può essere meno che convincente per voi come genitore, ciò non esclude in alcun modo i sentimenti. Essendo in grado di riconoscere le emozioni del bambino, potete cominciare a capire cosa sta succedendo nella mente di vostro figlio, e questo vi permetterà di fare i genitori con calma e in modo più efficace.

- **Nelle relazioni**: Quando si vive con qualcun altro, può essere incredibilmente facile pestargli i piedi senza rendersene conto. Naturalmente, pestare costantemente i piedi a qualcun altro è probabile che porti a un certo grado di risentimento se non viene mai affrontato, eppure alcune persone hanno difficoltà a discutere quando sono a disagio o infelici. È qui che entra in gioco la capacità di analizzare qualcun altro: sarete in grado di dire quali sono le emozioni di base del vostro partner quando interagite, permettendovi di svolgere il ruolo di sostegno.

- **Sul posto di lavoro**: Soprattutto se si interagisce con altre persone, è necessario essere in grado di analizzarle. Sarete in grado di vedere come i vostri colleghi vi vedono, permettendovi di cambiare i vostri comportamenti per ottenere l'immagine aziendale che desiderate. Oltre a questo, si può anche lavorare in un campo che richiede di essere in grado di ottenere buone letture su qualcuno in primo luogo. Forse sei un medico - potresti aver bisogno di capire come qualcuno si sente e se è onesto con te per cominciare. Forse sei un avvocato e devi essere in grado di analizzare la veridicità del tuo cliente e di quelli che stai interrogando. Forse sei un venditore che ha bisogno di sapere se sei convincente nel tuo tentativo di chiudere.

- **In pubblico**: Quando interagisci con le persone in pubblico, devi essere in grado di proteggerti. Quando riesci a leggere le altre persone, puoi capire se sei al sicuro o se qualcuno è minaccioso o sospettoso. Questo significa che puoi prepararti indipendentemente dalla situazione per assicurarti di essere sempre pronto a rispondere.

- **Nei colloqui**: Quando fai domanda e colloquio per un lavoro, potresti scoprire che essere in grado di leggere il linguaggio del corpo dell'intervistatore può incoraggiarti quando stai facendo bene o indicarti quando è il momento di cambiare tattica o passare a qualcos'altro. Sarete in grado di dire perchè siete stati assunti semplicemente osservando il linguaggio del corpo e altri indizi non verbali.

- **Quando si guardano le presentazioni**: Quando si guarda una presentazione, un intervento o un discorso, si può cadere nell'abitudine di prendere tutto alla lettera.

Dopotutto, perché mai qualcuno dovrebbe fare in modo di dirvi qualcosa che non è vero? Questo perché state cadendo in uno dei principi della persuasione: l'appello all'autorità. Questo significa che ritenete la persona che parla un'autorità e quindi la ritenete degna di fiducia. Invece, fate uno sforzo per vedere l'altra parte per quello che è veramente, imparando a leggere il suo linguaggio del corpo. Potete dire se il politico in televisione è a disagio o sta mentendo semplicemente imparando ad analizzare i suoi comportamenti.

- **Nelle discussioni**: Quando si discute con qualcun altro, di solito, le emozioni sono elevate da entrambe le parti. Nessuno sta pensando chiaramente, e possono essere dette cose non volute. Tuttavia, quando si possono analizzare le persone, si può iniziare a capire quando qualcun altro sta diventando emotivo per disimpegnarsi del tutto. Sarete in grado di identificare quando dovreste disimpegnarvi e riprovare più tardi per assicurarvi che non state pestando i piedi o peggiorando le cose.

- **In auto-riflessione**: Quando puoi analizzare le altre persone, puoi iniziare ad analizzare anche te stesso. Questo significa che ci si può fermare e guardare il proprio linguaggio del corpo per fare una sorta di check in con se stessi e capire cosa sta succedendo nella propria mente. A volte, può essere difficile identificare esattamente come ci si sente, ma questo è il modo perfetto per farlo un pochino. Se riesci a fermarti e a riflettere su te stesso, puoi identificare le tue emozioni.

- **Nell'autoregolazione**: Identificare le vostre emozioni si presta poi alla capacità di autoregolazione. Quando siete, per esempio, in una discussione accesa e vi sentite in tensione e irritati, potete essere in grado di capire che vi state irritando e rispondere di conseguenza. Al contrario, quando potete analizzare le altre persone, potete guardarle e vedere come si sentono. Questo significa che se potete vedere che state intimidendo o mettendo qualcuno a disagio, potete cambiare le vostre azioni.

# Capitolo 2: Tipi di Personalità

Ora, prima di fare un punto sull'analisi degli altri, dovete prima cominciare a riconoscere i tipi di personalità. Le personalità cambiano così tanto da persona a persona che imparare a identificare la personalità di qualcun altro può essere incredibilmente vantaggioso per voi. Quando saprete più o meno mettere insieme come qualcuno pensa o quali possono essere i suoi stati d'essere predefiniti, comincerete ad avere un'idea generale migliore di come prevedere come saranno interpretati i vostri comportamenti. Se si sa, per esempio, che si ha a che fare con un introverso, si può fare in modo di dare all'altra persona un po' di respiro piuttosto che fare in modo di insistere sul confronto e la risoluzione dei problemi proprio in quel momento.

Da una prospettiva leggermente più complessa, coloro che utilizzano la psicologia oscura spesso usano questo step e la comprensione del tipo di personalità o delle tendenze di coloro che li circondano per aiutarli a identificare i loro obiettivi futuri. Questo perché alcuni tipi di personalità sono molto più tolleranti di altri, e quelle persone più tolleranti saranno più propense a sopportare comportamenti problematici.

In definitiva, quando ci si ferma a leggere il tipo di personalità di qualcun altro, non si otterrà un'immagine così chiara come quella che si otterrebbe se, per esempio, si fermasse tutto ciò che si sta facendo e improvvisamente si facesse un test di personalità, ma si otterranno comunque informazioni preziose che potrebbero servire.

In questo capitolo parleremo di uno dei metodi più popolari per dividere i tipi di personalità: i tipi di personalità di Myers-Briggs. Sarete guidati attraverso ognuna delle quattro categorie in cui le persone vengono suddivise, dandovi un totale di 16 diversi tipi di personalità basati su come le persone vedono il mondo. Sarete guidati attraverso l'introversione contro l'estroversione, se le persone vanno con ciò che possono osservare o percepire o la loro intuizione, se le persone pensano o sentono, e se si basano sul giudizio o sulla percezione del mondo intorno a loro. Questo potrebbe non avere ancora senso, ma sarete guidati attraverso ciascuna di queste categorie. Infine, capirete come indovinare più o meno quale sia il tipo di personalità di qualcun altro sulla base di una breve guida ai 16 tipi di personalità Myers Briggs.

Si prega di notare che ci sono diversi modi per distinguere i tipi di personalità - si può vedere la gente fare riferimento all'Enneagramma, un altro modo per capire il tipo di personalità. Si può vedere la gente discutere dei quattro temperamenti. In definitiva, ci sono molti modi diversi che si possono utilizzare per capire la mente degli altri. Quale si preferisce è in gran parte una questione di preferenze personali.

## Cos'è la personalità?

La personalità è, in parole povere, ciò che sei come persona. Quando si parla di personalità, si guardano le differenze tra come si può pensare, sentire e comportarsi rispetto a come le altre persone scelgono di pensare, sentire e comportarsi. Poi si prende in considerazione il modo in cui queste tre categorie si uniscono per fare di voi un tutt'uno. In generale, si può sentire la gente descrivere qualcun altro come introverso o estroverso, o che è audace e unico, o forse timido. Queste sono tutte caratteristiche che si uniscono per creare la vostra personalità.

I tratti della vostra personalità provengono da diversi aspetti della vita: alcuni sono eredità genetiche, altri sono predisposizioni genetiche che hanno richiesto un certo tipo di attivazione in un momento nella vita, e altri ancora sono semplicemente risposte apprese dal mondo che vi circonda. In definitiva, quando si vuole esaminare la propria personalità o la personalità di altre persone, si guardano I Cinque Grandi Tratti della Personalità. Questi possono essere ricordati con l'acronimo ACEAN:

- Apertura all'esperienza
- Coscienziosità

- Estroversione vs. introversione
- Accondiscendenza
- Nevroticismo

Ognuna di queste tendenze della personalità può aiutarvi a capire chi sono le persone nel loro insieme. Ogni persona mostrerà un certo livello di ognuno di questi cinque tratti - sarà semplicemente una questione di capire se qualcuno è interamente gradevole o interamente provocatorio, per esempio. Quando si comprendono le tendenze di qualcuno all'interno di questi cinque tratti, si inizia a capire il suo tipo di personalità.

**Apertura mentale**

Questo particolare tratto è cruciale per l'immaginazione o per essere in grado di trovare l'intuizione. Quando qualcuno è molto aperto alle esperienze, tende ad essere creativo e avventuroso. Sono persone tipicamente molto curiose e vogliono imparare di più sul mondo che le circonda. Sono entusiaste di esplorare il mondo.

Al contrario, coloro che ottengono un punteggio molto più basso nella loro apertura a sperimentare il mondo tendono ad essere molto più rigidi. Amano la tradizione e la programmazione e sono contrari al cambiamento in generale. Resistono a tutto ciò che non è familiare e di solito non amano quando le conversazioni o le discussioni tendono al teorico. Vogliono vivere nel comfort senza preoccuparsi di ciò che accadrà dopo o di come dovranno procedere nel corso della vita.

**Coscienziosità**

Questo tratto di personalità riguarda quanto qualcuno sia riflessivo come individuo. Prende in considerazione quanto è probabile che qualcuno sia in grado di controllare i propri impulsi o assicurarsi che stia lavorando costantemente verso i propri obiettivi. Coloro che sono ampiamente coscienziosi sono di solito quelli che prestano meticolosa attenzione ai dettagli.

Sentono il bisogno di pianificare esattamente come si svolgeranno le cose e considerano sempre come le altre persone si sentiranno a causa dei loro comportamenti e tendenze.

D'altra parte, coloro che non sono particolarmente coscienziosi sono di solito molto sprezzanti della struttura. Le cose accadono quando accadono e non un momento prima. Non si preoccupano, e a volte preferiscono persino l'imprevedibilità del caos e di solito non sono particolarmente disciplinati. Procrastinano o semplicemente falliscono quando si tratta di raggiungere scadenze o obiettivi.

**Estroversione**

Questo particolare tratto comprende il modo in cui si vede la capacità di socializzare con gli altri. In particolare, coloro che sono estroversi tendono a sentirsi come se fossero eccitati da altre persone o impegnati in interazioni sociali. Tendono a godere degli altri e faranno di tutto per uscire ed essere sociali.

Coloro che non sono particolarmente estroversi sono di solito indicati come introversi e sono tipicamente abbastanza riservati. Sentono di dover spendere energie quando interagiscono e si impegnano con le persone in pubblico. Invece di essere eccitati dall'attività sociale, si sentono prosciugati e spesso sentono il bisogno di ritirarsi e rilassarsi. Questo non significa che sono necessariamente antisociali, ma piuttosto che la socializzazione, non importa quanto piaccia, è estenuante, e hanno bisogno di spendere il tempo per ricaricarsi.

## Gradevolezza

Questo tratto riguarda la fiducia, la gentilezza e altri comportamenti che sarebbero considerati prosociali. In effetti, sono felicemente cooperativi e sono disposti ad aiutare gli altri. Infatti, di solito sono abbastanza empatici e si preoccupano fortemente di come si sentono le altre persone. Vogliono essere sicuri di aiutare le altre persone.

D'altra parte, le persone che sono meno gradevoli tipicamente si preoccupano ed entrano meno in empatia con coloro che li circondano. Non si preoccupano molto quando vedono le persone soffrire e possono anche tendere a manipolare gli altri, non avendo problemi ad usare le altre persone per ottenere ciò che vogliono o di cui hanno bisogno. Tutto ciò di cui si preoccupano è come ottenere ciò che vogliono.

## Neuroticismo

L'ultimo tratto è il nevroticismo, che riguarda l'instabilità emotiva e l'umore di un individuo. Quando si è altamente nevrotici, si è tipicamente abbastanza lunatici in generale, con livelli più alti di ansia o irritabilità. Si può essere facilmente turbati e lottare per far fronte allo stress quando lo si affronta.

Coloro che non sono nevrotici, d'altra parte, tendono ad essere molto più stabili emotivamente - sono resilienti e rilassati. Sono in grado di affrontare lo stress quando si presenta senza preoccuparsene troppo. Possono gestire le proprie emozioni e raramente sono bloccati in sentimenti di disperazione.

# Perché la personalità è importante

La personalità è fondamentale perché determina il modo in cui le persone nel mondo interagiscono. Se siete nevrotici, avrete la tendenza ad oscillare da un'emozione all'altra, e se lo abbinate a qualcuno che non è piacevole, potreste scoprire che avete a che fare con qualcuno a cui non interessano i comportamenti prosociali e che oscilla da un umore all'altro. Quando si capisce quali sono le tendenze di qualcuno, si è preparati ad affrontarle.

Oltre a questo, però, la personalità determina il modo in cui interagirete con il mondo e come risponderanno anche coloro che vi circondano. Quando riesci a capire la personalità e i tratti della personalità delle altre persone, puoi assicurarti di poter prevedere i modelli comportamentali delle altre persone. Potrete vedere come gli altri reagiranno e, comprendendo tale reazione, sarete in grado di capire cosa aspettarvi nelle vostre interazioni con qualcun altro. Sarete anche in grado di identificare gli spunti del linguaggio del corpo che possono essere importanti da conoscere.

## Indicatore di tipo Myers-Briggs

Forse uno degli indicatori del tipo di personalità più conosciuti è l'indicatore di tipo Myers-Briggs (MBTI). Questo particolare indicatore di tipo di personalità guarda a quattro modi distinti di interagire con il mondo che si combinano per creare 16 tipi di personalità distinti che hanno tutti le loro tendenze e caratteristiche.

Questo particolare indicatore di tipo di personalità si basa su un auto analisi introspettiva, il che significa che le persone sono tenute a fare il test da sole e a rispondere a quello che ritengono più accurato. Naturalmente, questo significa anche che a volte può essere errato - le persone possono orientare il test verso tratti che pensano di avere o che vorrebbero avere, e questo può far sorgere alcuni dubbi sul fatto che questo sia un modo efficace o affidabile per analizzare la personalità. Nonostante ciò, è utile per offrire una visione della mente di altre persone.

L'MBTI esaminerà in particolare gli stili di apprendimento cognitivi, il che significa che si concentra su come le persone interagiscono con il mondo. È importante riconoscere che le coppie comparative dei tratti non devono essere viste come polarmente opposte, ma piuttosto come due estremità di uno spettro in cui il mondo è visto. Alcune persone possono esistere a metà strada in una categoria, bilanciandosi nel mezzo, e qualcuno che è in gran parte su un'estremità dello spettro può esibire tratti che esistono anche sull'altra.

## Introverso vs. Estroverso

Il primo stile di apprendimento che viene esaminato è l'introverso contro l'estroverso. In particolare, l'estroverso cerca di vedere come le persone imparano attraverso le interazioni sociali.

Le persone all'estremità estroversa dello spettro di solito imparano bene interagendo con il mondo che le circonda. Guardano al mondo fisico intorno a loro per capire cosa sta succedendo. È più probabile che richiedano di poter toccare e sentire le cose piuttosto che semplicemente contemplarle, e sono felici di elaborarle di persona.

Le persone all'estremità introversa dello spettro, d'altra parte, preferiscono riflettere in pace e tranquillità. Non richiedono l'aspetto fisico dell'apprendimento e spesso fanno meglio quando sono in grado di confrontarsi internamente con un concetto. Preferiscono elaborare internamente rispetto alla scelta esterna dell'estroverso.

## Sensazione vs. Intuizione

Il prossimo spettro che viene identificato è quello tra la sensibilità e l'intuizione. Questo è dove le persone tendono a concentrare la loro attenzione per capire il mondo che le circonda. Determina se le persone sono interessate al fisico o all'astratto.

In particolare, coloro che si trovano all'estremità sensitiva dello spettro tendono a favorire il concreto e il tangibile. Vogliono vedere i risultati e avere la prova nelle loro mani disponibile per loro. C'è una grande preferenza verso i dettagli e le sequenze, e vogliono concentrarsi su ciò che è di fronte a loro piuttosto che sull'astratto o sulle ipotesi.

L'estremità dello spettro dell'intuizione, d'altra parte, coinvolge persone che sono brave a capire e a confrontarsi con l'ipotetico e l'astratto. Non sentono il bisogno di avere qualcosa davanti a sé e preferiscono contemplare ciò che sta accadendo piuttosto che dover interagire fisicamente.

## Pensiero vs. Sentimento

Il terzo spettro identifica le preferenze usate durante il processo decisionale. Questo particolare spettro cerca di identificare se le persone sono più propense a prendere una decisione basandosi sulle loro emozioni o piuttosto guardando le cose in modo logico e razionale. Entrambe le forme di pensiero hanno i loro scopi importanti, ed è in definitiva una questione di guardare la preferenza.

Le persone all'estremità pensante dello spettro di solito guardano alla fredda logica e alla verità. I sentimenti non hanno nulla a che fare con le loro decisioni, e cercheranno sempre di prendere decisioni oggettive basate sulla verità e sulle prove che hanno di fronte. Sono interessati alla logica e alla deduzione e prenderanno la decisione logica, non importa quanto possano dispiacere le implicazioni o i sentimenti che l'accompagnano.

Le persone con sentimenti, invece, tendono ad enfatizzare le emozioni che accompagnano la loro decisione. Guarderanno le situazioni in modi molto più sfumati, dando un'occhiata alla ragione dietro al perché qualcuno ha fatto qualcosa piuttosto che giudicarla semplicemente bianca o nera.

Per esempio, il pensatore può dire che la persona che stava rubando è un criminale che merita di essere perseguito di conseguenza, mentre il pensatore può sottolineare che la persona ha rubato un tozzo di pane per sfamare i suoi figli, e che la clemenza è necessaria. Entrambi stanno guardando lo stesso problema, ma il pensatore crede che le cose debbano essere logiche e seguire le regole, il che significa che l'uomo è colpevole a prescindere e merita la stessa punizione delle persone che hanno rubato per guadagnare piuttosto che per sopravvivere semplicemente, mentre il sentitore si preoccupa dei motivi.

## Giudicare vs. Percepire

Infine, il quarto spettro cerca di identificare come le persone tendono a considerare la complessità del mondo. Le persone tendono ad avvicinarsi al mondo in modi diversi, con alcuni che scelgono un modo strutturato e logico, mentre altri preferiscono seguire la corrente.

In particolare, coloro che si trovano all'estremità giudicante dello spettro preferiscono avere una struttura nel loro approccio al mondo. A loro piace avere dei protocolli in atto e un modello per come attraverseranno il mondo che li circonda. Questa struttura è usata come guida e li aiuta a sapere cosa aspettarsi.

Dal punto di vista della percezione, tuttavia, le persone preferiscono mantenere le cose aperte. Vogliono essere in grado di avere opzioni che permettano di cambiare, se necessario. Mentre i tipi giudicanti cercheranno di adattare le nuove informazioni alla loro comprensione del mondo e delle sue strutture, i percettori sono più propensi a cambiare senza bisogno di alcuna struttura precedente. Sono disposti a seguire il flusso.

## I tipi di personalità MBTI

- **INTJ: L'architetto**: Queste persone sono fantasiose e tendono a fare bene con la strategia. Sono in grado di sviluppare progetti con facilità e preferiscono avere sempre dei piani. Mettono in discussione tutto mentre osservano il mondo intorno a loro.

- **INTP: Il Logico**: Questo tipo di personalità è classificato come abile nell'analisi. Queste persone sono capaci di analizzare rapidamente e poi usare quelle analisi per assicurarsi di essere in grado di realizzare ciò che si sono prefissati di fare con il possibile successo.
- **ENTJ: Il comandante**: Quelli con il tipo di personalità ENTJ sono tipicamente a loro agio in una posizione di leadership. Sono disposti a prendere il comando e sono particolarmente abili nella struttura. Sono tipicamente guidati dall'ambizione e sono ottimisti e a loro agio nel prendere decisioni rapidamente.
- **ENTP: Il Dibattitore**: Questo tipo di personalità è guidato dalla capacità di avere conversazioni e di imparare. Amano impegnarsi con altre persone, accolgono le sfide e amano guardare il mondo attraverso la logica, invitando anche gli altri ad unirsi a loro.
- **INFJ: L'avvocato**: L'INFJ è tutto per aiutare le altre persone. Questa persona ha una natura gentile e tende a riflettere. Sono creativi e sono disposti a guardare il mondo con prospettive unicamente idealistiche. Di solito, queste persone sono visionarie.
- **INFP: Il mediatore**: Queste persone sono solitamente interessate a capire quale sia il significato del mondo. Di solito sono abbastanza sensibili e preferiscono passare il tempo a casa da soli, lasciando correre la loro immaginazione. Di solito, queste persone sono riservate e interessate a perseguire i loro valori.
- **ENFJ: Il Protagonista**: L'ENFJ è solitamente guidato da principi. Sono carismatici e trovano facile relazionarsi con gli altri pur mantenendo i loro valori idealistici. Di solito sono abbastanza schietti.
- **ENFP: Il Campeggiatore**: Questo tipo di personalità si concentra nel creare il percorso verso la vita che desidera vivere. Sono interessati ad iniziare nuovi progetti, mentre vedono il potenziale che altre persone possiedono, lo incoraggiano e lo promuovono.

- **ISTJ: Il Logistico**: Quelli con questo tipo di personalità tendono ad essere incredibilmente organizzati e spinti a lavorare sodo. Sono attenti e sono abili nel gestire le loro responsabilità sociali e culturali. Di solito, queste persone sono interessate a pensare profondamente per identificare chiaramente ciò che è giusto. Di solito sono affidabili e riservati, ma anche intimidatori verso coloro che non conoscono.

- **ISFJ: Il difensore**: Questo tipo di personalità è determinato ad aiutare le altre persone. Di solito sono abbastanza calorosi e nutrienti, ma anche sensibili. Di solito sono considerati leali, generosi e premurosi.

- **ESTJ: Il dirigente**: Il tipo di personalità ESTJ è caratterizzato dall'essere tradizionale e profondamente guidato dal desiderio di seguire quei valori che gli sono cari. Di solito sono abbastanza felici di guidare altre persone e chiedono regolarmente aiuto perché i loro consigli sono considerati tipicamente ordinati e orientati al risultato.

- **ESFJ: Il Console**: Questo tipo di personalità è identificato come completamente a suo agio sotto i riflettori. Amano l'interazione sociale e fanno tutto ciò che è in loro potere per essere apprezzati. Di solito sono abbastanza cortesi e premurosi, oltre ad essere interessati ad aiutare tutti quelli che li circondano.

- **ISTP: Il Virtuoso**: Queste persone sono guidate dal loro desiderio di essere razionali. Osservano il mondo intorno a loro e poi capiscono come meglio rispondere razionalmente. Di solito sono incredibilmente spontanei, portando con sé l'entusiasmo con un lato di pragmatismo.

- **ISFP: L'avventuriero**: Queste persone tendono ad essere brave ad ascoltare e si concentrano sull'essere un buon amico. Possono lottare con quella connessione iniziale con gli altri, ma una volta che è stata fatta, apprezzano il fatto di assicurarsi che loro e quelli intorno a loro siano in pace.

- **ESTP: L'imprenditore**: Queste persone sono quelle che agiscono - sono disposte ad uscire e fare cose nuove. Amano passare il loro tempo con altre persone e non vogliono essere disturbati con i dettagli. Sono bravi a risolvere problemi pragmatici e a negoziare, ma di solito sono anche considerati abbastanza impulsivi e non convenzionali.

- **ESFP: L'intrattenitore**: Questo tipo di personalità è caratterizzato dalla capacità di portare energia a qualsiasi evento. Sono bravi ad interagire con le altre persone, e queste abilità li rendono incredibilmente vantaggiosi da avere intorno. Di solito sono abbastanza comprensivi e attenti al mondo che li circonda.

## Identificare i tipi di personalità

Anche se il più delle volte i tipi di personalità sono determinati dall'analisi attiva di un test che l'individuo stesso compila, di solito si può anche mettere insieme quale sia il tipo di personalità più probabile di qualcun altro semplicemente confrontando quali caratteristiche quella particolare persona sembra avere di più. Per determinare in quale categoria rientra qualcuno, cercate di capire quale lato dello spettro si adatta meglio a quella persona.

| Estroverso | Introverso |
|---|---|
| • Eccitato dagli altri<br>• Concentrato sull'esterno<br>• Prende regolarmente contatto con gli altri che può essere o meno necessario | • Trascinato dagli altri<br>• Si concentra sul mondo interno<br>• Preferisce la solitudine ai gruppi<br>• Preferisce comunicare a tu per tu invece che in gruppo |

## Sensitivo

- Si concentra sui numeri
- Preferisce le specificità
- È interessato ai risultati e al presente piuttosto che all'astratto
- Pratico

## Intuitivo

- Perspicace e preferisce rimuginare internamente sulle questioni
- Si affida alle intuizioni
- Si concentra sul futuro

## Pensatore

- Concentrato sul ragionamento e la logica
- Oggettivo e impersonale
- Dà più enfasi all'analisi logica nella risoluzione dei problemi

## Sentimentale

- Si concentra sulle emozioni e sulla ragione per cui le persone fanno le cose
- Pone l'accento sulla simpatia e la preoccupazione per gli altri
- Usa i sentimenti e la moralità per discutere le scelte

## Giudicante

- Il giudicante tende a identificare il ragionamento dietro il commettere un crimine; piuttosto che punire, il pensatore incoraggia il buon processo decisionale

## Percettore

- Il percettore tende a lasciare che sia il suo cuore a guidare la strada quando discute una situazione. Farà delle concessioni se si tratta di una situazione unica

# Capitolo 3: Comunicazione Verbale e Non Verbale

Immaginate di voler inviare un messaggio importante a qualcuno. Come dovreste procedere per consegnarlo? È difficile sapere come trasmettere al meglio un messaggio a qualcun altro, soprattutto se si scopre che si ha bisogno di trasmettere una sorta di cattiva notizia all'altra parte. Quando ciò accade, il tuo migliore interesse è spesso quello di assicurarti che non ci siano errori di comunicazione, il che significa che vuoi essere presente di persona.

Pensate a quando la polizia ha il compito di dare la brutta notizia di informare qualcuno che il suo caro è stato trovato morto - ci vanno di persona. Questo per assicurarsi che il messaggio sia ascoltato e allo stesso tempo assicurarsi che non ci siano errori di comunicazione.

Quando si comunica in qualsiasi altro modo che non sia fisicamente con qualcun altro, si corre il rischio di una cattiva comunicazione semplicemente perché molto viene trasmesso attraverso segnali non verbali. Questo significa che se si dovesse inviare un'e-mail con solo le parole davanti a sé, il messaggio potrebbe essere preso in modo drasticamente diverso da come sarebbe stato se si fosse scelto di dirlo di persona.

Come creature sociali, dovete comunicare regolarmente con altre persone, e lo fate quasi sempre. Anche non fare o dire nulla è comunicare qualcosa a qualcun altro. Il problema è che, la maggior parte delle volte, tendiamo a ignorare o trascurare la comunicazione non verbale, semplicemente perché gran parte di essa viene interpretata inconsciamente. Potreste non esserne consapevoli, ma siete costantemente informati su come le altre persone vi parlano, si avvicinano a voi o addirittura vi guardano.

La comunicazione è così intrinseca alla nostra capacità di relazionarci con altre persone, eppure la maggior parte delle persone non capisce lo sforzo che ci vuole. La gente non si rende conto o non riconosce quanto sia intricata l'arte della comunicazione e la dà semplicemente per scontata. Questo significa, quindi, che hanno anche la tendenza a perdere spunti importanti che altrimenti aiuterebbero immensamente quando si tratta di capire e interagire con gli altri.

In questo capitolo, vi verrà fornito un corso intensivo per capire la comunicazione. In particolare, daremo un'occhiata alle differenze tra la comunicazione verbale e non verbale, permettendoti di iniziare a capire la differenza tra le due. Vedrete una panoramica di ciascuno dei tipi di comunicazione e cosa comportano. Per esempio, imparerete cosa si intende quando qualcuno si riferisce alla comunicazione vocale rispetto a quella verbale - c'è una differenza tra le due.

Mentre leggete questo, vi verranno date tutte le informazioni pertinenti di cui avrete bisogno per procedere ad imparare a leggere e capire il linguaggio del corpo. Questo vi fornirà molta più comprensione di quella che avreste altrimenti sviluppato se vi fosse stato dato semplicemente un elenco di quali azioni significano cosa. Questo è imprescindibile se volete avere una solida comprensione delle persone e di come funziona veramente la comunicazione.

## Comunicazione

La comunicazione, semplificando, è l'idea che due persone o esseri siano in grado di trasmettere messaggi l'uno all'altro per condividere pensieri o idee. Tuttavia, c'è molto di più nella comunicazione che il semplice presupposto che se tu dici una parola, io la capisco. Ci sono sette fasi nella comunicazione con un ottavo elemento che interferisce con l'intero processo. In questa sezione, sarete guidati nella comprensione degli otto elementi della comunicazione.

## Il mittente

Il mittente è l'individuo che trasmette un messaggio. È la fonte originale della comunicazione che viene inviata. Il mittente è colui che decide cosa vuole comunicare all'altra parte. Il mittente può sentire il desiderio di comunicare con l'altra parte e ha bisogno di capire come meglio procedere nel processo.

Per esempio, immaginate che il vostro amico sia venuto a casa vostra e abbia portato una torta deliziosa. Avete dato un morso e vi è piaciuta molto. Ora avete il desiderio di comunicare con il vostro amico. Questo fa di te il mittente.

## Il messaggio

Con il desiderio di inviare un messaggio in mente, ora devi capire qual è il messaggio che vuoi trasmettere. Forse hai una profonda sensazione di gioia dopo aver dato un morso a quella torta, sentendoti completamente soddisfatto. Decidete che volete trasmettere questa soddisfazione al vostro amico per assicurarvi che sappia che avete veramente apprezzato la bontà della torta che vi ha fornito.

## Codificare il messaggio

Con il tuo messaggio in mente, ora devi capire come trasmettere al meglio quel messaggio. È qui che entra in gioco la codifica del messaggio. Dovete guardare la situazione e il vostro destinatario per capire esattamente come dovreste comunicare. Puoi comunicarlo a parole? Sarete in grado di usare un linguaggio verbale? Quale lingua è la più efficace in questo caso? Se tu parli inglese e italiano, ma il tuo amico che ha fatto la torta parla solo italiano, probabilmente non sceglierai l'inglese come lingua per trasmettere il messaggio. Volete assicurarvi che la vostra lingua sia codificata in un modo che sarà compreso dal destinatario, non importa come scegliete di incanalare il messaggio. Qui, decidete che il vostro messaggio è: "Mi piace molto questa torta!

## Canalizzare il messaggio

Una volta scelto il messaggio, dovete ora capire come incanalarlo al meglio. Questo significa determinare come si sta inviando il messaggio. Viene detto faccia a faccia? State inviando un messaggio di testo? Forse scriverete una nota. Lo direte ad alta voce o consegnerete una nota veloce? Non importa come scegliete di trasmetterlo, quello che state inviando è il messaggio: "Mi piace molto questa torta!

## Il destinatario

Con il messaggio incanalato, ora dovrebbe essere fornito al vostro destinatario. Questo significa che l'altra persona ha, di fatto, ricevuto il messaggio e sarà ora responsabile dell'altra metà del processo di comunicazione.

## Decodifica del messaggio

Dopo aver ricevuto il messaggio, il destinatario deve capire come decodificarlo. Questo significa che il ricevente deve capire cosa si voleva trasmettere. Sono in grado di capire il messaggio in modo da poter rispondere di conseguenza. A questo punto, il tuo amico sente il tuo messaggio ed elabora il messaggio canalizzato. Questa è la fase in cui il vostro amico capisce che la torta vi è piaciuta ed è felice lui stesso.

## Feedback

Dopo aver capito il messaggio, il ricevente risponde in qualche modo, segnando l'inizio del processo da capo. Questo significa che il processo di comunicazione funziona in gran parte come un ciclo, in cui le persone trasmettono messaggi, li fanno capire, e poi fanno rispondere ai messaggi in un costante scambio avanti e indietro fino a quando la sessione di comunicazione è finita.

## Rumore

Infine, il rumore si riferisce a tutto ciò che interferisce con la sessione di comunicazione. Per esempio, potresti avere dei rumori letteralmente forti che interferiscono, rendendo impossibile la comunicazione tra te e l'altra parte. Potrebbe esserci il maltempo che rende la ricezione del telefono discontinua, il che significa che la telefonata cade continuamente. Potresti tentare di inviare un messaggio tramite dettatura sul tuo telefono e avere il messaggio completamente pasticciato. Potresti avere un accento incredibilmente spesso che ti rende difficile da capire. Tutti questi sono esempi di rumori che interferiscono con la tua comunicazione.

L'esempio dato sopra era un esempio di comunicazione verbale. Tuttavia, lo stesso ordine segue per la comunicazione non verbale. Pensate a un cane che scodinzola. Il cane è il mittente. Ha la sensazione di essere felice e poi capisce come comunicare al meglio questo messaggio. Il cane quindi scodinzola per comunicare agli altri che è felice, che poi ricevono il messaggio e riconoscono che il cane è, in effetti, felice. Naturalmente, quando si tratta di comunicazione non verbale, di solito non è così intenzionale a livello cosciente.

## Comunicazione Verbale

Per prima cosa ci occuperemo della comunicazione verbale. Quando si usa il linguaggio verbale, si usano parole o suoni per esprimere un messaggio in qualche modo. Forse la caratteristica più notevole della comunicazione verbale è che è in gran parte arbitraria e richiede l'apprendimento per comprenderla veramente. La comunicazione verbale, quindi, è appresa e specifica per certi gruppi. Questo è esemplificato dal fatto che gli esseri umani hanno diverse lingue che sono piuttosto raggruppate in base alla geografia. Le persone all'interno di una lingua geografica tendono a parlare la stessa lingua l'una dell'altra, anche se ci sono sempre delle eccezioni.

La comunicazione verbale è qualsiasi forma di comunicazione che si basa sulle parole - suoni arbitrari destinati a definire o trasmettere un'idea molto specifica. Per esempio, in italiano, possiamo dire che un gatto è un gatto. Il processo di creazione della parola "gatto" dice a chiunque altro parli italiano che vi state riferendo a un piccolo, peloso, felino a quattro zampe con baffi e coda che è comunemente tenuto come animale domestico. Se doveste dire gatto a qualcuno che non capisce una parola di italiano, come qualcuno che parla spagnolo, non capirebbe cosa intendete con la parola "gatto". Tuttavia, se indicaste un gatto, probabilmente direbbero la parola "Gato" in risposta, mentre qualcuno che parla francese potrebbe dire "Chat" e qualcuno che parla tedesco direbbe "Katze".

In fin dei conti, gatto, gato, chat e Katze si riferiscono tutti a quel quadrupede, soffice felino con la coda lunga e i baffi. Hanno tutti questo significato comune, anche se sono tutti detti in modo completamente diverso l'uno dall'altro. Questo perché parlano tutti lingue diverse.

La comunicazione verbale non si limita solo alle parole che si pronunciano, ma comprende anche la comunicazione scritta, poiché si stanno ancora usando simboli arbitrari per rappresentare un concetto che altrimenti non si sarebbe in grado di definire chiaramente. Insieme al linguaggio scritto, si può anche vedere il linguaggio dei segni. Anche se comunemente inserito nella comunicazione non verbale a causa della mancanza dell'uso della voce e dell'affidamento sui gesti, il linguaggio dei segni si classifica ancora come verbale semplicemente perché sta ancora facendo uso di segni e simboli arbitrari che hanno lo scopo di rappresentare un concetto che non sarebbe innatamente compreso da coloro che vi circondano se non avessero una precedente conoscenza della lingua.

## Comunicazione non verbale

La comunicazione non verbale, invece, è molto più innata. Per la maggior parte, la comunicazione non verbale è ampiamente compresa oltre i confini. Ci sono sempre alcuni aspetti della comunicazione non verbale che sono culturali, come evitare il contatto visivo negli Stati Uniti è considerato scortese mentre altre culture ti riterrebbero scortese per aver stabilito un contatto visivo per primo.

Al di là di alcuni dei significati specifici che sono culturali, tuttavia, la maggior parte degli spunti di comunicazione non verbale che saranno discussi nel prossimo capitolo sono in gran parte universali. Quando si comunica in modo non verbale, ci si concentra su come interagire con qualcun altro senza parole. Pensate a un sorriso: indipendentemente dalla cultura da cui provenite, dovreste essere in grado di capire che un sorriso è un segno di gentilezza o felicità, indipendentemente dal luogo di provenienza.

In particolare, la comunicazione non verbale è comunemente suddivisa in cinque categorie che definiscono diversi aspetti: cinesica, oculistica, aptica, prossemica e vocalica. Tutte queste trasmettono un certo messaggio senza l'uso di alcuna parola.

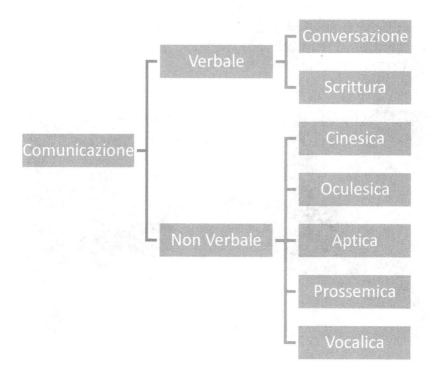

## Cinesica

Quando si pensa alla comunicazione non verbale, la prima cosa che viene in mente è probabilmente la cinesica, cioè il modo in cui si muove il corpo. Questo comprenderebbe il modo in cui ti muovi, come ti esprimi e come ti poni. In effetti guarderai la posizione che qualcuno assumerà quando ti affronta, se ti sta affrontando con tutto il corpo o no, o anche cosa sta facendo in quel momento. Si può dire molto su come qualcuno sta muovendo il suo corpo, dal fatto che sembri a disagio al fatto che sembri entusiasta di essere lì.

Il più delle volte, le persone presumono che questo sia tutto ciò che c'è nella comunicazione non verbale. Pensano che se imparano a capire cosa intendono le persone quando muovono il corpo in certi modi, sanno tutto quello che devono sapere sulla situazione o sulla persona. Tuttavia, ci sono anche altri aspetti importanti da ricordare.

Questa è, probabilmente, la prima cosa che noterete quando vi avvicinate a qualcun altro. Identificherete come tengono il loro corpo e a cosa sembrano prestare attenzione. Guarderete la testa e le espressioni, le spalle, le mani e le braccia, la direzione in cui il corpo è rivolto, le gambe e i piedi. Man mano che imparate a leggere le persone, scoprirete che avete bisogno di leggere le persone dai piedi in su per capirle veramente e rapidamente.

## Oculesica

Tecnicamente un sottoinsieme della cinesica, l'oculesica guarda i movimenti e le movenze degli occhi. Nonostante sia un sottoinsieme della cinesica, sarà fornita una propria categoria semplicemente perché il contatto visivo e i movimenti degli occhi possono essere così determinanti. Ci sono diversi modi in cui si può scegliere di guardare le altre persone e diversi altri modi in cui anche gli occhi possono muoversi.

In particolare, si noterà il contatto visivo, la direzione dello sguardo, come l'occhio si muove e la dilatazione delle pupille. Ogni aspetto di come l'occhio si sta comportando fornirà nuovi frammenti di informazioni che possono poi essere raggruppati insieme per ottenere un quadro più chiaro di ciò che sta succedendo nella mente dietro di loro.

## Aptica

L'aptica è solo un modo elegante per riferirsi al tocco tra le persone. Pensate al touch screen del vostro telefono o tablet, che usa la risposta aptica quando si fa un leggero clic per farvi sapere che la vostra pressione su qualcosa è stata ricevuta. Si usa anche quando si gioca ai videogiochi su una console che fa anche uso di controller vibranti.

L'aptica nel linguaggio del corpo non è molto diversa - quando si parla di comunicazione non verbale aptica, ci si riferisce a come le persone usano il loro tocco per comunicare con gli altri. Questo può essere un rapido tocco alla spalla per essere rassicurante, o una ferma stretta di mano per salutare un potenziale cliente. Non importa la forma, si tratta di qualsiasi tipo di tocco tra le persone e di come quel tocco viene trasmesso. Pensate all'atto di toccare il viso di qualcuno, per esempio. Se il vostro coniuge si allunga amorevolmente e vi accarezza la guancia, probabilmente vi sentirete amati e curati. Tuttavia, se un estraneo dovesse allungare la mano e toccarvi il viso, probabilmente vi allontanereste. Se quell'estraneo allungasse la mano e vi schiaffeggiasse il viso invece di accarezzarlo, probabilmente vi sentireste offesi e arrabbiati. Tutti e tre gli esempi erano esempi diversi di toccare con la mano il viso di qualcun altro, eppure tutti e tre avevano contesti, significati e reazioni diverse.

Quando si parla di aptica, si guarda principalmente a dove si viene toccati e all'intenzione dietro il tocco. Il vostro tocco, se lento e gentile, può essere percepito come confortante, mentre il tocco nella stessa posizione ma fatto con forza sarà considerato un'aggressione o un tentativo di ferirvi.

## Prossemica

La prossemica riguarda l'apprendimento della vicinanza tra voi e le altre persone. Quando si guarda alla prossemica, in particolare, si può notare che l'altra parte è probabile che si posizioni in luoghi molto specifici in relazione a voi, e se si invade la loro bolla personale, probabilmente si sposteranno indietro per fornire quello spazio che volevano in primo luogo.

Quando prendete in considerazione la prossemica, guarderete la direzione dell'interazione su due piani: guarderete come l'altra persona si tiene verticalmente, riferendovi al fatto che si sta facendo un punto per guardarvi in alto o in basso. Per esempio, stanno intenzionalmente inclinando la testa verso l'alto in modo da potervi guardare dal basso verso l'alto, o si stanno abbassando all'altezza degli occhi per poter parlare e comunicare chiaramente?

La prossemica guarda anche la distanza orizzontale tra le persone. Questo serve a capire quanto lontano vi trovate dalle altre persone e come interagirete con le persone in relazione alla distanza che avete stabilito. Se stai mantenendo molto fermamente una distanza tra te e l'altra parte, probabilmente c'è una buona ragione: senti che quella relazione non è ancora abbastanza costruita. D'altra parte, una coppia sposata può benissimo sembrare che non voglia alcuno spazio tra di loro, perché la loro relazione permette questa intimità.

## Vocalica

Infine, l'ultimo aspetto della comunicazione non verbale da discutere sarà la vocalica. Quando si considera la vocalica, si guarderà come le persone vogliono comunicare l'una con l'altra attraverso la loro voce senza mai usare effettivamente le parole. Questo, in particolare, è guardare i diversi tipi di suoni che le persone fanno per trasmettere un significato senza che ci sia una parola. Per esempio, un ringhio sarà ben compreso come qualcuno che è frustrato o arrabbiato, mentre un sospiro implica che c'è qualcosa che non va.

La vocalità cerca di analizzare tutti questi suoni che vengono emessi. Poiché non sono rumori arbitrari o simboli destinati a rappresentare un concetto, sono considerati parte della comunicazione non verbale, nonostante siano altre forme di vocalizzazioni.

# Capitolo 4: Leggere il Linguaggio del Corpo

Ora, immaginate di essere di fronte a qualcuno. Puoi vedere che stanno incrociando le braccia con le mani nascoste dietro di loro, i loro occhi si spostano nervosamente da te per virare a sinistra di tanto in tanto. Spostano il loro peso da un piede all'altro e lottano per mantenere il contatto visivo. Qualcosa nel linguaggio del corpo di questa persona ti mette a disagio, ma non riesci a capire cosa. Si tiene a distanza da voi e ogni volta che vi avvicinate, notate che è probabile che si allontani.

Il linguaggio del corpo è bravo a darci sensazioni che ci dicono di essere in tensione, offesi o rilassati, ma se non sai cosa stai leggendo, farai fatica a capire perché ti senti così. Può essere difficile sapere cosa intende qualcuno se non si può dare un significato a ciò che sta facendo. Si può avere un'idea generale di come si vuole rispondere, ma può essere incredibilmente vantaggioso essere in grado di leggere il linguaggio di qualcun altro.

Questo capitolo vi condurrà in un'analisi dell'uso più comune del linguaggio del corpo che probabilmente incontrerete. Sarete introdotti alla cinesica, che prenderà la maggior parte di questo capitolo, imparando a interpretare ciò che è inteso dai vari movimenti del corpo che incontrerete. Imparerete quali sono le espressioni più comuni e come si tengono le persone. Imparerete a leggere l'oculesica per capire cosa significa il contatto visivo delle altre persone. Vedrete anche cosa significa la prossemica, la vocalica e l'aptica.

Quando avrete finito questo capitolo, dovreste avere una solida base nella lettura del linguaggio del corpo e dei comportamenti comuni. Tenete a mente che questa lista non è completa - ci si sta semplicemente concentrando sui comportamenti più comuni. Dopo tutto, ci vorrebbe un intero libro per esaminare ogni tipo di segnale di comunicazione non verbale che gli esseri umani possono emettere!

## Cinesica

Come breve promemoria, la cinesica si riferisce ai movimenti del corpo. In particolare, qui, guarderete come le persone si esprimono, imparando le sette espressioni universali che trascendono i confini. Poi guarderete i comuni movimenti facciali. Da lì, vi farete strada lungo il corpo, guardando le spalle, le braccia e le mani, e poi le gambe e i piedi.

## Espressioni

Le espressioni sono ciò a cui la gente di solito pensa quando gli si chiede di immaginare il linguaggio del corpo - possono pensare al sorriso di felicità o al solco delle sopracciglia nella tristezza. Tuttavia, essere in grado di leggere questo linguaggio del corpo è fondamentale. Questa è effettivamente una guida a diversi cluster del linguaggio del viso per identificare lo stato emotivo di qualcun altro. In particolare, identificheremo le espressioni che corrispondono alle sette emozioni universali di felicità, tristezza, rabbia, paura, sorpresa, disprezzo e disgusto. Tenete a mente che ognuna di queste emozioni avrà il proprio scopo di esistere, e ogni sentimento si noterà in base alle espressioni del viso. Naturalmente, è possibile nascondere o fingere queste, ma di solito ci sono spunti o microespressioni che non possono essere falsificate o nascoste.

- **La felicità:** La felicità è di solito abbastanza semplice da identificare - il viso sarà molto più rilassato, e si vedrà che l'individuo sta sorridendo - gli angoli della bocca tireranno verso l'alto e indietro. La bocca può essere aperta per esporre i denti o può essere chiusa, e sarete in grado di identificare una ruga dal naso al labbro esterno, sollevando le guance. La palpebra inferiore di solito si corruga o si tende, e in un sorriso genuino, si vedrà la ruga agli angoli esterni degli occhi. Quando la felicità è finta, ci sarà meno tensione nel viso, e non si vedrà la ruga agli angoli degli occhi.

- **Tristezza:** Quando si identifica la tristezza, si noterà che gli angoli interni delle sopracciglia dell'individuo si sollevano verso l'alto e verso l'interno, creando delle rughe. Le labbra si accigliano e la mascella è solitamente tesa e tirata verso l'alto. Il labbro inferiore può anche fare il broncio. Di tutte le espressioni, questa è la più difficile da fingere.

- **Rabbia:** La rabbia di solito si nota dalle sopracciglia abbassate, progettate per incappucciare gli occhi. Sono tipicamente disegnate insieme, creando delle rughe tra di loro. La palpebra inferiore è solitamente tesa, e gli occhi fissano intensamente l'oggetto della rabbia. Le labbra possono essere premute insieme strettamente, o saranno aperte in un quadrato se l'individuo sta urlando. Le narici possono dilatarsi con la respirazione, e la mascella inferiore è spesso forzata verso l'esterno.

- **Paura:** La paura è solitamente notata dalle sopracciglia che sono sollevate e tirate verso l'interno. Sono più comunemente dritte piuttosto che curve o arcuate. Ci sono di solito rughe sulla fronte che sono per lo più al centro piuttosto che in tutta la direzione. Gli occhi saranno ampiamente aperti, anche se si vedrà solo il bianco sopra la parte superiore dell'iride piuttosto che tutto intorno. La bocca è tipicamente aperta, ma c'è tensione intorno alle labbra, tendendole e tirandole leggermente indietro.

- **Sorpresa:** Questa particolare emozione è più comunemente espressa con sopracciglia sollevate e arrotondate - gli archi saranno curvi. La pelle sotto le sopracciglia sarà distesa come risultato delle sopracciglia sollevate, e spesso si vedranno delle rughe sulla fronte come risultato. Gli occhi sono aperti, e di solito si può vedere il bianco dell'occhio sopra e sotto l'occhio. La bocca pende regolarmente aperta con i denti separati, anche se non c'è tensione qui. Sembra semplicemente appesa aperta.

- **Disprezzo**: Di tutte le espressioni, il disprezzo è il più semplice. Di solito, la maggior parte del viso è neutrale, anche se si può essere fissati con occhi leggermente abbassati. La caratteristica più distintiva del disprezzo, tuttavia, è la leggera contrazione verso l'alto di un lato della bocca in una sorta di ghigno.

- **Disgusto:** Il disgusto è solitamente caratterizzato da un abbassamento delle sopracciglia, con una ruga tra i due. Di solito, il labbro superiore è stato sollevato, permettendogli di sollevarsi verso le narici per schermarle. Anche le guance si tirano su verso le orecchie, e il naso è tipicamente rugoso. Probabilmente sarà possibile vedere i denti superiori quando la bocca si apre.

**Leggere le sopracciglia**

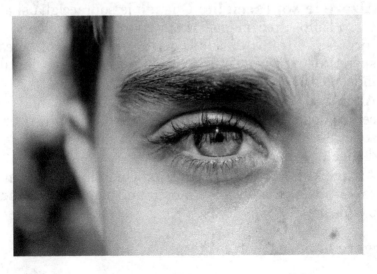

Le sopracciglia sono incredibilmente espressive e possono essere mosse in una moltitudine di modi. Questa sezione ti guiderà attraverso i movimenti più comuni che le sopracciglia possono fare.

- **Intrecciare le sopracciglia**: Spesso, se le sopracciglia si aggrottano, si intende trasmettere preoccupazione, tristezza o confusione. Di solito si vedrà una sorta di corrugamento tra i due che darà questo via.
- **Abbassare le sopracciglia**: Quando vedi che le sopracciglia sono semplicemente abbassate, incappucciando gli occhi, potresti avere a che fare con qualcuno interessato a nascondersi dalla situazione in corso. Questo diventa ancora più vero se l'individuo sta abbassando anche la testa. Questo può essere indicativo di un tentativo di essere ingannevole.
- **Abbassare il centro delle sopracciglia**: Quando si fa in modo di abbassare il centro delle sopracciglia, si crea un sopracciglio dritto invece di uno che si curva naturalmente. Di solito, questo mostra rabbia o frustrazione e occasionalmente anche paura, specialmente se accoppiato con l'innalzamento delle sopracciglia mentre si appiattiscono i centri.
- **Alzare le sopracciglia**: Quando le sopracciglia si alzano verso l'alto, tipicamente, si sta guardando qualcuno che è sorpreso, attratto dall'altra parte, o anche sottomesso e spera di non attirare alcuna attenzione inutile o indesiderata.
- **Alzare il centro delle sopracciglia**: Quando alzi il centro delle sopracciglia, stai mostrando che sei sorpreso o sollevato, con il vero significato che dipende interamente dagli altri segni che sono presenti.
- **Alzare un solo sopracciglio**: Quando si alza un solo sopracciglio, di solito si sta mostrando disprezzo, incredulità o cinismo.

## Leggere la bocca

La bocca può dire molto oltre alle parole che ne escono quando si comunica. Quando si guarda la bocca di qualcuno, di solito si possono cogliere alcuni dettagli su ciò che vuole o su ciò che sta cercando di fare.

- **Mostrare i denti**: Quando si vede qualcuno digrignare i denti, o sta sorridendo, o sta ringhiando. A seconda del contesto, è aggressivo o piacevole.
- **Mordere il labbro e la guancia**: Tipicamente considerata un'abitudine nervosa, le persone tendono a mordersi il labbro o la guancia nel tentativo di calmarsi quando sono nervosi. Tuttavia, è anche regolarmente associato all'inganno, in quanto può essere fatto nel tentativo di nascondere qualcosa.
- **Separare le labbra**: Quando permetti alle tue labbra di separarsi, potresti cercare di attirare l'attenzione di qualcun altro, o potresti essere interessato a cercare di flirtare o mostrare che sei attratto da loro.
- **Rilassare le labbra**: Quando questo accade, l'individuo è tipicamente seduto, calmo e rilassato.
- **Toccare la bocca**: Questo è un segno comune di autolimitazione o inganno.
- **Contrazione delle labbra**: Questo può accadere a causa di un sentimento sprezzante o come risultato del tentativo di sopprimere qualche altra emozione da mostrare sul viso.

## Movimenti delle braccia

Le persone possono muovere le braccia e le mani in diversi modi, che mostrano diversi significati e possono trasmettere diversi livelli di disprezzo, contentezza o fastidio. Dai un'occhiata a questi comuni movimenti delle braccia e delle mani.

- **Incrociare le braccia**: Quando questo accade, la ragione più comune è che la persona è sulla difensiva o chiusa. Questo trasmette che l'individuo vuole più lontananza tra voi e lui.
- **Espandere le braccia**: Le braccia possono essere espanse verso l'esterno o tirate verso l'interno per farti sembrare più grande o più piccolo. Quando le braccia sono espanse verso l'esterno, di solito è una dimostrazione di sentirsi a proprio

agio nell'ambiente e di essere rilassati. D'altra parte, quando sono tirate verso l'interno, di solito è dovuto a qualche tipo di stress.

- **Tenere le braccia ferme**: quando le braccia sono tenute completamente ferme, è tipicamente perché è un tentativo di assicurarsi che non nascondano nulla. Quando le braccia di qualcuno riposano immobili al lato, si può supporre che sia un tentativo di ingannarvi. Si può anche vedere l'individuo letteralmente afferrare le braccia per tenerle perfettamente ferme.

- **Tirare le braccia indietro**: Quando vedi qualcuno con le braccia e le spalle tirate indietro, è tipicamente dovuto al tentativo di proteggersi. Vogliono rendersi meno esposti vulnerabili a qualche tipo di attacco o tentativo di afferrarli.

- **Alzare le braccia in alto**: Questo è tipicamente riservato per un'esagerazione di qualche tipo. Può avere lo scopo di esagerare qualsiasi emozione sia sentita in quel particolare momento.

## Movimenti delle mani

Insieme alle braccia, le mani sono incredibilmente facili da manovrare. Questo, accoppiato con molti punti di articolazione, porta ad una capacità di creare diverse posizioni con diversi significati.

- **Dietro la schiena**: Questo può spesso implicare fiducia - rende l'individuo vulnerabile, esponendo il petto, ed è un segno che l'individuo non ha paura di nessuno nei dintorni.

- **Stringere i pugni**: Quando si stringono le mani a pugno, si mostra che si è fermi in qualsiasi cosa si stia dicendo. State mostrando segni di testardaggine, e forse anche di aggressività, a seconda di ciò che si può abbinare a quella particolare azione.

- **Direzione dei palmi**: Quando avete le mani tese, la direzione del palmo conta. Quando il palmo è verso il basso, state mostrando di avere il controllo e di affermarvi sulla situazione. Quando sono rivolte verso l'alto, invece, stai mostrando che sei avvicinabile e meriti fiducia.

- **Nelle tasche**: Quando metti le mani in tasca, stai mostrando un certo livello di disagio o riluttanza verso la situazione in cui ti trovi.
- **Sul cuore**: Spesso usato per mostrare che si è onesti. Tuttavia, questo è regolarmente e prontamente falsificato, quindi dovresti sempre cercare segni di sincerità o inganno quando lo vedi.
- **Sui fianchi**: Questo è regolarmente visto come aggressivo, nonostante sia inteso a mostrare prontezza grazie al fatto che è facile da spostare in quasi tutte le posizioni diverse.
- **Puntare**: Questo è tipicamente riservato a situazioni autorevoli. Pensate all'insegnante che disapprova e rimprovera uno studente con un dito in fuori. Può anche essere fatto verso persone che sono tuoi pari per un approccio extra-confrontativo.
- **Strofinare insieme**: Quando ci si sfrega le mani insieme, si è visti come in attesa di qualcosa, sia che si tratti di ottenere ciò che si voleva o perché non si è sicuri della cattiva notizia che si sta per ricevere.
- **Stropicciato**: Quando si uniscono le mani, si appoggiano i polpastrelli l'uno contro l'altro mentre i palmi rimangono paralleli tra loro, senza mai toccarsi. Gli unici punti di contatto tra le vostre mani sono i polpastrelli.

## Movimenti delle gambe e dei piedi

Quando le persone cercano di mascherare il proprio movimento, il più delle volte, lo fanno attraverso la parte superiore del corpo e le espressioni. Tuttavia, le persone non si rendono conto che le loro gambe in realtà dicono una quantità immensa di informazioni sull'individuo in questione. Le persone che cercano di nascondere il loro linguaggio del corpo lasciano regolarmente le gambe e i piedi incensurati, il che significa che si dovrebbe guardare lì per vedere le vere intenzioni e gli interessi.

- **Incrociare le gambe**: Quando si sta in piedi con le gambe incrociate, di solito si sta mostrando timidezza o ritrosia, ma è abbastanza sottomesso grazie al fatto che l'intera posa è piuttosto instabile.

- **Direzione dei piedi**: Ovunque siano rivolti i piedi dell'individuo, si può supporre che ciò che vuole sia lì. Dirigeranno i loro piedi verso qualsiasi cosa vogliano, che sia intenzionale o no. Se i loro piedi sono puntati verso di voi, sono interessati ad impegnarsi. Se puntano verso qualcun altro o verso la porta, puoi ipotizzare che desiderano che l'intera interazione finisca.

- **Enfasi genitale**: Questo è di solito fatto con gli uomini con una posizione larga e i pollici infilati nelle tasche, con le mani che puntano verso il basso per gesticolare naturalmente verso l'inguine. Questo viene fatto per mostrare dominanza e fiducia.

- **Gambe aperte**: Quando le gambe delle persone sono aperte o distanziate comodamente, si può dire che sono abbastanza aperte a un impegno continuo. Di solito, una buona regola per la distanza tra i piedi è la larghezza delle spalle mostra apertura. Più vicini tra loro implica tipicamente essere nervosi o disinteressati a continuare il contatto.

- **Dita dei piedi in alto**: Le persone generalmente avranno le dita dei piedi rivolte verso l'alto quando sono soddisfatte, specialmente se sono semplicemente ferme in quel momento.

## Occhi

Gli occhi sono, in molti modi, le finestre dell'anima. Sono incredibilmente espressivi, nonostante abbiano così pochi modi di muoversi. Quando si vuole osservare come gli occhi si esprimono, si guarda principalmente la direzione dello sguardo, la quantità di contatto visivo, i movimenti degli occhi e la dilatazione delle pupille.

### Direzione dello sguardo

Lo sguardo si riferisce alla direzione in cui si sta guardando - è il focus dei vostri occhi. Quando guardate qualcosa, la state guardando intensamente. Si possono fissare altre persone o oggetti. Di solito è strettamente legato a ciò che si desidera in quel momento. Come regola generale, più guardi qualcosa, più la desideri. Generalmente trascurerai le cose che non ti interessano favorendo le cose che catturano il tuo sguardo e la tua attenzione.

### Contatto visivo

Il contatto visivo è una componente importante per poter comunicare efficacemente con altre persone. Quando si stabilisce un buon contatto visivo con le altre persone, si fa capire loro che le si sta ascoltando. Tuttavia, l'intensità del contatto visivo può significare cose diverse per persone diverse. Come un rapido inciso, si prega di notare che mentre un ampio contatto visivo è raccomandato nelle culture occidentali, di solito è visto come problematico in molte altre.

- **Contatto visivo regolare e rilassato**: Il contatto visivo regolare è di solito accompagnato da diverse pause in cui voi o l'altra persona distogliete lo sguardo, ma il contatto visivo viene ripristinato dopo un momento. Questo significa che si sta comunicando con soddisfazione con qualcun altro.
- **Contatto visivo duro e fisso**: Questo può essere disciplinare, minaccioso o semplicemente autoritario, a seconda del contesto. Di solito, questo è il tipo di contatto visivo che mette le persone a disagio. Questo tipo di solito è unito ad un broncio o ad una espressione vuota senza vacillare.
- **Evitare il contatto visivo**: Quando il contatto visivo viene evitato ripetutamente, di solito è un segno di una sorta di disagio - di solito, si tratta di qualcuno che non vuole impegnarsi in alcuna interazione. Può essere indicativo di inganno, soprattutto se in combinazione con altri comportamenti ingannevoli.
- **Contatto visivo forzato e scomodo**: Quando il contatto visivo è forzato ma sembra innaturale, potrebbe anche essere indicativo di inganno. Le persone sanno che ci si aspetta che stabiliscano un contatto visivo con le altre persone e che non stabilire un contatto visivo è un segno di menzogna, quindi esagerano e fissano, ma questo risalta altrettanto.

## Movimenti degli occhi

Gli occhi possono muoversi in diversi modi: possono ammiccare, sbattere le palpebre, chiudersi o rimanere aperti. Possono spostarsi e fare molto di più. In particolare, quando si osservano i movimenti dell'occhio, si cerca:

- **L'ammiccamento**: Ammiccare normalmente è di solito un segno di rilassamento. L'ammiccamento rapido, invece, mostra che l'individuo non vuole vedere ciò che ha davanti, o che sta cercando di nascondersi. Di solito mostra qualche segno di stress.

- **Chiusura**: Quando si chiudono gli occhi, si sta implicando che si vuole nascondere. Vuoi evitare il mondo intorno a te a tutti i costi, quindi chiudi gli occhi per soffocare quello che hai davanti. Questo ti permette di pensare profondamente o semplicemente di rimuovere le distrazioni.

- **Piangere**: Questo di solito implica un'emozione intensa, di solito rabbia, tristezza o paura. Naturalmente, le persone possono piangere anche quando sono sopraffatte dalla felicità.

- **Ammiccare**: L'ammiccamento mostra una sorta di cameratismo - quando fai l'occhiolino a qualcuno, fai capire che tu e l'altra persona siete d'accordo sullo stesso scherzo.

## Dilatazione della pupilla

La dilatazione delle pupille è difficile da individuare ma del tutto impossibile da controllare coscientemente. Questo significa che qualsiasi cosa stiano facendo le pupille è direttamente indicativa della mentalità dell'individuo che le muove. Gli occhi tendono a dilatarsi per diverse ragioni, come ad esempio:

- **L'uso di droghe**: Diverse droghe alterano la capacità della pupilla di contrarsi ed espandersi efficacemente.

- **Interesse o attrazione**: Quando si è attratti da qualcun altro, le pupille si dilatano naturalmente. Questo è il motivo per cui i disegni dei cartoni animati sul mal d'amore hanno tipicamente le pupille grandi ed esagerate, ed è anche responsabile del perché gli occhi dei gatti tendono a dilatarsi prima di balzare su qualcosa.

- **Pensiero intenso**: Quando stai pensando intensamente a qualcosa, che sia un complesso problema di matematica o semplicemente qualcosa che stai considerando seriamente, di solito c'è un leggero cambiamento nella dilatazione delle tue pupille.
- **In risposta alla luce**: Questo è ciò a cui la maggior parte delle persone pensa quando vede la dilatazione delle pupille: le pupille si contraggono in piena luce e si espandono nell'oscurità.
- **In risposta a un trauma cranico**: Le lesioni alla testa che hanno causato una commozione cerebrale o altre lesioni gravi spesso si presentano con una funzione alterata delle pupille e richiedono attenzione medica immediata.

## Aptica

Questa è una parola di fantasia per indicare il modo in cui si toccano le altre persone. In particolare, si guarderà l'area in cui si tocca qualcun altro. Ci sono aree del corpo che sono considerate accettabili per essere toccate da chiunque e altre aree che sono riservate al tocco intimo di un coniuge o di un amante. Ci sono cinque diverse categorie che sono usate per capire il tocco tra le persone come una forma di comunicazione:

- **Sessuale**: Questo è il più intimo dei tocchi - è riservato ai vostri partner o amanti. In particolare, questo è il tocco che è destinato a trasmettere la vostra intimità, sia per raggiungere un obiettivo finale di intimità sessuale o da utilizzare in conforto o legame, come il tentativo di calmare qualcuno con un abbraccio, un bacio e un massaggio.
- **Amore**: Questo tocco è molto più frequente di molti altri, ma non è del tutto intimo - di solito è un segno che si è connessi a qualcun altro. Per esempio, camminare per strada tenendo la mano di qualcun altro è di solito un'implicazione che si è in una relazione con lui. Questo generalmente comprende tocchi come una mano intorno

alla vita, tenersi per mano, o un rapido bacio alla testa o alla guancia.

- **Amicizia**: Questo è il tocco che è benvenuto tra amici - è tipicamente più comune nelle donne che negli uomini solo perché gli uomini tendono a vederlo come una forma di dominio, mentre le donne lo vedono come cameratismo. Questo tocco può essere, per esempio, un abbraccio veloce tra amici o una pacca sulla spalla da parte di un amico o un membro della famiglia.

- **Sociale**: Un tocco sociale è un tocco che è generalmente considerato accettabile, non importa chi sia il toccatore. Per esempio, può essere una pacca sull'avambraccio, che è vista come educata e accettabile, anche tra sconosciuti in alcune aree. Finché il tocco è in una parte del corpo non vulnerabile, come la mano, il braccio, la spalla e la parte superiore della schiena, è generalmente accettabile. Tutte le altre parti del corpo sono considerate vulnerabili e sono riservate a persone che hanno effettivamente una relazione.

- **Funzionale**: Questo è qualsiasi tocco che è intenzionale e fatto con uno scopo. Queste possono essere strette di mano o tentativi di comunicare con una pacca sulla spalla. Di solito sono visti da una persona al potere verso un subordinato, senza che il contrario sia accettabile in molte occasioni. Per esempio, la lode più una pacca sulla spalla è vista come buona, o questo comporta anche le strette di mano nel mondo degli affari.

## Prossemica

La prossemica si riferisce alla distanza tra te e qualcun altro, è l'uso dello spazio tra te e il mondo che ti circonda. Naturalmente, le persone mettono diversi gradi di spazio tra sé e gli altri, e quando si cerca di capire la prossemica, il modo migliore per farlo è considerarla un giudizio sulla relazione tra sé e chi ci circonda. Puoi anche giudicare le relazioni degli altri in base alla distanza che mettono tra di loro, sia verticale che orizzontale.

## L'uso dello spazio verticale

Lo spazio verticale è esattamente quello che sembra: è lo spazio relativo alla tua posizione in altezza. Quando qualcuno utilizza lo spazio verticale, sta cercando di rendersi più alto o più basso, a seconda del contesto. Coloro che vogliono rendersi più alti possono voler essere visti come un'autorità o comunque come qualcuno che merita rispetto e conformità. Possono anche usare questo spazio quando cercano di guardare gli altri che sono più alti di loro - semplicemente inclinano la testa all'indietro per guardare la persona più alta dal basso verso l'alto per creare lo stesso impatto.

Quando ci si rimpicciolisce, in genere si vuole essere visti come meno dominanti per qualche motivo. Si può tentare di rimpiccolirsi per parlare con un bambino per essere veramente compresi, per esempio, o ci si può abbassare per sembrare più sottomessi. In particolare, le persone tireranno il loro mento verso l'interno quando vogliono essere visti come più piccoli, perché saranno poi tenuti a guardare in alto attraverso le ciglia l'altra persona, anche se l'altra persona è più alta.

L'impostazione predefinita, il livello degli occhi, è considerata la più rispettosa - segna voi e l'altra persona come uguali che meritano lo stesso rispetto e considerazione.

## L'uso dello spazio orizzontale

Nello spazio orizzontale, stai guardando quanto le persone sono vicine o lontane l'una dall'altra. Utilizzerai questo quando stai analizzando le relazioni degli altri. In particolare, ci sono quattro distanze che si usano tra di loro, che vanno dalle distanze intime fino alla distanza pubblica.

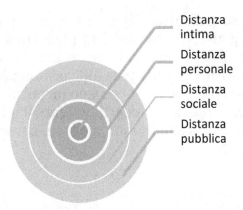

Distanza
intima

Distanza
personale

Distanza
sociale

Distanza
pubblica

- **La distanza intima**: Si riferisce all'essere il più vicino possibile all'altra persona. Quando si è in questa posizione, di solito ci si tocca senza provare, o si è abbastanza vicini per farlo. Questo è tipicamente per i bambini piccoli e i genitori, o per gli amanti che sono a loro agio ad essere così vicini l'uno all'altro. In generale, questa zona è solo circa 18 pollici di distanza da voi.

- **La distanza personale**: Leggermente più lontana della distanza intima, la distanza personale copre circa 18 pollici di distanza fino a circa 5 piedi intorno a te. Questo è ciò di cui le persone parlano quando dicono che stai invadendo le loro bolle personali. Questa zona è di solito riservata a coloro che ti piacciono o con cui ti senti a tuo agio, come amici e membri della famiglia, o bambini che sono troppo grandi per essere all'interno della zona intima. Più si riesce ad avvicinarsi al centro, più stretta è la relazione con quell'altra persona.

- **La distanza sociale**: Questa è un po' più lontana. Questa è la distanza che naturalmente cercate di mantenere con gli estranei intorno a voi, o quando state interagendo con qualcun altro che non conoscete. In genere, è tra i 5 e i 10 piedi. La userete quando siete in giro, a meno che non abbiate altra scelta. Quando si è costretti a invadere questa distanza, il più delle volte, si farà in modo di ignorare l'altra persona nel tentativo di ignorare il fatto che stanno violando quei confini personali, come se si è seduti sull'autobus.

- **La distanza pubblica**: Questo è ancora più lontano - si riferisce a qualsiasi cosa oltre i 12 piedi circa ed è riservato ai casi in cui si sta parlando verso una folla. Vuoi essere abbastanza forte che tutti nella folla possano parlare, quindi vuoi assicurarti che le persone siano un po' più lontane da te in modo che possano vederti e sentirti più facilmente. Questo è riservato alle lezioni in classe, per esempio, o agli spettacoli.

# Capitolo 5: Falsificare il Linguaggio del Corpo

Di tutti gli strumenti che avete a vostra disposizione, nessuno è così potente come la vostra capacità di esercitare il linguaggio del corpo. Il tuo linguaggio del corpo è incredibilmente potente, e poiché la maggior parte delle persone non si sforza di controllare il proprio linguaggio del corpo, la gente tende a prendere per buono ciò che vede o sente . Non sono nemmeno consapevoli del fatto che le loro menti inconsce stanno elaborando su tutto il linguaggio del corpo che stai esibendo e rispondono di conseguenza.

Quando imparate a prendere finalmente il controllo del vostro linguaggio del corpo, scoprirete di essere molto più efficaci in diversi contesti. Potreste essere in grado di aiutare voi stessi a raggiungere i risultati che desiderate. Potreste essere capaci di persuadere altre persone. Potreste riuscire a calmare altre persone o influenzarle a dire di sì. Sarete in grado di capire la loro mentalità perché saprete riconoscere e riflettere il linguaggio del corpo.

In questo capitolo, discuteremo del potere del linguaggio del corpo in modo un po' più approfondito - comincerete a vedere come cambiare il vostro linguaggio del corpo può influenzare il modo in cui le altre persone rispondono a voi. Sarete guidati attraverso diversi motivi per cui le persone scelgono di falsificare il proprio linguaggio del corpo, dal voler essere in grado calmare l'altra parte o infondere un senso di fiducia. Sarete guidati attraverso il processo di falsificazione del vostro linguaggio del corpo e come diventare bravi a farlo, e infine, come identificare quando le altre persone stanno falsificando il loro linguaggio del corpo.

## Il potere del linguaggio del corpo

È già stato discusso e stabilito finora che il linguaggio del corpo è potente e che le persone leggono sempre il linguaggio del corpo di chi le circonda. Questo perché la mente inconscia trae sempre deduzioni dal linguaggio del corpo su come interpretare al meglio ciò che sta accadendo intorno a loro. Tuttavia, il linguaggio del corpo è ancora più potente di così. Le persone possono usare il linguaggio del corpo per controllare più o meno la mente delle altre persone, e anche tu puoi imparare a farlo. In particolare, la programmazione neuro-linguistica è un esempio di questo: nella PNL, le persone usano attivamente il loro linguaggio del corpo per stabilire una relazione con altre persone e influenzare il modo in cui elaborano e comprendono il mondo per vedere cambiamenti reali nei comportamenti.

Oltre a questo, il linguaggio del corpo è utile anche in diversi altri aspetti. Può cambiare la percezione delle altre persone nei vostri confronti. Può essere usato per modificare i propri comportamenti e la propria mentalità attraverso il cambiamento del proprio linguaggio del corpo, permettendo al corpo di inviare un feedback al proprio cervello. Può essere usato come strumento per rilassarsi durante i periodi di ansia. Può essere usato per stabilire e determinare relazioni con altre persone.

Il linguaggio del corpo ha il potere di farti apparire come un criminale o come un membro sicuro e produttivo della società senza bisogno di cambiare nulla, se non la tua posa. Puoi essere visto come una minaccia o come qualcuno degno di fiducia, tutto basato sulla tua postura, con tutto il resto che rimane uguale. Questo perché il linguaggio del corpo è incredibilmente potente. Il tuo linguaggio del corpo è forse una delle forme più ovvie di comunicazione non verbale, e costituisce una quantità enorme della tua comunicazione.

Hai già affrontato il processo di apprendimento di come leggere il linguaggio del corpo, ma ora è il momento di guardare a come puoi usare il linguaggio del corpo per avere un impatto e influenzare chi ti circonda. Falsificare il linguaggio del corpo non è sempre una cosa negativa - quando lo fai, di solito puoi aiutare la tua comunicazione a migliorare, per quanto possa sembrare contraddittorio. A volte, è necessario cambiare il linguaggio del corpo solo per comunicare chiaramente.

## Perché falsificare?

Se sapeste che è possibile falsificare regolarmente il linguaggio del corpo, vi sembrerebbe che chi vi circonda sia meno affidabile? Ora, sarebbe certamente possibile per le persone intorno a voi essere problematicamente inaffidabili, ma per la maggior parte, il linguaggio del corpo è modificato in modi che rendono le persone leader migliori. I leader, in particolare, sono ben consapevoli dei benefici di un buon linguaggio del corpo, dalle pose di potere al semplice posizionamento in un modo specifico.

Quando si falsifica il linguaggio del corpo, di solito si ha una buona ragione per farlo. Si può voler essere visti come più sicuri o in controllo, come ad esempio in un colloquio di lavoro, in cui si spera di ottenere il lavoro. Si può usare quando si interagisce con i propri figli, se si è genitori. Potete usarlo quando vi confrontate con qualcuno per fargli sapere che non siete disposti a tirarvi indietro, non importa come vi sentite internamente.

In effetti, non c'è carenza di ragionamenti per falsificare il linguaggio, e non è particolarmente difficile se si sa cosa si sta facendo. Allo stesso modo, falsificare il vostro linguaggio del corpo non vi rende intrinsecamente manipolatori o inaffidabili. In effetti, l'intero scopo di questo capitolo, almeno per guidarvi, sarà quello di stabilire i modi in cui dovreste alterare il vostro linguaggio naturale del corpo per migliorare la comunicazione tra voi e le altre persone. Dedichiamo un po' di tempo all'esame di diverse ragioni per le quali potete alterare intenzionalmente il vostro comportamento.

### Nella negoziazione

Se la tua carriera si basa sulle negoziazioni, e sai che devi essere coinvolgente e convincente per concludere accordi, potresti scoprire che il modo migliore per farlo è modificare il tuo comportamento. Vorrai apparire sicuro di te, ma non presuntuoso - vorrai assicurarti di sembrare autorevole, ma non autoritario. Quando vi state preparando per la negoziazione, volete assicurarvi di essere visti in una luce che sia efficace e degna di fiducia. Puoi scegliere di sistemare la tua sedia per essere in una posizione che è più probabile che sia vista come potente, come assicurarti che la tua sedia sia leggermente più alta e sederti con un linguaggio del corpo aperto e attento, anche se non sei particolarmente interessato a ciò che stai negoziando. Essere in grado di modificare i vostri comportamenti aiuta le altre persone a vedervi come efficaci nel vostro lavoro.

## In posizioni di potere

Se sei un leader a qualsiasi titolo, l'ultima cosa che vuoi è passare per debole e inefficiente. Per questo motivo, essere in grado di alterare il proprio comportamento quanto basta per assicurarsi di essere visti come calmi e in controllo può essere incredibilmente vantaggioso per voi. Questo non è un processo difficile, tutto quello che dovrai fare è assicurarti di essere in grado di mantenere il tuo linguaggio del corpo sicuro e controllato. Per esempio, puoi fare in modo di stare in piedi con le mani dietro la schiena mentre guardi attentamente le altre persone che parlano. Pensa alle pose tipiche in cui vedi i leader nei film ed emula quelle.

## Per calmare le persone

Se avete già visto qualcuno in crisi, sapete che di solito sono volubili ed erratici - spesso sono nel panico e troppo stressati per funzionare efficacemente. Tuttavia, avete un meccanismo incorporato per aiutarli a calmarsi. Il vostro linguaggio del corpo, quando è calmo e sotto controllo, può aiutare a dire alle altre persone che va tutto bene. Puoi cambiare il tuo linguaggio del corpo per essere calmo, anche quando sai di essere stressato dalla situazione. Pensate a come i medici e le infermiere riescono ad avere un comportamento eccellente, anche quando sono in crisi, e sono in grado di rassicurare il paziente che andrà tutto bene, anche quando i dubbi possono riempire la mente dell'altra persona. Quando sono in grado di assicurarsi che il loro linguaggio del corpo sia calmo, sono in grado di mantenere meglio la calma del paziente, permettendo loro di fare meglio il loro lavoro.

## Per comunicare

Un'enorme quantità di comunicazione avviene attraverso mezzi non verbali. Infatti, si stima che più del 55% della comunicazione avviene tramite il linguaggio del corpo e altri mezzi non verbali. Questo ha senso poichè quando si toglie il linguaggio del corpo, si iniziano a vedere tutti i tipi di nuovi conflitti e malintesi. Tuttavia, questo significa che a volte, scoprirete che prendere il controllo del vostro linguaggio del corpo e farlo lavorare per voi invece di lavorare per il vostro linguaggio del corpo è una necessità. Se volete comunicare un messaggio a qualcuno, non vorrete farlo con un cipiglio, a meno che non stiate comunicando il vostro attuale dispiacere, per esempio. Altre volte, si può scoprire che ciò che si vuole comunicare richiede un'espressione seria quando si preferirebbe ridere, come quando si rimprovera un bambino. Non state inviando il giusto messaggio alle persone se ridete mentre le rimproverate. Assicurarsi che il linguaggio del corpo corrisponda sempre al messaggio che si sta cercando di trasmettere può aiutare ad evitare qualsiasi errore indesiderato.

## Capire

Ascoltare è una di quelle abilità con cui le persone spesso lottano. Tuttavia, si può imparare a padroneggiare l'ascolto per capire assicurandosi di assumere il giusto linguaggio del corpo. Sintonizzare il vostro corpo sull'ascolto, assumendo pose progettate per l'ascolto attivo, può aiutarvi a prestare attivamente una migliore attenzione. Il vostro corpo si sistemerà naturalmente nell'ascolto in modo efficace, e tutto quello che dovete fare è fare in modo di prestare attenzione all'altra persona con posture aperte.

## Per influenzare gli altri

Similmente ai metodi che sono stati discussi finora, quando cercate di influenzare qualcuno a fare qualcosa, volete assicurarvi che il vostro linguaggio del corpo sia degno di fiducia. Volete che l'altra persona si senta obbligata ad aiutarvi, non importa come. Questo significa che dovete assicurarvi di essere in grado di presentarvi come calmi, amichevoli e degni di fiducia per aiutare.

Per esempio, immaginate di voler influenzare i vostri figli a pulire. Sgridarli non funzionerà. Minacciarli non funzionerà. Tuttavia, ciò che può funzionare è dire loro, molto seriamente, che se non mettono in ordine, ci saranno delle conseguenze, come ad esempio che i loro giocattoli si romperanno perché verranno calpestati se lasciati sul pavimento, ed è molto più probabile ottenere dei risultati.

## Per influenzare se stessi

Il vostro linguaggio del corpo è anche incredibilmente efficace per influenzare voi stessi. Avete mai sentito l'espressione "Fingi finchè non ottieni"? Questo è l'esempio perfetto. Il linguaggio del corpo è stato usato per combattere gli attacchi di panico - se la tua ansia sta andando in tilt, puoi fare qualcosa che non faresti mai durante un'emergenza veramente degna di panico, come masticare una gomma per ricordarti di calmarti, perché non masticheresti mai una gomma quando sei in pericolo. In effetti, la vostra mente comincia a prendere un feedback dal vostro corpo e si regolerà di conseguenza. Questo significa quindi che il vostro corpo finisce per regolare la vostra mente. Il vostro linguaggio del corpo dice alla vostra mente di cambiare il suo stato.

Potete vedere questo effetto con diverse altre forme di linguaggio del corpo. Puoi provare a sorridere più del solito per iniziare a motivarti a sentirti più felice o più sicuro di te. Puoi assumere determinate pose per incoraggiarti a sentirti più sicuro di te, come la posa del potere ossia stare con le mani sui fianchi, dritto e alto, con la testa sollevata.

In effetti, quindi, usare il linguaggio del corpo è un modo fantastico di comunicare con la tua mente inconscia per regolarla. Se riesci a padroneggiare questo, puoi iniziare ad utilizzare il tuo linguaggio del corpo durante la tua regolazione emotiva.

## Come controllare il linguaggio del corpo

Controllare il linguaggio del corpo non deve essere difficile. Se siete pronti ad iniziare a controllare il vostro linguaggio del corpo una volta per tutte, tutto quello che dovete fare è sviluppare la capacità di essere consapevoli di voi stessi e di autoregolarsi. Queste abilità sono due abilità fondamentali nell'intelligenza emotiva, ma giocano un ruolo anche nel tentativo di cambiare il proprio linguaggio del corpo. Sviluppando questa capacità, comincerete a vedere tutti i benefici che potete ottenere dall'avere un buon linguaggio del corpo.

### Diventare consapevoli di se stessi

Forse la parte più importante per essere in grado di controllare il proprio linguaggio del corpo è imparare ad essere consapevoli di sé stessi. Questo significa che dovete essere in grado di rimanere in contatto con le vostre emozioni e imparare come queste influiscono direttamente sul vostro linguaggio del corpo. Potreste notare che avete la tendenza ad arrabbiarvi e poi lottare per mostrare che siete aperti ad un'ulteriore comunicazione. Potreste scoprire che non riuscite a lavorare attraverso la vostra rabbia quando la affrontate. Non importa verso cosa tende il vostro linguaggio del corpo, cercate di capire come comprenderlo al meglio.

Con il tempo, dovreste iniziare a cogliere degli schemi. Saprete che assumete certe posizioni quando avete determinati stati d'animo e vedrete come le vostre posizioni sembrano influenzare anche il vostro modo di sentire. Imparando come questo accade, sarete in grado di capire gli schemi. Questi schemi saranno la vostra linea di base e potrete usarli in tempo reale. Sarete in grado di capire che vi state arrabbiando quando vi rendete conto che state stringendo il pugno. Sarete in grado di dire che siete stressati quando iniziate a mangiarvi le unghie, e quando imparate a riconoscere questi segni, iniziate a identificare i momenti in cui avete davvero bisogno di cambiare il vostro linguaggio del corpo in primo luogo, e sarete attrezzati per farlo.

## Presta attenzione a come il linguaggio del tuo corpo influisce sulle altre persone

Dopo aver studiato il vostro linguaggio del corpo, è il momento di iniziare a guardare come il vostro linguaggio del corpo sembra avere un impatto sulle altre persone. Saprai come il tuo linguaggio del corpo si allinea con i tuoi sentimenti interni, ma devi anche vedere come influisce sugli altri. Guarda se le persone ti evitano quando stai in un certo modo o se sembri particolarmente accessibile in alcune situazioni. Non importa quale sia la situazione e come siete visti, raccoglierete un prezioso feedback.

Questa fase vi richiederà di entrare in empatia. L'empatia stessa è la vostra capacità di capire la mentalità delle altre persone, e se siete in grado di farlo, comincerete ad avere una visione extra di come gli altri vi vedono. Inizierete a capire quei punti di vista in modo da poter iniziare a mettere insieme quali dei vostri comportamenti ottengono tale reazione. Se state influenzando le altre persone regolarmente con il vostro linguaggio del corpo, avete bisogno di capire come vi vedono.

## Imparare ad autoregolarsi

Quando si è abbastanza sicuri di capire come si è visti dagli altri, si può iniziare ad autoregolarsi. Questo significa che potete iniziare a sperimentare i vostri comportamenti. Naturalmente, il modo migliore per modificare veramente il vostro linguaggio del corpo sarà quello di sviluppare la mentalità che state cercando di emanare. Dovrete assicurarvi che le altre persone vi vedano nel modo in cui volete essere visti. A volte, questo può essere scostante, come se volete essere lasciati soli e state camminando in una zona affollata. Altre volte, potresti voler essere aperto e accessibile, come al lavoro o con la tua famiglia. Sperimenta con il tuo linguaggio del corpo e osserva come rispondono le persone intorno a te. Potreste essere sorpresi nel notare che le persone reagiscono in modi che non vi aspettavate.

## Concentrati sui buoni spunti del linguaggio del corpo

Infine, quando si controlla il linguaggio del corpo, è necessario sviluppare buoni segnali per il linguaggio del corpo. Questo può richiedere pratica, dato che dovrai svilupparne diversi in una volta sola per essere davvero sicuro di poterli regolare in modo efficace. Vorrai sapere come essere un buon ascoltatore, come essere visto come sicuro di sé, e altro ancora. Spendendo il tempo per imparare come usare il proprio linguaggio del corpo per influenzare gli altri, non solo sarete in grado di regolare voi stessi ma anche le vostre interazioni. Alcuni esempi di buon linguaggio del corpo da sviluppare includono:

- Come stabilire un buon contatto visivo
- Come ascoltare efficacemente
- Come essere visti come sicuri e aperti
- Come essere visti come avvicinabili

Ci sono anche molti altri esempi. Sentitevi liberi di rivedere il Capitolo 4: Leggere il linguaggio del corpo per assicurarvi di essere sicuri di come essere recepiti dalle altre persone.

## Cerca di non fingere il tuo linguaggio del corpo quando possibile

Quando stai cercando di presentarti in un certo modo, fai del tuo meglio per evitare di mentire sul tuo linguaggio del corpo. Questo significa che quando emani un determinato tipo di linguaggio del corpo, dovresti sempre farlo in un modo che sia congruente con qualcosa che stai provando. Il vostro corpo vi resisterà quando falsificate il vostro linguaggio del corpo - per esempio, un sorriso falsificato non avrà la caratteristica piega negli occhi. Assicurandovi di adattare sempre il linguaggio corporeo con quello che sentite, anche se non è il vostro sentimento primario, potete in un certo senso aggirare questo problema. Come vedrete nella prossima sezione, potete identificare il linguaggio falsificato in modo relativamente semplice.

## Identificare gli altri che falsificano il loro linguaggio del corpo

Quando sarete in grado di controllare il vostro linguaggio del corpo accanto ad altre persone, potrete notare che il linguaggio del corpo di alcune persone sembra disarticolato. Possono sembrare disonesti in qualche modo, e potresti non essere in grado di identificarli. Quando questo accade, una delle cose migliori da capire è se il linguaggio del corpo è finto o no. Questa è un'abilità fantastica da avere: sarete in grado di dire se l'altra parte vi sta mostrando un linguaggio del corpo che è intenzionalmente incongruente, o se c'è qualcos'altro sotto. In particolare, questa sezione vi fornirà diversi indizi che dimostrano che l'altra parte potrebbe aver falsificato il linguaggio in qualche modo.

### Cerca le microespressioni

Le microespressioni sono i minuscoli, quasi incontrollabili tic e movimenti del viso che si fanno quando si prova un'emozione. Poiché la vostra mente inconscia lavora automaticamente senza tener conto di quella conscia, cercherà di spostare il vostro linguaggio del corpo di conseguenza, e voi dovrete sovrascriverlo. Quando sostituite quel linguaggio, spesso non lo fate perfettamente - rimane una specie di microespressione.

Potrebbe essere un leggero irrigidimento del labbro, o potrebbe essere un tic dell'occhio. Non importa quale sia la microespressione, se notate che la faccia dell'altra persona sembra completamente impassibile dopo aver notato un leggero tic da qualche parte, c'è una buona probabilità che qualcuno stia provando qualcosa che non vuole far sapere.

## Cercare segni di disonestà o disagio

Come ti è stato mostrato nel Capitolo 4, ci sono diversi indizi che indicano che le persone sono a disagio con la loro situazione e che svelano la menzogna. Quando si notano questi, c'è una buona probabilità che si stia mentendo su qualcosa e quel qualcosa può sempre essere il linguaggio del corpo. Quando si cerca di determinare se qualcuno sta mostrando un linguaggio del corpo veritiero, potrebbe essere necessario cercare segni di disonestà per assicurarsi che stia, di fatto, mentendo.

## Studiare il contatto visivo

I tentativi forzati o falsificati di mantenere il contatto visivo quando qualcuno non vuole, tendono a risultare incredibilmente falsi, e per una buona ragione. Il contatto visivo innaturale è di solito scomodo per tutte le persone coinvolte, e può essere un segno di voler forzare il contatto visivo per inviare un certo messaggio. Tuttavia, se ti sembra che il contatto visivo mantenuto non sembri sincero o normale, potresti voler riconsiderare se l'interazione è onesta.

## Cercare gruppi di linguaggio del corpo

Quando il linguaggio del corpo delle persone non è censurato, rientra tipicamente in gruppi. Un sorriso sarà probabilmente unito all'espressione del viso e a una postura rilassata o eccitata. Un pianto è probabile che sia unito a un piegamento e a un incrocio di braccia. Cercare di assicurarsi che l'intero corpo sembri inviare lo stesso messaggio vi aiuterà a capire se il messaggio è finto o se solo uno o due aspetti sono finti.

A volte, le persone cercheranno di imitare il linguaggio del corpo, ma dimenticano alcune parti critiche, o avranno una faccia triste mentre il loro linguaggio del corpo è scostante o addirittura sicuro e in controllo. Quando si tratta di un gruppo che è congruente, tuttavia, si può generalmente essere sicuri che sia sincero.

# Capitolo 6: Inviduare l'Inganno

Fermatevi e pensate al bambino stereotipato di 3 anni. Vedete che il bambino di fronte a voi ha del cioccolato intorno alla bocca. Gli chiedete se ha preso i biscotti dal bancone, notando che ne mancano due. Lui ti guarda, sorride e scuote la testa. L'ha fatto?C'è una buona probabilità che l'abbia fatto, soprattutto perché l'hai beccato con la bocca sporca di cioccolato proprio accanto ai biscotti al cioccolato mancanti. Notate come vi sorride senza parlare e corre via, ridacchiando allegramente e pensando di averla fatta franca.

I bambini iniziano presto a mentire e a sperimentare la menzogna: non è un segno che state crescendo un bambino che sarà disonesto o che vostro figlio è un seme cattivo: avete semplicemente un bambino piccolo che sta sperimentando il modo migliore per interagire con il mondo. Il vostro bambino di tre anni ora riconosce che voi non siete onniscienti e non potete vedere quello che ha in testa, quindi mente.

Mentire può essere particolarmente problematico nel mondo degli adulti quando c'è in gioco più di un paio di biscotti e un bambino iperattivo di tre anni; tuttavia, quando interagisci con il mondo che ti circonda e scopri che gli adulti ti stanno mentendo, puoi incorrere in problemi. Potresti potenzialmente trovarti truffato o vittima di una frode se non riesci a capire quando le persone sono oneste o disoneste. Essere in grado di identificare l'inganno e le bugie diventa fondamentale nel mondo degli adulti.

In questo capitolo affronteremo il tema della menzogna e dell'inganno. Sarete guidati attraverso diverse forme di inganno, molte delle quali non sono vere bugie, e come riconoscerle. Ti verrà fornita una lista di criteri da ricontrollare per determinare quando qualcuno intorno a te è stato disonesto. Sarete anche guidati attraverso diverse ragioni per cui le persone possono scegliere di mentire ed essere disoneste con gli altri. Dopo aver finito di leggere questo capitolo, dovresti essere in grado di riconoscere le bugie un po' più facilmente di quanto tu possa fare prima, e questa abilità da sola può aiutarti immensamente nelle tue interazioni con il mondo.

## Inganno

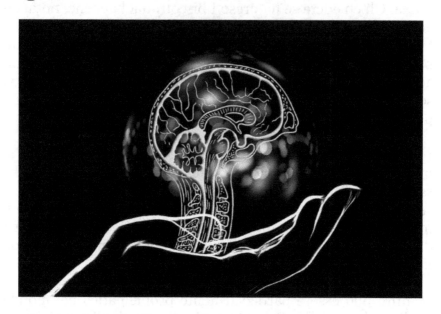

L'inganno non è solo un tentativo di far passare una bugia per la verità - infatti, ci sono anche diversi altri aspetti. L'inganno è qualsiasi tentativo di fuorviare la verità in qualche modo, sia verbalmente che in azione. Ci sono diversi tipi di inganno, ma in definitiva, tutti sono progettati per alterare la verità in qualche modo, struttura, o forma, sia cambiando legittimamente tutti i dettagli o evitando di parlare di qualcosa o aggirando una domanda perché si pensa che non sia un inganno non rispondere onestamente o non dicendo proprio nulla.

Sfortunatamente, l'inganno dilaga nel mondo e può danneggiare seriamente le relazioni tra le persone. Indipendentemente dal fatto che la relazione sia romantica o del tutto professionale, l'inganno può causare una grave sfiducia e sentimenti di tradimento. Dove non c'è fiducia, potrebbe anche non esserci alcuna relazione, cosa che è incredibilmente spiacevole. Questo significa che mentire è forse uno dei modi più semplici per decimare completamente una relazione.

L'inganno è in realtà così mal accolto e viola così tante regole sociali che può essere considerato un motivo per una causa civile. Può anche essere perseguito penalmente se sfocia nella frode. Questo significa che la disonestà e l'inganno sono incredibilmente disapprovati e dovrebbero essere evitati il più possibile.

## Tipi di inganno

L'inganno è molto più che mentire semplicemente su ciò che viene detto - ci sono diversi altri aspetti dell'inganno che sono fondamentali da capire. In alcuni casi si può ingannare senza mai dire una parola. Comprendere questi diversi tipi di inganno può aiutarvi a riconoscere e proteggervi da essi in futuro, perché saprete a cosa fare attenzione. Ci sono principalmente sei diversi tipi di inganno che verranno discussi in questo capitolo. Prendetevi il tempo di familiarizzare con ognuno di essi per assicurarvi di non cadere nella trappola di usare voi stessi queste forme di inganno.

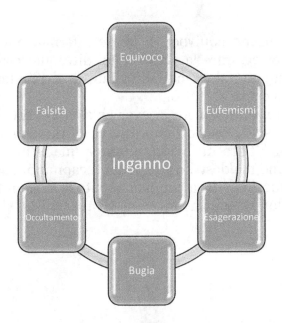

## Occultamenti

Nascondere qualcosa è effettivamente trovare un modo per omettere informazioni che sarebbero essenziali per formulare un giudizio corretto. Ci si può anche comportare in un modo progettato per nascondere la verità, come ad esempio agire, per evitare di menzionare la verità. Quando si è in grado di identificare gli occultamenti, si può dire quando le persone stanno intenzionalmente evitando l'argomento in questione per qualche motivo, e questo può essere sufficiente per indurvi a guardare quanto siano sincere.

Per esempio, immaginate di aver lasciato vostro figlio da un amica babysitter mentre siete usciti per un appuntamento con il vostro coniuge. Quando tornate, scoprite che vostro figlio ha un grosso livido sul viso. Tu chiedi a cosa è dovuto il livido e la tua amica fa spallucce e continua a parlare di qualcosa di completamente estraneo o menziona qualcosa di carino che tuo figlio ha fatto per distrarti, non per condividere genuinamente ciò che tuo figlio ha fatto, ma piuttosto per distrarti in modo da non prestare attenzione al livido.

## Equivoci

Quando si usano equivoci, si fanno affermazioni indirette o ambigue per aggirare la verità. Puoi dire qualcosa che non è necessariamente falso, ma hai evitato di rispondere alla vera domanda al centro di tutto.

Per esempio, immaginate di aver chiesto al vostro amico del livido sul viso di vostro figlio. Invece di dirvi in che modo il bambino si è fatto un livido, ottenete una tiritera su come i bambini sono maldestri e gli incidenti capitano. Tecnicamente vero, ma questo evitava completamente la domanda a portata di mano. Non sapete ancora come vostro figlio si sia procurato il livido.

## Esagerazioni

Quando qualcuno usa un'esagerazione, cerca di far sembrare le cose peggiori o più grandi di quello che sono attualmente. È una specie di esagerazione, prendere la verità e allungarla per farla sembrare più grande e peggiore di quanto sarebbe stata altrimenti. Questa è ancora una forma di inganno, anche se la verità è al centro di ciò che viene detto, semplicemente perché la verità non viene riportata come tutta la verità. Viene manipolata e allungata in qualcosa di completamente diverso da quello che era in origine.

Per esempio, dopo che avete chiesto al vostro amico cosa è successo alla faccia di vostro figlio, potrebbe esservi stato detto che vostro figlio stava correndo troppo velocemente senza prestare attenzione e ha sbattuto contro un muro, ed è stato del tutto accidentale. Il vostro amico dice che vostro figlio avrebbe dovuto prestare attenzione. Vi fermate a considerare la veridicità di questo e arrivate alla conclusione che sta mentendo perché vostro figlio non sa ancora correre, forse ha appena imparato a sgambettare in modo instabile.

## Bugie

Le bugie consistono semplicemente nell'inventare informazioni che sono del tutto estranee o imprecise rispetto alla verità. Questo potrebbe avvenire o dicendo qualcosa che non ha basi nella verità o affermando qualcosa che è l'opposto di ciò che è effettivamente vero. Quando ti viene detta una bugia, non c'è affatto verità nell'affermazione. Ha lo scopo di essere il più lontano possibile dalla realtà, probabilmente per mascherare l'effettiva verità che potrebbe essere interpretata come peggiore della bugia.

Per esempio, quando chiedete del livido sul viso del bambino, il vostro amico potrebbe rispondere che aveva già il livido quando è stato lasciato e rifiutarsi completamente di rispondere altro che questo. Resta cercare di capire se questa è la verità o meno e a chiedersi se il bambino era effettivamente pieno di lividi quando è stato lasciato.

## Eufemismi

Gli eufemismi sono l'opposto delle esagerazioni - quando qualcuno fa un eufemismo, sta minimizzando la verità in qualche modo. Può sembrare che dire la verità sia molto peggio che sottovalutarla, così si sceglie di farla sembrare meno grave di quanto si pensava inizialmente. Questo è ancora pericoloso perché fa perdere a un problema potenzialmente serio qualsiasi attenzione di cui avrebbe avuto bisogno.

Per esempio, la vostra amica vi dice che vostro figlio ha semplicemente battuto la testa quando è scivolato mentre cercava di camminare. Quello che non vi ha detto è che ha battuto la testa molto forte, ha pianto per 20 minuti, ha vomitato poco dopo e da allora è stato letargico. In questo caso, tuo figlio aveva probabilmente bisogno di cure mediche, eppure la tua amica ha fatto sembrare che non fosse un grosso problema, quindi non la biasimeresti per non aver supervisionato il bambino abbastanza da vicino.

## La falsità

Infine, arriviamo alla non-verità - quando le persone prendono la verità e la interpretano in qualcosa di diverso. È completamente volto a travisare le cose per distrarre dalla verità effettiva e dovrebbe essere trattato con estrema cautela. Quando si ha a che fare con qualcuno che non è sincero, si può scoprire che l'altra persona è propensa ad eludere completamente qualsiasi aspetto problematico della verità e ad interpretare male ciò che è successo in qualcos'altro.

# Le caratteristiche dell' Inganno

Se non siete ben addestrati, potreste scoprire che individuare l'inganno è in realtà sorprendentemente difficile. Quando si sa cosa cercare, tuttavia, diventa infinitamente più semplice. L'inganno ha una manciata di segni che lo rendono incredibilmente ovvio, anche quando non si presta attenzione al linguaggio del corpo, come:

- **Vaghezza**: Quando qualcuno è vago con i dettagli e sembra resistere a fornire qualsiasi dettaglio specifico, è possibile che stia cercando di nascondere del tutto la sua bugia.
- **Ripetizione**: Quando qualcuno diventa ripetitivo o ci gira intorno, potrebbe mentire e cercare di convincere se stesso di qualsiasi cosa stia dicendo perché sta mentendo.
- **Parlare per frammenti**: Quando l'altra persona non parla con frasi complete e risponde invece con brevi affermazioni come "No, non quello" o "Sì, al negozio", si può avere a che fare con qualcuno che sta mentendo.
- **Non fornire dettagli specifici quando gli viene chiesto o contestato**: se, quando gli viene chiesto

direttamente, l'altra parte non può ancora fornire dettagli specifici, è molto probabile che stia attivamente mentendo a voi o su qualcosa, il che è incredibilmente problematico se avete bisogno della verità.

- **Comportamento nervoso**: Se l'altra persona sembra insolitamente nervosa, è possibile che stia mentendo, specialmente se la situazione non è una di quelle che di solito giustificano qualsiasi tipo di nervosismo o disagio. Se l'altra parte è abbastanza familiare in quell'ambiente ma appare ripetutamente nervosa, si potrebbe voler analizzare la sua onestà.

## Identificare l'inganno

Conoscere i segni non è sempre sufficiente. A volte, aiuta avere una sorta di lista di controllo da scorrere nella tua mente quando cerchi di determinare se qualcuno ti sta mentendo attivamente o no. Capendo se l'altra parte sta mentendo o è ingannevole, si può iniziare a capire quanto ci si può fidare. Ci sono principalmente quattro modi per identificare se qualcuno è ingannevole o meno:

- **Guardare più del semplice linguaggio del corpo**: Ascolta la voce per un po' - suona nervosa o come qualcuno che sta mentendo? Presta attenzione alle parole che vengono usate e se puoi identificare qualche segno di inganno.
- **Concentrati sul linguaggio del corpo ingannevole**: Quando guardi il linguaggio del corpo, tuttavia, cerca specificamente il linguaggio del corpo che è tradizionalmente raggruppato come inganno.
- **Chiedi che la storia venga raccontata al contrario**: Se qualcuno ti ha fornito un racconto lungo ed estenuante di cui dubiti, un modo per capire se è vero o no è chiedergli di raccontarti cosa è successo, ma questa volta al contrario. Se deve pensarci troppo, avete una indicazione che si sta inventando le cose.
- **Fidatevi del vostro istinto**: Infine, quando cercate di identificare se qualcuno è ingannevole o meno, fidatevi del

vostro istinto. Quegli istinti sono lì per una ragione, ed è del tutto possibile che la tua mente inconscia abbia colto degli spunti che ti mancano durante l'interazione.

# Perché si usa l'inganno

Quando le persone decidono di mentire o essere ingannevoli, di solito hanno un qualche tipo di ragione. Naturalmente, alcuni lo faranno solo per divertimento per vedere se possono farlo, e altri possono farlo nel tentativo di essere educati, come dire che gli piace qualcosa che in realtà non gli interessa. Non importa la ragione, comunque, l'inganno è solitamente raccomandato per essere evitato. Dopo tutto, anche se stai mentendo attivamente per mantenere una relazione, potresti incorrere in problemi in seguito se l'inganno venisse mai scoperto.

### Strumentalmente

Quando viene usato strumentalmente, l'inganno è progettato per essere usato come uno strumento. Può essere fatto come un tentativo di evitare la punizione, per esempio, come cercare di mentire sul fare qualcosa per sfuggire alla colpa o per stabilire un alibi che in realtà non esiste. Può essere usato per proteggere le risorse, come dire a qualcuno che ti sta chiedendo soldi che non ne hai con te e, quindi, non puoi aiutarlo con quello che ti è stato chiesto. Questi sono fondamentalmente l'uso dell'inganno come una sorta di strumento per evitare qualcosa.

### Relativamente

L'uso l'inganno a livello relazionale, ha lo scopo di mantenere una connessione. Questo sarebbe, ad esempio, dire a qualcuno che no, quel vestito non fa sembrare il suo sedere grande, lasciando fuori l'ovvia verità: è il suo sedere che lo fa sembrare grande, non il vestito. L'inganno relazionale è effettivamente quello di proteggere i sentimenti delle altre persone in un modo che siano felici, anche se gli si sta mentendo.

Le bugie poco importanti, come ad esempio quanto grande fosse il sedere di qualcuno con quel vestito, di solito sono relativamente innocue. Tuttavia, a volte ci sono anche bugie più grandi, come l'insistere che qualcuno non collegato biologicamente è il vero padre di un bambino, nonostante non condivida quel contributo genetico. Mentre quella persona può, a tutti gli effetti, essere un padre per il bambino, c'è ancora un fattore importante da considerare che spesso le persone vogliono sapere da dove vengono. Bugie relazionali più grandi, come dire a qualcuno che il loro padre è una persona quando, in realtà, è qualcun altro può essere generalmente abbastanza dannoso.

## Per preservare l'identità

Infine, le persone spesso usano l'inganno quando hanno bisogno di proteggere la loro immagine di sé. Useranno questa forma di menzogna per assicurarsi di essere protetti dalla verità in qualche modo, e vogliono assicurarsi di sembrare migliori di quello che sono in realtà. Per esempio, se qualcuno ha la fedina penale sporca e quindi è squalificato da un lavoro per il quale qualcuno ha spinto per lui, potrebbe dire che ha fatto domanda e non è stato richiamato, o che semplicemente non è interessato a causa della necessità di un controllo dei precedenti, che l'amico probabilmente non conosce.

# Capitolo 7: Psicologia Oscura

Ora, con tutte queste informazioni di base, è il momento di addentrarsi nel mondo della psicologia oscura. Questo vi porterà nelle menti dei predatori, le cui prede sono spesso i loro stessi compagni - coloro che maneggiano la psicologia oscura senza alcun addestramento formale tendono a sbagliare nell'essere abusivi o nel controllare le altre persone, usando la manipolazione a loro vantaggio senza alcun riguardo per l'altra parte.

Quando osservate la psicologia oscura, state considerando come questi predatori umani scelgono di maneggiare le loro armi, osservando come gli piace scegliere i loro obiettivi e capendo come pensare come loro.

Questo capitolo vi guiderà attraverso il processo di apprendimento di come identificare gli utenti della psicologia oscura, così come di come iniziare a pensare con la psicologia oscura. Sarete introdotti al concetto di psicologia oscura con una breve spiegazione di cosa sia. Sarete guidati attraverso la Triade Oscura, le personalità che tendono ad esercitare la psicologia oscura. Infine, sarete guidati attraverso le ragioni per cui qualcuno può usare principalmente la psicologia scura .

## Cos'è la psicologia oscura?

La psicologia oscura in sé è lo studio di come le persone con i tipi di personalità della triade oscura tendono ad interagire con il mondo che le circonda. Guarda specificamente a come queste particolari persone vedono le persone, come scelgono di manipolare quelle persone, e come scelgono di interagire con le persone. L'uso della psicologia oscura è spesso considerato abbastanza controverso semplicemente a causa dell'angoscia che può causare all'altra parte. Poiché molti degli utenti della psicologia oscura sono inclini alla manipolazione e all'uso delle persone senza preoccuparsi di come possano ferire gli altri, la psicologia oscura stessa ha sviluppato il cattivo esempio di essere completamente negativa semplicemente perché guarda a queste stesse tecniche.

Tuttavia, è importante notare che la psicologia oscura è poco più di un altro punto di vista per interagire con il mondo. Non è intrinsecamente malvagia o sbagliata, è semplicemente ciò che è. È un insieme di strumenti - sono tecniche che potrebbero essere esercitate in modi che sono dannosi, ma anche la vostra forchetta da pranzo potrebbe essere usata come un'arma se la persona che la tiene in mano volesse veramente fare del male a qualcun altro. Non potete semplicemente ignorare del tutto la psicologia oscura solo perché alcune persone hanno scelto di usarla negativamente o come arma.

I prossimi capitoli vi guideranno attraverso la psicologia oscura e la mentalità della psicologia oscura. Vi verrà mostrato come pensare al mondo come se foste nella mente di un predatore. Vi verrà mostrato uno sguardo nell'oscurità che riempie la loro mente, ma a differenza di quelli con i tipi di personalità della triade oscura, non dovete cedere alla tentazione - potete semplicemente imparare come funziona la psicologia oscura senza mai decidere di agire su di essa.

La psicologia oscura si occupa di influenza e persuasione. Cerca di usare la PNL per controllare altre persone. Cerca di ottenere ciò che gli utenti vogliono a tutti i costi. Tuttavia, cosa succederebbe se qualcuno che non è interessato alla manipolazione usasse questo strumento? Cosa succederebbe se usasse la psicologia oscura in modi che non sono stati concepiti per ferire, ma piuttosto sono stati progettati per aiutare le persone a liberarsi da tutto ciò che le sta trattenendo. Forse la si usa per convincere qualcuno che deve rompere con il suo partner violento. Forse un medico lo usa per incoraggiare qualcuno a cercare un trattamento adeguato per un tumore che sarà fatale se non si opera presto. Forse la usi durante le negoziazioni e di conseguenza ottieni una promozione perché i tuoi numeri sono stati così buoni. In definitiva, la psicologia oscura non deve essere malvagia o sbagliata - può semplicemente essere neutrale finché qualcuno non decide di prendere lo strumento e usarlo.

## La triade oscura

La triade oscura si riferisce a un insieme molto specifico di tratti di personalità: Narcisismo, machiavellismo e psicopatia. Ognuno di questi tratti può essere incredibilmente dannoso per la capacità di relazionarsi ad un livello socialmente significativo semplicemente a causa delle implicazioni che vengono con ciascuno di questi tipi di personalità. Questi tipi di personalità sono indicati come oscuri solo perché hanno la tendenza ad essere malevoli. Ognuno di questi tipi di persone lotta nelle loro interazioni quotidiane con gli altri e sono a maggior rischio di essere antisociali, oltre ad avere maggiori probabilità di commettere crimini. Queste persone di solito lottano con l'empatia e generalmente sono abbastanza negative e sgradevoli.

## Narcisismo

Il narcisista è una persona che soffre di un disturbo narcisistico di personalità. Si tratta di una persona che è interamente consumata dalla grandiosità e dall'egoismo, e la sua mancanza di empatia rende impossibile relazionarsi davvero anche con le altre persone. Il narcisista crede di essere la persona più grande del mondo, e di solito è abbastanza autorevole e dominante, anche se questo permesso e potere non viene mai conquistato dalle persone che lo meritano realmente.

## Machiavellismo

I tipi di personalità machiavellici sono tipicamente abbastanza cinici, ma solo nel senso che devono proteggere se stessi a tutti i costi piuttosto che guardare il mondo attraverso una lente scettica. Queste persone sentono tipicamente di dover manipolare le altre persone se vogliono avere successo. Di solito, queste persone lottano con la gradevolezza e la coscienziosità, e spesso, coloro che si classificano altamente nel machiavellismo tendono anche ad avere un punteggio elevato nella psicopatia.

## Psicopatia

Infine, l'ultimo dei tre tipi di personalità della triade oscura è la psicopatia. Questo è di solito considerato il più maligno dei tre, con lo psicopatico che mostra di lottare con l'empatia, mostrando anche di avere un alto livello di impulsività e la ricerca di emozioni in ogni modo possibile.

# Perché usare la psicologia oscura?

In definitiva, ci sono diverse ragioni per cui si può usare la psicologia oscura, e non tutte sono così cattive come si può pensare. Diverse persone nella società usano queste tecniche non per ferire gli altri, ma per assicurarsi di essere in grado di ottenere i risultati di cui hanno bisogno. I politici e i leader possono esercitare gli strumenti di influenza e persuasione per mantenere le persone motivate. Gli oratori pubblici possono incasinare l'umore nella stanza per trasmettere un certo messaggio. Gli agenti di polizia possono usarlo per far sì che le persone stiano in riga. Non importa chi lo sta usando, c'è generalmente una sorta di scopo, anche se a volte, questo scopo risulta essere semplicemente per l'intrattenimento. Ora, passiamo ad una lista di diversi usi ordinari della psicologia oscura che molto probabilmente avete incontrato di recente.

## Avvocati

Gli avvocati spesso usano tecniche di psicologia oscura quando sono alla disperata ricerca di una vittoria. Possono essere così presi dal voler essere sicuri di ottenere un risultato positivo per loro stessi e per il loro record che useranno la manipolazione o la persuasione oscura per garantire quel risultato finale.

## Leader e manager

Le persone in qualsiasi tipo di posizione di leadership a volte usano metodi oscuri per tenere le persone in riga. Non si preoccupano di assicurare che la loro immagine sia buona - vogliono semplicemente i risultati, il che implica una completa conformità, non importa come sia stata ottenuta.

## Politici

Simile agli avvocati, i politici possono usare tecniche oscure per convincere gli altri a schierarsi con loro. Possono fare appello alle emozioni o cercare di eludere completamente qualsiasi tipo di tentativo onesto di presentare i fatti in favore di quelli che susciteranno emozioni e solleveranno le folle. Quei politici che si preoccupano solo del voto probabilmente useranno qualsiasi mezzo possibile per ottenerlo.

## Oratori pubblici o attivisti

A volte, gli oratori pubblici incasinano intenzionalmente lo stato emotivo nella stanza per ottenere risultati migliori. Racconteranno intenzionalmente alla gente storie tristi, sapendo che è più probabile che donino se si sentono già in colpa per aver visto, per esempio, un mucchio di immagini di bambini che muoiono di fame in Africa.

## Venditori

Gli addetti alle vendite sono spesso completamente dipendenti dalle commissioni che otterranno attraverso la loro capacità di chiudere effettivamente le vendite. Diventano così determinati a vendere di più per mantenere il loro lavoro o solo per pagare le bollette che potrebbero iniziare a usare tendenze psicologiche oscure per ottenere ciò che vogliono o di cui hanno bisogno. Per esempio, possono usare intenzionalmente la programmazione neuro-linguistica o tecniche di persuasione oscure per far sì che l'altra parte sia d'accordo al più presto.

# Capitolo 8: Psicologia Oscura e la Mente

La psicologia oscura è così insidiosa perché prende di mira le menti inconsce degli altri, tentando di infiltrarsi e controllare completamente l'altra persona. Ci sono tecniche che coinvolgono la completa decimazione della precedente personalità che risiedeva nella mente di qualcuno e la cambiano, preparando l'individuo a seguire qualsiasi cosa l'utente della psicologia oscura voglia. Altre tecniche possono tentare di cancellare completamente la persona attraverso il lavaggio del cervello, distruggendola e creando un nuovo personaggio.

Naturalmente, non tutta la psicologia oscura è interessata a creare nuove personalità con perfetta obbedienza - alcune sono coinvolte semplicemente nell'influenzare le persone a fare qualcosa per loro. Tuttavia, tutte le forme di psicologia oscura hanno il potenziale per essere pericolose. Quando vengono usate in modi che sono intenzionalmente oscuri, possono causare seri problemi alla vittima.

Questo capitolo cerca di identificare e capire esattamente come la psicologia oscura interagisce direttamente con la mente, oltre a fornire alcuni esempi per vedere questo processo in azione. Comprendendo come la mente viene infiltrata e quanto profonda possa essere la psicologia oscura, potreste scoprire che ci penserete due volte prima di utilizzarla nella vostra vita o verso persone che conoscete e vi piacciono.

## Come funziona la psicologia oscura

In definitiva, la psicologia oscura funziona in modo molto simile alla manipolazione: dovete essere disposti a prendere di mira prima di tutto qualcun altro senza remore.

Quando avete in mente un obiettivo, dovete anche essere in grado di dirigere i vostri sforzi in modo nascosto, permettendo all'intero processo di sembrare abbastanza rilassato o naturale.

Quando si gioca al gioco della psicologia oscura, si sta giocando una partita lunga, e non è insolito per le persone che usano la psicologia oscura passare mesi, o addirittura anni, a preparare la loro prossima vittima. Vogliono essere in grado di ottenere esattamente i risultati che vogliono o di cui hanno bisogno senza preoccuparsi di essere scoperti, e questo significa spendere abbastanza tempo per costruire tutto nel tempo.

La maggior parte delle volte, la gente farà di tutto per fare amicizia con la vittima. Fare amicizia con la vittima significa che il manipolatore spenderà il tempo necessario per iniziare a studiare la vittima per assicurarsi che sia effettivamente la persona giusta per il lavoro e per ciò che si vuole. Da lì, il manipolatore passa molto tempo a conoscere la vittima. Dopo tutto, la persona migliore per manipolare qualcuno è qualcuno di cui ci si fida. Non appena l'individuo è in grado di assicurarsi un posto nel gruppo di amici della vittima, viene subito considerato degno di fiducia. Con l'amicizia stabilita, il manipolatore è libero di iniziare la ricognizione.

Durante questo periodo, il manipolatore si preoccupa di ottenere dati che possono essere citati in seguito. Vogliono sapere perché vuoi le cose in un certo modo. Vogliono sapere cosa ti fa scattare e perché pianifichi la tua vita nel modo in cui l'hai pianificata. Più informazioni conoscono su di te, più è probabile che tu gli abbia dato una sorta di frammento importante che può essere usato in qualche modo.

Con la conoscenza di ciò che fa scattare la vittima, il manipolatore inizia il processo di manipolazione - all'inizio lentamente e poi aumentando il ritmo fino a quando la vittima è completamente incastrata con il manipolatore. Il manipolatore potrà allora cominciare a seminare idee e pensieri nella mente della vittima attraverso tecniche come la ripetizione, finché le idee non vengono assorbite e la vittima, completamente inconsapevole, crede che le idee siano state sempre sue.

Con il tempo, il manipolatore è in grado di installare tutte le stringhe desiderate nella vittima poichè essere in una posizione di fiducia significa che nulla verrà messo in discussione mentre si verifica. La vittima, dunque, accetterà semplicemente ciò che viene detto senza preoccuparsi di analizzare ogni singola dichiarazione per verificarne la veridicità.

Alla fine, le stringhe sono installate, e il manipolatore è libero di continuare come se nulla fosse successo, tirando la corda ogni volta che è necessario per ottenere ciò che vuole fare quando lo vuole.

Questo funziona principalmente perché l'individuo manipolato non si rende conto di esserlo. Ci sono momenti in cui l'individuo manipolato è consapevole della coercizione, come durante il lavaggio del cervello, ma per la maggior parte, il modo migliore per assicurarsi di poter manipolare con successo altre persone è assicurarsi che non sappiano mai cosa state facendo. Quando la vittima è all'oscuro, è molto più suscettibile.

La mente inconscia è sorprendentemente non protetta, ed è esattamente ciò che si prende di mira con questo processo. I pensieri vengono interiorizzati. Si costruiscono schemi. Alla fine, l'individuo comincia a cambiare nel tempo senza rendersi conto che sta accadendo fino a quando, improvvisamente, non riesce a capire come è cambiato o perché. Non pensano mai di puntare il dito contro il manipolatore perché sentono di potersi fidare di lui.

## Esempio 1: Controllo mentale con la psicologia oscura

Immagina di conoscere questa donna con cui vorresti davvero avere una relazione romantica. Tuttavia, senti che a volte può essere un po' odiosa o fastidiosa, e vorresti che abbassasse i toni. Decidi che la perseguirai, ma vuoi anche assicurarti che lei abbassi i toni, e stabilisci un piano d'azione per te stesso per manipolarla essenzialmente per farla calmare ed essere un po' più sottomessa.

Cominci a conoscerla un po' meglio - ti assicuri di essere l'appuntamento perfetto e le dai tutto quello che vuole. La riempi di regali e ti assicuri che si senta sempre ascoltata. Stai ascoltando, ma stai ascoltando solo perché hai bisogno di armi da usare contro di lei in futuro. Forse lei accenna al fatto che ha avuto un'educazione povera e non è più in contatto con nessuna famiglia. Ha qualche amico, ma la maggior parte del suo tempo lo passa semplicemente tra il lavoro e la casa, dove vive con il suo gatto. Lei non ama molto i gatti ma è disposta a tollerarlo.

Con il tempo, ti guadagni la sua fiducia e, occasionalmente, menzioni quanto sia fastidioso avere a che fare con persone che sono più rumorose del necessario. Dici che trovi che le donne che devono avere l'ultima parola sono stridenti e odiose. Lei sembra leggermente offesa da questo, ma non succede nulla.

Dopo qualche settimana, notate che lei sembra calmarsi un po'. Non potete dire se è semplicemente stressata perché ha lavorato molto, o se sta cominciando a interiorizzare quello che avete detto. Quando è tranquilla, la elogi, dicendole che ti piace quanto sia attraente e gentile, e che è l'immagine perfetta della femminilità. Quando è troppo rumorosa per i vostri gusti, vi accigliate, ma non dite una parola.

Alla fine, lei è semplicemente più tranquilla. Non sembra interessata a smuovere la situazione e non dice nemmeno che qualcosa non va. L'hai effettivamente convinta a calmarsi semplicemente attraverso l'uso delle parole che infiltrandosi nella sua mente hanno installato quei pensieri di insicurezza che circondano l'idea di essere forte.

## Esempio 2: Vendite con Persuasione Oscura

Immagina di vendere automobili per vivere. Il tuo lavoro ti piace abbastanza - sei bravo e tendi ad ottenere vendite abbastanza regolarmente. Tuttavia, hai studiato di recente e hai scoperto che se usassi i tuoi metodi per convincere l'altra parte che sei il migliore, avresti la possibilità di assicurarti che sia più propenso a comprare ciò che stai suggerendo. Tutto quello che dovete fare è affermarvi come esperti e lasciar cadere qualche suggerimento su come altre persone nella loro posizione hanno comprato l'auto che state cercando di vendere loro rispetto a quella a cui sono interessati.

Entrate un giorno e vedete che avete un appuntamento nel pomeriggio con qualcuno che è interessato a comprare un'auto nuova. Hanno specificato che volevano davvero un vecchio minivan nel messaggio che hanno lasciato sulla vostra macchina. Lo tieni a mente, ma guardando il prezzo, ti rendi conto che non ti farebbe guadagnare un bel bonus di commissione, e decidi che è il tentativo perfetto per usare le tue oscure tecniche di persuasione che hai letto di recente.

Loro entrano e tu li saluti immediatamente. Fate menzione del fatto che avete venduto auto negli ultimi dieci anni e che avete avuto lo stesso furgone a cui loro sono interessati, ma lo avete odiato. Si mettono in fila diversi problemi che si sostiene di aver avuto e poi li si reindirizza delicatamente verso un SUV più nuovo e, di conseguenza, più costoso. Ha ancora lo stesso numero di posti, ma la macchina più nuova ha più caratteristiche ed è più bella.

Sembrano resistere al suggerimento, ma dopo alcuni tentativi e dopo aver detto loro che avete avuto un incidente in quella macchina e l'airbag non ha funzionato, così come diversi altri commenti destinati a farli sentire insicuri nel furgone, finalmente cedono, anche se si può vedere che sono visibilmente a disagio con la quantità di denaro che finanzieranno.

In definitiva, hai ottenuto ciò che volevi: hanno preso l'auto perché alla fine hanno ceduto alla tua autorità sull'argomento. Tuttavia, nel forzare il punto, non sembrano particolarmente fiduciosi in voi come venditore, e non è probabile che otteniate un'altra vendita da loro in futuro, né è probabile che otteniate buone recensioni. La buona notizia, tuttavia, è che hai ottenuto il bonus che volevi.

## Esempio 3: Manipolazione emotiva con la psicologia oscura

Ora, immaginate di aver deciso di tenere un discorso ad una raccolta di fondi. Hai davvero bisogno di fare abbastanza soldi per coprire il costo della raccolta fondi, e poi fondi da dare anche alla causa. Lo sai, e ti rendi conto che la quantità di denaro di cui hai bisogno è in realtà molto più alta di quanto sarebbe stata se avessi scelto di fare qualcosa di più semplice.

La causa per cui stai raccogliendo soldi è quella di aiutare a fornire cibo e riparo alle vittime di violenza domestica e ai loro figli piccoli per le vacanze. Avete fatto di tutto perché volevate creare una bella festa di Natale, ma ora vi rendete conto che l'asticella è stata posta molto più in alto. Dovete fare ancora più soldi. Pensandoci, vi rendete conto che il modo migliore per ottenere i soldi è quello di fare davvero appello alle emozioni.

Quando si fa appello alle emozioni, si fa effettivamente appello al senso di colpa delle persone per i loro soldi, facendole sentire come se fossero fortunate a non essere in una situazione piena di violenza e instabilità. Quando arriva il momento della raccolta di fondi, si fa leva sul senso di colpa, tirando fuori storie di persone che fuggono dalla violenza domestica e di come spesso se ne vadano senza soldi o beni oltre ai vestiti che hanno addosso.

Ci metti davvero il senso di colpa, e alla fine, ti capita di raggiungere la quota che ti serviva, tutto raccontando storie strappalacrime e esagerando sulle persone che hai aiutato di recente. Certo, alcune persone se la passano male come hai detto tu, ma non la maggior parte di quelle che hai aiutato di recente. Ciononostante, il risultato finale è perfetto per voi: avete avuto successo, e tutto si è bilanciato.

# Capitolo 9: Analizzare il Linguaggio del Corpo con La Psicologia Oscura

La psicologia oscura, considerando quanto sia incentrata a infiltrarsi nella mente inconscia, è anche incredibilmente impegnata ad assicurarsi di poter analizzare qualsiasi linguaggio del corpo a cui è esposta. Quando si interagisce con qualcun altro, si sta effettivamente prendendo costantemente un feedback dal suo linguaggio del corpo.

Anche gli utenti della psicologia oscura non fanno eccezione a questa regola. Anche loro ricevono costantemente lo stesso feedback, ma a differenza delle persone comuni che sono disinteressate all'analisi, loro stanno analizzando attivamente. Sono consapevoli dei movimenti, del linguaggio del corpo e di ciò che significa, e di come il loro stesso linguaggio del corpo viene ricambiato. Usano la loro conoscenza del linguaggio del corpo e di come funziona per raccogliere quante più informazioni possibili per essere certi di essere in grado di manipolare con successo.

In questo capitolo, approfondirete cosa significa usare la psicologia oscura per analizzare il linguaggio del corpo. Approfondirete anche come chi usa la psicologia oscura è probabile che usi il proprio linguaggio del corpo per influenzare altre persone. Vedrete come le persone possono usare il mirroring per dirottare efficacemente l'altra persona e rendersi più affidabili. Vedrete come si può usare il linguaggio del corpo per alterare l'impressione che le altre persone stanno sviluppando su di voi. Vedrete come coloro che comprendono la psicologia oscura useranno le loro abilità sia per conoscere le altre persone che per influenzarle.

## Analisi con la psicologia oscura

Quando analizzi il linguaggio del corpo con la psicologia oscura, lo fai per capire le vulnerabilità. Farete in modo di cercare i segnali che l'altra persona è a disagio o ha paura di interagire ulteriormente. Volete che l'altra persona sia solo abbastanza instabile da essere facilmente controllata. Volete che sia a disagio perché allora sarà molto più probabile che sia d'accordo.

In definitiva, le persone che si sentono come se fossero a disagio o instabili, o come se fossero in svantaggio, tendono ad essere più disponibili. Sono più facili da convincere per una ragione specifica: le loro menti sono troppo occupate a capire come meglio tenersi al sicuro e porre fine a quel disagio da non riuscire realmente a difendersi dai tentativi di manipolazione.

Questo significa che con le loro menti occupate e la loro sensazione di squilibrio, possono essere controllati con facilità. L'utente della psicologia oscura lo saprà, e cercherà i segni che l'altra persona è a disagio, così saprà che può sfogarsi. Vedranno che l'altra persona sarà probabilmente più suscettibile e colpiranno proprio allora. Ricordate, l'utente di psicologia oscura, quando sta veramente cercando di manipolare qualcun altro, si comporta come un predatore. Si scagliano intenzionalmente contro gli altri e li feriscono ogni volta che possono, se questo significa che otterranno ciò che vogliono non si fanno scrupoli a farlo. Non si preoccupano del fatto che stanno approfittando di altre persone, purché alla fine ottengano ciò che vogliono.

In particolare, quando sono finalmente in grado di ottenere una lettura su qualcun altro, gli utenti della psicologia oscura tendono ad usare anche altre tecniche. Possono specchiarsi per creare l'impressione di un buon rapporto tra loro e il loro obiettivo molto più velocemente di prima. Possono usare il loro linguaggio del corpo per creare punti di ancoraggio - una tecnica che è specifica della programmazione neuro-linguistica, ma spesso presa in considerazione dagli utenti della psicologia oscura. Guarderanno come possono convincere le persone a dire di sì semplicemente inclinando la testa. Vedranno esattamente come tutto questo si combina per renderli molto più propensi a persuadere effettivamente qualcuno più di quanto non abbiano mai pensato di poter fare.

Gli utenti della psicologia oscura sono abili quando si tratta di capire le persone e, sia che abbiano sviluppato questa abilità innatamente e naturalmente raccolto gli indizi più ovvi, o perché hanno intenzionalmente insegnato a loro stessi come leggere le altre persone, usano questa abilità a loro vantaggio.

## Rispecchiamento

Una delle tecniche più popolari che possono essere usate per influenzare è il rispecchiamento. Questa è un'altra abilità della PNL che viene spesso utilizzata perché lavora sull'idea che le persone che si fidano l'una dell'altra tendono a rispecchiare i reciproci comportamenti e movimenti avanti e indietro. Per esempio, se vedete un marito e una moglie seduti uno di fronte all'altro per cenare, probabilmente noterete che uno dei due probabilmente sposta costantemente i suoi movimenti per corrispondere all'altro. Quando la moglie prende da bere, il marito prende da bere qualche secondo dopo. Quando uno si sposta a sinistra, l'altro si sposta per rispecchiarlo. Quando uno mangia, l'altro mangia, e così via. Questo perché hanno una relazione stretta - i coniugi sono incredibilmente vicini quando la loro relazione è sana.

Il rispecchiamento, tuttavia, non richiede quel livello di intimità per verificarsi. Può verificarsi molto prima, quando l'inizio della relazione è scintillante. Due persone che sono attivamente interessate l'una all'altra e che hanno un certo grado di fiducia l'una nell'altra è probabile che si rispecchino, anche se la loro conoscenza è ancora abbastanza nuova. Tutto ciò che conta è che credono che l'altra persona non li ferirà e che sono d'accordo con tutto ciò che hanno discusso e deciso finora.

Questo significa, quindi, che le persone si specchieranno naturalmente nelle persone man mano che la loro relazione si costruisce. Tuttavia, le persone hanno anche la tendenza a ricambiare i propri comportamenti avanti e indietro. Se una persona fa un regalo, l'altra si sente obbligata a fare lo stesso (questo è conosciuto come il principio di reciprocità). Si può innescare questo senso di reciprocità anche in qualcun altro semplicemente iniziando il processo di rispecchiamento in modo artificiale.

Se riuscite a rispecchiare efficacemente l'altra persona, di solito riuscite a farvi rispecchiare da lei, e non appena questa relazione di rispecchiamento si è costruita, avete quell'accesso alla mente inconscia dell'altra persona che stavate cercando di ottenere. Questo significa che quando tu ti muovi, loro si muovono.

Ora, considerate per un momento cosa questo implicherebbe: se potete effettivamente innescare la vostra mente a comportarsi o a sentirsi in un certo modo solo perché vi siete mossi come se vi sentiste in quel modo, ad esempio sorridendo per farvi sentire meglio, anche quando in realtà eravate piuttosto tristi, potete poi convincere l'altra persona a muoversi con voi. Potete convincerli a fare delle cose semplicemente perché sono bloccati nel vostro linguaggio del corpo. Inconsciamente, stanno seguendo la tua guida, quindi se tu volessi annuire con la testa mentre fai una domanda, li faresti sentire più propensi ad annuire anche loro. Prenderesti effettivamente il controllo della loro mente per loro e ti permetteresti di prendere tutte le decisioni da solo.

Naturalmente, tutto questo dipende dal fatto che tu impari a rispecchiare l'altra persona.

Fortunatamente, il rispecchiamento non è particolarmente difficile: puoi imparare a rispecchiare qualcun altro con relativa facilità, purché tu sappia cosa stai facendo. Ricorda, fare questo è una sorta di creazione di un legame artificiale tra te e l'altra persona - non è proprio lo stesso che sviluppare quel rapporto in modo naturale e incrementale nel modo in cui sarebbe normalmente costruito. Invece, è progettato per essere molto più veloce. L'altra persona non sarà mai in grado di capire la differenza, però! Infatti, sarà probabilmente del tutto inconsapevole di ciò che sta accadendo, a meno che non sia stato anche addestrato in psicologia oscura o PNL.

Ci sono quattro semplici passi quando si vuole specchiare qualcuno. Per prima cosa, innescate una connessione tra voi e l'altra persona. Poi, passerete il tempo a imitare i loro modelli di discorso. In terzo luogo, si cercherà di identificare quello che è noto come il punteggiatore dell'altra persona. E infine, farete un test per assicurarvi che la relazione sia stata innescata.

**Creare la connessione**

Prima di essere in grado di iniziare il mirroring, dovete prima assicurarvi di poter innescare una connessione tra voi e l'altra persona. Questo non è troppo difficile - infatti, anche questo può essere suddiviso in quattro semplici passi, e se seguite questi passi, scoprirete che è molto probabile che otteniate esattamente quello che stavate cercando.

1. **Davanti alla persona**: Questo è un modo elegante per dire che siete di fronte all'altra persona. Ti assicurerai di avere un contatto visivo e di guardarla direttamente. In questo modo, mostri loro che gli stai dando la tua totale attenzione.

2. **Triplo cenno**: Con il contatto visivo stabilito e mentre ascolti l'altra parte parlare, fai in modo di annuire di tanto in tanto. In particolare, meglio fare un triplo cenno di tanto in tanto. Tre cenni sono fondamentali per questo, poiché il primo cenno dice che stai ascoltando, il secondo dice che hai capito, e il terzo dice che sei anche d'accordo. Alla gente piacciono le persone che sono d'accordo con loro, quindi fare questo li fa sentire più inclini a seguire le vostre indicazioni.

3. **Fingere**: Sì, "fingere finché non ce la fai" torna di nuovo. Questa volta, però, devi convincerti che stai parlando con qualcuno che ti piace veramente. Puoi farlo in diversi modi. Per esempio, potresti dire a te stesso che sei assolutamente affascinato dall'attuale argomento di conversazione e assicurarti di crederci veramente. Smettete di fingere e sentite semplicemente che vi sta piacendo l'altra persona. State fondamentalmente innescando la connessione che volete sentire con l'altra persona.

**Imitare i modelli di discorso**

Successivamente, hai la responsabilità di capire come corrispondere al discorso dell'altra persona. Questo non è particolarmente difficile: devi semplicemente adattare il tuo tono e il tuo modo di parlare per allinearti con il modo in cui l'altra parte sta parlando. Lo farete assicurandovi che il vostro tono e volume siano abbastanza simili. Se l'altra persona parla lentamente, deliberatamente e tranquillamente mentre contempla ciò di cui sta parlando, assicuratevi di corrispondere a questo. Se sono animati ed eccitati, dovresti imitarli. Ciò introdurrà nella sua mente inconscia che sei d'accordo e interessato a loro, permettendo che la connessione sia favorita un po' più facilmente.

## Trovare il punteggiatore

Questo sembra complicato, ma tutto ciò che stai cercando è il movimento, il gesto o la frase che l'altra persona usa come modo per accentuare ciò che viene detto. Se loro, per esempio, danno un pugno in aria quando sono eccitati, dovresti fare in modo di farlo la prossima volta che senti che l'altra persona si sta preparando a dare un pugno. Questo può essere un po' difficile da ottenere, e se lo sbagliate, rischiate di danneggiare la vostra connessione, ma una volta che avete identificato il loro punteggiatore, tutto quello che dovete fare è capire i modelli. Pompa l'aria per l'eccitazione? È solo quando dicono qualcosa che sconfigge un argomento? Qual è il motivo per cui scelgono di farlo? Imitatelo e usatelo a vostro vantaggio. Probabilmente non si accorgeranno consciamente che li state imitando, ma la loro mente inconscia si attaccherà alla sensazione che li capite veramente e preparerà la scena.

## Testare il rispecchiamento

Ora è il momento di scoprire se il tuo lavoro è stato effettivamente efficace. A questo punto, scoprirete se siete riusciti o meno a convincere l'altra persona ad iniziare attivamente a rispecchiarvi. Tutto quello che dovrai fare qui è provare qualche movimento sottile che non pensi che sarebbe casuale se fosse copiato. Per esempio, spazzola la tua spalla e vedi se anche l'altra persona lo fa. Potresti anche bere un sorso e guardare, o inclinare leggermente la testa da un lato. Se l'altra persona vi imita, allora avete avuto successo. In caso contrario, tuttavia, dovrai assicurarti di fare lo sforzo di farli agire di conseguenza. Dovrete ricominciare il processo di rispecchiamento da capo e testare di nuovo dopo.

# Capire e analizzare il linguaggio del corpo per influenzare

Oltre ad essere in grado di riflettere, l'utente di psicologia oscura è anche in grado di capire le sfumature del linguaggio del corpo che si vedono. Sono in grado di riconoscere quando la smorfia sul volto di qualcuno è dovuta alla paura o alla rabbia. Saranno in grado di dire quando un sorriso è falso rispetto a quando era genuino. Conosceranno tutti i segni e gli indizi importanti a cui prestare attenzione per assicurarsi di poterne approfittare ogni volta che è necessario. Effettivamente, sono in grado di mettere insieme una comprensione adeguata della loro lettura e trarne vantaggio.

L'utente particolarmente abile, tuttavia, è anche in grado di fare inferenze e capire il modo perfetto di agire per iniziare a influenzare l'altra parte. Il mirroring è solo una di queste forme: puoi usare il mirroring per influenzare, ad esempio per far sì che qualcuno si fidi di te o senta che hai una relazione più stretta di quanto lo è veramente. Tuttavia, c'è di più che può essere fatto. In particolare, coloro che usano le tecniche di psicologia oscura che sono state introdotte sono anche in grado di influenzare costantemente il modo in cui sono visti. Sanno come essere visti dominanti sul posto di lavoro o in una relazione, e lo faranno. Sanno esattamente cosa fare con il loro linguaggio del corpo per essere visti come una minaccia se vogliono o ne hanno bisogno. Sanno come affermare il proprio dominio, o come dire chi nella stanza ha attualmente quel dominio o è l'individuo più benvoluto, e se non è l'utente di psicologia oscura, sarà probabilmente il loro prossimo obiettivo diventare quell'individuo.

In particolare, gli utenti della psicologia oscura favoriscono gli spettacoli di dominanza. Permettono loro di affermare se stessi con pochissimo sforzo - tutto quello che devono fare è posizionarsi appena un po' più in alto sulla sedia del loro ufficio rispetto all'altra persona e sono automaticamente considerati più minacciosi o più dominanti, anche se stanno parlando con un coetaneo nel loro ufficio allo stesso tavolo. Questa sezione vi fornirà una manciata di metodi che sono spesso utilizzati per stabilire la dominanza dall'utente di psicologia oscura dopo aver analizzato e letto il linguaggio del corpo.

- **Regolazione delle sedie**: La sedia della persona dominante dovrebbe essere leggermente rialzata rispetto alla sedia di chi è seduto alla sua scrivania. Questo darà l'illusione che la persona dominante sia più grande e quindi sia quella che ha il dominio nella situazione, indipendentemente dal fatto che sia vero o meno.
- **Cercare la dominanza**: Quando si è in una folla di persone, si può dire chi ha il dominio con un semplice controllo. Tutto quello che devi fare è vedere la direzione in cui tutti si stanno orientando. Se sono tutti protesi verso una persona, indipendentemente dal lato in cui sono seduti, si può capire chi è l'individuo dominante. Si può anche notare che i piedi puntano verso la persona dominante o più desiderabile in una stanza o nella folla.
- **Sedersi con i piedi puntellati sulla scrivania**: Questa è una posizione di comodità a casa, ma in ufficio, è comunemente vista come una posizione di potere. Non tutti sono abbastanza comodi al lavoro da sedersi, spaparanzati, con le gambe puntellate sulla scrivania. Dopo tutto, la scrivania è proprietà dell'azienda, e tu ci sei seduto sopra con le tue scarpe sporche. Per questo ci vuole coraggio o dominio.
- **Guardare le persone dall'alto in basso**: Quando siete dominanti su altre persone, molto spesso le guarderete dall'alto in basso. Potresti non essere effettivamente più alto dell'altra persona, ma va bene - il tuo sguardo può essere altrettanto intimidatorio se vuoi che lo sia. Tutto quello che devi fare è inclinare leggermente la testa all'indietro e assicurarti di guardare l'interlocutore dall'alto in basso. Così facendo, stai effettivamente dicendo all'altra persona che non è abbastanza importante per te da essere trattata alla pari con un contatto visivo diretto e a livello degli occhi.
- **Fissare**: Uno sguardo fisso può anche essere un modo efficace per incoraggiare attivamente e imporre il proprio dominio verso le altre persone, specialmente se le persone

intorno a te tendono ad essere un po' più sottomesse. Il contatto visivo costante può essere considerato troppo intimidatorio da mantenere, e cederanno realmente.

# Capitolo 10: Gli effetti della Psicologia Oscura

Finalmente siete arrivati all'ultimo capitolo di *Come analizzare le persone con la psicologia oscura*. Questo è il punto in cui il vostro viaggio di apprendimento comincia a concludersi. Tuttavia, è fondamentale che tu impari un po' di più sulla psicologia oscura e i suoi effetti prima di andare avanti.

Ricordate, la psicologia oscura è uno strumento potente che può essere utilizzato per ottenere molta comprensione e intelligenza, ma allo stesso tempo, può anche essere visto come una sorta di arma. Le persone che non sanno cosa stanno facendo possono lottare per assicurarsi attivamente di evitare di ferire altre persone, e purtroppo, quando si sta frugando nella mente di qualcuno, il danno che si può potenzialmente fare può essere irrevocabile in alcune situazioni, come se si è inflitto una sorta di trauma nei vostri tentativi di manipolazione.

La psicologia oscura può essere progettata per essere uno studio e una mimica di quelli con i metodi di manipolazione più potenti della triade oscura, ma questo non significa che l'atto di interagire con altre persone debba essere dannoso o nocivo per chiunque sia coinvolto. Al contrario, potete usare queste tecniche e i vostri poteri in modi che siano etici. Potete scegliere di usare i vostri strumenti in modi che siano effettivamente benefici per tutte le persone coinvolte, invece di usare queste tecniche di psicologia oscura semplicemente per ferire altre persone e ottenere qualsiasi cosa che stavate bramando o desiderando.

Quando siete disposti ad usare la psicologia oscura con l'intenzione di fare del vero bene nel mondo, potreste scoprire che le tecniche e gli strumenti prendono una luce diversa. Potrebbero essercene alcune che scegliete di evitare ma potrebbero anche essercene altre che sono abbastanza convincenti per voi.

Per esempio, cosa succederebbe se vi impegnaste ad usare tecniche di controllo mentale, ma invece di convincere l'altra persona che non è abbastanza brava o troppo forte per voi, aumentaste la sua fiducia, ricordandole quanto è capace e bella? Improvvisamente, quella tecnica che prima era insidiosa è in realtà abbastanza compassionevole.

Questo capitolo servirà a concludere tutto una volta per tutte. All'interno di questo capitolo, vedrete il danno che la psicologia oscura può fare ad un individuo. Vedrete diversi segni di manipolazione e abuso. Poi, vi verrà fornita una spiegazione della psicologia oscura etica, così come una breve guida per assicurare che il vostro uso rimanga etico. Infine, vi verranno mostrati diversi esempi di tecniche di psicologia oscura usate in modi che sono utili e benevoli piuttosto che dannosi e distruttivi.

## Psicologia oscura etica

Come il nome implica, la psicologia oscura etica sarebbe l'uso della psicologia oscura in modi che non sono implicitamente dannosi. Naturalmente, molte persone potrebbero sostenere che la psicologia oscura è sbagliata, indipendentemente da chi la usa semplicemente perché accede alla mente di una persona, la parte più privata di sé. Tuttavia, se riuscite a mantenere etica la vostra psicologia oscura, potete scoprire che in realtà state facendo un sacco di bene. Quella buona energia che mettete nel mondo aiuterà diverse persone, e non si sa mai quanto lontano possa arrivare una buona azione.

Questa sezione affronterà cinque domande che potete porre per determinare se siete dannosi o maliziosi nei vostri tentativi di ottenere risultati da altre persone.

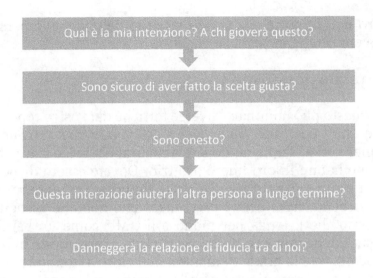

## Qual è l'intenzione di questa interazione? A chi gioverà?

Questa domanda è la prima dell'elenco: serve ad assicurarsi che qualsiasi cosa stiate facendo non sia progettata solo per beneficiare voi. Ricordate, i manipolatori sono coloro che tendono a manipolare semplicemente perché vogliono prendere il controllo delle altre persone e servire se stessi. Quando siete in grado di rispondere onestamente che non avete alcun interesse a servire voi stessi, ma preferite che siano gli altri a beneficiarne, siete sulla strada giusta.

## Sono sicuro che sto facendo la cosa giusta con questa interazione?

Questa domanda vi costringe a capire se state facendo qualcosa che credete veramente giusto o se state facendo qualcosa che vi sentite obbligati a fare o qualcosa che sapete essere eticamente o moralmente ambiguo o semplicemente sbagliato. Quando potete rispondere che siete, di fatto, sicuri di aver scelto di fare la cosa giusta, indipendentemente da come vi state avvicinando o interagendo con qualcun altro, allora sarete in grado di dormire in pace con voi stessi. Ricordate, i veri manipolatori, quelli che causano danni, non si preoccupano di questo.

A loro non importa che stiano facendo del male alle persone, basta che ottengano ciò che vogliono.

## Sono stato onesto qui?

Ora, questo può eliminare diverse tattiche dal vostro repertorio che è stato costruito finora, se state veramente cercando di rimanere etici. Tuttavia, dovete assicurarvi di ricordare che le persone hanno il loro libero arbitrio. Dovete essere disposti a rispettarlo per assicurarvi che possiate effettivamente renderli felici o beneficiarli senza presumere che abbiano bisogno di qualcuno che li tenga per mano e li tratti come un bambino incapace di badare a se stesso. Se riuscite a fare questo in modo efficace, sarete in grado di mantenere la loro autonomia.
Questa interazione gioverà all'altra persona a lungo termine?

Questo ancora una volta ti porta a guardare se le tue azioni sono vantaggiose o meno per l'altra parte. Dovete assicurarvi che ciò che avete scelto di fare è qualcosa che siete sicuri aiuterà l'altra parte; altrimenti, chi state aiutando? Molto probabilmente, l'unica altra opzione sareste voi stessi, e non dovreste usare le persone come mezzo per un fine.

## La mia scelta del metodo permetterà lo sviluppo di una relazione basata sulla fiducia?

Questa è l'ultima domanda da porsi ed è forse una delle più importanti. Il modo in cui hai scelto di influenzare l'altra persona danneggerà il tuo rapporto con lei, o sarà ancora in grado di fidarsi di te? Saranno in grado di fidarsi di voi se vi capitasse di dire loro quello che avete fatto? Se vi accorgete che qualsiasi cosa stiate facendo deve essere nascosta alla persona con cui state interagendo, potrebbe essere il momento di riconsiderare le vostre tattiche e ciò che cercate di ottenere. Dopo tutto, non dovreste far sentire le persone come se non avessero voce in capitolo o come se pensaste di sapere meglio di loro ciò che vogliono o di cui hanno bisogno.

# Segni di manipolazione

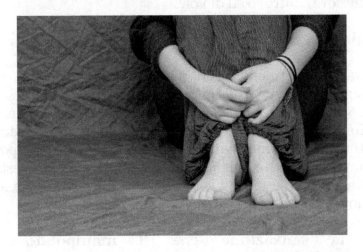

Se vi trovate all'estremità ricevente della psicologia oscura senza alcun riguardo per l'etica o meno, potreste notare che state soffrendo regolarmente. Inizierete a sviluppare segni rivelatori di abuso emotivo e manipolazione. Potreste non essere in grado di articolarlo, ma leggere questa lista potrebbe aprirvi gli occhi sulla verità. Questa sezione esaminerà cinque tratti comuni alle vittime di manipolazione.

## Ti senti depresso intorno al manipolatore

Specialmente se il manipolatore è un vostro partner, è comune che vi sentiate depressi o infelici. Questo perché avete tante cose in ballo, anche se non ve ne rendete conto. Dietro le quinte, stai soffrendo di un peggioramento dell'autostima e della fiducia. Il tuo contegno sta diventando più timido e rassegnato.

## Sentite un immenso obbligo nei confronti del manipolatore

Se sei stato in una relazione di qualsiasi tipo con il manipolatore, platonica, romantica, familiare o altro, potresti essere sorpreso di realizzare che ti senti incredibilmente obbligato verso il tuo manipolatore. Questo è spesso dovuto al fatto che l'obbligo deriva dalla manipolazione, e voi siete stati costretti a diventare obbligati al manipolatore per permettere un ulteriore controllo su di voi.

## Hai dovuto cambiare per adattarti al tuo partner

Questa è un'enorme bandiera rossa - se vi sentite come se foste cambiati di recente, specialmente se anche altre persone vi dicono che sembrate essere cambiati di recente, è del tutto possibile che siate, di fatto, cambiati, e questo è problematico per tutte le persone coinvolte. Mentre le relazioni portano entrambe le parti a migliorarsi a vicenda, non dovresti mai sentirti come se dovessi cambiare per far funzionare la relazione.

## Hai la sensazione che il manipolatore sia imprevedibile

Nonostante si viva potenzialmente con la persona, ci si rende conto che non si può prevedere come il manipolatore risponderà alle situazioni. Potrebbe non curarsi di qualsiasi cosa sia successa, o potrebbe essere incredibilmente frustrata per questo, ma non avete idea di quale sarà. Può sembrare che l'altra persona sia costantemente instabile e cambi, anche quando si tratta di qualcosa da poco..

## Ti senti costantemente inutile

Le relazioni dovrebbero essere piene di sé, valorizzandosi a vicenda. Tuttavia, il manipolatore spesso ti svaluta completamente. Vogliono farvi pensare che siete stupidi e che non vale la pena ascoltarvi - questo significa che sarete compiacenti e più facili da controllare. Se siete troppo occupati a preoccuparvi o a sentire che non avete l'autostima per proteggere o incoraggiare la vostra crescita personale, potreste scoprire che in realtà avete bisogno di uscire del tutto dalla relazione. È del tutto possibile che abbiate un manipolatore che svaluta costantemente ogni cosa che fate. Se fate qualcosa, vi dicono immediatamente che non ha importanza o che non lo riconosceranno veramente, anche se potrebbe essere stato un grande affare per voi.

## Psicologia oscura maligna

Ora, diamo un'ultima occhiata a come può apparire la psicologia oscura maligna. Immaginate di sentirvi come se aveste costantemente bisogno di essere ricoperti di attenzioni e affetto. Non sapete perché ne avete bisogno, ma da quando avete vissuto, avete sentito il desiderio di essere sempre al centro dell'attenzione. Farete intenzionalmente cose che vi faranno guadagnare attenzione negativa semplicemente perché l'attenzione negativa è meglio di nessuna attenzione, anche se di recente avete notato che il vostro partner si è sentito abbastanza infastidito da questo.

Invece, scegliete di cambiare la vostra tattica. Scegliete di far sentire in colpa il vostro partner ad ogni passo. Dite al vostro partner che non vi sentite apprezzati e che se vi avessero apprezzato di più, allora non sareste così arrabbiati. Dite al vostro partner che non pensate di poter stare in una relazione a lungo termine con qualcuno che non è abbastanza amorevole. Ti fai prendere dal senso di colpa e minacci di andartene se il tuo partner non è più attento alle tue esigenze, anche se il tuo partner sta già lottando per passare del tempo con te, lavorare e dormire abbastanza. Pretendete sempre di più, nonostante non ci sia molto altro da dare.

Tuttavia, il tuo partner cerca disperatamente di darti di più e cerca attivamente di passare più tempo con te. Il tuo partner inizia a dormire ancora meno frequentemente e ha un problema di salute. Invece di essere compassionevole, continui a minacciare il tuo partner e poi alla fine te ne vai perché non hai ricevuto l'amore a cui sentivi di aver diritto.

Questo è un esempio di manipolazione emotiva e senso di colpa, entrambi incredibilmente ingiusti da fare. Il partner finisce per sentirsi solo, con il cuore spezzato e chiedendosi perché non poteva fare nulla di giusto.

Notate come il partner ha continuato a cercare di allontanare i suoi bisogni fino a quando non c'era più niente da dare. Questo è tipico della psicologia oscura - la vittima è spesso addestrata a sentire che i propri bisogni sono problematici o dovrebbero essere completamente abbandonati.

## Psicologia oscura benevola

Nonostante suoni un po' come un ossimoro, si può assolutamente avere una psicologia oscura che è stata progettata per essere benevola. Potreste scegliere, per esempio, di assicurarvi che qualsiasi cosa stiate facendo abbia lo scopo di elevare l'altra parte piuttosto che trascinarla giù con voi. Potreste fare in modo di assicurarvi di essere sempre onesti con chi vi circonda e di essere sempre coscienti del fatto che le persone hanno le loro opinioni e il loro libero arbitrio. Indipendentemente dalla forma, volete assicurarvi che la vostra influenza sia etica. Da lì, sarà una questione di chiamata di giudizio per voi stessi.

Tuttavia, qui ci sono diverse situazioni in cui la psicologia oscura potrebbe essere usata per aiutare qualcuno.

### Convincere qualcuno a comprare qualcosa che è veramente meglio per loro

Anche se può essere più facile pensare che le persone abbiano sempre in mente i loro migliori interessi, non è sempre così. A volte, le persone staranno per prendere decisioni rischiose che avranno un impatto su di loro per una quantità significativa di tempo, e in quei casi, potreste utilizzare le vostre tecniche persuasive e la capacità di costruire un rapporto con facilità al fine di convincere qualcun altro che stanno prendendo una decisione sbagliata. Per esempio, immagina che la tua amica abbia deciso di comprare un'auto sportiva per la sua famiglia. Tuttavia, la vostra amica è una madre single con un neonato - dove monterà il seggiolino? Puoi vedere che la decisione non ha senso, ma non riesci a convincere la tua amica che sta prendendo la decisione sbagliata fino a quando non tiri fuori I principi persuasivi per convincerla gentilmente a fare qualcosa che è nel suo interesse.

## Aiutare qualcuno a superare un attacco di panico

Come già brevemente introdotto in precedenza, si può usare il linguaggio del corpo per eliminare in qualche modo gli attacchi di panico. Tuttavia, questa non è sempre la cosa più facile da fare quando si è nel panico. Se vedete un amico che sta avendo un attacco di panico, è molto più facile per voi andare da lui e chiedergli se ha bisogno di aiuto perché sarete in grado di aiutarlo. Puoi iniziare a rispecchiare il tuo amico quasi immediatamente e iniziare a incoraggiare il rispecchiamento da parte sua. La sua frequenza cardiaca dovrebbe rallentare mentre la sua respirazione si regola alla tua, e lui dovrebbe cominciare a calmarsi relativamente in fretta.

## Presentarsi in modo corretto ad un colloquio

Se stai andando a un colloquio, puoi essere ben consapevole che i nervi che accompagnano quel viaggio iniziale e la camminata possono essere incredibilmente intimidatori. Tuttavia, sapendo come affrontarlo al meglio, sarete in grado di combattere l'impulso di correre o fare qualcos'altro di distruttivo. Potete usare la vostra capacità di leggere il linguaggio del corpo e di modificare il vostro per assicurarvi di poter rispondere alle azioni del vostro intervistatore in modo efficace.

## Fare il genitore ai bambini in modo efficace

I bambini sono notoriamente difficili da sopportare, specialmente durante gli anni dell'adolescenza, quando pensano di sapere tutto. Naturalmente, non è così, e di solito, c'è una sorta di scontro o di disaccordo quando si cerca di tenere i ragazzi al loro posto. Quando questo accade, tuttavia, si può sempre fare in modo di usare la propria capacità di esercitare la psicologia oscura. In questo caso, si può fare in modo di usare la persuasione per convincerli davvero che le loro decisioni non sono particolarmente intelligenti e che possono farne di migliori, come ad esempio ascoltarvi.

# Conclusioni

Congratulazioni! Sei arrivato alla fine di Come analizzare le persone con la psicologia oscura. Speriamo che questo sia stato un processo incredibilmente informativo per voi. Come sempre, con gli argomenti di psicologia, può essere difficile trovare un libro e un argomento che sia veramente interessante e anche facile da capire, ma speriamo che questo libro sia risultato interessante, facilmente comprensibile, utile e fattibile. Hai passato gli ultimi capitoli ad imparare come utilizzare al meglio la psicologia oscura e come analizzare le altre persone. Queste abilità sono cruciali se vuoi essere un adulto di successo nel mondo reale, eppure così tante persone semplicemente non hanno la capacità o l'abilità di maneggiarle.

Ricorda, sei stato prima guidato su come analizzare le persone. Ti è stato detto perché analizzare gli altri funziona e quanto è importante sapere come farlo. Sei stato guidato attraverso l'identificazione dei tipi di personalità e come usare al meglio queste informazioni per ottenere una visione speciale nella mente degli altri. Ti è stata insegnata la differenza tra comunicazione verbale e non verbale, così come i diversi aspetti che esistono nella comunicazione non verbale. Ha poi letto le cinque diverse forme di comunicazione non verbale: cinesica, oculistica, prossemica, tattile e vocale, per imparare meglio come affrontare qualsiasi situazione con facilità. Vi è stata data una guida su come leggere il linguaggio del corpo, e come controllarlo e falsificarlo. Da lì, vi è stato insegnato l'inganno e la menzogna, e infine, si è concluso con la psicologia oscura insegnandovi tutto ciò che avreste bisogno di sapere per legare insieme l'analisi degli altri e le abilità coinvolte nella psicologia oscura.

Naturalmente, c'è ancora molto da imparare, non sei ancora un esperto. Da qui, potresti approfondire ulteriormente la psicologia oscura. Diversi concetti sono stati brevemente introdotti in questo libro, come la programmazione neuro-linguistica, i principi della persuasione e il controllo mentale.

Puoi iniziare ad imparare molto di più sulla psicologia oscura se continui ad approfondire altri libri sull'argomento.

Oppure, invece, pensate che sarebbe meglio affrontare l'intelligenza emotiva. Dopo tutto, due delle abilità discusse in questo libro riguardavano specificamente come usare l'intelligenza emotiva: come autoregolarsi e come essere consapevoli di sé. Forse sceglierete di esaminare la terapia cognitivo-comportamentale, un'altra linea di psicologia che è interessata ad osservare il ciclo tra pensieri, sentimenti e comportamenti e come tutti interagiscono tra loro.

Mentre questo libro giunge alla fine, ricordate che il vostro uso della psicologia oscura dovrebbe essere sempre etico - dovreste sempre scegliere di agire in modi che non siano dannosi per gli altri. Dovreste tentare di evitare il danno quando possibile quando usate queste tecniche, poiché molte di esse possono portare a danni irreparabili.

Non importa cosa sceglierete di fare dopo, comunque, assicuratevi di ricordare di rimanere fedeli alla vostra morale. Non usate la psicologia oscura per ferire altre persone ogni volta che potete evitarlo. Assicuratevi di cercare sempre attivamente di aiutare coloro che si trovano nella vostra zona, e fate del vostro meglio per assicurarvi di non diventare vittime voi stessi.

Grazie mille per avermi permesso di unirmi a voi in questo viaggio. Mentre questo libro si sta concludendo, il resto del tuo viaggio non lo è. Ci sono diversi altri libri che si ricollegano a questo, se lo avete trovato particolarmente utile o avvincente.
Infine, se questo libro vi è stato utile, una recensione su Amazon è sempre incredibilmente ben accolta e apprezzata. Grazie ancora una volta, e buona fortuna nel vostro viaggio attraverso la comprensione della psicologia oscura. Ricordate, questo era solo l'inizio.

# Manipolazione e Psicologia Oscura

*Impara l'Arte della Persuasione Influenzando le Persone con Tecniche Segrete di Psicologia Oscura, Controllo Mentale e PNL per una Vita di Successo*

# Introduzione

Congratulazioni per aver acquistato *Manipolazione e Psicologia Oscura*, e grazie per averlo fatto.

Pensate ad un episodio in cui qualcuno vi ha fatto sentire in colpa. Forse avete detto al vostro partner che eravate stanchi, ma siete stati chiamati al lavoro e non potete assolutamente andare a quella elaborata serata di anniversario che avevate pianificato per settimane. Fate un lavoro in cui siete cruciali, e non possono facilmente sostituirvi, e vi sentite come se non aveste altra scelta se non quella di andare. Il tuo partner, invece di essere comprensivo della situazione, ti guarda e sospira tristemente, dicendo: "Sai, non vedevo l'ora che arrivasse il nostro appuntamento. È già pagato e non rimborsabile, e non posso credere che tu debba lavorare il giorno del nostro anniversario quando l'hai richiesto due mesi fa". Il vostro partner sospira di nuovo e lentamente e tristemente inizia a togliersi scarpe e cappotto. Vi sentite incredibilmente in colpa mentre uscite dalla porta, ma non avete scelta.

Siete stati solo la vittima di un tentativo di farvi sentire in colpa per non aver rifiutato di andare al lavoro quel giorno.

Il senso di colpa è una forma di manipolazione comunemente usata, specialmente quando le persone vogliono far sentire male qualcun altro. Diranno cose che porteranno l'altra persona a sentirsi in colpa per aver rifiutato di fare qualcosa, non importa quanto ragionevole possa essere stato quel rifiuto, nel tentativo di forzare la mano dell'altra persona. Questo è più o meno ciò che la manipolazione cerca di fare - è progettata per far sentire l'altra persona colpevole e meno in controllo della situazione. Poiché il senso di colpa è un motivatore trainante per la maggior parte delle persone, quel senso di colpa è come una chiamata all'azione - un avvertimento che non state adempiendo ai vostri obblighi, e questo può essere sufficiente per il manipolatore per avere il sopravvento.

La manipolazione si limita a infondere sentimenti di colpa, infatti ci sono molti altri modi comuni e molto più insidiosi di manipolare gli altri per ottenere ciò che si vuole. Si possono letteralmente controllare le menti se si sa come farlo e si può ottenere il giusto rapporto. Potete portare le persone a fare cose che non avreste mai pensato che sarebbero state disposte a fare. Puoi influenzare efficacemente le persone a fare praticamente qualsiasi cosa se sai cosa stai facendo.

Le forme di influenza progettate per costringere le persone all'obbedienza senza che siano mai veramente consapevoli di ciò che sta accadendo sono conosciute come manipolazione occulta, e sono le armi preferite di coloro che praticano quella che è comunemente conosciuta come psicologia oscura - si tratta di persone come narcisisti, psicopatici e sadici che non si preoccupano di chi li circonda. Questo libro è stato progettato per fornirvi una guida all'influenza e alla manipolazione, come si vede comunemente nella psicologia oscura, così come a come utilizzare questi strumenti della psicologia oscura per motivi benevoli o benefici piuttosto che semplicemente per esercitare il potere e costringere le persone all'obbedienza.

All'interno di questo libro, vi verrà fornita una guida per riconoscere cos'è la manipolazione, perché avviene e come. Imparerete la persuasione, una forma secondaria di influenza che si concentra più sul convincere l'altra persona ad obbedire piuttosto che forzare la mano. Sarete introdotti all'elaborazione neuro-linguistica, un altro processo che coloro che praticano la psicologia oscura tendono ad esercitare, e infine, affronterete come migliorare le vostre abilità di comunicazione e PNL in modi che sono favorevoli a vivere una vita felice e di successo.

Ci sono molti libri su questo argomento sul mercato, grazie ancora per aver scelto questo! Ogni sforzo è stato fatto per garantire che sia pieno di informazioni il più possibile utili; godetevelo!

# Capitolo 1: Cos'è la Manipolazione?

Se poteste costringere le persone a obbedirvi, lo fareste? Se poteste forzare la mano di qualcun altro, pur sapendo che non vuole fare quello che gli chiedete, sareste disposti a farlo? Forse hai davvero bisogno di prendere in prestito 5000 dollari per l'acconto di una macchina, ma i tuoi genitori non sono disposti a darteli. Forse volete davvero prendere in prestito la nuova moto del vostro amico per sperimentarla, ma sono riluttanti perché non avete la patente. Quanto è probabile che tu faccia un passo avanti? E se la tua amica ha una relazione con qualcuno che è violento o che semplicemente non va bene per lei? Faresti qualsiasi cosa in tuo potere per convincerla a terminare la relazione?

Tutto questo e altro ancora è possibile con il potere della manipolazione. Quando sei in grado di manipolare le persone, stai effettivamente riuscendo a influenzare la mente dell'altra persona. Siete in grado di capire come controllare al meglio l'altra persona e assicurarvi di poter, di fatto, prendere il controllo una volta per tutte. Potete usare la vostra comprensione della mente dell'altra persona per farle fare praticamente qualsiasi cosa. Se riesci a giocare bene le tue carte, puoi accedere segretamente alla mente di qualcun altro, installare tutte le corde giuste e muovere l'altra persona come una marionetta.

Questa abilità può esservi incredibilmente utile se sapete cosa state facendo. Potete capire come meglio prendere il controllo della mente di qualcun altro. Potete convincerlo ad eseguire i vostri ordini, sia per il vostro che per il loro beneficio. Questo capitolo vi introdurrà alla manipolazione come concetto. Imparerete come funziona la manipolazione e infine, vi verranno forniti diversi esempi di tipi di manipolazione che potete incontrare nella vostra vita quotidiana.

# Manipolazione

Per definizione, la manipolazione è una forma di influenza sociale che è progettata per cambiare i comportamenti o le percezioni di altre persone attraverso metodi che sono in qualche modo ingannevoli. Di solito, lo scopo è quello di permettere al manipolatore di ottenere ciò che vuole, anche se a spese del suo bersaglio. In effetti, si tratta di trovare un modo per sfruttare coercitivamente e segretamente qualcun altro a fare ciò che si vuole o si ha bisogno che faccia.

Quando manipolate qualcun altro, avete il vostro secondo fine che state spingendo. Volete assicurarvi che il risultato desiderato si verifichi, indipendentemente dal fatto che abbia un impatto su di voi o su vostro figlio. Per esempio, dire a vostro figlio che deve dire la verità o morirete sarebbe una forma di manipolazione emotiva. State dando un peso eccessivo alla conseguenza che non accadrà mai per costringere vostro figlio a dirvi qualcosa. Forse state cercando di fargli dire la verità, ma lo state anche facendo in un modo che è emotivamente dannoso per il bambino.

A volte, la manipolazione è un po' più difficile da individuare - può essere trovare il modo di usare le insicurezze contro la vittima senza che vengano individuate. Non importa cosa, comunque, ciò che è vero è che la manipolazione è progettata per scavalcare il diritto intrinseco di ognuno al libero arbitrio. Questo non è qualcosa di cui essere orgogliosi o da accettare - se siete alla fine della manipolazione, dovreste cercare di proteggere quel libero arbitrio il più possibile. Se siete voi il manipolatore, potreste aver bisogno di riconsiderare le vostre motivazioni e tattiche.

Tenete a mente, mentre leggete il resto di questo capitolo, che questo libro non condona l'uso attivo ed eccessivo della manipolazione. Controllare le persone è tipicamente considerato piuttosto subdolo e crudele, e non dovrebbe avvenire regolarmente, o per niente se può essere evitato. Può essere prezioso comprendere l'arte della manipolazione per capire come funziona la mente, o come i manipolatori attaccano, ma in definitiva, l'uso della vera manipolazione non è raccomandato.

## Il processo di manipolazione

Le persone tendono a credere che la manipolazione sia efficace per ragioni diverse. Hanno idee diverse su ciò che rende la manipolazione efficace. In particolare, ci sono tre criteri che coinvolgono il manipolatore che devono essere soddisfatti per garantire che la manipolazione abbia successo. In definitiva, è il manipolatore che è il principale responsabile della manipolazione che determina se funzionerà, anche se ci sono alcuni tratti di personalità che tendono ad essere particolarmente vulnerabili ai tentativi di manipolazione. I tre criteri che devono essere soddisfatti per garantire il successo della manipolazione sono:

- Il manipolatore deve nascondere le vere intenzioni
- Il manipolatore deve conoscere le vulnerabilità più vitali della vittima

- Il manipolatore deve essere abbastanza spietato da andare fino in fondo

Tenete presente che la presenza di questi tre criteri non garantisce che la manipolazione funzioni sempre. Tuttavia, devono essere presenti perchè possa funzionare.

## Nascondere le vere intenzioni

Se qualcuno venisse da te e ti dicesse: "Ti costringerò a comprarmi la cena", è probabile che tu rifiuti categoricamente. Le persone tendono ad essere contrarie - si orienteranno a fare l'esatto contrario di ciò che qualcun altro sta affermando di fare semplicemente perché vogliono avere il loro libero arbitrio. Per questo motivo, la manipolazione funziona bene solo quando le vere intenzioni sono nascoste. In questo modo, la vittima non è consapevole della manipolazione in atto ed è più probabile che ci caschi. Sarà ignara e, quindi, più suscettibile rispetto a quando era già in guardia e cercava di imporsi.

## Capire le vulnerabilità

In definitiva, l'unico modo per arrivare a qualcuno è sapere dove sono i suoi punti deboli. Approfittando dei punti deboli dell'altra parte, puoi effettivamente capire esattamente come presentare ciò che vuoi per assicurarti che te lo dia. Per esempio, se sapete che avete a che fare con una persona che piace alla gente, potete dirgli che avete questo bisogno davvero importante che volete soddisfare e dirlo nel modo giusto spinge l'altra persona a chiedere se può aiutarvi. Questo è un esempio di vulnerabilità. Altri possono includere:

- Bisogno di ricevere un'approvazione esterna
- Paura delle emozioni negative
- Inerzia
- Lotta per conoscere il proprio vero io
- Lotta con la fiducia in se stessi
- Sentirsi fuori controllo
- Essere ingenui

- Mancanza di fiducia in se stessi
- Essere troppo coscienzioso

Naturalmente, ci sono anche altre vulnerabilità, e si può iniziare a individuare anche quelle più personali se si sa cosa si sta facendo. Il tuo lavoro quando manipoli gli altri sarà quello di capire queste vulnerabilità e usarle.

## Spietatezza

In definitiva, la manipolazione è molto spesso dannosa per almeno una parte che è vittima. Nella maggior parte dei casi, la persona manipolata sta per perdere qualcosa, e la maggior parte delle persone si sente in colpa all'idea di costare a qualcun altro qualcosa di personale. Per questo motivo, il manipolatore di successo non deve tenere abbastanza all'altra persona da essere in grado di sottrarsi al senso di colpa che deriverebbe dal farle del male. Molte persone, sono semplicemente troppo empatiche per ignorare completamente gli altri. Per altri, tuttavia, diventa facile ignorare qualsiasi senso di colpa per aver usato l'altra parte. Vanno avanti con la loro vita dopo aver ottenuto ciò che vogliono senza mai battere ciglio.

# Tattiche di manipolazione

Tipicamente, i manipolatori esercitano una sorta di controllo sui loro obiettivi. Dovrebbero farlo per ottenere veramente ciò che vogliono. Tuttavia, non ci sono due manipolatori uguali. Alcuni possono favorire il rinforzo positivo, mentre altri preferiscono punire. Non importa il metodo, non si può negare che la manipolazione può essere estenuante, malsana e a volte completamente pericolosa.

In questa sezione, identificheremo le cinque tattiche distinte che i manipolatori tendono ad usare. Tenete a mente che queste tattiche sono separate dalle tecniche che saranno discusse a breve. Le tattiche sono una sorta di categorie di diverse forme di manipolazione - sono la forma più semplificata di classificare le tecniche che vi verranno presentate, e utilizzano una sorta di tendenza o processo psicologico per controllare l'altra persona.

## Rinforzo positivo

Piuttosto che guardare al positivo come a qualcosa di buono, pensate al positivo come all'essere fornito o dato qualcosa. Quando vi viene dato un rinforzo positivo per incoraggiarvi a fare qualcosa, vi viene presentato un qualche tipo di motivatore. Otterrete qualcosa come risultato diretto della vostra scelta in azione o per farvi fare qualcosa.

Per esempio, una forma di rinforzo positivo è l'essere elogiati o premiati per aver completato un compito come ci si aspettava. In particolare, durante la manipolazione, si può ricevere una lode se si fa la cosa giusta senza che venga chiesto o incoraggiato a farla. In definitiva, ha lo scopo di incoraggiare. Altre forme di rinforzo positivo includono:

- Lode
- Riconoscimento pubblico
- Espressioni facciali
- Approvazione
- Amore o affetto
- Regali

## Rinforzo negativo

Il rinforzo negativo, d'altra parte, comporta l'uso di situazioni negative con la rimozione da quella situazione negativa come ricompensa. Quando vi viene fornito un rinforzo negativo, vi viene effettivamente detto che se fate qualcosa, una situazione negativa sarà rimediata in qualche modo. Questo usa la situazione negativa e il desiderio di essere salvati da quella negatività come motivazione per spingervi verso una certa azione.

Per esempio, immaginate di essere un po' in difficoltà: potreste rendervi conto che vi mancano 1000 dollari per le vostre bollette in tre giorni e andate nel panico. Un manipolatore potrebbe dire che vi darà quei 1000 dollari e quindi vi salverà dalla scomoda e terrificante possibilità di perdere la casa. Un altro esempio potrebbe essere quello di dire a un bambino che non dovrà fare i piatti se invece farà quello che volete voi.

## Rinforzo intermittente

Il rinforzo intermittente si riferisce a fornire solo qualche volta un rinforzo positivo. Facendo così si provoca il dubbio, la paura e il desiderio di continuare a cercare di pescare quell'approvazione o quel rinforzo positivo che si desidera. L'assenza di ciò che viene offerto ad intermittenza può indurre le persone a lavorare di più per ottenerlo.

Forse il modo più semplice per capire il rinforzo intermittente è guardare il gioco d'azzardo. Nel gioco d'azzardo, occasionalmente si riesce a vincere, ma la maggior parte delle volte si perde. La vittoria occasionale e la consapevolezza di avere la possibilità di vincere sono entrambe sufficienti per le persone a versare continuamente denaro nel gioco d'azzardo, anche se probabilmente stanno perdendo più soldi di quanti ne abbiano mai vinti.

Questa forma di rinforzo può essere la più efficace: fa sì che l'individuo diventi effettivamente dipendente dalla caccia al successo o alla realizzazione. Pensate per un momento a una relazione di abuso: spesso la vittima diventa dipendente dal rinforzo intermittente e questo è sufficiente a mantenere l'individuo bloccato.

## Punizione

Quando si parla di punizione, si pensa all'improvvisa inclusione di qualcosa di negativo come risposta ad un fallimento o ad un rifiuto che è destinato ad essere sgradevole al fine di incoraggiare l'altra persona ad agire come si spera. Questo fa sì che l'altra parte ceda, spesso perché l'altra parte che riceve la punizione ha paura o è ferita, fisicamente o emotivamente, e vuole principalmente evitare lo stesso risultato.

Pensate a quando prendete una multa: i soldi che pagate sono, in parte, amministrativi per coprire i costi del poliziotto che ha emesso la multa e del giudice che la presiede. Tuttavia, la maggior parte di quella multa è progettata per punirvi. State perdendo una certa quantità di denaro perché avete commesso un qualche tipo di crimine.

Alcuni esempi di punizione includono:

- Urlare
- Ferire (fisicamente, per esempio sculacciando)
- Fare la vittima
- Il trattamento del silenzio

- Assillare
- Il ricatto

**Apprendimento traumatico di una prova**

Infine, l'apprendimento traumatico si riferisce all'uso di abusi o traumi in casi molto specifici al fine di addestrare l'altra parte a sentire che deve cedere per evitare di innescare tali abusi in futuro. In effetti, si sta ottenendo l'obbedienza diretta terrorizzando l'altra parte. Questo è uno dei tipi più dannosi di manipolazione che la gente riceve.

Per esempio, potreste scoprire che siete tornati a casa dalla famiglia per le vacanze, e il vostro partner ha fatto solo un po' più tardi - niente di che, a volte le famiglie guidano separatamente. Tuttavia, il vostro partner è furioso perché sei andata piuttosto che rimanere a casa dove sareste stati con lui. Poi ti urla che non sei mai a casa o presente per lui e va su tutte le furie. Il messaggio che sta cercando di inviare è che non vale mai la pena di farlo arrabbiare. Alcune forme di questo includono:

- Abuso di qualsiasi tipo
- Stabilire il dominio
- Permettere alle emozioni di andare fuori controllo

## Tecniche di manipolazione

La manipolazione si presenta in diverse forme oltre a queste cinque diverse tattiche. Alcune persone possono fare il gaslight, mentre altre bombardano e svalutano l'amore. Altri ancora possono scegliere di approfondire il controllo mentale. Ci sono diverse tecniche di manipolazione che possono essere usate in varie situazioni, il che significa che hai sempre un sacco di opzioni. Ciò che può funzionare in una situazione non è necessariamente garantito che funzioni in un'altra, e la maggior parte delle volte, i manipolatori avranno diverse tecniche da cui attingere secondo necessità.

Capire ognuna di queste diverse forme di manipolazione significa che si può essere preparati. Quando si è preparati, si diventa meno suscettibili a quella forma di manipolazione. Sarete effettivamente in grado di proteggervi perché sapete quali sono gli schemi e potete riconoscerli quando si verificano, permettendovi di evitare di cedere. Questa sezione fornirà una spiegazione degli otto metodi comuni che vengono utilizzati.

**Bombardamento d'amore e svalutazione**

Questa forma di manipolazione è particolarmente comune nelle relazioni con i narcisisti. Il manipolatore inonderà l'altra persona di amore e regali per assuefare essenzialmente l'individuo a lui. Poi, quando il manipolatore vuole qualcosa che non gli viene dato, quell'amore sarà improvvisamente revocato, spesso ferendo intenzionalmente o buttando giù l'individuo. Possono smettere di rispondere o dire alla vittima che non gli importa più di loro. L'idea è quella di far sì che la vittima desideri di nuovo quella fase di bombardamento d'amore per farla lavorare di più per ottenerlo. Di solito si verifica in un ciclo.

Questa è la quintessenza del rinforzo intermittente.

## Gaslighting

Nel gaslighting, il manipolatore cerca di far sentire l'altra parte completamente incompetente e dubbiosa sul fatto che possa o meno identificare accuratamente ciò che sta accadendo intorno a lei. Lo scopo è quello di farli sentire instabili e come se le loro percezioni della realtà non fossero corrette. Per esempio, possono dire alla vittima che la sua percezione non è mai avvenuta, o che la vittima sta rendendo le cose molto peggiori di quanto non fossero in realtà. Il gaslighter negherà e rifiuterà i pensieri e le opinioni in modo così convincente che la vittima si fiderà del gaslighter, e col tempo, il gaslighter manterrà il controllo completo.

## Il trattamento silenzioso

Questa è una forma comune di punizione in situazioni di abuso. Durante il trattamento silenzioso, la persona che viene ignorata sarà completamente cancellata - l'individuo non riconoscerà la sua presenza o che ha detto o fatto qualcosa. Se colui che viene ignorato dice qualcosa, colui che lo ignora lo guarderà dritto in faccia. L'intero scopo di questo è di far sentire all'altra persona il dispiacere che il manipolatore sta provando. Può anche portare l'individuo manipolato ad essere così disperato di tornare al modo in cui le cose erano prima che si adatterà a qualsiasi richiesta fornita.

## Senso di colpa

La tattica del senso di colpa è progettata per far sentire la persona manipolata in colpa semplicemente perché il senso di colpa è un'emozione motivante e spinge le persone a fare tutto il possibile per alleviarlo. Se siete in grado di far sentire qualcuno in colpa, lo fate sentire come se l'unico modo in cui può sfuggire al senso di colpa sia fare qualsiasi cosa gli abbiate chiesto di fare. Per esempio, il vostro fratello potrebbe dirvi che non può permettersi di mantenere la sua casa se non gli prestate i soldi e che se rifiutate, sarà colpa vostra se i loro figli vengono allontanati o se vostro fratello perde la custodia.

## Fare la vittima

Spesso il manipolatore rigira le cose, in modo da riflettere che il manipolatore è in realtà la vittima delle circostanze piuttosto che l'aggressore della situazione. Per esempio, se un manipolatore viene coinvolto in una discussione con qualcun altro, potrebbe dire a tutti gli altri che lui è stato la vittima in qualche modo, forma o aspetto per guadagnare simpatia. Rigira la verità per assicurarsi di essere creduto non responsabile di ciò che è successo.

## Capro espiatorio

Nel capro espiatorio, si fa in modo che qualcun altro si prenda la colpa di una situazione. Possono spingere tutte le loro colpe sul capro espiatorio, in particolare quando è coinvolto un bambino, ma possono anche semplicemente rifiutarsi di dare la stessa considerazione a colui che diviene capro espiatorio. Questa è un'altra forma di rinforzo intermittente.

## Controllo mentale

Un altro metodo comune di manipolazione è attraverso il controllo mentale. Quando si controlla la mente di qualcun altro, lo si sta effettivamente influenzando a fare qualcosa che non vuole fare, anche se non è necessariamente quello che vorrebbe fare. Questo è di solito un metodo che richiede molto tempo, tuttavia, poiché colui che fa il controllo deve prima entrare in una posizione di fiducia con la persona, poi lentamente lavorare fino a prendere la situazione quando è il momento giusto.

### Intimidazione nascosta

Questa si riferisce al tipo di intimidazione in cui non si è del tutto sicuri del perché ci si sente spaventati, ma non si può farne a meno. Semplicemente sentite che qualcosa sta per andare storto o che c'è un qualche tipo di problema che affronterete se non farete prima ciò che ci si aspetta da voi. Nell'intimidazione nascosta sapete che qualcosa vi mette a disagio.

# Capitolo 2: Quando e Perchè Usare la Manipolazione

Ora, siete curiosi di sapere perché la gente sceglierebbe di usare questo tipo di manipolazione? Perché qualcuno ha bisogno di quel livello di controllo sulle azioni o i sentimenti di qualcun altro? Chi userebbe queste forme di manipolazione? Chi è davvero abbastanza spietato da andare fino in fondo senza sensi di colpa o rimpianti? Tutte queste sono domande fantastiche, e questo capitolo cerca di rispondere al maggior numero possibile di queste domande. Quando queste domande avranno una risposta, il ritratto del manipolatore diventerà ancora più chiaro.

## Chi manipola?

I manipolatori si presentano in diverse forme. Alcuni sono più giovani e semplicemente non hanno imparato come interagire con il mondo. Altri ancora sono semplicemente manipolatori per natura - usano intenzionalmente le loro capacità per ottenere ciò che vogliono senza alcun riguardo per il modo in cui danneggiano le altre persone. In definitiva, comunque, i manipolatori tendono ad avere diversi tratti in comune. Questa sezione affronterà diversi tratti e tendenze che possono aiutarvi a identificare un manipolatore nel processo di manipolazione.

## Sono sempre la vittima

Non importa cosa sia successo: il manipolatore sarà sempre la vittima o non avrà colpa in qualche modo. Il manipolatore potrebbe tirare fuori una pistola e spararvi e razionalizzerebbe che non aveva scelta e insisterebbe sul fatto di essere lui la vittima mentre tiene in mano la pistola fumante. Questa è una caratteristica comune dei manipolatori perché li rende meritevoli di simpatia, il che dà loro il vantaggio in molte situazioni diverse. Cercheranno di capire come portare tutti i vostri amici e familiari dalla loro parte e daranno la colpa di tutto a voi. La parte peggiore è che siccome sono così abili a fare esattamente questo, spesso possono convincere altre persone a cascarci.

## Distorcono regolarmente la verità

Il manipolatore distorce sempre la realtà. Abile nel tessere reti di bugie, il manipolatore avrà sempre un modo per riscrivere la storia, cambiare una situazione in modo che la loro narrazione sia quella corretta. Uno di questi esempi è fare la parte della vittima. Altre volte, possono semplicemente inventare bugie perché le bugie gli fanno comodo, come dire che stanno lottando per andare al lavoro perché c'è stato un incidente d'auto e che saranno lì presto, o sostenere che non possono uscire per raggiungere la loro auto perché un orso è seduto accanto ad essa. Alcune bugie possono sembrare incredibilmente poco convincenti, ma insisteranno con veemenza che sta dicendo la verità.

## Sono passivo-aggressivi

I manipolatori tendono ad essere passivo-aggressivi. Una parte di questo è assicurarsi che tu sappia qual è il tuo posto intorno al manipolatore - lo usano per affermare il dominio e per esercitare segretamente la loro influenza e il loro desiderio su di te. Per esempio, useranno intenzionalmente la passivo-aggressività per farvi sentire male, e poi saranno soddisfatti di avere il potere necessario per farvi sentire male in primo luogo.

## Vi faranno pressione

Il manipolatore è convinto di avere sempre ragione, qualunque cosa accada, e con questo in mente, non esiterà a farvi pressione per ottenere ciò che vuole da voi in qualsiasi momento. Sa che il suo modo di fare è quello giusto, e forzerà il punto finché non sarete d'accordo.

## Non lavoreranno per risolvere un problema

Se vi accorgete che c'è un problema con il manipolatore, buona fortuna: non lavorerà per arrivare ad una qualche soluzione. Invece, continueranno come se non ci fosse nulla di sbagliato, o per lo meno, come se non ci fosse nulla di sbagliato in loro. Non potrebbe importargli di più dei vostri problemi, purché non siano quelli del manipolatore.

Il manipolatore ha un modo misterioso di mantenere sempre il controllo in quasi tutte le situazioni. Spesso troveranno un modo per assicurarsi di poter trovare un modo per rimanere al comando. Sceglieranno sempre il ristorante in cui andrete, o vi inviteranno sempre fuori dalla vostra zona di comfort e nella loro, tutto fatto intenzionalmente per mantenere il potere e il controllo sulla situazione. Quando fanno questo, garantiscono efficacemente che sono in grado di rimanere in carica abbastanza a lungo per tenervi fuori equilibrio e assicurarsi di avere sempre il sopravvento.

## Avranno sempre delle scuse

Quando gli capita di fare un errore, i manipolatori di solito hanno una sorta di scusa. C'è stato un incidente d'auto sulla strada, o sono stati licenziati senza motivo. Non importa quale sia il problema; ci sarà una sorta di scusa che sorgerà per togliere la colpa al manipolatore e spingerla su qualcun altro.

## Vi faranno sentire insicuri

Qualcosa nel manipolatore vi farà sempre sentire incompetenti e incapaci di fare qualcosa di giusto. Questo significa che vi sentirete costantemente come se foste voi il problema, invece di vedere che l'intero problema potrebbe essere sempre stato fermamente appoggiato al manipolatore.

## Perché manipolare?

I manipolatori hanno tutte le ragioni per manipolare gli altri, con alcuni che semplicemente non hanno alcuna ragione. Quando iniziate a capire le motivazioni che stanno dietro a questo modo di agire, potreste essere più inclini a capire le tecniche che i manipolatori tendono ad usare ovunque. Questo significa allora che sarete in grado di capire come reagire.

Potrete difendere voi stessi e gli altri in base alla conoscenza che avete. Sapere perché le persone manipolano gli altri può essere un'abilità critica da sviluppare se volete avere successo nel mondo che vi circonda.

## Vogliono avanzare nella vita

Quando vi sentite come se aveste bisogno di avanzare in qualche modo, sia a causa del bisogno di denaro per ottenere ciò che volete o di cui avete bisogno, la manipolazione è un modo per ottenerlo. Quando manipolate qualcuno, di solito lo state usando come una sorta di trampolino di lancio per voi stessi, al fine di assicurarvi che possiate, in effetti, resistere alle lotte future mentre fate anche progredire il programma che avete. In genere, questa è la più egoista delle ragioni di questa lista: questi manipolatori lo fanno semplicemente perché possono.

## Hanno bisogno di potere e superiorità

Simile all'ultima ragione di manipolazione, spesso i manipolatori hanno bisogno di sentirsi al potere. Semplicemente sono sicuri di sé solo finché sono in una posizione di potere sulle altre persone. Se sentono che la loro superiorità sarà messa in discussione in qualsiasi modo, forma o genere, si sentiranno insicuri. Sentiranno che l'unico modo per sentirsi a proprio agio è quello di esercitare e imporre la propria superiorità, che si danno attraverso la manipolazione di coloro che li circondano.

## Hanno bisogno di controllo

Quando le persone sono particolarmente dispotiche, possono scoprire che la manipolazione è uno dei modi più facili per ottenere i risultati desiderati. Quando si è in grado di manipolare qualcun altro per fargli fare ciò che deve fare, si è in grado di assicurarsi di mantenere il controllo in quasi tutte le situazioni. Potreste dover trovare un modo per incoraggiare segretamente l'altra persona a fare ciò che volete, ma non appena riuscite a farlo, potete effettivamente mantenere il controllo, anche se l'altra persona non si rende conto che avete il controllo della situazione. Il bisogno di avere il controllo può essere particolarmente motivante per le persone quando si tratta di decidere di manipolare.

## Hanno bisogno di manipolare per migliorare la propria autostima

Alcune persone, come i narcisisti, tendono a sentirsi a proprio agio con se stessi solo quando gli altri li ricoprono di attenzioni o ammirazione. Queste persone tendono ad arrivare alla manipolazione per ottenere quell'attenzione, specialmente se non sono particolarmente eccezionali o meritevoli di attenzione. Manipolando le altre persone per ottenere l'attenzione desiderata, sono in grado di sentirsi meglio con se stessi.

## Sono annoiati

Alcune persone si divertono semplicemente a guardare il mondo bruciare e faranno in modo di manipolare altre persone semplicemente per ottenere divertimento. Lo trattano come un gioco o una sfida, testando intenzionalmente i limiti per vedere quanto lontano possono arrivare senza una vera ragione o motivazione a guidarli oltre all'essere annoiati. Questi possono essere alcuni dei manipolatori più pericolosi in quanto non hanno un vero obiettivo in mente - vogliono semplicemente creare scompiglio e passare un po' di tempo a incasinare le altre persone nonostante non ricevano nulla in cambio se non la propria soddisfazione.

## Hanno un'agenda nascosta

Più spesso che no, il manipolatore ha una sorta di ragione per manipolare coloro che lo circondano. Questa viene tipicamente nascosta al bersaglio, ma può essere scoperto con molto tempo e informazioni. Pensate a come alcune persone cercheranno intenzionalmente persone vulnerabili con secondi fini. Potrebbero sposarsi per mettere le mani sui soldi, o fare intenzionalmente volontariato come badante per un membro anziano della famiglia per rubargli i soldi. Non importa quale sia la ragione nascosta, il manipolatore ha buoni motivi per cercare di tenerla nascosta.

## Non si identificano adeguatamente con le emozioni degli altri

A volte, la manipolazione non è intenzionale ed è un effetto collaterale della semplice incapacità di identificarsi con le altre persone. In effetti, mancano di empatia, e questa mancanza di empatia è sufficiente a far sì che non possano identificare facilmente quando hanno fatto qualcosa di manipolativo, né riconoscono automaticamente quando ciò che hanno fatto è problematico. Queste sono persone che semplicemente non capiscono le norme sociali per una ragione o per l'altra. Possono avere una personalità o un altro disturbo mentale.

## Quando si verifica la manipolazione

Nessuno vuole essere il destinatario della manipolazione, eppure sembra essere tutto intorno a noi. Il mondo è letteralmente circondato da diverse persone e dai loro tentativi di manipolazione. Lo si può vedere in televisione e nei media. Lo si può vedere nella religione e nella politica. Succede in tutti i tipi di relazioni quando diventano malsane. Non c'è un modo reale per evitare veramente la manipolazione, e questo di per sé può essere incredibilmente scoraggiante.

Tuttavia, poiché la manipolazione è ovunque, diventa prudente capire come si presenta in un'ampia varietà di situazioni e casi. Si vuole essere in grado di notare quando sta accadendo e capire come combattere al meglio per assicurarsi di essere effettivamente in grado di proteggersi. Quando si è in grado di proteggersi dalla manipolazione, si può garantire che, come minimo, non si è regolarmente usati da altre persone semplicemente perché ci si rifiuta di permettere di esserlo.

In questa sezione, daremo uno sguardo alla manipolazione in diverse relazioni e contesti per una breve panoramica di cosa aspettarsi e perché accade.

## Nelle relazioni

Questo si riferisce in particolare alle relazioni romantiche. Le relazioni romantiche sembrano attrarre frequentemente la manipolazione, specialmente se un membro della coppia è meno conflittuale e ha paura di farsi valere. Quando questo accade, si può scoprire di essersi imbattuti in un bell'enigma: è necessario capire come lasciare al meglio una relazione romantica piena di manipolazione, il che può essere difficile se il manipolatore ha fatto bene il suo lavoro.

In particolare, quando siete in una relazione e siete a rischio di manipolazione, vi renderete conto che è probabile che l'altra parte si impadronisca completamente della relazione. L'altra parte potrebbe cercare di farvi muovere più velocemente di quanto non siate abituati a fare, insistendo per farvi avanzare la vostra relazione al livello successivo in una storia d'amore vorticosa. Se la persona sembra troppo buona per essere vera in una situazione del genere, di solito si può supporre che fonadamentalmente era piena di manipolazione e dovrebbe essere evitata se possibile.

## Nelle amicizie

Gli amici manipolatori possono cercare di entrare nelle vostre grazie il più velocemente possibile, ma presto cadranno nell'abitudine di avere sempre bisogno di voi ma di non essere mai disponibili quando avete bisogno di loro. All'inizio, penserete che sia una coincidenza, ma col tempo, vi renderete conto che è in realtà un modello, lasciandovi bloccati a decidere se volete lasciare del tutto l'amicizia o se preferite invece sopportare la mancanza di supporto del manipolatore e godervi quello che potete.

## Nelle chiese

Le chiese comunemente manipolano anche le persone, tentando di forzarle in situazioni e azioni che non necessariamente vogliono. In particolare, vedrete comunemente minacce di dannazione e punizione se non vivono secondo una vita molto specifica, e questo è un perfetto esempio di manipolazione. Usano la loro autorità per forzare la mano e farvi sentire come se non aveste altra scelta che conformarvi. È su questo che contano: presumono che continuerete a donare, a servire e a frequentare perché vi minacciano se non lo fate. Anche se molte persone possono non vederla come una minaccia, sentirsi dire che si può essere scomunicati o che si sarà dannati per l'eternità sono due modi per spaventare qualcuno a comportarsi in un certo modo.

## In politica

I politici tentano spesso di manipolarsi a vicenda durante i dibattiti e tenteranno di manipolare il popolo durante i discorsi. Lo si può vedere nel modo in cui si tengono e come interagiscono tra loro, che sono addestrati e sceneggiati su cosa fare, e anche il modo in cui stanno in piedi è stato sceneggiato per evitare qualsiasi tipico segno di disagio, come incrociare le braccia. Invece, per essere visti come più potenti, possono giocherellare con un orologio o un gioiello per cercare di nascondere la loro reazione viscerale di mostrare segni di disagio.

## Nei culti

I culti usano comunemente tecniche di lavaggio del cervello in cui possono abbattere intere personalità per installare le proprie, più obbedienti, in altre persone. Possono accogliere le persone a braccia aperte, facendole sentire come se fossero benvenute e felici, ma col tempo, la manipolazione e il lavaggio del cervello aumentano. Alla fine, le persone vengono lasciate come gusci di se stesse, costrette ad obbedire e fare qualsiasi cosa sia stata detta loro se vogliono evitare la punizione. Si può vedere questo nei culti estremi in particolare dove i leader possono letteralmente ordinare ai loro seguaci di uccidere se stessi o gli altri, e lo faranno, come nel culto di Jamestown, in cui tutti bevevano bevande aromatizzate con veleno come un suicidio di massa.

## Nelle posizioni di vendita

A volte, le persone in posizioni di vendita dovranno diventare astute con il modo in cui scelgono di presentarsi al fine di garantire che possano, infatti, effettivamente chiudere una vendita. Possono scegliere di usare certi appelli all'autorità o all'emozione nel tentativo di convincervi, o possono cercare di spaventarvi per sottomettervi in altri casi. Indipendentemente dalla situazione, comunque, è comune vedere i venditori provare tutti i tipi di tentativi influenti per convincervi a comprare qualcosa. Anche qualcosa di semplice come farvi alcune domande può essere una forma di manipolazione presa dalla programmazione neuro-linguistica, a seconda che l'altra parte sia preparata con le tecniche. In particolare, gran parte dell'influenza che vedrete nei contesti di vendita tende ad essere persuasione o PNL.

## In tribunale

In tribunale, quando gli avvocati sono spesso in lotta per capire la verità, si può vedere la manipolazione. Specialmente se gli avvocati sono particolarmente ansiosi di provare le loro posizioni, si può incorrere in questioni in cui entrambe le parti iniziano a lanciare tentativi di manipolazione l'una contro l'altra.

Possono formulare le loro domande in un modo carico per cercare di far cascare l'altra parte. Possono cercare di incastrare l'altra parte o farle pressione per farla confessare. In definitiva, anche se si suppone che l'aula di tribunale sia particolarmente imparziale, si possono vedere spesso tentativi di manipolazione per controllare l'altro.

## Nei negoziati

I tentativi di negoziazione sono un'altra area in cui si possono vedere tentativi di manipolare o influenzare l'altro. Entrambe le parti hanno un certo desiderio, ed è probabile che tentino di ottenere la loro strada in qualche misura. Naturalmente, le negoziazioni si accompagnano anche al compromesso, quindi alcune concessioni dovranno essere fatte, ma la persona responsabile di queste concessioni può cambiare a seconda dei risultati della negoziazione.

# Capitolo 3: Il Potere della Persuasione

Avete mai cercato di capire cosa fare per cena una sera solo per avere il vostro partner o il vostro bambino che viene da voi con un argomento completo sul perché dovreste andare al vostro ristorante di sushi preferito per cena? Forse l'argomento è tutto ben delineato per voi. Il vostro bambino fa notare che non dovrete cucinare o pulire, il che significa che avrete più tempo da passare con la vostra famiglia, cosa che in questi giorni scarseggia disperatamente. Tuo figlio ti fa notare che tutti amano il sushi, quindi non puoi sbagliare andando al ristorante e che tutta la famiglia troverà qualcosa da mangiare. Infine, tuo figlio ti dice che sa che tu vuoi davvero prendere del sushi perché vuoi sempre prendere del sushi.

Potreste rendervi conto che vostro figlio ha ragione, tutto questo è vero, e accettate di andare. In questo caso, siete appena stati convinti a uscire a cena da vostro figlio. Ora, l'argomento e il tentativo di persuasione può essere stato piuttosto semplificato, ma conta ancora come una forma di influenza. Non stavate pensando di uscire a cena finché vostro figlio non vi ha fatto notare tutte le ragioni per cui dovreste farlo. Questo significa, quindi, che vostro figlio ha influenzato la vostra scelta.

Naturalmente, la maggior parte delle volte, i tentativi di persuasione tendono ad essere un po' meno ovvi. Possono essere semplici come la formulazione delle cose in un modo che ti porta a prendere una decisione specifica. Possono essere il sottolineare che l'altra parte sa meglio di tutti perché è un'esperta di ciò che viene venduto. Non importa la forma, comunque, ciò che la persuasione fa che la manipolazione non fa è che mette la questione allo scoperto perché tutti la vedano.

Leggermente più accettabile della sua forma sorella di influenza, la persuasione si concentra maggiormente sul libero arbitrio piuttosto che tentare segretamente di convincere qualcuno a cedere ed essere controllato. In particolare, potreste scoprire che vi sta bene la persuasione semplicemente perché è più allo scoperto rispetto al tentativo nascosto di manipolare.

Sono abbastanza simili, comunque, e all'interno di questo capitolo, sarete introdotti a cosa sia la persuasione.

## Cos'è la persuasione?

La persuasione, come la manipolazione, è una forma di influenza sociale. È progettata per cambiare i pensieri, i sentimenti o i comportamenti di qualcun altro per motivi che sono elencati o dettati per l'altra persona nel tentativo di far cambiare l'altra persona. Questo significa che l'altra persona è ben consapevole del tentativo all'inizio. Proprio come tuo figlio ti ha fatto notare che ti piacerebbe andare a cena al sushi, qualsiasi altra forma di persuasione ti sta dicendo cosa dovresti volere o fare. Ti incoraggerà a fare qualcosa in particolare nel tentativo di persuaderti, ma sei sempre il benvenuto se rifiuti e andare avanti con la tua scelta iniziale.

In genere, la persuasione è incredibilmente potente. Stai creando un argomento di qualche tipo per qualcun altro e stai cercando di portare avanti quell'argomento. Vuoi che gli altri vedano che il tuo argomento è valido e che hai l'idea giusta. Volete capire come fare proprio questo senza che ci sia un modo chiaro e facile per uscirne. Tutto questo significa che avete bisogno di capire cosa motiverà il vostro obiettivo e poi capire come motivarlo. Questo di solito avviene in diversi modi, come con i principi della persuasione o con la comprensione e l'uso della retorica. Ciò che è vero, comunque, è che si dovrebbe finire con qualcuno che ha almeno una sorta di idea su ciò che vuole alla fine del tentativo. O saranno d'accordo con voi, o non saranno d'accordo e andranno avanti, e starà a voi capire quale.

## Persuasione vs. Manipolazione

A prima vista, le due cose sembrano essere intrinsecamente collegate: sono entrambe tentativi di convincere o indurre qualcuno a fare qualcos'altro. Tuttavia, è probabile che voi persuadiate qualcuno quasi ogni singolo giorno, e tuttavia potete fare in modo di non manipolare mai gli altri. Siete in grado di seguire la linea perché le due cose sono completamente diverse l'una dall'altra.

In particolare, però, dovete guardare le diverse definizioni dei due tentativi di influenzare. Nella manipolazione, si sta tentando di cambiare con mezzi sleali per i propri scopi egoistici. Per la persuasione, invece, si sta cercando di indurre qualcuno a fare qualcosa.

Questo significa che, principalmente, la manipolazione è ingiusta o segreta per difetto - cerca di usare e abusare delle persone al fine di soddisfare il manipolatore e qualsiasi cosa il manipolatore voglia. La persuasione, d'altra parte, è semplicemente un modo in cui le persone interagiscono con chi le circonda. State cercando di persuadere qualcuno ad aiutarvi perché pensate che possa essere una risorsa preziosa, e pensate che anche loro ne ricaveranno qualcosa. Siete completamente onesti su tutto quando tentate di persuadere qualcuno, ma quando manipolate, non lo siete.

Per esempio, considera che domani hai davvero bisogno di un passaggio al lavoro per qualche motivo. Vai dal tuo vicino e gli dici: "Ehi, sai, ho notato che il tuo giardino ha bisogno di un po' di TLC - vuoi che ti aiuti oggi? Sono libero tutto il giorno!" Il vicino accetta, e voi due chiacchierate allegramente mentre vi occupate del lavoro in giardino. Il vicino, dopo aver finito tutto, ti chiede se hai bisogno di aiuto, offrendosi di ricambiare. Tu rispondi che in realtà hai bisogno di un passaggio al lavoro e lo apprezzeresti molto.

D'altra parte, se volevate manipolare il vicino per avere un passaggio, potevate uscire la mattina come al solito e cercare disperatamente di mettere in moto la vostra auto gemendo forte e sbattendo sul volante prima di guardare l'orologio con esasperazione. In questo caso, non state affatto interagendo con l'altra persona direttamente - state facendo capire che siete infelici, ma non state parlando con il vostro vicino.

Il vostro vicino vede per caso la vostra situazione e si offre di aiutarvi, ottenendo il vostro passaggio senza che voi dobbiate mai chiedere aiuto. Questa è manipolazione. Hai fatto intenzionalmente qualcosa con in mente il tuo interesse personale. Non avete aiutato il vostro vicino, e avete semplicemente approfittato della sua gentilezza quando si è offerto di darvi un passaggio senza alcuna offerta di reciprocità.

Come potete vedere, la manipolazione rispetto alla persuasione può essere un po' complessa da capire se non sapete cosa state guardando, ma è importante. Effettivamente, quando stai manipolando qualcun altro, stai cercando di fargli fare qualcosa per te senza che tu debba chiederlo apertamente in alcun modo.

## Usare la persuasione

Tra i due, la persuasione è generalmente considerata socialmente accettabile e qualcosa che non sarà problematico per te se dovessi trovarti dalla parte del destinatario. Potreste non pensare che la persuasione sia particolarmente minacciosa nel modo in cui la manipolazione è tipicamente considerata semplicemente perché quando qualcuno cerca di persuadervi, di solito è onesto con voi. Vi dirà esattamente ciò che vuole o di cui ha bisogno e di solito offrirà ragioni per cui dovreste aiutarli, che a volte possono essere una negoziazione di servizi o altrimenti semplicemente appellarsi alla logica o a qualcos'altro per dimostrare che il vostro aiuto non sarebbe letteralmente un inconveniente per voi, ma sarebbe un salvavita per loro.

Quando avete intenzione di usare la persuasione contro qualcun altro, è probabile che abbiate bisogno di una sorta di piano. In generale, avrete bisogno di sapere esattamente cosa volete e come poter arrivare a quel risultato. Se volete ottenere un lavoro, per esempio, potreste capire che gli step per ottenere un lavoro prevedono di fare domanda di lavoro e di lavorare sul vostro curriculum il più possibile. Potresti vedere che c'è poco spazio per gli errori e che dovrai cercare attivamente di ottenere quel lavoro.

Quando pianifichi tutto, puoi iniziare a capire a chi chiedere aiuto. Conosci qualcuno con delle conoscenze? Hai un amico che lavora da qualche parte con posti di lavoro disponibili? Hai qualche abilità che può farti ottenere quel lavoro di cui hai davvero bisogno o che desideri? Se puoi rispondere sì a qualsiasi di queste domande, puoi capire a chi vuoi puntare per la tua persuasione. Dopotutto, ci deve sempre essere qualcuno dalla parte del destinatario quando si cerca di persuadere qualcuno.

Dopo aver identificato chi vuoi persuadere, devi capire come vuoi persuaderlo. Ora, questo sarà un po' più difficile da capire - ci sono dozzine di modi in cui potreste cercare di persuadere qualcuno, e alla fine, dovrete scegliere quello che funziona meglio per voi. Quando potete identificare esattamente come volete persuadere qualcun altro, potete iniziare a mettere insieme gli strumenti per farlo.

Ora, non ci addentreremo negli strumenti di persuasione fino al prossimo capitolo, quindi tieniti stretto quel particolare concetto. Tuttavia, riconoscete che ci sono diverse tecniche di persuasione che possono essere utilizzate, a patto che ne facciate un uso efficace. Con il piano in mente e gli strumenti in mente, e riconoscendo che non state persuadendo solo per ottenere aiuto, dovete capire cosa siete disposti ad offrire in cambio. Perché l'altra persona dovrebbe aiutarvi? Farà qualcosa in cambio? Ne trarrà beneficio in qualche modo? Ricordate, la manipolazione è quella che si fa da sé. Quando state persuadendo qualcuno, ognuno dovrebbe vedere almeno qualche tipo di beneficio nell'aiutare o nell'essere d'accordo con qualsiasi cosa stiate cercando di persuadere.

Infine, capito il chi, cosa, come e perché, si può ora tentare di usare la vostra tecnica. Ora è il momento di andare a parlare con chiunque abbiate identificato come la persona a cui state chiedendo aiuto. Ricorda, dovresti probabilmente provare a chiedere loro se puoi aiutarli prima di presentare ciò che stai cercando da loro.

Questo significa che si può fare in modo di chiedere e persuadere. Dovresti sottolineare tutte le ragioni per cui aiutare sarebbe un bene per l'altra persona, così come quello che farai tu in cambio. La persuasione è un dare e avere, dopo tutto, e devi essere chiaro all'altra persona che hai assolutamente intenzione di dare e prendere per assicurarti che non si senta sotto pressione o bloccato nel processo. Quando fai questo, assicuri loro che non li stai semplicemente usando, specialmente quando li aiuterai.

## Persuasione nel mondo

A questo punto, dovresti avere un'idea generalmente solida del fatto che la persuasione è qualcosa che può comportare dare e avere - che sia chi dà o entrambe le persone dovrebbero trarne beneficio. Come regola generale, chi prende non dovrebbe mai essere l'unico a beneficiare della persuasione. Si può vedere questo accadere in diversi contesti. Puoi vedere persone che comprano una casa e notare che la persuasione avviene durante la vendita. Potete vedere che la persuasione avviene nelle interazioni regolari con il vostro partner romantico semplicemente come un effetto collaterale del fatto che voi due interagite regolarmente l'uno con l'altro e spesso avrete qualcosa o un altro che volete o di cui avete bisogno. Lo si può vedere nella genitorialità e anche nelle negoziazioni. I leader sono anche maestri nella persuasione - specialmente se sono leader efficaci, e vedrete spesso che i migliori leader sono benvoluti e incredibilmente persuasivi. Sanno maneggiare i loro strumenti così bene che chi li circonda è sempre disposto ad aiutarli.

Questa sezione si prenderà il tempo di esaminare diversi contesti in cui potreste imbattervi in un tentativo di persuasione nel corso della vostra vita. È incredibilmente comune vedere la persuasione comparire regolarmente perché è così regolarmente usata in termini di interazioni. Se volete che qualcuno faccia qualcosa, il modo migliore per farglielo fare è chiedergli di farlo. Se riesci a farlo, sei sulla buona strada per persuaderli.

## Nelle vendite

Quando state comprando qualcosa, come una macchina, potreste imbattervi in qualcuno che è interessato a tentare di vendervi qualcosa a cui non eravate necessariamente interessati all'inizio. Per essere un tentativo di persuasione, l'auto appena presentata dovrebbe fare qualcosa per voi - dovrebbe essere utile a voi in qualche modo, forma, o dimensioni, e starà a voi determinare se l'uso di quella nuova auto è sufficiente per incoraggiarvi ad andare avanti con l'acquisto della nuova auto o se volete rimanere con qualunque fosse la vostra scelta originale.

Forse siete andati per una piccola berlina perché non vi piace guidare qualcosa di molto grande. Tuttavia, avete due bambini piccoli, e vi accorgete che siete sempre frustrati perché non avete abbastanza spazio per i seggiolini auto, il passeggino, la borsa dei pannolini e lo shopping che potete fare durante il giorno. Questo significa che la vostra auto, pur essendo una di quelle che vi piace guidare, non è una di quelle in cui sarete necessariamente a vostro agio usandola regolarmente.

Il venditore vede che avete bisogno di più spazio e vi raccomanda anche alcuni SUV compatti. Sono abbastanza grandi da accogliere il resto dei vostri effetti personali senza dover lottare per farli entrare. Ora, ad essere onesti, il SUV è un po' più costoso, e voi lo sapete. Anche l'addetto alle vendite lo sa, e si può presumere che l'addetto alle vendite otterrà una commissione leggermente maggiore sul SUV rispetto alla berlina.

Tuttavia, dopo averci rimuginato sopra, vi rendete conto che il venditore aveva ragione: avete bisogno di spazio. Avete bisogno di spazio per i vostri bambini, le loro necessità e tutto ciò che è necessario quando siete fuori, e il vostro passeggino si adatta a malapena nel bagagliaio senza che ci sia qualcosa di extra. Decidete quindi di andare con il SUV.

Ora, ciò che rende questa persuasione e non manipolazione è il tentativo di assicurarsi che voi sappiate cosa state facendo e che il venditore stia genuinamente cercando di aiutarvi. Ora, se il venditore stesse semplicemente cercando di convincervi a prendere l'auto più grande sul mercato con il pagamento mensile più costoso, questo sarebbe stato più sulla linea della manipolazione, ma considerando che il vostro venditore vi ha mostrato alcune opzioni ragionevoli e non ha spinto il punto, è stato considerato invece persuasivo.

## Nelle relazioni

Si può vedere questo tipo di dare e avere anche nelle relazioni - per esempio, immaginate che voi e il vostro partner siate pronti a fare il prossimo passo e andare a vivere insieme. Tuttavia, nessuno dei due vuole davvero lasciare il proprio appartamento. In definitiva, il modo migliore per far uscire uno di voi due dalla propria casa ed entrare in quella dell'altro è la persuasione: entrambi dovrete trovare delle ragioni per rimanere nei vostri rispettivi appartamenti mentre l'altro si trasferisce.

Poiché nessuno di voi due sta tentando di manipolare subdolamente in modo da rimanere nella vostra casa e siete entrambi disposti a considerare con calma cosa sta succedendo e quali sarebbero le ragioni per rimanere o andare al fine di decidere razionalmente come meglio agire, questo è considerato un tentativo di persuasione.

## Nella genitorialità

Nell'essere genitore, la cosa migliore che puoi fare è imparare a parlare a tuo figlio, in modo che ti capisca chiaramente ed efficacemente. Questo significa che avete bisogno di capire come comunicare al meglio con vostro figlio, il che potrebbe benissimo essere diverso da quello che usereste per qualcun altro che conoscete o con il figlio di qualcun altro. Se puoi imparare efficacemente a comunicare con tuo figlio, puoi poi usare la persuasione regolarmente.

Quando crescete un bambino, quello che state facendo è cercare di capire come aiutarlo a diventare un adulto responsabile e maturo, produttivo e capace di interagire con chi lo circonda. I bambini hanno bisogno di sviluppare abilità come persuadere qualcuno o come comunicare al meglio quando hanno bisogno di qualcosa. Questo significa che dovreste insegnare con l'esempio: dovreste parlare a vostro figlio usando gli stessi modelli persuasivi che usereste per un amico o un membro della famiglia.

Per esempio, se vogliono davvero un biscotto e lo chiedono gentilmente, potreste dire molto educatamente: "Sono così orgoglioso di te per aver usato le buone maniere! Ma sai, la cena sta per finire e devi assicurarti di avere spazio per mangiare la tua cena. Che ne dici di farlo domani dopo pranzo, perché non hai bisogno di zuccheri dopo cena". Questo implicava che voi negoziaste un nuovo orario per mangiare il biscotto e che vostro figlio fosse d'accordo.

Ora, naturalmente, avreste potuto semplicemente dire: "Niente biscotto; è troppo tardi" e farla finita con la discussione, ma questo non avrebbe fatto alcun favore a vostro figlio. Invece, state mettendo in chiaro che le buone capacità di comunicazione sono fondamentali se vogliono avere successo. Li state aiutando a diventare i migliori adulti possibili che possano essere perché gli state insegnando da subito abilità come la persuasione.

**Nella negoziazione**

La negoziazione è qualcosa con cui solo alcune persone avranno a che fare regolarmente, ma quasi tutti la affronteranno prima o poi. Se avete bisogno di negoziare con qualcuno, la persuasione è il modo perfetto per iniziare a tentare di convincere qualcuno a vedere le cose come voi.. In modo efficace, puoi esporre il tuo argomento per avere le cose a modo tuo, offrendo le tue concessioni, e poi vedere cosa succede dopo. Vuoi che il tuo partner negoziale si senta disposto ad accettare l'accordo che hai proposto senza sentirsi sfruttato, perché trarre vantaggio non è uno degli scopi principali della persuasione - essere giusti e disponibili lo è.

## Al lavoro

Infine, al lavoro, è probabile che tu abbia bisogno di persuasione ad un certo punto. Hai bisogno di un giorno libero per un viaggio? Dovrai convincere il tuo capo che ne hai bisogno. Vuoi un aumento? Perché te lo meriti? Cosa puoi fare per far sì che quell'aumento valga la pena?

Oltre alle trattative con i datori di lavoro, comunque, devi anche essere preparato a negoziare con i clienti o i partner commerciali, e avrai bisogno di persuasione per essere efficace anche in questi casi. In definitiva, quasi ogni volta che devi chiedere a qualcuno di fare qualcosa, stai effettivamente cercando di persuaderlo a fare qualcosa. Questo è esattamente il motivo per cui la persuasione è così incredibilmente importante e bisogna averne una solida padronanza.

# Capitolo 4: Tecniche di Controllo Mentale con la Persuasione

Ora, avete visto quanto la persuasione possa essere critica in diversi contesti. A questo punto, è il momento di iniziare a vedere le tecniche che puoi usare per persuadere altre persone. Ricorda, la persuasione consiste nell'essere chiari su ciò che stai chiedendo. Tuttavia, d'altra parte, si tratta anche di convincere le persone a fare ciò che vuoi. Dovete essere in grado di camminare lungo questa linea sottile senza cadere da nessuna delle due parti se volete essere efficaci.

Questo capitolo vi introdurrà sia ai principi della persuasione che alla retorica della persuasione. Sarete guidati attraverso ogni passo della persuasione e vi verrà fornito il ragionamento che dovreste fare per sviluppare veramente queste abilità. Ognuno ha i suoi importanti usi se siete disposti a fare lo sforzo di impararli.

## Principi della persuasione

Per prima cosa, discuteremo i principi della persuasione. Sono sei diversi strumenti di persuasione che potete usare per convincere chi vi circonda a comportarsi in certi modi. Possono essere usati da soli o in tandem con altri di questa lista.

Tuttavia, ciò che è importante è ricordarti che questi strumenti sono utili e di metterli in pratica ogni volta che ne hai la possibilità.

## Autorità

Il primo dei principi della persuasione è l'autorità. Quando si cerca di appellarsi all'autorità, si sta semplicemente cercando di trasformarsi in una sorta di figura autoritaria. Questo per una ragione molto specifica.

Fermati un attimo a riflettere: preferiresti ricevere un consiglio medico da una persona a caso che cammina per strada o da un medico che indossa un camice e un distintivo? Cosa vi sembrerebbe più convincente? Se entrambi avessero in mano una pillola e vi invitassero a prenderla, lo fareste?

Molte persone sarebbero disposte a farsi curare dal medico con il camice e il distintivo. Sono considerati un'autorità in materia di medicina solo perché indossano un camice e hanno le loro credenziali stampate sul distintivo. L'altra persona, invece, è una persona qualunque, e anche se dicesse di essere un medico, non avreste modo di saperlo con certezza, né sareste in grado di verificare cosa vi viene offerto per curarvi.

In definitiva, questo è esattamente il tipo di divisione che si vede normalmente - quando c'è un appello all'autorità, vince chi è competente. Colui che è ritenuto più autorevole grazie alle capacità o all'esperienza, alla fine vince.

Questo significa che quando si vuole fare appello all'autorità, quello che si deve fare è assicurarsi di trovare un modo per rendere chiaro che si è, infatti, un'autorità sull'argomento. Se sei il venditore di auto, forse hai lettere e foto dei tuoi clienti felici che hanno comprato auto da te e sono andati via completamente soddisfatti dopo il tuo aiuto. Forse dovresti prestare attenzione al fatto che quando la gente entra, la prima cosa che vuoi che vedano è che sei qualificato nel tuo lavoro. Potresti fare in modo che possano vedere il tuo diploma o i tuoi riconoscimenti, oppure fare in modo che lo sentano nei primi minuti dell'incontro.

## Impegno e coerenza

Il prossimo principio di persuasione è conosciuto come impegno e coerenza. Quando hai a che fare con l'impegno e la coerenza, stai effettivamente giocando sul fatto che le persone tendono ad apprezzare ciò che è familiare e atteso. Questo significa che le persone cercheranno di seguire continuamente un impegno che hanno preso e più spesso lo fanno e più è probabile che diventi uno standard.

Per esempio, diciamo che hai chiesto al tuo vicino, che è anche un tuo collega, un passaggio al lavoro. Non è letteralmente un inconveniente perché entrambi viaggiate nella stessa direzione con gli stessi orari. Dopo diversi viaggi in cui il tuo collega ti porta al lavoro, alla fine diventa scontato, e non hai più bisogno di chiedere - stai semplicemente aspettando vicino alla macchina del tuo vicino prima e dopo il lavoro ogni giorno per avere quel passaggio. In effetti, la prima volta che hanno accettato di portarti, si sono bloccati in una catena di richiesta da parte vostra accettando di farlo regolarmente.

Puoi anche ingannare le persone a fare cose per te con questo stesso processo. Se volete qualcosa, come ad esempio volere che il vostro collega copra un turno per voi, potete iniziare facendo una semplice domanda affermativa, come chiedere se hanno avuto una bella settimana finora. Il tuo vicino dice di sì, e allora gli chiedi se scambierà i turni con te in modo che tu possa assicurarti di essere in grado di andare a un concerto che non vedi l'ora di fare.

Grazie al fatto di aver già iniziato a dire sì ad altre cose, il vostro collega sarà in uno stato d'animo in cui sta già dicendo sì, quindi tanto vale continuare. Dopo aver accettato anche alcune cose più piccole, si può incontrare qualcuno che è disposto ad accogliere richieste più difficili o più grandi in nome della coerenza.

**Gradimento**

Questo è forse uno dei principi più semplici della persuasione - tutto quello che devi ricordare è che più ti piace qualcuno o qualcosa, più è probabile che tu senta che ciò che ti è piaciuto ha valore, e più è probabile che tu sia convinto in suo favore. Per esempio, è più probabile che tu faccia un favore a qualcuno che ti piace davvero piuttosto che a qualcuno che non ti piace affatto.

Per fortuna, ci sono diversi modi in cui puoi fare in modo di diventare simpatico a qualcun altro. Puoi, per esempio, rispecchiare qualcuno finché non gli piaci. Questo significa che copierete i loro comportamenti nel modo più nascosto possibile, il che potrebbe non essere particolarmente segreto se non sapete cosa state facendo. Dopo aver impostato tutto e aver rispecchiato l'altra persona al punto che lei ti rispecchia, dovresti essere a posto per continuare.

Tuttavia, se non siete sicuri di come procedere con il mirroring o semplicemente non volete occuparvene, ci sono anche altre tecniche che potete usare, come scegliere di far piacere intenzionalmente a qualcuno. Questo non è così difficile come sembra.
Iniziate creando una sorta di connessione tra voi e l'altra parte - magari fate un commento sul fatto che potete relazionarvi con

l'altra persona quando arriva con il suo bambino ad un appuntamento. Dite loro che avete un figlio della stessa età e che tornare al lavoro a quell'età è così difficile.

Una volta stabilita la connessione, vorrete stabilire un contatto visivo e continuare a parlare. Puoi offrire all'altra parte qualche lode o un complimento, per fargli sentire che ti interessa sinceramente quello che dicono o quello che pensano. La fregatura qui è che il complimento che fai deve essere genuino, e lo devi intendere.

Infine, se volete essere simpatici, dovete rendere chiaro che voi due siete dalla stessa parte. Magari sottolineate che entrambi lavorerete insieme per procurare all'altra persona una macchina. Forse li convincete dicendo che entrambi cercherete di risolvere il loro problema con loro, non importa quale sia. Questo cameratismo impostato rende poi meno probabile che i partner si preoccupino per loro.

## Reciprocità

Il prossimo principio della persuasione è la reciprocità. Quando ti appelli alla reciprocità, effettivamente, stai lavorando con l'atteggiamento che aiuterai chiunque ti aiuti per primo. Rendi chiaro che sei felice di aiutarli se pensi che loro risponderanno in natura. Questo non è neanche lontanamente un diritto come può sembrare all'inizio.

Pensate a come, quando un amico vi compra un regalo, vi sentite come se doveste ricambiare? Questo è implicito allo sviluppo umano - è fatto in modo da sentire il bisogno di ricambiare quando qualcun altro ti offre qualcosa. Questo significa che quando qualcun altro vi ha aiutato, sarete più inclini ad aiutarlo quando ha bisogno di aiuto. Voi salvaguardate efficacemente con i vostri comportamenti altruistici per assicurarvi che sia voi che l'altra parte siate in grado di ricevere nei vostri momenti di bisogno.

Se volete approfittare di questo, per esempio, potreste iniziare a raggiungere qualcuno da cui avete bisogno di aiuto. Forse vuoi che il tuo vicino si prenda cura del tuo cane mentre sei fuori città per una notte. Poi ti offri di fare qualcosa per il tuo vicino. Forse pulisci il suo cortile prima di chiedergli se può prendersi cura del tuo cane per un giorno. Gli fai sapere che tutto quello che dovrà fare è far uscire il tuo cane un paio di volte e tutto andrà bene. Dopo essere stato aiutato da te, si sente obbligato di conseguenza ad aiutarti. Accetta di prendersi cura del tuo cane durante il tuo viaggio, e questa è una cosa in meno per te di cui preoccuparti nei prossimi giorni.

## Scarsità

La scarsità si riferisce alla domanda e all'offerta. Effettivamente, più regolare o prontamente disponibile è qualcosa o qualcuno, meno importante è. Lo si può vedere spesso con gli oggetti materiali: gli oggetti in edizione limitata tendono ad essere molto più richiesti dello stesso oggetto in un colore standard. Per esempio, se vuoi davvero l'ultima console di gioco, ma vuoi quella specifica per la tua serie di giochi preferita, probabilmente dovrai trovarla su un sito di vendita dell'usato e sperare di trovarla a un prezzo regolare. Altrimenti, non avrete altra scelta che andare avanti senza quella particolare console.

Questo perché la console normale è comune. È facile da ottenere e quindi non è particolarmente importante per voi, né è considerata preziosa come quella regolare.

Ora, vi starete chiedendo come la domanda e l'offerta possano essere collegate al persuadere qualcuno a fare qualcosa. La risposta è che dovete assicurarvi di essere in grado di convincerli che siete richiesti. Forse trovate che il vostro partner sembra darvi per scontato. Se avete un discorso serio con il vostro partner su come non vi sentite amati o rispettati e, durante questo discorso, menzionate che preferireste essere ovunque ma non lì perché è così estenuante vivere completamente non voluto.

Questo dovrebbe far capire al vostro partner che non sarete sempre disponibili - siete disponibili solo finché vorrete rendervi disponibili, e questo aumenta immediatamente il vostro valore. Puoi fare questo anche con altre persone. Rifiuta il primo tentativo di programmare qualcosa con te e dì che la data non va bene per te. Quando arrivi a un appuntamento un po' più tardi, puoi convincere l'altra parte che vali i soldi che saranno investiti su di te. Vuoi che le persone si sentano come se fossero state fortunate ad averti. Dopotutto, sei unico nel tuo genere: trattati come tale.

## Prova sociale

Infine, la prova sociale si riferisce alla tendenza delle persone a soccombere alla pressione dei pari. Questa è effettivamente solo un'affermazione di fantasia e implica che tu scelga attivamente un motivo per decidere di attenerti a ciò che gli altri stanno facendo. Se non sapete cosa dovreste fare, decidete effettivamente di adeguarvi a ciò che vedete intorno a voi. Se vedete che i vostri coetanei stanno ballando in cerchio, ma non sapete perché stanno ballando in cerchio, probabilmente vi unirete a loro senza capire perché, e va bene così. Lo fai comunque e non scoprirai mai il perché.

Quando volete usare questa forma di persuasione in modo efficace, vorrete semplicemente allestire una zona di controllo. Vi ricordate perché a tanti manipolatori piaceva il vantaggio di giocare in casa? È perché sono in grado di manipolare l'ambiente circostante. Anche tu puoi fare così. Per esempio, se vuoi che qualcuno faccia qualcosa per te, assicurati di chiederglielo intorno ad altre persone che stanno attivamente facendo quello che gli hai chiesto di fare in primo luogo.

Per esempio, se vuoi andare in giro a raccogliere firme e donazioni per una causa, vorresti essere sicuro che quelli intorno a te vedano attivamente che stai ottenendo ciò che vuoi. Quando vedono che altre persone stanno firmando e donando, è più probabile che lo facciano, specialmente se riconoscono i nomi, o sentono di dover stare al passo con i loro pari. Effettivamente, quindi, questo funziona bene per tenere le persone in riga semplicemente curando l'ambiente intorno a loro.

**Retorica**

Un'altra serie di tecniche che possono aiutarti a diventare più persuasivo è l'arte della retorica. La retorica è l'arte di parlare o scrivere in modo persuasivo nel tentativo di convincere gli altri a vedere le cose a modo tuo. Risalendo ai tempi di Aristotele, l'antico filosofo greco, se siete in grado di formulare i vostri argomenti con la retorica, potete assicurarvi di rivolgervi ad altre persone in un modo che sia convincente e difficile da rifiutare o ignorare.

In particolare, la retorica coinvolge tre metodi distinti di persuasione - queste sono tre tecniche che sono comunemente usate per assicurarsi che l'altra persona sia disposta ad accettare il tuo suggerimento. Questi sono comunemente indicati con i loro nomi greci di Ethos, Pathos e Logos.

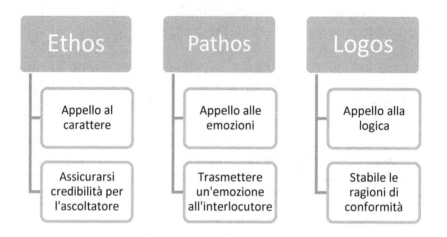

## Ethos

L'ethos è un appello al carattere. Si concentra sull'assicurarsi che colui che presenta tutte le informazioni per l'ascoltatore sia visto come credibile. Se l'oratore non è credibile, nessuno crederà in quello che ha da dire, il che significa che i suoi tentativi e le sue tecniche saranno particolarmente inutili. Dopo tutto, non potete chiaramente convincere qualcun altro a fare qualcosa se non si fida di voi. Questo è essenzialmente molto simile all'appello all'autorità nei principi della persuasione.

L'ethos può essere visto principalmente nella pubblicità - quando si cerca di vendere qualcosa, si vuole essere sicuri di avere qualcuno di credibile come sostenitore del proprio prodotto, e rimanendo fedeli a questo, spesso si trova che le celebrità sono comunemente chiamate a promuovere i marchi. Naturalmente, queste persone vengono pagate per il loro tempo e le loro approvazioni, ma l'effetto è innegabile. Per esempio, immaginate un personaggio sportivo locale che dice chiaramente che beve sempre una particolare marca di soda senza sbagliare. La prossima volta che hai voglia di una bibita, se sei un fan di quella particolare persona, potresti scoprire che è molto più probabile che tu prenda quella stessa marca di bibite semplicemente perché la tua mente inconscia vuole emulare qualcuno a cui sei affezionato.

Questo funziona proprio perché le persone ammirano gli altri, e quando ammirano qualcun altro, vogliono emularlo. Le persone vogliono naturalmente essere come le persone che ammirano o apprezzano in qualsiasi modo, e per questo motivo, saranno più propensi a prendere decisioni basate su quegli individui stimati.

**Pathos**

La prossima forma di retorica che è comunemente usata è il pathos - questo è un appello alle emozioni. Si tratta effettivamente di trovare un modo per stabilire un'emozione nei vostri ascoltatori nella speranza di farli agire nel modo che volete. Puoi far sentire qualcuno triste o colpevole per indurlo a donare. Si può cercare di far arrabbiare qualcuno per farlo agire. Puoi cercare di far sentire qualcuno felice per incoraggiarlo ad apprezzare qualsiasi cosa tu stia promuovendo.

In definitiva, le emozioni sono così potenti proprio perché sono destinate ad essere motivanti. Vi sentirete naturalmente portati ad agire secondo le vostre emozioni semplicemente perché è per questo che sono lì. Le vostre emozioni sono effettivamente il modo in cui la vostra mente inconscia interagisce con il vostro corpo, creando impulsi emotivi che hanno lo scopo di tenervi in vita. Potete provare paura quando siete inseguiti da un leone di montagna affamato, o rabbia quando qualcuno vi minaccia - questo perché le vostre emozioni hanno lo scopo di aiutarvi a sopravvivere, e quando siete arrabbiati, è più probabile che vi difendiate, o quando siete in pericolo, dovete essere in grado di agire in un modo che vi mantenga in vita.

Creando le emozioni necessarie, di solito potete iniziare a persuadere coloro che vi circondano ad agire, come volete o avete bisogno che facciano. Se avete bisogno che qualcuno sia arrabbiato e agisca, trovate il modo migliore per infondere quella rabbia. Se hai bisogno di aiuto, trasmetti un senso di obbligo o di colpa. Se hai bisogno di mantenere qualcuno compiacente, vuoi che si senta soddisfatto e rilassato.

Molto spesso, le persone infondono queste emozioni attraverso storie, citazioni e un linguaggio vivido. Per esempio, se siete ad una raccolta di fondi a beneficio di un ospedale per bambini che vede un gran numero di pazienti con il cancro, vi possono essere raccontate storie di come essere su quel piano sia il peggior incubo di un genitore e che a volte, quello che vogliono più di ogni altra cosa è vedere i loro figli fare qualcosa di normale - vogliono quel senso di normalità a cui aggrapparsi perché non sanno se porteranno i loro figli a casa alla fine del viaggio, e alcune persone sanno per certo che non porteranno i loro figli a casa. L'oratore può coinvolgere foto di bambini malati e genitori singhiozzanti, il tutto progettato per rendere il pubblico triste o colpevole, specialmente se hanno i propri figli a casa. Nel loro senso di colpa e tristezza per quei genitori nella storia o nella presentazione, più persone sono disposte a donare.

**Logos**

Un appello alla logica e alla ragione è la forma finale della retorica. Con il Logos, state cercando di stabilire il maggior numero possibile di ragioni che non possono essere negate per fare qualsiasi cosa stiate chiedendo. Puoi indicare i numeri e i fatti che supportano ciò che stai chiedendo, o altrimenti usare studi che sostengono la tua opinione. Coloro che usano il Logos hanno la tendenza a gettare quanti più dati possibili sull'altra persona, sperando che qualcosa si attacchi.

Tra le forme di persuasione, questa può sembrare la più valida - dopo tutto, come si fa a falsificare statistiche e studi? Tuttavia, il problema con questa forma di persuasione può sorgere nel fatto che è incredibilmente facile fraintendere o abusare delle statistiche, specialmente se queste statistiche non sono state verificate, o l'ascoltatore non sente il bisogno di metterle in discussione.

Per esempio, considerate la differenza tra correlazione e causalità - potete presentare due diverse statistiche come correlazione, ma molte persone assumeranno immediatamente che c'è causalità, nonostante il fatto che potrebbe non essercene affatto e le somiglianze nelle statistiche potrebbero essere solo coincidenze. Forse la forma più facilmente immaginabile di questo è considerare che quando le vendite di gelati aumentano, aumenta anche il tasso di crimini violenti.

Per qualcuno che non ha familiarità con le statistiche o la correlazione contro la causalità, potrebbe automaticamente assumere che il gelato e il crimine sono collegati. Tuttavia, entrambi sono semplicemente il risultato dell'aumento della temperatura. Le vendite di gelato tendono a salire durante i caldi mesi estivi, ma anche il crimine sale, perché il caldo rende il carattere delle persone più duro che mai. In realtà non sono affatto collegati, a parte il fatto che entrambi hanno la stessa causa principale.

# Capitolo 5: Influenzare gli Altri con la Scienza della Psicologia Persuasiva

Finora, abbiamo discusso a fondo i concetti e le tecniche che stanno dietro a come persuadere gli altri, ma non abbiamo effettivamente guardato all'atto di essere persuasivi. La persuasione non è solo teoria, e mentre la teoria è importante, ci dovrebbe essere anche un'uguale, o maggiore, considerazione per i metodi attraverso i quali si può essere persuasivi. Questi metodi utilizzeranno i principi della persuasione e della retorica, ma serviranno anche come istruzioni su come essere persuasivi in generale. Non si può semplicemente dire che si deve fare appello alle emozioni e poi lasciar perdere - ci sono altre tecniche persuasive che esistono.

Dedicheremo un po' di tempo a guardare come la persona influenzata prende la persuasione offerta. Vedrete perché e come questi metodi funzionano e come usarli. Considererete esattamente come potete influenzare le decisioni che altre persone prendono senza dover costringere o forzare l'altra parte a fare ciò che state chiedendo. Invece, vi concentrerete sul modo migliore per convincerli che dovrebbero avere una certa mentalità o prendere una certa decisione.

All'interno di questo capitolo, darete un'occhiata a come si costruisce la psicologia persuasiva, in particolare guardando il leader emotivamente intelligente, che è in grado di raccogliere seguaci con facilità, e poi estrapolando oltre quel particolare individuo anche ad altri. Vedrete come l'intelligenza emotiva incoraggia le persone a diventare gli individui persuasivi che sono senza mai dover costringere o forzare. Dopo aver dipinto lo sfondo di ciò che la psicologia persuasiva utilizza, sarete guidati attraverso quattro diversi metodi che potete usare per assicurarvi di poter persuadere gli altri a fare ciò che volete. Mentre procedete, tenete a mente che una delle differenze più significative tra la persuasione e la manipolazione è che chi viene persuaso può sempre scegliere di non fare ciò che gli viene richiesto. Il persuasore onora il libero arbitrio, e mentre il persuasore può cercare di guidare l'individuo verso ciò che vuole, non avverrà mai in modo forzato. Dire di no alla richiesta è ancora una risposta accettabile.

## Psicologia persuasiva e influenza

Considerate, per un momento, la persona più influente che conoscete personalmente. Potrebbe essere qualcuno con cui interagite regolarmente, un insegnante, un capo o un amico. Cosa li rende così influenti? La risposta potrebbe non essere che sono intelligenti, divertenti o belli, ma piuttosto che sono emotivamente intelligenti.

Gli individui emotivamente intelligenti tendono ad avere molte più probabilità di convincere altre persone a fare ciò che vogliono o di cui hanno bisogno semplicemente perché sanno come presentarsi. Sanno come interagire al meglio con gli altri e sono in grado di percepire il modo migliore di procedere. È interessante notare che molte delle azioni che l'individuo emotivamente intelligente usa per cercare di persuadere gli altri si allineano quasi perfettamente con i principi della persuasione e con la retorica. Sanno come utilizzare queste particolari tecniche quasi istintivamente, e il risultato finale è qualcuno che è incredibilmente abile nella persuasione.

Questo porta anche questi individui emotivamente intelligenti ad essere quelli a cui gli altri si rivolgono per essere guidati. Se sapeste che il vostro amico sembra sempre prendere la decisione giusta, dopo tutto, probabilmente andreste da lui ogni volta che vi sentite come se foste a un bivio e non foste sicuri di cosa fare dopo. Questo semplicemente perché vi fidate del giudizio di quell'amico e sapete che non vi porterebbe fuori strada.

Effettivamente, quindi, la vostra capacità di essere persuasivi con altre persone aumenterà naturalmente semplicemente imparando ad essere emotivamente intelligenti. Questo è forse il modo migliore per aumentare naturalmente la vostra persuasività senza dover pensare coscientemente a come persuadere gli altri. Quando dovete pensarci, però, il modo migliore per capire come persuadere qualcuno è capire l'approccio migliore.

Stai cercando di portare qualcuno a una decisione che richiede che tu sia autorevole? Questo potrebbe essere se stai cercando di vendere qualcosa a qualcuno. Stai cercando di convincere un amico a farti un favore? Potresti voler usare un appello emotivo per farli sentire come se avessero bisogno di aiutare qualcuno a cui tengono. Volete far sì che un'intera folla scelga un'azione che state cercando di spingere? Se è così, potresti voler usare parole e storie cariche nel tentativo di farli motivare tutti allo stesso modo. Avete bisogno che una singola persona vi faccia un favore? Inizia a chiedere se puoi aiutarli.

Come potete vedere, ci sono diverse tecniche che devono essere usate in ogni momento per rendere il vostro messaggio più persuasivo. Tuttavia, è necessario essere in grado di capire il modo migliore per convincere le altre persone. È possibile semplificare l'atto di capire come meglio convincere qualcuno a fare qualcosa in pochi passi. In primo luogo, inizierete identificando il bersaglio della vostra persuasione. Poi, devi capire la natura della persuasione che userai - stai persuadendo qualcuno come un'autorità che dovrebbe essere ascoltata o come qualcuno che merita aiuto? Poi, devi capire come ottenere al meglio ciò che speri di ottenere e, infine, devi usare i metodi e le tecniche che hai deciso.

## Creare un appello ai bisogni

Cosa ti spinge ad agire nella tua vita per sopravvivere? Non stiamo parlando di cose che vi piacciono in questo momento, ma piuttosto, cosa vi spinge più di ogni altra cosa? La risposta a questo è un bisogno: i vostri bisogni vi motivano ad agire per soddisfarli. Sarete sempre motivati a trovare cibo quando avete fame, per esempio, o a trovare un riparo quando avete troppo freddo. Questo perché avete dei bisogni umani fondamentali da soddisfare che vi tengono in vita. I tuoi bisogni possono variare da quelli fisici per mantenerti in vita fino a quelli di sentirti appagato, e in definitiva, questi motivatori sono incredibilmente convincenti.

Prima di addentrarci nella creazione e nell'attrazione dei bisogni, fermiamoci a ripassare la gerarchia di base dei bisogni. Date un'occhiata alla piramide qui sotto: come potete vedere, alla base ci sono i bisogni più importanti. Sono i bisogni di cibo, acqua, aria, riparo, calore e riproduzione. Sono i bisogni minimi per rimanere in vita e riprodursi che è l'imperativo biologico. In generale, dovete soddisfare i tre livelli inferiori di bisogni prima di poter iniziare a lavorare su voi stessi.

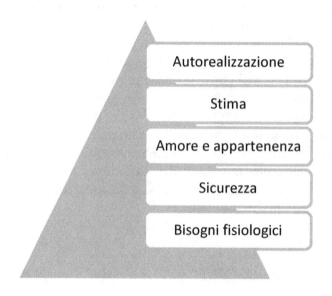

Ognuna di queste categorie gestisce diversi tipi di bisogni per voi, e in definitiva, le persone si sforzano sempre di fare meglio e passare da una all'altra. Queste categorie comprendono bisogni come:

- **Bisogni fisiologici**: Il bisogno di sopravvivere ed essere sani fisicamente - cibo, acqua, aria, riparo, riproduzione, calore, ecc.
- **Bisogni di sicurezza**: Il bisogno di sentirsi sicuri e protetti, come il bisogno di un accesso costante alle risorse e alla salute.
- **Bisogni di amore e di appartenenza**: Il bisogno di sentire di appartenere agli altri - questo è l'amicizia, l'intimità e il senso di connessione con gli altri.
- **Bisogni di stima**: Questo è il bisogno di rispetto e riconoscimento.
- **Bisogni di auto-realizzazione**: Questo è il bisogno di essere la migliore persona possibile.

In definitiva, le persone sono sempre alla ricerca del massimo - l'autorealizzazione. Tuttavia, non si può lavorare verso l'autorealizzazione se si è affamati o insicuri. Avete bisogno di assicurarvi i bisogni più bassi prima di poter lavorare al top.

Quando volete creare un bisogno che potete usare, potete scoprire che a volte, identificare un bisogno già esistente può essere più facile. Tuttavia, potete anche creare un senso di urgenza per soddisfare uno di questi bisogni. Per esempio, immaginate di vendere un'auto. State davvero lavorando per persuadere qualcuno a prendere un'auto molto specifica, anche se sapete che non è particolarmente interessato ad essa. Un modo per creare un appello a un bisogno è quello di menzionare che l'auto a cui le persone sono interessate non ha le migliori valutazioni in termini di sicurezza. Si fa notare che l'auto è nota per le sue prestazioni inferiori agli incidenti, e che quella per cui si sta spingendo tende ad essere più sicura semplicemente perché è più grande e più robusta, o ha migliori valutazioni di sicurezza.

Facendo appello a questo bisogno di sicurezza, è più probabile che li convinciate a comprare quella particolare auto. Se non sono preoccupati per la sicurezza, si può fare appello a un bisogno di appartenenza - si può sottolineare che anche altre persone tendono a preferire quell'auto che si vorrebbe vendere rispetto a quella a cui sono interessati e fornire le prove per sostenere questa affermazione.

## Parole cariche

Un altro metodo comunemente usato per persuadere altre persone è attraverso l'uso di un linguaggio carico. Vuol dire usare parole o un linguaggio che ha connotazioni molto specifiche nella speranza di cambiare il modo in cui l'altra persona percepisce ciò di cui si sta parlando. In effetti, state usando parole che tipicamente attirano l'attenzione o sono viste come bonus particolarmente vantaggiosi.

Immaginate che state cercando di vendere una nuova marca di alimenti per bambini. Avete lavorato duramente per sviluppare l'immagine del cibo, ma vi rendete conto che le persone di solito non comprano un cibo di cui non sanno nulla - tendono ad andare su marchi fidati che conoscono e di cui possono fidarsi, che siano sicuri o che forniscano ciò che volevano. Potresti essere bloccato cercando di capire come meglio entrare sul mercato e convincere le persone a comprare.

Uno di questi metodi per convincere gli altri è attraverso l'uso di parole e immagini cariche. Vorrai assicurarti di utilizzare costantemente parole o immagini che siano percepite come fortemente positive. Per esempio, pensate a cosa vogliono i genitori per i loro bambini appena nati. Potreste riconoscere che la maggior parte dei genitori vuole assicurarsi che i loro bambini siano felici e sani e che non siano esposti a sostanze chimiche o altri additivi che potrebbero farli ammalare o causare una reazione. Dopo tutto, si ritiene che i bambini siano incredibilmente fragili, e per questo motivo, i genitori tendono a fare di tutto per assicurarsi che i loro figli abbiano solo il meglio.

Si può, quindi, decidere di fare appello a quel desiderio di prodotti completamente naturali. Spingete la vostra campagna pubblicitaria per sottolineare che usate prodotti alimentari naturali, biologici, non OGM, con gli ingredienti minimi necessari. Promuovete il vostro cibo come sano e semplice, incoraggiando i genitori a essere più inclini a comprare semplicemente perché sanno che possono leggere tutti gli ingredienti sull'etichetta.

Effettivamente quindi, quando volete usare un linguaggio carico, state facendo appello all'emozione. State facendo sentire qualcuno come se stesse facendo la scelta giusta nel decidere di andare con qualsiasi cosa stiate chiedendo loro di usare. Questo significa che siete più abili a far sì che le persone vedano le cose a modo vostro e più abili a persuadere semplicemente perché sapete come attivare le emozioni. Sceglierete sempre il linguaggio carico che attiverà i sentimenti che vi servono e su cui giocare..

## Pregiudizi dell' ancoraggio

Un pregiudizio di ancoraggio è un pregiudizio cognitivo che finisce per essere incredibilmente influente. In effetti, si vuole far sembrare qualcosa una buona idea o un piano semplicemente facendolo sembrare ragionevole rispetto al punto di ancoraggio. Quando si fa questo, si sta generalmente impostando un punto di ancoraggio che si usa come punto di riferimento per qualsiasi cosa si stia cercando di persuadere qualcun altro a fare.

Questo è meglio compreso quando si guarda alla negoziazione della retribuzione. Potresti chiedere un aumento durante la tua prossima revisione al lavoro. Forse vuoi un aumento del 10% per la produttività che hai messo in campo e il livello al quale sei in grado di mantenere i clienti di valore. Hai capito esattamente perché e come vuoi argomentare questa particolare cifra, ma tutto ciò che rimane è la presentazione dell'argomento. Dovete esporre le vostre informazioni in un modo che le faccia sembrare realistiche o ragionevoli.

In una trattativa, è risaputo che raramente si accetta la prima offerta - di solito si è in grado di fare una controfferta, e poi ci si incontra a metà strada. Questo significa che se chiedi subito un aumento del 10%, le tue possibilità di ottenerlo sono scarse. Tuttavia, se si è in grado di impostare un punto di ancoraggio che fa sembrare ragionevole quell'aumento del 10%, si può effettivamente avere una possibilità.

Il modo migliore per farlo è chiedere sempre di più. Potresti andare a chiedere un aumento del 15 o 20%, sapendo che la cifra sarà ridotta. Quando chiedete al vostro capo quell'aumento, probabilmente sarete stroncati immediatamente, seguiti da una controfferta del 5-10% semplicemente perché il vostro prezzo originale era così alto. Questo significa che l'altra parte si sentirà più incline a dare quello che volevi originariamente, dato che è ancora molto meno di quello che avevi chiesto inizialmente.

Alla fine, ottenete il vostro aumento del 10%, il tutto chiedendo molto di più di quanto eravate effettivamente interessati. Sparando subito in alto, fai sembrare ragionevole tutto quello che viene dopo.

Lo si vede anche durante la determinazione dei prezzi di vendita. Diversi negozi hanno strategie di vendita che implicano l'aumento dei prezzi solo per scontarli di nuovo al valore di mercato. Questo significa che si vede che si sta ottenendo uno sconto del 20-30%, ma solo perché i prezzi sono stati gonfiati del 20-30% in principio. Alla fine della giornata, state pagando il valore di mercato, ma vi sentite meglio perché il punto di ancoraggio del prezzo pieno vi sembrava molto di più.

## Chiedi prima cosa puoi fare per l'altra persona

Forse una delle tecniche più semplici che puoi usare per convincere qualcuno a fare qualcosa per te è fare appello alla reciprocità. Le persone si sentono naturalmente inclini a restituire i favori quando li hanno ricevuti per primi, e si può usare questa tendenza per influenzare altre persone a fare qualsiasi cosa si voglia o si abbia bisogno che facciano. Potreste essere in grado di convincere qualcuno a fare un turno per voi al lavoro semplicemente coprendo la sua pausa pranzo prolungata, per esempio.

Questa è una tecnica popolare per i leader emotivamente intelligenti. Si fanno sembrare completamente concentrati sul far sentire meglio qualcun altro nel fare un favore offrendosi di farne uno per primo. Potreste scoprire che avete un amico che è sempre felice di aiutarvi o è il primo a offrirsi volontario quando esponete un problema.

I leader emotivamente intelligenti si impegnano a fare questo semplicemente perché stabilisce uno standard di cameratismo:

fai capire che sei interessato all'altra persona semplicemente offrendoti di tanto in tanto per aiutarla. Non tutti sono disposti a dare una mano quando viene chiesto o è necessario, ma se tu sei disposto a farlo, anche occasionalmente, le altre persone saranno più inclini ad aiutarti quando hai bisogno di un favore.

Dopo esservi offerti, saprete che la persona che avete aiutato sarà più incline ad aiutarvi anche in futuro. Per esempio, immaginate di sapere che avete una vacanza in arrivo e non volete imbarcare il vostro cane. Sapete anche che avete un amico che partirà per un viaggio una settimana o poco più prima di voi e che il vostro amico ha dei gatti. Potresti offrirti volontario per andare a controllare i gatti diverse volte durante il viaggio del tuo amico quando il tuo amico parla di dover cercare qualcuno che venga a prendersi cura di loro. Avranno bisogno di pulire la lettiera un paio di volte e avranno bisogno di cibo e acqua ogni giorno, ma a parte questo, staranno bene da soli. La vostra amica accetta gentilmente e poi vi chiede di farle sapere se avrete bisogno di aiuto nel prossimo futuro. Tu rispondi che avrai effettivamente bisogno di aiuto presto e che hai bisogno di qualcuno che si prenda cura del tuo cane. La tua amica si offre volontaria per tenere il cane a casa sua per qualche giorno mentre tu sei in viaggio, e tu non devi più preoccuparti della pensione del tuo cane perché sai che il tuo cane sarà al sicuro e felice con la tua amica.

Questa tecnica tende ad essere migliore per coloro che hanno bisogno di aiuto da un amico o da qualcuno che conoscono personalmente solo perché comporta un'interazione uno a uno. Tuttavia, si può anche vedere questo giocare su una scala più ampia. Forse sei un manager, e i tuoi dipendenti stanno tutti chiedendo un aumento di stipendio. Tu lo porti ai tuoi superiori, e in cambio, i tuoi dipendenti vedono che tu gli copri le spalle. Quindi fanno un punto per aiutare sempre quando gli viene chiesto di farlo e sono disposti ad andare oltre quando richiesto.

Per approfittare di questa tecnica, è meglio chiedere sempre come si possono aiutare le altre persone quando non è un peso per voi o per quello che dovete fare. Se siete in grado di chiedere sempre agli altri ciò che vogliono o di cui hanno bisogno, potete assicurarvi di instaurare buoni rapporti con le altre persone, e con quel buon rapporto stabilito, sarete molto più in grado di far fare loro qualsiasi cosa di cui avete bisogno.

# Capitolo 6: Cos'è la PNL?

Avete mai fatto lo sforzo di cercare di comunicare con qualcuno che non parla la vostra stessa lingua? Forse voi parlate inglese e l'altra persona parla cinese. La persona che parla cinese sta gesticolando disperatamente per qualcosa, ma tu non sai assolutamente di cosa ha bisogno. Gesticolano freneticamente, ma tu non riesci mai a capirlo. Fai molte ipotesi: offri un telefono e loro scuotono la testa. Offri l'acqua e loro scuotono la testa. Non importa cosa offrite, l'altra persona diventa sempre più seccata o frustrata perché non riesce a comunicare con voi. Alla fine, l'altra persona se ne va come una furia senza aver mai ottenuto quello che provava a comunicarvi e voi rimanete a chiedervi cosa fosse ciò di cui aveva così disperatamente bisogno..

Ora, immaginate lo stesso scambio, ma voi siete sia l'inglese che il cinese: una metà di voi parla solo in inglese mentre l'altra cerca disperatamente di comunicare in cinese. Nessuna delle due parti è in grado di comunicare con l'altra, ed entrambe finiscono per essere disarticolate, frustrate e senza una comunicazione adeguata. Questo è in realtà ciò che accade nella vostra mente. La vostra mente cosciente pensa in un modo, e la mente inconscia pensa in modo completamente diverso. Potresti voler impostare una vita per essere felice e di successo, ma in realtà il tuo inconscio non ha mai ricevuto il messaggio. Di conseguenza, scopri che il tuo inconscio ti sabota continuamente. Le tue emozioni non sono in linea con i tuoi obiettivi. Il tuo linguaggio del corpo non si adatta. Semplicemente ti imbatti in una complicazione dopo l'altra, nonostante tu sappia cosa vuoi.

Tenete a mente che la vostra mente inconscia non è fatta per essere il vostro avversario. Non è qualcosa che deve essere domato o controllato. Piuttosto, è qualcosa da imbrigliare e lavorare in tandem. Tuttavia, questo significa che dovete imparare a comunicare con esso in modo appropriato. Se riuscite a capire il modo giusto di comunicare con quella parte inconscia di voi stessi, potete farla allineare con i vostri desideri e aspettative coscienti. Puoi fare in modo che ti aiuti a raggiungere i tuoi obiettivi. Non si tratta del fatto che il tuo inconscio sia fuori a colpirvi o a sovvertire i tuoi tentativi di felicità; si tratta del fatto che non sai come comunicare al meglio con la tua mente inconscia per ottenere ciò che vuoi.

## Programmazione neurolinguistica

È qui che entra in gioco la programmazione neuro-linguistica. La PNL è progettata per aiutarvi a facilitare l'ottenimento dei risultati che volete e di cui avete bisogno. Ti aiuta a capire come meglio agire in modi che sono favorevoli al tuo successo. Coloro che praticano la PNL dicono che la mente inconscia è ciò che vi spinge a raggiungere i vostri obiettivi, a condizione che siate in grado di comunicare questi obiettivi in modo efficace. La PNL riconosce che sia la mente conscia che quella inconscia sono importanti e soddisfano i propri ruoli.

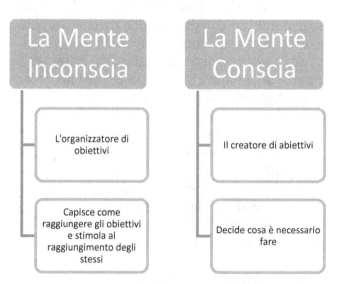

La PNL aiuta a colmare questo divario tra i due, agendo come una sorta di traduttore, in modo che i vostri desideri coscienti siano comunicati alla mente inconscia, al fine di garantire che la vostra mente lavori insieme piuttosto che contro l'altra.

Lavorando insieme, scoprirete che avete molte più probabilità di vedere i risultati desiderati semplicemente perché non vi imbattete nel problema di far scontrare le due parti della vostra mente.

In effetti, l'elaborazione neuro-linguistica è un metodo per imparare a comunicare con l'inconscio. State imparando a diventare fluenti nel metodo di comunicazione della vostra mente inconscia in modo da poterle finalmente dire ciò che volete. Permette questa comunicazione con te stesso, ma facilita anche la comunicazione con gli altri. Questo significa che puoi usare i processi appresi durante la pratica della PNL per comunicare anche con le menti inconsce degli altri. È possibile impiantare pensieri, facilitare comportamenti e incoraggiare cambiamenti negli stili di vita, il tutto imparando come attingere alle menti inconsce degli altri.

Anche se questo può sembrare manipolativo, in realtà si vedono persone che pagano altri per dare loro il trattamento PNL. La gente pagherà gli operatori per aiutarli a superare fobie o cattive abitudini. Si può insegnare alle persone a superare le emozioni, a creare nuovi metodi di coping, e altro ancora, tutto interagendo con qualcuno fluente nella PNL.

Per esempio, immagina di avere una grave ansia perché, da bambino, durante una presentazione, avevi davvero bisogno di andare in bagno. Non potevi andare prima della presentazione, e mentre la facevi, hai accidentalmente avuto un incidente. Tutti hanno riso di te, e da allora, sei stato terrorizzato dal partecipare alle presentazioni. Stare di fronte a una folla è diventato qualcosa che non riuscivi a fare. Hai fallito diversi compiti per tutta la scuola perché semplicemente ti rifiutavi di presentare. Avresti fatto il lavoro, ma non saresti andato a presentarlo.

Ovviamente, ci sono molti lavori in cui non dovreste mai stare di fronte a una folla, ma se vi capitasse di scegliere un lavoro che vi mettesse regolarmente di fronte a persone per consegnare relazioni, potreste scoprire che fate fatica. Sai che non sei più un bambino e che, realisticamente, non te la faresti più addosso tanto presto, ma non riesci a superare quella sensazione di essere deriso e inorridito.

Come soluzione, potresti aver parlato con un operatore di PNL. L'operatore avrebbe accesso a diversi strumenti che potrebbero aiutarvi ad elaborare quel trauma per superarlo. Potresti riformulare la situazione, imparando a riderci sopra invece di sentirti traumatizzato. Potreste imparare a creare ancore che vi faranno provare una sensazione completamente diversa quando andrete a presentare. Non importa il metodo, ci sono diversi strumenti che possono essere usati per aiutarvi a superare quel trauma.

Questo è solo un esempio di un momento in cui la PNL può essere usata come un beneficio. Tuttavia, può anche essere usata in modi che sono dannosi. I manipolatori amano gli strumenti della PNL perché garantiscono l'accesso alla mente inconscia. Il manipolatore può usare le tecniche della PNL per creare tendenze ad obbedire quasi senza pensieri. Possono creare tendenze a dare al manipolatore esattamente ciò che lui o lei vuole. Il manipolatore sarà in grado di comunicare con la mente inconscia senza mai far scattare gli allarmi della mente conscia. In effetti, il manipolatore è in grado di bypassare completamente il conscio e dire all'inconscio esattamente ciò che ci si aspetta - e l'inconscio si conformerà. Senza un modo chiaro di comunicare, l'individuo rimarrà frustrato, chiedendosi perché continua a comportarsi nel modo in cui si comporta senza una risposta chiara.

## Le chiavi della PNL

Affinché la PNL sia efficace, ci sono alcuni passi che devono essere seguiti. Queste sono le chiavi della PNL che vi aiuteranno a capire come accedere alla mente.

A questo punto, ti viene mostrata una breve panoramica di ciò che deve accadere. Ci sono tecniche che useranno più o meno questi passi da sole e altri passi che cercheranno di cambiare un po' le cose. Tuttavia, al centro delle cose, questi devono avvenire. Questi tre step ovvero le chiavi per essere in grado di praticare la PNL, sono: essere in grado di esaminare e identificare le convinzioni, scegliere un'ancora appropriata, e poi impostare quell'ancora in modo efficiente.

Se riuscite a padroneggiare questi tre semplici passaggi, scoprirete che le tecniche più specifiche sembrano andare a posto con facilità. Sarete in grado di convincere le persone a fare quasi tutto, semplicemente sapendo come entrare nella mente dell'altra persona. Questo è uno sforzo strategico, ma una volta che sarete in grado di seguire questa strategia, scoprirete che il controllo che potete esercitare sia su voi stessi che sugli altri intorno a voi è molto più di quanto abbiate mai avuto accesso prima. Diventerete il padrone del vostro comportamento, mentre avrete anche il potere e l'accesso alle altre persone per essere un dominatore anche su di loro. Puoi usare efficacemente queste tecniche e strategie PNL per capire come vincere al meglio la partita lunga.

## Esaminare le credenze

In primo luogo, si tratta di capire le informazioni a portata di mano. Questo è il momento in cui iniziate a mettere insieme ciò che voi o l'altra persona pensate o sentite intorno a un certo evento o situazione. Potreste scoprire che l'altra persona è molto ansiosa di socializzare e di stare di fronte alla folla. Quando si trova di fronte a una folla, tende a sciogliersi e a dare di matto. Voi lo sapete e lo riconoscete.

Esaminerete le convinzioni per capire perché si sente così. In questo caso, potrebbe ricollegarsi a quell'unico incidente di esseresi bagnata davanti a una folla e poi essere mortificata ogni volta che è sotto esame pubblico.

Se state tentando di usare la PNL su voi stessi, che è una tecnica valida che molte persone useranno, potreste prendere questo tempo per identificare l'emozione che avete e che vorreste non fosse problematica. Potreste scoprire che tendete a sentirvi arrabbiati durante certe situazioni, e a causa di questa rabbia, lottate per comunicare efficacemente con le altre persone. Questa mancanza di comunicazione di solito ha lo sfortunato risultato di causare problemi nelle vostre relazioni.

Identificando questi sentimenti, scoprirete che potete capire dove sta il problema. Nel capirli, potete iniziare a capire come meglio indirizzarli e distruggerli. Nella PNL, questo processo di solito comporta l'uso di ancore - punti che sono direttamente collegati ad un certo evento o sentimento. Un'ancora per il vostro stress, per esempio, forse vi mangiate le unghie per abitudine, ma dopo una vita passata a mangiarvi le unghie quando siete sotto stress, il solo atto di mangiarsi le unghie distrattamente può far sì che la vostra ansia cominci ad aumentare.

## Scegli un'ancora

Sapendo che sarete già sotto l'influenza di diverse ancore, certe situazioni o azioni che vi fanno sentire una certa emozione, è il momento di capire quali ancore ed emozioni potete usare per superare il problema. Se sapete di avere un problema di rabbia, potete fare lo sforzo di imparare a combattere quel problema di rabbia innescando invece nuove emozioni. Ogni volta che vi sentite arrabbiati, fate in modo di innescare la vostra ancora, e questo vi farà sentire qualcos'altro.

In effetti, se avete familiarità con la psicologia di base, state condizionando voi stessi. Vi state effettivamente allenando ad agire in un certo modo in risposta a certe situazioni, e così facendo, siete in grado di assicurarvi di poter superare i sentimenti negativi che vi trattengono. Se avete cattive abitudini in relazione alle vostre emozioni, potete iniziare a contrastarle. Potete capire come creare nuove e più sane abitudini che vi spingano a comportarvi in modi nuovi e più sani. Potete capire come proteggervi al meglio dalle vostre emozioni negative in modo da poter guarire e andare avanti nella vita.

La vostra nuova ancora può essere praticamente qualsiasi cosa. Potresti usare un'affermazione o una parola che ripeti a te stesso per aiutarti a tenerti sotto controllo. Potrebbe essere un movimento o un'azione che usi per ricordarti di rimanere sotto controllo, come ad esempio schioccare il polso con un elastico ogni volta che scopri che la tua rabbia ti sta sfuggendo di mano. Potrebbe essere un profumo che ti fa sentire sicuro. Può anche essere un certo pensiero o ricordo a cui si ritorna nei momenti di difficoltà.

Quando scegliete un'ancora, volete essere sicuri che sia qualcosa a cui potete accedere regolarmente per avere il massimo impatto. Può essere meglio servita con una breve frase che usate o un movimento delle vostre mani. Questo è qualcosa che potete fare sottilmente e in qualsiasi momento.

**Impostare un'ancora**

Infine, devi capire come impostare la tua ancora. Qui è dove si vede la maggior deviazione nei vostri comportamenti e tecniche. Ci sono diversi metodi che possono essere usati per stabilire un buon punto di ancoraggio per voi o per quelli intorno a voi, e come decidete di farlo dipenderà in gran parte da ciò che sperate di fare e da come vi state comportando. Potete scegliere di usare la visualizzazione se state lavorando con qualcuno intenzionalmente, con l'altra persona che sa cosa state facendo. Potete scegliere di usare qualcosa di più sulla linea del rispecchiamento e della mimica sottile e degli inneschi emozionali se volete essere completamente inosservati. Si può scegliere di fare qualcosa come riorganizzare intenzionalmente un ricordo da negativo e traumatico in qualcosa di divertente se si vuole cambiare il proprio modo di pensare e la propria reazione emotiva. In definitiva, il metodo che si sceglie sarà in gran parte soggetto a chi si sta tentando di persuadere e come si vuole andare avanti.

Se volete fare in modo, per esempio, di persuadere uno sconosciuto a comprare qualcosa che volete, potete fare in modo di innescare una relazione di rispecchiamento - non preoccupatevi se non sapete come farlo. Se ne parlerà nel capitolo 8. Da lì, potete sottilmente influenzarlo ad annuire con la testa annuendo con la vostra, rendendo la mentalità dell'altra persona molto più probabile che sia d'accordo, e portando l'altra persona ad essere influenzata ad annuire con voi senza mai rendersi conto che avete influenzato e incoraggiato quella decisione.

Sia che vogliate controllare voi stessi o qualcun altro, vorrete sempre scegliere un'ancora che sia semplice e facilmente implementabile, ma non così comune da essere attivata casualmente da estranei nel corso della giornata. Mentre probabilmente indurre qualcuno a fare una certa faccia ogni volta che fate un movimento molto specifico e comune, come dare un pollice in su, non sarebbe particolarmente gentile o etico farlo. Inneschereste l'altra persona in un modo che sarà probabilmente distraente e problematico. Dopotutto, nessuno vuole essere deriso ogni volta che dà un pollice in su a qualcun altro.

# La storia della PNL

La PNL, come quasi tutte le tecniche psicologiche, è cambiata drasticamente dalla creazione a ciò che si conosce e vede oggi. Mentre la radice è ancora la stessa, ci sono modi diversi in cui i pensieri e le tecniche sono approcciati ora rispetto a ciò che si vedeva quando è stata fondata negli anni '70. Questo capitolo vi fornirà una breve panoramica di come la PNL è cambiata e cosa potete aspettarvi se doveste usare la PNL oggi. In definitiva, si può pensare alla PNL come ciò che era durante la creazione e all'interno delle quattro ondate della PNL.

## La creazione della PNL

Creato nel 1972 da due psicoterapeuti di nome Richard Bandler e John Grinder, questo processo è stato originariamente progettato per modellare diversi altri processi terapeutici. In particolare, faceva riferimento e si sviluppava da tecniche come la terapia della gestalt, l'ipnoterapia e la terapia familiare sistemica. Tutti questi si sono uniti per creare un approccio che avrebbe affrontato due cose specifiche: perché gli psicoterapeuti sono speciali o abili nell'influenzare gli altri? Come può questa specialità essere trasferita ad altre persone normali senza alcuna formazione formale in psicologia?

Questi due pensieri hanno poi innescato l'inizio dello sviluppo della PNL. In particolare, si insegnava alle persone a guardare ciascuno dei processi di psicoterapia sopra citati. Bandler e Grinder attinsero da queste diverse forme di psicoterapia e tirarono fuori qualsiasi processo o tecnica che pensavano fosse critica nel rendere il terapeuta così potente. Hanno identificato gli schemi di comunicazione e gli atteggiamenti e sono stati in grado di creare e costruire una lista di tecniche e credenze attingendo da quelle forme di psicoterapia. Così è nata la PNL.

La PNL è esistita principalmente in quattro ondate specifiche, durante le quali diversi aspetti sono stati focalizzati o sviluppati. Queste quattro onde sono importanti da capire per comprendere veramente ciò che la PNL era e ciò che è diventata.

- **Onda 1: PNL pura**: Nella prima ondata della PNL, si vede la PNL originale come sviluppata da Bandler e Grinder. Questa è la forma più pura, durante la quale il successo e l'entusiasmo erano i fattori più importanti che venivano spinti.
- **Onda 2: PNLt**: Nella seconda ondata, si vede la PNL usata come applicazione in psicoterapia. È comunemente chiamata psicoterapia neuro-linguistica, ed è iniziata nel 1989. Si trattava di fare in modo che le persone avessero un approccio e una visione sana e felice della vita.
- **Onda 3: NLPeace**: Questa terza ondata, NLPeace, nata nel 1992, con un focus sulla spiritualità. Invece di concentrarsi su come fissare la mente stessa, si concentrava su come trovare il significato della vita e capire come connettersi spiritualmente.
- **Onda 4: PNLsy**: Infine, la quarta ondata comprende l'uso dell'elaborazione neuro-linguistica come forma di psicologia. A partire dal 2006 è stato utilizzato per identificare i modelli psicologici. Richiede un master in psicologia, per un'abilitazione a praticare la psicoterapia, e anche un'abilitazione alla formazione di master PNL. In effetti, quando si vede qualcuno che pratica la PNL, si sa che sono passati attraverso anni di formazione per essere il più efficace possibile quando si tratta di offrire un trattamento.

Quando cerchi un trattamento di PNL da un professionista, probabilmente affronterai qualcuno che è addestrato nella quarta onda di PNL. Questo è un bene - sono autorizzati ad aiutarvi e possono permettervi di essere il più sano che voi potete essere. Tuttavia, ricorda che la PNL stessa è stata progettata per essere accessibile anche alla persona media. Mentre non siete qualificati per fare diagnosi alle persone se non siete andati a scuola per essere autorizzati a farlo, sarete comunque in grado di sviluppare un'affinità per diversi processi PNL in modo da poterli usare efficacemente e in modi che sapete essere benefici per gli altri intorno a voi o per voi stessi.

# Capitolo 7: Principi di Base della PNL per Migliorare la Vita

Prima di addentrarsi veramente nei processi della PNL e di come potete utilizzarli, è importante riconoscere che ci sono diversi principi che dovrete tenere a mente. Quando si desidera utilizzare la PNL, è necessario soddisfare questi principi se si vuole essere in grado di avere successo. Dopo tutto, accedere alle menti inconsce degli altri richiederà che siate pazienti, flessibili e disposti a spendere il tempo necessario per farlo in modo efficace. Avrete bisogno di avere un piano chiaro pronto per voi stessi in modo da poter affrontare attivamente e vivere secondo le regole che state cercando di utilizzare.

Pensate a questi come ai vostri processi guida che vi aiuteranno a fare in modo che siate in grado di usare la PNL. Questi saranno i vostri principi fondanti che vivrete se volete essere in grado di attingere all'inconscio. Questi ti guideranno per avere successo, sia che tu voglia migliorare la tua vita o convincere qualcun altro a fare qualcosa di specifico. Non importa cosa sceglierete di fare, sarete in grado di farlo, se terrete a mente questi passaggi.

In particolare, gli step che saranno affrontati qui sono: essere in grado di conoscere il tuo risultato, agire, mantenere l'acutezza sensoriale, avere flessibilità, e vivere secondo una fisiologia di eccellenza. Con questi cinque principi, la PNL avrà successo per voi. Questo capitolo vi guiderà attraverso l'apprendimento di come utilizzare questi principi nella vostra vita. Sarete in grado di aiutare voi stessi. Sarete in grado di aiutare gli altri. Soprattutto, sarete in grado di essere efficaci e di successo.

## Conoscere il tuo risultato

Il primo e più importante punto di partenza quando si tenta di vivere con l'utilizzo della PNL è conoscere il tuo risultato. Questo è capire esattamente cosa volete, come lo otterrete, e perché lo volete. Se non sapete qual è il risultato che volete, come potete sperare di raggiungerlo? Se non sai che vuoi essere un avvocato, per esempio, puoi ragionevolmente aspettarti di frequentare la facoltà di legge e accumulare tutti quei debiti, solo per scoprire dopo che la legge era la tua passione? Nessuno sano di mente si iscriverebbe mai alla facoltà di legge senza sapere di voler essere un avvocato o che il suo vero obiettivo nella vita fosse quello di essere un avvocato. Le persone possono frequentare la scuola di legge perché è stato detto loro per tutta la vita che avrebbero dovuto frequentare la scuola di legge, ma anche quelle persone sono cresciute con l'aspettativa di essere un avvocato. Nessuno va alla scuola di legge senza l'aspettativa o il desiderio di diventare quella persona.

Proprio come nessuno si aspetterebbe mai che tu debba conoscere il tuo risultato e i tuoi desideri se vuoi avere successo. Devi capire esattamente cosa vuoi nella vita in modo da poter capire come ottenerlo. Vuoi essere ricco? Vuoi trovare l'amore? Forse vuoi essere un genitore o vuoi diventare un vigile del fuoco. Non importa quale sia il sogno, devi saperlo e vocalizzarlo a te stesso se vuoi che diventi realtà. Se vuoi essere ricco, puoi dirlo a te stesso. Se vuoi essere felice, puoi dirti anche questo. Quale sia il tuo obiettivo nella vita non è tanto importante quanto sapere qual è quell'obiettivo. Questa conoscenza è potere e ti aiuterà durante il tuo processo.

Se stai usando la PNL per altre persone, potresti voler sapere qual è il tuo obiettivo finale per quella persona. Vuoi che siano felici? Vuoi che comprino la macchina che stai vendendo? Forse volete che rompa con il suo partner narcisista. Non importa cos'è che vuoi, devi sapere cos'è se speri di farlo accadere.

Una volta che sapete cosa volete, è il momento di formularlo in modo da poter agire su di esso. Questo è effettivamente trovare un modo per strutturare i tuoi desideri in modo da poter agire su di essi. Quando fate questo, dovete soddisfare certi criteri specifici per assicurarvi che il risultato sia ben formato. Questo è un modo fantasioso per dire che se volete che il vostro obiettivo sia perseguibile e raggiungibile, dovete formularlo nel modo giusto. Questi criteri sono fondamentali per assicurarsi di essere in grado di agire di conseguenza. I criteri sono:

- **Orientato al positivo**: Il tuo obiettivo deve essere focalizzato su ciò che vuoi, non su ciò che vorresti evitare. Per esempio, devi affermare che vuoi trovare l'amore, invece di non voler essere più solo. Spostando questo in un positivo invece che in un negativo ti dà qualcosa per cui lavorare invece di qualcosa da evitare.
- **Sensoriale specifico**: Continuando lungo il percorso della PNL, comincerete a vedere che ogni metodo di influenza su qualcun altro, che sia su voi stessi o su qualcun altro, è sensoriale. Dovete capire a quali sensi vi rivolgerete e come quei sensi percepiranno quando avrete avuto successo nel raggiungere il vostro obiettivo. Forse questo sarà che avete un partner se il vostro obiettivo finale è trovare l'amore. Se volete vendere quell'auto, forse decidete che l'input sensoriale sarà avere in mano i documenti con le firme. Cercate di affrontare come ognuno dei vostri cinque sensi interagirà con il risultato quando sarà stato raggiunto. Questo vi aiuta ad essere in grado di visualizzare veramente ciò che volete.
- **Contestuale**: Questo implica assicurarsi di conoscere il contesto in cui avrete successo. State riconoscendo ciò che deve accadere se volete avere successo. Dove accadrà? Quando? Come? Con chi sarete? Quando conoscete il contesto di ciò che state cercando, sarete in grado di riconoscere ciò che dovete fare per impostare l'ambiente in modo appropriato per assicurarvi che vi accada di ottenere ciò che sperate di ottenere.
- **Auto-raggiungibile**: Dovete assicurarvi che l'obiettivo che volete sia uno di quelli che potete mettere in atto da soli senza l'influenza di altre persone. Potresti aver bisogno di assicurarti che altre persone stiano facendo qualcosa, ma puoi farlo tu? Devi avere accesso alle risorse di cui avrai bisogno per raggiungere il tuo obiettivo.
- **Ecologico**: Questo è semplice come porsi tre domande specifiche: È un bene per te? È un bene per le altre persone? È per il bene comune? Ricorda, la PNL è tutta incentrata sul

miglioramento del mondo e di coloro che la usano. Mentre è spesso usata come strumento di manipolazione e controllo degli altri, non è sempre questa l'intenzione.

- **Vale la pena**: Infine, dovete assicurarvi che qualunque sia il risultato che state cercando di ottenere, valga la pena. È qualcosa che sarà effettivamente utile e positivo per voi? Non deve essere utile su base giornaliera, ma dovreste essere in grado di vedere del bene da qualsiasi cosa sia. Potresti aver migliorato la vita di altre persone, permettendo al tuo amico di non essere più terrorizzato dalla folla, il che indirettamente migliora la tua vita perché il tuo amico è più felice e più sano. D'altra parte, potreste affrontare direttamente un vostro problema nel tentativo di migliorare voi stessi, e anche questo va bene. Finché è efficace, direttamente o indirettamente, va bene lo stesso.

## Passare all'azione

Il prossimo passo per assicurarsi di essere in grado di avere successo nell'uso della PNL è quello di passare all'azione. Questo è qualcosa che può sembrare buon senso, ma molte persone mancano completamente questo passo. Devi essere disposto ad agire se speri di vedere qualche risultato. Se volete assicurarvi di poter effettivamente cambiare la vostra vita o cambiare i comportamenti di qualcun altro, dovete trovare delle ragioni per lavorare o fare qualcosa.

Spesso, le persone cadono nella trappola dell'inazione - sentono che non possono avere successo, e quindi diventano vittime della procrastinazione. Tuttavia, questo è il tentativo della vostra mente di evitare l'azione per proteggervi dal fallimento. Quando ci si protegge in questo modo, è facile trovare delle scuse e comportarsi come se fosse successo per un motivo - ci si può dire che si è troppo stupidi per fare davvero la differenza, o che si fallirà anche se si prova.

Beh, indovinate un po': i fallimenti capitano. La gente fallisce sempre, ma questo non è intrinsecamente negativo. Quando si fallisce, si impara. Quando si impara, si diventa più preparati per il prossimo tentativo. Va bene fallire, fino a quando si impara da quel fallimento e non si lascia che sia esso a definirvi. In effetti, quindi, vuoi vivere imparando da quel fallimento e non lasciando che la paura del fallimento ti tenga bloccato nell'inazione.

Quando praticate la PNL, dovete agire. Se vi rifiutate di agire, non si fa nulla. Non cambia nulla. I comportamenti delle persone rimangono gli stessi. Si fallisce. La PNL non è passiva - richiede un'azione e uno sforzo costanti, e per questo motivo, dovete essere disposti a passare attraverso le mozioni e far accadere qualsiasi cosa vogliate.

## Acutezza sensoriale

Successivamente, dovete imparare l'acutezza sensoriale: imparare a notare cambiamenti in tutto il linguaggio del corpo; ciò è necessario se si spera di essere in grado di utilizzare la PNL. La PNL consiste nell'essere in grado di guardare qualcun altro, capire la sua mentalità e i suoi processi, e poi usare quei processi per capire come influenzare anche la mente dell'altra persona.

Fermatevi a considerare per un momento che cos'è il linguaggio del corpo: si tratta di movimenti inconsci che sono progettati per trasmettere significati molto specifici. La vostra mente inconscia è in gran parte responsabile del vostro linguaggio del corpo: se siete ansiosi, il vostro linguaggio del corpo lo trasmetterà. Se sei felice, il tuo linguaggio del corpo lo trasmetterà. Questo significa che se imparate a leggere il linguaggio del corpo di qualcun altro, sarete in grado di leggere lo stato della sua mente inconscia.

Questo perché il linguaggio del corpo e le azioni sono direttamente influenzati dai pensieri. Esistono all'interno di un ciclo: i pensieri influenzano i sentimenti e questi sentimenti influenzano il comportamento. Effettivamente, quindi, puoi imparare a seguire i pensieri imparando a identificare il comportamento. Si può anche fare un ulteriore passo avanti imparando a cambiare i pensieri influenzando anche il comportamento.

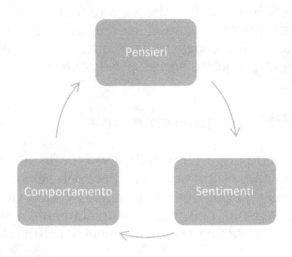

Effettivamente, quindi, l'acutezza sensoriale è la capacità di concentrarsi interamente all'esterno. Pensate a quello che succede quasi sempre quando qualcuno vi sta raccontando una storia. Se non siete addestrati all'ascolto efficace, potreste fare in modo che vi vengano in mente costantemente degli argomenti che potete usare in risposta. Può sembrare che tu stia ascoltando, ma in realtà la tua mente è anche impegnata a cercare di trovare una sorta di reazione o di controargomentazione. Questo è problematico: non stai prestando abbastanza attenzione all'altra parte e corri dei seri rischi nel farlo. Tuttavia, si può imparare a sconfiggere questo. Potete imparare invece a concentrarvi interamente sull'ascolto.

Quando vi concentrate sull'acutezza sensoriale, concentrandovi su ciò che l'altra persona sta facendo mentre parla, state prestando completa attenzione. Vedete tutti quei minuscoli spostamenti nel linguaggio del corpo. Vedete l'altra persona cambiare ciò che sta facendo in risposta a voi. Vedete quei sottili segni che possono tradire una bugia, o che dicono che l'altra persona è a disagio ed è disperata nel cercare di rimanere aperta nella comunicazione.

Effettivamente, quindi, devi imparare ad ascoltare sempre con attenzione. Devi imparare a riconoscere questi aspetti del linguaggio del corpo in modo da poterli usare come feedback per te stesso. Imparando a riconoscere il linguaggio del corpo, puoi effettivamente permetterti di rispondere in modo appropriato, o di raccogliere tutte quelle informazioni di cui avrai bisogno per avere successo nei tentativi di persuasione con la PNL.

## Flessibilità comportamentale

Un altro aspetto importante della PNL è la flessibilità. La PNL non è una scienza esatta semplicemente perché non ci sono due persone uguali. Le persone sono complesse, e così anche le loro menti. Una persona può essere completamente a suo agio nel parlare di un problema personale, mentre l'altra è terrorizzata nel menzionare questioni simili. Potreste scoprire che alcune persone sono felici di assecondarvi senza resistenza, e altre sono completamente insensibili ai vostri tentativi di influenzarli. Poiché non ci sono due menti uguali, dovete essere disposti ad impegnarvi in un po' di prove ed errori. Non potete semplicemente decidere di trovare un approccio unico per accedere alla mente degli altri: dovete essere disposti a prendere in considerazione diverse possibilità e a cambiare le cose quando incontrate un ostacolo.

Spesso le persone falliscono in questo - semplicemente si rifiutano ostinatamente di impegnarsi in qualcosa di diverso da ciò che hanno originariamente stabilito di fare, ma i risultati non cambiano mai. Se è fallito la prima e la seconda volta, perché pensate che lo stesso tentativo passerà la volta successiva? Se non provate mai qualcosa di diverso, il cambiamento non arriverà mai. Devi essere in grado di concentrarti sul cambiamento se vuoi avere successo nella PNL. Dovete essere flessibili nei vostri comportamenti. Dovete essere flessibili in ciò che siete disposti a provare.

Questo aiuta anche al di là dell'apprendimento della PNL - quando lo usi, stai effettivamente rendendo te stesso più flessibile in generale. Vi state insegnando ad affrontare il fallimento o l'inaspettato con facilità. Non avrai più paura di fallire o di sentirti come se non potessi provare altro. Vi aiuta a diventare più propensi al successo semplicemente perché siete disposti a uscire dalla vostra zona di comfort e a mescolare le cose quando è necessario. Se non siete disposti a fare concessioni o a cambiare i vostri migliori tentativi di affrontare una situazione, tutto ciò che farete sarà mantenervi ostinatamente radicati nel fallimento e nel controllo piuttosto che guardare le cose come un'opportunità di miglioramento.

## Fisiologia dell'eccellenza

Infine, se vuoi avere successo nei tuoi sforzi con la PNL, devi essere in grado di operare da una posizione di salute. Devi sentirti fisicamente e mentalmente sano se speri di operare al meglio, il che significa che devi essere in grado di prenderti cura di te stesso. Non puoi prenderti cura degli altri se non puoi prenderti cura di te stesso, quindi devi essere disposto a mantenere quella fisiologia di eccellenza.

Proprio come vi viene detto che dovete mettervi la vostra maschera d'ossigeno prima di occuparvi dei vostri figli su un aereo, dovete essere disposti a prendervi cura di voi stessi prima di essere disposti ad affrontare i problemi del mondo. Dovete assicurarvi di essere sani. Questo significa che dovete impegnarvi nella cura di voi stessi. Dovete assicurarvi di essere in forma. Dovete assicurarvi di avere il giusto riposo per mantenervi.

In particolare, se vi accorgete che la vostra vita non vi sta dando l'eccellenza di cui avete bisogno o che non siete così sani come potreste essere, dovreste dedicare il tempo necessario per ottenerla. Potrebbe essere necessario utilizzare alcune delle tue tecniche PNL per raggiungere questo obiettivo, come ad esempio insegnare a te stesso ad essere più diligente circa il tuo sonno o il tuo regime di esercizio fisico o ricordare a te stesso di mangiare in modo sano. Tuttavia, lo devi a te stesso e a quelli intorno a te che contano su di te per mantenerti sano. Dopo tutto, non puoi concentrarti sull'altra persona se non ti senti bene.

Oltre ad essere nel vostro interesse, se siete in grado di assicurarvi di essere sani, lo farete anche con le persone con cui state. Se adottate il vostro stile di vita sano, è più probabile che le persone più vicine a voi comincino ad adattare alcune di queste tendenze anche per loro.

# Capitolo 8: Controllo della Mente con la PNL

Con questa comprensione di cos'è la PNL e di come può influenzarti, è il momento di iniziare a capire alcune delle tecniche più comuni che puoi usare per controllare la mente degli altri. Puoi scegliere di controllare la tua mente, influenzando il tuo inconscio a comportarsi di conseguenza per assicurarti di poter ottenere ciò di cui hai bisogno, oppure puoi influenzare altre persone per aiutarle. Non importa chi state cercando di influenzare, sarete in grado di farlo con queste tecniche. Tenete a mente che alcune di queste possono richiedere una modifica tra l'uso per voi stessi e l'uso per qualcun altro.

Mentre leggete questo capitolo, sarete introdotti alla PNL e al controllo mentale - capirete perché funziona. Vi verrà mostrato come funziona la PNL per aiutare a controllare altre persone. Da lì, comincerai ad imparare come esercitare quel controllo anche su altre persone. Sarete guidati attraverso quattro distinte tattiche che potete usare per impiegare la PNL come strumento per influenzare gli altri. Come sempre, ricordate che la PNL è uno di quegli strumenti il cui valore e intento può cambiare completamente il significato. Se usate la PNL con l'intento di voler aiutare gli altri, è incredibilmente efficace.

Tuttavia, se volete usarla per manipolare o ferire gli altri, scoprirete che potete fare molto più male di quanto possiate pensare. Tenete a mente che giocare nella mente di qualcun altro, non importa quale sia la vostra intenzione, è qualcosa di pericoloso. Non è qualcosa da prendere alla leggera o da fare semplicemente per prendere in giro qualcuno. Dovreste essere molto ponderati nei vostri tentativi di controllare gli altri. Il libero arbitrio e la mente di qualcun altro sono molto personali e privati, e questa privacy merita di essere rispettata.

# PNL per controllare le menti

In definitiva, la PNL è uno dei modi più efficaci per influenzare la mente di qualcun altro. Mentre non sarete in grado di dire semplicemente a qualcuno di fare qualcosa e fargli fare proprio quello o di usare la mente di qualcun altro con il vostro controllore per ottenere il controllo assoluto, siete in grado di influenzare pesantemente ciò che qualcuno è disposto a fare o ciò che è disposto a dire o a sopportare, il tutto imparando ad accedere alle loro menti e a innescarle per fare ciò che volete. Sarete effettivamente in grado di piantare pensieri nelle loro menti, facendoli combaciare perfettamente e ordinatamente come se fossero sempre stati destinati ad essere lì.

In effetti, quindi, questa è un'influenza incredibilmente potente: vi permetterà di far fare alle altre persone quasi tutto ciò che volete che facciano, se sapete cosa state facendo. Potete dissipare l'ansia, o potete usarlo per incutere paura per una morsa più stretta su qualcuno. Potete usarlo per liberare qualcuno dallo stress o per farlo sentire completamente impotente. Questo perché state accedendo alla mente inconscia.

La PNL è effettivamente una forma di ipnosi - stai delicatamente e segretamente cullando l'altra persona in uno stato di suggestione, durante il quale puoi bypassare la mente cosciente per installare i tuoi desideri in qualcun altro. Potete assicurarvi che l'altra persona sia disposta a pensare o sentire qualsiasi cosa vogliate che faccia, semplicemente assicurandovi di sapere cosa state facendo. Infatti, la gente ha usato queste tecniche per convincere le persone a fare quasi tutto. Tutto quello che dovete essere in grado di fare è cullarli in uno stato di rilassamento e fiducia.

Infatti, una delle parti più importanti per poter installare un senso di fiducia non è in voi. Questo è noto come stabilire un rapporto con l'altra persona, e se riesci a farlo, puoi effettivamente ottenere l'accesso alla mente dell'altra persona. In definitiva, quando qualcuno si fida di te, non si guarderà attivamente da te o da quello che potresti fare. Questo è il motivo per cui sviluppare quel rapporto è così critico nella PNL.

Quando qualcuno pratica la PNL, di solito passa un periodo di tempo a costruire quel rapporto in modo da essere in grado di attingere alla mente inconscia dell'altra persona. Sarete in grado di fare questo da soli se siete disposti a fare lo sforzo.

## Rispecchiamento

Prima di tutto, è necessario costruire un rapporto, come detto. Il modo migliore per farlo è imparare a rispecchiare qualcuno.

Il rispecchiamento è l'imitazione inconscia delle persone che ci sono vicine. Pensate a come, quando una persona sbadiglia, i suoi amici o membri della famiglia che sono presenti probabilmente sbadiglieranno pure: questa è una forma di rispecchiamento. Tuttavia, non si ferma qui. Quando due persone sono vicine emotivamente e si fidano veramente l'una dell'altra, scoprirete che i loro ritmi di respirazione si sincronizzano. Cammineranno insieme con gli stessi passi e lo stesso tempo. Naturalmente berranno un sorso alla stessa ora, o daranno un morso alla stessa ora se stanno mangiando insieme. Faranno gli stessi movimenti l'uno dell'altro - se uno si prude il naso, è probabile che anche l'altro lo faccia. Possono anche assumere le stesse pose l'uno dell'altro senza pensarci.

Questo è il rispecchiamento, ed è incredibilmente eloquente. Quando qualcuno sta rispecchiando qualcun altro, è perché è in grado di riconoscere che gli piace o si fida di quell'altra persona - che il rapporto è stato costruito e viene onorato. Se rispecchiate qualcun altro intorno a voi, è probabile che lo facciate perché sentite di potervi fidare di lui. Tuttavia, questo può richiedere molto tempo per costruirsi naturalmente. A meno che non ti sia capitato di avere una connessione istantanea con l'altra persona, è probabile che tu abbia bisogno di passare attraverso il processo di costruirla da solo. Puoi farlo con pochi semplici passi.

Per prima cosa, devi creare una connessione con l'altra persona. Puoi farlo assicurandoti di guardarla direttamente - vuoi stabilire un contatto visivo e riconoscere direttamente l'altra persona. Puoi fare in modo di cogliere i loro sottili segnali - prova a sincronizzare anche il tuo respiro con quello dell'altra persona. Mentre li ascolti, vuoi fare un punto per annuire regolarmente con la testa - in particolare, vuoi fare il triplo cenno. Il triplo cenno dice all'altra persona tre cose: Stai ascoltando, hai capito e, soprattutto, sei d'accordo. A questo punto dovresti sentire che la relazione si costruisce naturalmente.

Poi, vuoi raccogliere i segnali verbali dell'altra persona. Anche se potreste iniziare imitando il loro linguaggio del corpo, questo tende a far suonare più campanelli d'allarme rispetto al semplice captare i modelli di discorso. Vorrai assicurarti di parlare allo stesso tono dell'altra persona e di seguire attivamente il suo ritmo e il suo entusiasmo. Facendo questo, scoprirete che l'altra persona continuerà più a lungo, specialmente se la riconoscerete con un triplo cenno del capo.

Infine, l'ultimo passo per sviluppare quella connessione di rispecchiamento è trovare il suo punteggiatore. Ognuno ne ha uno: può essere semplice come uno scuotimento delle sopracciglia quando si vuole sottolineare qualcosa. Può essere più complesso, come pompare un pugno in aria o inclinare la testa e sorridere quando si dice qualcosa che si vuole sottolineare. Tuttavia, identificare questo richiederà un po' di lavoro attivo da parte vostra. Devi essere disposto a fare lo sforzo di osservare le reazioni e le tendenze dell'altra persona per capire qual è il suo punteggiatore. Vuoi sapere cosa fanno in modo da poterlo imitare tu stesso.

Quando hai capito il loro punteggiatore, vuoi usarlo di nuovo la prossima volta che senti che è probabile che lo usino. Se senti che si stanno preparando a scuotere le sopracciglia verso di te, fallo per primo. Potrebbero non notarlo, ma probabilmente sorrideranno e continueranno a impegnarsi con voi. Sentiranno una connessione istantanea con te senza capire veramente perché, e questo va bene.

Ora, tutto quello che dovete fare è testare la connessione. Puoi farlo semplicemente spazzolandoti la spalla o facendo attivamente qualcos'altro nel tentativo di vedere se sono disposti a copiarti. Vuoi assicurarti che qualsiasi cosa tu scelga di fare sia relativamente sottile e che non sembri fuori luogo, ma deve anche essere qualcosa che pensi non sia casuale. Se ti seguono, sai che hai fatto bene il tuo lavoro e puoi andare avanti. In caso contrario, tornate all'inizio e riprovate. A volte, ci vuole un po' di tempo per convincere davvero qualcuno a fidarsi di te.

## Ancoraggio

Una volta che avete costruito una connessione con qualcun altro, siete pronti a passare al tentativo effettivo di alterare la mente di qualcun altro. Uno dei modi migliori per farlo è attraverso l'ancoraggio: quando ancorate qualcuno a qualcosa, lo state preparando ad avere una reazione specifica ad uno stimolo molto specifico. Può essere che volete che cambi attivamente il loro umore quando fate qualcosa, o volete trovare un modo per fargli fare qualcosa in particolare in risposta alla loro ansia o sensazione negativa. Potete usare questo per rendere qualcuno più propenso a prendere una decisione positiva quando si sente fuori controllo, o potete farlo per fargli fare qualcosa di specifico per voi.

Una tattica comune dei manipolatori, per esempio, è quella di creare un innesco alla paura da un ancoraggio molto piccolo che è impercettibile - possono usare un leggero ma distinto movimento della mano al fine di far provare paura all'altra persona per tenerla sotto controllo. Tuttavia, può anche essere citato per prevenire cattive abitudini, come fumare o bere, o per essere un modo per far fronte all'ansia del momento.

L'ancoraggio è abbastanza semplice una volta che si è in grado di sviluppare un rapporto con un'altra persona. Tutto quello che dovete fare è capire i passi giusti e i sentimenti giusti da ancorare. Ci sono cinque semplici passi per ancorare qualcun altro ad un sentimento. Tenete a mente che ci vorrà del tempo - non potete semplicemente aspettarvi che qualcuno si ancori casualmente senza molto sforzo. State effettivamente condizionando qualcuno, probabilmente senza che ne sia consapevole, e questo richiede sforzo ed energia per rimanere inosservato. Senza ulteriori indugi, diamo un'occhiata ai cinque passi dell'ancoraggio di qualcun altro.

## Passo 1: Scegliere un sentimento

Inizierete questo processo cercando di capire quale sentimento volete infondere in qualcun altro. Per lo scopo di questo processo, diciamo che vuoi far sentire la tua partner più sicura di sé, in modo che non abbia paura di chiedere ciò di cui ha bisogno quando ne ha bisogno. Sapete che lei lotta con questo e volete cambiarlo. Naturalmente, questa sensazione potrebbe essere qualsiasi cosa. Potreste scegliere di infondere ansia o rilassamento. Potresti scegliere la felicità o la tristezza. In definitiva, avete bisogno di trovare uno stimolo che funzioni per voi e per la vostra situazione.

## Passo 2: Scegliere uno stimolo

Questo è un forma fantasiosa per dirvi di trovare un modo per installare quel particolare sentimento all'altra persona. Si può usare la narrazione per qualcun altro, raccontando un momento che riporta alla mente sensazioni di quel particolare sentimento che si vuole installare. Se vuoi che il tuo partner si senta sicuro di sé, potresti ricordare un periodo di tempo in cui era abbastanza sicuro di sé, descrivendolo fino a quando non vedi che sembra rivivere quella sensazione.

## Passo 3: Scegliere un'ancora

Successivamente, dovete identificare l'ancora che userete. Può essere il tatto, la vista, l'olfatto, il gusto o il suono. La maggior parte delle volte, la vista è la più facile da instillare in qualcun altro, ma richiede comunque abbastanza vicinanza da poterla attivare quando ne hai bisogno. Cerca di capire cosa funziona meglio per te e per l'altra persona. Forse, in questo caso, scegliete di toccare in un punto specifico del polso che non viene comunemente toccato.

**Passo 4: Innescare la sensazione**

A questo punto, innescherete attivamente la sensazione che state ancorando. Puoi raccontare la storia durante la quale il tuo partner era fiducioso. Puoi dire cose che aiuteranno ad aumentare la fiducia del tuo partner, come offrire elogi sontuosi per la cena che è stata preparata, o sottolineare quanto è bella quel giorno. Vuoi che lei si senta sicura di sé, così puoi poi collegarla all'ancora. Si può fare in modo di farlo in diversi modi, diverse volte nel corso della giornata.

**Passo 5: Collegare l'ancora**

Infine, quando vedete che l'altra persona sta provando l'emozione che state cercando di ancorare, potete iniziare ad usare l'ancora che volete. Se avete scelto quel tocco veloce all'interno del polso del vostro partner, lo toccherete allora. Se avete scelto un'espressione facciale, potete farla. Mentre fate questo, col tempo, scoprirete che la vostra partner fa un'associazione tra la sua fiducia e qualsiasi cosa state ancorando.

Il trucco qui è quello di assicurarsi che ogni volta che si attiva quella sensazione per lei, si deve accoppiare anche con l'ancora. Questo è fondamentale se volete che sia veramente efficace. Tieni presente che questo richiederà tempo, ma sarà anche incredibilmente efficace.

# Stimolare e Guidare

Comunemente usato nella PNL è l'atto di stimolare e guidare. Effettivamente, questa è l'abilità di capire come meglio identificarsi con l'altra persona (come il rispecchiameno per mettersi sulla stessa linea) e poi guidarla nella tua mentalità invece di permetterle di mantenere la propria.

Mentre leggete questo, ripassando le parole scritte qui per voi, potreste scoprire che state diventando curiosi su cosa sia la stimolazione e la guida e come possa essere usata.

Se ora vi sentite curiosi riguardo al ritmo e alla guida, allora ci siete appena cascati - il vostro stato attuale è stato riconosciuto, e poi siete stati gentilmente guidati verso uno stato diverso - la curiosità. Questa è una tecnica incredibilmente efficace per una ragione specifica: si inizia menzionando qualcosa che è vero, riconoscendo lo stato di qualcun altro prima di menzionare attivamente qualcos'altro. Disarma efficacemente la mente cosciente subito dopo aver detto la verità - la coscienza non vede più ciò che sta per essere detto come potenzialmente minaccioso perché la prima parte non lo era.

A volte, questo può essere abbastanza evidente, come è stato in quella prima reazione, ma si può anche vedere che avviene in modo molto più sottile. Fintanto che siete in grado di abbinare il ritmo e poi condurre, troverete che questa tecnica può avere successo. Naturalmente, devi aver costruito quel rapporto iniziale - se non hai già un rapporto con la persona con cui stai cercando di dare il ritmo, inizia con il rispecchiamento e poi passa a questa tecnica.

Considera per un momento che sei in una discussione con il tuo coniuge. Il vostro coniuge si sta arrabbiando molto e la sua voce si sta alzando. Anche voi siete piuttosto arrabbiati, ma non volete che la situazione degeneri ulteriormente. In questo caso, si può fare in modo di corrispondere al ritmo dell'altra persona. Questo non significa che dovete iniziare a urlare al vostro coniuge. Dovete trovare un altro modo per adeguare il ritmo. Invece di urlare anche le vostre frustrazioni, forse restituite lo stesso tono e la stessa intensità con qualcosa di leggermente meno serio. Urla di nuovo che hai fame invece di urlare che sei arrabbiato. Forse puoi anche mischiarlo e urlare che hai fame. Poi cominci a diminuire gradualmente la tua intensità, portando loro e la loro intensità con te. L'improvviso cambiamento di ritmo può inizialmente scioccare il vostro coniuge, ma in seguito scoprirete che seguirà la vostra de-escalation la maggior parte delle volte.

Questo può essere incredibilmente utile in molti contesti diversi: potete usarlo in un ambiente di lavoro, ascoltando ciò che il vostro cliente ha da dire, adattandovi al ritmo, e poi passando a ciò di cui vorreste invece discutere. Puoi usarlo nella pubblicità, riconoscendo ciò che le persone stanno facendo e poi indirizzandole a ordinare il prodotto. Puoi anche usarlo per guadagnare interesse in qualcosa, come è stato fatto all'inizio di questa sezione.

## Imparare a leggere il linguaggio del corpo

Infine, un'ultima tecnica che viene usata regolarmente nella PNL è quella di imparare a leggere e gestire il linguaggio del corpo. Dedicare del tempo a capire la comunicazione non verbale significa che sarete in grado di leggere meglio le intenzioni delle altre persone. Nel capire le intenzioni delle altre persone, scoprirete che potete anche influenzare e controllare molto meglio le situazioni.

Quando si è in grado di leggere il linguaggio del corpo, si sviluppa la capacità di capire cosa stanno pensando. Tuttavia, quando si impara a gestire il proprio linguaggio del corpo, si può iniziare a capire come meglio interagire con le altre persone per cambiare sottilmente i loro sentimenti.

Ripensate al rispecchiamento: è probabile che l'altra persona segua le vostre indicazioni quando siete in grado di creare quella connessione con loro. Cosa succederebbe se cominciaste ad usare i vostri segnali non verbali per aiutarli a calmarsi o a cambiare la loro mentalità? Forse state parlando con qualcuno che sembra esitare a fare un acquisto - potete rispecchiare l'altra persona e annuire sottilmente con la testa per spingerla gentilmente a voler essere d'accordo. Puoi usare questo per spingere le persone a prendere la loro decisione finale. Se l'altra persona è ancora indecisa sull'idea dopo che tu hai già tentato di spingere per un sì, probabilmente dovresti accettare quel no e andare avanti.

Si può usare anche in molti altri modi. Se qualcuno sembra infastidito, potete specchiarvi per ottenere il vostro rapporto con l'altra persona e poi usare il linguaggio del corpo per cominciare a calmarla. Tutto quello che devi fare è passare attraverso il processo, e scoprirai che puoi influenzare costantemente anche i sentimenti minori.

# Capitolo 9: Migliorare le Capacità di Comunicazione

Considerando quanto la PNL sia sociale e quanto si debba essere in grado di interagire con le menti degli altri, non dovrebbe sorprendere che buone capacità di comunicazione siano fondamentali se si vuole essere in grado di usarla. Queste possono essere difficili da sviluppare se non sai cosa stai facendo, ma puoi imparare come sviluppare al meglio le abilità che ti serviranno. In particolare, le abilità di comunicazione che sono forti possono fornirti una miriade di benefici, sia nell'ambito della PNL e della persuasione che semplicemente nella tua vita generale. Sarete in grado di comunicare con gli altri per essere compresi meglio, il che significa che non vi imbatterete in conflitti tanto spesso. Sarete in grado di affrontare le lotte che si possono incontrare. Sarete in grado di chiedere ciò di cui avete bisogno. Sarete in grado di comunicare meglio con le menti inconsce di coloro che vi circondano. Tutto quello che dovete fare è sviluppare le giuste abilità per farlo. Aumenterà la vostra fiducia in voi stessi, e con quella fiducia migliorata, scoprirete che è molto più probabile che siate felici nella vostra vita.

In particolare, quando hai bisogno di sviluppare solide capacità di comunicazione, le migliori da imparare sono quelle di essere in grado di stabilire un contatto visivo significativo senza forzarlo o fingere, di essere in grado di presentarti come sicuro e in controllo, e di essere in grado di ascoltare efficacemente. Queste, in particolare, vi aiuteranno a diventare molto più bravi a comunicare in un modo che non solo faciliti la vostra comprensione di ciò che gli altri vogliono trasmettervi, ma anche a fare in modo che possiate dire agli altri ciò di cui avete bisogno in modo chiaro e significativo. In modo efficace, sarete in grado di assicurare che coloro che vi circondano vi capiscano e siano in grado di rispettare ciò che volete e di cui avete bisogno.

Questo capitolo vi fornirà le informazioni necessarie per affrontare le tre tecniche specifiche di cui sopra, fornendovi i passi per renderle abituali, anche se vi sentite intimiditi dall'idea di stabilire un contatto visivo o di cercare di essere sicuri di voi stessi. Basta tenere a mente, ogni volta che vi sentite dubbiosi su questi metodi, che sarete visti come più affidabili, e la fiducia è fondamentale se sperate di essere visti come affidabili da coloro che vi circondano.

## Stabilire un contatto visivo

Il contatto visivo è una di quelle abilità che è necessario sviluppare per essere efficaci nella comunicazione, ma è anche una di quelle con cui le persone tendono a lottare. Il contatto visivo può rendere più incisivo ciò che stai dicendo e cambiare il modo in cui le persone ti vedono mentre parli, ma può anche essere piuttosto difficile da mantenere. Se si vuole essere in grado di comunicare chiaramente, è necessario sviluppare una tolleranza per il contatto visivo, o almeno imparare a stabilire un contatto visivo in modo da convincere l'altra parte che la si sta guardando.

Dato che così tante discussioni e conflitti possono essere legati a un errore di comunicazione, essere in grado di comunicare in modo chiaro ed efficace è fondamentale. Con un buon contatto visivo e solide capacità di comunicazione, scoprirete che le persone intorno a voi sono molto più disposte ad ascoltare ciò che avete da dire. Si fideranno di voi più frequentemente e più volentieri. Saranno più impegnati nella conversazione e nello scambio e avranno più probabilità di ricordarsi di voi con affetto e felicità. L'inizio di tutto questo è il contatto visivo. Dopo tutto, se qualcuno non ha un forte contatto visivo con voi, di solito si presume che non sia degno di fiducia - è un segno di inganno, e questo non è quello che volete rappresentare se volete essere visti come onesti e degni di essere ascoltati.

Quando usi il contatto visivo, stai dicendo all'altra persona che stai ascoltando e sei interessato. Dite all'altra persona che, in quel momento, la vostra attenzione è sull'altra persona, il che significa che è libera di continuare. Tuttavia, le persone generalmente lottano con il contatto visivo. Se vuoi migliorare la tua capacità di stabilire un contatto visivo significativo, prova a seguire i seguenti passi.

## La regola del 50/70

A prima vista, questo può sembrare confuso dato che non arriva a 100, ma in realtà ha senso. Stai cercando un contatto visivo che sia buono, significativo, ma non fisso e scomodo. Mentre tutti noi vogliamo ricevere un contatto visivo per sapere che siamo importanti e che l'altra parte sta ascoltando attivamente, non vogliamo anche un contatto visivo eccessivo. Troppo sembra aggressivo e scomodo, e per questo motivo, è necessario trovare quella via di mezzo in cui si dà abbastanza contatto visivo ma non così tanto da fissare l'altra persona.

Questo viene gestito stabilendo un contatto visivo per il 50% del tempo quando si parla, e per il 70% del tempo quando si ascolta. Quando le persone parlano, guardano naturalmente da un'altra parte mentre raccolgono i loro pensieri. Questo perché pensare è incredibilmente difficile da gestire. Il contatto visivo è mentalmente intenso ed estenuante, e per questo motivo, può distrarre se si cerca di mantenerlo costantemente durante una conversazione. Se si stabilisce un contatto visivo per metà del tempo quando si parla, si comunica all'altra persona che si sta parlando con lei senza passare per maleducati o provocatori.

Quando si ascolta, tuttavia, si vuole essere visti come attenti per incoraggiare l'altra persona a continuare a parlare. È qui che entra in gioco la regola del 70%: si vuole guardare di più l'interlocutore in modo che senta di avere la vostra attenzione, ma si vuole comunque evitare di fissarlo, perché alle persone in genere non piace essere fissate. Distrae, mette a disagio e può causare problemi.

### Mantenere 4-5 secondi di contatto visivo alla volta

Quando stai stabilendo il contatto visivo, assicurati di fare una pausa ogni 4 o 5 secondi. Così facendo interrompi il contatto visivo abbastanza da ammorbidirlo senza apparire volubile o distratto. Interrompendo il contatto visivo ogni pochi secondi, rendete chiaro che non state cercando di essere scortesi o aggressivi, e tornando all'oratore, gli dite che ha ancora tutta la vostra attenzione.

### Prestare attenzione a dove si guarda

Quando si prende una pausa dal contatto visivo, può essere facile abbassare lo sguardo o guardarlo velocemente. Questo, tuttavia, tende a farvi sembrare nervosi e quindi non affidabili. Quando si interrompe il contatto visivo, è importante guardare di lato piuttosto che guardare in basso. Guardare di lato o in alto implica pensare, ma guardare in basso ti fa sembrare a disagio o timido.

### Contatto visivo immediato

Quando vuoi parlare con qualcuno, assicurati di avere un contatto visivo prima di parlare, e assicurati di incontrare gli occhi quando inizi a parlare. Vuoi che il contatto visivo sia presente quando inizia la conversazione. Stabilisci il contatto visivo, parla e poi distogli lo sguardo.

## Guardare tra gli occhi

Se trovi che il contatto visivo legittimo è troppo scomodo da mantenere, puoi provare invece a guardare tra gli occhi al ponte del naso. Di solito puoi usare questo per ingannare l'altra persona a pensare che la stai guardando, anche se ti stai risparmiando il disagio del contatto visivo. Naturalmente, il contatto visivo genuino è sempre preferibile, ma si può usare questo metodo mentre si lavora su come stabilire il contatto visivo più facilmente e regolarmente.

# Ascoltare efficacemente

Oltre a stabilire un buon contatto visivo, devi anche essere in grado di ascoltare efficacemente se speri di fare buoni progressi con le persone intorno a te. Ascoltare è un'altra di quelle abilità che molte persone danno per scontate - pensano che essere in grado di ascoltare qualcuno dovrebbe essere facile dato che abbiamo il senso dell'udito. Tutto quello che si deve fare è sentire, giusto?

Sbagliato.

Sentire è completamente diverso dall'ascoltare. Sentire è passivo, mentre ascoltare è attivo. Quando sentite qualcuno, state semplicemente registrando che sta parlando. Non capite veramente ciò che è inteso o viene detto, anche se siete in grado di riassumere più o meno il punto di ciò che è stato detto. Quando si ascolta qualcuno, non lo si sta necessariamente ascoltando, ma quando si ascolta qualcuno, lo si ascolta.

L'ascolto attivo è una di quelle abilità che potete sviluppare per elevare il vostro udito all'ascolto. Così facendo, scoprirete che la comunicazione, in generale, è notevolmente migliorata. Se riuscite a comunicare e ad ascoltare in modo efficace, otterrete una migliore comprensione di ciò che era inteso in quella conversazione perché vi siete presi il tempo di ascoltare e di informarvi invece di fare solo supposizioni.

## Come ascoltare attivamente

Quando siete pronti ad ascoltare attivamente, dovete passare attraverso diversi passi. Assicuratevi effettivamente di essere in una posizione che permetta di ascoltare e prestare attenzione. Evitate le distrazioni. Date all'altra persona la completa attenzione. Ascoltate davvero senza pensare a come risponderai all'altra persona.

Questo può sembrare semplice in teoria, ma pensate a quello che la vostra mente sta facendo durante una conversazione – trovate che finite per passare il tempo cercando di capire come rispondere all'ultimo concetto espresso quando l'altra persona sta ancora parlando? Questo non è ascolto attivo. Questo è ascoltare l'altra persona e poi distrattamente mettere insieme una confutazione che può essere completamente irrilevante alla

331

fine della conversazione, e questo non è giusto per l'altra persona. Per ascoltare attivamente, quindi, farai quanto segue:

- **Passo 1: Affrontare l'altra persona**: Questo è il momento in cui gli dai la tua completa attenzione. Nessun telefono o schermo presente. Assicuratevi di avere un contatto visivo e di non essere distratti.
- **Passo 2: Ascoltare**: Quando ascolti, assicurati di prestare attivamente attenzione a ciò che l'altra persona sta dicendo. Non cercare di arrivare con una risposta durante questo periodo - stai semplicemente ascoltando l'altra persona.
- **Passo 3: Linguaggio del corpo attento**: Ricordate come annuivate quando cercavate di costruire un rapporto? Bene, assicurati di annuire e di affermare che stai ancora ascoltando mentre l'altra persona parla, ma non interrompere. Si può anche fare in modo di appoggiarsi leggermente mentre si ascolta l'altra persona e mantenere il proprio linguaggio del corpo aperto e ricettivo. Questo significa non incrociare le braccia e prestare attenzione in modo efficace.
- **Passo 4: Fare domande**: Quando arrivi alla fine del discorso dell'altra persona, fagli qualche domanda. Queste dovrebbero essere domande chiarificatrici, non domande progettate per fare buchi nell'argomentazione dell'altra persona. Prenditi il tempo di chiedere se hai capito bene.
- **Passo 5: Formulare la risposta**: Non iniziare a formulare la tua risposta all'altra persona fino a quando non hai avuto la conferma che, in effetti, hai capito ciò che è stato detto. A quel punto, prenditi un minuto per mettere insieme una risposta, e poi vai avanti e dilla.

Quando seguirete questi passi, scoprirete che in realtà siete molto più bravi a capire quello che le persone dicono di quanto non pensiate inizialmente. Comincerete a ottenere più comprensione dalle altre persone. Gli altri si fideranno di più di te nelle conversazioni con loro. Saranno più inclini ad ascoltarti e tu sarai più preparato per il tuo viaggio nella PNL. Ricordate, se si vuole essere in grado di padroneggiare la PNL, è necessario essere in grado di ascoltare in modo efficace.

# Linguaggio del corpo fiducioso

Infine, un ultimo metodo che è possibile utilizzare per migliorare la propria comunicazione con gli altri è quello di sviluppare un linguaggio del corpo sicuro. Questo significa che devi assicurarti di non chiuderti al contatto con le altre persone. Se siete abbastanza coscienziosi riguardo al vostro linguaggio del corpo, assicurandovi di ritrarvi in modo positivo e attento, scoprirete che siete effettivamente molto più efficaci nel comunicare con gli altri.

Questa sezione vi fornirà diversi modi in cui potete mantenere il vostro linguaggio del corpo efficace e sicuro per convincere gli altri a mostrare fiducia anche in voi. Se riuscite ad attirare la fiducia, scoprirete che gli altri sono più ricettivi ai vostri tentativi di comunicare con loro.

- **Stare in piedi a testa alta**: Il modo migliore per essere visti come assertivi e sicuri di sé è quello di mantenere il vostro linguaggio del corpo alto e aperto. Il modo migliore per farlo è quello di raddrizzare la spina dorsale, tenere la testa dritta e assicurarsi che le gambe siano ben distanziate. Dovresti stare in piedi con i piedi alla larghezza delle spalle: così facendo rendi chiaro agli altri che sei sicuro e a tuo agio con te stesso.
- **Usa le pose di potere**: Alcune pose, come stare in piedi con calma e alti mentre le mani sono dietro la schiena, trasudano sicurezza senza essere prepotenti. Se sei in grado di usare le tue pose di potere, non solo dirai agli altri che sei a tuo agio e sicuro di te, ma comincerai anche a sentirti più sicuro.
- **Tieni traccia delle tue mani**: Assicurati di guardare cosa fanno le tue mani. Può essere incredibilmente facile offendere qualcuno con un gesto fuori luogo o nascondendo la mano in tasca. Fai attenzione a quello che fai con le mani per assicurarti di mostrare che sei calmo e in controllo.
- **Stabilire un buon contatto visivo**: Questo non può essere più importante o più enfatizzato: devi essere in grado

di stabilire un buon contatto visivo per essere considerato sicuro di te.

- **Evitare di agitarsi**: Le persone che non sono sicure di sé spesso scoprono che sono regolarmente prese da agitazione o altri comportamenti nervosi semplicemente perché sono a disagio. Il loro corpo tradisce questa mancanza di fiducia. Cercate di stare fermi e aperti quando state comunicando per essere visti come fiduciosi.

- **Linguaggio del corpo aperto**: Assicuratevi di mantenere il vostro linguaggio del corpo aperto. Questo significa che non puoi incrociare le braccia davanti a te o tentare di nasconderti quando comunichi. Vuoi assicurarti che l'altra persona non ti veda come disonesto o non disposto a comunicare efficacemente.

# Capitolo 10: PNL per Una Vita di Successo

Infine, abbiamo raggiunto l'ultimo capitolo di questo libro. Potresti sentirti come se avessi molto più intuito su come puoi usare la PNL e influenzare altre persone. Tuttavia, puoi anche usarla su te stesso. Avete qualche tipo di trauma negativo che vi rende difficile funzionare? Forse vi sentite come se foste stati frenati dalle vostre emozioni o dai tentativi di superare la vita. Bene, dopo aver letto questo libro, ora hai diversi strumenti che possono aiutarti a sentirti meglio su chi sei, cosa vuoi e come vivi la vita. Tutto quello che devi fare è iniziare ad utilizzarli.

La PNL può essere usata su se stessi abbastanza regolarmente per rendervi più felici, più sani e più fiduciosi. Nell'attrarre la felicità e la fiducia, troverete che avete molto più successo nei vostri sforzi. Potreste rendervi conto che siete in grado di comunicare meglio e di relazionarvi con le persone dopo aver sconfitto la vostra ansia o le vostre paure. Potreste scoprire che siete in grado di andare più d'accordo perché potete comunicare più facilmente. Potreste scoprire che vi sentite semplicemente meglio senza che la preoccupazione di come la gente vi vedrà sia sparita.

Quando sei in grado di esercitare la PNL per te stesso, puoi iniziare a sconfiggere qualsiasi trauma che ha indugiato, trattenendoti per troppo tempo. Sarete in grado di riformulare quei traumi, separandovi da quella negatività e trovando il modo di rendere quei ricordi qualcosa di molto meno traumatico. Sarete in grado di ancorarvi in un processo che è incredibilmente simile a quello usato per altre persone, e con l'uso di questo, scoprirete che siete in grado di sconfiggere le abitudini negative. Con quelle abitudini eliminate, vi sentirete molto più capaci. Sarete autorizzati. Avrete successo. Userete la PNL per il suo scopo più vero: usarla per aiutare gli altri e voi stessi.

Questo capitolo vi guiderà attraverso tre tecniche che è possibile utilizzare per esercitare il potere della PNL su se stessi. Imparerete ad usare la dissociazione per prendere le distanze dai sentimenti legati ad uno specifico evento traumatico o per rimuovere un innesco tra un evento e un sentimento. Imparerete ad usare il reframing per cambiare il modo in cui vedete un evento o un ricordo. Infine, sarete guidati su come ancorarvi con facilità.

## Dissociazione

L'ansia può essere debilitante, specialmente se è un'ansia verso qualcosa che si deve affrontare regolarmente. Torniamo all'esempio della donna che ha avuto un incidente davanti alla sua classe e non ha più potuto superarlo. Potrebbe decidere, dopo aver letto questo libro, di voler passare attraverso il processo di dissociazione. Vuole capire come rimuovere una volta per tutte quel legame intrinseco tra i suoi sentimenti negativi e il poter andare davanti alla folla.

Questo processo comporta tre semplici passi: Identificare l'emozione problematica, concentrarsi su di essa e sulla causa, e poi visualizzare e cambiare.

La nostra amica può identificare che prova vergogna. Si vergogna di essersi urinata addosso in classe davanti a tutti i suoi compagni, e questa vergogna viene fuori regolarmente. Riconosce che prova la stessa vergogna ogni volta che si trova di fronte ad altre persone, come i suoi colleghi, o quando deve andare a un colloquio, e in fondo alla mente ha sempre paura che succeda di nuovo.

Poi deve visualizzare l'evento scatenante. In questo caso, visualizza l'incidente come se fosse ieri - si ferma e ricorda come si sentiva quando doveva andare in bagno ma aveva troppa paura di alzare la mano e chiedere di andare. Era stata imbarazzata dal fatto che doveva andare durante una presentazione, e si preoccupava che quelli intorno a lei si sarebbero arrabbiati perché non aveva sentito la presentazione che era stata fatta. Si immagina la sua scuola elementare che va davanti alla classe, cercando disperatamente di fare la sua presentazione, anche se ha davvero bisogno di andare in bagno. Sente il suono della pioggia che batte sulla finestra dell'aula e ricorda la sensazione di calore bagnato che si diffonde lungo le gambe. Ricorda il suono delle risate che esplodevano nella stanza e l'imbarazzo e le lacrime mentre correva in bagno, con l'urina che si infilava nelle scarpe. Lo ricorda nel modo più vivido possibile, e può sentire il suo viso diventare rosso vivo dalla vergogna mentre lo fa.

Con il ricordo ben impresso nella mente, è il momento di ripetere di nuovo quella scena, ma questa volta, cercando di prendere le distanze dalla vergogna che ha provato. È il momento di guardare il ricordo in un modo che riduca la negatività. Forse immagina che tutti si siano bagnati i pantaloni nello stesso momento, e che le risate fossero dirette a tutti, non solo a lei. Forse immagina che invece dell'urina si sia rovesciata una bibita o qualcos'altro sulle ginocchia. Vuole cambiare il contesto, in modo che non sia più angosciante e sia invece divertente.

Con il tempo, le emozioni negative svaniranno. Può richiedere tempo e ripetizioni, ma col tempo, i sentimenti di vergogna saranno desensibilizzati e svaniranno.

## Riformulazione del contenuto

Un'altra tecnica che può essere utile verso se stessi è imparare a riformulare il contenuto. Prenderai effettivamente la sensazione che vuoi eliminare e riformulerai ciò che è successo per cambiare il risultato. Questo è effettivamente tentare di attingere al ciclo di pensieri, sentimenti e comportamenti. Per esempio, se sentite di essere una cattiva persona, vi comporterete in modi che non dimostrano che siete una buona persona - sarete nervosi e volubili. Questo porterà le altre persone a voler mantenere le distanze, rafforzando ulteriormente il pensiero iniziale di essere una cattiva persona.

Quando sarete in grado di rimuovere quella sensazione negativa iniziale, in modo da smettere di ossessionarvi, vedrete un cambiamento anche nei modelli comportamentali. Per esempio, torniamo alla donna che urinava in classe da bambina. È così preoccupata di mettersi di nuovo in imbarazzo in pubblico che si spaventa ogni volta che sa che deve esibirsi o fare una presentazione. Questo porta al nervosismo, che porta a una mancata esecuzione soddisfacente, che rinforza ulteriormente la sua paura.

Nel reframing, smetterete effettivamente di concentrarvi sul negativo e sposterete invece la vostra attenzione su qualcos'altro che vi aiuterà, come ad esempio accettare la vostra responsabilità per le vostre emozioni. Potete decidere che non vi preoccuperete più di fallire o di commettere un errore e invece vi concentrerete su come fare in modo che il vostro progetto abbia il maggior successo possibile. Così facendo, sposterete effettivamente la vostra attenzione su qualcosa che potete sistemare. Alla fine, otterrete risultati migliori e insegnerete a voi stessi che lo spostamento dell'attenzione è assolutamente necessario. Scoprirete che la vita migliora e che in realtà non avete più paura delle presentazioni come all'inizio, perché avete iniziato a trarne delle esperienze positive.

## Ancorare se stessi

Infine, l'ultimo processo che sarà discusso all'interno di questo libro è come ancorarsi. Sarete in grado di usare quel processo di ancoraggio con tutti i benefici dell'ancoraggio che è stato discusso in precedenza e iniziare ad applicarlo anche a voi stessi. L'unica vera differenza nell'ancorare voi stessi rispetto all'ancorare gli altri è che quando ancorate voi stessi, molto più del processo è interno. Non dovete cercare di innescare emozioni in altre persone - invece, siete concentrati su voi stessi e su ciò che dovete fare.

Questo seguirà gli stessi passi dell'ancoraggio di altre persone: Farete ancora in modo di identificare un'emozione, identificare un innesco per l'emozione, identificare un'ancora, innescare l'emozione e poi usare l'ancora finché non funziona. Questo rimane lo stesso. Cosa cambia sono i metodi attraverso i quali siete in grado di ancorare le altre persone? Invece di concentrarvi su come innescare esternamente i sentimenti nelle altre persone, dovete innescarli dentro di voi.

Per esempio, considerate la nostra amica che ha avuto l'incidente ancora una volta. Forse vuole smettere di sentirsi ansiosa e sentirsi invece rilassata quando presenta. Dichiara che il sentimento che vuole innescare è il rilassamento. Poi deve pensare ad un momento in cui ha sentito quell'emozione incredibilmente forte per poterla usare. Forse sceglie un momento della sua prima notte di nozze in cui lei e suo marito appena sposato guardavano il tramonto sull'oceano al suono delle onde che sciabordavano sulla spiaggia. Quel momento era particolarmente rilassante per lei e lo amava. Quel ricordo diventa il suo innesco per la sua emozione.

Ora, sceglie una semplice ancora - decide di usare un battito molto specifico delle dita dei piedi contro la suola della scarpa, perché sa che sarà discreto e potrà usarlo in pubblico senza che nessuno lo sappia.

Pensa a quel ricordo sulla spiaggia, aspettando che le sensazioni di rilassamento la inondino, e proprio quando quelle emozioni raggiungono il loro picco, batte le dita dei piedi sulla scarpa secondo il modello che sta collegando al ricordo. Nel corso di diversi giorni e tentativi, scopre che ogni volta che batte le dita dei piedi, le viene in mente quel ricordo rilassante. Ora si è ancorata a quella sensazione e può usarla ogni volta che è in pubblico e si sente angosciata, o ogni volta che deve presentare per qualcuno al lavoro. Può usare queste tecniche e scoprire che il suo stress e l'ansia semplicemente si sciolgono.

# Conclusioni

Congratulazioni! Siete arrivati alla fine di Manipolazione e Psicologia Oscura. Nel corso di questo viaggio, ti sono stati forniti diversi metodi attraverso i quali potresti controllare la mente di altre persone, sia attraverso l'influenza, la manipolazione, la PNL o la persuasione. Ognuna di queste tattiche ha i suoi usi in certi contesti, e dato che sei pronto ad intraprendere il tuo viaggio oltre questo libro, potresti anche avere alcune idee su come vorresti maneggiare le informazioni contenute all'interno.

In tutto questo libro, vi sono stati forniti consigli che dovevano essere attuabili. Quando possibile, ti è stata data una guida passo dopo passo, e si spera che tu l'abbia trovata utile mentre ti prepari a portare questi consigli nel mondo reale. Ricordatevi, mentre vi preparate a lasciare questo libro, di mantenere qualsiasi uso delle tecniche in questo libro il più benevolo possibile. Ricordate, le persone hanno diritto al loro libero arbitrio, e mentre può essere divertente pensare all'idea di prendere il controllo di qualcun altro solo per vedere se potete, farlo non è gentile o rispettoso verso le persone che vi circondano. Dovete ricordare di usare le informazioni incluse in questo libro in modo rispettoso e responsabile. Dopo tutto, poco è così prezioso per le persone come il loro libero arbitrio e la loro mente.

Ora, vi starete chiedendo cosa fare dopo con le informazioni che avete letto. Forse non vedete l'ora di provare alcune di queste tecniche, e questo ha senso! Potreste essere curiosi di vedere quanto di questo libro sia effettivamente veritiero. Finché siete disposti ad assumervi la responsabilità di tutto ciò che fate, siete liberi di fare ciò che volete.

Da qui, alcuni posti dove andare dopo potrebbero essere quelli di indagare di più sulla psicologia oscura. Potreste essere interessati ad altre tecniche che possono essere usate per influenzare altre persone. Un altro buon posto dove andare da qui sarebbe quello di cercare come analizzare meglio le persone.

Dopo tutto, molte delle abilità incluse in questo libro richiedono di essere abili nel capire lo stato d'animo di qualcun altro. Forse siete interessati a conoscere le persone la cui mente è incline alla manipolazione, come il narcisista. Forse volete saperne di più sulla psicologia oscura e su come si può scivolare nella mente di qualcun altro completamente inosservati. Forse quello che volete davvero fare è imparare come usare la mente inconscia di qualcun altro contro di lui.

Qualunque cosa vogliate fare dopo, ricordate ciò che vi è stato insegnato qui. Ricordate l'importanza di rispettare l'integrità delle altre persone quando possibile e di agire in modi che siano responsabili e non abusivi o di controllo. Può essere facile maneggiare questi strumenti come il manipolatore e l'abusatore, ma allora vi siete abbassati ai loro livelli.

Grazie per esservi uniti a me in questo viaggio nella mente inconscia e per aver visto come è possibile accedervi e influenzarla in quasi tutti. Se avete trovato questo libro utile, utile, informativo o benefico in qualche modo, non esitate a lasciare una recensione su Amazon. Il tuo punto di vista e la tua opinione sono sempre molto graditi e apprezzati!

# I Segreti della Psicologia Oscura

*Tecniche di Psicologia Oscura per Analizzare e Leggere la Mente delle Persone con la Persuasione, l'Ipnosi, l'Inganno e il Lavaggio del Cervello*

# Introduzione

Congratulazioni per aver acquistato *I segreti della Psicologia Oscura* e grazie per averlo fatto.

Vi siete mai chiesti perché alcune delle persone più insidiose del pianeta sono in qualche modo in grado di convincere tutti a soddisfare ogni loro capriccio? Pensate ai serial killer come Ted Bundy: si credeva comunemente che fosse un giovane bello e carismatico, capace di conquistare rapidamente e facilmente il favore degli altri in modo quasi naturale, eppure dietro le quinte era uno stupratore seriale e un assassino di almeno 30 omicidi in un periodo di 4 anni. Come ha fatto? Come è stato in grado di passare inosservato davanti a così tante persone per così tanto tempo?

La risposta è attraverso la psicologia oscura.

Molti dei tipi di personalità più oscuri là fuori sono abbastanza capaci di sembrare affascinanti e affabili, solo per nascondere il mostro sotto la loro maschera. Questo è un metodo che usano per attirare le altre persone, vittimizzando coloro che osano cedere al loro fascino. La psicologia oscura scava in questi tipi di personalità, studiando le motivazioni sottostanti ai comportamenti in questione. Questo non serve solo per capire a cosa fare attenzione quando si è nel mondo reale - quando si impara a capire le menti di coloro che hanno personalità oscure, si può iniziare a rivendicare i loro modi di pensare.

La psicologia oscura è uno studio delle persone con queste personalità oscure, ma anche uno studio delle tattiche che vengono usate, perché funzionano e come possono essere adattate. Si possono usare diverse di queste tattiche senza diventare abusivi o usarle in modo dannoso. E se tu fossi in grado di trovare il modo di apparire affascinante e persuasivo agli altri, e usassi questi poteri per aiutare te stesso e gli altri? Forse tu, essendo carismatico e particolarmente abile nell'influenzare, saresti in grado di diventare un potente leader all'interno di un'azienda - potresti usare i poteri della psicologia oscura per tenere alto il morale, mantenere le persone motivate, e assicurarti che gli altri siano felici e disposti ad andare avanti. Saresti in grado di trovare sempre il modo perfetto per convincere le altre persone ad andare avanti. Saresti in grado di assicurarti che tutte le persone sotto la tua responsabilità siano felici di aiutare. Ti troveresti a gestire un'attività di particolare successo.

Ora, cosa succede se sei nelle vendite o in politica e convincere le persone è ciò che devi fare meglio? La psicologia oscura può mostrarvi i modi in cui le persone sono in grado di scivolare inosservate nella mente di un altro per piantare idee, convincere gli altri a vedere le cose a modo vostro, e andare avanti. Potresti usare queste abilità nella pubblicità o nella consulenza. Nonostante la radice nell'oscurità e nel male, le tecniche di psicologia oscura possono essere particolarmente utili, anche nei contesti più innocenti, e questo libro cerca di mostrarvi esattamente come sono in grado di farlo.

Questo libro vi guiderà attraverso una panoramica della psicologia oscura, permettendovi di conoscere i tipi di personalità oscura e come funzionano. Imparerete la manipolazione e come usarla per controllare le menti degli altri. Imparerete a persuadere con abilità. Capirete l'insidiosità del lavaggio del cervello e come può essere usato per indottrinare completamente una persona in un certo sistema di credenze. Scoprirete l'inganno e l'elaborazione neuro-linguistica. Imparerete ad usare l'ipnosi per persuadere le persone in uno stato di suggestionabilità. Infine, vedrete i benefici della psicologia oscura, imparando come può essere usata nelle relazioni quotidiane per aiutare tutte le persone coinvolte.

Ci sono molti libri su questo argomento sul mercato, grazie ancora per aver scelto questo! Ogni sforzo è stato fatto per garantire che sia pieno di informazioni il più possibile utili, per favore godetevelo!

# Capitolo 1: Psicologia Oscura

La psicologia alla sua radice è qualcosa che è relativamente semplice da definire: è lo studio scientifico della mente. Copre diversi aspetti, esaminando relazioni, comportamenti, processi di pensiero e altro. Quando ci si occupa di psicologia, si cerca il perché e il come di qualsiasi processo umano, essenzialmente dal lato mentale. Si può guardare ai processi neurobiologici, come ciò che accade all'interno del cervello quando controlla attivamente il corpo, o si può guardare al perché quel bambino di 5 anni al negozio di alimentari ha avuto un enorme crollo quando gli è stato detto di no alle caramelle. Studia tutto questo e altro ancora, ma essenzialmente, è lo studio di chi siamo come specie e come individuo. Studia ciò che facciamo, ciò che ci guida e ciò che ci causa problemi. Spiega le emozioni e come funzionano e aiutano l'uomo ad agire. Spiega perché alcune persone cedono alla pressione, ma altre no. Spiega perché l'empatia è così importante.

In definitiva, la psicologia esiste in diverse classificazioni. Alcune persone sono interessate solo all'aspetto fisico, mentre altre si preoccupano dello sviluppo. Altri ancora sono interessati alle divergenze tra il tipico sviluppo psicologico e gli sviluppi delle persone che possono diventare particolarmente difficili da vivere. Ha diversi usi, sia pratici che semplicemente intellettuali: se si capisce la psicologia umana, si è in grado di vedere e prevedere come si comporteranno le persone. Conoscendo queste tendenze, si può capire con precisione cosa succederà e imparare a usare queste tendenze a proprio vantaggio.

## Definizione di psicologia oscura

La psicologia oscura, in particolare, esaminerà specificamente le persone che hanno un tipo di personalità molto specifico. In particolare, stiamo guardando coloro che sono machiavellici, narcisisti, sadici e psicopatici. Queste persone tendono ad essere tra le più pericolose che si possano incontrare, e non si fanno scrupoli ad usare e abusare di altre persone. Tuttavia, c'è molto da imparare da questo tipo di personalità: se si riesce a capire questo tipo di personalità e le tattiche che sono comunemente usate, si sarà in grado di emularle senza la minaccia o il danno che altrimenti potrebbe accompagnarle.

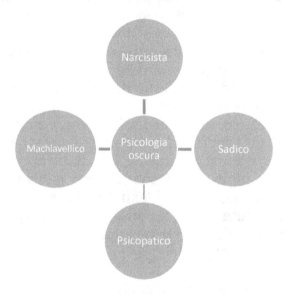

In particolare, questo libro esaminerà i comportamenti di coloro che hanno tipi di personalità oscura. Dedicheremo il capitolo 2 allo studio specifico del lato oscuro della psicologia, studiando quali sono questi particolari tratti di personalità e come si presentano. Da lì, il resto del libro sarà dedicato allo studio del comportamento di questi specifici tipi di personalità.

La psicologia oscura presuppone che quando le persone si comportano in modo abusivo, usando tecniche come la manipolazione e l'inganno, quasi sempre c'è una ragione. Guarderemo anche queste ragioni e applicazioni, imparando cos'è che rende questi strumenti così attraenti per i mostri in abiti umani che sono disposti a brandirli. Vedrete esattamente perché le persone si comportano in modi che sono abusivi o malvagi, come arrivano alla realizzazione che giustifica l'abuso nella loro mente, e come sono in grado di superare l'empatia e la compassione che di solito impedisce alle persone di comportarsi in tali modi abusivi.

Esamineremo alcune delle tecniche più comunemente usate dai tipi di personalità violente, e da lì, passeremo il tempo a discutere come alcune di esse possano essere usate in un contesto più ampio, consentendone l'uso durante le interazioni quotidiane. Invece di manipolare qualcuno per abusarne, si può esaminare come usare le stesse abilità per aiutare a persuadere e guidare le persone verso qualsiasi cosa debbano fare.

Esamineremo anche come queste particolari tattiche hanno un impatto sulla persona che le subisce. Alcune di queste tecniche lavorano attraverso l'impianto di sentimenti in altre persone, sapendo che le emozioni sono incredibilmente motivanti. Altre lavorano attraverso l'accesso alla mente inconscia, suggerendo certi comportamenti. Altre ancora lavorano attraverso atti di inganno.

Comprendere la psicologia oscura non solo vi permetterà di capire le azioni di tipi di personalità come il narcisista, il machiavellico e lo psicopatico, ma anche di essere in grado di combatterla. Sarete in grado di evitare di cadere nelle loro tattiche se sapete quali sono. Questo significa che imparare a pensare come i tipi di personalità più oscuri è imperativo - quando puoi pensare come loro, puoi identificarli.

## La storia della psicologia oscura

Tradizionalmente considerata un campo della psicologia applicata, la psicologia oscura inizia con lo studio della triade oscura o lo studio della manipolazione. Considerando che i tipi di personalità oscura sono esistiti per tutto il tempo che la storia può registrare, non sorprende che coloro che sono interessati a comprendere questi tipi oscuri siano stati sparsi anche nella storia. In particolare, è possibile trovare prove di studi sulla manipolazione e l'abuso in quasi tutte le culture del mondo. Gli esseri umani hanno sempre vittimizzato altri esseri umani finché sono stati in grado di farlo. Si può leggere nei libri di storia di come le persone erano solite prendere schiavi, distruggere altre città e villaggi, e rubare.

In definitiva, fino a tempi relativamente recenti nella storia, i tentativi di manipolare e controllare altre persone erano comuni, ma non particolarmente controllati o registrati. Accadeva regolarmente, ma senza una guida adeguata e una registrazione che permettesse di tracciarlo. Dopo tutto, anche i testi religiosi fanno riferimento alla manipolazione, come ad esempio il riferimento ad Eva ingannata dal serpente.

Nella psicologia vera e propria, ci sono stati studi per determinare come le stimolazioni di qualsiasi tipo possono cambiare i comportamenti. Questi hanno studiato aspetti come il fatto che la paura possa essere condizionata e appresa, o se l'aggiunta di certe situazioni o parole possa convincere le persone ad agire in certi modi.

Forse una delle prime testimonianze sul controllo dei comportamenti altrui risale al 1897 con lo studio di Ivan Pavlov sui cani e il loro comportamento. Imparò che alcuni comportamenti dei cani sembrano essere innati, come la salivazione in risposta al cibo. Imparò anche che i comportamenti innati possono essere collegati ad altri stimoli. Invece di far salivare il cane al cibo, per esempio, condizionò i cani a salivare al suono di una campana attraverso quello che alla fine fu chiamato condizionamento classico.

Nel condizionamento classico, si è in grado di prendere risposte incondizionate e provocarle con stimoli incondizionati. Il cibo è lo stimolo incondizionato, e in risposta alla sua vista, il cane saliverà. Questo stimolo incondizionato viene accoppiato con uno stimolo condizionato, e nel tempo si vedrà che la risposta incondizionata si verifica quando si è esposti allo stimolo condizionato.

Il concetto di condizionamento classico fu fortemente sostenuto dallo psicologo John Watson, che dichiarò di credere che il condizionamento classico fosse coinvolto in tutti gli aspetti dello sviluppo umano e della psicologia. Ha spinto il punto nel 1920 in un esperimento durante il quale ha condizionato un bambino di 9 mesi a temere qualsiasi cosa bianca e sfocata.

In particolare, durante questo esperimento, un bambino chiamato Little Albert ha avuto accesso a diversi animali bianchi in un ambiente neutro. Gli furono mostrati un ratto, un coniglio, una scimmia e diversi altri oggetti. All'inizio, il piccolo Albert non aveva paura di nessuno di loro. Non aveva paura di ciò che vedeva davanti a sé. Alla fine, il ratto bianco fu presentato, insieme all'improvviso forte colpo di un martello su una barra d'acciaio proprio dietro la sua testa. Mentre il ratto in sé non era inquietante per il bambino, il suono lo era, e lui piangeva. Da 11 mesi in poi, è stato esposto al ratto con il forte rumore una volta alla settimana per sette settimane. Naturalmente, il bambino piangeva ogni volta. Dopo le sette settimane, tutto ciò che i ricercatori dovevano fare per scatenare il crollo era mostrargli il ratto in questione. Alla vista del ratto, anche senza il rumore, piangeva per la paura e tentava di fuggire.

E non è tutto: il piccolo Albert divenne fobico di tutto ciò che era bianco e peloso. Che fosse un cane bianco, un pezzo di cotone idrofilo o anche Babbo Natale, la vista di qualcosa di bianco e peloso era sufficiente a mandarlo nel panico. Mentre questa risposta comportamentale si affievoliva un po' nel tempo senza rinforzi, era ancora prontamente innescata dalla ripetizione della creazione del suono forte che andava insieme al topo.

Questo diventa un fondamento per molte forme diverse di manipolazione e influenza. Vedrete questo concetto emergere ripetutamente quando guardate la programmazione neuro-linguistica, durante la quale vedrete ciò che viene chiamato ancoraggio, una tecnica per innescare un certo comportamento con una specifica risposta emotiva. Può essere rilevante anche nella manipolazione emozionale.

Dopo la scoperta e la concettualizzazione del condizionamento classico, sorse anche il concetto di condizionamento operante. In particolare nel 1936, B.F. Skinner arrivò a questo concetto, attingendo a piene mani dalla Legge dell'Effetto di Thorndike del 1898, che postulava che qualsiasi cosa con una conseguenza positiva è probabile che venga ripetuta, mentre qualsiasi cosa con una conseguenza negativa verrà evitata. Per esempio, se a un bambino viene data una caramella dopo aver pulito il suo casino, il bambino sarà più incline a raccogliere i giocattoli in futuro, grazie all'effetto positivo. Al contrario, se il bambino sgrida qualcuno e poi riceve una conseguenza negativa, come il dover andare in camera sua, non è così propenso a ripeterlo.

Questo concetto è stato ribadito nella teoria di Skinner, a cui ha aggiunto un nuovo concetto: il rinforzo. Skinner affermava che se un comportamento viene rinforzato, cioè viene premiato, verrà ripetuto o rafforzato. È probabile che la persona ripeta quei comportamenti che vengono rinforzati perché hanno avuto un buon risultato. Tuttavia, quando il rinforzo non avviene, quel comportamento sarà indebolito o estinto.

Nel 1948, Skinner ribadì questi concetti con degli esperimenti. Creò quello che chiamò "Skinner Box", che era una scatola in cui un animale aveva accesso a una leva, un altoparlante e due luci di segnalazione. C'era anche una griglia elettrica sul fondo che avrebbe generato una scossa. Gli animali prendevano la scossa quando premevano la leva con una luce specifica illuminata, ma quando usavano la leva con l'altra luce illuminata, venivano premiati con un pezzo di cibo.

Attraverso questo esperimento, è stato dimostrato che ci sono tre tipi di risposte che seguiranno un comportamento: Operandi neutri, durante i quali l'ambiente non incoraggia né scoraggia la ripetizione del comportamento, rinforzatori, che spingono l'individuo a ripetere il comportamento e punitori, che scoraggiano la ripetizione.

Vedrete questo concetto quando guarderete tecniche come il rinforzo intermittente, durante il quale un manipolatore darà rinforzi positivi solo qualche volta. Come potete vedere, molto del comportamentismo diventa incredibilmente rilevante per lo studio della psicologia oscura.

Gli anni '60 arrivarono con Albert Bandura, un altro importante comportamentista, che riconosceva e concordava con il condizionamento classico e operante, ma aggiungeva anche due idee distinte e importanti. Egli affermò che ci sono processi tra gli stimoli esposti e le risposte e che il comportamento è un concetto appreso che si sviluppa attraverso l'apprendimento osservativo.

In particolare, Bandura ha presentato un esperimento noto come l'esperimento della bambola Bobo nel 1961. Egli sosteneva che i bambini, in particolare, presteranno attenzione ai comportamenti o ai loro modelli - le persone di cui sono circondati - e imiteranno i comportamenti a cui sono stati esposti. Pensate a come un bambino può urlare qualcosa di imbarazzante in pubblico, senza rendersi conto che è imbarazzante perché l'ha sentito dai suoi genitori: Questo è l'esempio perfetto.

Nell'esperimento di Bandura, ha esposto i bambini tra i 3 e i 6 anni a comportamenti violenti verso una bambola. In primo luogo, i bambini sono stati studiati per vedere quanto fossero aggressivi come linea di base. Sono stati poi suddivisi in gruppi di temperamento simile, in cui ad alcuni è stato mostrato un modello di ruolo aggressivo, ad altri un modello di ruolo non aggressivo e ad altri ancora nessun modello di ruolo. Il modello aggressivo era aggressivo nei confronti di una bambola - gli è stato dato un martello con cui colpire la bambola e l'hanno lanciata in giro mentre gridavano. Il modello non aggressivo ha visto un modello che ignorava la bambola e giocava tranquillamente con un altro giocattolo.

Ai bambini è stato poi offerto l'accesso a diversi altri giocattoli, che un ricercatore ha detto loro che erano i migliori di tutti. I loro comportamenti sono stati poi registrati. I bambini che erano stati esposti ai comportamenti aggressivi tendevano a comportarsi aggressivamente verso la bambola a cui avevano accesso. Questo ci mostra che i bambini imparano i comportamenti attraverso l'osservazione - il comportamento sociale viene appreso e influenzato pesantemente in base al modello, diventando la base della teoria dell'apprendimento sociale.

Questo è ulteriormente supportato in molte delle tattiche usate nella psicologia oscura. Le persone sono più facilmente persuase da persone simili a loro, proprio come i bambini sono più propensi a imitare le persone simili a loro. Le persone sono anche più propense ad imitare gli altri in ambienti non familiari, il che viene mostrato in tattiche come la persuasione.

Mentre continuate a leggere questo libro, troverete che molti dei concetti che sono innatamente usati dai manipolatori che vengono studiati coinvolgono molti dei concetti del comportamentismo. Diventa ricorrente, e in un certo senso, ha senso: il comportamentismo è uno studio di come le persone agiscono e come l'ambiente influenza il comportamento. La psicologia oscura cerca di controllare e cambiare i comportamenti delle altre persone. Mentre continuate a leggere, tenete a mente questi processi chiave perché saranno abbastanza rilevanti.

# Capitolo 2: Il lato Oscuro della Personalità

Immaginate per un momento Anna: giovane, che sta finendo il suo ultimo anno di università e single. È fuori con gli amici in un bar, e le sue altre due amiche hanno già incontrato persone con cui stanno chiacchierando animatamente. Anna, invece, è un po' più consapevole di sé. Non si sente al suo posto, e si siede tra le sue amiche, sorseggiando il suo drink. Poi lo vede.

L'uomo è bello e le sorride. Si avvicina e si offre di offrirle un drink. Dice che si chiama Ethan e che si è appena laureato l'anno scorso nella stessa università di Anna. Le fa qualche domanda non troppo indiscreta: è una studentessa? Cosa studia? Che coincidenza, anche lui si è laureato in economia! È della zona? Assolutamente no - è cresciuto a 30 minuti dalla sua città natale. Sembrano domande normali per Anna, lui sta imparando a conoscerla e sembra che abbiano diverse cose importanti in comune. Lei chiacchiera con lui, e presto, stanno parlando della sua relazione passata e di come sia stata incredibilmente incasinata, quindi lei non sta cercando niente al momento.

Invece di spaventarlo, lui annuisce con saggezza e riconosce che ha avuto una relazione con una donna particolarmente abusiva e narcisista non troppo tempo fa e che stava solo cercando qualcuno da conoscere come amici. Passano il resto della serata nel bar a chiacchierare allegramente, e quando Anna e i suoi amici sono pronti ad andare, lui sorride, le scrive il suo numero di telefono e dà loro la buonanotte.

Anna si ritrova bloccata - non può smettere di pensare a Ethan e a quanto avevano in comune. Presto gli manda dei messaggi, e scopre che non solo le loro vite sono parallele, ma che condividono anche degli hobby molto simili. Ad entrambi piace sedersi e leggere con una bella tazza di vino. Ad entrambi piace fare escursioni sulle montagne vicine. Entrambi condividono l'amore per i videogiochi.

Ben presto, Ethan è entrato completamente nella vita di Anna. Va a casa sua 5 o 6 giorni alla settimana e resta la notte almeno la metà delle volte, di solito si addormenta a metà di un film. Le porta dei fiori e la ricopre di attenzioni positive. Ama ascoltare per ore tutto quello che lei ha passato negli ultimi anni e offrire le sue opinioni come qualcuno che è stato in una relazione simile prima.

Anna dice a se stessa che lui è quello giusto. Lui è diverso. È gentile e premuroso. Sa ascoltare. Ben presto si ritrova innamorata di lui. Si innamorano velocemente l'uno dell'altra, e nel giro di tre mesi sono fidanzati - dopo tutto, sono anime gemelle. Sei mesi dopo, lei è incinta. Nove mesi dopo sono sposati. Poco prima che il bambino nasca, è come se fosse scattato un interruttore. Lui è cattivo e freddo. Scompare costantemente durante la notte al bar. La butta giù e quando lei piange, la definisce piagnona. È come se l'Ethan che lei ha conosciuto, amato e sposato, non fosse altro che una bugia.

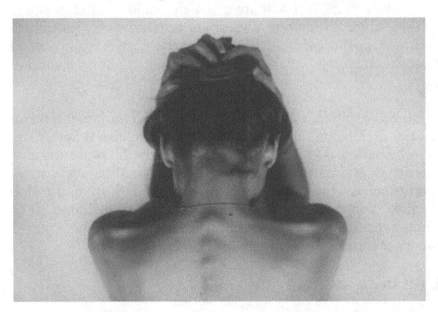

Questo perché aveva mentito. Le persone con personalità oscura non si fanno scrupoli a predare altre persone. Proprio come il lupo non pensa due volte ai sentimenti dei cervi, il tipo di personalità oscura non si preoccupa delle sue vittime. Ethan si era travestito proprio perché stava cacciando Anna: stava intenzionalmente cercando di rendersi attraente per lei - voleva essere in grado di interessarla e attrarla per ottenere il controllo.

Spesso, le persone con personalità oscure, con la propensione a manipolare, cacciare e usare altre persone, si presentano in quattro modi diversi: Sono machiavellici, narcisisti, sadici o psicopatici. Alcune persone avranno diversi di questi tratti, mentre altre possono averne solo uno. Tuttavia, queste persone sono pericolose. Non hanno paura di infliggere danni mentali estremi, e a volte anche fisici, ad altre persone per ottenere ciò che vogliono o di cui hanno bisogno. Tutto ciò che conta per loro è ottenere esattamente ciò di cui hanno bisogno.

Le persone con questi tipi di personalità oscura sono conosciute come "nucleo scuro", hanno maggiori probabilità di impegnarsi in comportamenti antisociali come comportarsi in modo malevolo, rubare, imbrogliare o fare del male ad altre persone. Queste sono le persone che si impegnano nella psicologia oscura, e più leggerete il libro, più arriverete a riconoscere i metodi attraverso i quali questi tipi di personalità scelgono di agire.

In questo capitolo, ci fermeremo a dare un'occhiata a quattro dei tipi di personalità più oscuri: il machiavellico, il narcisista, lo psicopatico e il sadico. Andremo oltre la presentazione classica di ciascuno di questi tratti di personalità, così come i motivatori di ciascuno. Mentre ognuno di loro è un tipo distinto, con tratti molto specifici, tutti condividono delle somiglianze. In particolare, ognuno di questi tipi di personalità oscura manca di empatia.

## Una nota sull'empatia

L'empatia è la capacità di capire e sentire le emozioni degli altri. È principalmente responsabile di facilitare la comunicazione tra le persone, permettendo agli altri di accedere agli stati emotivi di coloro che li circondano. In particolare, permette alle persone di agire con compassione - puoi metterti nei panni di qualcun altro, per così dire. Se puoi vedere che la persona di fronte a te è stressata, puoi relazionarti. Puoi sentire tu stesso quel tipo di stress se sei particolarmente empatico. Conoscendo le emozioni di qualcun altro, ci si può sentire spinti ad aiutare - si può offrire di fare qualcosa per alleviare quello stress.

In altri casi, l'empatia permette di regolare i propri comportamenti. Se potete entrare in empatia con qualcun altro, potete assicurarvi di non essere voi stessi la causa della sua angoscia. Considerate per un momento che state parlando con qualcuno e dite qualcosa che lo offende. Se riuscite ad entrare in empatia con loro, potete vedere e capire che li avete turbati - e che vi importa davvero. Se siete in grado di riconoscere che li avete turbati, potete poi fare in modo di cambiare il vostro comportamento. Ecco perché l'empatia è così critica e perché la sua mancanza può essere così pericolosa. È ciò che di solito agisce come deterrente per ferire altre persone inutilmente.

## Machiavellismo

Il primo dei tratti di personalità che sarà discusso è il machiavellismo. I machiavellici sono persone che sono altamente manipolative per natura - sono in grado di imbrogliare le persone senza che si sappia che è successo. Questa particolare caratteristica prende il nome da Niccolo Machiavelli, un diplomatico e filosofo responsabile di aver scritto Il Principe, un libro che discuteva che i governanti forti devono essere duri con i loro subalterni per mantenere il loro dominio. In particolare, si crede che il guadagno di gloria e di sopravvivenza giustifichi qualsiasi mezzo. In effetti, quindi, questo è l'inizio dell'idea errata che il fine giustifichi sempre i mezzi.

Le persone con questo tipo di personalità, quindi, comprendono questa forma di pensiero. Sentono di poter essere manipolatori con poche ripercussioni, o che le ripercussioni sono insignificanti finché ottengono ciò che vogliono.

Il machiavellico è concentrato sulla propria ambizione: tutto ciò che conta è il successo, non importa a quale costo. Darà sempre la priorità al proprio successo, indipendentemente da quale sia la sua idea di successo. Se credono che il successo sia definito dal loro reddito, massimizzeranno quel reddito, non importa il costo, per esempio.

Naturalmente, se sono disposti ad avere successo ad ogni costo, sono tipicamente incredibilmente sfruttatori. Non avranno problemi ad approfittare di altre persone, delle loro debolezze, o anche a buttare le persone sotto l'autobus se pensano che sarà sufficiente per ottenere il successo che credono di meritare. Non c'è una cosa come andare troppo lontano con il machiavellico, fino a quando il machiavellico ottiene la sua strada alla fine della giornata.

Queste persone tendono ad essere incredibilmente calcolatrici. Agiscono costantemente nel loro interesse, anche quando la gente non lo pensa. Se sono gentili e fanno un favore, è perché sanno che fare quel favore è il modo migliore per assicurarsi che l'altra parte dia loro ciò che vogliono in seguito. Nulla di ciò che fanno è senza ragione, e non è probabile che aiutino altre persone a meno che non possano vedere una sorta di legittimo beneficio nel farlo. Questo rende incredibilmente difficile identificare le loro vere intenzioni.

Il machiavellico, nonostante appaia affascinante e lusinghiero, è di solito incredibilmente cinico: non crede che qualcuno farà mai qualcosa per ragioni che non siano di interesse personale. Per il machiavellico, se qualcuno fa qualcosa di gentile con lui, è perché vuole o ha bisogno di qualcosa e pensa che essendo gentile lo otterrà. In realtà, gli manca il valore della gentilezza umana intrinseca di cui tipicamente si approfittano, e la loro mancanza di empatia significa che non si preoccupano quando si approfittano di altre persone. Faranno attivamente e prontamente del male agli altri, facendo innamorare le altre persone senza mai impegnarsi veramente in relazioni legittime. Tuttavia, poiché sono così abili nel leggere chi li circonda e nell'ingannare le altre persone, sono comunemente visti come molto più carismatici e premurosi di quanto non siano in realtà.

## Narcisismo

Il narcisista, d'altra parte, è molto meno intenzionale e calcolatore. Mentre il machiavellico è incredibilmente meticoloso nella sua manipolazione, i narcisisti non prendono la decisione intenzionale di essere persone manipolative. Mancano anche dell'empatia necessaria per regolare le loro azioni riguardo a come gli altri li vedono, ma in termini di motivazioni, il narcisista è manipolativo perché il narcisista è delirante.

I narcisisti sono particolarmente estenuanti perché hanno il loro grande senso di sé, anzi, è così grande che il più delle volte è grandioso. Sono completamente convinti di essere le persone migliori là fuori, e completamente perfette. Poiché sono così sicuri della loro perfezione, credono effettivamente di avere sempre ragione. Non c'è modo che possano sbagliarsi perché credono di non poter sbagliare, e questo li porta a credere che quando c'è uno scollamento tra ciò che si aspettano sia vero e ciò che è effettivamente vero, tendono ad assumere che le loro convinzioni siano quelle giuste.

Questo diventa incredibilmente estenuante quando le persone hanno a che fare con loro: credono di essere perfetti e di meritare intrinsecamente di più di coloro che li circondano. Pensano di meritare un trattamento e una considerazione speciali e quel trattamento e quella considerazione significano che faranno di tutto per ottenerli.

In effetti, la manipolazione e i danni del narcisista verso gli altri derivano da questa aspettativa di avere sempre ragione, credendo che la sua grandiosità sia la giustificazione di tutto. Tuttavia, il problema del narcisista è che è così abile nel convincere le altre persone che ha ragione e che merita un trattamento speciale, che si autoillumina per crederci. Il narcisista crederà assolutamente al suo racconto di ciò che accade. Se dice a qualcuno che qualcosa non è successo in un certo modo, probabilmente si è convinto di quella narrazione per proteggere quell'immagine di perfezione di cui è così sicuro. Crederanno sempre di essere meritevoli di quella perfezione, qualunque cosa accada.

I narcisisti stessi bramano il centro dell'attenzione - mentre sono incapaci di entrare in empatia con le altre persone, credono assolutamente di meritare l'adorazione degli altri, e la richiedono per sentirsi giustificati. Hanno un bisogno costante di essere ammirati, e se non lo sono, faranno cose per ottenere quell'ammirazione, anche se questo fa male alle altre persone.

## Psicopatia

Dei quattro tratti che stiamo guardando, gli psicopatici sono senza dubbio i peggiori dei quattro. Queste persone hanno il maggior potenziale di essere dannose. Quando si cerca di identificare le loro tendenze di personalità, lo psicopatico è qualcuno che si presenta come altamente insensibile, impulsivo, manipolativo e grandioso.

In effetti, lo psicopatico è qualcuno che non ha paura di ferire altre persone per ottenere ciò che vuole. È disposto a cedere a quegli impulsi che di solito verrebbero rapidamente ignorati. Se ha il pensiero di voler ferire qualcun altro o giocare con le emozioni di qualcuno, lo farà per gioco, semplicemente perché può farlo. Crede di poterlo fare senza riguardo per i sentimenti delle altre persone, e lo farà senza pensarci due volte.

Come il narcisista, lo psicopatico pensa incredibilmente bene di se stesso - crede di essere più intelligente delle altre persone e di essere abbastanza abile da farla franca con qualsiasi cosa voglia fare. Se decide di diventare un serial killer, è convinto che nessuno sarà mai in grado di prenderlo: è completamente convinto di essere più intelligente, più furbo e più capace di tutte le persone che hanno tentato questa manipolazione prima di lui.

Nonostante la natura mostruosa dello psicopatico, sono in realtà incredibilmente abili nelle situazioni sociali. A differenza del narcisista, che può lottare nei contesti sociali se la sua grandiosità prende il sopravvento, lo psicopatico è ancora più abile a mimetizzarsi. Sono in grado di emulare gli esseri umani normali con facilità e lo faranno a proprio vantaggio. Considerano la loro abilità nel mimetizzarsi come un gioco e spesso cercheranno di convincere quante più persone possibile che sono degne di fiducia per poterne approfittare di nuovo in seguito.

## Sadismo

Mentre i tre precedenti compongono i tipi di personalità comunemente indicati come la triade oscura, c'è un altro tratto che è importante considerare quando si parla di psicologia oscura: il sadico. Il sadico ha tutta l'insensibilità della triade oscura, ma a differenza di loro, non è particolarmente impulsivo o manipolativo. Il sadico è qualcuno che è interamente motivato perché gli piace essere crudele.

Il sadico di tutti i giorni vuole semplicemente fare del male alle persone o vederle soffrire. Può fare in modo di unirsi all'esercito o alle forze di polizia, permettendo a se stesso di proteggersi da qualsiasi ripercussione. All'interno di questi particolari percorsi di carriera, può sentire di poter far male alle persone o essere esposto al male degli altri senza doverlo nascondere.

Naturalmente, se il sadismo si accompagna a uno degli altri tipi di personalità, come nel caso del disturbo narcisistico di personalità, può diventare incredibilmente problematico: il narcisista sadico è uno che gode sinceramente nel far male alle persone, ma può anche sentire di avere il diritto di farlo. Sarà in grado di giustificare le sue azioni senza doversi sforzare molto, semplicemente perché sa di essere migliore delle altre persone.

## Personalità oscura e abuso

In definitiva, questi tipi di personalità si prestano a individui violenti a causa dell'aumento dell'insensibilità rispetto agli altri. A causa dell'insensibilità, nessuna delle persone discusse in questo capitolo si fa scrupoli a commettere abusi. Questo significa che Ethan, nella sua relazione con Anna, non si preoccupa del dolore che gli è stato inflitto. Non gli importa di aver effettivamente intrappolato qualcuno con falsi pretesti, creando un legame indelebile tra loro due per sempre. Anche se lei se ne andasse, non sarebbe mai in grado di sfuggirgli veramente grazie al fatto che condividono un figlio.

Sono stati fatti studi sui tipi di personalità oscura che hanno dimostrato che queste persone tenderanno a scegliere di agire in modi che infliggono dolore, specialmente se sono piuttosto sadici. In questo studio, alle persone è stato chiesto di scegliere tra diversi lavori - lo studio è stato mascherato per far credere ai partecipanti che stavano guardando il tipo di personalità e la preferenza del lavoro. I lavori dovevano riflettere il tipo di comportamenti oscuri che poi sarebbe stato detto loro di fare. Alcuni dei lavori erano lavorare al freddo, lavorare nel settore sanitario o essere un disinfestatore.

Non sorprende che la maggior parte dei sadici abbia scelto lo sterminio. Da lì, gli scienziati hanno creato quello che hanno chiamato una macchina per uccidere - un macinino da caffè che è stato modificato in modo da fare suoni scricchiolanti, e sono stati istruiti che dovevano uccidere diversi insetti con nomi carini nel tentativo di umanizzarli. Durante l'esperimento, i sadici hanno assolutamente scelto di uccidere gli insetti, e non erano disgustati da ciò. Erano felici di uccidere gli insetti e si divertivano, anche se, rispetto alle persone senza tendenze sadiche, si divertivano meno delle loro controparti non sadiche.

Dopo questi risultati, è stato fatto un altro esperimento - durante questo, le persone sono state ordinate in base alla personalità, e poi è stato chiesto loro di giocare a un gioco per computer. Alle persone che giocavano è stato detto che stavano gareggiando per fare un forte rumore alle persone nell'altra stanza. Se avessero vinto, avrebbero potuto scegliere quanto a lungo e quanto forte sarebbe stata l'esplosione. Come nota importante, gli avversari non rispondevano mai.

Metà di queste persone avrebbero dovuto lavorare per essere crudeli - se avessero vinto, avrebbero dovuto contare prima dell'esplosione del rumore, e l'interesse dello studio era quanto probabilmente il lavoro extra avrebbe dissuaso le persone dall'essere aggressive. Alla fine, solo i sadici hanno scelto di lavorare per ferire l'altra parte. Mentre quelli con i tipi di personalità oscura avrebbero tutti inflitto un certo grado di danno agli avversari quando era semplice, l'aggiunta dello strato extra di lavoro era sufficiente a scoraggiare gli altri tipi di personalità. Oltre a questo, i sadici sceglievano anche di aumentare l'esplosione e renderla più lunga solo per ferire l'altra squadra quando si rendevano conto che non ci sarebbe stata alcuna ritorsione.

In effetti, quindi, i sadici sono quelli che hanno più probabilità di fare del male agli altri. Anche gli psicopatici, che faranno del male o uccideranno senza sentirsi in colpa, di solito hanno uno scopo che li guida. I machiavellici erano troppo calcolatori per rischiare il male di altre persone a meno che non sentissero che la ricompensa era giusta. I narcisisti di solito facevano del male agli altri quando si sentivano minacciati. Tuttavia, i sadici farebbero del male solo per divertirsi.

Questo significa che, alla fine della giornata, sono i sadici che saranno i più manipolatori. I narcisisti saranno aggressivi e violenti in risposta alla percezione di una minaccia a se stessi o al proprio ego. Lo psicopatico farà del male per ottenere qualcosa o perché vuole qualcosa. Il machiavellico abuserà solo quando gli sembrerà il modo migliore per ottenere ciò che vuole, e non sarà rischioso farlo.

# Capitolo 3: La Manipolazione

Forse una delle forme più comuni dell'uso della psicologia nera è l'uso della manipolazione. Ethan ha manipolato Anna perché ha fatto in modo di conoscerla, poco a poco, per rispecchiare ciò che lui pensava lei volesse vedere. In un atto noto come rispecchiamento narcisistico, è stato in grado di presentarsi come esattamente ciò che Anna voleva, permettendole di attirarla. Lei era convinta che lui fosse perfetto in tutto e per tutto, mentre in realtà era tutta una facciata: lui si nascondeva dietro una maschera molto specializzata per conquistare il suo premio: Anna.

La manipolazione esiste principalmente in due forme: può essere nascosta, nel senso che avviene senza che l'individuo manipolato ne sia a conoscenza, o può essere palese e sotto gli occhi di tutti, come l'estorsione o il ricatto che comporta la minaccia e la coercizione dell'altra persona all'obbedienza, sapendo bene che deve obbedire o subirne le conseguenze.

In particolare, quelli della triade oscura tendono a preferire le forme segrete di manipolazione: vogliono essere in grado di fare il loro lavoro bene ed efficacemente senza preoccuparsi delle conseguenze. Pensano che i loro tentativi di manipolazione saranno più efficaci se rimangono nascosti, e per la maggior parte, hanno ragione.

Quando volete capire la manipolazione, dovete prima imparare a definire la manipolazione e come funziona. Quando capite questa definizione, potete iniziare a capire come viene usata per essere efficace. Una volta che capite il modello di come la manipolazione viene usata, potete iniziare a riconoscere diverse tattiche specificamente manipolative che sono comunemente usate. Nel riconoscere le tattiche comuni dei manipolatori, si può iniziare a riconoscere il manipolatore. Infine, riconoscendo il manipolatore, ci si può difendere dalla manipolazione.

# Definire la manipolazione

La manipolazione psicologica è in definitiva una forma di influenza sociale, il che significa che sta cercando di avere successo in uno dei tre diversi obiettivi finali: Otterrà la conformità, in cui le persone accetteranno di fare qualcosa, anche se in realtà non credono che sia la cosa giusta da fare, otterrà l'identificazione, che cambierà i pensieri dell'altra persona, o otterrà l'interiorizzazione, in cui causerà un cambiamento nei valori o nel comportamento che è anche concordato pubblicamente e privatamente.

## Conformità

•Obbedienza pubblica, anche se l'individuo non crede in quello che sta facendo

## Identificazione

•L'individuo sceglie di fare qualcosa per essere uguale a qualcun altro

## Internalizzazione

•Un cambiamento nei valori e nei comportamenti sia in pubblico che in privato

In effetti, quindi, la manipolazione cerca di cambiare le azioni, i pensieri o entrambi di qualcuno per adattarli a qualsiasi cosa il manipolatore stia incoraggiando. In particolare, però, la manipolazione tende ad essere indiretta, ingannevole o subdola. È progettata specificamente per cambiare i pensieri o il comportamento senza che l'altra persona ne sia consapevole, mentre serve anche il manipolatore in qualche modo.

Il più delle volte, il manipolatore ha una sorta di agenda che viene affrontata - quell'agenda diventa l'obiettivo di quel tentativo di manipolazione. Ethan voleva conquistare il favore di Anna, per esempio - ha fatto in modo di convincerla di essere qualcuno che non era perché vedeva qualcosa che gli piaceva in lei. Un narcisista può manipolare qualcuno perché vuole ottenere l'approvazione e il riconoscimento di cui ha bisogno per sentirsi a suo agio nella propria pelle. Il sadico può manipolare perché vuole infliggere dolore. Il machiavellico può manipolare perché vuole essere in grado di raggiungere un obiettivo finale e la manipolazione è l'unico modo per farlo.

Affinché la manipolazione abbia successo, non importa quale sia il suo obiettivo finale, devono essere soddisfatti tre criteri. L'aggressione deve essere nascosta in qualche modo, di solito con il manipolatore che sembra qualcuno degno di fiducia o degno di rispetto e considerazione. Il manipolatore deve avere una certa conoscenza pratica delle vulnerabilità che saranno sfruttate, capendo come meglio procedere per manipolare. Infine, il manipolatore deve essere abbastanza spietato da non preoccuparsi di mentire e di ferire potenzialmente l'altra persona.

Pensate a come questo si ricollega a Ethan per un momento. All'inizio era perfettamente affascinante e Anna non ha mai sospettato nulla. Lui ha imparato a conoscerla, notando in particolare come lei abbia sofferto di una relazione abusiva in passato, cosa che ha usato per forzare una relazione. Ha approfittato di quel po' di conoscenza e poi l'ha incoraggiata a continuare a discutere di tutto e di più con lei, cosa che poi ha usato regolarmente contro di lei. Ogni volta che lei gli parlava di qualcosa di personale, lui lo ricordava e lo usava per continuare a costruire la relazione sempre di più. Infine, era disposto a farle del male, anche se la maggior parte delle persone di solito esiterebbe ed eviterebbe di farlo.

## Usare la manipolazione

La maggior parte delle volte, la manipolazione avviene in modi molto specifici. Per manipolare qualcuno, dovete essere in grado di soddisfare uno dei cinque criteri da usare come motivatore. Ripensate alla discussione sul comportamentismo, in particolare con Skinner e la discussione sul rinforzo positivo e la punizione. È qui che questi concetti ritornano, ma in termini di manipolazione di altre persone per controllare i loro comportamenti, la maggior parte delle volte, ci sono cinque modi distinti di incoraggiare o scoraggiare il comportamento.

Installando artificialmente i comportamenti desiderati con una di queste tattiche, i comportamenti desiderati vengono appresi in modo relativamente semplice. In definitiva, si tratta di capire quale sia la migliore tattica particolare per quella situazione. Il manipolatore ha molto da considerare: la vittima è una persona timida e facilmente malleabile? Potrebbe rispondere meglio al rinforzo positivo o all'uso di rinforzi intermittenti. Ha la testa più dura? Potrebbe essere meglio provare ad utilizzare un apprendimento di una prova nel tentativo di condizionare la risposta desiderata.

I cinque modi distinti di controllare le vittime dei manipolatori sono attraverso l'uso di rinforzo positivo, rinforzo negativo, rinforzo intermittente, punizione e apprendimento traumatico di una prova. Ognuno di questi è usato in modi diversi con effetti diversi a seconda del bersaglio e dell'obiettivo desiderato.

Come nota veloce prima di continuare, ricordate che c'è una differenza intrinseca tra positivo e negativo, sia per quanto riguarda il rinforzo che la punizione. Quando aggiungete qualcosa, che sia buono o cattivo, si dice che state usando un rinforzo positivo o una punizione. Quando si rimuove o si toglie qualcosa, si usa un rinforzo negativo o una punizione. Questo varia dalla comprensione tradizionale di positivo e negativo nel senso più colloquiale, in cui le persone vedono le cose buone come positive e quelle cattive come negative. Dobbiamo superare questa percezione errata per essere veramente in grado di capire ciò di cui si sta discutendo mentre continuiamo.

Per esempio, se vostro figlio ha preso tutte A nell'ultima pagella, potete portarlo a prendere un gelato - questo è un esempio di rinforzo positivo. Se invece scoprite che vostro figlio è stato bocciato in tre classi, potreste dargli dei lavoretti extra fino a quando non avrà migliorato i suoi voti. Questo è un esempio di punizione positiva perché gli state dando attivamente uno stimolo positivo in risposta al suo cattivo comportamento. In alternativa, togliere a vostro figlio il sistema di videogiochi quando si rende conto che non riesce a seguire le lezioni sarebbe una forma di punizione negativa: gli state togliendo qualcosa di positivo. Infine, se state rimuovendo una situazione negativa, come ad esempio non assillare più vostro figlio dopo che vostro figlio si è impegnato a consegnare tutti i lavori mancanti è un esempio di rinforzo negativo - avete rimosso lo stimolo negativo per incoraggiare il comportamento che volevate.

In generale, il rinforzo positivo è di gran lunga la più delicata delle forme di manipolazione. Comporta l'uso di creare o dare un feedback alla vittima in qualche modo per incoraggiare un comportamento. Effettivamente, quando si verifica l'uso del rinforzo positivo, la vittima viene premiata per aver fatto il comportamento desiderato. Pensate a come un cane che sta ascoltando durante l'addestramento riceve una ricompensa - gli viene dato un piccolo premio per incoraggiare la ripetizione di quei comportamenti desiderati. Questo significa che è più probabile che continuino con quei comportamenti in futuro grazie al fatto che farli è diventato piacevole. Poiché il comportamento desiderato viene associato alla ricompensa, è più probabile che il comportamento venga ripetuto.

Il rinforzo negativo è più o meno il contrario: il comportamento aumenta perché qualcosa di negativo è stato rimosso. Immaginate di essere assillati dal vostro capo a finire quel compito per il lavoro - sarete alleviati da questo assillo costante solo quando avrete finito. In questo caso, siete stati rinforzati negativamente semplicemente perché la rimozione della situazione avversa è avvenuta.

Il rinforzo intermittente usa il rinforzo che è incoerente. In particolare, è più probabile che sia usato nella revoca occasionale di un rinforzo negativo. Per esempio, immaginiamo che Ethan si aspetti che Anna pulisca la casa da cima a fondo e raramente va abbastanza bene per lui, non importa quanto si sforzi. Quando lei pulisce, di tanto in tanto le viene concesso il beneficio di vederlo calmo, o per lo meno, non così scontroso. Occasionalmente, lui sceglie di ricompensarla quanto basta per tenerla all'amo, facendo in modo che lei non voglia andarsene. Invece, lei combatte più duramente perché vede la speranza occasionale che l'Ethan di cui si è innamorata è ancora lì.

La punizione è l'uso dell'aggiunta di qualcosa di spiacevole per dissuadere qualcuno dal comportarsi in un certo modo. Quando si punisce qualcuno, di solito si sta causando una conseguenza negativa di qualche tipo come risultato diretto di un comportamento, o una mancanza di un comportamento appropriato, al fine di mantenere la vittima sulla strada giusta.

Infine, l'apprendimento traumatico di una prova si riferisce all'uso di un abuso improvviso e duro che ha lo scopo di intimidire e traumatizzare la vittima affinché non ripeta più quelle tattiche in futuro. In effetti, la vittima fa qualcosa che non piace al manipolatore e quest'ultimo la punisce drasticamente. Se Anna avesse fatto qualcosa che Ethan non ha gradito, potrebbe decidere di lasciarla sul ciglio della strada o minacciare di prendere il loro bambino a brandelli per scoraggiarla fortemente dal ripetere quel comportamento. L'unico scopo di questo comportamento è quello di rendere la persona così traumatizzata che non ripeterà più quei comportamenti.

## Riconoscere il manipolatore

Identificare il manipolatore è qualcosa che può essere incredibilmente difficile da fare. È difficile assicurarsi di poter individuare quando qualcun altro sta manipolando, ma essere in grado di farlo è incredibilmente vantaggioso. La conoscenza è potere e il potere è una giusta difesa dall'essere sfruttati inutilmente. Quando volete riconoscere e identificare un manipolatore, dovrete fondamentalmente cercare diversi tratti e azioni. Se volete essere in grado di sapere se l'altra parte vi sta, di fatto, manipolando, fermatevi a riflettere sulla vostra relazione. Non appena saprete cosa state cercando, scoprirete che diventano molto più trasparenti di quanto non lo siano mai stati prima.

### *I manipolatori mineranno la vostra capacità di fidarvi di voi stessi.*

Una delle forme più comuni di manipolazione è conosciuta come gaslighting - lo usano per convincervi che quello che pensate stia succedendo intorno a voi è in realtà tutto frutto della vostra immaginazione. Anche se hanno fatto qualcosa di fronte a voi, come prendere l'ultimo pezzo di pizza con voi proprio lì, poi lo negheranno, dicendo che avete mangiato voi. Sono così abili a fare questo che potreste effettivamente iniziare a credergli, lasciandovi mettere in discussione la vostra sanità mentale.

### I manipolatori dicono qualcosa di diverso da quello che stanno facendo.

Raramente le parole e le azioni del manipolatore coincidono. Quando si viene manipolati, si può scoprire che il manipolatore sta attivamente dicendo una cosa ma facendo l'esatto contrario. Forse Ethan dice di avere a cuore l'interesse di Anna, ma niente di quello che fa riflette effettivamente questo. Invece, spesso fa cose che probabilmente non sono nel suo migliore interesse. Quello che può dire è di assicurarsi che lei non mangi cibo malsano, in realtà è poco più di un tentativo di tenerla sotto il suo controllo, facendola sentire male e facendola cedere senza cercare attivamente di reagire.

### Lei si sente regolarmente in colpa quando è vicino al manipolatore, e non sa spiegarlo.

Quando sei vicino al manipolatore, potresti scoprire che il senso di colpa diventa un evento comune. Non importa quanto duramente cerchiate di evitarlo, non potete fare a meno di sentire quel senso di colpa, nonostante i vostri migliori tentativi. Pensate alle cose e non riuscite a capire perché dovreste sentirvi in colpa, eppure siete lì, con la sensazione che avreste dovuto provare di più, fare meglio, o tentare qualcosa di completamente diverso. Questo non è un vostro difetto - se vi sentite costantemente in colpa, è il momento di rivalutare per determinare se siete semplicemente circondati da persone che vi stanno facendo del male o se vi siete effettivamente comportati in modo negativo.

### Il manipolatore è sempre la vittima, e voi siete di solito in difetto.

Il manipolatore è particolarmente abile nel farvi sentire che qualsiasi cosa sia successa è colpa vostra e che qualsiasi cosa sia stata è un'offesa al manipolatore. Anche solo dimenticare accidentalmente di portare a casa dal negozio il cibo richiesto dal vostro partner sarà improvvisamente rigirato, diventando invece un tentativo deliberato di ferire il manipolatore.

### Il manipolatore spinge la relazione troppo velocemente.

Il più delle volte, il manipolatore farà in modo di spostare la relazione il più velocemente possibile. Condividerà più di quanto dovrebbe in realtà, al fine di convincere l'altra parte che sono sinceri su ciò che stanno facendo. Cercheranno intenzionalmente di convincere tutte le persone coinvolte che ciò di cui hanno bisogno è soprattutto muoversi rapidamente. Ameranno intensamente, spingeranno le relazioni d'affari prima che sia stata costruita la giusta fiducia, e useranno la loro finta vulnerabilità per ingannare coloro che li circondano a condividere e a rendersi vulnerabili anch'essi.

### Il manipolatore sarà felicemente d'accordo o si offrirà volontario per aiutare.

Ma poi si trasforma sempre in un atto di martirio. Anche se inizialmente può aver accettato, mostrerà ogni sorta di riluttanza. Se osate chiedergli se è effettivamente riluttante o se sottolinea che starete bene senza di lui, è probabile che neghi e vi faccia sentire in colpa anche solo per aver suggerito una cosa del genere. Il suo obiettivo è invece quello di farvi sentire come se foste in debito con lui per il futuro.

### Il manipolatore sarà sempre un passo avanti a te.

Nel bene o nel male, il manipolatore sarà sempre un passo avanti a voi. Se stai avendo una brutta giornata, la giornata del manipolatore è automaticamente peggiore. Se siete appena entrati in un'ottima università, il manipolatore sarà veloce a ricordarvi che lui è andato in una scuola migliore. Loro avranno sempre simultaneamente di meglio e di peggio di voi, non importa cosa stia succedendo.

## Difendersi dalla manipolazione

Nessuno vuole essere il destinatario della manipolazione - il problema sorge quando così tante persone sono vittime senza sapere quali sono i segni della manipolazione. Quando finalmente si impara quali sono, tuttavia, si è in grado di iniziare a reagire. Si può iniziare a fare i progressi di cui si ha bisogno per recuperare la propria vita e impedire all'altra parte di farvi del male ulteriormente. Ci sono diverse tattiche che potete usare per difendervi dalla manipolazione, che vanno dall'evitare del tutto il manipolatore al contrastare direttamente ciò che vi viene detto. Da qui, andremo oltre tre metodi che potete usare per difendervi dalla manipolazione quando si presenta nella vostra vita.

### Conoscere i propri diritti fondamentali

Forse uno dei modi migliori per proteggersi è imparare a riconoscere i propri diritti intrinseci come individuo. Come essere umano, hai diritto a diversi diritti umani fondamentali, e il più delle volte chi abusa di te cerca di aggirarli. Quando riconoscete e difendete i vostri diritti umani fondamentali, sarete in grado di farvi valere - direte all'altra parte che non siete disposti a sopportare una tale palese mancanza di rispetto e abuso. Invece di essere disposti ad adulare e ignorare completamente il fatto che siete stati trattati male, sarete invece in grado di assicurarvi di esigere il trattamento che meritate. Alcuni di questi diritti umani fondamentali includono:

- Il diritto a un trattamento rispettoso
- Il diritto di essere espressivi dei propri pensieri, sentimenti e desideri
- Il diritto di dire no per qualsiasi motivo senza sensi di colpa

- Il diritto di ottenere tutto ciò per cui si è pagato
- Il diritto alla propria libera opinione
- Il diritto di assicurarsi di essere al sicuro, fisicamente e mentalmente
- Il diritto alla felicità
- Il diritto di stabilire e far rispettare qualsiasi limite

Ognuno di questi diritti fondamentali può rafforzare la tua difesa contro il manipolatore. Se dite che meritate un trattamento rispettoso e lo esigete senza eccezioni, potete mettere in chiaro che non tollererete niente di meno del massimo rispetto di base. Non accetterete insulti, comportamenti dannosi o offensivi, o qualsiasi altra cosa che possa tenervi a terra. Se siete consapevoli del fatto che avete diversi pensieri che sono vostri, e che avete diritto a quei pensieri, indipendentemente da ciò che pensano gli altri, vi proteggete dalla manipolazione mentale. Quando riconosci di essere libero, fisicamente e mentalmente, puoi smettere di permettere al manipolatore di trattenerti. In effetti, questi confini diventano i tuoi scudi con cui respingi il narcisista o il manipolatore. Con questi scudi, vi proteggete dai danni. Tuttavia, la battaglia non si vince semplicemente brandendo uno scudo: bisogna anche essere proattivamente in grado di proteggersi. Proteggersi è semplice come capire il modo migliore per sondare il manipolatore.

### Sondare per difendersi dalla manipolazione

Domande come chiedersi se la richiesta sembra ragionevole al manipolatore, chiedere se sembra giusto, e poi chiedersi se si ha voce in capitolo sono tutti modi in cui si può andare fuori strada per rigirare le cose e rimettere l'onere sul manipolatore. Per esempio, immaginate che Ethan dica ad Anna di correre al più presto al negozio per prendere un articolo molto specifico. Lei è esausta e non vuole guidare attraverso la città, ma lui è incredibilmente insistente che lei vada. Lei potrebbe fermarsi e chiedergli se questo gli sembra ragionevole. Potrebbe chiedere: "Ti aspetti davvero che io molli tutto dopo aver dormito due ore, subito dopo che il bambino si è addormentato, solo per portarti quel formaggio speciale di nacho che posso trovare solo dall'altra parte della città? Quando gira le cose in questo modo, improvvisamente sembra molto meno ragionevole per lei dover fare ciò che il manipolatore ha richiesto.

Questo funziona per una ragione molto specifica: ora state rigirando le cose e rimettendo la pressione sul manipolatore. Quando siete in grado di reindirizzare al manipolatore, potete effettivamente cambiare la tattica - invece di essere sulla difensiva, siete improvvisamente all'attacco. Invece di doverti difendere, fai in modo che il manipolatore debba difendersi da te. Efficacemente, quindi, potete far notare tutto ciò che è sbagliato nella proposta. Lasciate il manipolatore con due scelte: Può negare che quello che sta dicendo è irragionevole, dicendo che andrebbe assolutamente a fare quello che vi sta chiedendo di fare, oppure sarà costretto ad ammettere che le richieste sono troppo unilaterali e sono incredibilmente ingiuste.

## Dire di no e farlo rispettare

L'ultimo metodo abbastanza facile da usare per disarmare il manipolatore è semplicemente imparare a dire di no e a farlo sul serio. Molto spesso, facciamo in modo di lasciare che gli altri governino la nostra vita. Siamo disposti a sopportare ciò che gli altri ci dicono di fare e ciò che dicono semplicemente perché abbiamo troppa paura di farci valere. Tuttavia, pensate all'implicazione di questo: se non vi fate valere, vi troverete a lottare. Sarete sempre spinti in giro, a destra e a sinistra, ci si aspetta che facciate tutto ciò che i manipolatori che vogliono approfittare di voi determinano sia giusto.

Quando si impara a dire di no, però, si toglie quel potere. L'unico potere che il bullo inizialmente detiene su di te è il potere di governare la tua vita. Quando imparate a dire di no e lo intendete davvero, state dicendo attivamente alle persone che non possono controllarvi. State dicendo che non acconsentite ad essere sfruttati, e questo è significativo. Se riuscite a dire di no alle altre persone, allora potete andare fino in fondo ed evitare di cadere nei problemi che il manipolatore vuole.

I manipolatori contano su quella che viene chiamata la sindrome del bravo ragazzo o della brava ragazza: presumono che voi direte di sì semplicemente in nome della cortesia, e non appena sapranno di avere un vantaggio in qualche modo, sia attraverso di voi, le vostre azioni, i vostri comportamenti, o qualsiasi altra cosa, non esiteranno ad approfittare di voi, più e più volte senza cedere. L'unico modo per porre fine a questo è con i vostri limiti.

Questo significa che quando dite no, dovete farlo rispettare. Se continuano a cercare di infastidirvi in qualcosa, avete il diritto di andarvene semplicemente. Non dovete acconsentire ad essere controllati, e in effetti, sarete più felici e migliori se vi rifiutate del tutto.

Anche dire di no non deve essere difficile - tutto quello che dovete fare è scusarvi, dire che non funziona per voi, e andare avanti. Non c'è motivo di spiegare perché non funziona, non importa quanto duramente l'altra parte spinga per una ragione - se ti arrendi e gli dai la ragione per cui non funziona, cercherà di trovare un modo per ignorare quello che stai dicendo per cercare di costringerti ad accettare. Rispondere semplicemente con "Non funziona per me, mi dispiace" è il modo perfettamente educato per mettere a tacere qualcun altro senza dover fornire molte informazioni. Ricordate, un invito non significa che siete costretti a fare qualcosa, e una richiesta non è obbligatoria a meno che non sia imposta dalla legge.

Quando i vostri limiti sono ignorati e continuamente calpestati, quello che dovete fare è trovare un modo per farvi valere. Il modo migliore per farlo è mantenere le distanze dall'altra parte. Anche se inizialmente possono accusarvi di essere manipolatori o controllori, tenete a mente che tutto quello che state facendo è scegliere di non esporvi alle loro ridicole richieste. State proteggendo voi stessi, e non dovreste sentirvi in colpa di farlo. Invece, concentratevi sul fatto che potete ottenere quella distanza di cui avevate bisogno mentre fate anche un punto per guarire. Se cercano di convincerti che li stai punendo, ricorda a te stesso che ti stai semplicemente dando del tempo finché non potrai rivederli senza essere arrabbiato, che sia nel prossimo futuro o mai più. Hai tutto il diritto di scegliere con chi associarti, e anche se piangono e si lamentano e dicono a tutti che sei una persona orribile, sei veramente responsabile solo dei tuoi sentimenti e della tua opinione.

# Capitolo 4: Tecniche di Manipolazione per Controllare la Mente

A questo punto, dovreste avere una comprensione abbastanza decente del concetto di manipolazione. Dovreste vedere come funziona ed essere pronti ad identificarla. Tuttavia, ciò che può rendere questa situazione ancora più facile da identificare è imparare a controllare le menti da soli. Ricordate, più imparate e più siete in grado di capire, più è probabile che possiate proteggervi.

Le tattiche che verranno usate qui sono piuttosto pericolose nelle mani sbagliate - per persone che non si fanno scrupoli a fare del male ad altre persone, queste possono assolutamente essere trasformate in tecniche pericolose che possono davvero convincere altre persone a fare cose nocive e orribili. Tuttavia, possono anche fornirvi una preziosa visione della mente non solo della personalità oscura, ma anche della mente delle persone che prendono di mira. Quando si studia come controllare una mente, comprendendo le complessità che derivano dall'insediarsi nei pensieri di qualcuno, impiantando i propri, e poi fuggendo senza mai alzare alcuna bandiera rossa, si sta imparando a interagire davvero con le altre persone. E se tu impiantassi dei buoni pensieri che aiutassero le persone?

Per la maggior parte, molte delle tattiche di manipolazione non sono particolarmente buone da usare al di fuori del controllo delle persone, e le tattiche che vengono discusse qui sono armi particolarmente potenti. Mentre quelle che troverete in questo capitolo non saranno in gran parte buone da usare su altre persone e hanno l'intento di controllare completamente e totalmente qualcun altro ad ogni costo, nei prossimi capitoli troverete consigli più praticabili che sono molto più adatti ad un obiettivo rispetto alla maggior parte delle tecniche di manipolazione e controllo mentale.

Ricordate, la manipolazione è una forma di influenza che è principalmente oscura. È progettata principalmente per essere nascosta, inosservata e drastica, e questo è esattamente ciò che vedrete qui. Qui vi verrà fornita una guida alle armi più insidiose del manipolatore, dal controllo mentale al capire come isolare le persone.

## Controllo mentale con idee impiantate

In definitiva, il controllo mentale è la capacità di rimuovere il libero arbitrio: state effettivamente entrando sistematicamente nella mente di qualcun altro nel tentativo di fargli pensare o comportarsi in modo diverso da come è stato. Si può cercare di convincere qualcuno di qualcosa come cambiare religione o unirsi a una setta, o si potrebbe semplicemente cercare di far accettare al proprio migliore amico che la band che si vuole andare a sentire il prossimo fine settimana è davvero fantastica, nonostante l'amico la odi.

È importante notare prima di iniziare che c'è un'importante distinzione tra il controllo mentale e il lavaggio del cervello: il controllo mentale è molto più nascosto, mentre nel lavaggio del cervello il prigioniero o la persona a cui viene fatto il lavaggio del cervello ne è consapevole. Quando qualcuno sta usando il controllo mentale, sta facendo amicizia con la persona, guadagnando una posizione di fiducia, e usando questa fiducia per infiltrarsi nella mente di qualcun altro al fine di creare un tipo di personalità completamente nuovo. Effettivamente, quindi, questo porta a diversi pensieri impiantati nella mente dell'individuo senza che l'individuo sappia da dove vengono. Se fatto con successo, non ci dovrebbe essere modo di discernere realmente i pensieri da quelli che sono stati impiantati innaturalmente.

Il controllo mentale inizia prima di tutto con lo sviluppo di una relazione. Quando questa relazione è sviluppata, il manipolatore è in grado di accedere alla mente dell'altra persona. Naturalmente, questo richiede tempo. Il manipolatore deve aspettare pazientemente che la vittima si apra e si renda vulnerabile. Tuttavia, non appena questa relazione è stata costruita, il manipolatore può iniziare ad approfittarne. Il manipolatore può impegnarsi a parlare di argomenti, lasciando cadere la giusta quantità di allusioni per iniziare ad infiltrarsi nella mente dell'altra persona. Per esempio, se vuoi davvero che al tuo amico piaccia la tua musica, puoi passare il tempo a dirgli quanto sia grande la band. Il giorno dopo, menzionate sottilmente qualcosa sulla band. Continuate a fare questo, e dopo un po' di tempo che sentite la stessa idea più e più volte, la mente inconscia diventa più impressionabile. Potreste quindi decidere di suonare quella musica e dopo una settimana o due che ripetete al vostro amico che sono così grandiosi, scoprite che il vostro amico è super appassionato di quella musica. Potrebbe anche chiederti che gruppo è perché suona così bene. In quel momento puoi fargli capire che ha ascoltato quella particolare band che volevi andare a vedere, e puoi chiedergli di venire con te.

## Usare il controllo della mente

In effetti, il controllo mentale si presenta con diversi passi che è necessario completare per essere efficace. Dovete prima sviluppare un rapporto sufficiente con l'altra persona per essere un individuo fidato. Questa è la parte che richiede più tempo. Più genuino riesci a far sembrare il rapporto, più potenti diventeranno le tue abilità. Questo significa quindi che se volete usare questa tecnica, dovete essere coinvolti per un lungo periodo. Pensate a come molti manipolatori fanno in modo di affrettare a tutti i costi le fasi della luna di miele - questo perché vogliono disperatamente essere in quella familiare e fidata posizione di potere con l'altra parte. Quando lo sono, sono effettivamente in grado di iniziare a lavorare sul lato della manipolazione più velocemente. Poiché le persone che si fidano del manipolatore sono più suscettibili alla manipolazione a lungo termine, questo è il metodo preferito.

Una volta ottenuta la fiducia, si deve iniziare ad abbassare l'autostima dell'altra persona in qualche modo. Le persone con un'alta autostima sono più difficili da controllare proprio perché hanno troppa fiducia in se stesse. Se volete far fuori l'autostima di qualcuno, dovete portarlo a pensare che non dovrebbe fidarsi di se stesso. Volete che sentano che i loro stessi pensieri sono imprecisi o non fedeli alla realtà. Si può trovare il modo di insinuare sottilmente che l'altra persona non è particolarmente intelligente, abile o altrimenti capace, nel tentativo di farla sentire come se non dovesse nemmeno preoccuparsi di provarci.

Quando l'autostima si abbassa, si dovrebbe avere un tempo più facile per iniziare a impiantare i propri pensieri nella mente dell'altra persona. Potreste volere che l'altra persona associ attivamente una specifica emozione con una certa conseguenza, e potete farlo. Potete anche condizionare l'altra persona in questa fase, usando ciò che è comunemente indicato come ancoraggio PNL, che sarà discusso maggiormente nel Capitolo 8.

Dopo aver ripetuto i pensieri che volete installare, potreste vederli iniziare a prendere piede. Il vostro amico potrebbe facilmente ascoltare quella musica che prima odiava. La persona che stavate cercando di rendere più gradevole per avere più possibilità di uscire con qualcuno, comincia a sentirsi più consapevole di sé e quindi molto più suscettibile a qualsiasi attenzione.

Potresti decidere di installare più pensieri o trigger per permetterti di controllare meglio l'altra persona. Non importa le tecniche che hai scelto, una cosa è certa: quando impari a controllare la mente degli altri, impari a prendere il controllo di chi sono. Potete impiantare nuovi interessi. Puoi insegnare loro ad esserti fedeli. Puoi convincerli che sono sempre stati interessati a certe affiliazioni politiche. Potete cambiare completamente chi sono, e loro non avranno idea di come ciò avvenga.

In effetti, esponete l'altra persona a questi cambiamenti così lentamente, per un periodo di tempo così lungo, da farle credere che i cambiamenti nei loro pensieri siano le loro stesse scelte.

## Gaslighting

Il gaslighting è una delle tattiche più pericolose che quelli con personalità oscure impiegano. Dopo tutto, cosa potrebbe essere più insidioso che insegnare a qualcuno che non può contare su chi è come individuo? Quando si fa il gaslighting a qualcuno, si sta effettivamente insegnando a qualcuno a dubitare della propria sanità mentale.

Vi siete mai trovati in un tale momento di dubbio su voi stessi? Vi siete mai trovati paralizzati nell'inazione perché non potete essere sicuri che le cose siano accadute nel modo in cui credete siano accadute o se state esagerando? Forse ti dici che stai immaginando il modo in cui è andata un'interazione, o pensi che non è possibile che le cose siano successe nel modo in cui pensi siano successe. Il manipolatore vuole attaccarsi a qualsiasi dubbio che tu possa avere e approfittarne. Nel corso del tempo, il manipolatore può effettivamente fare in modo che la ferita del dubbio su se stessi si inasprisca e cresca, consumando lentamente la vostra capacità di fidarvi di voi stessi ed erodendola fino a farla diventare quasi nulla.

Questo processo è incredibilmente pericoloso: una persona che non può fidarsi di se stessa non sarà particolarmente efficace nel trattare con altre persone. Ripensate ad Anna: quando ha iniziato a vedere i primi segni che Ethan era qualcuno che lei pensava non fosse, gli ha chiesto spiegazioni. "Perché sei così scontroso ora?" Potrebbe aver chiesto a un certo punto, solo per essere accolta con uno sguardo interrogativo e una risposta tranquilla, "Di cosa stai parlando? Essere accolta con qualcosa senza aggressività, attenzione o frustrazione è sufficiente per Anna per chiedersi se era tutto nella sua testa.

Insieme a questi occasionali tentativi di farla deragliare, lui può anche spostare le sue chiavi. Mai lontano o nascondendole del tutto - ma le sposterebbe dai pantaloni che lei aveva indossato quel giorno ad un paio che lei aveva lavato in precedenza la sera, solo per gettare di nuovo quello stesso paio di pantaloni nella pila dei panni sporchi. Lei andrà a caccia delle sue chiavi, solo per farsi dire da Ethan che pensa che siano nella lavanderia e farle trovare i pantaloni che avrebbe giurato di aver appeso poche ore prima.

Può correggerla tranquillamente quando lei racconta una storia, ricordandole che il dettaglio è andato in un modo diverso da come lei lo sta riportando. La storia è andata davvero in quel modo? Probabilmente no, ma lui sta cercando di screditarla nella sua stessa mente. Questo è tutto il gaslighting - è un pervasivo screditamento della fiducia della vittima nella realtà.

Col tempo, l'idea che Anna interiorizza è che lei è incapace di fidarsi veramente di se stessa. Se le viene chiesto qualcosa, si rimette subito a Ethan perché ha insegnato a se stessa che non è degna di fiducia. Questo significa che il controllo di Ethan su di lei aumenta mentre lui continua a stringere la sua presa.

Per usare questa tecnica per voi stessi, dovreste semplicemente iniziare screditando qualcosa di particolarmente innocuo. Potresti spostare le chiavi o controllare la posta in anticipo e fingere che il tuo partner l'abbia controllata quando non l'ha fatto. Potreste dire al vostro partner che il forno è stato lasciato acceso quando non lo era e altro ancora. Con il tempo, lentamente si alza la posta in gioco. Col tempo, la posta in gioco di qualsiasi cosa stia succedendo aumenta sempre di più. Fai notare che il tuo partner sta guidando verso il negozio sbagliato e che tu stai andando in un negozio dalla parte opposta della città quando il tuo partner gira nel negozio dove eravate d'accordo di andare. Potete dire al vostro partner che ha dimenticato di pagare tutte le sue bollette e che voi le avete pagate tutte per lei, anche se la sera prima era rimasta sveglia fino a tardi per farlo.

Alla fine, il gaslighting diventa così incredibilmente potente che la vittima potrebbe vedere una macchina passare e poi tu potresti negare che sia mai passata. La vittima sarebbe disposta ad accettarlo come verità semplicemente perché ha perso la fiducia in se stessa.

## Isolamento

Un'altra comune tattica di manipolazione è l'isolamento. Le persone sono creature sociali - siamo principalmente più felici e soddisfatti quando abbiamo qualche tipo di interazione e relazione con altre persone. Tuttavia, i manipolatori spesso si sentono minacciati dall'idea che le loro vittime abbiano circoli interni di amici e familiari che non possono essere controllati. Il manipolatore vuole mantenere il pieno controllo della vittima, e come tale, diventa comune isolare la vittima lontano da tutti quelli che ha conosciuto e amato.

Può iniziare in modo semplice come esprimere un dispiacere per certi amici o membri della famiglia. Con il tempo, può rafforzarsi in qualcosa di molto peggiore - l'individuo può scoprire che è più facile tagliare gli amici che affrontare la gelosia o il contraccolpo. Il manipolatore può inventare storie su membri particolarmente problematici della cerchia ristretta della vittima, come dichiarare che il migliore amico della vittima ha parlato male del manipolatore nell'ultima settimana, anche se il povero manipolatore non ha fatto nulla di male. Con il tempo, la vittima interiorizza tutto questo. Se ti viene detto costantemente che l'unica persona che potrebbe mai amarti è una persona che ha abusato di te per anni, potresti iniziare a crederci.

Se il manipolatore gioca bene le sue carte, diventa l'unico cerchio di supporto per la vittima. Questo è intenzionale - se solo il partner o il coniuge lavora, la vittima è bloccata a casa con i bambini semplicemente a causa del costo proibitivo della cura dei bambini. Se la vittima vuole uscire, ci sono sempre un milione di ragioni per cui questo non può accadere. In definitiva, il risultato finale è lo stesso: poco o nessun sostegno per la vittima. Senza sostegno, la vittima non ha nessuno da aiutare. Andarsene può essere intimidatorio, o anche solo impossibile a seconda della situazione.

Isolare le persone è comunemente fatto creando problemi, che il manipolatore ha facilitato, tra la vittima e chi la circonda. Può fare in modo di chiamare la vittima, dicendole che non può assolutamente uscire con quelle persone perché sono troppo promiscue. La prossima volta che vanno a un addio al nubilato e mi dicono: "Oh, sai una cosa? Mi sento molto male e dovrai prenderti cura del bambino". C'è sempre una ragione, e col tempo la singola vittima perde credibilità.

**Critica**

Ricordate come un principio fondamentale per poter controllare la mente di qualcun altro era quello di poter danneggiare la sua autostima? Qui è dove cominciate a farlo. State effettivamente tentando di danneggiare l'autostima dell'altra persona così tanto che non vuole fare scelte per se stessa. La critica che gli fate è sufficiente a scoraggiare qualsiasi decisione.

Quando volete criticare qualcun altro, dovete capire quali sono le sue vere debolezze. Se sono comunemente minacciati dall'idea di essere un cattivo genitore, potreste attaccarvi a questo, sbattendolo in faccia alla vittima il più possibile. Se state lavorando a un grande progetto per la scuola per ottenere il vostro master, potreste scoprire che il vostro partner vi sta improvvisamente dicendo quanto siete stupidi o idioti e che non ce la farete mai. Potreste scoprire che essere effettivamente in grado di procedere è quasi impossibile se vi sentite fortemente e regolarmente criticati.

Più vi sentite criticati, più è probabile che fallirete. Sarete distratti e tutti i vostri tentativi di fare meglio ne risentiranno. Quando siete troppo occupati o troppo spaventati per fare il salto per avere successo. La vostra distrazione vi costerà potenzialmente la laurea, e questo è esattamente ciò che il manipolatore vuole. Il manipolatore vuole farvi sentire come se avere successo fosse un'impossibilità, perché se credete che sia un'impossibilità, non proverete a partire. Questo significa effettivamente che vi state auto-sabotando senza mai rendervene conto, tutto a causa delle critiche costanti che vi vengono date in pasto.

Ripensate per un momento ad Anna. Ethan l'ha criticata regolarmente più tardi nella relazione, dopo aver conquistato originariamente Anna. Ha scelto di comportarsi male, dicendo ad Anna che non potrebbe mai pulire la casa come lui si aspettava, anche se lui è a casa tutta la sera senza aiutare. Le viene costantemente chiesto perché non riesce a fare nulla di buono nonostante i suoi sforzi, e col tempo, quella visione critica del mondo diventa la sua. Tutto ciò che doveva accadere era che Anna fosse ripetutamente e spietatamente esposta alla stessa propaganda manipolativa più e più volte per ricordarle quanto fosse veramente inutile.

Ora, Anna era particolarmente inutile? Niente affatto - si è presa cura di suo figlio ed è anche riuscita a lavorare a scuola. Tuttavia, non era all'altezza degli standard impossibili di Ethan e lui non aveva paura di fargliela pagare con le sue critiche e parole taglienti.

## Stanchezza

Infine, l'ultima tattica di manipolazione che discuteremo è la stanchezza. Vi siete mai sentiti così stanchi da essere convinti che sareste morti o svenuti da un momento all'altro? Forse siete rimasti alzati fino a tardi per lavorare a un progetto e non siete mai riusciti a dormire durante la notte. O forse avete avuto bambini piccoli che si svegliavano 24 ore su 24, indottrinandovi al club della mancanza di sonno a cui ogni giovane genitore viene introdotto. Indipendentemente dalla causa, pensa a come ti sei sentito dopo non aver dormito abbastanza.

Probabilmente vi siete sentiti come se foste in ritardo e come se non poteste pensare chiaramente. Nonostante tutto il caffè che vi siete scolati nel corso della giornata, non potevate fare a meno di sentirvi presto crollare. Avete scoperto che eravate molto più pronti ad assecondare quello che il vostro partner vi diceva - se dice che dovete correre al negozio a comprare qualcosa, siete disposti a farlo. Se decide che devi pulire, ti alzi con riluttanza e lo fai nel tuo stato di mezzo addormentato.

La ragione per cui questo accade è che col tempo, man mano che diventi sempre più esausto, i meccanismi della tua mente di essere in grado di combattere tali influenze cominciano a scemare. Non può difendersi se è troppo esausta per funzionare efficacemente. Invece, quei meccanismi di sicurezza, o almeno quelli primari all'interno della vostra mente, funzionano male. Invece di essere in grado di reagire, scopri che sei semplicemente d'accordo perché è più facile. Non vedete che la battaglia vale il piccolo sforzo, quindi siete d'accordo.

La fatica è una tattica comunemente usata su più fronti. È stata usata per torturare la gente a spifferare informazioni in passato. Gli studi sul cervello hanno dimostrato che non appena sei stato tenuto sveglio per sole 20 ore, sei già compromesso come se invece avessi bevuto una birra o due. Dovete essere in grado di riposare per mantenere la vostra mente lucida in modo da poter proteggere il vostro corpo. Quando si è privati del sonno, quindi, si è suscettibili di ogni sorta di abuso pericoloso e insidioso.

Tutto quello che devi fare per privare qualcuno del sonno è impedirgli attivamente di dormire il più a lungo possibile. Cercate di trovare tecniche che possano essere rimosse come una sorta di coincidenza piuttosto che intenzionale. Potresti accendere una luce e poi scusarti dicendo che pensavi che l'altra persona stesse dormendo. Somministrare caffeina all'altra persona. Convincere l'altra persona a stare alzata fino a tardi con voi per qualche motivo - magari guarderete un film insieme o qualcosa del genere.

In definitiva, non importa il metodo che scegliete, scoprirete che siete in grado di ottenere un controllo occulto sulla mente degli altri se utilizzate queste tattiche all'interno di una relazione o con qualcun altro. Potete indebolire le difese della mente. Potete passare completamente inosservati. Puoi convincere le persone a credere a false realtà e altro ancora. Il potere del controllo mentale è molto reale, ma per favore ricordate che è un'abilità pericolosa che non dovrebbe essere presa alla leggera.

# Capitolo 5: Il Potere della Persuasione

La persuasione è incredibilmente potente. Quando riesci a persuadere qualcuno a fare qualcosa, di solito puoi convincerlo ad essere d'accordo con qualsiasi cosa tu voglia che faccia. Se vuoi che qualcuno venga ad un appuntamento con te, puoi persuaderlo a farlo. Se volete che qualcuno vi assuma, dovete essere in grado di convincerlo che meritate di essere assunti. Se vuoi che qualcuno ti aiuti, devi persuaderlo.

La persuasione si verifica in quasi tutti gli aspetti della vita. Sarà un aspetto prevalente di quasi tutte le interazioni che hai con altre persone. Anche solo suggerire a qualcuno che vorresti andare da qualche parte è una forma di persuasione - è il tentativo di influenzare socialmente. Questo significa che si sta cercando di convincere qualcun altro a fare qualcos'altro, cambiando i suoi comportamenti in qualche modo.

Quando riuscite a persuadere qualcun altro a fare qualcosa, avete cambiato il suo comportamento in un modo che non implicava coercizione o forzarlo in qualche modo. Siete effettivamente riusciti a convincerli in un modo che ha mostrato loro esattamente perché avete ragione. Ora, se il metodo che avete usato sia stato emotivo piuttosto che un legittimo tentativo di convincere logicamente qualcun altro è da discutere, a seconda che voi sentiate che le emozioni sono un metodo di giustificazione valido da usare per convincere qualcun altro.

Leggendo fin qui, potreste avere delle domande: Cos'è specificamente la persuasione quando ci si riferisce ad essa in modo psicologico? Come si può essere veramente persuasivi? Perché è importante? Ci sono metodi specifici che di solito o sempre funzionano? Perché funzionano?

È normale avere queste domande che ti passano per la testa. Dopo tutto, se ora sapete che potete persuadere le persone a fare quasi tutto, potreste chiedervi esattamente come questa persuasione possa avvenire, e forse anche se sta succedendo a voi. La buona notizia è che la persuasione, in particolare rispetto alla manipolazione, onora il libero arbitrio. Questo significa che qualsiasi tentativo di persuasione non è necessariamente coercitivo o minaccioso in alcun modo. Invece, metteranno un'enfasi particolare sul volere veramente che l'altra persona arrivi alla soluzione da sola. Questo è ciò che rende la persuasione così efficace - è guidare l'altra persona a prendere una decisione.

## Cos'è la persuasione?

Per definizione, la persuasione è un tentativo di cambiare atteggiamenti o comportamenti senza costrizione. La persuasione di solito arriva in qualche tipo di comunicazione. Tenete a mente che molti aspetti diversi interferiscono con il comportamento e l'atteggiamento, ed è per questo che si possono avere alcune tecniche di influenza come il lavaggio del cervello o il controllo mentale, ma poi anche la persuasione. Sono tutte forme diverse di influenza, e tutte funzionano in modi diversi.

Tenete a mente che non tutta la comunicazione è persuasiva: infatti, di solito si comunica per una delle tre ragioni. Queste ragioni sono persuadere, informare o intrattenere. A volte, si possono confondere le linee tra le due, come usare le informazioni per persuadere o persuadere qualcuno attraverso l'umorismo per far piacere di più all'altra persona. Tuttavia, la persuasione è una forma distinta di comunicazione che dovrebbe essere trattata come tale.

Considerate per un momento che volete convincere il vostro coniuge ad accettare di fare la vostra vacanza annuale alle Hawaii quest'anno. Potreste essere completamente determinati ad andare alle Hawaii, ma sapete che il vostro partner preferisce andare in posti che sono molto più freddi. Tenendo questo in mente, si offrono tutte le ragioni per le quali si vorrebbe andare. Informi il tuo partner che vorresti prendere la luce del sole per aumentare la tua vitamina D. Dici al tuo partner che hai sempre voluto andare alle Hawaii, o che sai che è bellissimo in quel momento. Il tuo coniuge alla fine cede, anche se sai che il tuo coniuge non sarà particolarmente felice durante il viaggio. Si tratta di una forma di manipolazione o di persuasione?

La risposta è la persuasione: non ci sono state minacce. Non ci sono stati tentativi di nascondere informazioni. Siete stati completamente aperti con tutto, compreso quello che stavate cercando di fare. La manipolazione di solito implica una sorta di inganno e di copertura che non avete usato quando parlavate delle Hawaii. Non stavi lasciando cadere messaggi sottili e costanti nella speranza di comunicare subliminalmente con il tuo partner - hai semplicemente avuto una conversazione adulta con il tuo partner sul perché volevi andare alle Hawaii, e il tuo coniuge ti ama abbastanza da accettare, anche se questo significa sacrificare ciò che il tuo coniuge vuole fare di più.

Questa è persuasione normale e mostra una sorta di normale dare e avere in una relazione. La normalità di questa persuasione sarebbe ulteriormente enfatizzata se, la prossima volta che andrete in vacanza, consideraste ciò che il vostro partner vuole rispetto a ciò che voi stessi volete.

La persuasione, quindi, diventa uno strumento prezioso in molti contesti diversi. È fondamentale nei tentativi di comunicare con altre persone al fine di ottenere ciò che si voleva o di cui si aveva bisogno. È utile quando si cerca attivamente di convincere altre persone di ciò che si vorrebbe fare. Vi aiuta a guidare le persone verso decisioni che credete saranno utili per loro, come se siete un leader che ha bisogno di essere in grado di gestire le capacità e le azioni di altre persone.

Quando stai per persuadere altre persone, stai per aiutarle a prendere decisioni, e questo lo rende potente nella pubblicità in particolare. Infatti, la persuasione è così facilmente riconosciuta che il suo studio risale al Medioevo: la retorica, di cui si parlerà tra poco, era comunemente usata e insegnata all'università, e veniva insegnata a chiunque cercasse di diventare istruito.

Ora, senza ulteriori indugi, esaminiamo due delle più comuni serie di tecniche di persuasione che si possono trovare quando si cerca di imparare a convincere altre persone di qualsiasi cosa: i principi della persuasione e l'arte della retorica.

## Principi di persuasione

I principi della persuasione sono comunemente usati, e potresti anche scoprire che li usi attivamente senza esserne consapevole. Si tratta di sei tecniche comuni che possono essere usate per guidare direttamente o sottilmente i pensieri di qualcun altro al fine di assicurarsi che i suoi pensieri si allineino con ciò che si vuole spingere.

Questo non è manipolativo - è sfruttare la psicologia in modi che possono essere persuasivi e convincenti per quasi chiunque. Se l'altra persona prende naturalmente la decisione che è incline a prendere dopo aver sentito la persuasione, questo non è un atto di coercizione e dovrebbe essere trattato di conseguenza.

Quando si guardano i principi della persuasione, si guardano sei tecniche distinte che possono essere usate per persuadere. Queste sono la prova sociale, la reciprocità, l'impegno e la coerenza, l'autorità, la scarsità e l'apprezzamento di qualcosa o qualcuno. Queste tecniche possono essere incredibilmente convincenti se si sa come usarle efficacemente.

A questo punto, è il momento di approfondire ciascuna di queste tecniche. Sarete guidati su cos'è la tecnica e su come usarla, con un breve esempio per ciascuna delle sei.

## Autorità

Fermatevi e considerate per un momento: Siete appena arrivati alla riunione di famiglia per le vacanze. Hai portato con te il tuo cibo preferito a base di maionese, ma nella fretta, ti sei accorto che il tuo piatto è rimasto fuori in veranda. Sei arrivato lì a mezzogiorno, e ti sei accorto che il cibo è rimasto fuori sino alle 5:30 quando era ora di mangiare. La prozia ti dice che il cibo è sicuro e che tutti staranno bene se lo mangiano. Tuo fratello, che è un cuoco professionista, d'altra parte, insiste che deve essere buttato via perché non solo è rimasto fuori in una veranda calda per 5,5 ore, ma anche per tutto il tempo che hai impiegato per arrivare da casa tua. A chi credete?

Naturalmente, si propende per credere allo chef, che lavora quotidianamente con il cibo ed è aggiornato sulle più attuali regole di sicurezza alimentare. Sarete inclini a credere all'individuo che ha dovuto superare i corsi sulla sicurezza alimentare semplicemente perché vi fidate di più di lui su questioni come questa. Vi siete mai fermati a considerare perché lo fareste? La risposta è semplice: Lo considerate un'autorità quando si tratta di cibo. Questo è naturale: dopo tutto, è uno chef.

In generale, le persone tendono a credere alle persone che ritengono essere figure di autorità. Mentre la tua prozia può essere stata una figura autoritaria nella tua vita ad un certo punto, riconosci anche che ha la tendenza ad accumulare e ha difficoltà a buttare via qualsiasi oggetto di consumo, anche se la data di scadenza è passata. In effetti, non vi fidate che sia un'autorità in materia di cibo.

Questo è uno degli usi più semplici dei principi della persuasione: se vuoi essere persuasivo, devi assicurarti di essere un'autorità in qualche modo. Le persone sono naturalmente più inclini ad essere d'accordo con un'autorità rispetto a qualcuno che non vedono come particolarmente competente. Questo è naturale - tendiamo a rimandare alle persone che crediamo sappiano cosa stanno facendo. Questo è esattamente il motivo per cui accettiamo i consigli di medici, avvocati e meccanici di tutto il mondo: confidiamo che loro sappiano quello che noi non sappiamo, e la maggior parte delle volte è vero.

## Scarsità

Immaginate che, alla cena delle vacanze, vi rendiate conto che qualcuno ha perso una delle torte che erano state portate per il dessert. Quando arriva il dessert, vi rendete tutti conto che non c'è abbastanza torta per tutti, anche se si dovessero tagliare i pezzi in piccole quantità. Tutti, nel migliore dei casi, otterrebbero una fetta di torta senza molto nel loro piatto a causa della mancanza delle torte che avrebbero dovuto essere presenti.

Naturalmente, ora tutti sono in fila per uno dei pezzi di torta. Sono improvvisamente considerati molto più preziosi di quanto sarebbero stati percepiti altrimenti per una ragione: sono pochi. Non tutti possono avere un pezzo di torta, o almeno, non tutti possono avere un pezzo di torta che sarebbe soddisfacente, e a causa di ciò, tutti scoprono che la torta deve essere molto più desiderabile di quanto altrimenti sarebbe stata vista.

Questo è il principio della scarsità. Quando qualcosa è poco richiesto, viene improvvisamente considerato molto più prezioso. Anche se la torta può non essere un articolo molto costoso da usare come esempio, il punto è ancora valido: meno ce n'è, più è desiderata.

Considerate invece che siete un venditore di auto. Dovete essere in grado di vendere quest'auto per ottenere un bonus il mese successivo, che è dove fate la maggior parte dei vostri soldi. Ora, immaginate che la persona con cui state parlando non sembra convinta. Sembrano pensare che fare un acconto più alto sia nel loro migliore interesse, cosa che è, praticamente parlando. Tuttavia, avete davvero bisogno di chiudere quella vendita, quindi offrite un accordo.

Dite alla persona che compra che se è disposta a comprare l'auto quella notte, otterrà un affare da urlo - l'affare che state offrendo, tuttavia, scade quella notte e devono prendere una decisione il prima possibile. La pressione aggiuntiva spinge l'acquirente oltre il limite dal discuterne all'accettare di farlo per una ragione: quell'affare è stato fatto in fretta.
Le persone sono avverse al rischio. È molto più probabile che accettino qualcosa con un pagamento garantito piuttosto che rischiare di non avere un buon affare in futuro. L'atto di essere

in grado di risparmiare denaro ora garantito sembra molto più convincente che risparmiare più soldi nel lungo periodo se questo comporta aspettare di avere un acconto più grande sulla loro auto, e useranno questa logica per guidare la loro decisione.

Quando si vuole fare appello alla scarsità, quindi, si vuole fare in modo di far sentire l'altra persona come se avesse bisogno di prendere una decisione prima piuttosto che dopo. Di solito sbaglieranno sul lato conservativo e approfitteranno dell'affare che gli viene presentato.

## Prova sociale

Vi ricordate come nell'infanzia, vi veniva spesso detto di non fare qualcosa solo perché i vostri amici la stavano facendo? Si è scoperto che c'è una buona ragione per questo suggerimento: le persone sono molto più propense a prendere la decisione di seguire la guida di altre persone se non sanno cosa aspettarsi o cosa fare.

In un ambiente non familiare o sotto stress, le persone sono più propense a seguire la guida di coloro con cui possono relazionarsi in qualche modo. Questo significa che se avete bisogno di convincere o persuadere qualcuno a fare qualcosa, volete essere sicuri che i loro pari siano disponibili per mostrare loro cosa fare, in modo efficace.

Pensate alle riunioni di vacanza a cui avete partecipato da bambini: di solito copiavi quello che facevano i bambini un po' più grandi? Hai colto i loro comportamenti? Le persone imparano attraverso l'esposizione, ed è questo che lo rende così potente. Pensate ai bambini che copiano le parolacce dei loro genitori, o ai preadolescenti che imparano a fumare solo perché lo fanno i loro coetanei, anche se non sono particolarmente interessati a farlo. Non è la debolezza che ci fa fare queste cose, ma piuttosto la tendenza delle persone ad imparare naturalmente da chi le circonda.

Immaginate di vendere ancora automobili. Scoprite che le persone sono molto più propense ad accettare qualcosa se dite loro che anche i loro coetanei sono spesso d'accordo a comprare quella particolare auto per qualche motivo. Se si tratta di una famiglia giovane, potreste far notare che a molte persone con bambini piccoli piacciono molto le caratteristiche come l'essere in grado di far oscillare i loro piedi sotto la targa per aprire il bagagliaio, o essere in grado di avviare l'auto a distanza quando sono dentro, finendo gli ultimi preparativi prima di partire, tutto perché rende la vita molto più conveniente quando si sta già portando un paio di piccoli esseri umani che intrinsecamente rendono tutto ciò che riguarda il viaggio più difficile.

Dopotutto, quando si viaggia con bambini piccoli, bisogna considerare se tutti sono andati in bagno, se indossano indumenti sicuri sul seggiolino, se sono presenti i loro snack e giocattoli, così come un cambio di vestiti e molto altro. Sottolineate tutto questo, e scoprirete che le vostre proposte di vendita diventano molto più efficaci nel lungo periodo, tutto perché rendete chiaro che anche agli altri genitori piacciono le auto con queste caratteristiche.

## Piacimento

Un altro uso comune della persuasione è attraverso il principio di piacere a qualcuno o qualcosa. Tendiamo naturalmente ad essere persuasi più da coloro che ci piacciono semplicemente perché se stiamo andando a fare lo sforzo di aiutare qualcun altro, lo faremo perché vogliamo genuinamente aiutare. Questo significa quindi che se volete convincere qualcuno ad aiutarvi a fare qualcosa, o ad obbedire a ciò che state suggerendo, dovete rendervi simpatici a voi stessi.

Rendere qualcuno simpatico può accadere quasi istantaneamente in diversi modi. Puoi renderti rapidamente simpatico semplicemente facendo in modo di rispecchiare qualcuno, simile ad una tecnica comune alla PNL. Puoi anche passare attraverso il processo di rendere intenzionalmente qualcuno come te attraverso un processo in tre fasi.

Questo processo in tre fasi è abbastanza semplice: Devi renderti in qualche modo relazionabile, devi offrire un complimento, e devi farti sembrare una squadra. Questo funziona per diverse ragioni: quando sei relazionabile, sei automaticamente visto come più umano di quanto non fossi un attimo fa. Considera con quante persone interagisci regolarmente: quanti di loro sei in grado di ricordare attivamente? Riesci a ricordare chi ti ha aiutato al negozio di alimentari, o chi hai incrociato al lavoro? A meno che tu non abbia una sorta di super memoria, è probabile che tu non lo ricordi. Tuttavia, se riesci a renderti in qualche modo relazionabile, sarai più memorabile e più persuasivo. Dato che si vedono così tante persone durante il giorno, si tende a dimenticare che sono persone e non solo delle macchie che si incrociano. Cambiando questo, automaticamente si vuole dare loro più attenzione.

Quando fai un complimento all'altra persona, fai un'associazione specifica tra te e l'altra persona: Che tu sei una fonte di buoni sentimenti. Questo comincia a sfociare nella manipolazione emotiva per alcune persone - sta intenzionalmente innescando sentimenti molto specifici per uno scopo molto specifico, e per questo motivo, dovresti almeno assicurarti che qualsiasi complimento tu offra, sia un complimento legittimo che intendevi. Se non intendevate il complimento e l'avete detto solo per farvi piacere, è probabile che facciate l'esatto contrario: invece di essere visti come simpatici, sarete visti come manipolatori, e male.

Infine, vuoi stabilire che tu e l'altra persona siete una squadra. Così facendo, si innesca quel cameratismo che è necessario per una persuasione di successo. Quando sentono che siete nella stessa squadra, è molto meno probabile che cerchino di difendersi da voi semplicemente perché non vi vedono come una minaccia. A causa di questo, si diventa molto più capaci di persuasione. Le loro menti saranno più aperte e accoglienti perché non pensano che cercherete di approfittarvi di loro.

Ora, torniamo all'esempio di vendere qualcosa a qualcuno. Immaginate che il vostro prossimo cliente entri con un bambino piccolo al seguito. Vi sedete alla vostra scrivania per parlare con l'altra persona, e nel farlo, offrite al bambino un secchio di giocattoli che tenete in un cassetto proprio per quell'occasione - sapete che i bambini diventano ansiosi quando sono bloccati ad una scrivania per più di 2,5 secondi circa. Sorridete mentre offrite i giocattoli e commentate distrattamente che anche voi avete un bambino di quell'età a casa e che è sempre difficile superare gli appuntamenti, quindi avete fatto in modo di avere i vostri giocattoli presenti per ogni evenienza. Ora avete naturalmente offerto una chicca su di voi, e questo vi ha reso più relazionabile.

Poi, si aspetta un po'. Dopo un po' di lavoro, fai un commento su come il bambino è incredibilmente ben educato e che il cliente ha fatto un ottimo lavoro con lui. Questo fa sentire bene il cliente e sarà felice.

Infine, sottolineate che siete felici di aiutarli, o dite loro di permettergli di aiutarli. Questo stabilisce quel lavoro di squadra di cui avete bisogno per convincerli a fare ciò di cui avete bisogno.

## Coerenza e impegno

Il prossimo principio di persuasione è la coerenza e l'impegno - le persone sono solitamente inclini a rimanere coerenti ai loro impegni per una ragione: essere coerenti ti rende affidabile. La gente vuole essere vista come affidabile perché essere affidabile è potente - è molto apprezzato e se riesci a farti vedere come affidabile, le persone continueranno a tornare da te. Se sei un venditore affidabile, per esempio, altre persone torneranno ripetutamente da te per fare i loro acquisti perché si fidano di te. Se ripaghi in modo affidabile i tuoi prestiti, il tuo credito sale e le persone sono più propense a concederti prestiti anche in futuro.

Poiché le persone vogliono essere affidabili, di solito seguono lo stesso modello di risposta e offerta di aiuto più e più volte. Per esempio, se chiedi al tuo migliore amico di fare da babysitter ai tuoi figli una sera per il fine settimana e lui accetta, potresti scoprire che è più probabile che continui a fare da babysitter ai tuoi figli regolarmente ogni fine settimana perché ha già accettato di farlo una volta, e vuole continuare ad accettare per essere visto come coerente. Continueranno quindi a fare da babysitter quando gli viene chiesto perché non lo vedono come uno sforzo o come un problema. Alla fine, però, non sembra più un'assistenza occasionale e sembra più che sia un'attività quotidiana e che debba continuare. Quell'amico probabilmente continuerà a fare il babysitter senza lamentarsi finché non diventerà un problema perché vuole essere coerente.

Tutto quello che devi fare per approfittare di questo principio è fare in modo che qualcuno sia d'accordo con te su un punto prima di chiedere qualcos'altro. Una tattica comune per questo è chiedere a qualcuno una penna per metterlo nella mentalità di dire sì invece di no, ed è più probabile che continui a dire sì in futuro.

## Reciprocità

Infine, l'ultimo principio della persuasione è la reciprocità. Per capire questo principio, immagina come ti senti obbligato ad offrire a qualcun altro qualcosa in cambio dopo che ti ha dato qualcosa. Se qualcuno si offre di aiutarti, tu cerchi di ricambiare in qualche modo. Per esempio, se il tuo amico ti fa un regalo di compleanno, ti senti portato a offrirgli un regalo in cambio anche per il suo compleanno.

Questo funziona per una ragione molto specifica: Le persone sono intrinsecamente cablate a voler ricambiare gli atti di altruismo per loro. Il tuo amico che ti ha dato qualcosa o ti ha aiutato ha effettivamente beneficiato in qualche modo se non per renderlo felice? È probabile che non l'abbia fatto, ma il fatto che vi abbia dato qualcosa in primo luogo può essere sufficiente per convincervi a continuare a dare a loro in futuro. In effetti, garantiscono che farete in modo di provvedere a loro se dovessero averne bisogno perché vi hanno dato.

Quando vuoi usare l'arte della reciprocità, non pensare a quello che loro possono fare per te, ma piuttosto a quello che tu puoi fare per loro. Chiedi cosa hanno bisogno che tu faccia prima di andare a fare richieste e potresti essere sorpreso di vedere il risultato.

## Retorica

Un'altra linea di pensiero che circonda l'arte della persuasione è la retorica. Questa è letteralmente l'arte di essere persuasivi in primo luogo, e se riesci a padroneggiare questo, sarai in grado di usare questi strumenti nella conversazione generale. Queste tecniche sono state tramandate fin dal Medioevo, e se hanno continuato ad essere rilevanti, allora devono essere utili, almeno in qualche capacità o altro.

In definitiva, la retorica ha diversi requisiti. Bisogna essere in grado di controllare il linguaggio e conoscere la cultura in cui si lavora. Inoltre, dovete capire la situazione retorica, che determinerà ciò che state cercando di fare, il vostro pubblico, l'argomento, come parlerete e il contesto. Tutto questo si combina insieme per creare la retorica che discuterete.

Lo scopo della vostra situazione sarà riconoscere il motivo per cui state scrivendo o parlando. Cosa state cercando di fare? Poi, dovete capire di cosa state discutendo - l'argomento. Questo dovrebbe determinare ciò su cui state cercando di informare o persuadere. Dovreste essere abbastanza ampi da essere in grado di lavorare con questo, pur essendo anche abbastanza stretti da avere uno scopo molto specifico nel farlo. In seguito, si deve esaminare il pubblico/la persona a cui ci si rivolge. Potreste scoprire che questa è la cosa più difficile da fare, perché non sarete in grado di controllare completamente il pubblico. Non è possibile far fare a tutti quello che vuoi per capriccio, e per questo motivo, devi fare del tuo meglio per lavorare con il pubblico che hai piuttosto che con quello che vuoi. Infine, avete lo scrittore: Questa è la persona che fa la persuasione. Cosa stai portando al tavolo? Perché state discutendo di ciò che state discutendo? Come è rilevante per voi?

Con la situazione identificata, siete liberi di iniziare ad affrontare i tre appelli della retorica: Logos, Ethos e Pathos.

## Logos

Logos è un appello alla logica. Nella sua forma più semplice, si tratta di capire come convincere il vostro pubblico che non c'è altra opzione che essere d'accordo con voi su ciò che state dicendo. Spesso, questo si avvale di statistiche o altri fatti per far passare il punto. Volete fare un'argomentazione che sia così forte che il pubblico non senta altra scelta che essere d'accordo con essa.

Per esempio, immaginate che state cercando di persuadere qualcuno a comprare quell'auto per la quale stavate spingendo molto. A questo punto, iniziate a parlare di tutte le statistiche che indicano che l'auto di cui state parlando è più sicura. Si può tirare su crash rating, o come statisticamente risparmiano di più sul gas rispetto ad altre auto. State cercando di bombardare l'altra persona con così tante informazioni che è innegabile che la migliore opzione disponibile è quella di comprare l'auto, indipendentemente dall'opinione personale.

## Ethos

L'ethos è un appello al carattere. A differenza di un appello alla logica, state cercando di farvi sembrare persuasivi e degni di fiducia. Nella pubblicità, considerate il fatto che le persone tendono a usare le celebrità per conquistare la gente. Se vedi la tua celebrità preferita, che ammiri personalmente, bere un certo tipo di caffè o indossare un certo tipo di scarpe, ti sentirai più incline a fare lo stesso semplicemente perché vuoi identificarti con quella celebrità.

Potreste anche farlo per mostrare che siete affidabili su una scienza - magari mettete in chiaro che avete passato tutta la vostra vita a concentrarvi su quel particolare studio che alla fine avete portato a termine. Sottolineare l'affidabilità è un ottimo modo per assicurarsi che le altre persone siano disposte ad ascoltarvi mentre parlate.

Pensate a questo come all'uso di un appello all'autorità - state elencando qualsiasi cosa di voi stessi che vi farà sembrare degni di fiducia e degni di essere.

## Pathos

Infine, l'ultimo degli appelli della retorica è Pathos: un appello all'emozione. Quando usate un appello all'emozione, state usando l'emozione per portare avanti l'individuo. Volete creare una connessione emotiva di qualche tipo per far sì che il pubblico senta effettivamente ciò che volete che senta. Quando siete in grado di rivendicare e usare le loro emozioni, scoprirete che siete in grado di convincerli a fare qualcosa.

Questo per una ragione specifica: le vostre emozioni sono destinate ad essere motivanti. Quando potete usare le emozioni delle altre persone, potete costringerle a fare molto. Per esempio, se avete bisogno di convincere le persone a donare alla vostra causa, menzionate alcune delle persone che la vostra causa aiuterà. Magari raccontate storie di successo di persone che sono state aiutate dalla vostra fondazione. Quando fate questo, le persone si sentono spinte ad agire.

Quando si vuole usare il pathos, bisogna assicurarsi di identificare la risposta emotiva di cui si vuole approfittare, e poi capire come meglio innescare quella risposta emotiva nell'altra parte. Facendo così, di solito si può ottenere che l'altra persona faccia ciò a cui si sta puntando. Pensate a come le pubblicità per gli enti di beneficenza useranno foto di bambini affamati e cuccioli e gattini che sembrano miserabili. Questo perché queste immagini evocano tristezza - scateneranno l'individuo a sentirsi triste, e nel sentirsi triste, possono chiedere quelle donazioni che vogliono vedere.

# Capitolo 6: Il Lavaggio del Cervello

Vi siete mai chiesti perché il lavaggio del cervello è diventato così popolare nei media? Potreste vederlo nei cartoni animati o come argomento della trama di un film o di un libro incredibilmente popolare per adulti. Sembra che sia comunemente usato come uno strumento per spaventare coloro che stanno consumando i media, come una sorta di raccapricciante, grottesco tentativo di farli sentire costretti a continuare a leggere mentre sono anche terrorizzati.

Mentre il concetto di lavaggio del cervello non è neanche lontanamente grottesco come può diventare nell'intrattenimento, a volte coinvolgendo sieri, incantesimi, possessione o altre tattiche simili, è ancora un evento molto reale in psicologia. In particolare, il lavaggio del cervello è comunemente visto in situazioni come i culti e i prigionieri di guerra.

Questo non è il tipo di innesco improvviso di perfetta obbedienza che può sembrare nei media, ma piuttosto qualcosa di brutale e traumatizzante. Mentre leggete questo capitolo, tenete a mente che il lavaggio del cervello non è qualcosa che dovrebbe essere trattato con leggerezza. Si tratta di uno dei metodi più insidiosi di controllo su qualcun altro semplicemente a causa del danno che può scatenare.

Se state tentando di fare il lavaggio del cervello a qualcuno, dovete ricordare che gli unici modi in cui si può utilizzare questa tecnica sono in gran parte abusivi e talvolta illegali. Se scegliete di utilizzare questi metodi, state riconoscendo che state correndo questo rischio per voi stessi. Si consiglia vivamente di evitare queste tecniche, ma capire come funziona è ancora qualcosa di importante.

## Cos'è il lavaggio del cervello?

Il lavaggio del cervello in sé ha la definizione di creare nuove credenze in qualcun altro che sono radicalmente diverse da quelle originali. Queste tecniche implicano quasi sempre l'uso della coercizione. Se si dovesse semplificare questa definizione, si direbbe che è l'atto di forzare le persone a conformarsi e interiorizzare un nuovo sistema di credenze interne attraverso la coercizione. L'intero scopo di questa tecnica è interamente quello di forzare le persone a cambiare.

Implica l'atto di attaccare l'identità di qualcun altro così a fondo che alla fine si è in grado di cancellarla o reprimerla sistematicamente. Questo richiede quasi sempre un certo livello di abuso traumatico e senso di colpa per un lungo periodo di tempo, per far sì che funzioni veramente. Questo è precisamente il motivo per cui dovreste evitare di usarlo contro altre persone: stareste effettivamente distruggendo intenzionalmente e malignamente l'essere stesso di una persona per creare la vostra identità per quella persona. Questo è incredibilmente dannoso, e dovreste fare in modo che non accada.

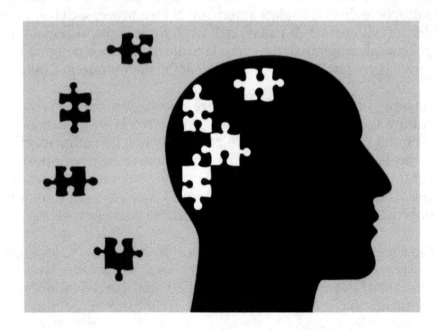

# Perché il lavaggio del cervello?

Il lavaggio del cervello avviene per diverse ragioni. La gente userà l'arte del lavaggio del cervello per indottrinare le persone nei culti. Tipicamente, questi culti oscuri richiedono completa e totale obbedienza, e se non si può ottenere il controllo assoluto su qualcuno, di solito è difficile convincere le persone a rimanere abbastanza a lungo da essere attivamente abusate in qualsiasi modo. In particolare, uno dei più noti culti abusivi che hanno fatto il lavaggio del cervello e indottrinato completamente i membri è stato il culto di Jim Jones - ha convinto il suo intero culto a bere cianuro e ad uccidere se stesso e i propri figli.

Altre volte, è comunemente usato durante la guerra - quando i militari prendono prigionieri di guerra, possono intenzionalmente fare il lavaggio del cervello nel tentativo di far cedere le persone e obbedire in qualsiasi situazione. Per esempio, durante gli anni '50, i cinesi hanno fatto in modo di sottoporre diversi soldati americani ai loro processi di lavaggio del cervello prima di rimandarli negli Stati Uniti. Il popolo ha poi completamente denunciato la propria cultura e personalità, propagandando l'importanza e i benefici del mondo in Cina.

Ancora più spesso, si può vedere il lavaggio del cervello in culture come la Corea del Nord, attraverso la propaganda e i tentativi di mantenere tutte le persone coinvolte compiacenti e disposte ad obbedire. Quando queste persone sono sottoposte a continui abusi con un feedback costante su come il loro leader sia il miglior leader e che devono essere perfettamente obbedienti, sviluppano queste convinzioni come proprie.

Ciò che è importante notare qui è che questi tentativi di lavaggio del cervello non sono nascosti - le persone coinvolte saranno interamente consapevoli di ciò che sta succedendo loro. Tuttavia, ciò che è unico è il fatto che si conformano comunque. In generale, quando le persone sanno di essere costrette o manipolate, di solito sono in grado di prenderne le distanze. Questo non è il caso del lavaggio del cervello - la nuova identità è tipicamente presa semplicemente perché l'individuo vuole fermare una sorta di abuso egregio che sta accadendo che è troppo doloroso o troppo da sopportare. Piuttosto che continuare a soffrire, l'individuo fa invece in modo di cedere, permettendo la creazione della nuova personalità semplicemente per sopravvivere.

Questo però aggiunge anche una sfaccettatura in più: è possibile invertire il lavaggio del cervello, anche se il senso di colpa rimarrà. I prigionieri esposti a questo tipo di abuso alla fine ritornano più o meno a quello che erano prima - possono essere terrorizzati dalla loro identità all'inizio, ma col tempo, diventano sempre più disposti ad accettare chi sono come individuo e rinunciano alla vecchia personalità creata nel lavaggio del cervello.

## Passaggi per il lavaggio del cervello

Nonostante il fatto che l'arte del lavaggio del cervello sia così incredibilmente insidiosa, se siete in grado di approfittare di questo processo, scoprirete che è molto più facile di quanto sembri. Non ci vuole molto per abbattere completamente la mente di una persona, a patto che non vi facciate scrupoli a decimare completamente la personalità di qualcun altro. Se non avete paura di distruggere qualcun altro, scoprirete che con solo una manciata di passi, quella persona può essere distrutta e sottoposta a lavaggio del cervello.

Naturalmente, questo non significa che sia un processo veloce - ci vuole una quantità significativa di tempo per smantellare veramente la mente di qualcun altro. Dovrete avere il tempo, lo spazio, e un palese disprezzo per la legge e per le altre vite umane per approfittare di questa tecnica.

## Assalto all'identità

Il lavaggio del cervello è impossibile se l'individuo che subisce il lavaggio del cervello non è disposto a lasciare andare chi è come persona. Questo significa che il primo stadio del lavaggio del cervello è convincerli che non dovrebbero piacere alla persona che sono. In particolare, si passerà il tempo ad aggredire la loro identità nella speranza di convincerli che la loro identità è problematica in qualche modo. In effetti, volete fargli temere chi sono e tutto ciò a cui danno valore.

Per esempio, si può chiedere a qualcuno come si chiama. Se risponde con il suo nome, lo si punisce severamente e gli si dice che il suo nome è qualcos'altro. Per esempio, immaginate che la persona si chiami Bill. Lui vi dice questo, e in risposta, voi lo picchiate brutalmente sulla schiena con una tavola e poi gli dite che ora si chiama Larry. Ogni volta che gli chiedete del suo passato, della sua identità o di qualsiasi altra cosa vicina a lui e lui risponde sinceramente, lo picchiate per fargli temere la verità. Gli state effettivamente insegnando a temere l'atto di essere onesto con le altre persone su chi è e poiché lo teme, non è probabile che continui a ripetere l'errore più e più volte.

## Senso di colpa

Successivamente, è il momento di instillare il senso di colpa. Poiché l'altra persona viene costantemente penalizzata per quello che è, deve essere effettivamente convinta che l'abuso è colpa sua. Forse era una colpa della loro cultura o della loro famiglia, o era semplicemente loro come persona. Volete che si sentano effettivamente responsabili delle loro percosse e della loro prigionia, e lo otterrete attraverso la ripetizione. Aggiungerete anche altro sul loro piatto: potreste incolparli per il fatto che non c'è il sole quel giorno, o che è successo qualcosa che non c'entra con lui. Si vuole mettere sul piatto quanta più colpa possibile in modo che l'individuo respinga se stesso in favore di essere in grado di respingere la colpa.

## Tradimento di sé

Presto, il senso di colpa si accumulerà, così come la paura della tortura se continuano a rimanere fedeli a ciò che sono, e gli individui sottoposti a lavaggio del cervello scopriranno che è più facile tradire semplicemente le loro identità che rimanere fedeli a se stessi. Decidono che preferirebbero staccarsi da chi sono come persone per proteggere le loro vite, poiché hanno raggiunto un punto in cui sanno che la morte arriverà se non stanno attenti. Preferiscono tradire se stessi, soddisfacendo il fatto che hanno bisogno di sopravvivere, e obbediscono e si sottomettono.

## Punto di rottura

Al momento di denunciare chi erano come persona, le persone sottoposte a lavaggio del cervello scoprono di aver raggiunto il loro punto di rottura - sentono di aver perso ogni speranza. Hanno accettato la loro nuova vita e sanno che combattere è inutile. Questo è l'inizio dell'adozione della nuova vita che gli è stata presentata, poiché a quel punto, per chi subisce il lavaggio del cervello, le scelte sono assimilare o morire, e hanno già rifiutato chi erano una volta. A questo punto si arrendono ufficialmente e riconoscono che non avranno altra scelta che accettare i nuovi pensieri o culture se vogliono sopravvivere.

## Indulgenza

Poi arriva un raggio di speranza - qualcuno che ha torturato la persona sottoposta al lavaggio del cervello fino all'orlo della morte, quando sente che non può più farcela, offre una sorta di clemenza. Può essere un po' di cibo in più, o una sigaretta, o anche solo una parola gentile. È allora che la speranza viene fatta penzolare davanti all'individuo e viene vista come un'opzione legittima. L'individuo si attaccherà a quella fiducia, vedendola come la prova che può, in effetti, sopravvivere, se gioca bene le sue carte, e si attacca a quello. Il manipolatore ha ufficialmente conquistato la fiducia della persona a cui viene fatto il lavaggio del cervello, e questa inizia ad accettare che tutto il dolore della tortura sparirà non appena sarà disposta a cedere e a conformarsi completamente.

## Incoraggiare a confessare

A questo punto, il senso di colpa diventa troppo insopportabile per l'individuo - sente di non poterlo più trattenere e sente che l'unica opzione è la confessione. È spinto a lasciar andare la vita precedente e a lasciar andare tutto. Il manipolatore, naturalmente, incoraggia questo, e presto le confessioni volano per qualsiasi cosa possibile. Anche cose che non sono colpa del lavaggio del cervello vengono confessate per lasciare andare tutto quel senso di colpa.

## Progresso e armonia

Dopo questa confessione iniziale, l'individuo viene lentamente istruito e assimilato. Questa fase è l'educazione della nuova identità e cultura. Le persone sono incoraggiate a lasciare andare il passato. Accettano di assecondare ciò che viene loro insegnato per paura di tornare al passato, in cui sono trattati male. Invece, vengono date loro molte decenze umane di base per incoraggiarle a continuare a fare i loro progressi positivi nella loro vita.

## Confessione finale

Alla fine arriva la confessione finale - questa è la fase in cui finalmente rinunciano a chi sono per davvero. Sono disposti a rinunciare a tutto, vedendo la bellezza in ciò che gli è stato insegnato e scoprendo che si identificano con la cultura che li ha accolti. Sono disposti a continuare a coesistere in questa nuova bolla sociale e sono disposti ad entrare il prima possibile.

## Rinascita

Finalmente arriva la rinascita: in questa fase, i prigionieri vengono liberati. Non vengono più manipolati, semplicemente perché lo sono già stati. Invece, vengono indottrinati e accolti nella nuova società. Mentre di solito sono desiderosi di essere coinvolti nella nuova vita e nella nuova gente, possono essere accolti con esitazione perché la gente li vede ancora come traditori e stranieri. Non c'è quantità di nomi e cerimonie, dopo tutto, che permetta alla popolazione generale in quella nuova cerchia di accettare che loro sono la nuova persona. Nonostante tutti gli sforzi fatti nel lavaggio del cervello, il pubblico generale vuole ancora mantenere le distanze, lasciando il lavaggio del cervello isolato come prima.

# Capitolo 7: L' Inganno

Avete mai sentito il bisogno pressante di mentire a qualcuno? Forse vi siete sentiti come se qualcuno nella vostra cerchia ristretta vi stesse mentendo attivamente, ma non avevate le prove necessarie per dimostrarlo, al di là del sospetto che qualsiasi cosa fosse stata detta fosse un inganno. Non importa quanto foste certi, nessuno vi credeva e venivate liquidati come troppo sensibili o paranoici.

E se si potesse sviluppare la capacità di identificare i segni di quell'inganno in modo da poterlo fare fuori sul momento? Ogni volta che avete la sensazione viscerale che qualcosa non va, sareste in grado di indicare esattamente qual è stata la causa. Sareste in grado di dire esattamente quando vi hanno mentito, per far notare a voi stessi che non siete, di fatto, pazzi. Puoi porre fine al costante auto-illuminarsi e lavorare invece per eliminare gli ingannatori che si nascondono dietro le loro maschere, presentandoti una cosa mentre in realtà intendono qualcosa di completamente diverso.

E se tu volessi essere ingannevole? A volte, c'è una buona ragione per esserlo, anche se non è sempre l'opzione più etica. A volte, è una buona cosa convincere qualcun altro di qualcosa che non è vero, come se si vuole sorprendere qualcuno per il suo compleanno. Se volete sorprenderlo, potete fare in modo di sapere esattamente come aggirare la verità per tenere la sorpresa nascosta fino al grande giorno.

Tenete a mente che mentre questo capitolo discute approfonditamente l'inganno, non dovrebbe mai essere usato in modo nefasto. È incredibilmente immorale mentire su ciò che sta accadendo o sul perché sta accadendo, e le informazioni fornite qui sono solo a scopo informativo per aiutarne l'identificazione. Non si condona l'inganno.

# Definizione di inganno

L'inganno stesso è in qualche modo una forma di distorsione della verità. La verità è spesso drammatizzata, evitata, o semplicemente alterata per convincere l'altra persona di ciò che viene detto, e per fare ciò, viene usata una sorta di bugia o inganno per mascherarla. Può spaziare dall'evitare intenzionalmente di rispondere alla domanda o sviare dalla domanda in questione, rispondendo a una domanda con un'altra domanda. Potrebbe essere distorcere volutamente la verità in qualche modo, come riportare la causalità come correlazione, pur non avendo le prove per sostenere tale affermazione. Potrebbe anche essere semplicemente dire qualcosa che è palesemente falso. Ciò che è vero, tuttavia, è che l'inganno è sbagliato. Può anche essere illegale in diversi casi, come nella pubblicità falsa. Se stai ingannando gli altri, stai mettendo a rischio non solo te stesso, ma anche altre persone.

Nonostante l'immoralità dell'inganno come regola generale, è usato regolarmente in diversi contesti. È regolarmente usato per ottenere favori, come in politica, per esempio. In particolare, in politica, i politici useranno regolarmente l'ambiguità per evitare di rispondere veramente alla domanda a portata di mano quando sanno che la risposta alla domanda sarà condannabile in qualche modo, forma o genere.

A volte, le persone mentono per scopi abusivi. Persone come il narcisista mentiranno su chi sono come persona per ottenere facilmente il favore dei loro obiettivi. Fingeranno di essere qualcuno che non sono solo perché sanno che questo li aiuterà a lungo termine. Se fingono di essere qualcun altro, sono sicuri che attireranno effettivamente la persona, e possono continuare a mentire su chi sono. Creano effettivamente una maschera da indossare per aiutarsi a diventare la persona che devono essere.

Altre volte, le persone usano l'inganno per nascondere qualcosa, come assicurarsi che i loro partner non scoprano che li stanno tradendo. In definitiva, le persone mentiranno se pensano che questo li avvantaggerà. Nonostante il fatto che così tante persone siano disposte a mentire, non è così naturale come si potrebbe pensare. Mentire in realtà richiede un enorme sforzo sull'individuo in questione. Quando si mente, il corpo è infelice, rilascia naturalmente ormoni dello stress e cambia il modo in cui viene presentato il linguaggio del corpo. Questo significa che se si è in grado di leggere questi cambiamenti nel comportamento e nello stato d'animo, si può iniziare a capire se qualcuno sta mentendo o meno a colpo d'occhio.

## Tipi di inganno

L'inganno si presenta in diverse forme, a seconda di come l'individuo ha bisogno di mentire in primo luogo e qual è la verità che viene nascosta. In definitiva, le persone useranno il metodo che funziona meglio per loro, ma alla fine della giornata, ci sono diverse forme che l'inganno può assumere. Queste forme sono importanti da capire sia per riconoscere l'inganno quando avviene, sia per capire come usare l'inganno. Mentre leggete le prossime sezioni, tenete a mente che potete usare voi stessi queste tecniche se siete veramente certi di voler usare i poteri di inganno che vi vengono mostrati.

## Mentire

Forse la forma più conosciuta di inganno è la menzogna. Quando qualcuno pensa che qualcun altro lo stia ingannando, di solito si tratta di una sorta di bugia intesa ad ingannare qualcuno. Questa è anche la più palese distruzione della verità. È la creazione di un nuovo tipo di verità - quando si mente a qualcuno, si sta creando una nuova narrazione con una nuova verità che può o non può nemmeno assomigliare alla verità nel momento in cui viene detta.

Quando si mente, si sta letteralmente inventando qualcosa di nuovo che non è collegato alla verità. È semplice come inventarsi qualcosa di nuovo da dire all'altra persona. Per esempio, immagina che tu voglia davvero uscire con il tuo migliore amico, che si dà il caso sia qualcuno per cui il tuo partner è molto insicuro. Potresti dire al tuo partner che stai andando al cinema con un amico completamente diverso per avere una scusa per uscire di casa. Hai detto una palese bugia per evitare il litigio che sai che altrimenti sorgerebbe.

## Equivoco

L'equivoco si verifica quando rendi le tue risposte vaghe intenzionalmente. Sperate intenzionalmente che l'altra persona sia così sballottata dalle risposte che date che la verità sarà ignorata. Questo è comunemente usato in politica in particolare, in cui il politico può rispondere a una domanda completamente diversa con una formulazione che è solo abbastanza ambigua per dare l'impressione di dare la risposta più favorevole possibile senza mai impegnarsi in quella particolare risposta. È segreto in un modo completamente diverso rispetto alla menzogna.

Per esempio, immaginate di dire al vostro partner che state uscendo per la notte. Il vostro partner poi, naturalmente, vi chiede dove state andando. Voi dite che state andando a vedere un film con un amico e lasciate tutto così mentre uscite dalla porta. Il vostro partner potrebbe pensare che intendevate andare al cinema con qualcuno, quando in realtà, state andando a casa di quell'unica persona che rende il vostro partner consapevole e nervoso. A un certo punto metterai comunque su un film, quindi non stai mentendo, visto che sei andato a vedere un film con un amico, ma non sei stato imminente con informazioni pertinenti che probabilmente avrebbero sollevato delle bandiere rosse per il tuo partner.

## Omissione

L'omissione è l'atto di omettere deliberatamente informazioni pertinenti che avrebbero dovuto essere incluse nell'esposizione iniziale. È progettato per sperare che l'individuo non prema su quella particolare questione nella speranza che la persona si concentri su ciò che è stato detto invece di chiedersi cosa non è stato detto del tutto.

Le omissioni sono pericolose perché non tutte le persone pensano di dover approfondire ogni affermazione con una domanda. La maggior parte della gente prenderà semplicemente le cose per come vengono esposte, e questo è esattamente ciò che questa persona spera che accada. Il risultato finale è che l'inganno non viene contestato, il che significa che ha avuto successo. Naturalmente, è sempre possibile che l'altra persona indaghi, di conseguenza si dovrebbe passare ad un'altra forma di inganno.

Per esempio, l'esempio dell'equivoco vale anche per l'omissione. Non solo l'informazione offerta è ambigua, ma era anche incompleta, lasciando un enorme buco da riempire. Questo è ciò che lo rende una bugia per omissione - le informazioni omesse sarebbero state pertinenti per prendere una decisione correttamente informata alla fine della giornata.

## Esagerazioni

A volte, le persone usano esagerazioni in modi che sono intesi per essere comici - sono tentativi ironici di prendere in giro se stessi e sono usati specificamente per divertimento. Per esempio, qualcuno potrebbe dire che stava morendo dopo quel lungo allenamento. Stava davvero morendo? No, l'hanno aggiunto per un tocco drammatico, nonostante non sia vero.

Tuttavia, a volte, l'esagerazione è usata in modi che vogliono essere ingannevoli. Tipicamente, questi inganni hanno lo scopo di recitare la parte della vittima o del martire: l'individuo fa sembrare di aver fatto molto più di quanto gli era stato chiesto e molto più di quanto era previsto, e poi sente il bisogno di andare fuori strada per dimostrare tutti i modi in cui ha fatto molto più del necessario. Quando parlano di quanto erano esausti, o di quanto ha interferito con il loro programma, stanno esagerando per sembrare la vittima o il martire che merita il favore.

### Sottolineature

Come perfetto opposto all'esagerazione arriva l'understatement. Proprio come le esagerazioni possono essere usate in modo comico, così anche gli eufemismi. Tuttavia, a volte, le persone useranno l'understatement per ingannare gli altri. Tipicamente, questo coinvolge la quantità che qualcuno ha avuto a che fare con qualcosa, come qualcuno che non vuole prendersi il merito per aver organizzato una festa di compleanno in ufficio, o vogliono far sembrare qualcosa meno importante di quanto sia stato in realtà.

Per esempio, immaginate di essere andati accidentalmente a sbattere contro un palo della luce mentre stavate guidando - c'è un'enorme ammaccatura al centro del vostro paraurti posteriore, e il vostro partner è furioso. Potreste minimizzare il danno, dicendo che va bene e che la vostra assicurazione coprirà solo il costo degli oggetti, quindi potreste anche non preoccuparvi di ripararlo.

## Rilevare l'inganno

Ora, con tutte queste forme di inganno di cui sopra, vi starete chiedendo come potrete mai essere certi se o quando qualcun altro vi sta mentendo. Fortunatamente, ci sono alcuni semplici passi che potete seguire per capirlo. In generale, si vuole praticare l'analisi, scoprendo cosa sta succedendo nella mente dell'altra persona, imparando a riconoscere tutti i tipi di segnali non verbali. Imparando questi indizi non verbali, scoprirete che comprendere e imparare ciò che le altre persone stanno pensando è in realtà molto più facile di quanto possa sembrare. Tenete a mente che questo processo comporta una ripida curva di apprendimento, e se si vuole diventare un maestro nell'identificare i tentativi di inganno, si dovrà prendere del tempo per imparare di più su come analizzare il comportamento. Così facendo, avrete un'enorme quantità di informazioni da confrontare per capire la verità.

Prima di iniziare a identificare se qualcuno sta mentendo, devi capire qual è il suo comportamento onesto di base. Questo perché il linguaggio del corpo varia da persona a persona in base all'umore, al temperamento e all'ambiente, quindi è necessario avere una solida base con cui confrontarlo. Per esempio, le persone che sono sul lato timido possono mostrare di essere nervose, ma la maggior parte delle volte sono letteralmente solo nervi piuttosto che una vera ragione per essere nervosi, come essere ingannevoli.

Una volta stabilita la linea di base, è il momento di cercare il comportamento che si discosta da quella linea di base mentre si parla. Se riuscite a cogliere le deviazioni e queste corrispondono ai cluster comportamentali comuni delle persone che sono ingannevoli, potreste essere sulla strada giusta e dovreste assolutamente dedicare del tempo all'analisi delle cose. Se non riconoscete alcun comportamento menzognero, potreste fare meglio a rifiutare i tentativi di identificare ciò che sta succedendo, dopo tutto.

In generale, ci sono diversi spunti importanti da ricordare come spunti non verbali per l'inganno, come:

- Rispondere a domande che non sono state poste
- Rispondere a domande con domande

- Non correggersi durante la conversazione per paura di instillare dubbi
- Fingere una mancanza di memoria
- Un resoconto di ciò che non è successo piuttosto che concentrarsi su ciò che è successo
- Trovare un modo per giustificare l'accaduto, anche quando non è necessario
- Avere una sorta di alibi esatto per ciò che non potrebbero spiegare altrimenti
- Usare meno parole degli altri
- Descrivere le azioni in modo debole e passivo
- Concentrarsi sulle debolezze degli altri

# Capitolo 8: Controllo Mentale con la PNL

Avete mai interagito con qualcuno per poi scoprire che, inspiegabilmente, stavate cominciando ad avere strane e potenti tentazioni su cosa fare dopo? Forse vi siete sentiti come se aveste bisogno di fare qualcosa che normalmente non fareste mai, o avete scoperto che le vostre emozioni sembrano essere stranamente dappertutto, nonostante il fatto che avreste dovuto essere in grado di gestirle abbastanza bene.

Ci può essere una spiegazione per questo: l'elaborazione neuro-linguistica. Si tratta di un insieme di azioni particolarmente potenti. Parole, e comportamenti al fine di portare le altre persone ad obbedire. Effettivamente, sarete in grado di accedere e interagire con la mente dell'altra persona, controllando tranquillamente e sottilmente la sua mente in modi che probabilmente erano del tutto inaspettati.

I praticanti di PNL variano da persone genuinamente interessate ad aiutare qualcun altro nel mondo a persone che non hanno altra intenzione che manipolare e danneggiare gli altri. In particolare, queste tecniche sono incredibilmente difficili da identificare, e nel non essere in grado di capirle, si può scoprire che sempre più il vostro comportamento cambia nel tempo. Per questo motivo, è incredibilmente importante avere la capacità di capire esattamente cos'è la PNL e come funziona. Non solo sarete in grado di esercitare questi strumenti da soli, se lo desiderate, ma sarete anche in grado di identificare i modi in cui l'uso di questi comportamenti può essere vantaggioso per tutti.

## Cos'è l'elaborazione neurolinguistica?

In definitiva, la PNL è la capacità di imparare a comunicare efficacemente con la mente inconscia di te stesso o degli altri. Quando si può accedere alla mente inconscia di qualcun altro, si sta effettivamente imparando a bypassare tutti i controlli e gli equilibri in atto per garantire che siano in grado di mantenere il libero arbitrio. In particolare, state imparando a diventare un traduttore tra la mente conscia e quella inconscia. La mente conscia e quella inconscia lottano entrambe per interagire in modo significativo l'una con l'altra: una vuole una cosa, ma l'altra non riesce proprio a capire la richiesta. Alla fine, i fili sembrano incrociarsi, e nessuno è contento di quello che è successo, di come è successo, o di quello che finisce per essere il risultato finale.

Tuttavia, con la PNL, si può imparare a parlare il linguaggio della mente inconscia. La PNL cerca di identificare i metodi per realizzare proprio questo per far sì che la mente inconscia sia attivamente connessa in modi che siano significativi e importanti. Questo significa che sarete in grado di assicurarvi che la mente conscia e quella inconscia lavorino in tandem l'una con l'altra.

Questo è importante perché, come si dice comunemente nella PNL, la mente conscia elabora le azioni e ciò che si vuole mentre la mente inconscia ha il compito di assicurare che gli obiettivi e le azioni accadano effettivamente.

Fermatevi un attimo a pensare a cosa fa la mente inconscia: è responsabile di occuparsi di tutte le azioni automatiche durante la giornata. Non pensate a guidare - la vostra mente inconscia lo fa per voi. Non pensi a come lavarti i denti: il tuo inconscio fa anche questo. Fondamentalmente, la vostra mente inconscia fa tutte le mozioni, assicurandosi che stiate facendo esattamente ciò di cui avete bisogno per affrontare la vostra giornata con il minor sforzo possibile. Vuole riservare il prezioso spazio della mente cosciente per questioni che sono effettivamente importanti, come prendere una decisione importante su quale lavoro fare domanda o su come raggiungere quel difficile obiettivo che avete pianificato. Poiché c'è davvero così tanto che può essere inserito nella mente cosciente, l'inconscio prende il sopravvento per voi. Vi permette di funzionare con il pilota automatico per tutte quelle azioni noiose che dovete compiere nel corso della vostra giornata. Senza la mente inconscia, scopriresti che hai bisogno di decidere e concentrarti coscientemente sul lavarti i denti, sull'allacciarsi la cintura, e altro ancora.

## PNL per controllare la mente

Se la mente inconscia è ciò che si prende cura di tutti i tuoi comportamenti automatici e abituali, allora, potresti chiederti perché la PNL cerca di colpirla. Questa è un'ottima domanda - e c'è una risposta molto semplice. La mente inconscia è responsabile delle emozioni. Le emozioni sono reazioni inconsce al mondo che vi circonda. Non si sceglie di provare felicità o rabbia; succede e basta. Tuttavia, le emozioni sono incredibilmente motivanti.

I tuoi pensieri che sono alla base di tutto influenzano quelle emozioni. Le vostre emozioni poi influenzano i vostri comportamenti. Se vuoi controllare i comportamenti, vuoi essere in grado di alterare le emozioni, e si dà il caso che il modo più semplice per alterare le emozioni sia capire come attingere direttamente ai pensieri di qualcun altro.

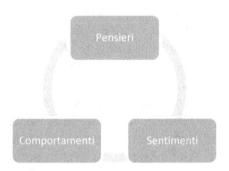

Quando si attinge alla mente inconscia, quindi, si è in grado di scherzare con quella sequenza. Puoi capire come creare nuovi pensieri, sentimenti e comportamenti, tutto perché stai bypassando la mente conscia e interagendo con l'inconscio. Poiché l'inconscio non sarà quasi mai riconosciuto dal conscio in quel momento, questo è il modo migliore per interagire direttamente e semplicemente con l'altra persona per evitare di alzare bandiere rosse.

Quando usate la PNL, state usando un processo che è stato usato per anni principalmente in senso terapeutico. Nonostante la popolarità che ha avuto negli ultimi anni quando è stata usata in tandem con la psicologia oscura e i tentativi di controllare le persone, inizialmente era stata progettata per essere qualcosa che poteva essere usato regolarmente per garantire che le persone fossero curate e sane. Era stato pensato per ridare potere alle persone, guardando a ciò che rende gli psicologi così qualificati per aiutare altre persone quando le persone normali non lo sono.

Effettivamente, le tecniche PNL sono modi per concedere i poteri di uno psicologo a persone normali con poca formazione. Queste tecniche possono quindi essere utilizzate in modi che porteranno benefici a tutte le persone coinvolte: sarete in grado di aiutare attivamente le altre persone con facilità. Sarete in grado di alleviare il dubbio, creare ancore per infondere fiducia, e altro ancora, tutto perché avete queste abilità.

Naturalmente, c'è ancora la possibilità di usare questo controllo mentale per ragioni più nefaste. Così come semplicemente potreste usare queste tecniche per aiutare altre persone, potete anche usarle specificamente per ferire gli altri. Invece di alleviare l'ansia o i ricordi traumatici, si possono fare associazioni con la paura e il rifiuto al fine di spingere qualcuno ulteriormente sotto il proprio controllo.

Effettivamente, quando si impara ad usare la PNL, si tiene la mente di qualcun altro, il suo intero essere, nel palmo della mano, e si sarà in grado di manipolarlo a volontà.

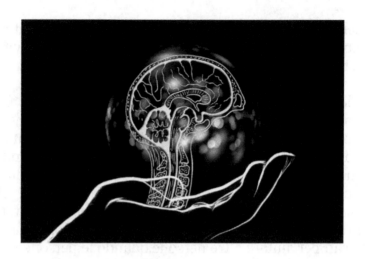

## PNL e rispecchiamento

In definitiva, prima di poter fare qualcosa con la PNL, dovete diventare un individuo benvoluto. Devi essere in grado di sviluppare quello che è noto come rapporto con la persona che stai cercando di influenzare, poiché senza questo rapporto, non hai accesso all'inconscio dell'altra persona.

Il tuo rapporto con qualcuno è effettivamente una misura accurata di quanto sia probabile che tu sia persuasivo con quell'individuo. Se vuoi essere in grado di influenzare la mente dell'altra persona, devi essere in grado di accedervi, e il modo migliore per accedervi è quello di abbassare la guardia dell'altra persona.

Prima di capire come creare quel rapporto, però, considera che la mente inconscia sta sempre guardando. Anche se la tua mente cosciente non può elaborare tutto ciò a cui sei esposto, la tua mente inconscia è ancora in grado di captare le cose. Riconosce anche i segnali subliminali, come quelli inclusi nella pubblicità che sovvertono completamente la comprensione cosciente - e questa sovversione è ciò che rende questo processo così potente. Quando puoi sovvertire la mente di qualcun altro, puoi prenderne il controllo.

Il mirroring è solo un modo per creare quel rapporto e ottenere l'accesso. Quando rispecchiate qualcuno, gli state dicendo qualcosa di specifico - che sono importanti per voi e che sentite una sorta di connessione con loro. Il rispecchiamento è ciò che le persone fanno naturalmente quando crescono per conoscere meglio chi li circonda. Guardate due migliori amici per qualche minuto e lo vedrete: entrambi cammineranno allo stesso modo, parleranno allo stesso modo, prenderanno da bere quasi in tandem l'uno con l'altro, e altro ancora. Fanno tutto questo per una semplice ragione: le loro menti inconsce hanno sviluppato quel rapporto tra loro. Stanno comunicando direttamente con la mente inconscia dell'altra persona, dicendo che gli piace e apprezza quell'altra persona, e che l'altra persona ha la sua massima fiducia.

Mentre lo sviluppo di una relazione naturale sarà sempre il modo migliore per creare un rapporto, non sempre si ha tempo per questo. In quei casi, è possibile creare un rapporto con tre semplici passi: creare una connessione, imitare l'altra persona, e poi identificare il suo puntatore.

Creare quella connessione iniziale non è particolarmente difficile - vorreste fare un buon e convincente contatto visivo, spendere il tempo per ascoltare l'altra persona, e far nascere la connessione. Si vuole effettivamente dare all'altra persona la vostra massima, indivisa attenzione nella speranza che si renda conto che vi piace ciò di cui sta parlando. Durante questa fase, provate a fare occasionalmente un triplo cenno con la testa. Questo è quando annuisci tre volte di seguito, di solito in modo pensieroso, per comunicare tre cose alla mente inconscia dell'altra persona. Gli direte che siete attenti, comprensivi e d'accordo con l'altra persona.

Con questa connessione iniziale creata, farete poi in modo di copiare l'altra persona. In particolare, si può scoprire che il modo migliore per farlo è copiare i suoi segnali vocali. Mentre il linguaggio del corpo è sempre un obiettivo facile da imitare, si rischia anche di sollevare bandiere rosse semplicemente perché si sta imitando, e le persone generalmente non apprezzano quando qualcun altro li sta copiando. Invece, concentrati sui loro segnali verbali.

Quando fai questo, di solito inizierai ad eguagliare la velocità e l'intensità del discorso dell'altra persona. Se vogliono parlarvi in modo animato, restituiteglielo. Se vi stanno parlando con calma e tranquillità, dovreste fare lo stesso. Così facendo, gli fate sapere che siete sulla loro stessa posizione, anche se i comportamenti non sono necessariamente allineati in modo corretto. Tuttavia, è importante.

Con gli spunti verbali imitati, provate a capire qual è il punteggiatore dell'altra persona. Il punteggiatore è qualcosa che tutte le persone fanno con enfasi quando stanno parlando. Alcune persone possono avere un modo di dire che usano subito dopo aver fatto il punto che vogliono enfatizzare, mentre altre persone possono intenzionalmente alzare le sopracciglia o fare un movimento della mano. Ciò che è vero in entrambi i casi è che il punteggiatore è qualcosa che l'altra persona avrà, e se potete identificarlo, potete usarlo.

Una volta che è stato identificato, si dovrebbe fare in modo di usarlo attivamente. La prossima volta che pensi che l'altra persona probabilmente userà il punteggiatore, imitalo. Imitandolo, direte alla mente inconscia dell'altra persona che siete qualcuno con cui ci si può relazionare, e quindi, aprirete la sua mente.

Naturalmente, vorrete testare questa connessione prima di andare avanti - volete assicurarvi che la connessione fatta sia valida prima di andare a tentare di usare la PNL in altri modi. Tutto quello che devi fare è muoverti in un certo modo per determinare se l'altra persona si muoverà come te. Se lo fanno, avete avuto successo. In caso contrario, allora è probabile che abbiate incontrato una sorta di intoppo e non saranno così propensi a seguirvi.

## PNL per creare ancore

Dopo aver creato quel rapporto, una delle più semplici tecniche di PNL che è possibile utilizzare quando si interagisce con qualcun altro è quello di creare ancore. Le ancore sono effettivamente una forma di condizionamento che può essere esercitata per controllare i comportamenti di qualcun altro. Pensate a come ai cani di Pavlov fu insegnato a rispondere al campanello con la salivazione anche se il cibo non è nei paraggi - questo è esattamente quello che state facendo quando ancorate qualcuno, tranne che molto probabilmente state usando una tecnica che è molto meno umiliante.

Quando vuoi iniziare, devi avere un rapporto costruito con l'altra parte. Con questo rapporto costruito, vorrete assicurarvi di poter interagire attivamente con l'altra persona regolarmente. Dato che condizionerete effettivamente l'altra persona, dovete essere in grado di farlo con la libertà di innescare ed esporre l'altra persona.

Ancorarsi efficacemente richiede di seguire alcuni semplici passi: dovrete capire qual è il sentimento di ancoraggio che volete usare. Poi dovete identificare un modo per voi di innescare quel sentimento. Da lì, dovete scegliere la vostra ancora. Una volta determinato l'ancoraggio, dovrete innescare il sentimento con l'innesco scelto, e poi contemporaneamente usare l'ancoraggio. Col tempo, facendo coincidere regolarmente il sentimento e l'ancora, l'altra persona alla fine si ancorerà, cioè l'ancora farà scattare il sentimento che volevate abbinare ad essa.

Questo processo è in realtà molto più semplice di quanto sembri. Per esempio, immaginate di voler ancorare il vostro amico che ha l'ansia. Si stressa sempre per gli esami finali quando li ha in arrivo, e come studente universitario, questi esami arrivano regolarmente. Questo significa che non ha altra scelta che affrontare regolarmente quella paura.

Decidi che preferiresti capire come alleviare l'ansia con qualcosa di relativamente semplice. Decidi che vuoi insegnargli a sentirsi rilassato quando è esposto al suono graffiante di una matita. Dopo tutto, durante un esame, è probabile che senta il costante rumore delle matite sulla carta.

Ora, avete scelto una sensazione e un'ancora. Quello che vi mancava, però, era la causa scatenante di quella sensazione. Forse vi ricordate che il vostro amico è sempre super rilassato quando ascolta la musica. C'è qualcosa che gli calma l'anima, dice sempre. Allora mettete la musica mentre siete seduti accanto a lui e cominciate a scrivere dei fogli. Si può effettivamente scrivere, abbozzare, o letteralmente solo scarabocchiare in cerchio, ma il risultato finale è che lui comincia a rilassarsi mentre ascolta la musica.
Ripetete questo processo nel tempo, assicurandovi che avvenga regolarmente perché volete assicurarvi di installare davvero bene quel condizionamento. Dopo alcune settimane, si scopre che il solo scarabocchiare sulla carta lo aiuta effettivamente a calmarsi, il che permette di innescare quella calma a volontà.

Lui non si rende mai conto di quello che hai fatto, ma proprio intorno al prossimo esame, ti dice che si sente stranamente fiducioso mentre entra - che si sente come se fosse ben preparato perché, avendo studiato e preso appunti, si è trovato incredibilmente calmo invece di dare di matto come fa normalmente.

## PNL e ritmo e guida

Simile all'essere in grado di ancorare qualcuno, un'altra tecnica che puoi usare dopo essere stato in grado di rispecchiare e impostare quel prezioso rapporto con qualcun altro è la capacità di ritmare e condurre. Quando si è in grado di ritmare e condurre, si è effettivamente in grado di controllare lo stato emotivo di qualcun altro con due semplici passi: per prima cosa ti adegui a quello che stanno facendo, e poi ne cambi il ritmo o l'intensità.

Ricordate, il rispecchiamento è di solito un evento reciproco - quando state rispecchiando qualcun altro, è molto più probabile che anche lui vi rispecchi, e dovete ricordarvi di usare questo concetto a vostro vantaggio. Quando stai rispecchiando qualcun altro, quindi, e puoi vedere che ti sta rispecchiando, puoi iniziare ad attingere al suo linguaggio del corpo con il tuo. Questo significa che puoi guidarlo delicatamente e silenziosamente a fare qualcos'altro senza che lui ci pensi mai attivamente.

Per esempio, immaginate di parlare con lo stesso amico nervoso. Questa volta è terrorizzato perché vuole chiedere un appuntamento a qualcun altro, ma ha troppa paura di farlo. Batte nervosamente le dita sul tavolo e si sposta avanti e indietro, chiari segni della sua ansia attuale. Invece di lasciarlo ad esso senza tentare di aiutarlo, tuttavia, ti fermi e cominci a battere il dito sulla mano sottilmente mentre ascolti. Non ti preoccupi di renderlo ovvio, ma lo lasci fare allo stesso ritmo di quello del tuo amico. Dopo un po', cominciate lentamente a rallentare la velocità con cui picchiettate, e spostate il vostro linguaggio del corpo per essere rilassati e aperti. Potresti rallentare il tuo respiro nel tentativo di influenzare il suo ritmo di respirazione.

Dopo un po', notate che il suo picchiettare sta rallentando insieme al vostro. Questo significa che la vostra tecnica sta funzionando, e alla fine, quando smetterete di picchiettare le vostre dita, vedrete che lo farà anche lui.

# Capitolo 9: L'Ipnosi

Infine, abbiamo raggiunto l'ipnosi - delle tecniche di controllo mentale che state imparando, questa sarà l'ultima. Mentre lavorate verso l'abilità di ipnotizzare le persone, tenete a mente tutto il resto che avete imparato finora. Le menti delle altre persone sono assolutamente sacre e dovrebbero essere trattate come tali. Se state per influenzare altre persone, dovreste sempre assicurarvi di farlo in modo etico. Ricorda che ipnotizzare qualcuno per il tuo guadagno egoistico è pericoloso e non raccomandato, non significa che l'ipnosi stessa sia cattiva.

Infatti, l'ipnosi ha guadagnato una massiccia trazione ultimamente. La si vede usata durante il travaglio, con donne che si autoipnotizzano per evitare il dolore del travaglio, concentrandosi attraverso le contrazioni come un modo per gestire il proprio comfort. Si vedono persone che usano l'ipnosi per smettere di fumare o altre abitudini malsane. Si vedono persino persone che la usano per aiutarle a diventare più sicure di sé.

In definitiva, l'ipnosi non manca di utilizzo o di persone disposte a provarla. Se ti ricordi di mantenere il tuo controllo su altre persone in modo etico e consensuale, non c'è nulla di male nell'usare questi metodi. Tuttavia, è necessario sottolineare sempre il consenso prima di tutto.

Tuttavia, è il momento di addentrarsi nel misterioso mondo dell'ipnosi. In questo capitolo, imparerete come funziona l'ipnosi, comprendendo che non è il massimo controllo su altre persone che è tipicamente rappresentato nei cartoni animati o nei film - invece, è uno stato di estremo rilassamento e suggestionabilità. Andremo oltre alcuni usi positivi dell'ipnosi, come nel travaglio e nel parto, e infine, esamineremo i passi su come ipnotizzare qualcun altro che è disposto ad essere il vostro soggetto. Se tutto va bene, scoprirai che influenzare altre persone è molto più facile di quanto tu possa aver pensato.

# Come funziona l'ipnosi

Principalmente, l'ipnosi funziona perché è cooperativa - di solito, una persona viene volontariamente rilassata in uno stato ipnotico, e l'ipnotista poi incoraggia i pensieri e i comportamenti che sono desiderati. In una situazione terapeutica, questo può apparire come incoraggiare l'individuo a non preoccuparsi più di un ex che ha lasciato o essere in grado di resistere a quelle voglie di zucchero e di esercitare di più. Effettivamente, permette l'impianto di pensieri in modo consensuale.

Questo significa che l'ipnotista è solo l'allenatore - sono lì per guidare la strada attraverso il subconscio per creare i risultati che l'individuo che viene ipnotizzato voleva in primo luogo. L'ipnotista è effettivamente in grado di riuscire a guidare l'individuo attraverso i passi dell'ipnosi, e nel farlo, guida l'individuo a quello stato di estrema calma.

All'interno dello stato ipnotico, viene spesso riportato che chi viene ipnotizzato è convinto di essere addormentato. Sono così profondamente rilassati che si sentono come se fossero completamente inconsapevoli del mondo che li circonda.

Tuttavia, questo non potrebbe essere più lontano dalla verità - quando si è in uno stato ipnotico, si è in realtà incredibilmente consapevoli e concentrati - ma solo su ciò che l'ipnotista sta dicendo. Se l'ipnotista vi sta guidando attraverso pratiche di respirazione per mantenervi calmi, tutto ciò su cui vi concentrerete è ciò che l'ipnotista sta dicendo. Se l'ipnotizzatore usa qualche tipo di oggetto di scena o focale, ti concentrerai su quello. Essendo così incredibilmente concentrati su un particolare momento o istanza, scoprirete che siete in grado di essere facilmente influenzati.

Questo funziona principalmente a causa della divisione tra la mente conscia e quella inconscia. Mentre le due menti lavorano insieme, la mente conscia agisce come una sorta di filtro tra ciò a cui la mente inconscia è esposta e la mente stessa. Questo significa che il conscio è fondamentalmente il cane da guardia della mente, e se interferisce, non sarete in grado di arrivare all'inconscio più suscettibile e impressionabile, che è dove le suggestioni sono destinate ad andare.

Quando incoraggiate la mente cosciente a concentrarsi interamente su un oggetto o un'azione, che sia la respirazione o l'oscillazione di un pendolo, o qualsiasi altra cosa, voi distraete il conscio. Pensate a cosa succede se lanciate a un cane un pezzo di bistecca: Corrono dietro alla bistecca e la sgranocchiano allegramente mentre voi siete liberi di andare avanti. Effettivamente, con l'ipnosi, lanciate una bistecca alla vostra mente cosciente, avendola così incredibilmente concentrata su ciò che sta accadendo.

Mentre questo accade, l'ipnotista fa poi diversi suggerimenti. Parlerà a colui che viene ipnotizzato, facendo in modo che la mente inconscia sia in grado di assorbire e interiorizzare bene tutti quei pensieri per assicurarsi che essi, in effetti, vengano utilizzati. Poiché la mente inconscia sarà quella che guida le azioni senza che il conscio presti attenzione, questi comportamenti diventano abbastanza facili. Accadono semplicemente perché lo fa la mente inconscia.

Ricordate come nella PNL, state attivamente riconoscendo che la mente inconscia è quella che controlla tutto? Questo è effettivamente ciò che state vedendo qui. L'ipnosi, come la PNL, farà in modo che la mente inconscia agisca di conseguenza per assicurare che colui che viene ipnotizzato sia in grado di fare ciò che è stato desiderato.

## Perché usare l'ipnosi?

Ora, con questo in mente, vi starete chiedendo perché le persone sono così disposte e pronte ad usare l'ipnosi su se stesse al punto che pagherebbero persino altre persone per aiutarle con il processo, in primo luogo. La risposta è che l'ipnosi è incredibilmente potente perché l'inconscio è incredibilmente potente. Dovrebbe essere usata proprio perché permette alle persone di attingere alle loro menti inconsce per sbloccare tutto il potenziale che hanno bisogno di utilizzare.

Quando usi l'ipnosi, ti stai effettivamente assicurando di poter attingere a tutti i benefici che la tua mente ha da offrire. Ti offre benefici come aiutare a far fronte a qualsiasi fobia o stato d'ansia che potresti avere. Se la vostra ansia e fobia è radicata nel vostro inconscio, quale modo migliore di trattarla se non quello di colpirla direttamente? Può aiutare a gestire il dolore senza richiedere l'uso di farmaci, rendendolo incredibilmente prezioso per le persone che hanno bisogno di farmaci per il dolore ma che possono scoprire di essere ad un rischio maggiore di dipendenza o di abusare di quei farmaci se li hanno. Può essere usato anche per combattere lo stress, lavorando come una sorta di metodo di messa a terra per l'individuo che lo usa se vuole raggiungere uno stato di rilassamento.

Può anche essere usata in modi più insidiosi - alcune persone usano l'ipnosi per controllare altre persone. È comunemente usata nel lavaggio del cervello nei culti, per esempio, basandosi sulla ripetizione costante di parole o altri metodi che sono progettati per attingere alla mente inconscia in qualche modo o forma.

Questo significa che l'ipnosi può essere pericolosa per coloro che sono particolarmente suscettibili ai suoi effetti. Non tutti lo sono, ma la stragrande maggioranza delle persone sono abbastanza suscettibili, e questo significa che queste persone potrebbero essere sottilmente e inconsapevolmente controllate da estranei senza mai rendersi conto che stava succedeno.

## Usare l'ipnosi

In definitiva, l'ipnosi avviene in diversi modi - alcune persone utilizzano un bombardamento totale dei sensi per innescare quello stato inconscio, mentre altri cullano le persone in esso con racconti delicati o meditazioni guidate. Tuttavia, indipendentemente dal metodo, il risultato finale è lo stesso: l'altra persona finisce per essere controllata senza esserne consapevole. Ci fermeremo a guardare due semplici metodi di ipnosi che possono essere utilizzati per innescare un trauma, che può poi essere utilizzato per garantire che la persona ipnotizzata sia completamente obbediente.

## Bombardamento

Pensate a una volta in cui avete avuto un insegnante o qualcun altro che era straordinariamente noioso quando parlava. Non importava di cosa si stesse parlando - la loro voce era semplicemente così noiosa; non potevi fare a meno di estraniarvi quando parlavano. Anche se non intenzionalmente, questo è esattamente ciò che questo tipo di ipnosi realizza.

Quando si usa il bombardamento, si sta effettivamente creando una stimolazione costante e continua che continua a cullare l'altra persona in estasi. Potrebbe coinvolgere qualcuno che parla rapidamente con una voce piatta o che usa la voce naturalmente non variata di qualcuno per annoiare alla fine la persona in estasi. Il cervello lotta con l'elaborazione delle informazioni quando è tutto costante e senza fine, che è esattamente il motivo per cui diventa così difficile da capire.

Se vuoi usare questo, allora, vorrai iniziare un singolo argomento e attenerti ad esso per i prossimi minuti, rendendo la tua voce il più piatta possibile. Si vuole parlare il più possibile durante questo tempo, senza cedere affatto, anche quando si vede che l'altra persona sta cominciando a perdere la concentrazione. Man mano che l'attenzione viene persa, puoi iniziare a parlare direttamente alla mente inconscia, dando suggerimenti e incoraggiando certi comportamenti.

## Ipnosi non verbale

Un altro metodo è abbastanza simile ma viene fatto in completo silenzio. Tuttavia, questo richiederà di avere un rapporto costruito con l'individuo che si sta tentando di ipnotizzare, in quanto si sta andando ad attingere alla loro tendenza a riflettere voi stessi per essere efficace. Quando si utilizza questo metodo, si sta facendo in modo che essi seguano il vostro linguaggio del corpo, e si inizierà a fare qualcosa di ripetitivo e ritmico che è ancora delicato, aspettandosi che l'altra persona segua l'esempio. Quando usate questo, state effettivamente avendo lo stesso effetto rilassante che si ha su un neonato che si calma quando viene cullato. Proprio come il neonato si calma con il movimento, così fanno anche gli adulti, anche se potrebbero non rendersi conto di essere ancora suscettibili ad azioni del genere.

Iniziate assicurandovi di avere un rapporto con l'altra persona. Con questo stabilito, si vuole attivamente rispecchiare l'altra persona per un po 'fino a quando si sa che ti stanno rispecchiando. Da lì, comincerete ad usare diversi movimenti avanti e indietro nel tentativo di far oscillare l'altra persona in uno stato rilassato. Tuttavia, la chiave qui è fare in modo che qualsiasi cosa tu faccia, la renda discreta e facilmente eseguibile che non si noti affatto quando lo fai intorno ad altre persone.

Forse iniziate inclinando la testa avanti e indietro, sempre leggermente. Non deve essere particolarmente evidente, basta muovere delicatamente e sottilmente la testa in modo ritmico. È probabile che, se sei abbastanza discreto, l'altra persona non noterà mai che lo stai facendo, ma lo capirà da sola. Mentre fate questo, cominciate ad usare anche più del vostro corpo, ma assicuratevi che sia ancora altrettanto delicato. Forse alzate e abbassate lentamente le spalle, sempre più leggermente, insieme al leggero rollio della testa. Poi, forse, fate anche un punto per dondolare avanti e indietro sui talloni. Potete anche alterare la vostra respirazione nel tentativo di assicurarvi che l'altra persona respiri profondamente e con calma.

Con un po' di tempo e di sforzo, scoprirete che l'altra persona sta seguendo tutti i vostri spunti, specialmente se siete una parte fidata in primo luogo. Quando cominceranno a rilassarsi, scoprirete che sono molto più suscettibili a ciò che state dicendo, ed è più probabile che riusciate a fargli interiorizzare le informazioni in questo stato rispetto a prima. Assicuratevi di dire loro tutto ciò che volevate che la loro mente inconscia sapesse prima di fermare i movimenti ipnotici, altrimenti rischiate che escano dalla trance troppo presto, mitigando tutto ciò che state facendo.

# Capitolo 10: I Benefici della Psicologia Oscura

Infine, arriviamo alla fine del libro, e mentre arriviamo qui, sembra opportuno fermarsi con un breve discorso di ragioni per cui potreste usare la psicologia oscura in modi che non sono neanche lontanamente insidiosi come molti di quelli che sono stati discussi nel libro. Ricordate, mentre la psicologia oscura può essere basata sull'osservazione di come i tipi di personalità oscura predano le persone, non è tutto ciò a cui serve - è incredibilmente importante comprendere queste capacità e abilità. Dalla comprensione deriva la capacità di proteggere e prevenire, dopo tutto.

Tuttavia, dato che siete stati esposti a diversi usi malevoli di diverse di queste tecniche, esaminiamo l'etica della psicologia oscura, così come i benefici che ne possono derivare. La psicologia oscura non deve essere il concetto dannoso che è diventato a causa delle persone che l'hanno esercitata: potete recuperarla.

## La psicologia oscura è cattiva?

Per la domanda da un milione di dollari: la psicologia oscura è il male? La risposta breve è: no. In realtà è neutrale. Non ha la capacità di essere buona o cattiva nello stesso senso in cui la gravità non può essere buona o cattiva - semplicemente è. Essendo una forza senza libero arbitrio, senza alcun modo di controllarsi, non può essere etichettata con un costrutto umano come il bene o il male. Tuttavia, questo non significa che sia necessariamente sicura, né che non possa essere usata in modi dannosi.

Mentre la psicologia oscura in sé non è malvagia, può essere usata da persone malvagie. Proprio come non è la pistola ad essere malvagia, ma piuttosto chi la impugna che determina quanto sia malvagia la situazione, la psicologia oscura è interamente alla mercé di chi la impugna. Se l'individuo che usa queste tecniche le usa per scopi malvagi, approfittando di queste tecniche per rubare e abusare, questo è il suo proprio fallimento, e non quello di nessun altro. Quel fallimento è qualcosa che dovrà affrontare per se stesso e per nessun altro, e questo è significativo.

Naturalmente, questo significa che è vero anche l'inverso: non può nemmeno essere veramente una forza buona. Anche se la psicologia oscura non può essere veramente buona, può essere usata in modi che sono benefici per le persone, e nel corso del libro, siete stati esposti a diversi esempi. È davvero un male influenzare qualcuno a comprare un'auto che servirà davvero meglio alla sua famiglia? È male influenzare qualcuno a non avere più un'ansia paralizzante all'idea di sostenere un esame finale? E nell'ipnotizzare qualcuno a non avere più l'insonnia? Sarebbe difficile trovare qualcuno che sostenga che qualcuna di queste decisioni sia stata cattiva o sbagliata, anche se tutte hanno usato tecniche comuni alla psicologia oscura.

Ricordate, poiché la psicologia oscura è stata studiata, le persone hanno ottenuto l'accesso alle menti dei predatori che sono capaci di molto più di quanto lo sia la persona media. La persona media non manipolerà e molesterà intenzionalmente la gente regolarmente - si farà gli affari suoi. Non ha alcun interesse a predare altre persone. Quindi, quella persona media potrebbe avere un uso per la psicologia oscura? Molto probabilmente! Può essere usata nei modi che sono stati discussi nel corso di questo libro, e questi possono essere utili letteralmente a chiunque interagisca con altre persone. Molte altre tecniche possono essere usate anche su se stessi. Potete ancorarvi per creare i vostri meccanismi di coping, per esempio, o potete scegliere di auto-ipnotizzarvi per aiutarvi a costruire la fiducia in voi stessi. Questi non sono malvagi.

In definitiva, che l'arte sia buona o malvagia, una cosa rimane vera: è tutto su come viene usata che determina quanto sia gradito il suo utilizzo.

# Motivi per usare la psicologia oscura

Ci sono diverse ragioni per cui una persona può intenzionalmente imparare la psicologia oscura. Si può voler usare questi metodi per aiutare se stessi - forse si è stati vittime di un tipo di personalità oscura in passato e si vuole capire perché. Questa comprensione è inestimabile, e ottenere le ragioni per cui e come qualcuno è stato in grado di smantellare interamente e completamente la personalità di qualcuno può essere in qualche modo terapeutico. Nel capire come si è diventati vulnerabili, si possono rimuovere quelle vulnerabilità per capire come combatterle al meglio.

Alcune persone possono imparare la psicologia oscura per pura curiosità - siamo affascinati da ciò che ci spaventa. Dopo tutto, l'horror è un genere enorme nei film per una ragione! Si può scoprire che imparare come funziona l'interno della mente di un individuo malvagio è tanto affascinante quanto terrificante, e solo per questo motivo, si vuole continuare a leggere su come fanno quello che fanno.

Altre persone possono leggere semplicemente perché vogliono essere in grado di reagire. Quando si può riconoscere la psicologia oscura, si può impedire che sia efficace. Gran parte della psicologia oscura si basa sull'essere in grado di identificare le vulnerabilità e sfruttarle, e se si conoscono queste vulnerabilità e gli sfruttamenti comuni, si può semplicemente evitarli. Puoi evitare di cascarci e lavorare invece sul rafforzamento delle tue abilità per proteggerti.

In effetti, la psicologia oscura è incredibilmente flessibile, così come le tecniche. Le stesse tecniche che possono distruggere completamente qualcun altro possono anche essere usate in modi che effettivamente migliorano tutte le persone coinvolte. Possono costruire la fiducia in se stessi e l'autostima. Possono aiutare ad affrontare l'ansia e altri problemi di salute mentale. Possono rendervi più propensi ad avere successo nell'interazione con altre persone semplicemente perché avrete una migliore comprensione.

Soprattutto, sarete in grado di proteggere voi stessi con facilità. Sarete in grado di avere la pace della mente, grazie all'apprendimento della psicologia oscura. Come minimo, potrete riposare tranquillamente sapendo che i tipi di personalità oscura saranno molto meno propensi a tirarvi una fregatura semplicemente perché sapete cosa aspettarvi.

## L'intuizione della psicologia oscura

Ora, mentre questo libro giunge finalmente alla fine, provate a pensare ai modi in cui la psicologia oscura e i segreti che racchiude possono avervi fornito un'intuizione. Cosa avete imparato sul mondo che non sapevate prima? Cosa sai della mente e di come funziona? Quali segreti hai imparato che sono inestimabili?

La psicologia oscura è abbastanza unica nel senso che ci apre la finestra per vedere attraverso gli occhi del narcisista, del machiavellico o dello psicopatico. Comprendendo come funzionano queste tecniche, si può vedere esattamente cosa spinge queste persone ad agire nei modi in cui lo fanno. Si può capire perché le persone vogliono comportarsi in questi modi e cosa ci guadagnano nel farlo.

Anche se voi stessi non vorrete mai manipolare gli altri, potreste scoprire che l'intuizione di capire perché è fondamentale, specialmente se siete nella posizione di guarire da una relazione con una di queste persone. Quando siete in grado di capire la mente dell'altra persona, potreste essere in grado di riconoscerla per quello che è veramente - disordinata.

Oltre a questo, però, l'intuizione fornita dalla comprensione della psicologia oscura ci permette di vedere cosa ci ha reso così vulnerabili alla sua presa in primo luogo. Sarete in grado di vedere esattamente perché questi problemi sorgono. Saprete cos'è che ognuna di queste tecniche gioca, e sapendo cosa usano, potrete capire come proteggervi da esse.

Considerate che la PNL influenza direttamente la mente inconscia. Quando sai che la mente inconscia è una delle parti della mente più comunemente attaccate quando si cerca di influenzare qualcun altro, puoi ricordarti di fare sempre autocontrolli, capendo perché fai quello che stai facendo in ogni momento. Puoi chiederti se i comportamenti che stai avendo in quel momento sono tuoi, o se sono comuni alle persone che di solito vengono manipolate. Puoi capire se il pensiero nella tua mente che ti sta guidando è tuo, o se ti sembra fuori luogo, o contraddittorio con un pensiero che sai di avere da sempre.

In effetti, quando sei in grado di riconoscere i processi di pensiero di te stesso in relazione alla psicologia oscura, puoi capire se sei stato manipolato in passato. Saperlo è fondamentale per riconoscere se sei effettivamente una vittima o se sei abbastanza proattivo da evitare del tutto la vittimizzazione.

Ciò che è vero, nonostante l'intuizione che avete acquisito, tuttavia, è che, avete guadagnato la conoscenza. Avete la conoscenza di ciò che è possibile nel mondo. Avete la conoscenza della mente e di alcuni dei suoi segreti. Avete la conoscenza dei predatori di cui forse non siete mai stati a conoscenza nella realtà. Questo è inestimabile. La conoscenza è potere, e se potete esercitare questo potere con coraggio e fierezza, sarete in grado di proteggere voi stessi.

# Conclusioni

Congratulazioni! Questo ci porta alla fine di Segreti della psicologia Oscura. Speriamo che, leggendo, abbiate trovato il contenuto avvincente, interessante, informativo e facile da seguire. Con cura, questo libro è stato progettato per guidarvi attraverso il mondo della psicologia oscura.

La psicologia oscura è lo sguardo nelle menti degli umani più odiosi e mostruosi che esistano. Quando guardate nelle profondità della psicologia oscura, state guardando nelle menti di coloro che vogliono fare del male agli altri. I serial killer, i maestri manipolatori e gli abusatori possono condividere questi tratti, e questi tratti li rendono particolarmente pericolosi. Ciò che è peggio, tuttavia, è che queste persone capiscono la psicologia. Capiscono esattamente come devono interagire con le altre persone per essere visti come carismatici e affidabili abbastanza da conquistare un posto nel cuore delle loro vittime e obiettivi. L'utente di psicologia oscura è in grado di fare questo semplicemente sapendo come manipolare il suo bersaglio nel modo giusto.

Tuttavia, possono ferirvi e manipolarvi solo se gli date questo potere. Ricordate, avere il potere di riconoscere e rifiutare l'abuso da parte dell'utente di psicologia oscura sarà il vostro miglior scudo e spada contro di lui. Non solo vi aiuterà a difendervi da loro e dai loro tentativi, ma sarete anche in grado di accedere di nuovo alla loro mente.

Mentre leggete questo libro, forse la cosa più importante da fare è ricordare che la stessa psicologia oscura è neutrale, non è né buona né cattiva. Anche se i maneggiatori originali possono essere stati malvagi, questo non rende le loro armi intrinsecamente cattive. Ricordate che essere in grado di capire la psicologia oscura vi concede un accesso speciale alla mente di qualcun altro e dovreste sempre essere attenti a come usate questo accesso. Non dovreste abusarne in alcun modo.

Infine, ricordatevi di mantenere sempre etico il vostro uso della psicologia oscura. Chiedetevi sempre se avete davvero bisogno di attingere alla mente di qualcun altro. Chiedetevi se l'altra persona è il principale beneficiario se vi capita di attingere alla sua mente. Chiedetevi se sarà felice dei risultati finali del vostro attingere alla sua mente. Se potete rispondere che ne trarrà un beneficio significativo e che lo apprezzerà, allora può essere un momento accettabile per usare le vostre arti.

Tuttavia, mentre questo libro volge al termine, vi starete chiedendo cosa viene dopo. In definitiva, questo dipende da voi. Avete imparato alcune delle basi della psicologia oscura. Volete imparare di più sugli utenti naturali? Volete imparare a combatterli? Volete imparare come diventare un utente migliore? Qual è il vostro obiettivo finale?

Non importa quale sia questo obiettivo, potresti scoprire che ci sono diverse opzioni da perseguire da qui. Si potrebbe fare un punto per imparare a diventare emotivamente intelligente. Questo va di pari passo con l'essere in grado di persuadere gli altri con facilità. Potreste decidere di esaminare il processo della terapia cognitivo-comportamentale - facendo così potreste avere più risorse per proteggervi e guarire da qualsiasi manipolazione che potreste aver identificato nella vostra vita. Potreste decidere che ciò che è giusto per voi è indagare sul narcisista stesso, imparando come abusa per capirlo meglio. Potresti anche scegliere di approfondire la psicologia in generale - ci sono diversi argomenti che potresti trovare interessanti e utili nel tuo viaggio da qui in avanti.

Qualunque cosa tu scelga, comunque, tieni presente che dipende da te. Non importa cosa chiunque altro cerchi di importi, tu meriti il libero arbitrio. Meritate di essere in grado di proteggere quel libero arbitrio. Meritate che quel libero arbitrio sia onorato. Mentre affronti il prossimo capitolo del tuo viaggio, buona fortuna. Speriamo che abbiate trovato ciò di cui avevate bisogno in questo libro, e che troverete ciò di cui avrete bisogno anche in futuro.

Grazie per avermi permesso di unirmi a voi nel vostro viaggio attraverso la psicologia oscura, e buona fortuna mentre continuate. Infine, se avete trovato che questo libro è stato avvincente, utile, o anche solo generalmente informativo, non esitate a lasciare una recensione su Amazon. Il vostro feedback, sia buono che cattivo, è sempre benvenuto per garantire che questi libri siano sempre migliorati.

# Intelligenza Emotiva e Terapia Cognitivo-Comportamentale (TCC)

*Segreti e Tecniche per Migliorare le Capacità Mentali, Cognitive, Emotive e Relazionali. Superare la Depressione, l'Ansia, la Fobia e i Pensieri Negativi*

# Introduzione

Congratulazioni per aver acquistato *Intelligenza Emotiva e Terapia Cognitivo- Comportamentale* e grazie per averlo fatto.

Se vi siete mai sentiti come se non importa quanto duramente ci abbiate provato nella vita ci sia sempre qualcosa che va storto, non siete soli. Se vi accorgete di essere una persona negativa, di soffrire di ansia, depressione o di una vasta gamma di altri stati d'animo problematici, o semplicemente vi sembra che il vostro pensiero non sia così efficiente come potrebbe essere, potreste avere la sensazione che ciò di cui avete bisogno è soprattutto trovare un modo per proteggervi o per correggere il vostro approccio alla situazione.

Molte persone credono che se soffrono di ansia o depressione, l'unica opzione di trattamento per loro sono i farmaci. Mentre i farmaci in sé non sono qualcosa da disprezzare, ci sono anche diverse situazioni in cui si può scegliere di trattare il problema in modo comportamentale. Invece di supporre di non avere altra scelta se non quella di usare i farmaci, si può prendere in considerazione l'idea di provare a lavorare su se stessi.

Naturalmente, si dovrebbe prendere questa decisione in tandem con il vostro terapeuta, soprattutto se si dovesse interrompere l'uso di un farmaco per iniziare a concentrarsi esclusivamente sull'aspetto comportamentale. Dovreste sempre continuare l'uso del vostro farmaco come indicato e interrompere solo come indicato e con l'approvazione di un medico.

In definitiva, ci sono diversi modi in cui si può iniziare a curare se stessi per problemi come l'ansia, la depressione, i problemi di rabbia e l'insonnia attraverso tentativi di cambiare il proprio comportamento invece di tentativi di cambiare la biologia. Alcune persone preferiscono la psicoterapia tradizionale, in cui si siedono e parlano con un terapeuta per un lungo periodo di tempo per arrivare al fondo di qualsiasi problema che stanno avendo.

Altre persone preferiscono utilizzare la desensibilizzazione e rielaborazione dei movimenti oculari per aiutarsi, soprattutto se scoprono di soffrire di forme di ansia legate a traumi non elaborati.

Questo libro, in particolare, affronterà due forme specifiche di auto-aiuto: L'intelligenza emotiva e la terapia cognitiva comportamentale. Con le competenze e le conoscenze all'interno di ciascuno di questi processi, comincerete a sviluppare le capacità per affrontare quasi tutti i problemi legati alle emozioni. Tutto ciò di cui avete bisogno è tempo, sforzo, pazienza, compassione per voi stessi, e una guida - come questo libro - che vi dia tutte le informazioni critiche di cui avrete bisogno.

Mentre leggete questo libro, vi sarà data una guida sia ai temi dell'intelligenza emotiva che alla terapia cognitivo-comportamentale. L'intelligenza emotiva vi aiuterà a costruire le competenze e la consapevolezza di cui avrete bisogno per essere efficaci in un contesto sociale, il che può aiutare a mitigare i sintomi dell'ansia e della depressione. La terapia cognitivo-comportamentale può aiutarvi a cominciare a ristrutturare i vostri pensieri da zero, letteralmente. Sarete in grado di cambiare i vostri pensieri inconsci per avere un impatto su come pensate e vi sentite nelle situazioni. In particolare, esaminerai le tecniche che ti guideranno nell'affrontare i sintomi dell'ansia, della depressione, dell'insonnia e della rabbia incontrollata. Infine, vi sarà dato un elenco di diverse abilità sociali che troverete possono effettivamente aiutare le vostre possibilità di raggiungere i vostri obiettivi.

Prima di iniziare questo libro, ricordate che se vi sentite come se foste un pericolo per voi stessi o per gli altri, dovreste sempre chiedere aiuto. Se vi sentite come se aveste l'impulso di farvi del male o di infliggere intenzionalmente del male agli altri, dovreste considerarlo come una legittima emergenza medica. Non devi sentirti in quel modo, e riconoscere che quei sentimenti sono sbagliati è solo l'inizio della protezione di te stesso.

Ci sono molti libri su questo argomento sul mercato, grazie ancora per aver scelto questo! Ogni sforzo è stato fatto per assicurarsi che sia pieno di informazioni il più possibile utili; godetevelo!

# Capitolo 1: Intelligenza Emotiva

Vi viene in mente una persona con cui interagite regolarmente che non sembra capire le normali convenzioni sociali? Non importa quanto spesso interagite, potreste scoprire che è ancora altrettanto sprovveduto sulle norme di base e su come interagire con gli altri. Immaginate il vostro amico Eric. È una persona che fa fatica a dire la sua con le altre persone. Spesso si offre volontario per molto più di quanto possa effettivamente realizzare. Fa del suo meglio per rispettare attivamente i suoi obblighi, ma senza successo: semplicemente si impegna troppo e questo torna sempre a perseguitarlo.

Naturalmente, poi diventa incredibilmente frustrato e tende a scagliarsi contro le altre persone in risposta, nonostante il fatto che sia stata colpa sua. Trova sempre un modo per incolpare gli altri per le sue mancanze, che non sono mai colpa sua. Anche se avesse fatto cadere un piatto per pura goffaggine, è probabile che dia la colpa al pavimento o alle sue scarpe, o anche al modo in cui il sole gli stava abbagliando gli occhi.

Questa è l'immagine di qualcuno che manca di consapevolezza di sé: Una componente fondamentale dell'intelligenza emotiva.

L'intelligenza emotiva è un set di abilità che è fondamentale per il successo, in particolare in qualsiasi ambiente che richiede interazioni di gruppo. Infatti, i datori di lavoro spesso scelgono l'individuo meno qualificato, ma ancora più intelligente emotivamente rispetto all'individuo più intelligente, ma meno intelligente emotivamente quando assumono, proprio a causa di tutti i vantaggi che l'intelligenza emotiva porta con sé.

Quando si è emotivamente intelligenti, si è generalmente molto più piacevoli da avere intorno, e questo è qualcosa che anche il curriculum meglio costruito non può garantire. Puoi aver ottenuto una laurea ad Harvard, il primo della tua classe, ma se non sei emotivamente intelligente, sarà estremamente difficile lavorare con te in qualsiasi facoltà. Pensate a Eric per un momento: era incredibilmente estenuante interagire con lui semplicemente perché non riusciva a ritenersi responsabile.

## Cos'è l'intelligenza emotiva?

Vi starete chiedendo, quindi: Cos'è l'intelligenza emotiva? Potete capire che è un insieme di abilità importanti, ma perché? La risposta è relativamente semplice. L'intelligenza emotiva è comunemente definita come la capacità di essere consapevoli e di controllare le proprie emozioni, mantenendo anche la capacità di gestire le relazioni con gli altri in modo giusto ed empatico.

Ora, questo è un po' un resoconto. Tuttavia, può essere suddiviso in tre punti distinti:

- Comporta la capacità di comprendere le proprie emozioni
- Implica la capacità di evitare di cadere nelle reazioni istintive e negli impulsi emotivi con l'autoregolazione.
- Implica la capacità di gestire le relazioni con gli altri in modi che siano giusti, empatici e benefici

In effetti, è la vostra capacità di assicurarvi che non state reagendo al mondo come un bambino in età prescolare arrabbiato. Pensate a come un bambino in età prescolare è incline a reagire a quasi tutte le situazioni: se gli togliete qualcosa con cui un bambino in età prescolare stava giocando, il bambino potrebbe urlare e gridare per la frustrazione, o cercare di farvi del male in risposta. Questo è principalmente perché il bambino in età prescolare non è in grado di autoregolarsi. È impulsivo perché le parti del suo cervello necessarie per gestirle non sono ancora sviluppate.

Quando si è molto intelligenti dal punto di vista emotivo, si è invece in grado di mantenere il controllo. È più probabile che tu reagisca in modi intelligenti e strategici piuttosto che cedere a qualunque sia stato il tuo più recente impulso emotivo. Se qualcuno fa qualcosa che vi fa arrabbiare, non deciderete di investirlo con la macchina o di vendicarvi, semplicemente perché sapete che, anche se la rabbia ha uno scopo e un posto specifico, non è quella che dovreste usare per gestire le vostre relazioni con gli altri. La rabbia è motivante, ma raramente la distruzione che la rabbia può incoraggiare è utile.

Le persone si affollano naturalmente verso coloro che hanno un'intelligenza emotiva per una ragione specifica: sono molto più facili da trattare di coloro che non lo sono. Se riesci a fare in modo di non cedere ai tuoi impulsi, stai prendendo decisioni intelligenti e informate su come reagire. Invece di urlare che il tuo ordine è stato ritardato e sarà in ritardo, fai spallucce, ti scusi con il destinatario e ti metti in testa che la prossima volta farai in modo di ordinare prima per evitare che lo stesso problema si ripeta in futuro. Imparate dal passato e andate avanti senza lasciarvi abbattere, perché questo è il modo più corretto di andare avanti nella vita e nelle motivazioni.

In generale, l'intelligenza emotiva può cambiare da persona a persona, e le persone di solito hanno diverse quantità di intelligenza emotiva che si è sviluppata naturalmente. Alcune persone sono semplicemente più inclini ad essere empatiche e autodisciplinate, e per questo il quadro dell'intelligenza emotiva è sempre diverso. Può presentarsi in modo diverso in una persona rispetto ad un'altra, ma ciò che è importante ricordare è che si tratta di un'abilità. Chiunque può imparare ad essere emotivamente intelligente se sa imparare come affrontare la situazione, e imparando ad essere emotivamente intelligente, scoprirete di essere molto più felici nelle vostre relazioni. Scoprirete che le altre persone sono più gentili con voi quando siete in grado di regolare le vostre emozioni e aspettative, e scoprirete che è più probabile che siate favoriti rispetto a qualcuno che non ha intelligenza emotiva. Questo beneficio da solo rende l'apprendimento del processo e delle competenze molto più critico.

## La storia dell'intelligenza emotiva

Nonostante il fatto che il concetto stesso di intelligenza emotiva sia un concetto relativamente nuovo, è sempre esistito in qualche modo. Lo si può vedere in tutte le specie, con quelli che sono altamente empatici tra i leader più efficaci. Infatti, spesso, nei primati, i leader mostrano altrettanta, se non più, empatia delle femmine della loro specie.

Quando si pensa a cosa significa guidare, questo ha senso: Quando si è empatici, si è in grado di capire i sentimenti degli altri. Puoi dire come le emozioni delle altre persone hanno un impatto su di loro e su coloro che li circondano. Puoi dire di cosa hanno bisogno le persone perché capisci i loro sentimenti. Quando riesci a capire i loro sentimenti, sei in grado di aiutarli meglio. Ti senti motivato ad aiutare le persone più di prima semplicemente perché sai come si sentono e puoi relazionarti con loro.

Tuttavia, in anni relativamente recenti, questa comprensione di ciò che rende un buon leader un buon leader è diventata sempre più focalizzata nella ricerca. L'uso del termine "intelligenza emotiva" si è verificato per la prima volta nella storia nel 1964, coniato da un professore di psicologia chiamato Michael Beldoch. Può aver dato il nome all'argomento, ma non è diventato convenzionale fino al 1995.

Nel 1995, con il libro Intelligenza emotiva, Daniel Goleman riuscì a spingere il concetto di intelligenza emotiva alla ribalta con le sue affermazioni che era cruciale se la gente voleva avere successo nella vita. Secondo Goleman, più del 66% di ciò che crea un individuo di successo può essere direttamente collegato e attribuito all'intelligenza emotiva. Quando ci si pensa praticamente, questo ha senso: L'intelligenza emotiva determina il modo in cui le persone sono in grado di interagire con gli altri. È il modo in cui le persone sono in grado di andare d'accordo e di risolvere i conflitti, così come di costruire relazioni. In questa vita, è quasi impossibile vivere senza alcuna interazione con altre persone, e questo è esattamente il motivo per cui l'intelligenza emotiva ha ottenuto così tanto sostegno.

Tuttavia, nonostante il fatto che Goleman sia stato responsabile di spingerla alla popolarità, ci sono state ricerche molto prima di lui. In particolare, gli psicologi Peter Salovey e John Mayer hanno iniziato a studiare l'intelligenza emotiva ben prima di Goleman. Usavano il termine con la definizione che avete imparato sopra con un linguaggio leggermente più specifico. In particolare, hanno definito l'intelligenza emotiva come la capacità di riconoscere e comprendere le emozioni sia di se stessi che degli altri, essendo anche in grado di discriminare per decidere quali sentimenti devono essere usati e quali devono essere evitati, usando attivamente questa capacità di discriminare le emozioni nelle interazioni con gli altri.

In effetti, sono stati loro a proporre una solida definizione che ha reso l'intelligenza emotiva ciò che è oggi. Salovey e Mayer, in particolare, hanno studiato come comprendere il concetto di intelligenza emotiva nel suo insieme, cercando di scoprire se è necessario. Alla fine, sono arrivati a quello che è conosciuto come il modello delle capacità. Il modello delle capacità afferma che ci sono quattro abilità distinte che sono necessarie per comprendere l'intelligenza emotiva e per comportarsi in modo emotivamente intelligente. Queste abilità sono:

- La capacità di percepire le emozioni, come attraverso il linguaggio non verbale del corpo e le espressioni

- La capacità di ragionare con le emozioni, usandole per promuovere il pensiero
- La capacità di comprendere le emozioni, imparando a interpretarle, anche in situazioni difficili
- La capacità di gestire le emozioni, come ad esempio essere in grado di rispondere nel modo più appropriato, anche quando non è il modo in cui ci si vorrebbe comportare.

Non molto tempo dopo che Salovey e Mayer presentarono le loro definizioni, l'ascesa del modello di Goleman salì rapidamente alla popolarità, indicato comunemente come il Modello Misto di intelligenza emotiva. In particolare, Goleman ha identificato cinque componenti che sono responsabili dell'intelligenza emotiva. Queste cinque componenti si uniscono per creare la capacità di comportarsi in modi che sono emotivamente intelligenti, e sono:

- La capacità di usare la consapevolezza di sé
- La capacità di usare l'autoregolazione
- La capacità di mantenersi motivati
- La capacità di essere empatici
- La capacità di usare le abilità sociali

Infine, nella storia più recente, uno psicologo di nome Konstantinos V. Petrides si è dilettato nelle sue interpretazioni dell'intelligenza emotiva. In effetti, ha ideato quello che era conosciuto come il Modello dei Tratti. All'interno del modello dei tratti, si presume che le percezioni delle capacità di una persona determinano il modo in cui le persone si avvicinano ad una situazione. In effetti, se pensate di essere pazienti, risponderete con pazienza molto più spesso di qualcuno che pensa di essere una testa calda.

Lo scopo di questo modello finale è di riconoscere che le persone di solito scoprono di essere inclini a comportamenti molto specifici, e nell'imparare che quei metodi sono il modo in cui di solito rispondono alle situazioni, useranno quel pensiero per determinare i comportamenti futuri. Questo è il modo in cui le persone rimangono bloccate nelle stesse azioni più e più volte: Se credete di essere una persona arrabbiata, siete più inclini a comportarvi con rabbia perché vi vedete già come arrabbiati. Quando poi rispondi con rabbia, dimostri a te stesso che sei, in effetti, arrabbiato in generale.

# Capitolo 2: Lo Scopo dell' Intelligenza Emotiva

Immaginate di essere pronti ad andare ad un appuntamento con qualcuno a cui avreste voluto chiedere di uscire per mesi. Finalmente hai trovato il coraggio di avvicinarti all'altra persona e chiederle un appuntamento, ma mentre ti avvicini, scopri che inciampi completamente nelle parole. Con le guance che arrossiscono per l'imbarazzo, devi capire cosa fare dopo. Potresti urlare per la frustrazione, cosa che senti fortemente il bisogno di fare. Potresti andartene e rifiutarti di parlare di nuovo con la persona a cui volevi chiedere di uscire perché sei così imbarazzato, ma così facendo farai solo del male. Potresti provare un numero infinito di cose diverse, e hai bisogno di capire cosa fare dopo, e velocemente. Come si fa?

Questa è una decisione che sarà presa tenendo conto della vostra intelligenza emotiva. Se non sei particolarmente intelligente dal punto di vista emotivo, è probabile che tu rifiuti l'idea di fare qualsiasi tipo di scena che sarebbe problematica per le tue possibilità di ottenere un appuntamento. È anche improbabile che tu faccia qualcosa che sarebbe imbarazzante. È più probabile che tu scelga di riorganizzarti e provare di nuovo perché sei investito nel fatto che la relazione funzioni. Tuttavia, quanto è probabile che le altre persone facciano lo stesso?

L'intelligenza emotiva ha un impatto su tutto. Poiché le emozioni guidano quasi tutto ciò che facciamo, in agguato nel subconscio con la nostra mente che ci dice cosa fare e non fare attraverso gli impulsi, l'intelligenza emotiva è vitale per ogni decisione che prendete. È probabile che vi comportiate in modo impulsivo? Probabilmente non avete un buon autocontrollo o capacità di autoregolazione, che sono una componente importante dell'intelligenza emotiva. È probabile che cerchiate di compiacere la gente, anche se questo significa che non soddisfate i vostri bisogni? Potreste essere portati a dire che sareste incredibilmente intelligenti dal punto di vista emotivo, perché aiutare gli altri potrebbe essere visto come avere empatia, ma questo è in realtà un altro segno di mancanza. Siete troppo timidi per sforzarvi di avere i vostri bisogni soddisfatti e scegliete il disagio di non avere i vostri bisogni soddisfatti rispetto al disagio di dover affrontare una situazione potenzialmente difficile.

## L'intelligenza emotiva nella vita reale

Nella vita reale, l'intelligenza emotiva ha diversi usi pratici. Si manifesta letteralmente in ogni interazione che si ha con altre persone. Anche quando si è da soli, l'intelligenza emotiva è direttamente collegata al modo in cui si gestiscono i problemi che sorgono o il modo in cui ci si vede.

Immaginate per un momento di essere in una relazione con qualcun altro. Voi siete abbastanza intelligenti emotivamente, ma il vostro partner non lo è. Voi e il vostro partner non siete d'accordo su qualcosa, e mentre voi siete disposti a dissentire e ad andare avanti, il vostro partner sembra sinceramente offeso dal disaccordo e sostiene che se non riuscite a cambiare la vostra mente e a capire come assimilare al meglio le opinioni del vostro partner, allora il vostro partner non pensa che la relazione sia fattibile a lungo termine. Questo è un esempio della differenza tra il modo in cui una persona con bassa e alta intelligenza emotiva gestirebbe quella situazione: quella con bassa IE pensa che la situazione sia del tutto inutile. Sono guidati dalle loro emozioni, e se le loro emozioni dicono loro che non possono essere in una relazione con qualcuno che non è d'accordo con loro, allora si rifiutano di fare esattamente questo. Non saranno in quella relazione semplicemente perché preferiscono servire se stessi piuttosto che l'altra parte. Hanno bisogno di un'armonia assoluta per sentire che la loro relazione è sicura. È realistico? Non proprio: le relazioni non sono mai perfette. Non ci sono due persone al mondo che avranno mai un matrimonio perfetto senza alcun conflitto.

L'intelligenza emotiva include diverse abilità molto importanti per funzionare bene come si suppone. Per essere emotivamente intelligente, devi essere in grado di essere consapevole di te stesso. Il partner dell'esempio precedente semplicemente non lo era. Il partner non era in grado di riconoscere che erano le emozioni ad offuscare la situazione e che la relazione non meritava di essere abbandonata solo per un piccolo disaccordo. Quando sei consapevole di te stesso, sai quando ti stai comportando in modo emotivo piuttosto che in un modo che dovrebbe essere favorevole al successo e alla felicità.

Oltre a questo, l'intelligenza emotiva comprende l'empatia - questo significa che userete l'intelligenza emotiva ogni singola volta che vi relazionerete con qualcun altro intorno a voi. Passerete quel tempo con altre persone e vi aspetterete con tutto il cuore che la situazione vada bene perché siete in grado di relazionarvi e comunicare. Tuttavia, quella capacità di relazione e comunicazione deriva direttamente dalla vostra capacità di essere emotivamente intelligenti.

Considerate tutte le abilità sociali che usate regolarmente al di fuori dell'autoregolazione e dell'empatia. La tua capacità di persuadere gli altri è un tratto comune all'intelligenza emotiva. La vostra capacità di riconoscere le differenze tra le persone come intrinsecamente buone è un segno di intelligenza emotiva.

In sostanza, se sei una brava persona e la gente si diverte sinceramente con te, probabilmente sei emotivamente intelligente. Questo vi tornerà utile nelle vostre relazioni, al lavoro, quando affrontate i conflitti, e anche solo quando siete a casa e avete ricevuto una notizia deludente. Essendo emotivamente intelligente, è più probabile che siate più felici, a vostro agio e di successo nella maggior parte degli aspetti della vita.

## La praticità dell'intelligenza emotiva

Questo ovviamente rende l'intelligenza emotiva incredibilmente pratica - se determina il successo in quasi tutti gli aspetti della tua vita, deve essere pratica in qualche modo, giusto?

Questo è esattamente vero.

L'intelligenza emotiva vi permette di fare diverse cose. Sarete in grado di esprimere voi stessi senza preoccuparvi di ciò che pensano gli altri - considerate come di solito, quando si incontra la resistenza di altre persone, può essere difficile esprimere il proprio disaccordo. Quando si è emotivamente intelligenti, non ci si preoccupa di questo perché si confida di avere il tatto per gestire la situazione in modo fluido ed efficace. Questo è un uso pratico: non dovete preoccuparvi delle conversazioni scomode.

È probabile che siate più resilienti quando siete emotivamente intelligenti, pensate al beneficio di questo per un momento. Questo significa che potete affrontare delusioni e problemi senza dare immediatamente di matto. Così tante persone in questi giorni non riescono a gestire lo stress di qualcosa che cambia o i piani che devono essere modificati, ma se siete emotivamente intelligenti, al di là di quella preoccupazione iniziale, scoprirete che il cambiamento non è così spaventoso dopo tutto. In effetti, il cambiamento è benvenuto. Se questo cambiamento arriva perché qualcosa che avete fatto è fallito, lo vedrete come l'opportunità perfetta per tentare di imparare da ciò che è andato storto la prima volta. Questo significa che imparerete legittimamente dai vostri errori invece di sentirli come la più grande delusione del mondo.

Forse l'abilità più pratica di tutte, tuttavia, non è la capacità di comunicare, o la capacità di affrontare il cambiamento e il fallimento, ma piuttosto, di essere un buon leader. L'intelligenza emotiva crea leader fantastici che sono in grado di prendere tutto in considerazione per capire come affrontare al meglio una situazione a portata di mano. Questo significa che se siete un buon leader, sarete in grado di prendere decisioni buone e chiare che sono nell'interesse di tutti, anche se non è necessariamente il percorso che voi stessi avreste scelto. Questo va bene - significa che state pensando attivamente al futuro delle vostre persone, e questo è ciò che vi rende un buon leader. Vi preoccupate sinceramente di coloro che lavorano con voi, e volete assicurarvi che tutti si prendano cura di voi.

# Tratti dell'intelligenza emotiva

Ora, diamo un'occhiata a ciò che rende qualcuno emotivamente intelligente. Quali sono i tratti che possono essere usati per identificare se qualcuno è effettivamente intelligente emotivamente o semplicemente bravo a fingere le relazioni?

Le persone che sono altamente intelligenti emotivamente scoprono di essere spesso abbastanza competenti quando si tratta di qualsiasi cosa relativa alle emozioni. Sono in grado di capire le proprie emozioni, mentre riconoscono anche le emozioni degli altri. Sono in grado di relazionarsi con le altre persone e usare i propri sentimenti per aiutarle a capire, ma alla fine della giornata, non si arrendono ai loro sentimenti. Alla fine hanno il controllo, nonostante il fatto che i loro sentimenti possano essere incredibilmente convincenti.

Queste persone sono anche incredibilmente motivate e guidate - hanno una spinta intrinseca che altrimenti è rara. Sanno che possono realizzare quasi tutto, e cercheranno sempre di migliorarsi. Il successo è raramente il punto di arrivo per queste persone, e si sforzeranno sempre di migliorare, ma riconoscono anche che la perfezione è un'impossibilità. In effetti, inseguono un miglioramento pratico senza mai mirare all'impossibilità come fanno alcune persone senza intelligenza emotiva, come il narcisista.

Infine, una delle migliori abilità è in realtà una serie di abilità. L'individuo emotivamente intelligente è incredibilmente forte per quanto riguarda le abilità sociali. È in grado di regolarsi con facilità intorno alle altre persone e di comunicare come se fosse una seconda natura per lui, perché lo è. Anche se ci può essere voluto del tempo per costruire quell'intelligenza emotiva, con essa presente, diventa come una seconda natura per assicurarsi sempre che siano in grado di comunicare e interagire con facilità. Queste persone sono così brave ad interagire con gli altri che sembrano farsi degli amici e sviluppare un seguito ovunque vadano. Tutti vogliono riconoscerli e conoscerli, e il loro carisma sembra attrarre persone che vogliono aiutarli con facilità.

# Capitolo 3: I Pilastri dell'Intelligenza Emotiva

Come accennato in precedenza, l'intelligenza emotiva si presenta sotto forma di quattro pilastri distinti: consapevolezza di sé, autogestione, consapevolezza sociale e gestione delle relazioni. Ognuno di questi pilastri contiene diverse altre abilità al loro interno che si uniscono, e quando si è in grado di assemblarli tutti in una persona, si finisce con qualcuno che è emotivamente intelligente.

Si può imparare a sviluppare ciascuna di queste competenze nel tempo, lavorando manualmente con loro fino a quando si è in grado di essere altrettanto intelligente emotivamente come quelli che sono nati con questo talento naturale. Tenete a mente, però, che per sviluppare questa abilità che ci vuole tempo ed energia. Non potete semplicemente fare due o tre attività veloci e dichiarare improvvisamente che siete emotivamente intelligenti. L'intelligenza emotiva è il culmine dello sviluppo di queste abilità, e questo culmine arriva solo se siete in grado di esercitare attivamente i muscoli dell'intelligenza emotiva.

Potete quindi pensare alla vostra intelligenza emotiva come al vostro corpo: Se non ci lavorate per un po' e non gli date da mangiare altro che spazzatura, comincerà a fallire. Diventerete malsani. Tuttavia, questo non significa che dovete rimanere malsani. Proprio come potete stimolare il vostro corpo a perdere peso e costruire muscoli e salute del cuore, potete esercitare la vostra capacità di essere emotivamente intelligenti. Anche abilità come l'empatia possono essere sviluppate con relativa semplicità, se siete disposti a lavorare per farlo.

Ora, ci prenderemo il tempo di esaminare ciascuno dei quattro pilastri dell'intelligenza emotiva, ciò che comportano, e le abilità più comuni che sono regolarmente raggruppate con loro. Mentre leggete questo capitolo, provate a pensare a voi stessi e a dove giocate in tutto questo. Sei emotivamente intelligente?

Se no, cosa puoi fare per portarti a quel livello? Puoi capire dove sei carente? Cercate di auto-analizzarvi mentre analizziamo questo processo, e se vi aiuta, usate un quaderno per scrivere tutto ciò che vi viene in mente.

## Consapevolezza di sé

L'autoconsapevolezza comprende la vostra capacità di sapere cosa sta succedendo a voi stessi in qualsiasi momento. In effetti, vi permette di conoscere il vostro stato attuale con un rapido controllo. In particolare, dovrete essere in grado di identificare il vostro stato emotivo, sapendo esattamente come vi sentite in un dato momento. Ricordate, dovreste conoscere l'emozione in modo più specifico che dire semplicemente che vi sentite bene o male - dovreste essere in grado di dire se bene o male è effettivamente felice, arrabbiato, infastidito, deluso, o qualsiasi altra cosa.

Oltre alla semplice autoconsapevolezza emotiva, dovete anche essere in grado di eseguire quella che è conosciuta come un'accurata auto-valutazione - questa è la capacità di capire i vostri punti di forza e di debolezza in qualsiasi momento ed è un'abilità critica da avere. Quando siete in grado di fare un'accurata autovalutazione, state dichiarando di essere ben consapevoli delle vostre carenze e degli aspetti della vostra vita in cui potreste aver bisogno di aiuto. Ricordate, va bene avere bisogno di aiuto a volte, ma dovete sapere quando chiederlo.

Infine, l'autoconsapevolezza comprende anche l'abilità della fiducia in se stessi. Dovete essere in grado di fidarvi di voi stessi, sapendo che siete capaci. Nell'essere capaci, dovete essere disposti a dare il meglio di voi stessi. Comprendendo le proprie capacità e quanto bene si pensa di poterle fare, si è in grado di fare giudizi adeguati su ciò che è fattibile per voi e ciò che non potete fare. Non manca la fiducia in se stessi se si rifiuta un lavoro per motivi legittimi - se non si capisce come fare il lavoro, la cosa sicura da fare è rifiutare del tutto il lavoro perché si sa che non si è adatti e non ci si vergogna di ammetterlo.

## Autogestione

La seconda serie di abilità coinvolte nell'intelligenza emotiva è conosciuta come autogestione. Questo comprenderà tutte le abilità che determinano quanto bene gestisci o controlli te stesso, incluso quanto bene rimani sul compito o se sei in grado di portare a termine qualcosa in primo luogo.

Quelli con un alto livello di autogestione sono abbastanza autocontrollati - riconoscono che la loro maturità emotiva è critica e sono in grado di controllare quei sentimenti e di esprimerli in modi appropriati in ambienti appropriati. Questo è fondamentale: significa che state attivamente facendo un punto per prendere decisioni che vi impediranno di comportarvi impulsivamente.

Oltre a questo, siete anche abbastanza orientati agli obiettivi. Sapendo che avete bisogno di raggiungere degli obiettivi, siete in grado di assicurarvi che state sempre lavorando per raggiungerli. Capite il valore degli obiettivi e li sfruttate attivamente ogni volta che è possibile. Questa abilità è inestimabile: significa che siete regolarmente in grado di tenervi in pista e abbastanza organizzati per capire come arrivarci.

Inoltre, l'orientamento agli obiettivi si accompagna alla capacità di essere motivati. Avete l'iniziativa di andare avanti, anche quando non vi viene richiesto. Andrete avanti semplicemente perché volete continuare a migliorarvi in ogni modo possibile.

Siete anche abbastanza trasparenti quando siete un self-manager: siete onesti con tutti quelli che vi circondano, anche quando questo implica dire alle persone che avete effettivamente fallito. Sbaglierete sempre dalla parte dell'onestà piuttosto che cercare di evitare di infastidire gli altri con bugie e mezze verità destinate a mascherare i vostri fallimenti. Preferite di gran lunga prendervi la colpa quando è necessario per assicurarvi di agire con integrità. Questo, tuttavia, porta con sé anche un senso di ottimismo. Quando sapete che sarete onesti con il vostro lavoro e con chi vi circonda, potete ammettere quando le cose vanno male e agire di conseguenza. Poiché si è motivati a continuare a lavorare e ad andare avanti, si scopre che l'ottimismo arriva facilmente.

## Consapevolezza sociale

Il terzo pilastro dell'intelligenza emotiva è la consapevolezza sociale. Questa è la vostra capacità di capire gli stati emotivi delle altre persone proprio come siete stati in grado di imparare i vostri. In effetti, è la consapevolezza di sé con un po' di empatia per permettere a quei sentimenti di comprensione di estendersi anche ad altre persone. Dopo tutto, l'intelligenza emotiva è un'abilità sociale.

L'abilità primaria della consapevolezza sociale è l'empatia. È la capacità di creare connessioni con altre persone in un modo che permette di capire le emozioni degli altri. Più specificamente, in questa fase, si sta sviluppando un senso di empatia emotiva e cognitiva, il che significa che si è in grado di sviluppare una comprensione di ciò che è come un concetto, mentre si è anche in grado di relazionarsi con il sentimento come bene.

Le persone con un'alta consapevolezza sociale tendono anche a sviluppare quello che viene comunemente chiamato orientamento al servizio. Questo è quasi come essere una persona che piace alla gente, ma senza la connotazione negativa. Quando siete in grado di sviluppare questo orientamento al servizio, scoprirete che siete sempre felici e disposti ad aiutare a contribuire. Volete assicurarvi che quelli intorno a voi che dipendono da voi in qualche modo per qualsiasi cosa siano curati. Pensate a come quando andate al ristorante, il lavoro del cameriere è quello di assicurarsi che abbiate tutto ciò di cui avete bisogno - egli facilita la vostra capacità di godere di un buon pasto. Ti fa sedere e prende le tue ordinazioni. Ti porta da bere e consegna i tuoi ordini al cuoco. Si assicura che tu riceva tutti i tuoi ordini e si assicura che tutto sia esattamente come volevi che fosse, e infine, ti aiuta a pagare e pulisce subito dopo. Questo è un orientamento al servizio: è lì per servire. Quando si è emotivamente intelligenti, si sviluppa una disposizione simile ad aiutare le altre persone. Scoprirete che aiutare gli altri viene naturale e che volete sempre facilitare il successo degli altri. Farete tutto il possibile per assicurarvi che gli altri siano ben curati e felici.

Infine, quando avete un solido senso di consapevolezza sociale, siete inclini a riconoscere la consapevolezza organizzativa. Questa è la vostra capacità di giudicare accuratamente le persone con cui state parlando e di graduare il vostro uso del linguaggio in modo appropriato. Per esempio, immaginate di parlare alla gente di sicurezza stradale. Avrete una conversazione molto diversa con i bambini di 5 anni sulla sicurezza stradale rispetto a quella che avreste con un gruppo di adulti, e per una buona ragione - quando avete quella conversazione con i bambini, non solo la loro comprensione della sicurezza è completamente diversa semplicemente perché sono più giovani, ma non stanno nemmeno per guidare una macchina. Un discorso con i bambini sulla sicurezza stradale comprenderebbe principalmente una discussione su come assicurare che i bambini stiano fuori dalla strada e non attraversino la strada senza un adulto o un genitore che li faciliti. Con gli adulti, invece, si potrebbe parlare di cosa fare in caso di maltempo - molte persone non sanno come guidare efficacemente sulla neve, per esempio. Puoi informare le persone che quello che devono fare è procurarsi catene o pneumatici da neve o spiegare che in certe condizioni atmosferiche è del tutto accettabile rallentare significativamente per assicurarsi di essere al sicuro sulla strada mentre si guida. La capacità di capire come scalare il tuo discorso al pubblico di riferimento è fondamentale.

## Gestione delle relazioni

L'ultimo pilastro dell'intelligenza emotiva è la gestione delle relazioni. Questa è effettivamente la vostra capacità di gestire e facilitare le relazioni tra le altre persone. Riconoscerete effettivamente queste abilità come le abilità di leader ideali in qualcun altro. Quando si è efficaci come leader, queste tendono a venire naturalmente come risultato.

La prima sottoabilità della gestione delle relazioni è diventare un leader ispiratore. Questo può assumere diverse forme - solo perché siete ispiratori non significa che dovete essere nel ruolo più autorevole della gerarchia. Si può raggiungere questa abilità semplicemente modellando i comportamenti corretti. Mostrate di essere un buon mentore a cui le persone possono rivolgersi quando sono in dubbio o preoccupate di non sapere cosa stanno facendo, e potete aiutarle a facilitare.

Oltre a questo, siete anche destinati ad essere piuttosto influenti. In particolare, sarete incredibilmente abili quando si tratta di influenza e persuasione senza manipolare attivamente gli altri. Avrete un tale modo con le parole che sarete in grado di motivare in modo efficiente e chiaro coloro che vi circondano solo con le vostre parole. Non avete bisogno di fare grandi promesse o tentare di convincere gli altri di ciò che volete che facciano - potete semplicemente farglielo fare.

Oltre alla capacità di motivare con facilità, scoprirete che diventate anche incredibilmente abili nel mitigare i conflitti. Siete in grado di fermarli prima che inizino, ma anche di aiutare a risolvere le controversie che sorgono. Poiché siete così abili a guardare le altre persone e come interagiscono tra loro, siete in grado di capire come migliorare le relazioni e siete abbastanza abili a mettere insieme squadre di persone che si completano abbastanza bene.

Mentre risolvete i conflitti, potreste anche imbattervi in situazioni in cui avete bisogno di creare un cambiamento, e siete disposti a fare esattamente questo. In effetti, siete più che felici di fare esattamente questo, e lo fate regolarmente. Se sentite che il cambiamento è giustificato, vi sforzerete di farlo accadere, anche se si tratta di un'opinione impopolare o se le altre persone sembrano guardarvi dall'alto in basso per avere quell'opinione in primo luogo.

Infine, siete abili nel gestire e guidare i team. Sei in grado non solo di vedere come meglio aiutare gli altri a realizzare che possono e devono lavorare insieme per vedere davvero i migliori benefici, ma ora riconosci anche che ci sono modi per assemblare i tuoi gruppi che tireranno fuori il meglio da tutti. Non solo, sei disposto a lavorare anche con loro. Nessun lavoro è al di sotto di voi quando siete emotivamente intelligenti, e siete disposti a fare qualsiasi cosa se deve essere fatta. Siete sempre felici di essere un giocatore di squadra.

## Intelligenza emotiva ed empatia

Anche se non è uno dei quattro pilastri chiave dell'intelligenza emotiva, l'empatia merita una sezione tutta sua per un adeguato riconoscimento. Quando si è empatici, si è effettivamente in grado di capire e relazionarsi con le altre persone con facilità. Scoprirete di non avere difficoltà a capire come raggiungere al meglio le altre persone e scoprirete di essere regolarmente motivati ad aiutare. Questa motivazione ad aiutare viene dall'empatia.

All'interno dell'empatia, quando si diventa capaci sia di empatia emotiva che di empatia cognitiva, di solito si sviluppa quella che è conosciuta come empatia compassionevole.

L'empatia compassionevole è la vostra capacità di riconoscere ciò di cui gli altri hanno bisogno e di sentire il bisogno di aiutare a soddisfare quel bisogno, se possibile. In effetti, se sapete che qualcun altro sta lottando intorno a voi, siete in grado di relazionarvi con loro. Non importa quale sia la lotta; sentite di potervi relazionare, e poiché potete relazionarvi, volete aiutarli in qualche modo. Quell'aiuto può essere dare cibo o soldi al senzatetto che vedi sul lato della strada. Potrebbe essere chiamare un'amica e offrirle di fare da babysitter per il fine settimana, perché si vede quanto sia oberata di lavoro in questo momento. Potrebbe anche essere organizzare una raccolta di fondi e un pasto per qualcuno che sta attraversando un evento medico importante senza che lui lo sappia.

Quando hai un'empatia compassionevole, non ti interessa cosa devi fare - vuoi semplicemente aiutare le altre persone, e usi il dono dell'empatia per fare proprio questo. Questa è una caratteristica che definisce l'essere altamente intelligente dal punto di vista emotivo. Nei pilastri inferiori, può essere comune per le persone capire un po' cosa sta provando qualcun altro o perché i suoi sentimenti sono importanti, ma ci vuole una vera intelligenza emotiva perché l'empatia compassionevole inizi a svilupparsi.

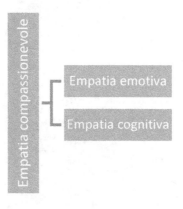

# Capitolo 4: L'Intelligenza Emotiva e il Narcisista

Ora, se un'alta IE è così incredibilmente benefica, cosa succede quando c'è poca o nessuna intelligenza emotiva in qualcuno? In definitiva, l'individuo senza molta intelligenza emotiva spesso soffre di diversi sintomi importanti che possono causare un serio sconvolgimento nella sua vita. Mancando di empatia e di abilità sociali di base, non possono relazionarsi con le altre persone. Senza alcuna regolazione emotiva, sono piuttosto impulsivi.

Ora, prima di continuare a dipingere questo quadro dell'individuo privo di intelligenza emotiva, fermiamoci a considerare il narcisista per un momento. Quando la maggior parte delle persone sente la parola "narcisista", assume che sia poco più di una parola d'ordine destinata a generare click. Tuttavia, questo non potrebbe essere più lontano dalla verità. Nonostante il fatto che il nome derivi da un mito, il disturbo reale è molto reale.

## Che cos'è il NPD?

Il disturbo narcisistico di personalità (NPD) è un disturbo di personalità caratterizzato principalmente da uno strano e distorto senso della realtà. L'individuo che soffre di NPD crede con tutto il cuore di essere la persona migliore del mondo. Riconosce che tra tutti quelli che lo circondano, lui è il migliore che ci sia. È la perfezione personificata: nessuno può essere migliore di lui. Poiché è la persona migliore del mondo, secondo lui, vuole essere ricoperto di attenzioni. Vuole che le altre persone riconoscano che lui è il migliore e che nessuno può dire il contrario.

Naturalmente, dice questo con poca aspettativa di provarlo. Ha così tanto diritto che crede che tutti gli altri debbano dargli quello che vuole perché lui è così speciale. In definitiva, l'NPD è un disturbo di personalità incredibilmente distruttivo che porta scompiglio in coloro che ne soffrono. Se soffrite di un disturbo narcisistico di personalità, c'è una buona probabilità che manchiate di empatia, siate grandiosi, pensiate di meritare attenzione, crediate di essere perfetti e speciali, e manipoliate chiunque si metta sulla strada di una di queste verità.

Chiunque si trovi all'esterno a guardare, tuttavia, conosce la verità. Nonostante il fatto che l'ego gonfiato del narcisista sia alimentato dal suo stesso diritto, egli non è in realtà meritevole di quell'attenzione. Probabilmente non è come cerca di presentarsi.

In definitiva, il NPD non è uno scherzo. Queste persone sono manipolative, abusive, e fingeranno di essere qualcuno che non sono semplicemente perché vogliono ottenere ciò che vogliono. Non si fermeranno davanti a nulla per ottenere qualsiasi cosa abbiano deciso di ottenere da altre persone. Sono così concentrati su se stessi che non importa cosa succede a chiunque altro.

In particolare, qualcuno che soffre di NPD si presenterà con diversi tratti distintivi: mancherà di empatia. Saranno sfruttatori e manipolatori per assicurarsi di ottenere sempre ciò che vogliono nella situazione. Faranno in modo di concentrarsi sempre sulla perfezione. Credono di essere unicamente speciali nel mondo e non possono identificarsi con nessun altro. Avranno una visione grandiosa di se stessi. Saranno ossessionati dal potere, e si sentiranno in diritto di ottenere quel potere, non importa se lo hanno guadagnato o no.

In effetti, il narcisista è l'antitesi di una persona con intelligenza emotiva.

## L'intelligenza emotiva e il narcisista

Se la persona con alta IE è capace di empatizzare pesantemente con le altre persone, il narcisista non lo è. L'individuo con alta IE è empatico e dona di default, mentre il narcisista è esigente ed egoista. Al narcisista non importa cosa deve essere sacrificato per lui, purché il sacrificio desiderato avvenga effettivamente.

Se un'alta IE porta con sé capacità di leadership e ammirazione, entrambe cose che il narcisista desidera disperatamente, purtroppo il narcisista manca in entrambi i settori. Il narcisista può sforzarsi di avere questi due obiettivi finali, ma alla fine della giornata, la sua pervasiva mancanza di empatia lo rende impossibile. Non può creare relazioni vere e proprie con altre persone semplicemente perché è incapace di relazionarsi con altre persone.

Ora, potreste pensare che l'intelligenza emotiva sia la soluzione al narcisismo, giusto?

Sfortunatamente, questa è una domanda un po' complicata. Quando si è narcisisti, si crede di essere perfetti e di avere sempre ragione. Parte del disturbo di personalità è l'incapacità di riconoscere quando si è in difetto per qualcosa. Invece di essere in grado di ammettere la colpa e andare avanti con i tentativi per cercare di migliorarsi, il narcisista invece raddoppia e insiste che non c'è niente che non va in lui. Crede di stare bene così com'è.

Tuttavia, ricordate che una parte importante delle funzioni più basilari dell'intelligenza emotiva sono l'autoconsapevolezza e l'autoregolazione. Il narcisista non ne ha nessuna. Il narcisista non si autovaluta accuratamente e non vede nulla come una debolezza - tutto deve essere un punto di forza in ogni momento. Il narcisista non regola le emozioni: se qualcuno lo fa arrabbiare, si scaglia contro chiunque gli stia intorno senza trattenersi.

Il narcisista è, effettivamente, quasi incurabile a causa di queste convinzioni pervasive. Affinché l'intelligenza emotiva sia efficace, il narcisista dovrebbe ammettere di avere un problema, e chiunque abbia familiarità con un narcisista sa che questo non accadrà mai. Il narcisista non ammetterà mai la sua colpa o che qualcosa di fondamentale come la sua personalità è stata danneggiata da un disturbo.

Immaginate per un momento di essere amici di un narcisista. Potreste essere l'individuo emotivamente più intelligente del mondo, ma se il narcisista non è disposto a lavorare con voi, anche la vostra empatia non è sufficiente a lungo termine per far fronte allo stress del narcisista. Il narcisista sarà sempre così preso dal suo ego, richiedendo attenzione e supporto da altre persone e aspettandosi lauti riconoscimenti ovunque vada, che non sarà mai disposto a mettere gli altri al primo posto.
Ad un certo punto, diventa una questione di bisogno di passare oltre il narcisista senza permettergli di infastidirvi ulteriormente. Se riuscite a fare questo, vi permetterete effettivamente di allontanarvi dal disastro.

Sì, se siete emotivamente intelligenti o empatici, questo andrà contro ogni istinto che avete, che potrebbe indirizzarvi attivamente ad aiutare il narcisista, ma ricordate che aiutare non servirà a niente per qualcuno che non vuole essere salvato. Potete condurre un cavallo all'acqua, ma non potete costringerlo a bere, e alla fine della giornata, il narcisista non berrà mai da nessuna acqua che ha lo scopo di riportarlo sulla terra. Preferisce forzare il mondo ad adattarsi al suo metodo di pensiero, aspettandosi che tutti gli altri rendano le cose più facili per lui piuttosto che lui debba cambiare. Presume di essere così incredibilmente prezioso che la gente farebbe di tutto per tenerlo.

# Capitolo 5: Introduzione alla Terapia Cognitivo-Comportamentale

L'intelligenza emotiva in sé può essere un set di abilità incredibilmente prezioso da sviluppare, ma cosa succede quando si incontrano dei blocchi stradali? Cosa succede se vi sentite come se non poteste continuare ad andare avanti nei vostri tentativi di diventare emotivamente intelligenti perché il vostro stato emotivo è troppo sballato? Forse scoprite che la vostra autostima è così incredibilmente scarsa che non riuscite nemmeno a convincere voi stessi che piacete veramente alle persone. Forse la vostra rabbia vi tiene giù e non riuscite a capire come regolarla al meglio.

Se trovate che l'intelligenza emotiva diventa troppo difficile da gestire, potrebbe esserci un problema con il vostro modo di pensare. Fortunatamente per voi, potete risolverlo. Tutto ciò che dovrete fare è lavorare attraverso ciò che è comunemente noto come terapia cognitivo-comportamentale. La TCC è una tecnica che è regolarmente usata in diversi aspetti ora, come una sorta di panacea per molti disturbi mentali. Le persone hanno visto miglioramenti in diversi problemi di salute mentale con l'uso della TCC, che vanno dalla depressione all'ansia così come una diminuzione del disagio causato dalla schizofrenia.

Ancora meglio, la TCC è breve - la sessione media dura solo circa 10 sedute, e poi si è fuori da soli per continuare a gestire se stessi. Sembra troppo bello per essere vero? Nonostante sia dolcemente impossibile che questo funzioni, è legittimo e riconosciuto persino dall'esercito degli Stati Uniti come piano di trattamento per i veterani con disturbo post-traumatico da stress. Questo significa che la TCC è un modo efficace per trattare diversi disturbi ed è anche incredibilmente breve, rendendola un sogno che si avvera per molte persone che non vogliono passare la loro vita in terapia.

All'interno di questo capitolo, andremo oltre le caratteristiche più basilari di ciò che è la terapia cognitivo comportamentale, come funziona, e perché è frequentemente usata. Cercate di riservare il giudizio fino alla fine del capitolo - nonostante il fatto che sembri troppo bello per essere vero, è legittimo.

## Cos'è la TCC?

La terapia cognitivo-comportamentale è una forma di psicoterapia. Questo significa che è principalmente basata sulla conversazione per arrivare alla radice di ciò che succede nella vostra mente. Tuttavia, differisce molto da ciò a cui si può essere abituati a pensare quando si parla di terapia. A differenza di come negli appuntamenti di psicoterapia tradizionale, si può stare seduti lì, discutendo aspetti casuali della vostra vita per settimane o mesi, la TCC invece vi incoraggia a fare una manciata di appuntamenti per imparare a far fronte a ciò che vi preoccupa.

In effetti, la TCC taglia fuori l'uomo di mezzo - invece di avere il terapeuta che capisce qual è il problema e come risolverlo, il terapeuta insegna al paziente come capire questa informazione da solo. Il terapeuta fornirà al paziente informazioni su come riconoscere al meglio i segni di qualsiasi cosa possa essere sospettata, così come guidare il paziente attraverso diversi meccanismi di coping che hanno lo scopo di aiutare a gestire le emozioni negative per porre fine ai comportamenti problematici.

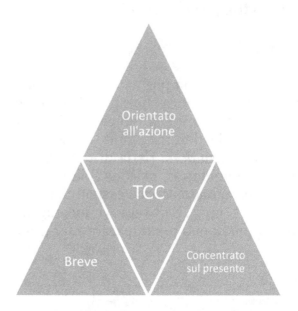

Nonostante sia breve, al paziente vengono insegnate molte informazioni utilizzabili per aiutarlo ad affrontare ciò che succede nella vita. Gli viene insegnato a identificare gli stati emotivi, a capire cosa significano quegli stati, e poi imparare a screditare quegli stati emotivi finché non passano per evitare di cadere in qualsiasi tipo di comportamento emotivo impulsivo che potrebbe portare a problemi in seguito.

Oltre ad essere breve, si concentra specificamente sulle azioni. Nella TCC, si identificano gli aspetti più problematici della propria vita e poi si capisce come gestirli al meglio. Questo può avvenire, per esempio, cercando di capire come respingere l'ansia. Se sei una persona ansiosa, potresti scoprire che è meglio imparare a trattare quell'ansia. L'ansia sarà trattata attraverso metodi come l'esposizione graduata o i tentativi di creare affermazioni o giochi di ruolo per eliminare la paura.

Invece di parlare essenzialmente della sensazione finché non fa più male, la TCC cerca di capire come rimuovere del tutto il potere dalla sensazione. Rimuovendo il potere, non può più essere dannoso in futuro, il che significa che il problema è risolto. Tuttavia, i metodi che vengono insegnati nella TCC sono aperti - solo perché un problema d'ansia è finito non significa che l'ansia non vi tormenterà più in futuro, e per questa particolare ragione, le azioni che vi vengono insegnate non sono mai assegnate ad un particolare comportamento. Se siete ansiosi, potreste trovare utile l'assegnazione di quell'affermazione, ma se foste frustrati? Quell'affermazione sarebbe ancora utile? Forse se ne scrivessi una nuova sulla tua frustrazione, ma sarebbe un'idea fantastica. Sono pensati per essere utili in diversi contesti al fine di massimizzare l'usabilità.

Infine, la TCC si concentra davvero solo sui problemi del presente. Mentre sarebbe sciocco credere che coloro che soffrono d'ansia abbiano avuto l'ansia solo come un problema recente con un innesco recente, è importante notare che coloro che soffrono d'ansia dovrebbero anche essere in grado di trattare i loro trigger attuali senza cercare di capire quando tutto è iniziato. Dopo tutto, se l'obiettivo finale qui è quello di creare strategie per affrontare un sintomo specifico, ha importanza quando quel sintomo è iniziato? La causa dell'osso rotto aiuta davvero il medico a risistemare l'osso o ad assicurarsi che guarisca, giusto?

Naturalmente, sarebbe sciocco ignorare completamente il passato - il passato può fornire informazioni importanti che sono incredibilmente penetranti nella situazione, ma allo stesso tempo, è imperativo ricordare che risolvere i traumi passati non è sempre più importante che capire come prevenirne di nuovi. Quando permettete a qualcuno di sviluppare una strategia verso la guarigione, state rendendo chiaro che sono in grado di affrontare il momento. Ti assicuri che se quella persona ha un attacco di panico, quelle tecniche TCC sono lì proprio in quel momento per aiutarla ad uscire da quell'attacco di panico. Capire la causa diretta e l'inizio degli attacchi di panico non è così importante a breve termine, e la TCC prende esattamente questa posizione.

## Come funziona la TCC

In definitiva, la TCC funziona principalmente perché guarda da vicino come i comportamenti e i pensieri sono innatamente legati l'uno all'altro. Anche se può intenzionalmente concentrarsi sui comportamenti, questo succede perché i comportamenti sono molto più semplici da osservare di qualsiasi altra forma. Si può dire cosa sta facendo qualcuno con uno sguardo, ma non si può sempre dire il tono emotivo di qualcuno solo dal suo sguardo.

Questo ciclo tra comportamenti e pensieri ha in realtà un altro punto: è il grafico pensieri-sentimenti-comportamenti. Effettivamente, i nostri pensieri influenzano i nostri sentimenti. Se pensate di essere inutili, vi sembrerà di non avere fiducia in voi stessi. Senza fiducia in voi stessi, non sarete disposti a fare domanda per quel lavoro di cui avete veramente bisogno. Se non fate domanda per quel lavoro, ovviamente non lo otterrete mai, e sarete di nuovo presi da quanto siete orribili e da quanto vorreste potervi trasformare in qualcun altro.

Azioni          Pensieri

Sentimenti

Questo significa che il ciclo si è ufficialmente chiuso. Avete pensato di essere inutili, vi siete sentiti inutili, siete stati inutili come risultato diretto di quei pensieri, e poi avete continuato a usarlo come prova di quanto siete inutili.

Questo è esattamente il motivo per cui i sentimenti negativi possono essere così incredibilmente difficili da lasciare impiantati in qualcun altro - quando sono lì, l'altra persona dovrà lavorare incredibilmente duro per far uscire quei sentimenti negativi in un processo che è noto come ristrutturazione cognitiva.

La ristrutturazione cognitiva è effettivamente la spina dorsale della TCC a questo punto - è la capacità di fermarsi, analizzare i propri pensieri, e poi cambiare i propri pensieri con altre tecniche. Facendo questo, si può scoprire che effettivamente funziona. Il motivo per cui funziona è che rompe il ciclo menzionato sopra: se i pensieri negativi generano sentimenti negativi, che producono un comportamento negativo, cosa succede se invece c'è uno spostamento verso sentimenti positivi?

Per esempio, cosa succederebbe se tu sostituissi il pensiero di essere inutile con un pensiero di provare a cambiare le tue tendenze come individuo negativo? Se dovessi cambiare quel particolare pensiero, dovresti in qualche modo impiantarlo nel tuo cervello e poi capire il modo migliore per rinforzarlo costantemente.

All'inizio, quel pensiero positivo è nella tua mente, ma lo trovi difficile da usare. Questo ha senso: è un argomento difficile da affrontare, eppure affrontarlo è l'unica scelta giusta. Così, dopo aver insistito sul fatto che stai facendo del tuo meglio nella vita e vedendo la ragazza del bar con cui non sei riuscito a intavolare una conversazione nonostante i tuoi desideri di farlo, costruisci la tua determinazione e la avvicini. Naturalmente, il solo avvicinarsi, qualcosa che eri terrorizzato di fare, è sufficiente per aiutarti a iniziare a sentirti un po' più sicuro e di successo.

I tuoi processi di pensiero iniziano ad aiutarti a diventare vincente. Scoprirete che più è positivo il linguaggio che usate, più vi sentite positivi. Più vi sentite positivi, più è probabile che vi comportiate effettivamente in modo positivo. Efficacemente, quindi, siete in grado di sconfiggere i problemi chiave della vostra vita, uno alla volta.

Avete l'ansia? Puoi capire come eliminare quella risposta ansiosa da internet o da un libro come questo. Ti senti solo e vuoi trovare un appuntamento? Puoi fare anche questo, a patto che tu ti dia da fare attivamente per cercare di farlo. Non importa quale sia il tuo problema di salute mentale, c'è quasi sempre un modo in cui puoi usare la TCC per affrontarlo meglio in un modo o nell'altro.

È importante notare, tuttavia, che se si usa la TCC, essa deve essere rinforzata regolarmente. Vuoi assicurarti che rimanga efficace, e il modo migliore per farlo è quello di flettere ripetutamente i muscoli che useresti coinvolgendo la TCC in primo luogo. Questo significa che se la TCC ti aiuta con l'ansia, usala con i sintomi dell'ansia il più possibile. Anche se vi sembra che i sintomi non siano così gravi, cercate di usarli. Scoprirete che siete in grado di rinforzarli meglio e più efficacemente semplicemente usandoli regolarmente.

## Perché si usa la TCC

In definitiva, la TCC è usata per diverse ragioni importanti. Alla radice, ciò che fa è identificare e cambiare gli schemi di pensiero negativi e con questo in mente, è importante riconoscere quanto questo sia potente. Gli schemi di pensiero negativi diffondono la negatività in tutta la vita. Più negativamente si pensa, più negatività si troverà a infestare la propria vita.

Questo è forse l'uso principale della TCC. Tuttavia, pensate a tutte le aree della vostra vita in cui il pensiero negativo può danneggiare i vostri comportamenti? Immaginate come vi sentite quando la vostra ansia si infiamma - c'è un pensiero negativo dietro? Molto probabilmente. Avete problemi di rabbia? Potrebbero benissimo esserci dei pensieri negativi alla base anche di quelli. Alla fine della giornata, l'unico modo per sapere dove sono i pensieri negativi è capire come identificarli - e la TCC lo fa.

I pensieri negativi possono causare ogni sorta di problemi. Si può scoprire che il pensiero negativo causa un disturbo alimentare o una fobia. Potrebbe causare un abuso di droghe o alcool, o portare a lotte con tutti i tipi di disturbi della personalità. Effettivamente, però, il modo migliore per capire se un pensiero negativo è alla radice di qualsiasi motivo per cui si sta lottando è attraverso un'abbondante auto-riflessione.

## Pensiero negativo e TCC

Il pensiero negativo è tipicamente abbastanza rigido - non puoi cambiarlo nonostante tutti gli sforzi che fai per fare esattamente questo. Non importa quanto duramente ci provi, potresti scoprire che sei intrappolato nella negatività. Purtroppo, però, riconoscere il pensiero negativo è qualcosa di incredibilmente difficile se non si capisce cosa si sta facendo. Dovete essere in grado di riconoscere i vostri pensieri negativi se sperate di avere una possibilità di eliminarli.

Quando ci sono pensieri negativi nella vostra vita, potreste scoprire che piuttosto che riconoscere effettivamente la negatività, tutto ciò che riconoscete è che la vita sta andando male da qualche parte per voi. Non vedi che il pensiero è alla radice, solo che nulla sembra funzionare. Si può scoprire che si viene ripetutamente rifiutati dai colloqui di lavoro, o si scopre che si lotta costantemente per ottenere che la gente esca con voi. Alla fine, si scopre che ci si sente tutti soli senza una chiara idea di come risolvere il problema.

Trovare il negativo però nella vostra vita è probabilmente il metodo migliore e più chiaro per assicurarvi di poter identificare il motivo per cui tutto sembra andare male. Il processo per fare questo può richiedere un po' di tempo, ma vale assolutamente la pena farlo.

Per iniziare, cercate di capire quando è stata l'ultima volta che siete stati incredibilmente turbati o arrabbiati. Ti ricordi cosa ha causato quei sentimenti? Scrivete sulla carta tutto quello che potete sulla situazione. Forse ti ricordi che eri arrabbiato per il fatto che il tuo amico non voleva più uscire con te, dopo averti già cancellato l'appuntamento due volte nell'ultima settimana. Questo ti ha fatto sentire incredibilmente arrabbiato e inutile, e in risposta, sei caduto in ogni sorta di pensiero negativo. Ti sei detto che hai fallito come amico, ed è proprio per questo che i tuoi amici continuano a darti buca. Ti sei detto che è impossibile andare d'accordo con te e che chi ti circonda non vorrà mai farlo. Potresti aver detto a te stesso che odi chi sei, il che ti ha solo spinto più a fondo nella negatività.

Ora che l'hai scritto sul tuo foglio, chiediti di riassumere l'intero paragrafo in una sola frase: "Sono un cattivo amico". Con questo pensiero in mente, riesci a capire perché è importante? Cosa rende quel pensiero così potente? Perché è così importante? La risposta è probabilmente qualcosa su come ti senti una persona inutile o qualcosa del genere. Chiediti perché è importante, e continua a ridurre la tua realizzazione più e più volte.

Vuoi continuare a chiederti cosa dice di te la frase precedente finché non arrivi al punto di avere una frase che riguarda solo te: "Sono una cattiva persona", per esempio. Questo è un pensiero centrale.

Un pensiero centrale è un pensiero che hai e che sta alla base di tutto il resto. È effettivamente il pregiudizio inconscio su una situazione o un ambiente che ti spinge a comportarti in un certo modo o a pensare in un certo modo. In questo caso, il tuo pensiero di essere una cattiva persona ti ha spinto a pensare che il tuo amico ti odiava, non voleva avere niente a che fare con te, e sarebbe stato più felice se te ne fossi andato per sempre. C'era qualcosa di tutto ciò che era vero? Molto probabilmente no, eppure non potevi fare a meno di pensarlo comunque.

Tuttavia, con quel processo di pensiero in mente, è importante scriverlo. Registra quel pensiero centrale e tienilo vicino per ora. Lo analizzerete per determinare se è negativo o semplicemente problematico.

I pensieri automatici negativi del nucleo sono effettivamente alcuni dei più distruttivi che potete avere, e se siete in grado di identificarli, la ristrutturazione cognitiva è sempre la strada da percorrere. Potete fare la ristrutturazione nel processo fornito in questo libro, o potete tentare di farlo con l'aiuto di un terapeuta. In definitiva, tutto ciò che conta è che tu riesca ad eliminare il pensiero automatico una volta per tutte.

Ora che avete scritto il vostro pensiero centrale, è il momento di capire se è un pensiero negativo o no. Potete fare questo semplicemente eseguendo una lista di controllo. Questa lista di controllo sarà la vostra specie di foglio di controllo: conterrà le forme più comuni di schemi di pensiero negativo, così potrete fare un controllo incrociato con il vostro pensiero centrale per determinare se è problematico. Se è problematico, vorrete cambiare quel pensiero il più rapidamente ed efficacemente possibile senza rischiare di aspettare troppo a lungo.

Ci sono dozzine di schemi di pensiero negativi, ma per la maggior parte rientrano in una delle dieci categorie. Queste categorie sono il pensiero tutto o niente, il concentrarsi sugli aspetti negativi, il pessimismo, il bisogno di approvazione, l'etichettatura negativa di sé, la catastrofizzazione, il soffermarsi sul passato, la lettura della mente, il concentrarsi sul "dovrei" e lo squalificare il presente. Ognuno di questi serve al proprio scopo. Diamo una breve occhiata a ciascuno di questi dieci schemi di pensiero negativo per avere una buona idea di cosa sono in azione.

**Il pensiero "tutto o niente"** implica che tu dica a te stesso che devi fare le cose in un modo e che qualsiasi cosa al di sotto di quell'unico modo perfezionato è un fallimento. Se non ottieni il 100% in quel test, allora l'hai fallito. In effetti, questo è il perfezionismo scritto in un pensiero.

**Concentrarsi sul negativo** implica mettere una quantità eccessiva di sforzo nella parte negativa di una situazione. Se avevi un appuntamento e ha piovuto, per esempio, potresti concentrarti su tutte le negatività: ha piovuto, quindi non hai potuto fare quella passeggiata romantica. Le tue scarpe si sono bagnate e sporcate e ora devi pulirle. L'intera giornata e l'appuntamento sono stati un completo fallimento. In realtà, l'altra persona era entusiasta di passare il tempo con te e avrebbe felicemente descritto l'appuntamento come buono.

**Il pessimismo** è abbastanza simile a concentrarsi sul negativo. A differenza di come concentrarsi sul negativo era guardare al passato, il pessimismo si concentra sul futuro con una prospettiva negativa. Se qualcosa va male, si pensa costantemente che qualcosa di brutto accadrà in risposta. Se qualcosa ha successo, si crede che sia di sicuro, solo temporaneo prima di crollare anch'esso.

**Un bisogno di approvazione** è un chiaro segno di bassa autostima o di un grande danno personale. Quando avete bisogno dell'approvazione degli altri, vi sentite come se l'unico valore che avete fosse legato a come gli altri vi vedono. Se non siete graditi, non siete degni di nulla.

**L'auto-etichettatura negativa** è l'atto di dire a te stesso che sei qualcosa di negativo o cattivo. Potresti dire a te stesso che sei uno spreco di spazio o che sprecheresti persino spazio nella spazzatura e che il tuo unico valore sarebbe quello di scomparire. Questo è di solito incredibilmente denigratorio verso se stessi ed è incredibilmente dannoso.

**La catastrofizzazione** è l'atto di dire a te stesso che sarà sempre lo scenario peggiore a verificarsi. Le cose non andranno mai bene, fallirai sempre.

**Soffermarsi sul passato** è abbastanza simile a concentrarsi sul negativo, ma la differenza è che quando ci si sofferma, ci si dice attivamente che il problema è nel passato e che non si può risolvere. Invece di guardare verso il futuro e vedere che ci sono soluzioni per voi là fuori, state attivamente evitando di fare qualsiasi progresso reale. Invece, si dice che si può anche continuare a picchiarsi per quell'errore, così alla fine ci si può sentire meglio.

**La lettura della mente** è l'errore di decidere di sapere esattamente cosa passa per la mente degli altri. Invece di vedere che le altre persone hanno privacy nelle loro menti e che non c'è modo che tu possa mai capire cosa sta succedendo al suo interno senza chiedere, decidi che sai esattamente qual è il problema - tu sei il problema. Non hai bisogno di alcuna prova per questo; semplicemente decidi che sei tu il problema perché lo sai.

**Concentrarsi sui "dovrei"** significa essere così presi dal fatto che la vita dovrebbe essere giusta e che le persone dovrebbero avere accesso agli stessi servizi di base. Tuttavia, la vita non è giusta. Non è mai stata giusta. Alcune persone vincono e altre perdono, e alla fine bisogna accettarlo. Fa schifo non ottenere ciò che qualcun altro ottiene, ma questa è la vita.

**Squalificare il presente** è l'esatto opposto di concentrarsi sul passato. Quando lo fai, ti intrappoli attivamente dicendoti che ti prenderai cura di te stesso o farai qualcosa per te stesso in futuro dopo che hai già avuto la possibilità di capire cosa stava succedendo in quel momento.

Con questa lista di pensieri negativi, è il momento di iniziare a capire quanto è probabile che il vostro pensiero rientri in una delle categorie elencate. Se dite di essere una cattiva persona, è probabile che stiate cadendo nell'auto-etichettatura negativa, come minimo. Stai dicendo a te stesso che sei qualcosa che non sei. Nessuno ha mai detto che sei una cattiva persona. Sei anche caduto nel pensiero negativo della lettura della mente. Il tuo amico non ha mai detto perché ha annullato, e tu hai supposto che fosse perché tu sei una cattiva persona e che succede sempre così.
In effetti, più tempo si passa a soffermarsi e a cercare di capire le cose, più schemi di pensiero negativi si ripescano inavvertitamente realizzando che si possiedono.

Nell'identificare quel pensiero negativo, tuttavia, si rende chiaro che ciò di cui si ha bisogno è una ristrutturazione cognitiva per distruggerlo.

Il processo di ristrutturazione cognitiva ha diversi passi e richiede tempo, ma è assolutamente fondamentale per iniziare a sconfiggere quei processi di pensiero negativi una volta per tutte. Potete farlo se siete disposti e capaci di fare lo sforzo.

Comincia calmandoti - vuoi essere sicuro di essere in grado di rilassarti. Puoi farlo attraverso la meditazione o un esercizio di respirazione, se vuoi, o puoi semplicemente aspettare fino a quando non sei abbastanza calmo per iniziare. Potete saltare i prossimi due passi se siete già passati attraverso l'identificazione dei pensieri negativi.

Con uno stato di calma, identificate cosa ha causato la negatività in primo luogo. Che cosa è successo? Cosa ha scatenato la negatività che stai provando in quel momento? Scrivete tutto per voi stessi - volete capire gli stati d'animo che avete avuto in modo da poter iniziare a rifletterci in seguito. Dopo tutto, le emozioni sono incredibilmente potenti. In questo caso, potresti scrivere che il problema è che il tuo amico ti ha dato buca e ti senti arrabbiato, solo e imbarazzato per il fatto di essere costantemente abbandonato.

Successivamente, è il momento di identificare i tuoi pensieri automatici. Questo è stato il passo in cui hai superato la tua catena naturale di eventi con la discussione con te stesso. Ti sei detto che non eri abbastanza bravo e alla fine sei arrivato alla conclusione di non essere abbastanza bravo.

A questo punto, è il momento di ricominciare se hai già lavorato sulla ricerca dei pensieri negativi in precedenza nel capitolo.

Troverai qualsiasi prova che supporti il pensiero negativo che hai avuto. Se sei una persona così cattiva, come puoi dimostrarlo? Avrai bisogno di guardare la situazione in modo del tutto oggettivo e capire come meglio provare quel pensiero a te stesso in qualche modo. Fate del vostro meglio per farlo. Puoi scrivere che se sei stato lasciato fuori, è ovvio che non eri voluto dal gruppo per cominciare, insieme ad altri commenti che hanno lo scopo di sostenere ciò che hai dichiarato.

Da lì devi capire se c'è qualche prova che ti contraddice. Cosa puoi fare per dimostrare che quel pensiero è sbagliato? Come puoi provare che non sei una cattiva persona? Questo è importante: è il momento in cui iniziate a riconoscere che il pensiero negativo è sbagliato o imperfetto. Puoi dire a te stesso che la tua prova è che la gente ti saluta sempre quando arrivi al lavoro, o che il tuo vicino di scrivania ti ha portato dei mini cupcake e un palloncino per il tuo compleanno. Potresti ricordare a te stesso che i tuoi amici di solito trovano il tempo per te, ma è una parte dell'anno molto impegnativa, e tu hai ammesso di aver disdetto alcune volte semplicemente perché il lavoro era troppo da portare avanti in quel momento.

Mentre scrivi questi pensieri, confrontali con l'elenco dei pensieri che avevi preparato per te come prova del tuo pensiero negativo. Quanto ci sta effettivamente? Era effettivamente giusto nei tuoi confronti dire a te stesso che non sei gradito, desiderato o che sei una cattiva persona? In definitiva, è incredibilmente ingiusto nei tuoi confronti mettere questo standard su di te, ma arriverai presto a questa conclusione.

Ora che avete le vostre due liste, è il momento di soppesarle. Quale parte sembra essere più accurata? In tutta onestà con voi stessi, dovreste essere d'accordo che i pensieri screditati sembrano più razionali, ragionevoli e onesti.

A questo punto, dovresti sentirti un po' meglio. Sei in grado di ricordare a te stesso esattamente come i pensieri che avevi inizialmente erano sbagliati o negativi e dovrebbero essere evitati. A questo punto, è il momento di cercare di aiutarti a continuare a sentirti meglio. Scrivi ciò che hai fatto e i risultati finali del tuo processo di auto-riflessione. Guarda come ti senti dopo averlo fatto. Ricorda a te stesso che la prospettiva equilibrata era di gran lunga migliore per te. Chiediti come evitare di cadere di nuovo in quella catena di pensieri negativi in futuro, e poi ricorda a te stesso che è importante concederti un po' di compassione ogni tanto.

Infine, per aiutare a ribadire il vostro nuovo punto di vista sulla situazione, può essere utile creare alcune affermazioni. Queste affermazioni esisteranno come una sorta di promemoria che le cose non sono così male come possono sembrare inizialmente e che si può mantenere il pensiero positivo se ci si lavora abbastanza. Le affermazioni saranno trattate più avanti in questo libro nel Capitolo 8: Tecniche di terapia cognitivo-comportamentale per eliminare l'ansia.

# Capitolo 6: Terapia Cognitiva e Comportamentale

La terapia cognitivo-comportamentale agisce come una sorta di ponte tra la terapia cognitiva e la terapia comportamentale. Attingendo da entrambe, trova il modo di capire e influenzare il comportamento in metodi che non sarebbero del tutto possibili senza entrambe. In effetti, quando si usa la terapia cognitivo-comportamentale, si sta usando una delle forme di terapia più potenti e influenti del momento. Prende il meglio della terapia cognitiva, riconoscendo che siamo una somma dei nostri pensieri e che i nostri pensieri influenzano i nostri comportamenti. Riconosce anche che i nostri pensieri sono direttamente influenzati dall'ambiente che ci circonda, una delle sfaccettature della terapia comportamentale.

Quando si usa la TCC, si ottengono effettivamente tutti i benefici di entrambe le terapie allo stesso tempo, e il risultato è incredibilmente efficace. È difficile discutere con le statistiche che sostengono fortemente l'efficacia e la veridicità della TCC come terapia - è attiva ed efficace, permettendo la ricostruzione sia dei pensieri che dei comportamenti. Alla fine, affrontando entrambe le prospettive allo stesso tempo, le persone ottengono un metodo di trattamento che è in grado di gestire quasi tutto.

Il modo migliore per capire la TCC, tuttavia, è quello di guardare ciascuno dei suoi componenti. In questo capitolo, cercheremo di capire sia la terapia cognitiva che quella comportamentale, permettendovi di vedere quali sono gli scopi principali di entrambe. Vedendo le aspettative e le tendenze di entrambe le terapie delineate per voi, potrete rendervi conto che la TCC è una sorta di miscela perfetta tra le due, e questo è ciò che la rende così incredibilmente potente.

## Comprendere la terapia cognitiva

La terapia cognitiva stessa è meglio compresa dall'idea che i pensieri dell'individuo sono influenti sui sentimenti dell'individuo. All'interno di questa prospettiva, la risposta emotiva sentita è tipicamente una risposta diretta ad una situazione a portata di mano. In effetti, i vostri sentimenti sono solitamente causati dai vostri pensieri su una situazione.

Immaginate di avere una grande paura dei cani. Siete stati morsi da bambini e non siete mai riusciti a superare la paura travolgente che vi invade quando vedete un altro cane più grande di un Chihuahua. In questo caso, vi siete appena trovati esposti a qualcuno che porta a spasso un alano lungo la strada. Il cane è perfettamente ben educato, ma sembra che non riusciate a tollerarne la vista.

Il tuo cuore comincia a battere velocemente. Sentite che il vostro respiro si fa superficiale e rapido. Ti guardi intorno e non c'è una chiara via di fuga dall'individuo senza immergersi nel cortile di qualcuno e cercare di entrare in un vicolo. Sei effettivamente intrappolato. Potete continuare a camminare verso il cane, o potete camminare nella stessa direzione del cane, ma in entrambi i casi, sarete bloccati nelle sue immediate vicinanze.

Ora, se aveste sentito casualmente questi sintomi stando seduti e non facendo nulla, potreste essere preoccupati che ci sia qualcosa di sbagliato in voi dal punto di vista medico - è sempre angosciante avere il cuore che corre e il respiro corto. Tuttavia, in questo caso, conoscete bene la sensazione: l'ansia. Stai provando ansia per la situazione perché hai paura del cane.

Nella terapia cognitiva, il terapeuta afferma che la ragione per cui avete paura non è che i cani sono intrinsecamente spaventosi, ma piuttosto perché i vostri pensieri sul cane lo rendono spaventoso. In effetti, i vostri pensieri stanno direttamente influenzando i vostri sentimenti. Avete pensieri negativi che circondano i cani, derivanti dall'attacco che avete subito, e nonostante sappiate questo, non riuscite mai a superare la vostra fobia in modo significativo. Sentite ancora lo stesso senso di panico quando vi avvicinate a un cane.

In effetti, la terapia cognitiva afferma che i pensieri che avete intorno a quel cane sono distorti e, quindi, non particolarmente adatti alla funzionalità. Voi costruite quindi i vostri pensieri negativi che circondano la situazione, e questi pensieri colorano le vostre emozioni. Questo significa, tuttavia, che puoi affrontare quella paura in modo relativamente facile - tutto quello che devi fare è capire come affrontare al meglio la situazione. Puoi imparare a elaborare i tuoi pensieri per liberare i tuoi sentimenti una volta per tutte.

Quando siete in terapia cognitiva, il vostro terapeuta vi insegna direttamente a sviluppare nuove competenze per aiutarvi. Il set di abilità in particolare che imparerete include diversi concetti familiari a chiunque conosca la terapia cognitiva comportamentale.

Imparerete a distinguere la differenza tra pensieri e sentimenti, il che vi permetterà di rimuovere il potere da molti di quei pensieri negativi quando si presentano. Quando riesci a distinguere la differenza tra i due, puoi riconoscere che in realtà non sei spaventato dal cane, sei spaventato perché pensi che il cane faccia paura.

Si scopre il ciclo in cui i pensieri, compresi quelli automatici, influenzano i sentimenti, e come ciò può essere problematico se i pensieri che guidano i sentimenti sono negativi. Questi pensieri negativi o distorti possono essere incredibilmente problematici in quasi ogni contesto. Vi renderanno quasi impossibile gestire attivamente le situazioni a portata di mano, e correggere questi pensieri è fondamentale se sperate di essere in grado di gestire le vostre emozioni.

Scoprirete come valutare criticamente i vostri pensieri automatici per determinare se sono accurati o distorti. Sapendo che alcuni dei pensieri che state avendo sono distorti, potete iniziare a superarli, sconfiggendoli con i promemoria della loro natura distorta. In effetti, questo vi insegna a capire come interrompere e ristrutturare i vostri pensieri contorti quando si presentano, permettendovi di migliorare il vostro stato emotivo.

---

### Terapia Cognitiva

- Pensieri determinano sentimenti
- Capire come i pensieri influenzano i sentimenti dà il potere di difendersi da questi sentimenti
- I pensieri automatici negativi sono i principali responsabili dei sentimenti negativi

---

## Capire la terapia comportamentale

La terapia comportamentale, d'altra parte, cerca di identificare come i pensieri che avete vengono premiati o rinforzati nel tempo, anche se per caso. Nella prospettiva della terapia comportamentale, siete in grado di riconoscere che a volte, accidentalmente, rinforziamo pensieri e pregiudizi negativi, e nel rinforzarli, li rendiamo molto più probabili a continuare.

Per esempio, torniamo alla paura dei cani: siete terrorizzati dai cani che incontrate di giorno in giorno. Questo è tipico. Tuttavia, ogni volta che rispondete in un modo timoroso dei cani, evitate un'interazione negativa con il cane. Questo porta poi a rafforzare la vostra paura. Potreste anche incorrere nel problema di rinforzare la vostra paura ogni volta che leggete un articolo online su come i cani abbiano attaccato o mutilato persone nelle vostre vicinanze. Nel complesso, vi trovate costantemente a lottare per interagire con i cani, e più a lungo dura la vostra paura, più a lungo la rinforzate.

Una versione leggermente diversa di questo è nel riconoscere i modi in cui si può incorrere in un problema con i bambini. Per esempio, immaginate di avere un bambino che fa regolarmente i capricci quando vuole qualcosa. Non volete cedere a ciò che vuole e fate del vostro meglio per evitarlo. Tuttavia, di tanto in tanto, sentite che non vale la pena lottare e cedete, sentendo che è preferibile all'opzione di rifiutare semplicemente e affrontare il mal di testa che ne consegue. Anche se potete vedere questo come un tentativo di evitare un capriccio che semplicemente non volete sopportare perché siete stanchi, vostro figlio è appena stato rinforzato. Avete chiarito che se vostro figlio minaccia di fare i capricci, ottiene quello che vuole. Il suo comportamento ha solo rafforzato i suoi pensieri.

## Terapia Comportamentale

- I comportamenti che vengono rinforzati si ripetono
- I comportamenti negativi sono stati inavvertitamente rinforzati per essere ripetuti
- Nuovi comportamenti devono essere rinforzati per sostituire quelli negativi

## Quando la terapia cognitiva e comportamentale si scontrano

Ora, considerate cosa significa questo per la TCC: potete vedere aspetti sia della terapia cognitiva che di quella comportamentale in ciò che si è formato. In particolare, riconoscete che il concetto di terapia cognitiva dei pensieri che influenzano i sentimenti è coinvolto. Vedete che la terapia è pensata per essere perseguibile e progettata per ristrutturare i pensieri al fine di cambiare i sentimenti. Quando ristrutturate i pensieri, vi state impegnando attivamente in uno dei principi primari della TCC: vi state assicurando di affrontare i pensieri negativi problematici e di trasformarli invece in qualcosa di funzionale.

Ora guardate la terapia comportamentale - in particolare, vedete l'idea che i comportamenti rinforzano i pensieri. Questa è l'ultima metà del ciclo nella TCC che coinvolge pensieri, comportamenti e sentimenti. Quando si è in grado di riconoscere questo ciclo, si può iniziare a impegnarsi in tutti i processi che la TCC vanta come i più efficaci. La parte comportamentale della TCC incoraggia le persone a provare cose nuove, permettendo la creazione di associazioni positive, ad esempio attraverso atti come la fissazione di obiettivi e l'attivazione del comportamento, in cui si è in grado di iniziare attivamente a creare nuovi modelli comportamentali e rinforzarli, permettendo loro di diventare automatici come quelli negativi.

Essenzialmente, la TCC ha voluto combinare le due cose, colmando le lacune e facendo uso di tutte le tecniche e possibilità. All'interno della TCC, si vede che si insegna alle persone a ristrutturare i propri pensieri, ma si insegna anche ad evitare di rinforzare i pensieri negativi. Siete in grado di assicurarvi che state lavorando attivamente per migliorare chi siete, cosa volete e come lo otterrete, perché affronterete il problema da due prospettive diverse per garantire che i risultati finali siano i più efficaci possibili.

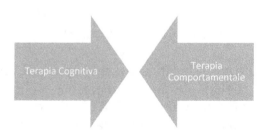

# Capitolo 7: L'Ansia

Immaginate di essere seduti a casa, pensando ai vostri affari, quando il vostro cuore inizia a correre. Poco prima stavate bene e ora non potete fare a meno di sentire quel senso di panico e di terrore dentro di voi: non riuscite a scrollarvi di dosso la sensazione di essere seguiti, osservati o minacciati, e per quanto possiate camminare attraverso la logica del perché siete al sicuro e non avete bisogno di preoccuparvi, scoprite che la sensazione di terrore non passa. Fai del tuo meglio per mitigarla, eppure non puoi fare a meno di sentirti come se fossi bloccato. I vostri migliori tentativi non fanno nulla e cominciate a chiedervi se state davvero morendo, se siete in pericolo o se siete minacciati o compromessi in altro modo.

In realtà, state perfettamente bene, fisicamente. State provando la sensazione di ansia. Questa è la risposta naturale del tuo corpo allo stress, durante la quale hai attivamente paura di ciò che sta per arrivare. I vostri fattori scatenanti dell'ansia potrebbero essere qualsiasi cosa: litigi, bollette in scadenza, o anche un commento fuori luogo verso il vostro partner su qualcosa di completamente irrilevante per tutto. Ciò che è vero e costante, tuttavia, è la sensazione travolgente e terrificante di essere in pericolo reale.

Quando si è ansiosi, si soffre di un disturbo mentale. Questo non significa che dovete vergognarvi - non potete evitare che il vostro corpo reagisca in questo modo. Tuttavia, puoi reclamare il tuo corpo e iniziare a curarlo. Questo capitolo vi guiderà attraverso la comprensione dell'ansia come un disturbo, vi guiderà attraverso i disturbi più comuni che ci sono, e poi discuterà come la TCC è una soluzione valida per coloro che soffrono di ansia.

Nel capitolo successivo, vi verranno fornite tre tecniche che potrete utilizzare per iniziare a riprendere in mano la vostra vita e combattere l'ansia una volta per tutte. Mentre può essere intimidatorio cercare di capire come aiutare se stessi, sappiate che state facendo il meglio che potete facendo uno sforzo per guarire chi siete e cambiare i modelli attraverso i quali vivrete la vostra vita. Sarete in grado di guarire voi stessi e di assicurarvi di essere ancora una volta felici e sani.

## Che cos'è l'ansia?

L'ansia è, prima di tutto, una sensazione. È la sensazione di apprensione e paura di ciò che sta per accadere. Si teme ciò che accadrà e si reagisce di conseguenza. In effetti, la tua mente è in sopravvivenza, sentendo che c'è una minaccia, anche se questa minaccia è immaginaria. In risposta a questa minaccia, il tuo corpo ha diverse opzioni. Può scegliere di combattere, può scegliere di fuggire o può scegliere di bloccarsi. In genere, quando si soffre d'ansia, il corpo ha scelto la fuga come risposta adeguata: vuole allontanarsi il più possibile dalla situazione, mettendovi il più possibile a disagio.

Essenzialmente, l'ansia è uno stato di vigilanza quasi costante. Quando si ha paura per la propria vita, non si è in grado di riposare: si cercheranno attivamente tutti i segni che si aveva ragione e che c'è davvero una minaccia alla propria sicurezza presente da qualche parte nelle vicinanze. Quando si è in grado di rimanere vigili, si sta effettivamente facendo un punto per difendersi da tutte le angolazioni.

Tuttavia, tieni presente l'enorme quantità di stress a cui questo sottoporrebbe chiunque. Quando sei stressato su come approcciare le persone, o anche solo su come vivere la vita, non sarai molto felice. Si lotta in quasi tutte le interazioni, preoccupandosi costantemente se questa sarà quella che scatenerà la vostra ansia o renderà impossibile continuare la vostra vita. Molto rapidamente, l'ansia va fuori controllo e si scopre che è impossibile rimanere lucidi e capaci.

Di tutti i disturbi di salute mentale che si possono avere, l'ansia è il più comune. È pervasiva - sorge nel corso di diverse interazioni e in diverse situazioni costanti. È problematica - rende impossibile il normale funzionamento. Infine, è anche debilitante. È possibile che chi soffre d'ansia scopra che invece di essere in grado di proteggersi e assicurarsi di prendersi cura di se stesso, soffre di quei sentimenti di paura e cerca di sfuggirvi.

## Disturbi d'ansia

L'ansia esiste in una moltitudine di forme. Si può avere un disturbo di panico, in cui certi stimoli scatenano attivamente il panico e si comportano come se la propria vita fosse minacciata. Si può avere una fobia o un'ansia sociale. In definitiva, alla fine della giornata, il risultato finale è sempre lo stesso: hai ancora paura di ciò che sta per accadere e stai ancora lottando per capire come affrontare al meglio la situazione. Quando si ha attivamente paura di ciò che ci circonda, difficilmente ci si può aspettare di funzionare efficacemente.

Questa sezione vi aiuterà a identificare alcuni dei più comuni disturbi d'ansia. Mentre leggete, tuttavia, tenete a mente che le informazioni incluse in questo capitolo non sostituiscono la diagnosi e l'opinione di un vero professionista medico autorizzato. Se pensate di poter soffrire di ansia, la cosa migliore da fare è sempre quella di assicurarsi di ottenere una diagnosi corretta da un professionista medico che abbia avuto l'opportunità di capire i vostri sintomi interagendo con voi, ma che sia anche in grado di supervisionare il processo di trattamento. Anche se è bello usare questo libro come guida, è ancora più vantaggioso per il vostro trattamento cercare un consiglio medico professionale da qualcuno che può vedere l'intero quadro e interagire per creare qualcosa su misura per voi in modo specifico.

**Il disturbo di panico** è un comune disturbo d'ansia in cui le persone sperimentano ripetuti attacchi di panico del tutto inaspettati. Questi attacchi sono improvvisi, potenti e incredibilmente estenuanti, lasciando l'individuo a sentirsi come se stesse morendo quando in realtà la loro ansia sta creando sintomi che ricordano incredibilmente l'arresto cardiaco. Le persone che soffrono di disturbo di panico scoprono di soffrire di almeno un attacco di panico al mese, e cominciano a temere l'idea di avere un altro attacco di panico. In effetti, sapere che c'è la possibilità di un altro attacco di panico è sufficiente per scatenare più ansia. Questi attacchi di panico si presentano senza preavviso, con sintomi come palpitazioni cardiache, difficoltà a respirare, sensazione di soffocamento, stordimento, vertigini e dolore al petto, tra gli altri. Questi sintomi di solito si presentano senza una ragione discernibile e si verificano in modi che sono incredibilmente potenti. Lasciano l'individuo nella paura di un altro attacco.

**Le fobie** sono un'altra forma di ansia che si manifesta come una paura irrazionale ed eccessiva di una specifica causa. Questo innesco potrebbe essere qualcosa di fisico, come un animale o una persona specifica, o potrebbe essere un po' più astratto, come la paura di un pensiero o la paura di una sensazione. In effetti, alcune persone scoprono anche che possono finire per vivere nella paura di uscire di casa, un'altra cosa che può essere incredibilmente problematica.

Quando si soffre di una fobia, non si ha solo una leggera paura di qualsiasi cosa stia accadendo, si ha una paura mortale. Per esempio, consideriamo lo scenario di avere paura dei cani. Se hai così paura del cane che gli permetti di controllare la tua vita, evitando intenzionalmente e deliberatamente il cane attraversando la strada o cambiando la tua routine, potresti soffrire di una fobia. La maggior parte delle volte, queste fobie hanno un impatto diretto sulla vostra capacità di funzionare. Interferiscono con la vostra capacità di riconoscere le situazioni in modo sano.

**Il disturbo d'ansia** generalizzato è quello a cui la maggior parte delle persone pensa di solito quando pensa all'ansia - è caratterizzato da attacchi casuali di sentimenti di ansia che spesso sono imprevedibili, mentre altre volte sono abbastanza ovvi. Quando si soffre di disturbo d'ansia generalizzato, la maggior parte delle volte, non si può farne a meno. Non si può capire come funzionare al meglio e non si può scuotere la sensazione senza aiuto. Per fortuna, quell'aiuto è disponibile per voi. Se vi sembra di soffrire di una costante sensazione di ansia che non riuscite a spiegare, non siete soli e non dovete soffrire all'infinito. È possibile trattare questo problema.

**Il disturbo post-traumatico** da stress è lo sviluppo di gravi sintomi di ansia in risposta diretta a un qualche tipo di trauma. Non si sa esattamente cosa provochi l'insorgere del PTSD, poiché non tutti coloro che hanno subito un trauma lo attraversano. Quando si soffre di PTSD, si scopre di avere un intenso evitamento di qualsiasi cosa che ricordi anche lontanamente il trauma che si è vissuto. Si può soffrire di pensieri intrusivi, come flashback o incubi legati al trauma, o si può scoprire che, nonostante i migliori tentativi, non ci si può liberare del bisogno di evitare ossessivamente qualsiasi cosa che ricordi il trauma in primo luogo. Tenete a mente che, anche se comunemente associato ai militari, non è necessario servire nell'esercito per soffrire di PTSD - qualsiasi trauma, dalla violenza sessuale al sopravvivere a un grave incidente può provocare i sintomi.

# TCC e ansia

In definitiva, la TCC è un metodo incredibilmente efficace attraverso il quale si può trattare l'ansia. Quando si usa la TCC per affrontare i problemi di ansia, si affronta il problema da due punti di vista. Si passa il tempo a identificare i pensieri problematici che possono essere diventati distorti nel tempo, e si passa anche il tempo tentando attivamente di rinforzare i comportamenti positivi.

Se soffrite attivamente di ansia, la terapia cognitiva comportamentale è una delle migliori terapie che potete scegliere per alleviare i sintomi. Attraverso la TCC, imparerete a comportarvi di conseguenza - vi verranno dati diversi strumenti per gestire quei sentimenti di negatività e ansia per rimuovere il disagio e l'angoscia che li accompagna. Per esempio, se la vostra ansia tende ad esprimersi attraverso le massicce sensazioni di panico, il cuore che batte all'impazzata e la paura di morire, la TCC può aiutarvi ad eliminare l'angoscia dietro questi sintomi.

Effettivamente, la TCC vi insegnerà che va bene sentirsi in quel modo, ma in definitiva, la vostra ansia è poco più che una sensazione iniziale. Questo significa che se volete trattarla, ci sono diverse opzioni per voi. Puoi scegliere di usare le affermazioni per rimuovere il disagio, ricordandoti che sei al sicuro. Puoi scegliere di esporti ai tuoi trigger nella speranza di desensibilizzare te stesso dai sintomi. Puoi anche scegliere di passare del tempo a fare pratica attraverso diversi scenari peggiori per capire il miglior approccio possibile ai tuoi sintomi.

Non importa cosa scegliete, comunque, ci sarà sempre l'opzione di rivisitare un altro metodo se necessario. Potrete scegliere di comportarvi invece in altri modi e abituarvi lentamente a questi nuovi comportamenti. Con il tempo, vedrete il sollievo. Anche se può essere stato difficile iniziare il processo di trattamento della vostra ansia, dovreste sempre ricordare che ci vuole una vera forza per trattare un disturbo di salute mentale e che non dovreste vergognarvi in nessun caso. Piuttosto, dovresti essere orgoglioso di te stesso per essere disposto a darti una possibilità.

# Capitolo 8: Tecniche di Terapia Cognitivo-Comportamentale per Eliminare l'Ansia

Una volta diagnosticata l'ansia, ci si può chiedere cosa viene dopo. Fortunatamente, ciò che viene dopo è effettivamente solo la costruzione di abilità. Passerete il tempo ad imparare nuove abilità che potrete usare per rivendicare e domare la vostra ansia una volta per tutte. Questi tre metodi di trattamento, la capacità di creare affermazioni, l'esposizione graduata e l'uso di giochi di ruolo "cosa-se" saranno tutti particolarmente efficaci nel garantire che, indipendentemente dalla situazione, sarete in grado di domare l'ansia. Anche se non vi è ancora stata diagnosticata, ma sentite che probabilmente siete sulla buona strada per ottenere quella diagnosi, può essere davvero utile iniziare ad affrontare presto quei fattori scatenanti l'ansia.

Da qui in poi, si presume che abbiate già familiarità con l'arte di identificare i pensieri problematici - questa capacità di usare l'introspezione sarà cruciale per la vostra capacità di avere successo. Poiché questo processo è stato introdotto nel capitolo

5, dovreste già avere un'idea generale di come identificare al meglio questi pensieri. Quando sai quali sono i tuoi pensieri problematici, puoi iniziare ad affrontarli.

## Affermazioni

Le affermazioni sono poco più che brevi asserzioni che ripetete a voi stessi in un momento di debolezza. In effetti, la vostra affermazione dovrebbe contrastare direttamente un pensiero negativo di cui state soffrendo in un modo che vi aiuta a rimanere concentrati su ciò che volete e radicati nelle vostre emozioni più vere, invece di cercare solo di superare la sensazione di ansia in primo luogo.

In particolare, le affermazioni sono uno dei metodi più semplici che potete usare. Tutto ciò che dovete fare è assicurarvi che soddisfino tre semplici requisiti.

Dovete assicurarvi che la vostra affermazione sia positiva - deve essere qualcosa che è scritto in modo da non far affondare ulteriormente il vostro pensiero nel negativo.

La vostra affermazione deve anche essere al presente, deve rivolgersi a qualcosa nel qui e ora per aiutarvi nel presente. Per esempio, se avete paura dei cani, dovete assicurarvi che la vostra affermazione si rivolga al fatto che siete al sicuro proprio in quel momento in cui state recitando la vostra affermazione. Assicurandovi di sapere questo, sarete in grado di riconoscere che l'affermazione è vera senza negarla per qualche tipo di tecnicismo grammaticale.

Infine, la vostra affermazione deve essere personale. Quando le vostre affermazioni sono personali, potete farle avverare. Quando non sono personali, invece, e riguardano attivamente altre persone, come dire a te stesso che i tuoi amici o i tuoi familiari ti amano, puoi iniziare a dubitarne. Questo non significa che i vostri amici e familiari non vi amano, ma piuttosto che non avete modo di verificare la mente di qualcun altro, e nei momenti di dubbio, quando la vostra mente vi sta già mentendo, questo sarebbe un argomento facile su cui mentire. Sareste in grado di dire a voi stessi che no, non credete che il vostro amico vi ami perché non potete provarlo, e improvvisamente, la vostra affermazione perfettamente realizzata cade a pezzi.

Quando volete usare le affermazioni, dovete semplicemente assicurarvi che la vostra affermazione sia all'altezza di questi tre requisiti. Se è così, siete pronti a passare al passo successivo: usare la vostra affermazione.

Quando siete pronti ad usare l'affermazione, dovete assicurarvi infine di ripeterla regolarmente. È una forma comune di manipolazione per inserire efficacemente i pensieri nella mente di un altro con facilità, con l'unico requisito di doverla ripetere così tanto da farla diventare la verità. Questo significa che se ripetete attivamente lo stesso messaggio positivo a voi stessi più e più volte, dovreste essere in grado di convincervi ad assorbire in qualche modo la conoscenza per usarlo.

Il modo migliore per farlo è quello di abbinare la vostra affermazione con un'attività che state già facendo regolarmente. Forse decidete di ripetere la vostra affermazione ogni singola volta che vi lavate le mani. Dopo tutto, è probabile che vi laviate le mani regolarmente nel corso della giornata.

Quando vi lavate le mani, dovete poi ripetere quell'affermazione a voi stessi almeno dieci volte. Ogni volta che ti lavi le mani, ripeti quell'affermazione. Con il passare dei giorni, delle settimane e dei mesi, scoprirete che la ripetete costantemente a voi stessi e con il tempo, diventerà riflessiva. Ogni volta che vi lavate le mani, la vostra affermazione viene ripetuta a voi stessi per abitudine, nonostante non ci pensiate. Questo è il momento in cui comincia davvero a funzionare - si è infiltrato nella vostra mente inconscia e comincerà ad agire di conseguenza.

Oltre alla ripetizione per interiorizzare il tutto, dovete anche fare in modo di usare la vostra affermazione nei momenti di debolezza. Se vi accorgete che avete paura di un cane, recitatela a voi stessi per ricordarvi che la paura che avete è ingiustificata o non necessaria. Con il tempo, cominciate a crederci.

## Esposizione graduata

L'esposizione graduata si riferisce essenzialmente a ciò che è comunemente noto come terapia di esposizione. Nell'esposizione graduata, si fa in modo di esporsi lentamente a qualsiasi cosa di cui si ha paura, nella speranza di rimuovere lentamente la paura che si ha. Lo si fa attraverso aumenti incrementali della propria esposizione all'oggetto o allo stimolo, avvicinandosi sempre più allo stimolo nel tempo. Per esempio, si inizia guardando fotografie di grandi cani che giocano all'aperto.

Mentre passate attraverso l'esposizione graduata, vi acclimatate lentamente ad ogni livello di esposizione, e così facendo, alla fine sarete in grado di tollerare quel livello di esposizione. Ogni volta che trovi che puoi tollerare l'esposizione, è il momento di incrementare al livello successivo, permettendoti di spingere i tuoi limiti e continuare a diventare sempre più tranquillo.

Per esempio, iniziate con le fotografie di cani. Dovete guardarle regolarmente fino a quando la semplice vista di un cane non è sufficiente a farvi battere il cuore. Poi, devi passare a guardare video di cani. Questo dovrebbe riportare più della tua ansia perché è leggermente più realistico che guardare attivamente una fotografia. Guardando i video, col tempo, scoprirai che sei in grado di tollerarlo comodamente. Sarete quindi pronti a passare ad un altro livello.

Si può quindi scegliere di tenere un cane di peluche per esporsi ulteriormente allo stimolo. Fare dovrebbe essere ancora scomodo per voi, ma più passate attraverso questo processo, più facilmente troverete ogni fase.

Dopo il cane di peluche, si passa a vedere i cani reali in azione. Forse state dall'altra parte di un recinto di un piccolo cane che è calmo e ben educato, così sapete che non vi attaccherà nel tentativo di farvi fare qualcosa o di molestarvi. Dopo un po' di tempo, sarete in grado di avvicinarvi al cane, e alla fine, potreste anche scoprire che siete a vostro agio nell'accarezzarlo.

Da lì, potrebbe essere solo una questione di esporsi a cani sempre più grandi, lavorando lentamente fino ad avvicinarsi ad un cane che è abbastanza grande senza che si scatenino i vostri sintomi di ansia.

Se lo fate nel modo giusto, alla fine scoprirete che potete, come minimo, tollerare la presenza di un cane. Potreste non essere mai completamente a vostro agio intorno ai cani nella vostra vita, ma va bene così. L'importante è assicurarsi di non vivere la propria vita nascondendosi perché si è terrorizzati dalla presenza di animali domestici di altre persone. In definitiva, che vi piaccia o no, i cani sono incredibilmente comuni e dovete essere in grado di sopportare la loro presenza nel mondo reale.

Quando usate l'esposizione graduata, state effettivamente insegnando a voi stessi che va bene avere paura, a patto che possiate essere a vostro agio nella vostra paura. Di solito, l'esposizione graduata è usata in tandem con altre tecniche come il grounding per aggiungere un livello di sicurezza. Con tecniche come il grounding, scoprirete che siete in grado di affrontare meglio tutta la negatività che altrimenti minaccia di sopraffarvi. Essendo in grado di far fronte alla negatività, scoprirete che potete effettivamente combattere e contrastare le vostre fobie attraverso questa tecnica.

## Giochi di ruolo Cosa- Se

Infine, l'ultima tecnica per dominare l'ansia consiste nel capire quale sia lo scenario peggiore di una situazione. Da lì, è necessario fare un gioco di ruolo per capire se è effettivamente così male come si può essere convinti inizialmente. Per esempio, immaginate che la vostra ansia riguardi l'ordinazione di bevande al bar. Sapete che avete bisogno di una bevanda, ma siete troppo timidi per ordinarla, temendo che gli altri giudichino i vostri gusti in fatto di bevande. Per questo motivo, tendi ad evitare del tutto i caffè, nonostante tu abbia una forte dipendenza dalla caffeina.

Quando usi un gioco di ruolo "cosa-se", però, ti stai effettivamente ponendo domande di prova che sono progettate per identificare se puoi effettivamente fidarti del tuo giudizio. Potresti essere profondamente convinto che l'idea di ordinare un caffè sia la cosa peggiore possibile perché sai che incasinerai il loro particolare schema di come dosano le bevande e tutti rideranno di te.

In effetti, la tua ansia ti dice che non puoi assolutamente ordinare una bevanda, perché questo farà esplodere la tua ansia sociale. Il tuo compito è quindi quello di chiederti quale sia lo scenario peggiore. Probabilmente identificherai l'atto di tutti che ridono di te come lo scenario peggiore e poi passerai a dire che tutti intorno a te vogliono solo usarti per divertimento.

Ora, nel cercare di capire cosa succede, devi chiederti cosa importerebbe. Ha importanza il motivo per cui la gente potrebbe ridere? Ha davvero importanza essere derisi? In definitiva, no, non proprio. Anche se essere derisi è angosciante, non è abbastanza angosciante da giustificare la riorganizzazione di tutta la vostra vita per adattarla. In questo caso, quindi, si scopre che è molto meglio andare avanti con la desensibilizzazione.

# Capitolo 9: La Depressione

Insieme all'ansia, la depressione può essere un problema di salute mentale debilitante. Comunemente conosciuta come disturbo depressivo principale, la depressione tende a racchiudere i sentimenti di disperazione che si accompagnano ai sentimenti di inadeguatezza di cui un individuo può soffrire.

Immaginate che, per quanto confortevole sia la vostra casa, il vostro lavoro o la vostra vita attuale, non riuscite a provare alcuna gioia. Scoprite che il giorno è in gran parte privo di significato per voi e che la notte non è molto meglio. Sapete che dovreste avere energia, ma tutto quello che volete fare è passare il tempo a letto e rifiutarvi di fare qualsiasi cosa. Sei molto più felice di essere abbandonato a te stesso a letto senza fare nulla.

La depressione è dannosa. Fa sì che le persone lottino con la motivazione e con il trovare speranza e gioia nella vita per continuare ad andare avanti. Quando ci si sente depressi, si lotta con qualsiasi cosa abbia a che fare con le altre persone e con se stessi. La maggior parte delle persone tende a pensare che la depressione dipenda dalla forza di volontà - tutto quello che si deve fare è rialzarsi con le proprie gambe e andare avanti. Tuttavia, ricordate, la teoria dell'essere in grado di rialzarsi con le proprie gambe era destinata a deridere un'impossibilità. Proprio come non ci si può letteralmente rialzare da soli, non si può semplicemente volersi liberare dalla depressione.

# Cos'è la depressione?

La depressione è un'intensa tristezza, con sentimenti di inutilità e disperazione. È caratterizzata da almeno cinque sintomi in un periodo di due settimane. Questi sintomi sono principalmente una mancanza di energia, come l'essere depresso durante il giorno, specialmente al mattino, o la sensazione di mancanza di energia. Altri sintomi riguardano il modo in cui ci si sente su se stessi - quando si è depressi, si tende a sentirsi regolarmente inutili o colpevoli. Ci sono anche diversi aspetti fisici: si può avere difficoltà a dormire regolarmente, o ci si sente come se si dormisse troppo, o ci si sente lenti e pigri, o si iniziano a vedere cambiamenti nel proprio peso. Ci sono anche aspetti come l'avere improvvisamente un pensiero frequente alla morte o addirittura al suicidio.

In definitiva, molti di questi sintomi si riuniscono quando si diagnostica la depressione, e sono incredibilmente problematici. Questi sintomi ti fanno sentire irrequieto e come se la vita non fosse più piacevole. Si può scoprire che si soffre di diversi sintomi fisici, come essere a disagio nel proprio corpo, avere mal di testa, lottare con la digestione, o generalmente solo male. Potresti scoprire che le cose che una volta ti davano gioia, come gli hobby, il cibo piacevole e il sesso, non ti interessano più, e preferiresti ritirarti dal mondo piuttosto che affrontare qualcuno a testa alta.

Questo è problematico. Quando si riesce a cadere in depressione, la qualità della vita crolla e si è a maggior rischio di pensieri di autolesionismo o suicidio, entrambi incredibilmente pericolosi. Infatti, poiché i pensieri autolesionisti sono così comuni con la depressione, bisogna essere pronti a riconoscerli per quello che sono: un'emergenza medica. Ogni volta che ti senti come se potessi essere un pericolo per te stesso o per altre persone, dovresti sempre contattare i servizi di emergenza per assicurarti di ricevere le cure di cui hai bisogno per sopravvivere e prosperare.

Tieni presente che la depressione, pur essendo valida, è diversa dalla tristezza o dal dolore. È possibile che la tristezza o il dolore alla fine si trasformino in depressione, ma notare questa differenza all'inizio è fondamentale. Dovete essere in grado di riconoscere che spesso la depressione inizia con l'arrivo di un evento negativo di qualche tipo. Potreste aver perso un membro della famiglia o aver attraversato un divorzio incasinato. In risposta, è normale che proviate tristezza. Infatti, la tristezza e il dolore sono emozioni umane del tutto normali. Tuttavia, non è normale che il dolore e la tristezza si consumino completamente. A un certo punto, il dolore si trasforma da qualcosa di normale a qualcosa che ostacola direttamente la vostra capacità di funzionare nel mondo che vi circonda. Potreste aver perso una persona cara al vostro cuore, e questo può essere incredibilmente paralizzante, ma non dovete perdere anche la vostra capacità di funzionare nella società.

Mentre il lutto non segue una linea temporale che determina una quantità normale di tempo per guarire e una diagnosi normale per la depressione, diventa problematico quando, anche un mese o due dopo, il tuo umore è ancora così poco influenzato che fai fatica a interagire con chi ti circonda. Invece, ti ritrovi a ritirarti e a rifiutare di impegnarti, e questo può essere incredibilmente problematico. Se ti accorgi che il tuo dolore sembra trasformarsi in qualcosa che ti consuma invece di qualcosa che dovrebbe far parte del tuo processo di guarigione da un punto di negatività in positività, è il momento di parlare con un professionista. L'aiuto è là fuori, se siete disposti e pronti a tendere una mano.

Ricorda, anche se soffri di depressione, la situazione può migliorare e lo farà. Ci sono molte opzioni di trattamento per le persone che soffrono di depressione, da quelle mediche a quelle terapeutiche, fino ai cambiamenti nello stile di vita. Se lavorate a stretto contatto con un medico o un altro professionista medico che ha familiarità con voi e con il vostro caso, scoprirete che siete in grado di ottenere il sollievo di cui avete bisogno dalla vostra depressione. Potrebbe volerci del tempo, ad esempio per aspettare che i farmaci si accumulino abbastanza da aiutare, o per assicurarsi di avere attivamente abbastanza capacità terapeutiche da poterne fare uso, ma vedrete dei miglioramenti nella vostra vita, poco a poco.

## Tipi di depressione

La depressione non è una diagnosi unica. Infatti, ci sono diversi disturbi depressivi che esistono, e capire le diversità è fondamentale per riconoscere cosa sta succedendo nella tua vita e assicurarsi che tu sia in grado di curarti. In particolare, diamo un'occhiata alla depressione maggiore unipolare, alla distimia e alla depressione post-partum per capire meglio come può presentarsi la depressione e cosa ci si può aspettare da essa.

| Depressione maggiore unipolare | Distimia | Depressione post-parto |
|---|---|---|
| •Definita da grandi episodi di profonda depressione e mancanza di energia o motivazione<br>•Può essere intermittente o costante | •Persistente (almeno 2 anni)<br>•Lieve ma quasi costante - si soffre di sintomi depressivi più spesso che non | •Si verifica dopo il parto<br>•Si ritiene che sia legata alla fluttuazione degli ormoni |

### Depressione maggiore unipolare

Questa è la forma di depressione a cui la maggior parte delle persone pensa - è la depressione che è pesante e che si estende oltre, offuscando tutto nella tua vita. Può durare per un periodo di tempo più breve, come alcune settimane o mesi, o può accadere a intermittenza nella vita. Si possono avere periodi di calma, durante i quali non si hanno molti sintomi, ma comunemente si scopre anche che si incorre nell'avere diversi sintomi tutti insieme, rendendolo maggiore.

## Distimia

La distimia si riferisce alla depressione lieve e persistente che dura per anni. Mette sempre in ombra la tua vita, ma generalmente si presenta in modi che sono molto meno dannosi della depressione maggiore unipolare. Sempre problematica di sicuro, non è qualcosa che si dovrebbe trascurare, ma generalmente, è considerata meno grave. Quando si vive la vita con la distimia, si è cronicamente leggermente depressi. Qualsiasi cosa tu faccia o dica sarà costantemente oscurata dalla tua depressione, non sarai regolarmente depresso o suicida, è probabile che tu ti senta ancora piuttosto giù di morale, a corto di energia e poco propenso a muoverti regolarmente.

### Depressione post-partum

Si ritiene che sia causata dall'afflusso di ormoni che le donne attraversano subito dopo il parto, la depressione post-partum è incredibilmente comune. In effetti, è diventata una parte regolare dello screening agli esami post-partum delle donne proprio perché le persone tendono a svilupparla ed è più facile assicurarsi di fare lo screening di tutti all'inizio piuttosto che aspettare di vedere come le altre persone riportano i loro sentimenti. Purtroppo per le donne che soffrono di DPP, quello che dovrebbe essere il momento migliore della loro vita, accogliendo il loro ultimo fagottino di gioia, diventa oscurato da emozioni basse, tristezza, inadeguatezza e sentimenti di disperazione che possono essere schiaccianti. La depressione post-partum è comunemente trattata con farmaci e terapia durante il periodo post-partum, ma questa forma di depressione di solito va via prima che il bambino nato lasci l'infanzia.

## Depressione e TCC

La depressione è comunemente trattata con la TCC. Poiché gran parte della depressione si manifesta in modo comportamentale, è possibile creare efficacemente buone abitudini che possono motivare un individuo a funzionare con successo. Anche se questo non eliminerà i sentimenti negativi di per sé, può agire come un modo per colmare il divario, permettendo all'individuo di iniziare ad agire in un modo più adeguato.

Attraverso l'attivazione comportamentale, nuove abitudini possono essere sviluppate e apprese. Queste riportano l'individuo in una routine, e con lo sviluppo e l'applicazione delle routine, diventa chiaro che l'assuefazione all'azione ancora una volta può davvero aiutare a permettere quella spinta iniziale sulla mancanza di motivazione. Questo è fondamentale per assicurare l'effettiva attivazione di nuove abitudini.

La depressione è anche comunemente affrontata per capire se ci sono dei pensieri negativi che tengono giù l'individuo. È possibile che qualcuno con la depressione pensi a se stesso in modo incredibilmente negativo. Questo, naturalmente, non fa nulla per aiutare l'individuo a fare meglio. È incredibilmente difficile sentirsi bene con se stessi se ci si dice attivamente che si è una persona terribile e inutile e poi si agisce in base a questi pensieri, e per questo motivo, la TCC cerca di identificare e sconfiggere qualunque pensiero negativo prima che possano veramente corrompere la mente dell'individuo.

Nel correggere queste mentalità, è possibile che l'individuo possa iniziare a vedere qualche miglioramento nella propria mentalità man mano che progredisce attraverso la TCC. Possono sviluppare sempre più abilità che permettono all'individuo di affrontare meglio i problemi che si presentano. Possono aiutare l'individuo a cominciare a riappropriarsi di queste azioni che sono fondamentali per il successo.

Se ti sembra di soffrire di depressione, una delle cose migliori che puoi fare per te stesso è prendere un appuntamento con il tuo medico di base per identificare se puoi effettivamente soffrire degli effetti della depressione. Se è così, ci sono modi in cui puoi iniziare ad aiutare te stesso, e farlo ti aiuterà a portare di nuovo gioia nella tua vita.

# Capitolo 10: Tecniche di Terapia Cognitivo-Comportamentale per Eliminare la Depressione

Detto questo, è il momento di affrontare tre delle più comuni tecniche di terapia cognitivo-comportamentale che è possibile utilizzare per iniziare direttamente ad alleviare i sintomi della depressione. Ricordate, se attualmente state prendendo dei farmaci per la depressione, non smettete improvvisamente e non cambiate il regime dei vostri farmaci finché non avete parlato con il vostro medico dei cambiamenti proposti. Cambiare farmaco può essere incredibilmente dannoso, specialmente se avete già scoperto diversi metodi che stanno funzionando per voi, e decidere di cambiare la routine che avete già può fare più male che bene.

Tuttavia, all'interno di questo capitolo, affronteremo tre tecniche che sono utilizzate nel trattamento della depressione all'interno della terapia cognitivo comportamentale. In particolare ci occuperemo dell'approssimazione successiva, della definizione degli obiettivi e della programmazione delle attività. Ricordate, mentre molti aspetti della TCC si concentrano sul cambiamento dei processi di pensiero, ciò che spesso è più efficace per chi soffre di depressione è usare tecniche che mirano specificamente ai comportamenti. Se si possono sfidare direttamente quei comportamenti, si può iniziare ad affrontare meglio le situazioni a portata di mano. Potete essenzialmente approfittare del fatto che le persone sono creature abitudinarie e che il vostro corpo vorrà naturalmente spostarsi in una serie di abitudini di cui fate attivamente uso.

## Approssimazione successiva

Il primo metodo che verrà discusso è noto come approssimazione successiva. È abbastanza simile all'atto della terapia di esposizione. Tuttavia, la differenza principale è che invece di essere progettato per creare la tolleranza di uno stimolo specifico si sta cercando di creare e innescare comportamenti specifici in qualcun altro. Si vuole effettivamente fare in modo che si stia costruendo un certo comportamento mentre ci si premia per i successi che si hanno. Efficacemente, questo vi coinvolgerà iniziando con un obiettivo. Con quell'obiettivo in mente, lo spezzettate in diversi passi gestibili. Per esempio, diciamo che volete essere in grado di correre 3 miglia senza sentirvi morire. Si può iniziare con l'obiettivo di correre per ½ miglio senza fermarsi. Lavorate su questo, e ogni volta che ci riuscite, vi concedete un regalo. Questo regalo dovrebbe essere qualcosa che è incredibilmente motivante per te - forse ti prometti che se riesci a correre il miglio, puoi passare un po' di tempo a giocare attivamente su alcuni videogiochi che hai e che se raggiungi l'obiettivo delle 3 miglia, comprerai quel nuovo gioco che uscirà presto.

Quella settimana, ogni volta che corri mezzo miglio, ti premi. Alla fine, scoprirai che il tuo corpo si sta adattando. Correre quel mezzo miglio non sembra più così intimidatorio o impossibile, ed è allora che saprai che stai spostando il palo verso il tuo obiettivo. Ora, dovete correre ¾ di miglio prima di essere disposti a cedere alla vostra ricompensa. Alla fine, anche questo diventerà più facile, e continuerete a spostare il vostro obiettivo fino a raggiungere finalmente il limite di 3 miglia che vi siete prefissati. Una volta raggiunto l'obiettivo delle 3 miglia, vi ricompenserete con quel gioco.

L'intero scopo dietro le approssimazioni successive è quello di farvi muovere nella giusta direzione. È come premiare il vostro nuovo cucciolo quando si avvicina al suo nuovo guinzaglio sul pavimento mentre state cercando di abituarlo, e lentamente spostate la pietra miliare fino a quando non saltella felicemente accanto a voi al guinzaglio. Sì, questo significa che ti stai effettivamente addestrando all'obbedienza, ma se è abbastanza buono per la maggior parte degli animali, perché non lo è anche per gli umani? Inoltre, non può essere così male se ti stai addestrando attivamente. Stai semplicemente facendo affidamento su alcune delle tattiche che sono comunemente riconosciute dalla prospettiva comportamentista in psicologia e questo non è necessariamente sbagliato o problematico - stai facendo in modo di migliorare te stesso.

## Impostazione degli obiettivi

Quando si è in grado di fissare buoni obiettivi, si può scoprire che i propri obiettivi diventano improvvisamente molto più raggiungibili. Stabilire degli obiettivi, quindi, non è così semplice come dire semplicemente che si farà qualcosa e poi fare un punto per farlo. Per esempio, non si può dire semplicemente che si otterrà un lavoro che paga 100.000 dollari all'anno senza mai arrivare a un obiettivo che spieghi esattamente come si può raggiungere questo scopo. È imperativo che siate in grado di capire esattamente perché e come farete qualcosa al di là della semplice affermazione che farete qualcosa; altrimenti, diventa incredibilmente difficile trovare la motivazione per mantenere le vostre parole e andare fino in fondo.

Forse uno dei modi più semplici per impostare obiettivi che sono perseguibili e possono essere raggiunti è l'uso di obiettivi SMART, che sta per Specifici, Misurabili, Accessibili, Rilevanti e Tempificati. Questi sono obiettivi che sono specificamente progettati in un modo che toglie la maggior parte della vostra pianificazione. Dopo tutto, poco può essere così intimidatorio come dover elaborare un solido piano d'azione quando si sta cercando di raggiungere qualcosa. Avere un piano che non vi sembra del tutto sicuro o adeguato non è sempre il modo più motivante per fissare il vostro obiettivo, e per questo motivo, daremo un'occhiata agli obiettivi SMART.

Quando si imposta un obiettivo SMART, si cerca di impostare un obiettivo che soddisfi ogni singola casella di controllo accanto a specifico, misurabile, attuabile, rilevante e tempestivo. Questo significa che potrebbe essere necessario pensare un po' a come raggiungere l'obiettivo, ma se si gioca bene le proprie carte, è possibile farlo in un modo che è vantaggioso per tutte le persone coinvolte.

Gli obiettivi **specifici** sono esattamente quello che sembrano: obiettivi con uno scopo ben definito. Sai esattamente cosa stai facendo quando imposti un obiettivo specifico. Per esempio, immagina che tu stia cercando attivamente di correre più spesso. Potreste dire: "Voglio correre" come vostro obiettivo, ma è molto specifico? Non vi dice molto di più sul vostro obiettivo se non che volete semplicemente assicurarvi di correre ad un certo punto. Tuttavia, non ti dice molto sul fatto di raggiungere effettivamente l'obiettivo di correre. Quando lo si rende più specifico, però, si dice: "Voglio essere in grado di correre 3 miglia di fila senza fermarmi". Ora avete un punto di arrivo: sapete dove finisce il vostro obiettivo e sapete che dovreste essere in grado di realizzarlo.

Gli obiettivi **misurabili** sono obiettivi che hanno una fine definita. Di solito esistono in qualche modo che puoi misurare per controllare i tuoi progressi. In questo caso, il tuo obiettivo di correre tre miglia includeva già un aspetto misurabile - l'hai impostato sulla distanza che vorresti correre. A volte, però, non è così chiaro. Se vuoi smettere di essere arrabbiato, per esempio, potresti aver bisogno di impostare un obiettivo in modo da passare da qualcosa di relativamente vago a qualcosa di misurato. Tuttavia, in linea di massima, scoprirete che la maggior parte dei vostri obiettivi diventerà misurata per la natura stessa dell'impostazione dell'obiettivo.

Gli obiettivi **attuabili** sono obiettivi che è effettivamente possibile raggiungere. Qui non è tanto importante se vuoi raggiungere l'obiettivo, ma piuttosto guardare le tue capacità. Vuoi scalare il monte Everest? Tutte le parti del tuo corpo funzionano correttamente? Se hai un problema a una caviglia o alla schiena, per esempio, potresti voler trascurare l'idea di fare quel viaggio per scalare la montagna perché non è effettivamente realizzabile come vorresti.

Gli obiettivi **rilevanti** sono obiettivi che ti interessano veramente. Questi obiettivi sono quelli che sono veramente importanti per te per qualche motivo. Un modo comune per controllare se il tuo obiettivo è rilevante o meno è chiederti se vuoi davvero raggiungere qualsiasi cosa tu stia per fare. Se sei completamente disinteressato all'obiettivo, allora è probabile che non sia molto rilevante per te. Per esempio, se già corri 6 miglia al mattino, correre 3 miglia al mattino non ti sembra un tratto o una realizzazione, tutto perché sono nella norma.

Gli obiettivi **a tempo** sono obiettivi che hanno una fine da qualche parte. Hanno una sorta di limite che determina se siete riusciti o meno a raggiungere il vostro obiettivo. Per esempio, ci si può dare due mesi di pratica per essere in grado di correre quella pista di tre miglia, e se non lo si fa entro il termine di due mesi, allora si rinuncia alla sfida e si dimostra che non si può fare. Quando avete raggiunto la fine della linea temporale che vi siete prefissati di raggiungere, dovete essere in grado di determinare se avete effettivamente avuto successo o meno.

Seguendo questi passi, scoprirete che i vostri obiettivi sono in realtà molto più raggiungibili. Diventa molto più facile raggiungere effettivamente i vostri obiettivi quando sapete come strutturarli per il successo. In effetti, quindi, vi state organizzando in modo da sapere che siete in grado di affrontare una situazione in un modo che vi permette di avere molto più successo nella vostra vita. Può essere un dolore lavorare sui tuoi obiettivi all'inizio, ma scoprirai che farlo è fondamentale per la tua capacità di lavorare attivamente su ciò su cui stai cercando di ottenere.

## Programmazione delle attività

Infine, la programmazione delle attività si riferisce all'arte di programmare intenzionalmente le attività da fare durante la giornata. Si può, per esempio, decidere di continuare a lavorare per essere in grado di correre quelle tre miglia. In questo caso, dovreste programmare attivamente il tempo per lavorare sulla vostra corsa al regime che avete impostato per voi stessi. Farete effettivamente del vostro meglio per programmare queste attività e rispettarle. Quando si incontrano le attività programmate per il giorno, si sarà quindi in grado di utilizzare tutto il tempo extra che non è stato utilizzato per raggiungere il vostro obiettivo per il giorno per fare qualcosa che ti piace.

Questo metodo è abbastanza simile al metodo dell'approssimazione successiva, ma in questo caso, state premiando i vostri progressi verso il raggiungimento di un obiettivo. Vi state assicurando che le altre persone vogliano seguire il vostro esempio perché, quando inizierete ad usarlo, scoprirete che essere organizzati è in realtà molto più facile di quanto possiate pensare che sia.

Per fare questo, tutto quello che dovete fare è trovare una sorta di programma e seguirlo. Se riuscite a farlo, vi state spingendo a sviluppare buone capacità di gestione del tempo, e questo vi aiuterà anche a rafforzare la vostra intelligenza emotiva.

# Capitolo 11: L'Insonnia

Nonostante il fatto che i bambini di tutto il mondo odino l'idea del sonno e rifiutino l'idea di fare un pisolino ogni volta che se ne presenta l'opzione, gli adulti di tutto il mondo vorrebbero poter tornare a quei giorni in cui il sonno non era una merce limitata, trovano che non dormono abbastanza.

Tuttavia, che dire delle persone che, nonostante il loro desiderio di dormire, non riescono a farlo? Queste persone possono desiderare disperatamente di addormentarsi, passando molto tempo nei loro letti mentre si girano e rigirano, desiderando che il sonno prenda il sopravvento, ma non arriva mai. Queste persone soffrono di insonnia. Nessuno vuole mai essere vittima dell'insonnia, ma quando colpisce, può essere incredibilmente frustrante. Quando si è alla disperata ricerca di qualche ora di sonno in più, stare a letto senza fortuna può essere uno dei più grandi affronti dell'universo.

## Che cos'è l'insonnia?

L'insonnia è un disturbo del sonno, il che significa che è caratterizzato principalmente da modelli di sonno disordinati che causano problemi significativi all'individuo che ne soffre. Quando si soffre d'insonnia, si può lottare per addormentarsi o per rimanere addormentati. Questo significa che, in entrambi i casi, si sta perdendo un sonno incredibilmente prezioso. Dopo tutto, un adulto medio ha bisogno di almeno 8 ore di sonno a notte per rimanere funzionale. Quando non si dorme, si corre il rischio di tutti i tipi di problemi di salute, così come il rischio di addormentarsi a intermittenza durante il giorno. In realtà, si può anche addormentarsi al volante della vostra auto, che può essere incredibilmente pericoloso, non solo per voi, ma per tutti coloro che vi circondano pure. Quando ci si addormenta al volante, si possono causare incidenti d'auto fatali per tutte le persone coinvolte.

In definitiva, l'insonnia può essere riassunta in quattro sintomi, con almeno uno che deve essere presente per garantire una diagnosi di insonnia. Questi sintomi sono difficoltà ad addormentarsi, difficoltà a rimanere addormentati di notte, svegliarsi troppo presto o sentirsi stanchi anche dopo aver dormito. Con questi sintomi, vi accorgerete di essere costantemente esausti e trascinati, e non importa quanto duramente ci provate, fate fatica a funzionare. Le persone non sono progettate per funzionare senza dormire - infatti, perdere anche solo quattro ore di sonno in una notte può avere lo stesso impatto che bere una birra prima di guidare. Bisogna dormire bene se si vuole essere funzionali, ma per chi soffre di insonnia questo è impossibile.

**Forme di insonnia**

In definitiva, ci sono due forme distinte di insonnia - primaria e secondaria. Queste sono determinate abbastanza semplicemente. L'insonnia primaria si riferisce alle persone che stanno lottando per dormire senza alcuna causa fisica associata. In effetti, niente di fisico sembra indicare la ragione della mancanza di sonno. L'insonnia secondaria, invece, è tipicamente causata da qualcos'altro. Può essere causata da disturbi fisici, come un problema fisico come il cancro o l'artrite che rende impossibile dormire.

La differenza tra i due è principalmente se l'insonnia è il problema o un sintomo di un problema più grande. Quando l'insonnia è il problema, l'insonnia stessa può essere trattata. Tuttavia, quando l'insonnia è un sintomo di un altro problema, a volte la cosa migliore da fare è trattare il sintomo.

L'insonnia può essere ulteriormente classificata in insonnia acuta o cronica in base a quanto tempo è durata. Quando si soffre di insonnia acuta, la si è avuta a breve termine. In effetti, dura da una notte a un paio di settimane. Tuttavia, diventa rapidamente cronica, o di lunga durata, quando è ricorrente per almeno metà della settimana per più di un mese.

## Cause dell'insonnia

Comprendendo le cause dell'insonnia, si può cominciare a capire come trattarla al meglio. Se c'è una causa ambientale dell'insonnia, per esempio, si può trattare l'ambiente per capire meglio come risolvere il problema. Se il problema è comportamentale, si possono cambiare quelli. Se il problema è dovuto ai farmaci, anche quelli possono essere cambiati. In effetti, di solito c'è una sorta di causa per l'insonnia che le persone sentono - si tratta semplicemente di capire qual è la causa in modo che possa essere affrontata in qualche modo.

L'insonnia acuta è solitamente causata da qualcosa di breve termine e ambientale. Per esempio, un fattore di stress significativo può causare insonnia - un trauma, una perdita, un trasloco o qualsiasi altra cosa che sradica drasticamente tutta la tua vita può portare all'insonnia. Anche il disagio di essere malati può portare all'insonnia a breve termine, specialmente se si soffre per l'impossibilità di respirare e si lotta per evitare di farsi saltare un polmone. Altre volte, il disagio fisico può rendere impossibile dormire - forse sei a letto con i tuoi due bambini e ti hanno bloccato contro il muro con il collo piegato in modo buffo, quindi non è abbastanza comodo per addormentarsi. L'ambiente può anche avere un impatto diretto sulla tua capacità di dormire a breve termine - se i tuoi vicini sono rumorosi o la tua corrente è saltata, quindi il tuo riscaldamento è spento e fa freddo, potresti avere difficoltà ad addormentarti. Molto più innocuamente, si può anche vedere l'insonnia come risultato diretto del jet lag - solo tornando a casa da un viaggio dall'altra parte del mondo può causare l'insonnia.

L'insonnia cronica, invece, è tipicamente legata a cause più persistenti. Potresti soffrire di uno stress cronico che ti tiene sveglio di notte - forse non riesci a far quadrare i conti, o stai affrontando una diagnosi di cancro. Forse sei depresso o ansioso e scopri che non riesci a calmare la tua mente abbastanza per addormentarti. In questi casi, trattare l'insonnia diventa un po' più difficile: dovete essere in grado di alleviare la sofferenza in qualche modo. Se siete stressati, dovete trovare un modo per gestirlo. Se hai dolore, devi trovare un modo per gestire anche quello.

## Trattare l'insonnia

Nonostante la tentazione di prendere una bottiglia di vino o di birra prima di andare a letto per aiutarvi a rilassarvi abbastanza da dormire, questo è sconsigliato poiché, prima di tutto, non è mai salutare. In secondo luogo, tutto questo non farà altro che peggiorare la qualità del sonno che si ottiene. Anche se sei alla disperata ricerca del tanto necessario sonno, è molto meglio cercare altri metodi per ottenerlo, come capire come incontrare un medico per vedere se hai bisogno di una prescrizione.

In generale, a meno che la tua insonnia stia diventando così problematica da farti iniziare a lottare per funzionare, è meglio cercare di capire come usare una buona cura del sonno per aiutarti a dormire. Tuttavia, se stai scoprendo che il tuo funzionamento è stato compromesso, potresti scoprire che ti conviene prendere dei sonniferi temporanei che possono aiutarti ad addormentarti velocemente. Questo è generalmente il consiglio per l'insonnia acuta.

Per l'insonnia cronica, bisogna prima capire quali sono le cause sottostanti. È sempre possibile che ci sia qualche ragione fisica per cui l'insonnia sia così problematica, e se si scopre che non è una causa fisica, si può essere indirizzati alla terapia comportamentale.

# Insonnia e TCC

In particolare, la TCC può essere incredibilmente efficace nell'insegnare esercizi che aiuteranno l'addormentamento di coloro che altrimenti avrebbero difficoltà. Ci sono diverse tecniche che possono avere un impatto sul lato comportamentale della vostra mente, al fine di innescare la possibilità di iniziare finalmente ad addormentarsi regolarmente di nuovo. Se avete sempre voluto tornare a quella capacità di dormire di nuovo, parlare con il vostro terapeuta sarebbe un fantastico punto di partenza. Nel prossimo capitolo, inoltre, esamineremo tre diverse tecniche comuni nella TCC che aiuteranno a trattare l'insonnia. Queste insegnano comportamenti che sono progettati per promuovere una migliore cura del sonno e aiutarvi ad addormentarvi.

# Capitolo 12: Tecniche di Terapia Cognitivo-Comportamentale per Eliminare l'Insonnia

Mentre i sonniferi sono sempre un'opzione per chi soffre di insonnia, molte persone preferiscono evitarli. Possono non apprezzare l'impatto dei farmaci che prendono, non apprezzando il fatto che si sentono intontiti quando si svegliano, o possono scoprire che finiscono per fare cose di cui si pentono la mattina dopo, come andare a fare shopping online per oggetti casuali che in realtà non vogliono e di cui non hanno bisogno. Quando questo accade, l'individuo può essere piuttosto stressato e imbarazzato: e se ha speso dei soldi che devono essere rimborsati? E se hanno inviato messaggi ad altre persone che non avrebbero dovuto essere inviati?

Se vi sentite come se voleste dormire meglio e più profondamente, ma senza l'uso dei sonniferi, ci sono delle opzioni per voi. Puoi invece imparare come eliminare l'insonnia con una formazione di terapia comportamentale che può davvero aiutarti a capire come affrontare al meglio la tua situazione. Potete imparare come essere consapevoli di come raggiungere il sonno e allo stesso tempo concentrarvi su come farlo senza dover fare grandi cambiamenti dietetici o medici nella vostra vita.

In particolare, questo capitolo cerca di introdurvi a tre tecniche comuni nella TCC che possono aiutarvi a eliminare l'impatto dell'insonnia nella vostra vita. Per prima cosa, imparerete il controllo dello stimolo. Poi, darete un'occhiata alla restrizione del sonno, e infine, imparerete un metodo di allenamento al rilassamento per aiutarvi a rilassarvi nel sonno quando vi sembra che altrimenti non sareste in grado di addormentarvi. Con l'aiuto di queste tecniche, dovreste scoprire che addormentarsi comincia ad essere più facile che mai, permettendovi una volta per tutte di rientrare nella vostra comoda routine e godervi quelle belle notti di sonno che vi siete persi per così tanto tempo.

## Controllo degli stimoli

Quando si guarda il mondo con gli occhi del comportamentista, si vedono le cose attraverso la convinzione che tutto ciò a cui si è esposti ha un impatto diretto su ciò che si sta facendo in un dato momento. In effetti, i vostri comportamenti sono costantemente solo riflessi di ciò che vi circonda. Quando sarete in grado di riconoscere questo, vedrete quanto sia importante controllare l'ambiente circostante per dormire.

Quando hai difficoltà a dormire, il primo punto da controllare è spesso la salute del sonno. Cosa fai prima di andare a letto? Stai usando un programma regolare? Fai uso di caffeina, nicotina e alcol prima di andare a dormire? Stai mangiando cibo che può portare all'indigestione? La tua camera da letto semplicemente non favorisce il sonno?

Quando cercate di usare il controllo dello stimolo, state effettivamente diventando incredibilmente severi con ciò a cui siete disposti a esporvi nell'ultima metà della giornata. Potete rifiutarvi di bere soda o di assumere zucchero o caffeina dopo le 14:00, nella speranza che tutto ciò che avete consumato sia fuori dal vostro sistema nel momento in cui siete pronti a dormire. Si può fare in modo di allenarsi durante il giorno per aiutare il sonno notturno.

La forma più efficace di controllo dello stimolo, tuttavia, è sviluppare una corretta routine del sonno e assicurarsi di avere un ambiente confortevole per il sonno, progettato per essere favorevole al sonno. Per fare questo, devi prima essere disposto a eliminare tutta la caffeina, il cibo piccante e la luce blu nell'ultima metà della serata. La luce blu proviene dagli schermi, come il telefono cellulare, il tablet o anche il televisore: la luce può impedirti di addormentarti perché interferisce direttamente con i meccanismi del tuo corpo che sono progettati per aiutarti a prendere sonno. Devi fare in modo di eliminare tutta la luce blu almeno un'ora prima di andare a letto e stabilire una regola che nessuno schermo sarà usato in camera da letto.

Durante quell'ora prima di andare a letto, assicurati di esporti a stimoli che siano rilassanti. Ti condizionerai efficacemente ad addormentarti insegnando al tuo corpo che quelli sono i predecessori dell'ora di andare a letto, così quando inizierai quella routine, il tuo corpo inizierà a produrre gli ormoni giusti per aiutarti ad addormentarti. Puoi decidere di fare una doccia calda, leggere un libro, e poi sistemarti a letto al buio, senza schermi, assicurandoti anche che la tua stanza sia fresca e confortevole.

Se sei disposto a limitare gli stimoli a cui ti esponi, troverai quel dolce sonno che arriva in poco tempo. Potrebbero essere necessarie alcuni giorni per abituare il tuo corpo, ma non appena lo sarà, non sarai in grado di negare la differenza - solo essere in grado di addormentarsi sarà un enorme miglioramento.

# Restrizione del sonno

A volte, quello che devi fare per aiutarti a tornare sulla tabella di marcia è ciò che si chiama restrizione del sonno. Questo è esattamente quello che sembra: limiterai la tua capacità di dormire in certi momenti per insegnarti efficacemente a dormire di notte quando dovresti. Questo può essere particolarmente estenuante e difficile, tuttavia, perché dovrai fare in modo di rimanere sveglio anche quando il bisogno di dormire minaccia di sopraffarti, perché devi rimanere sveglio fino all'ora giusta per andare a letto.

Quando iniziate a limitare il sonno, inizierete a limitare il vostro tempo a letto solo alle ore in cui dormite attualmente, assicurandovi di registrare i vostri modelli di sonno. All'inizio ti è permesso di passare a letto solo quelle ore di sonno. Se dormite solo 3 o 4 ore a notte, allora vi è permesso di passare del tempo a letto solo durante quelle 3 o 4 ore.

Da lì, devi impostare un orario di sveglia e un orario per andare a letto basati sul tuo attuale tempo di sonno. Se hai solo una media di 5 ore di sonno a letto e stabilisci che devi essere sveglio alle 6 del mattino ogni giorno, questo significa che vai a letto ogni notte all'1. Non importa quanto hai dormito, devi sempre alzarti alle 6 del mattino per le prossime settimane, andando anche a letto alla stessa ora. Anche se ti senti stanco prima dell'1 di notte, devi rimanere sveglio fino ad allora perché l'allenamento funzioni.

Seguirete poi questo programma per almeno due settimane. Dopo le due settimane, puoi iniziare ad andare a letto 15 minuti prima ogni sera, finché non ti sentirai a tuo agio con la quantità di sonno che stai ottenendo. Con il tempo, scoprirete che capirete di quanto sonno avete bisogno di ottenere e troverete un buon punto di equilibrio tra quanto dormite e quando lo fate.

# Allenamento di rilassamento

Infine, a volte, non si riesce ad addormentarsi, non importa quello che si prova. All'interno della TCC, c'è fortunatamente un tipo di allenamento che si può usare per iniziare a rilassarsi e addormentarsi. Questo è noto come training di rilassamento. In effetti, si attiva il cervello che è il momento di rilassarsi in base agli spunti che si stanno inviando. Facendo manualmente un punto per rilassare il vostro corpo, poco a poco, alla fine attiverete il vostro corpo a volersi rilassare da solo e ad addormentarsi. Questo annullerà efficacemente qualsiasi sensazione di pericolo che sta mantenendo il cervello attivo e che potenzialmente vi impedesce di essere in grado di addormentarvi.

Per iniziare, vorrete mettervi comodi a letto. Assicurati di aver trascorso una quantità adeguata di tempo seguendo la tua routine del sonno e assicurandoti di esserti preparato di conseguenza. Quando ti metti a letto, assicurati che la tua stanza sia buia, tranquilla e adatta al sonno. Trova il tuo posto comodo e fai un respiro profondo mentre lo fai. Senti il respiro che viaggia attraverso i polmoni e riempie il tuo corpo di ossigeno vitale. Espira e poi concentrati sulla parte superiore della tua testa.

Senti qualche tensione? Se il tuo cuoio capelluto si sente teso, prova a rilasciarlo. Altrimenti, scansiona lentamente il tuo corpo partendo dalla cima. Ovunque troviate tensione, dovete incoraggiare manualmente il rilassamento. Forse trovi che la tua mascella è serrata perché sei stressato. Con una profonda inspirazione, rilassate la mascella e permettete a voi stessi di sistemarvi più profondamente nel materasso.

Continua a scrutare il tuo corpo. Ogni luogo in cui notate tensione, rilasciatela delicatamente, permettendo ad ogni parte del vostro corpo di rilassarsi, poco a poco. Man mano che ti fai strada attraverso il tuo corpo, calmando ogni parte tesa, sentirai il progresso. Sentirai la sensazione di rilassamento dentro di te.

Continuate a rilasciare la tensione fino alle dita dei piedi, e quando tutto è sparito, rimanete immobili nel letto.

Mentre sei sdraiato, concentrati sulla tua respirazione. Fai un respiro profondo per quattro secondi. Tienilo per un momento nei tuoi polmoni prima di espirare lentamente, permettendoti di rilasciare l'aria dal petto e iniziare a rilassarti. Continua questo processo concentrandoti interamente sul tuo respiro. Ogni volta che notate che la tensione aumenta di nuovo, rilasciatela e continuate. Vuoi essere il più rilassato possibile. Se la tua stanza è favorevole al sonno, dovresti scoprire che ti addormenti presto.

# Capitolo 13: La Rabbia

Tutti si sentono arrabbiati di tanto in tanto. È un'emozione umana normale con uno scopo molto buono: cerca di difenderci. Tuttavia, la rabbia è anche forse una delle emozioni più distruttive che le persone possono avere. È del tutto possibile per le persone che sono arrabbiate volare in una rabbia cieca, perdendo completamente il controllo di se stessi e comportandosi in modi che sono incredibilmente pericolosi. Si sa che le persone uccidono durante questi periodi di tempo, così incredibilmente accecate dalla loro rabbia divorante che non si rendono conto di quello che stanno facendo finché non è troppo tardi.

In definitiva, la rabbia è utile con moderazione. Se non è in moderazione, tipicamente erra sul lato distruttivo e problematico, e per questo motivo imparare a gestire e controllare la propria rabbia è una delle migliori abilità che si possono imparare se si spera di essere un'influenza positiva che è in grado di interagire con altre persone, non importa quale sia la capacità.

In questo capitolo affronteremo la rabbia come un'emozione, esamineremo il suo scopo e il motivo per cui viene comunemente scatenata. Ci prenderemo anche il tempo per capire cosa succede quando la rabbia diventa problematica e i segni che voi o qualcuno che conoscete potrebbe avere un problema di gestione della rabbia.

## Cos'è la rabbia?

Quasi tutti provano rabbia ad un certo punto - quel fuoco bollente e bianco nel petto e l'improvviso bisogno di reagire. La rabbia stessa è una delle emozioni primarie che gli esseri umani hanno - è un'emozione che è radicata interamente nella protezione. Quando si è arrabbiati, ci si comporta in modo aggressivo, e per una buona ragione. Vi ricordate la discussione sulle emozioni come motivatori di varie funzioni per aiutare la sopravvivenza? La rabbia è una di queste emozioni, ed è una delle più potenti di tutte.

La rabbia è definita principalmente come un sentimento negativo verso qualcuno o qualcosa che avete percepito vi abbia fatto un torto in qualche modo. È essenzialmente il vostro modo di proteggere e far rispettare i vostri confini per assicurarvi che le persone non si approfittino di voi. Con moderazione, fa esattamente questo: può essere un vero e proprio campanello d'allarme che vi fa capire che si stanno approfittando di voi o che vi stanno usando in altro modo. Sarete in grado di dire che qualcosa non è del tutto giusto se vi porta alla rabbia senza che dobbiate fare nulla. Semplicemente vi sentite infuriati. Se non sapete qual è il problema, è il momento di fare un'attenta introspezione per capire cosa sta succedendo.

Essendo un'emozione primaria che aiuta a garantire la sopravvivenza, la vostra rabbia è fondamentale per proteggervi in certe situazioni. Infatti, è probabile che vi arrabbiate se sentite che i vostri bisogni non vengono soddisfatti in qualche modo. Se avete fame, è più probabile che scattiate, o se vi sentite minacciati, potreste sentire l'inclinazione a scattare contro altre persone.

In definitiva, però, ogni persona affronta la rabbia in modo diverso. Alcune persone sono incredibilmente pazienti fino all'eccesso: qualunque cosa accada loro, sono in grado di rimanere calmi e lucidi. In particolare, questa è un'abilità che è fortemente valutata nell'intelligenza emotiva - la capacità di autoregolazione è fondamentale se si vuole essere in grado di gestire se stessi e gli altri, dopo tutto.

Altre persone, invece, si trovano schiave della loro rabbia, cedendo sempre a qualsiasi impulso. Questo può essere incredibilmente problematico, come discuteremo tra poco.

## Rabbia e motivazione

La rabbia è una forma di motivazione: ci spinge a proteggere. In effetti, quando si è arrabbiati, si riconosce che c'è qualcosa di minaccioso nella propria situazione e si cerca di combatterlo. Sapete che state affrontando una sorta di ingiustizia o minaccia - forse qualcuno si è approfittato di voi ed è scappato con le vostre cose. Forse vi stavate fidando del vostro migliore amico per aiutarvi in qualcosa, solo che il vostro amico vi ha di nuovo dato buca. Vi sentite traditi, e questo senso di tradimento vi porta alla rabbia.

La rabbia è effettivamente la vostra risposta di lotta - se sentite gli impulsi della rabbia, di solito è perché siete arrabbiati con qualcuno o qualcosa e state cercando di capire chi o perché.

La vostra rabbia, quando viene espressa, è di solito nel linguaggio del corpo. Quando siete arrabbiati, avrete l'aspetto giusto: fisserete minacciosamente e non vi tirerete indietro se sfidati. In effetti, vi state preparando per una lotta e vi aspettate che anche l'altra persona che vi sta minacciando lo faccia.

Mentre la rabbia può essere stata inizialmente un istinto di base per proteggere se stessi e la famiglia, è diventata qualcosa di più.

Non siamo più minacciati regolarmente con un bisogno di combattere fino alla morte, ma la sensazione di rabbia quando ci sentiamo traditi è forte come sempre.

Quando si è inclini alla rabbia, si può scoprire di avere diversi fattori scatenanti comuni a cui non si può sfuggire. Anche se sai che la tua rabbia o frustrazione è illogica o ingiustificata, non puoi fare a meno di sentirti arrabbiato. Alcune di queste cause possono andare dalla sensazione di dolore e tristezza dopo aver perso qualcuno alla sensazione che qualcuno intorno a te abbia fatto qualcosa che non è rispettoso.

Naturalmente, la rabbia può anche sorgere a causa dello stress, una mancanza di controllo, o anche bisogni fisici insoddisfatti. Bisogni come il bisogno di cibo, sesso o acqua possono portare alla rabbia e all'irascibilità nelle persone, portandole ad essere molto più propense a colpire gli altri di quanto non lo sarebbero altrimenti. È importante riconoscere che le persone possono sentirsi arrabbiate per una vasta gamma di motivi, e se vi accorgete di aver fatto arrabbiare qualcuno, può valere la pena fare uno sforzo per capire dov'è la rottura della comunicazione. Se non riuscite a identificare la rottura, potreste aver bisogno di concentrarvi sul modo migliore per allontanarvi dalla situazione finché l'altra parte non si sarà calmata. Specialmente se voi o l'altra persona è nota per avere un problema di rabbia, può essere intelligente impegnarsi in tutte le conversazioni quando la rabbia di tutti si è calmata.

## Quando la rabbia diventa problematica

In definitiva, come nella maggior parte delle aree della vita, la rabbia diventa un problema quando non si è più in grado di controllarla. Se scopri che la tua rabbia ti fa dire o fare cose di cui ti penti, potresti scoprire di avere un problema di rabbia. Purtroppo, la rabbia incontrollata è sorprendentemente comune, ed è anche sorprendentemente malsana, sia fisicamente che emotivamente.

Quando sei arrabbiato, il tuo corpo si attrezza automaticamente per una lotta a causa del fatto che la rabbia è l'emozione primaria dietro la risposta di lotta. Questo significa che la tua respirazione aumenta, la tua sensazione di dolore si abbassa, e la tua frequenza cardiaca e la pressione sanguigna salgono alle stelle. Vi preparate effettivamente a combattere fino alla morte, anche se ciò che vi fa arrabbiare è in realtà del tutto banale, nel migliore dei casi. Potresti arrabbiarti per uno scherzo, per esempio, o per il fatto che qualcun altro ha raggiunto il parcheggio che avevi adocchiato mentre aspettavi che una donna e i suoi figli attraversassero la strada.

In definitiva, se vuoi determinare se tu stesso hai problemi di rabbia, potresti voler concentrarti su una seria auto-riflessione con le seguenti domande da considerare in mente:

- Hai spesso la sensazione di essere arrabbiato?
- La tua rabbia è spesso fuori controllo, nonostante i tuoi migliori tentativi di gestirla?
- Pensi che la tua rabbia stia danneggiando le tue relazioni con le altre persone?
- Trovi che la tua rabbia ti porti a ferire altre persone?
- Ti penti di quello che fai quando sei arrabbiato una volta che ti sei calmato?
- Hai la tendenza a ferire altre persone, fisicamente o emotivamente, quando sei arrabbiato?

Rispondere sì a una qualsiasi di queste domande può essere incredibilmente dire che c'è, infatti, una sorta di problema di rabbia in corso nella vostra vita. Per quanto devastante possa essere questa constatazione, significa anche che puoi capire come affrontare al meglio il mondo che ti circonda da quel momento in poi. Se sai che lotti con la tua rabbia, puoi iniziare a trattarla e a lavorare su tecniche che puoi usare per aiutarti a eliminare quella lotta.

# Capitolo 14: Tecniche di Terapia Cognitivo-Comportamentale per Eliminare i Problemi di Rabbia

Una volta che avete identificato che state lottando con la vostra rabbia, è il momento di iniziare a capire cosa viene dopo. In particolare, ti starai chiedendo come puoi affrontare al meglio questi sentimenti di rabbia quando si presentano? Cosa puoi fare per aiutare la situazione intorno a te? Come potete evitare che la vostra rabbia peggiori quando la provate?

Poichè spesso, quando le persone sono arrabbiate, non stanno pensando chiaramente, diventa fondamentale capire come affrontare al meglio la situazione quando si è calmi. Se riuscite a mettere insieme un piano che vi aiuti a gestire la vostra rabbia quando siete calmi, scoprirete spesso che seguire quel piano diventa infinitamente più facile quando vi trovate in una situazione che lo richiede.

In particolare, questo capitolo vi introdurrà a tre metodi comuni nella TCC per aiutare a gestire i problemi di rabbia che possono sorgere. Ricorda che alla fine, il metodo che usi per controllare la tua rabbia è il tuo - tutto quello che devi fare è trovare quello che funziona meglio per te. La migliore gestione della rabbia è quella che fa bene il suo lavoro.

Inoltre, ricordate che solo perché a volte vi sentite ancora arrabbiati anche con l'applicazione di questi strumenti non significa che non stiano funzionando. Tenete a mente che la rabbia è un'emozione molto reale, molto normale e dovreste considerare il fatto che è normale per le persone la provino. Non dovete vergognarvi di provare rabbia – l'importante è che sappiate come controllarla al meglio per evitare di incorrere in problemi in seguito.

Le tre tecniche che affronterete in questo capitolo sono l'interruzione della rabbia, il cambiamento cognitivo e un cambiamento di atteggiamento con un'enfasi sul perdono e l'accettazione della situazione.

## Interruzione della rabbia

Quando siete arrabbiati, di solito fate fatica a riconoscerlo subito. Certo, si può essere consapevoli della sensazione, ma raramente si è cognitivamente in grado di ricordare a se stessi: "Ehi, mi sento arrabbiato, meglio non farlo ora! Invece, ti ritrovi influenzato dal bisogno di continuare con le urla e le richieste, pur sapendo che non è il miglior modo possibile per andare avanti. Se questo vi assomiglia, non siete soli.

Questo è il motivo per cui molte persone approfittano del disturbo della rabbia. L'interruzione della rabbia è la capacità di interrompere efficacemente la vostra rabbia in qualche modo o forma. Di solito, questo viene fatto rimuovendoti dalla situazione ed evitando lo stimolo che è frustrante per te in quel momento. Alcune persone potrebbero chiamarlo scappare, ma tenete a mente che scegliere di allontanarsi temporaneamente per calmarsi non è da codardi o scappare - è scegliere di evitare l'escalation. Può essere utile discutere questa tecnica con le persone a cui si è vicini in anticipo, in modo che sappiano cosa si sta facendo nella foga del momento. Dopo tutto, se siete arrabbiati, è molto probabile che anche loro siano frustrati in qualche misura e potrebbero volere il loro tipo di risoluzione della situazione.

Ci sono diversi modi per gestire questa tecnica. Per esempio, potete evitare del tutto lo stimolo angosciante. Se state litigando con il vostro coniuge, andate in un'altra stanza e prendete qualcos'altro da fare. Forse scegliete di piegare il bucato o di lavare i piatti - avete scelto qualcosa di neutro da fare mentre aspettate che la sensazione passi.

Potresti anche avere un metodo interno per rimuovere te stesso emotivamente dalla situazione, come dire a te stesso che farai sempre un respiro profondo e conterai fino a dieci prima di rispondere quando sei arrabbiato. Sì, questo può tirare fuori alcune conversazioni, ma vi permetterà di pesare le vostre opzioni e ciò che state dicendo bene prima di dirlo.

Tenete a mente che mentre la rimozione è un ottimo modo per gestire le vostre emozioni nel momento, non fa nulla per risolvere il problema o per aiutarvi a guadagnare più autocontrollo su voi stessi in futuro. Potreste ancora essere altrettanto prontamente arrabbiati perché non avete fatto alcun lavoro su ciò che vi ha fatto arrabbiare in quel momento. Questa è molto raramente una strategia che può essere usata da sola - deve essere usata in tandem con altri aspetti, come la ristrutturazione cognitiva per trovare una sorta di metodo per affrontare quei sentimenti negativi che avete. Nell'affrontare questi sentimenti negativi, si può scoprire che si è effettivamente in grado di proteggersi ulteriormente.

## Cambiamento cognitivo

A volte, la cosa migliore che puoi fare quando sei arrabbiato è trovare un modo per gestire e spostare la tua mentalità dalla rabbia a qualcosa che è molto più produttivo e utile per te. Per esempio, se siete arrabbiati, sarete così presi da ciò che è o non è giusto che non è probabile che pensiate molto chiaramente quando vi viene spiegato perché non avete ottenuto il risultato che stavate cercando per qualcosa. Forse siete arrabbiati perché il negozio aveva esaurito l'articolo specifico che volevate dopo aver visto qualcun altro andare via con quel particolare articolo che avevate deciso di comprare.

Quando si è sconvolti da una situazione come questa, può essere incredibilmente facile ritrovarsi presi dal fatto che le cose sono andate male. Invece di vedere che sei stato semplicemente sfortunato, in qualche modo lo trasformi in una sorta di grave insulto contro di te: sei stato intenzionalmente escluso dall'ottenere quell'oggetto e deve essere stata di nuovo la tua sfortuna. Puoi anche arrivare a insultare la persona che ha comprato l'ultimo oggetto perché sei guidato dalla tua rabbia e senti il bisogno di urlare e gridare le tue frustrazioni. La tua mente è intrappolata in un loop di negatività, e devi capire come spingere al meglio la tua mente fuori da quella prospettiva arrabbiata e negativa verso una prospettiva che sia molto più razionale e calma.

Uno di questi modi per cambiare il tuo stato cognitivo è quello di usare l'umorismo sciocco in qualche modo. Inizialmente potreste non ridere, perché a nessuno piace ridere di se stesso o sentirsi stupido o sciocco. Tuttavia, questo tipo di cambiamento cognitivo cerca di rendere la situazione umoristica in qualche modo o forma al fine di una sorta di shock della mente da quello stato d'animo arrabbiato e in uno che sarà in grado di gestire meglio la situazione.

Per esempio, immaginate di essere frustrati per non aver preso l'ultimo articolo al negozio. Sottovoce, borbottate che la persona è un maiale egoista mentre vi allontanate con frustrazione.

L'altra persona deve avervi sentito perché si gira e fa spallucce, e dice che il suo nome è, in effetti, Portia, che significa maiale, e che è abbastanza felice di tenere il suo articolo, grazie mille.

L'assurdità della situazione ti dà una pausa mentre ti rendi conto dell'ironia della cosa, e lo shock improvviso è sufficiente per aiutarti a passare da quel momento di rabbia tossica a uno di lieve divertimento per il modo in cui l'universo ha giocato quella situazione. Alla fine, vi scusate per aver chiamato la signora "maiale" e continuate per la vostra strada.

## Accettazione e perdono

Infine, parliamo sia dell'accettazione che del perdono. Fermatevi a pensare per un momento a ciò che fa arrabbiare le persone. Di solito, o si tratta di qualche tipo di inconveniente, o è perché stanno causando qualche tipo di problema per voi in qualche altro modo. Quando si impara ad accettare la situazione per quello che è e ad andare avanti, tuttavia, si può scoprire che la rabbia si scioglie quasi senza sforzo.

Per esempio, immaginate che vostro figlio corra per casa con un bicchiere di latte, cosa che è contro le regole di casa vostra, e rovesci il latte su tutto il tappeto e il divano. Tuttavia, invece di dirlo a qualcuno, se l'è svignata e ha fatto finta che non fosse mai successo - fino a quando l'odore del latte in decomposizione è stato un indizio morto.

Potreste sentirvi immediatamente arrabbiati - ora avete ancora un altro casino da pulire che preferireste non dover affrontare. Siete frustrati con vostro figlio per non avervi ascoltato e desiderate che vi avesse ascoltato per tutto il tempo, o almeno che non vi avesse nascosto quello che stava facendo. Avrebbe potuto chiedere aiuto per sistemare il casino prima che si decomponesse.

Un modo in cui puoi fermare quella rabbia, comunque, è fermarti, ricordare a te stesso che non era intenzionale, e andare avanti. In pratica state accettando quello che è successo per quello che è - un incidente non intenzionale che è stato gestito male - e andate avanti. Vi state effettivamente allontanando dall'idea che vostro figlio abbia intenzionalmente ignorato le vostre regole o scaricato il latte per farvi dispetto, cosa che potreste aver sentito inizialmente. Invece, vi concentrate sull'incidente e andate avanti.

Quando fate questo, mettete effettivamente l'accento sulla comprensione della prospettiva dell'altra persona. Possono aver fatto qualcosa che ha scatenato la vostra rabbia, ma perché hanno fatto quello che hanno fatto? Se siete in grado di fermarvi e considerare le cose dal loro punto di vista invece che dal vostro, potreste scoprire che in realtà siete molto più propensi ad accettare e sopportare. Siete più capaci di andare avanti semplicemente perché siete in grado di riconoscere l'altra parte e mostrare un po' di compassione che potreste sperare venga mostrata a voi se anche voi faceste un errore.

Quando usate l'accettazione e il perdono, allora lasciate semplicemente andare quei sentimenti di rabbia e frustrazione. Sapete che ciò che è successo è successo ed effettivamente lasciate andare la tentazione di soffermarvi sul passato.

# Capitolo 15: Abilità Sociali

Finalmente siamo arrivati all'ultimo capitolo del libro! In questo capitolo, è il momento di affrontare diverse abilità sociali che le persone hanno. Poiché sia la TCC che l'intelligenza emotiva cercano di aiutarvi a diventare un individuo a tutto tondo che è in grado di gestire quasi tutto, è importante fermarsi e riconoscere l'importanza di alcune delle abilità sociali di base di cui potreste aver bisogno.

Quando padroneggiate queste abilità sociali di rispecchiare, empatizzare, stabilire un buon contatto visivo, ascoltare attivamente e imparare ad analizzare le altre persone, scoprirete che le vostre capacità di essere emotivamente intelligenti aumenteranno notevolmente. In modo efficace, sarete in grado di gestire voi stessi e coloro che vi circondano. Immaginate quanto sarebbe più facile comunicare con le altre persone se poteste capire il loro linguaggio del corpo o se riconosceste i loro sentimenti al momento? Quanto sarebbe più facile relazionarsi con le persone se sapeste cosa cercare per sapere che sono interessate a voi? E se tu fossi in grado di ascoltare attivamente per capire meglio chi ti circonda?

# Rispecchiamento

La prima tecnica che esamineremo è stata tratta dalla programmazione neuro-linguistica, ma è diventata incredibilmente popolare. Questa è l'abilità del rispecchiamento: quando puoi rispecchiare qualcun altro, sei effettivamente in grado di assicurarti che tu e l'altra persona abbiate una connessione funzionante tra di voi. Comunemente usato per rendersi più relazionabile o più persuasivo, l'uso del mirroring permette di relazionarsi attivamente con l'altra persona attraverso l'attingere alla sua mente inconscia per convincerla ad essere disposta ad interagire con te.

Quando vi specchiate con qualcun altro, state agendo in base all'idea che più due persone sono vicine l'una all'altra, più sono in sintonia l'una con l'altra. Tipicamente imitano i movimenti dell'altro senza nemmeno rendersene conto - seguiranno attivamente la guida dell'altro nelle loro conversazioni e anche nel loro linguaggio del corpo. Se uno incrocia le braccia, lo farà anche l'altro. Se uno beve, lo farà anche l'altro. Effettivamente, quindi, si può dire quanto sono vicine le persone in generale guardando come si muovono in modo simile e in sincronia.

Tuttavia, puoi anche innescare questo in altre persone - puoi effettivamente convincerle a seguire la tua guida per raccogliere tutti i benefici che derivano dal sentire attivamente che possono fidarsi di te. Pensa a quando questo potrebbe essere utile - in particolare se vuoi essere persuasivo con l'intelligenza emotiva, devi essere in grado di dimostrare che sei degno di fiducia. Questo è uno dei modi per farlo.

Per rispecchiare le altre persone, seguirai tre passi chiave: ti assicurerai di sentire una sorta di connessione con l'altra persona, eguaglierai il suo ritmo in qualche modo, e poi identificherai il suo punteggiatore. Imparando questi passaggi, sarete in grado di convincere anche gli estranei che conoscete a malapena che voi e loro siete più vicini di quanto lo siate in realtà. Questa è un'abilità sociale incredibilmente importante:

potete usarla per facilitare una relazione che ritenete non si stia sviluppando abbastanza velocemente, per esempio.

Quando vai a stabilire una connessione, vuoi effettivamente capire come presentarti al meglio nella situazione per far sembrare che stai ascoltando attivamente. Naturalmente, tu ascolterai attivamente, ma vuoi davvero enfatizzarlo per l'altra persona. Lo si fa guardando l'altra persona, stabilendo un solido contatto visivo e annuendo con la testa mentre si ascolta. Mentre fate questo, dovreste sentire le basi dell'inizio di una relazione.

Si può continuare ad adeguarsi al ritmo dell'altra persona: si vuole effettivamente cogliere l'entusiasmo e il modo di parlare dell'altra persona. Se sta parlando rapidamente, anche tu dovresti parlare rapidamente. Se loro sono calmi, anche tu dovresti affrontare la situazione con calma. Facendo questo per un po', dovreste scoprire che anche loro si adeguano al vostro ritmo di conversazione.

Infine, devi capire qual è il punteggiatore dell'altra parte - questo è il modo in cui enfatizzano realmente ciò che stanno dicendo in un dato momento. Più comunemente, lo si vede nelle persone che possono dare pugni in aria o fare un certo gesto della mano, come tagliare il palmo della mano, quando vogliono davvero sottolineare il punto che stanno facendo. Dopo averlo identificato, devi capire quando lo useranno la prossima volta e poi batterli sul tempo. Si vuole usare il punteggiatore prima che lo facciano loro, per essere sicuri di essere in grado di innescare attivamente quella connessione di rispecchiamento.

Da lì, tutto quello che dovete fare è testare se avete avuto successo. Se ci siete riusciti, scoprirete che anche loro rispecchieranno inconsciamente i vostri movimenti sottili.

## Empatizzare

Mentre empatizzare non viene naturale a tutti, è fondamentale sapere come farlo. Molte persone scopriranno che entrano naturalmente in empatia con gli altri senza cercare di farlo, ma se non siete in quel gruppo fortunato che impara ad entrare in empatia senza molto sforzo, potreste scoprire che è necessario fare uno sforzo per imparare.

Ricordate, l'empatia è fondamentale per la vostra capacità di relazionarvi con le altre persone. Se non potete empatizzare naturalmente, dovete capire come empatizzare cognitivamente in modo da poter, come minimo, capire anche le altre persone e le loro emozioni.

Quando volete iniziare, iniziate in modo molto semplice: immaginatevi nei panni dell'altra persona. Se siete infastiditi dal fatto che il vostro amico sia irritato perché siete arrivati tardi a qualcosa, forse dovreste considerare come vi sareste sentiti se il vostro amico fosse arrivato tardi all'appuntamento: probabilmente sareste stati infastiditi.

Mentre questa è una versione semplice di come immaginarsi nei panni di qualcun altro, questo è esattamente quello che farete. State guardando la situazione dell'altra persona e cercando di capire come la sua situazione vi farebbe sentire. Vorrai considerare il più possibile quando fai questo: dove sono cresciuti, cosa hanno a disposizione, e qualsiasi cosa su di loro che sia rilevante per questa situazione. Sono infastiditi perché sentono che siete cresciuti troppo al riparo dalle conseguenze, forse? O forse perché sentono che tu, come tutti gli altri, non li rispetti per qualche motivo.

Con questa idea di come si sentono, dovreste poi prendervi un momento per indagare su qualsiasi sentimento di fondo che possa guidare l'altra persona. Ora che riconoscete che il vostro amico è infastidito da voi per essere arrivato in ritardo, per esempio, siete in grado di fare domande per capire meglio il perché di tutto questo.

Sviluppando questa comprensione di ciò che provano e del perché, siete in grado di iniziare ad entrare in empatia con l'altra persona. Con il tempo, si può scoprire che questo processo diventa abbastanza automatico - non è più necessario pensarci. Questa è una buona cosa ed è un segno che state diventando naturalmente più intelligenti dal punto di vista emotivo.

## Stabilire un buon contatto visivo

Stabilire un buon contatto visivo con le altre persone è un'abilità critica. Quando riesci a fare un buon e sano contatto visivo, stai effettivamente permettendo a te stesso di riconoscere l'altra parte. State dicendo loro che sono importanti per voi semplicemente perché li state guardando attivamente.

Stabilire un buon contatto visivo è in realtà sorprendentemente semplice: quando avete bisogno di stabilire un contatto visivo con qualcun altro, dovreste seguire la regola di stabilire un contatto visivo per il 50% del tempo quando state parlando e per il 70% del tempo quando state ascoltando. Questo permette all'altra persona di vedere che siete attenti e interessati a lei, ricordandole anche di continuare a parlare con voi.

Se trovate che stabilire un contatto visivo attivo è troppo difficile per qualsiasi motivo, potreste scoprire che guardare il ponte del loro naso li inganna anche. Per quanto riguarda l'altra persona, voi starete facendo un contatto visivo con loro, e siete in grado di evitarlo se trovate che il contatto visivo diretto è scomodo o troppo per voi da gestire. Tuttavia, anche l'illusione del contatto visivo può andare molto lontano.

# Ascolto attivo

Un'altra abilità sociale cruciale, specialmente se si desidera essere emotivamente intelligenti, è essere in grado di ascoltare attivamente. Troppe persone fanno l'errore di ascoltare con l'intento di rispondere a ciò che viene detto piuttosto che ascoltare attivamente ciò che viene detto. Quando si ascolta attivamente, ci si assicura effettivamente che l'interlocutore si senta riconosciuto e che ci si preoccupi veramente.

Se desiderate essere emotivamente intelligenti, siete concentrati nel cercare di renderlo una priorità. In modo efficace, quindi, cercherete attivamente di ascoltare con l'intento di capire. Farlo non è così difficile come può sembrare. Tutto quello che dovete fare è iniziare a stabilire un contatto visivo mentre l'altra parte parla. Mentre si ascolta, si dovrebbe sempre prestare la massima attenzione all'altra parte. Nessuna distrazione dovrebbe essere permessa durante questa fase. Si assicuri di ascoltare attivamente e di annuire con la testa per mostrare che sta ascoltando.

La parte più importante, tuttavia, è ricordare che mentre si ascolta, ci si deve concentrare solo sull'ascolto. Non ci dovrebbero essere tentativi di inventare le proprie risposte all'altra parte - si dovrebbe semplicemente fare in modo di ascoltare e capire.

Quando l'altra persona finisce di parlare, prima di rispondere, devi cercare di ricapitolare ciò che è stato detto. Con le tue parole, offri un breve riassunto di ciò che credi sia stato detto e poi chiedi di essere sicuro di aver capito bene. Se sono d'accordo, allora puoi prendere il tempo per capire la tua risposta. Se invece ti informano che ti sei sbagliato, devi fare domande di chiarimento per assicurarti di aver capito bene.

Solo dopo aver ottenuto tale comprensione sei in grado di mettere finalmente insieme la tua risposta per assicurarti di aver ascoltato attivamente.

# Capire il linguaggio del corpo

Infine, un'ultima abilità che non sarà istruita, ma che è fortemente raccomandata di verificare è la capacità di leggere e capire il linguaggio del corpo. In effetti, quando si impara a leggere il linguaggio del corpo delle altre persone, ci si abilita a capirle meglio. State imparando a capire meglio chi vi circonda quando imparate a leggere la loro comunicazione non verbale. Se desiderate essere emotivamente intelligenti e siete pronti a passare ad abilità al di là di ciò che è stato incluso nel libro finora, passare all'analisi delle persone è probabilmente il passo successivo da fare.

# Conclusioni

Congratulazioni! Sei arrivato alla fine di Intelligenza emotiva e terapia cognitivo-comportamentale! A questo punto, avete dato un'occhiata sia all'intelligenza emotiva che alla TCC, due metodi di auto-miglioramento che sono facilmente attuabili senza richiedere l'istruzione di un professionista. Speriamo che il vostro viaggio di lettura di questo libro sia stato informativo e piacevole per voi. Ogni sforzo è stato fatto per assicurare che ciò che avete letto fosse qualcosa su cui poteste agire, a cui poteste riferirvi e che poteste capire facilmente.

Forse il risultato più importante di questo libro, soprattutto, è il fatto che i pensieri, i sentimenti e i comportamenti sono strettamente legati l'uno all'altro. Ricordate il fatto che i vostri pensieri influenzeranno sempre i vostri sentimenti, i quali influenzeranno sempre i vostri comportamenti, e usate questa comprensione per spingere davvero in avanti le vostre interazioni sociali. Non solo sarete in grado di controllare meglio voi stessi conoscendo questi cicli, ma sarete anche in grado di prevedere i comportamenti delle altre persone, permettendovi di iniziare a sviluppare quella propensione alla gestione delle relazioni che è così importante nell'ambito dell'intelligenza emotiva.

Leggendo questo libro, sei stato guidato attraverso una solida comprensione di cosa sia l'intelligenza emotiva. Hai imparato a conoscere lo scopo dell'IE, così come i pilastri che aiutano a costruirla, insieme alle abilità primarie di ogni pilastro. Da lì, hai dato un'occhiata alla terapia cognitiva comportamentale, un altro processo che può aiutarti a imparare ad autoregolarti, che a sua volta, lo rende prezioso per l'intelligenza emotiva.

Da qui, hai molte opzioni. Potete decidere di voler studiare di più sull'intelligenza emotiva e sulla TCC - entrambe sono opzioni valide, dato che questo libro ha solo accennato a entrambi i profondi campi. Potete decidere che volete imparare di più sull'empatia e su come usarla per avere successo nelle interazioni sociali. Potreste anche decidere di seguire il consiglio dell'ultimo capitolo e concentrarvi esclusivamente sull'apprendimento di come leggere le altre persone. Ricordate, essere in grado di analizzare il linguaggio del corpo consapevolmente può essere una delle vostre più grandi risorse, specialmente se state lottando per l'intelligenza emotiva e l'eccellenza.

Non importa dove scegliete di andare, comunque, ciò che è vero è che ora avete le competenze e diverse tecniche per aiutarvi a gestire molti problemi diversi di autoregolazione. Ci sono state diverse tecniche che ti sono state fornite per aiutarti a lavorare con la depressione, l'ansia, l'insonnia e la rabbia. Queste tecniche possono essere incredibilmente preziose per te quando inizi a praticarle.

Grazie mille per avermi permesso di unirmi a voi nel vostro viaggio verso il benessere mentale. Sia che tu soffra di ansia e depressione o che tu stia semplicemente cercando dei metodi attraverso i quali migliorare te stesso, questo libro dovrebbe averti fornito molti consigli utili che ti aiuteranno in tutti i tuoi sforzi.

Non importa dove andrai da ora, ricorda che le tecniche di intelligenza emotiva e la terapia cognitiva comportamentale possono essere incredibilmente influenti e incredibilmente benefiche per te come persona. Man mano che padroneggiate queste abilità, scoprirete che le vostre interazioni con gli altri cambieranno.

Infine, sentitevi liberi di lasciare una recensione su Amazon se avete trovato questo libro utile per voi. È stato progettato per fornirvi un sacco di informazioni nel modo più comprensibile possibile, e se lo avete trovato utile, non esitate a fare un salto sulla pagina di Amazon e fatemelo sapere. Il tuo prezioso feedback è sempre molto apprezzato! Grazie e buona fortuna per il vostro viaggio.

# Recupero dall'Abuso Emotivo e Narcisistico

*Una Guida per Capire il Narcisismo Emotivo, Identificare il Narcisista e Fuggire dalle Tecniche Narcisistiche. Usare l'Empatia per Recuperare dagli Abusi Narcisistici*

# Introduzione

Congratulazioni per aver acquistato *Recupero dall'Abuso Emotivo e Narcisistico*, e grazie per averlo fatto.

Avete mai avuto quella sensazione di terrore quando guardate l'orologio e vi rendete conto che qualcuno sarà presto a casa? Forse era un genitore, o forse era un partner romantico. Sapete che stanno arrivando e ne avete subito paura. Invece di sentirti a tuo agio, ti ritrovi stressato e nervoso. Si può scoprire che si teme di essere intorno all'altra persona, e ogni volta che si sa che si dovrà vedere lui o lei, non si può fare a meno di sentire il proprio picco di ansia, anche se non si ha alcuna ragione per pensare di essere così a disagio.

Se conoscete quella sensazione di terrore che arriva quando affrontate qualcuno che conoscete, potreste soffrire di abuso narcisistico o emotivo. Ora, potreste pensare che la persona di cui avete paura non ha mai alzato una mano su di voi, o che non potete pensare a un momento in cui l'altra persona è stata violenta. Tuttavia, non tutti gli abusi lasciano un segno fisico. Infatti, alcuni dei peggiori abusi che una persona può subire non lasciano mai un segno fisico. È possibile che tu abbia subito un abuso emotivo o narcisistico senza esserne consapevole. La tua mente inconscia può riconoscere che ciò che sta accadendo non è giusto o normale, causandoti paura o ansia senza motivo. Se non si è consapevoli dei segni, può essere facile non notarli, e si può invece trascurare del tutto la vera causa come un'ansia inutile che ha bisogno di essere medicata o trattata in qualche altro modo. Tuttavia, questo abuso è molto reale, e gli effetti dell'abuso che ferisce altre persone sono altrettanto reali.

Questo libro è la vostra guida per identificare l'abuso emotivo e narcisistico. Sarete in grado di capire se state, di fatto, soffrendo di uno di questi tipi invisibili di abuso, e se lo siete, vi saranno dati gli strumenti di cui avrete bisogno per gestirlo. Sarete istruiti su cosa aspettarsi nelle situazioni di abuso, come riconoscerle e come guarirne, permettendovi di recuperare la vostra vita una volta per tutte.

Ricordate, nessuno dovrebbe sentirsi come se dovesse vivere la vita nella paura. Stare in casa tua non dovrebbe essere una fonte di ansia, né dovresti mai avere la sensazione di dover interagire costantemente con qualcuno che ti mette a disagio. Leggendo questo libro, scoprirete come riconoscere diversi tipi di abuso, alcuni dei quali forse non vi siete mai resi conto che fossero abusi. Imparerete a riconoscere e a riprendervi dall'abuso emotivo. Verrà poi introdotto al riconoscimento del narcisista, un tipo di personalità particolarmente insidiosa che di solito porta a un trattamento manipolativo, coercitivo e abusivo di chi lo circonda. Imparerete a riconoscere l'abusatore narcisista, così come le tattiche preferite dal narcisista per abusare. Imparerete quanto profondamente l'abuso del narcisista può colpire, anche se non siete mai stati danneggiati fisicamente. Infine, sarete introdotti all'empatico, un tipo di personalità che, a causa della natura gentile e del desiderio di aiutare gli altri, di solito finisce per essere sfruttato da manipolatori e abusatori ovunque. Imparerete a conoscere la più grande forza dell'empatico, l'empatia, e come il potere dell'empatia può aiutare a superare gli abusi subiti.

Mentre leggete questo libro, è con la massima speranza che lo troverete utile, istruttivo e vi fornirà un consiglio che potrete seguire e usare per proteggervi dall'abuso, o se avete già subito un abuso, vi indicherà la giusta direzione per la guarigione. Tenete a mente che non siete costretti a subire un abuso, e se mai vi sentiste in pericolo attivo, consultate la vostra linea telefonica locale per la violenza domestica per aiutarvi. Potresti avere accesso a più risorse di quante tu ne abbia immaginate per aiutarti a vivere la vita che meriti, una vita libera dagli abusi.

Ci sono molti libri su questo argomento sul mercato, grazie ancora per aver scelto questo! È stato fatto ogni sforzo per garantire che sia pieno di informazioni il più possibile utili; per favore, godetevelo!

# Capitolo 1: Abuso nelle Relazioni

Quando si pensa all'abuso, si pensa tipicamente a quello che lascia tracce evidenti: l'abuso fisico e sessuale. Tuttavia, l'abuso si presenta in tutte le forme e dimensioni, con effetti e risultati diversi. Considereresti un abuso essere sgridato per stare zitto? E che dire dell'essere chiamati con dei nomi mentre si urla? Lanciare qualcosa contro il muro? Prendere a pugni una porta? Non darvi l'accesso di cui avete bisogno e che meritate ai fondi familiari? Minacciare di prendere la custodia dei tuoi figli? Tutte queste sono forme diverse di abuso, e nessuna di esse ha mai implicato l'alzare un dito sull'altra persona.

L'abuso è pericoloso: non solo può causare gravi danni fisici o emotivi, ma può anche causare gravi problemi di salute mentale, o addirittura portare alla morte, all'abuso di sostanze o all'autolesionismo. L'abuso non va mai ignorato e se si sospetta che qualcuno stia subendo un abuso, contattarlo in privato può essere la cosa giusta da fare. Se sei vittima di un abuso, non devi più soffrire: puoi prendere una posizione e andartene una volta per tutte. Può essere intimidatorio o sembrare del tutto impossibile andarsene, soprattutto se si è dipendenti economicamente dall'abusatore, ma si può prendere la decisione di andarsene se si sceglie di farlo.

## Cos'è l'abuso?

Considera per un momento la definizione della parola "abuso". Se dovessi cercare una definizione online o in un dizionario, ti verrebbe fornito qualcosa sulla falsariga di abuso di un oggetto, o di trattare con crudeltà o violenza. L'abuso può essere usato per riferirsi all'uso improprio, per esempio, dell'alcool, durante il quale chi beve spesso beve troppo, sia a causa della dipendenza che per qualche altro fattore. L'abuso di potere può accadere quando un giudice emette un giudizio che è interamente progettato per beneficiare il giudice o spingere un'agenda piuttosto che fare la chiamata giusta. Si può anche sentire la gente dire che gli oggetti sono abusati, come dire che il giocattolo preferito di un bambino ha resistito a molti abusi.

Questo significa che, nonostante l'uso rude, il giocattolo ha resistito.

Nonostante la vasta gamma di come la parola stessa può essere usata, nell'ambito di questo libro, ci concentreremo solo sulla definizione di abuso come rilevante per il maltrattamento o danno agli altri. Più specificamente, aggiungeremo un elemento in più quando si parla di abuso in questo libro: deve essere intenzionale.

Effettivamente, quindi, l'abuso sarà definito per la durata di questo libro come l'atto intenzionale di danneggiare un'altra persona per ragioni diverse dall'autodifesa. L'unico atto giustificabile di danneggiare un'altra persona o un animale è quello di consumare dopo aver cacciato o macellato umanamente o per autodifesa durante il quale non si è stati l'aggressore. Questo significa, quindi, che ogni volta che qualcuno vi fa del male intenzionalmente, non importa come siete stati feriti, avete subito un abuso.

Naturalmente, l'abuso varia in gravità. Potresti essere schiaffeggiato sul sedere da uno sconosciuto a caso che cammina per strada, il che sarebbe ovviamente angosciante, ma non necessariamente cambierebbe la vita. Potresti anche essere tenuto a terra con la forza e aggredito violentemente. Entrambi sono ancora abusi, ed entrambi sono ancora sbagliati, ma nello spettro, c'è una vasta gamma di differenze di gravità.

Una cosa è ancora vera: tu meriti di vivere la tua vita senza abusi. Questo è un messaggio che vedrete ripetuto in tutto il libro perché è così importante da sentire. Meritate di essere trattati con gentilezza, non abusati.

## Chi è abusato?

Tuttavia, anche se tu e chi ti circonda meritate di essere trattati con gentilezza, non siete affatto soli. L'abuso dilaga in tutto il mondo. Specialmente negli Stati Uniti, le statistiche sugli abusi sono estreme. Si crede che 1/3 delle donne e 1/5 degli uomini abbiano subito abusi fisici, sessuali o psicologici in qualche momento della loro vita. Questo abuso accade a persone di tutte le età. I neonati e i bambini piccoli sono obiettivi comuni. 1/3 degli adolescenti ha riferito di aver già sperimentato violenza e abusi durante le proprie relazioni.

In effetti, chiunque può essere vittima di abusi. Ricco o povero, giovane o vecchio, l'abuso può capitare a chiunque. Infatti, ogni minuto, 24 persone sono violentate, abusate o perseguitate da un partner domestico o intimo solo negli Stati Uniti. Il 48% degli adulti negli Stati Uniti ha subito un abuso psicologico nel corso della sua vita.

Se sei vittima di un abuso, non aver paura di chiedere aiuto: non sei davvero solo, e altre persone possono identificarsi con te e con le tue lotte. Solo perché l'abuso è così dilagante e diffuso, non significa che dovete subirlo senza reagire, né che dovete semplicemente accettarlo. Puoi scegliere di andartene. Puoi scegliere di farti valere. Puoi scegliere di scappare. Non è sempre facile, ma puoi farlo.

## Ragioni dell'abuso

Prima di tutto, è importante riconoscere che l'abuso non è mai giustificabile. Non è mai accettabile fare intenzionalmente del male a qualcun altro, non importa quanto vi abbia fatto arrabbiare, né quanto si rifiuti di obbedire. Le persone non sono progettate per essere marionette, e non importa la relazione che si ha, si ha sempre il libero arbitrio. Potete scegliere quando essere sessualmente intimi e quando non volete. Puoi decidere cosa mangiare e cosa rifiutare. Puoi decidere con chi parlare e chi evitare. Non importa cosa hai fatto, anche se sei stato infedele o hai fatto qualcosa che il tuo partner disapprova, non meriti nemmeno di essere ferito intenzionalmente.

In definitiva, la maggior parte degli abusi subiti è dovuta al fatto che una persona desidera il potere - vuole avere il controllo, e il modo migliore per farlo è costringere l'altra persona a sottomettersi. Possono credere di possedere il loro partner, o di avere voce in capitolo su ciò che il loro partner può fare, specialmente nel matrimonio. Tuttavia, questo non potrebbe essere più lontano dalla verità: puoi scegliere con chi vuoi associarti, se lo desideri.

Altre volte, l'abuso viene sopportato perché l'abusante crede che i suoi bisogni vengano prima di tutto - vogliono sentire che il loro partner dovrebbe sempre dare la priorità ai loro bisogni e useranno tattiche abusive per farlo accadere. Rimuoveranno intenzionalmente l'idea di uguaglianza all'interno della relazione, rendendo chiaro alla vittima che l'abusante è dominante e più importante. Così facendo, la vittima spesso interiorizza che deve sempre rendere felice l'altra persona.

Effettivamente, quindi, l'abuso è un gioco di potere. Viene fatto per affermare il controllo sulla vittima, per far sì che la vittima si senta impotente. Sentendosi impotente, la vittima crede di non avere altra scelta che continuare a sopportare l'abuso senza discutere o fare domande. Questa è una delle ragioni per cui molte vittime si rifiutano di andarsene: sentono di non poterlo fare.

L'abuso di per sé è appreso: raramente le persone sono abusanti senza essere mai state esposte prima. Può essere stato appreso durante l'infanzia, quando le tattiche abusive sono state usate crescendo, come ad esempio un figlio che cresce intorno a un padre violento e naturalmente si comporta esattamente allo stesso modo con i propri partner e figli in età adulta. Potrebbe essere stato visto in televisione o in altre forme di media e lentamente interiorizzato nel corso di una vita di esposizione che ha normalizzato le tendenze abusive.

Ciò che non causa l'abuso, tuttavia, è la vittima, e se l'abusante vi dice che è colpa vostra se lui o lei si comporta in quel modo, allora sta negando o sta cercando di convincervi di qualcosa che non è vero per tenervi più a lungo sotto il suo controllo. Anche le droghe e l'alcol non causano l'abuso - qualcuno che è intossicato può essere violento, ma è perché queste tendenze sono già presenti. Anche lo stress non causa abusi. Una persona che non è violenta non vedrà affatto l'abuso come un'opzione.

## Tipi di abuso

L'abuso di qualsiasi tipo è traumatico, non importa chi sia stato ad abusare di te. Mentre le persone tendono a riconoscere facilmente l'abuso fisico grazie ai segni letterali che può lasciare su qualcun altro, spesso si fa fatica a riconoscere anche altri tipi di abuso. Nonostante il fatto che l'abuso sia così dilagante, le persone non tendono a riconoscere la maggior parte dei tipi, e questo capitolo mira a cambiare la situazione.

Leggere questa sezione può essere incredibilmente prezioso per te. Così facendo, puoi diventare capace di identificare e riconoscere molte delle forme più insidiose di abuso che di solito passano inosservate. Per esempio, alcune persone possono pensare fortemente che sia impossibile per un marito abusare sessualmente di una moglie: non è vero. Quando conosci alcune delle forme più oscure o meno evidenti di abuso, sarai in una posizione di gran lunga migliore per resistere a quell'abuso o riconoscere quando è il momento di uscire dalla relazione.

Ricorda, non importa quanto il tuo abusatore ti dica che sei bloccato o che non hai altra scelta che sottometterti, ricorda che ci sono delle opzioni per te. Tutto quello che dovete fare è contattare il vostro interlocutore. Non avete bisogno di vivere con l'abuso, e potete fare un piano per andarvene. Ci sono persone che lavorano al centralino per la violenza domestica che sono pronte e disposte ad aiutarvi. Possono aiutarvi a trovare risorse nella vostra zona e aiutarvi a elaborare un piano di aiuto, non importa dove vi troviate o quale sia la vostra situazione. Non meriti di vivere con nessuna forma di abuso.

In primo luogo, l'abuso si presenta in diverse forme. Adesso ne esamineremo in particolare sei: emotivo, finanziario, fisico, sessuale, spirituale e narcisistico. Ognuno di essi avviene in modo diverso, ma tutti hanno il potenziale per essere dannosi. Puoi essere ferito da ognuna di queste forme di abuso, e solo perché non sei stato toccato fisicamente non significa che il tuo abuso non sia così grave. Per favore non sminuire il tuo abuso o cercare di paragonarlo all'abuso subito da altre persone.

## Abuso emotivo

L'abuso emotivo, comunemente chiamato anche abuso psicologico, verbale o mentale, è una forma di abuso durante il quale l'abusante usa i giochi mentali e le emozioni per ottenere il controllo. L'abusante vuole essere in grado di manipolare le tue emozioni e la tua mente per fare in modo che tu non ti senta abbastanza sicuro per scappare o per farti sentire incapace di scappare. Questa forma di abuso è particolarmente insidiosa perché non lascia mai segni fisici sulla vittima ed è quasi impossibile da provare.

Quando si è vittima di un abuso emotivo, ci si sente completamente incapaci. Ci si sente come bloccati, ma anche lasciati a dubitare se si è realmente abusati o se si è semplicemente troppo sensibili alla situazione. L'abuso emotivo è reale ed è sbagliato, e anche se non può lasciare un segno su di te, avrà un impatto grave sul tuo stato emotivo.

### Abuso finanziario

L'abuso finanziario è esattamente quello che sembra: tenere le finanze lontane dalla vittima o esercitare in qualche modo un controllo su di essa. Specialmente in un matrimonio, entrambe le parti dovrebbero avere uguale accesso alle finanze, perché il matrimonio è generalmente affrontato come una squadra. A meno che non sia stato concordato prima, se un partner improvvisamente prende il controllo delle finanze o limita l'accesso alle finanze, potrebbe esserci un abuso finanziario.

Durante l'abuso finanziario, l'accesso di una delle parti ai fondi o al fare soldi è limitato o danneggiato. Poiché le finanze e l'accesso al denaro sono necessari per sopravvivere, limitare l'accesso a questi fondi può rendere impossibile uscire da una relazione negativa e abusiva. Su questa stessa linea, è quasi impossibile trovare una casa se il credito è distrutto. Danneggiando la sicurezza finanziaria, l'abusante la rende, quindi la vittima è molto più dipendente dall'abusante, il che significa che la vittima non ha potere. Può anche comprendere il proprio credito. Si tratta effettivamente di tutto ciò che minaccia il benessere finanziario dell'individuo di cui si parla, sia che si tratti di accumulare debiti, distruggere il credito, limitare l'accesso al denaro o anche minacciare il posto di lavoro della vittima.

## Abuso fisico

L'abuso fisico è forse il più facile da identificare. L'abuso fisico è particolarmente noto per essere doloroso. Si tratta di tentativi fisici di trattenere, sottomettere o abusare della vittima. In generale, se si viene minacciati fisicamente o messi in una situazione pericolosa, si parla di abuso fisico. Una di queste forme, di cui la gente potrebbe non rendersi conto, è buttare fuori la vittima dalla macchina in una zona pericolosa o lasciarla chiusa fuori, soprattutto se fa caldo o freddo. Le persone hanno diritto a un riparo e interferire intenzionalmente con questo, facendovi rimanere fuori, è una forma di abuso fisico.

Questa è forse la più immediata e minacciosa delle forme di abuso che si possono subire. Se ti senti a rischio di abuso fisico, o se sei stato colpito, hai dei diritti e delle ripercussioni. Per favore, cercate aiuto e non tollerate assolutamente alcun abuso fisico. Questo abuso ha la tendenza a peggiorare continuamente con il passare del tempo, e si crede che tre donne al giorno vengano uccise dai loro partner intimi solo negli Stati Uniti. Questo è un numero terrificante ed è una ragione in più per cui nell'istante in cui una relazione diventa fisica, dovrebbe essere terminata.

## Abuso sessuale

L'abuso sessuale è qualcosa che le persone pensano sia una cosa semplice, ma in realtà ha alcune sfumature. Si può pensare di non essere stati abusati sessualmente se non si sa che certi episodi sono effettivamente considerati abusi, ma gli effetti sono innegabili. Anche se non sapevate di essere stati abusati sessualmente, potreste scoprire che ciò che avete subito può essere effettivamente classificato in questo modo. Non è necessario essere violentati da un estraneo perché l'abuso che avete subito sia considerato un abuso o un'aggressione sessuale.

Infatti, si può essere aggrediti o abusati sessualmente da un partner o anche da un coniuge. Il matrimonio non è una licenza per un accesso libero e incensurato al corpo dell'altra persona. Anche essere importunati per l'intimità sessuale è una forma di abuso sessuale - se si cerca qualcosa di diverso dal vostro entusiastico e consensuale sì all'attività sessuale, potreste scoprire che il vostro partner sta tentando di costringervi intenzionalmente o di intimidirvi a cedere. Ricorda, anche nel matrimonio, mantieni i pieni diritti sul tuo corpo e non hai alcun obbligo di impegnarti in alcun tipo di contatto sessuale che desideri evitare.

## Abuso spirituale

L'abuso spirituale è un'altra di quelle forme di abuso che è particolarmente difficile da identificare, ma una volta che si sa cos'è, si è in grado di indicarlo un po' più facilmente. Si tratta di ogni volta che un abusatore attacca la scelta religiosa della vittima. Può succedere a persone di qualsiasi tipo di religione, e chiunque può soffrirne. Viene fatto per attaccare direttamente la propria religione, che spesso è una delle parti più intime e recondite del proprio sistema di credenze. Attaccare il proprio sistema di credenze significa attaccare veramente l'individuo, e può essere incredibilmente angosciante. Può accadere durante una relazione, specialmente in contesti in cui una persona rimprovera intenzionalmente le scelte religiose dell'altra o impedisce alla vittima di praticare. A volte, l'abusante può anche usare i propri o i vostri testi religiosi per giustificare l'abuso, indicando le linee che vengono fraintese, come permettere all'uomo di comandare e alla donna di arretrare e obbedire a tutti i costi.

## Abuso narcisistico

Infine, l'ultima forma di abuso che viene discussa qui è l'abuso narcisistico. L'abuso narcisistico si riferisce a qualsiasi abuso subito da un narcisista. Questo libro dedicherà diversi capitoli alla discussione del narcisista e dell'abuso narcisistico nel suo progredire.

In particolare, i narcisisti sono particolarmente insidiosi con i loro abusi. Tendono ad essere abusivi semplicemente perché non vedono alcuna ragione per non ottenere ciò che vogliono. Hanno una visione distorta della realtà che li circonda e, a causa di ciò, tendono a cercare di costringere tutto ad adattarsi alla loro visione del mondo. Questo è abbastanza problematico: quando cercano attivamente di rendere tutto il resto conforme ai loro deliri, finiscono per danneggiare diverse persone nel processo.

Più specificamente, tuttavia, i narcisisti sono maestri nella manipolazione e nell'abuso. Sono abili nel far sembrare che l'abuso che stanno distribuendo debba essere colpa della vittima, e non riconosceranno nulla oltre a questo come verità. Infatti, sono così sicuri dei loro punti di vista, che sosterranno che la percezione della verità di chiunque altro è falsa. Per ora, tutto ciò che conta è che sappiate che l'abuso narcisistico esiste in una categoria a sé e che comprende tutti i tipi di abuso. Approfondiremo questo argomento più avanti.

## Effetti dell'abuso

Quando sei stato vittima di un abuso, potresti scoprire che hai iniziato a cambiare. Forse all'inizio non te ne accorgi, ma alla fine ti rendi conto che non sei più la persona che eri prima. In particolare, potresti scoprire che alcuni dei seguenti effetti sono presenti nella tua vita. Queste sono effettivamente le tue ferite emotive in risposta al danno che hai subito. Ricorda che alcuni abusi possono avvenire senza mai lasciare un segno fisico, ma le cicatrici emotive che ci sono rimangono potenzialmente per tutta la vita. Alcuni di questi effetti sono:

- **Ansia (incluso il disordine da stress post-traumatico)**: Quando si è stati vittime di abusi, è probabile che si viva costantemente in uno stato di iper-vigilanza. Hai paura di quello che succederà se rimani nella relazione, ma hai anche paura di quello che succederà quando te ne andrai. Anche il disturbo da stress post-traumatico è un comune disturbo d'ansia di cui soffrono molte vittime di abuso, e questo sarà discusso in profondità nel Capitolo 7: Gli effetti dell'abuso narcisistico.

- **Depressione**: Quando si ha costantemente paura per la propria vita o per il senso di sé, diventa incredibilmente comune soffrire di depressione e si perde la capacità di godersi la vita. Si può lottare per godere attivamente di ciò che accade intorno a noi o sentirsi come se non si potesse uscire dal letto. Si può soffrire di una mancanza di energia e di motivazione per prendersi cura di se stessi, delle proprie responsabilità e della propria casa.

- **Comportamenti rischiosi**: Quando si è stati maltrattati, si può scoprire che si passa più tempo del solito a comportarsi male. Si può, per esempio, andare veloce o guidare senza cintura di sicurezza. Può impegnarsi in rapporti sessuali rischiosi e non protetti con altre persone. Può usare o abusare di droghe. In definitiva, non ti importa di quello che ti succederà, quindi non prendi le precauzioni necessarie che servirebbero per tenerti al sicuro.

- **Abuso di sostanze**: Potresti anche decidere di automedicarti con droghe e alcol, o scoprire che il tuo partner violento ti incoraggia ad alimentare la tua dipendenza. Si scopre che le droghe o l'alcool servono come una sorta di sfogo e di fuga dall'abuso e questo può trasformarsi molto rapidamente in abuso della sostanza, e potenzialmente anche in dipendenza o overdose se non si sta attenti.

- **Autolesionismo o pensieri di suicidio**: Un altro meccanismo di coping comune è l'autolesionismo. Ci si può ferire intenzionalmente per dare una sensazione di controllo sulla situazione in cui ci si è trovati. Anche se non è sano, ti senti come se fossi in grado di controllare quando ti fai male, e questo può farti sentire come se avessi recuperato un po' di potere. Se state avendo pensieri di autolesionismo o suicidio, è importante che vi rivolgiate a un professionista medico autorizzato, poiché questo è considerato un'emergenza medica e sarete in grado di ottenere l'aiuto di cui avete bisogno.
- **Bassa autostima**: Quando ti viene detto costantemente che sei immeritevole o indegno, alla fine lo interiorizzi e credi che sia vero. Questo non significa che siete deboli o che lo rendete vero - significa solo che l'avete sentito così spesso che ci credete. Tuttavia, la mancanza di autostima può poi significare che non hai fiducia in te stesso e che dubiti della tua capacità di tirarti fuori dalla relazione.
- **Evitare le relazioni o altri fattori scatenanti**: Se si è stati abusati in passato, si può scegliere di evitare del tutto le relazioni. Specialmente se hai sofferto in più di un'occasione, potresti sentire che è più semplice evitare del tutto le relazioni che cercare di trovarne una sana.

## Il ciclo dell'abuso

Prima di affrontare il resto di questo libro, c'è un concetto importante da ricordare: l'abuso esiste in un ciclo. Non solo questo ciclo è generazionale, nel senso che i bambini che sono cresciuti in un ambiente abusivo crescono per creare essi stessi ambienti abusivi, ma anche nel senso che l'abuso all'interno di una singola relazione tende a verificarsi all'interno di un ciclo molto specifico e prevedibile durante il quale le cose sono a volte confortevoli e felici, ma altre volte l'abuso è altamente prevalente. Le persone spesso prendono quei periodi di luna di miele, i periodi durante i quali l'abuso è assente, come segni che la relazione vale la pena di essere salvata, ma considerate questo per un momento: se la relazione fosse solo abusiva per tutto il tempo, qualcuno vorrebbe rimanere? Nessuno vorrebbe sopportare un abuso continuo - ci deve essere anche una sorta di bene per mantenere l'individuo interessato a rimanere e motivato a continuare a tornare nella relazione.

Il ciclo dell'abuso avviene in quattro fasi distinte: la costruzione della tensione, un incidente, la riconciliazione e la calma.

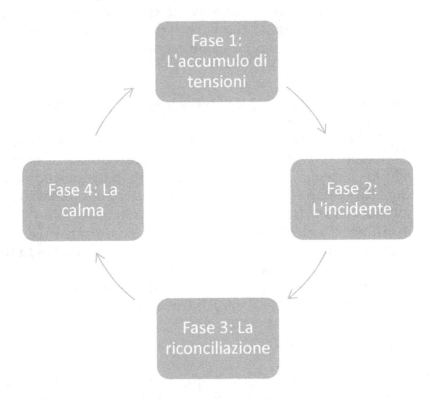

Durante la prima fase di costruzione delle tensioni, c'è una tensione presente nella relazione. Si può avere la sensazione che la comunicazione si stia interrompendo o che tu e il tuo partner vi infastidiate costantemente a vicenda. La vittima può sentirsi come se stesse andando verso un altro episodio di abuso e provare qualsiasi cosa per cercare di compiacere e placare l'abusante nella speranza di evitarlo. La comunicazione continuerà a degradarsi e durante questo periodo potrebbero esserci frequenti discussioni o disaccordi.

La seconda fase, conosciuta come fase dell'incidente, è quando avviene l'abuso. Di solito, c'è un grande scoppio - può essere un abuso fisico, o può essere una discussione o un tentativo di controllare o costringere la vittima. L'abusante può urlare, insultare, minacciare di andarsene, intimidire, cercare di forzare l'intimità sessuale o tentare altre forme di violenza o abuso. Questo è il grande evento spaventoso che la vittima stava cercando di evitare.

Dopo l'incidente, l'abusante si rende conto che l'abuso si è verificato e passa al controllo dei danni. In particolare, punterà alla riconciliazione, che si riferisce al nome di questa fase. Spesso si scuserà, ma queste scuse sono generalmente insincere e destinate semplicemente a placare la vittima. La vittima viene spesso incolpata in questo momento, oppure l'abusatore negherà che l'abuso sia avvenuto. Può anche essere minimizzato per convincere la vittima che le cose non sono così brutte come le vede. In questa fase sono comuni anche le scuse con la promessa di fare meglio, cercare una consulenza o lavorare in qualche modo sulla relazione. Tuttavia, questi sforzi per migliorare la relazione raramente, se non mai, si verificano realmente.

Infine, dopo che la riconciliazione è completa, arriva la calma nella tempesta - questa è la breve tregua durante la quale la vittima si ricorda di tutte le ragioni per cui lui o lei si è innamorato o è stato trascinato nella relazione inizialmente. Questa è la fase conosciuta come il periodo della luna di miele. Durante questo periodo, la relazione sembra a posto - l'abuso è dimenticato o perdonato, e l'abusante si trova spesso a ricoprire la vittima di affetto e regali. Durante questo periodo, alla vittima viene ricordato perché vuole rimanere nella relazione.

## Le sfide per sfuggire all'abuso

A questo punto, dopo aver letto le lotte che così tante persone affrontano nelle relazioni di abuso, potresti avere una sola domanda che ti attraversa la mente: perché non se ne vanno e basta? Dopo tutto, sarebbe semplice come uscire dalla porta e non tornare, giusto?

Mentre c'è sempre una possibilità di andarsene, c'è molto di più da spacchettare con questo. È una questione complicata: sì, andarsene è la mossa giusta quando si è in una relazione di abuso, ma spesso ci sono fattori esterni, oltre al fatto che l'abuso è presente, che devono essere considerati. Ricorda che l'abuso riguarda l'esercizio del potere e del controllo, e quando cerchi di lasciare un abusatore, ti stai riprendendo direttamente quel potere. Finora, in quella relazione, l'abusante ha usato l'abuso per mantenere quel potere, e andarsene non cambierà la situazione. Spesso, andarsene è il momento più pericoloso in una relazione di abuso: è probabile che l'abusante si vendichi e renda la partenza il più difficile e dolorosa possibile per costringere la vittima alla sottomissione.

Oltre al pericolo di andarsene, ci possono essere diversi altri fattori che entrano in gioco in quella particolare relazione, come la difficoltà di andarsene perché sono **coinvolti dei bambini.** Quando i bambini sono presenti nella relazione, andarsene non è più semplice come fare i bagagli e sparire, specialmente se i bambini sono condivisi. Il genitore violento ha ancora dei diritti sui bambini che non possono essere semplicemente revocati senza il permesso del tribunale, e questa revoca avviene raramente. Le vittime possono invece scegliere di rimanere nella relazione, in modo da avere accesso ai loro figli invece di doverli condividere con il genitore violento per lunghi periodi di tempo.

Un'altra sfida comune e un blocco stradale che le persone incontrano è quello della loro **cultura o religione**. Molte culture e religioni rifiutano l'idea del divorzio o della separazione, e altre si aspettano ancora la sottomissione delle donne agli uomini. Quando vi viene detto che dovete essere obbedienti a vostro marito e che vostro marito ha il diritto di picchiarvi o farvi del male, vi sentirete come se non poteste andarvene. Sarai così presa da ciò che è giusto per la tua cultura e nella tua relazione che fuggire diventa incredibilmente disapprovato. Se sai che non puoi divorziare agli occhi della tua religione, o che rischi che la tua cultura ti rifiuti per aver rinunciato alla tua relazione, potresti scoprire che sei più felice di mantenere la tua attuale comunità, anche se questo significa tollerare l'abuso.

Alcune persone semplicemente non hanno la capacità fisica di andarsene a causa di una malattia o di una **disabilità**. Possono non essere abbastanza mobili per vivere da soli, o possono aver bisogno di aiuto per la sopravvivenza quotidiana di base, e sentono che la loro migliore possibilità è rimanere nella relazione e affrontare l'abuso. Possono anche avere problemi di salute significativi che impediscono loro di essere in grado di prendersi cura dei loro figli, così invece di lasciare la relazione, rimangono per continuare a vivere con i loro figli nel tentativo di proteggerli.

Altre persone possono scoprire che sono troppo **imbarazzate** per chiedere aiuto a causa dello stigma che circonda l'abuso. Se sei stato vittima di un abuso, può essere difficile chiedere aiuto agli altri. Soprattutto se il vostro partner ha passato la relazione a dirvi che tutto è colpa vostra, potreste avere la sensazione di essere giudicati duramente per la vostra vittimizzazione, nonostante il fatto che la vittima non si meriti mai un abuso.

A volte, **la paura** trattiene l'individuo. Forse il tuo partner ha minacciato di suicidarsi o di farti del male se te ne vai, oppure ti preoccupi di come riuscirai a mantenere te stesso e i tuoi figli senza un'altra persona che ti aiuti a pagare le necessità della casa. Potresti aver paura che il tuo abusante non se ne vada senza combattere e che l'abuso si intensifichi se cerchi di andartene. In particolare per quanto riguarda la paura, in molti casi, anche lo **status di immigrato** può giocare un ruolo significativo, se la vittima non è documentata all'interno del paese, spesso sente di dover sopportare, perché se va in tribunale, o se la vittima chiede aiuto, sarà semplicemente deportata. Specialmente se l'individuo ha figli che sono cittadini del paese in cui la vittima è senza documenti, la vittima può rimanere in silenzio per evitare di essere deportata e separata.

Una significativa **mancanza di risorse** può anche lasciare qualcuno che soffre di abusi di qualsiasi tipo a sentirsi completamente intrappolato in una brutta situazione, e gli abusatori lo sanno. Questo è esattamente il motivo per cui approfitteranno dell'abuso finanziario per rendere più difficile la partenza. Potresti non avere i soldi per pagare una casa per te e i tuoi figli. Potresti non avere una macchina con cui andartene. Potresti non avere accesso alle finanze della famiglia, e anche se stai contribuendo attivamente ad esse, potresti non avere accesso. Se semplicemente non avete le risorse, potreste avere paura di provare, specialmente se siete incinte o avete dei bambini.

A volte il semplice fatto **di non avere il sostegno** di amici o familiari può farvi sentire intrappolati e soli. Senza l'accesso ad altre persone con cui parlare, si può scoprire che non si può discutere di ciò che sta accadendo, né si ha qualcuno a cui rivolgersi quando le cose vanno male. Senza una sorta di cassa di risonanza in qualcun altro, si può scoprire che non si vede la relazione così male come si può pensare inizialmente, soprattutto se è stata una lenta escalation fino a quel punto. In alternativa, potresti scoprire che i tuoi amici e i tuoi familiari non vedono l'abuso che stai subendo, e spesso cercano di minimizzarlo o ti chiedono se è davvero così grave come dici.

Naturalmente, una delle ragioni più convincenti che le persone trovano per rimanere nelle loro relazioni nonostante gli abusi è **l'amore.** Amano veramente i loro partner, e questo è sufficiente a far sì che rimangano nelle loro relazioni che altrimenti avrebbero lasciato. Altre volte, ciò che può trattenere è l'amore. Dopo tutto, se non amaste il vostro abusatore, probabilmente non sareste affatto disposti a sopportare l'abuso. Quando si ama il proprio partner, ci si può aggrappare alla speranza che l'abusatore cambierà, come promesso, e si darà una possibilità dopo l'altra, sperando di poter riavere la persona di cui ci si è innamorati.

Un'ultima ragione per cui si può scoprire che le persone sono inclini a rimanere indietro è che la relazione e l'abuso sono stati **normalizzati.** Questo significa che vi sembra del tutto normale invece di essere qualcosa che potrebbe essere un'enorme bandiera rossa. Pensate a come, in alcune culture, può andare bene stabilire un contatto visivo e sorridere, ma in altre, il contatto visivo è visto come irrispettoso e maleducato - il contatto visivo non è normalizzato in quei paesi e culture. Se siete cresciuti intorno all'abuso ed è semplicemente diventato normalizzato, non vedrete il problema. Se siete cresciuti in una famiglia in cui i genitori si urlavano regolarmente contro, potreste pensare che urlare sia del tutto normale quando siete arrabbiati. Pensate che questi malsani meccanismi di coping non siano altro che espressioni passionali dei sentimenti e non identificate l'abuso perché non lo riconoscete.

# Capitolo 2: Riconoscere l'Abuso Emotivo

Nei prossimi capitoli ci occuperemo specificamente dell'abuso emotivo. Ora sapete cos'è, almeno superficialmeente: sapete che l'abuso emotivo è una forma di controllo psicologico e quanto può essere pericoloso. Tuttavia, sapete come riconoscerlo? Sai come etichettare alcune delle tattiche di abuso più comuni? Questa particolare forma di abuso tende ad essere incredibilmente nascosta - è progettata per essere nascosta in piena vista, e leggendo questo capitolo imparerai come identificarla.

Se riesci a fermarti a pensare a un periodo in cui ti sei sentito come se non fossi abbastanza bravo, come se il tuo partner ti stesse facendo un enorme favore a stare con te, potrebbe essere il momento di rivalutare la tua relazione. Se non vi siete mai resi conto che la voce che stavate usando per parlare di voi stessi era la voce di qualcun altro invece che la vostra, potreste aver subito un abuso emotivo ad un certo punto.

L'abuso emotivo è comunemente indicato come abuso verbale o psicologico, ed è progettato per farti sentire male con te stesso. Ha lo scopo di farvi sentire come se non foste degni, che non meritate rispetto e che non avete il controllo. L'intero scopo dell'abuso emotivo è quel dominio sulla vittima, progettato per garantire all'abusatore il libero regno sull'individuo. Più abuso emotivo si subisce, il più delle volte, più si diventa sottomessi. Si smette di cercare di reagire e lentamente si comincia a credere di essersi meritati l'abuso.

Questo capitolo vi guiderà nell'imparare a riconoscere i segni dell'abuso. Imparerete a identificare i comportamenti più comuni esibiti dalle vittime di abusi, così come gli effetti a lungo termine della sofferenza di un abuso emotivo. Da lì, sarete guidati attraverso diverse tattiche di abuso emotivo comuni e favorite, progettate per mantenere la vittima sul filo del rasoio, fuori controllo e sottomessa.

# Segni di abuso emotivo nella relazione

Può essere difficile individuare una relazione abusiva, specialmente se si è all'esterno a guardare dentro. Tuttavia, una relazione emotivamente abusiva appare tipicamente molto diversa da una sana, e se siete in grado di passare abbastanza tempo intorno a qualcuno in una relazione emotivamente abusiva, potreste scoprire che siete in grado di identificare molti di questi segni su base regolare. Prendetevi il tempo per familiarizzare con questi segni comuni di abuso emotivo all'interno di una relazione.

Se notate che un amico o un membro della famiglia ha una relazione con molti di questi segni, potreste prendere in considerazione l'idea di contattarlo per assicurarvi che tutto vada bene e offrire il vostro sostegno, se necessario. Questi segni possono essere incredibilmente stressanti sia per chi subisce l'abuso che per chi può essere testimone di questi comportamenti ripugnanti.

Se vi è sembrato che una relazione a cui siete stati esposti non sia del tutto giusta, può essere che sia di natura manipolativa e abusiva. In questi casi, molte persone pensano che allontanarsi sia la cosa giusta da fare, ma se vedete qualcuno che sta lottando in una relazione con diverse bandiere rosse, come quelle che saranno discusse tra un momento, la cosa giusta da fare è contattare qualcuno.

Identificare una relazione emotivamente abusiva può essere abbastanza preoccupante e snervante, specialmente se si tratta della vostra relazione o di quella di una persona cara. Tuttavia, se riuscite a identificarla, potete aiutare l'altra persona a fuggire. Potete offrire il vostro sostegno. Potete capire che i comportamenti di isolamento ed evitamento probabilmente non provengono dalla vittima, ma sono forzati dall'abusante.

In genere, identificare un partner violento di uno dei vostri amici o membri della famiglia può essere abbastanza ovvio - anche se la vittima può non essere disposta ad ammetterlo.

Tuttavia, spesso, quando le persone hanno a che fare con amici o membri della famiglia che subiscono abusi, si sentono come se dovessero scegliere tra tollerare con riluttanza l'abusatore, pur essendo incredibilmente preoccupati per il comportamento, per paura di essere tagliati fuori se non lo fanno, o dire qualcosa, solo per avere l'abusatore che li blocca. Dopo tutto, l'unico modo in cui si può veramente aiutare qualcuno a uscire da una relazione di abuso è se vuole veramente uscirne. Se non sono interessati a questa fuga, non potrete fare molto se non offrire sostegno fino al momento in cui decideranno di andarsene.

Ora, immaginate che la vostra migliore amica, Clara, abbia un ragazzo di nome Austin. Clara è la giovane donna più dolce che conosci: non è mai stata particolarmente sicura di sé, ma era così gentile che nessuno si è preoccupato della mancanza di autostima. Semplicemente le ricordavano gentilmente che era un membro benvoluto del gruppo sociale e la invitavano sempre volentieri.

Apparentemente dal nulla, Clara incontrò lui - Austin era un uomo di qualche anno più vecchio di lei, ma a lei non importava. Era felice perché lui la ricopriva di attenzioni e amore. Voleva sempre passare del tempo con lei, le mandava costantemente messaggi e la controllava. Se lei non rispondeva a un messaggio di testo entro cinque minuti dall'invio, tuttavia, lui la chiamava, e qualsiasi cosa dicesse lasciava Clara visibilmente angosciata. Quando chiudeva il telefono, lei si scusava e se ne andava, dicendo che lui esigeva che lei tornasse a casa, o non ci sarebbe stato più tardi quella sera.

Con il tempo, mentre Austin diventava sempre più a suo agio, lei e i suoi amici hanno notato diverse bandiere rosse nella relazione. Hanno visto come lui urlava regolarmente a Clara, sia in pubblico che fuori dal pubblico scrutinio. Lei raccontava di momenti in cui lui le urlava e la rimproverava in faccia a casa, e quando tu cercavi di farle notare che non se lo meritava, lei semplicemente alzava le spalle e diceva che se lo meritava perché non era particolarmente intelligente ed era fortunata ad avere lui.

Ben presto, sembrava che anche le vostre serate sociali fossero influenzate dalla presenza di Austin - non permetteva più a Clara di andare a quelle sessioni di ritrovo semplicemente perché non poteva esserci anche lui. Infatti, lentamente le era permesso di andare solo nei posti in cui lui era presente, sostenendo che lei era promiscua e lo avrebbe tradito se fosse stata lasciata a se stessa. Lei ha notato che quando lui era nei paraggi, sembrava essere a conoscenza di conversazioni private, ed è diventato chiaro che stava monitorando i suoi messaggi di testo. Presto, i suoi account sui social media scomparvero del tutto.

Con il tempo, hanno notato che Clara era sempre più stressata. Sembrava ritirarsi dal gruppo sempre di più, finché un giorno, è scoppiata e ha detto che lui aveva minacciato di uccidersi se lei lo avesse lasciato, e anche se voleva andarsene così tanto, sentiva di non avere altra scelta che rimanere. Ha descritto lo sguardo di assoluta, pura furia nei suoi occhi quando lei ha detto che voleva spazio e ha detto che era certa che lui l'avrebbe ferita gravemente. Fu solo quando lei scosse il suo interesse ad andarsene come uno scherzo e che voleva vedere quanto lui la amava che lui sembrò calmarsi.

Fermati e vedi quali problemi puoi identificare in quel breve passaggio sulla tua amica Clara e Austin. Cosa stava facendo Austin di problematico? Quali comportamenti avrebbero dovuto essere completamente eliminati perché la relazione conservasse una qualche parvenza di salubrità? Sarebbe possibile che quella diventasse una relazione sana, visto quanto era diventata una relazione abusiva?

Se vi siete presi del tempo, potreste aver notato almeno sei bandiere rosse distintive del comportamento di Austin che potrebbero essere considerate abusive. Ha trascorso un tempo significativo urlando contro di lei, per esempio. Intimidiva tutti con il volume della sua voce, e teneva costantemente Clara a terra. Le urla erano costantemente unite a insulti e rimproveri così estremi che Clara stessa era convinta di meritarseli.

Non c'era alcun senso di privacy all'interno della relazione, e sembrava che Austin fosse pienamente convinto che Clara avesse bisogno di una sorta di accompagnatore per potersi coinvolgere in qualsiasi attività di gruppo. Lei sapeva che non era il tipo di ragazza che sarebbe mai caduta nell'infedeltà, ma lui era convinto che lo fosse. Doveva controllare regolarmente - un'altra bandiera rossa, e alla fine, le fu richiesto di portarlo ovunque lei volesse andare per assicurarsi che non fosse coinvolta in qualche situazione divertente.

# Identificare l'abuso emotivo verso se stessi

Ora che state diventando sicuri nel riconoscere una relazione emotivamente abusiva per altre persone, potreste chiedervi se la vostra relazione è emotivamente abusiva. Potreste già conoscere la risposta o sapere che è abusiva prima di leggere questo libro, o potreste sospettare che sia abusiva, e se questo è il caso, potreste voler prestare molta attenzione a questi segnali.

Prendiamo un po' di tempo per approfondire la prospettiva di Clara sulla sua relazione abusiva per vedere davvero la prospettiva della vittima. Questi segni che stanno venendo fuori sono tutte enormi bandiere rosse che Clara avrebbe dovuto riconoscere, ma aveva troppa paura di farlo. Potrebbe essere stata accecata dall'amore per il suo partner, o potrebbe semplicemente essere stata presa dall'idea di quanto sarebbe stato bello essere in una relazione, ed era disposta a sopportare l'inizio dell'abuso.

In definitiva, l'unico modo in cui si può davvero identificare l'abuso emotivo sarà attraverso la ricerca di come ci si sente in un dato momento. Dovete essere in grado di riconoscere le vostre emozioni, sviluppando l'autoconsapevolezza dei vostri stati attuali. Ci sono diversi modelli di come le vittime di abuso emotivo di solito si sentono, e mentre la vittima può riconoscere di essere infelice, può essere difficile articolare veramente come si sente se non sa come trasmetterlo.

Leggere questa sezione attraverso la prospettiva di Clara è un tentativo di rimediare a questo. Guarderemo come Clara si è sentita, riflettendo sul fatto che si trova in una relazione abusiva. Dall'esterno, potreste già essere sicuri che lei sta subendo un abuso, perché è così. Tuttavia, dalla parte della vittima è molto più difficile identificarlo.

In primo luogo, Clara si rende conto che non è felice. Lo sa, ma sta lottando per identificare esattamente come non è felice o perché è infelice. Ha una comprensione generale che i comportamenti a cui è stata esposta sono problematici, ma non sa bene come articolarlo. Non è sicura se sta solo esagerando o se si comporta come se le cose fossero molto peggio di quello che sono in realtà - e poi se ne rende conto. **Sente di non potersi fidare di se stessa.**

Una delle tattiche preferite di chi abusa emotivamente è chiamata gaslighting - sarà discussa in modo più approfondito più avanti, ma a tutti gli effetti, ha lo scopo di farvi sentire come se non vi fidaste delle vostre percezioni della realtà. È progettato per farvi sentire come se aveste sempre torto su come vedete il mondo, o che state sempre esagerando, quando in realtà potreste avere ragione. Questo perché è probabile che tu faccia affidamento sul tuo partner se senti che le tue percezioni sono sbagliate, e l'abusatore conta su questo.

Questo è esattamente quello che è successo con Austin - si sentiva costantemente come se le sue stesse emozioni fossero sbagliate. Ha interiorizzato l'abuso e ha dato la colpa a se stessa perché stava ripetendo a pappagallo quello che lui aveva da dire, non quello che credeva veramente su se stessa. Questo è incredibilmente potente da riconoscere - significa che lei capisce la radice del suo problema. Ha perso la fiducia in se stessa.

Nel perdere la fiducia in se stessa, si sente come se fosse **fuori controllo**, e per una buona ragione. Non ha alcun controllo reale sulla sua vita, su quello che fa o su dove va. Le viene costantemente detto cosa può fare e perché non può vedere altre persone. Ha scoperto che è caduta nella conformità semplicemente perché era meglio che affrontare l'alternativa - le sue minacce di suicidio e le sue esplosioni di rabbia che la lascerebbero **spaventata dal suo compagno.**

Avere paura di lui è ancora un altro problema. Dopo tutto, non dovreste mai sentirvi come se doveste avere paura del vostro partner o di quello che farà. Se vi sentite come se aveste paura del vostro partner, potreste aver bisogno di rivalutare e capire cosa sta succedendo per farvi sentire spaventati. Potresti trovare la risposta in modo relativamente semplice, o potresti renderti conto che è un segno inconscio che dovresti essere più attento o diffidente nei confronti del tuo partner. Sfortunatamente, Clara aveva passato così tanto tempo ad ascoltare le sue paure che stava lottando per scappare.

Le sue minacce di suicidio la facevano sentire in tre modi diversi: **aveva paura di prendersi cura di se stessa** perché cercare di farlo lo faceva costantemente arrabbiare. Nella sua mente, lei era destinata a riempirlo di ciò che lui voleva, e i suoi bisogni erano del tutto insignificanti. Si **sentiva costantemente in colpa** a causa delle sue tecniche di manipolazione. Anche se non riusciva mai ad articolarlo, si trovava sempre a sentirsi in colpa per tutto. Questo abbatteva il suo senso di autostima e lei lottava per uscirne. Alla fine, tra il voler evitare la paura e il senso di colpa, si ritrovò a preferire di **camminare in punta di piedi intorno al suo partner.** Era più felice semplicemente di renderlo felice e di conformarsi a qualsiasi cosa le venisse chiesta, perché la conformità significava che non doveva preoccuparsi che lui fosse arrabbiato o che avesse uno scatto d'ira. Era facile placarlo e mantenerlo felice.

Un'ulteriore analisi e auto-riflessione avrebbe aiutato Clara a realizzare altri due importanti aspetti della sua vita che erano grandi bandiere rosse: si **scusava** costantemente, anche quando quello che era successo non aveva niente a che fare con lei. Nonostante il fatto che lei non avesse colpa, era più facile scusarsi nel tentativo di placare uno sfortunato effetto collaterale.

Ha scoperto che, nonostante amasse Austin con tutto il suo cuore, **non desiderava più l'intimità con lui.** Questa è un'enorme bandiera rossa: le persone che si amano di solito vogliono essere intime. Lo fanno per avvicinarsi il più possibile all'altro e lo fanno da una posizione di fiducia e amore. Tuttavia, quando non ci si sente più sicuri o non ci si fida più della propria relazione, si scopre invece che si è costantemente nel panico. Le persone hanno bisogno di sentirsi al sicuro per essere interessate all'intimità, e le persone che vengono abusate raramente sentono questa sicurezza necessaria.

In mezzo a tutto questo, comunque, forse la cosa più confusa di tutte per Clara era che sentiva **un intenso bisogno di proteggere l'abusatore**. Sentiva che avrebbe dovuto razionalizzare i suoi comportamenti e dire a tutti quelli che la circondavano che lui non era così cattivo perché lei lo amava. Voleva essere in grado di proteggerlo proprio perché lo ama.

Queste sono tutte realizzazioni incredibilmente comuni che guidano le persone dal rendersi conto che sono, in effetti, in una relazione emotivamente abusiva. Si rendono conto che le loro stesse vite sono diventate così simili al racconto della nostra amica fittizia, Clara, che sono scioccati. Possono rendersi conto di quanto sia pericolosa la relazione in realtà, e nel rendersene conto, possono iniziare il processo di guarigione mentre continuano a progredire.

## Effetti dell'abuso emotivo

L'abuso emotivo ha tutti i tipi di effetti negativi che durano molto più a lungo della relazione. Potresti scoprire che porti con te questi segni anche dopo aver terminato la relazione, e in alcuni casi, non se ne andranno senza alcun tentativo di andare in terapia o cercare qualche altro modo di trattarli. Queste sono effettivamente le cicatrici del tuo abuso: potresti non averne mai ricevute di fisiche, ma quelle emotive sono altrettanto reali e altrettanto durature.

### Un senso di sé danneggiato

Se sei sopravvissuto a una relazione di abuso emotivo, c'è una buona probabilità che la tua autostima sia stata danneggiata in qualche modo. La tattica dell'abusatore emotivo è quella di farvi sentire come se non foste abbastanza bravi, e spesso sono abbastanza bravi in questo. Il risultato finale è che spesso vi vedete come danneggiati o non particolarmente preziosi, e potreste anche non rendervi conto che lo fate.

Potreste mettere i vostri bisogni per ultimi o semplicemente ignorarli del tutto. Potreste scoprire che vi dite regolarmente che non potete fare ciò che volete. Può autosabotarsi o procrastinare perché non si sente capace.

## Alessitimia (incapacità di identificare le emozioni)

Questa è una parola di fantasia per l'incapacità di identificare o sentire accuratamente le proprie emozioni. In effetti, si diventa insensibili alle proprie emozioni e si vive invece una vita di insensibilità. Si possono avere emozioni, ma si è completamente inconsapevoli che stanno accadendo. Anche se il vostro linguaggio del corpo mostrerà la vostra emozione, se qualcuno ve lo chiede, voi la negherete, dicendo che in realtà non provate quell'emozione. Dopo tanto tempo in cui avete subito abusi emotivi e sentito le vostre emozioni, vi siete in un certo senso disconnessi da esse.

## Depressione

La depressione è un effetto comune a lungo termine del vivere in una relazione emotivamente abusiva, semplicemente per il fatto che non scoprirai di goderti la vita e quello che stai facendo se è costantemente oscurato dall'abuso. Anche dopo essere fuggiti, potreste avere la sensazione di non riuscire a trovare piacere. Questo può presentarsi come una sorta di disperazione nella vostra vita, come se le cose non potessero mai migliorare, o che sarete sempre infelici nella vostra vita.

## Lotta per la concentrazione

Un altro effetto comune dell'abuso emotivo prolungato è l'incapacità di concentrarsi bene. Questo è spesso un effetto collaterale della depressione e dell'ansia: si è troppo occupati a preoccuparsi di altre cose per concentrarsi effettivamente su ciò che si ha davanti.

## Difficoltà a dormire, o dormire troppo

Comunemente associato alla depressione, l'abuso emotivo può lasciarti troppo teso per dormire bene, portandoti all'insonnia, o può portarti a dormire più del dovuto come forma di evasione per evitare di affrontare la realtà.

## Ansia

Un effetto collaterale comune del vivere la vita sentendosi come se tutto ciò che si fa venisse esaminato è l'ansia: il tuo corpo passa naturalmente ad essere in uno stato predefinito di eccitazione e ansia. Questo significa che è molto più probabile che tu ne soffra, anche dopo essere scappato dalla situazione.

## Dolore cronico

Una vita vissuta con ansia e depressione spesso causa anche tutti i tipi di problemi fisici, e si può scoprire che molto rapidamente si finisce per vivere con il dolore cronico. Anche dopo essere andati dai dottori e aver fatto dei test, si scopre che non c'è una ragione particolare per il dolore che si sente e che viene confuso con la depressione e l'ansia.

# Tattiche di abuso emotivo

Gli abusatori emotivi hanno tutti i tipi di tattiche che amano usare per tenere le loro vittime saldamente sotto il loro potere. Queste tattiche possono sembrare come se non fossero nulla, come trovare il modo di fare commenti denigratori con la scusa di uno scherzo, o possono essere veramente dannose, come dire direttamente a qualcuno di farsi del male o uccidersi. Queste diverse forme di abuso emotivo sono tutte pericolose a loro modo, e dovreste stare all'erta ogni volta che è possibile.

## Gaslighting

Il gaslighting è particolarmente insidioso come forma di abuso emotivo. È progettato per farvi sentire come se non poteste fidarvi di voi stessi, facendovi sentire come se foste instabili, inaffidabili e come se steste impazzendo. È una di quelle tecniche che di solito richiede molto tempo per essere messa in atto, ma una volta che è stata messa in atto, si ha la sensazione di non poterne uscire.

Quando qualcuno ti illumina, nega che ciò che stai dicendo sia vero. Può iniziare dicendoti che ti sei sbagliato su qualcosa di piccolo o insignificante, come dire che stai ricordando male qualche piccolo, insignificante dettaglio di qualcosa. Col tempo, i dettagli diventano più significativi, e l'abusante alla fine nega la cosa che accade proprio davanti a te, e tu senti di dovergli credere. Specialmente perché a quel punto, c'è un modello percepito di sbagliare sempre le cose e di sentirsi come se non si potesse sapere di cosa si sta parlando, si prende semplicemente per buono quello che il partner dice. Poiché vi fidate intrinsecamente del vostro partner, non pensate che lui o lei stia cercando di mentirvi intenzionalmente.

## Manipolazione emotiva

La manipolazione emotiva è l'atto di farvi sentire una certa emozione deliberatamente per farvi agire di conseguenza. Se vogliono che tu faccia qualcosa per loro, troveranno un modo per farti provare un'emozione che sia favorevole alla loro risposta desiderata, e poi otterranno ciò che vogliono. Per esempio, se al vostro partner non piace vostra sorella, il vostro partner può fare in modo di dirvi che vostra sorella ha fatto qualcosa di imperdonabile per farvi arrabbiare. Con la tua rabbia, tu poi cerchi di litigare con tua sorella per difendere il tuo partner, e finisci per tagliare i legami. L'evento che il tuo partner ha detto è mai accaduto? Probabilmente no, o almeno, non nel modo in cui il tuo partner l'ha fatto sembrare, ma il tuo partner ti ha convinto a terminare la relazione senza che lui debba dirti che vuole che tu lo faccia.

## POC

POC sta per Paura, Obbligo, Colpa. È una forma comune di manipolazione emotiva che ti fa sentire una di queste tre emozioni per tenerti sotto controllo. A differenza della manipolazione emotiva generale, però, quando siete tenuti sotto POC, il vostro partner sta facendo qualcosa per mantenerlo. Il vostro partner deve avere qualcosa su di voi per farvi sentire obbligati in modo che lui o lei possa farvi sentire in colpa per ottenere da voi la risposta desiderata. Poiché questo è un po' più intenso, è tipicamente riservato a relazioni come quelle tra genitori e figli, semplicemente perché è facile spadroneggiare su qualcun altro che hai fatto nascere e cresciuto. Tuttavia, un partner romantico o un amico potrebbe non avere qualcosa di simile da tenere sopra la testa della sua vittima.

## Assassinio del personaggio

L'assassinio del personaggio è l'arte di farvi sentire come se foste un individuo difettoso al fine di mantenere il potere su di voi. Può comportare fare in modo di controllarvi con mezzi come dirvi che siete sempre così difficili o che non fate mai nulla di giusto. Potrebbe implicare dirvi che siete inutili o senza valore. Potrebbe comportare dire bugie su di te anche ad altre persone. In definitiva, l'assassinio del personaggio viene fatto per farti sembrare meno competente o meno benvoluto. Specialmente se stai terminando la relazione con l'abusatore, potresti scoprire che lui o lei dirà a tutti quelli che ti circondano che sei irrazionale, che ti droghi o che fai qualcosa che è incredibilmente disapprovato.

# Capitolo 3: Combattere l'Abuso Emotivo

L'abuso emotivo è terrificante. Nessuno vuole sentire di essere meno importante. Se siete stati abusati emotivamente, potreste scoprire che avete nostalgia dei giorni in cui eravate felici, se vi siete mai sentiti così in passato. Potreste scoprire che l'abuso è terrificante. Potresti sentirti a pezzi, picchiato o senza speranza. Può sembrare che la fuga sia impossibile e che questa sarà la tua vita per sempre.

Ricorda che c'è speranza là fuori per te.

Potresti aver bisogno di tempo e di sforzi per uscirne, ma puoi farcela. Dovete ricordare che starete giocando un gioco lungo e riconoscere che il duro lavoro varrà la pena quando finalmente vivrete una vita che vi piace. Puoi raggiungere la felicità che ti meriti e, nella maggior parte dei casi, puoi tagliare i contatti con il tuo abusatore in qualche modo. A meno che non abbiate figli minori in comune, al momento di dividere i legami o divorziare da chi ha abusato di voi, non avete motivo di rimanere in contatto. Sì, anche se quel rapporto è con un genitore, il proprio figlio adulto o un altro membro della famiglia, puoi liberarti e lasciare la relazione per sempre.

Tuttavia, ci vorrà del tempo. Questo capitolo cerca di stabilizzarti prima che tu sia in grado di iniziare a uscirne. Pensa a questo capitolo come a una sorta di dispositivo di galleggiamento di sicurezza: è la tua prima linea di difesa contro l'annegamento nell'oceano di abusi in cui sei rimasto incagliato per così tanto tempo. Resisti solo un po' più a lungo e troverai la salvezza.

All'interno di questo capitolo, ti verranno forniti nove metodi distinti che puoi usare per affrontare l'abuso sul momento. Per molte persone è spesso impossibile semplicemente alzarsi e andarsene, ed è proprio per questo che questo capitolo si propone di fare in modo che siate in grado di affrontare l'abuso prima di poter fuggire. Sarà un processo, ma l'uso di questi metodi vi aiuterà a trovare una sorta di conforto nel mezzo dell'abuso. Pianificando di andarsene e usando questi metodi, proteggerai attivamente te stesso, la tua psiche e il tuo futuro.

Tieni presente che questi metodi sono specificamente destinati a combattere l'abuso emotivo. Se stai subendo un abuso fisico, devi assolutamente andartene il prima possibile, e di solito puoi farlo con l'aiuto delle forze dell'ordine locali. Se c'è un abuso fisico, dovresti essere in grado di richiedere un ordine restrittivo presso il tribunale locale o sporgere denuncia presso la stazione di polizia locale. L'abuso fisico può degenerare molto rapidamente, quindi è importante che venga immediatamente affrontato con una fuga e con tutto l'aiuto legale che si può ottenere.

Quando stai combattendo un abuso emotivo, non c'è tipicamente una minaccia alla tua vita o alla tua salute fisica, e queste tecniche ti aiuteranno a mantenere la tua salute emotiva. L'abuso emotivo richiede di reagire ad esso, quindi se vi aspettate di impegnarvi, prendete le distanze dall'abuso e usate i vostri metodi per combatterlo mentre preparate tutte le azioni legali, di solito potete evitare il peggio. Se sapete che il vostro partner sta abusando emotivamente e vi sta dicendo che siete inutili da un punto di vista di volervi manipolare, potete essere in grado di ricordare a voi stessi che questo è solo il vostro abusatore che fa l'abusatore e che non è vero, oppure potete far notare i modi in cui non siete inutili da riconoscere.

Ora, senza ulteriori indugi, cominciamo ad affrontare diversi modi che puoi usare per proteggerti. Armandoti contro l'abuso, potresti scoprire che smette di essere così angosciante quando si verifica, anche se può ancora darti fastidio.

## Identificare e riconoscere

La cosa più potente che puoi fare è nominare l'abuso per quello che è. Questo significa che devi essere in grado di riconoscere ciò che è e riconoscerlo per quello che è. Etichettando l'abuso per quello che è, sei in grado di prendere le distanze da esso.

Non si tratta più di te che causi problemi o che non sei abbastanza bravo - ora il tuo problema è che sei in una relazione con qualcuno che abusa di te. Tuttavia, questo ha una soluzione relativamente semplice: andarsene. Anche se andarsene di per sé può spesso essere piuttosto complicato e comportare una serie di passi da compiere, specialmente se siete sposati o avete figli, essere in grado di riconoscere che il problema non siete voi, dopo tutto, può essere incredibilmente liberatorio.

Riconoscendo che non siete voi il problema o che non siete difettosi, siete in grado di rimuovere la colpa da voi stessi. Non siete più colpevoli del dolore che avete sofferto, e siete in grado di puntare accuratamente quella colpa dove appartiene - con l'abusatore. Pensate alle implicazioni di ciò e al sollievo che molte persone proverebbero nel riconoscere di non essere in realtà inutili, non amabili, o qualsiasi altra cosa di cui l'abusante ha cercato di convincerli.

Con la rimozione della colpa, potreste scoprire che siete in grado di trovare effettivamente una ritrovata fiducia in voi stessi - se non siete voi il problema, allora non avete bisogno di sistemarvi in quel momento. Quello che dovete fare è lasciare il problema perché non siete responsabili di nessun altro. Per quanto tu possa essere ben intenzionato, non puoi cambiare le altre persone in alcun modo. Non puoi convincere chi ha abusato di te ad essere la persona amorevole che pensavi fosse - tutto quello che puoi fare è sapere quando è appropriato uscire del tutto dalla relazione.

## Prepararsi a lasciare

Non appena hai riconosciuto l'abuso nella tua relazione, è il momento di fare i tuoi piani a lungo termine. Quali sono i tuoi obiettivi finali? Cosa sperate di realizzare? Cosa vuoi fare con te stesso? C'è un mondo intero là fuori, lontano dal tuo abusatore, e il mondo è la tua ostrica. Puoi fare tutto ciò che vuoi senza preoccuparti di ciò che pensa l'abusante o se l'abusante è d'accordo o ridicolizza le tue decisioni.

Fissare quell'obiettivo per te stessa, quell'immagine di successo a lungo termine, può aiutarti a rimanere motivata nei momenti di debolezza. Ci saranno momenti di debolezza durante i quali consideri che le cose sarebbero migliori se perdonassi e dimenticassi, puoi ricordare questo obiettivo, questa immagine di ciò che vuoi nella vita. Questa può essere la luce guida che ti tiene in pista.

Lasciare la relazione sarà la parte più pericolosa per voi, e per questo motivo, richiederà una pianificazione meticolosa, specialmente se avete qualcosa che vi unisce legalmente. I bambini creeranno quasi sempre complicazioni legali durante le quali dovrete accettare la custodia o lottare per la custodia, e poi dovrete cercare di interagire con il vostro ex per il resto dell'infanzia dei vostri figli, così come durante i principali eventi della loro vita se anche lui si interessa a loro. Per questo motivo, si raccomanda di passare abbastanza tempo a raccogliere le prove. Pianificate il peggio sperando nel meglio.

In particolare, andarsene ha un sacco di sfumature diverse che devono essere seguite che sarebbe incredibilmente difficile da coprire adeguatamente in un sottocapitolo, quindi mentre prepararsi ad andarsene è assolutamente un passo nella lotta contro l'abuso emotivo al momento, avrà anche un proprio capitolo più avanti nel libro. Il capitolo 9 sarà dedicato ad assicurarsi che tu sappia come lasciare la relazione, guidandoti attraverso le parti più critiche e ciò che devi assicurarti di avere.

## Evitare di scatenare un abuso

Mentre sei presente nella stessa casa con l'abusante, è importante fare lo sforzo di evitare attivamente di innescare qualsiasi abuso. Mentre normalmente non è mai giusto aspettarsi che la vittima accolga l'abusatore, in questo caso può aiutarvi a scivolare nelle prossime settimane o mesi mentre raccogliete tutto ciò che vi serve e rendete il vostro caso un po' più facile.

Questo significa che dovrete capire quali sono i fattori scatenanti del vostro partner. Questo può essere un po' difficile da identificare e può richiedere una notevole quantità di tempo, ma se riuscite a farlo, eviterete di avere a che fare con altrettanti abusi. Se volete capire i fattori scatenanti del vostro partner, dovrete ripensare a tutte le volte che avete visto il vostro partner esplodere su di voi. Cosa ha causato l'esplosione? Perché l'hanno fatto? Riesci a vedere un modello nell'esplodere costantemente con stimoli specifici? Capire cosa tende a scatenare l'abuso può essere sufficiente per aiutarvi ad evitare la maggior parte delle iterazioni di esso.

Forse il modo migliore per evitarlo è semplicemente essere molto d'accordo. Fate ciò che ci si aspetta da voi senza discutere. Pensate a questo come a mantenere la pace finché non riuscite a scappare, trattandolo come una parte del vostro piano a lungo termine piuttosto che come una debolezza da parte vostra. Non c'è niente di debole nell'essere disposti ad accettare ciò che ti viene detto, non importa quanto sia degradante, per poter fuggire. Farlo è l'epitome della forza, mostrando la tua vera dedizione come sopravvissuto. Sopravviverai all'abuso, anche se questo significa abbassarsi ed essere disposti a non reagire per un breve periodo di tempo.

## Gestione dello stress

Naturalmente, essere disposti a sopportare l'abuso significa che probabilmente sarete anche abbastanza stressati. Dopo tutto, avere qualcuno che ti dice che non puoi fare nulla di giusto può essere incredibilmente stressante. Potresti sentirti come se avessi fatto del tuo meglio, solo per avere il narcisista o l'abusatore che viene e ti ride in faccia. Pensate a come si sente un bambino dopo aver passato un'ora a costruire un castello di sabbia, solo per vederlo immediatamente buttato giù da un bullo. Questo è simile ai sentimenti che potete avere quando state attivamente cercando di fare del vostro meglio, solo per scoprire che il vostro abusante è disposto a denigrare i vostri tentativi.

Naturalmente, il narcisista o l'abusatore vuole solo farvi arrabbiare - se sono in grado di spingervi a rispondere, dicendovi che siete terribili e che dovete smettere di provare perché i vostri tentativi non saranno mai recuperabili, possono usare la vostra rabbia contro di voi. Voi cadrete nella loro trappola piuttosto che rifiutarvi di stare al gioco.

Il modo migliore per evitare di avere uno sfogo in risposta è sviluppare diverse tecniche di gestione dello stress che funzionino per voi. In definitiva, questo implica scoprire cosa funziona meglio per voi. Ti riesce meglio allenarti o fare una corsetta dopo essere stato stressato? Forse volete meditare? Vi piace l'arte? Tutto questo può aiutarvi a mantenervi freschi nel tempo.

Tuttavia, quando siete nel momento, ciò di cui avete davvero bisogno è una tecnica di radicamento che vi aiuti a rimanere presenti. Fare ciò può aiutarvi a ritardare voi stessi e i vostri comportamenti quel tanto che basta per evitare di fare qualcosa che sarebbe potenzialmente pericoloso. In particolare, daremo un'occhiata a una semplice tecnica di respirazione e di messa a terra che vi farà utilizzare tutti i vostri sensi.

Quando vi sentite stressati, vorrete identificare diversi stimoli sensoriali dall'ambiente circostante mentre fate dei respiri profondi. Fare questo può aiutarvi a calmarvi abbastanza da evitare di sfogarvi.

Iniziate con un respiro profondo. Quando lo fai, vuoi inspirare per cinque secondi ed espirare per cinque secondi per essere sicuro che stai calmando il tuo corpo. Con il tuo prossimo respiro, identifica cinque cose che puoi vedere e riconoscile consapevolmente. Potresti vedere una pianta d'appartamento, un giocattolo che tuo figlio ha lasciato sul pavimento, il tuo gatto, una sedia e la luce accesa nel corridoio.

Con il prossimo respiro, identificherai quattro cose che puoi sentire intorno a te. Poi, saranno tre oggetti che puoi toccare.

Due oggetti che puoi annusare nell'aria e, infine, un sapore che è nella tua bocca o che permane nell'aria.

Passare attraverso questi passi può aiutarvi a calmarvi - vi distrarrà dall'immediata ondata di negatività che avete in risposta all'abuso e vi permetterà di mantenere la testa a livello. Esercitati da solo in privato diverse volte prima di provare a usarli per mantenerti calmo nel momento in cui sei attivamente manipolato o abusato.

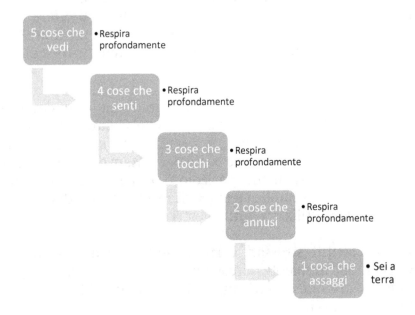

## Cura di sé

Con tutta la tossicità e la negatività che vi vortica intorno mentre sopportate l'abuso, potreste sentirvi come se vi strascinaste. Ciò che può aiutarvi è impegnarvi attivamente nella regolare cura di voi stessi come risposta. Quando siete costantemente in modalità di sopravvivenza, esaurirete il vostro corpo. Vi troverete costantemente a soffrire degli effetti negativi dell'ansia e degli ormoni dello stress che vi tengono costantemente in tensione. Quando non sai mai dove il pericolo colpirà la prossima volta, può essere incredibilmente difficile tenerti al sicuro.

Crea una routine che puoi usare per prenderti cura di te stesso, anche quando lo stress sembra diventare insormontabile. Quando fate questo, state attivamente facendo un punto per prendervi cura di voi stessi, dato che il vostro partner ha reso chiaro che lui o lei non ha alcun interesse ad aiutarvi a guarire o ad essere un individuo sano. Vorrai fare diverse cose durante la tua routine di auto-cura: assicuratevi di dormire abbastanza regolarmente. Questo può essere difficile, ma assicuratevi di cercare di dormire alla stessa ora ogni notte, non importa quanto siate stressati dalla vita. Vuoi essere in grado di rimanere in salute. Mantenetevi motivati ad esercitare attivamente e regolarmente e a mangiare il più sano possibile.

La routine sarà vostra amica, e programmare attivamente del tempo per voi stessi, specialmente per fare cose che vi piacciono, sarà fondamentale per mantenervi in carreggiata e in grado di affrontare l'abuso che potreste subire.

## Rifiutare di impegnarsi

Quando vi trovate in una situazione di abuso attivo, come quando il vostro partner decide di iniziare a rimproverarvi, la cosa più importante che potete fare è rifiutarvi di impegnarvi. Semplicemente cercate di tamponare la situazione il più velocemente possibile e, se necessario, accettate. Ditegli semplicemente che va bene per togliervelo di torno e poi andate avanti con la vostra vita. Di nuovo, questo non è un segno di debolezza - stai facendo un punto per proteggerti da futuri abusi. Ti stai proteggendo attivamente e stai dicendo a te stessa che non sei disposta a tollerarlo. Questa è una buona cosa: stai mostrando una vera forza.

Mentre la maggior parte delle persone di solito sostiene che una bugia non contestata diventa la verità, questo non è necessariamente vero con il partner violento. Le bugie vengono dette comunque, che voi siate in giro o meno, e voi siete più sicuri nel non tentare affatto di contrastarle. Diventa più facile essere semplicemente d'accordo e andare avanti finché non si è liberi di scappare. Se non volete tollerare l'abuso in primo luogo, dovete fare in modo di concentrarvi sul sopravvivere abbastanza a lungo per fuggire. Non stiamo parlando di qualcuno che scherzosamente dice a tutti che è capitato che tu sia quello che ha mangiato tutta la torta sul posto di lavoro durante la notte o qualcos'altro di sciocco - stai considerando di essere rimproverato e ti viene detto che non sei degno come individuo. Accettare e andare avanti potrebbe toglierti di torno il tuo abusatore prima.

## Evitare la personalizzazione

Naturalmente, nonostante il fatto che tu sia d'accordo, devi tenere a mente che stai evitando di interiorizzarlo veramente. Conosciuta come personalizzazione, potresti scoprire che a volte è difficile non prendere sul personale ciò che il manipolatore o l'abusatore sta dicendo. Tuttavia, tenete a mente che nonostante il fatto che l'abusatore stia dicendo questo e nonostante il fatto che l'abusatore sia qualcuno che probabilmente amate, può essere difficile sentire la persona amata che vi dice che non siete niente.

Provate ad avvicinarvi a questo abuso nel modo in cui ascoltereste un bambino che vi sgrida - se vostro figlio di 4 anni vi chiamasse faccia di culo perché gli avete detto di mangiare le sue verdure per poter andare a letto, non vivreste la vita credendo di avere davvero un culo come faccia. Invece, probabilmente fareste spallucce, alzereste gli occhi al riguardo alle spalle di vostro figlio e andreste avanti senza offendervi.

Naturalmente, un abusatore sta per lanciare insulti ben peggiori la maggior parte delle volte. Può dirvi che siete brutti, senza valore, non amabili o merce usata. Può cercare di dirvi che siete incredibilmente fortunati che lui sia stato così disposto a guardare oltre i vostri difetti per stare con qualcuno come voi. Sei fortunata che sia stato attivamente disposto a sopportarti quando sei così stupida, incompetente o negligente. Lo dirà con un tono concreto che potrebbe indurti a crederci. Tuttavia, ricordate che sta mentendo. Non gli importa di voi. Non vuole che tu sia felice, vuole che tu sia controllata e userà qualsiasi metodo necessario per ottenere questo risultato.

Il modo migliore per combattere questo è semplicemente smettere di giocare. Lasciategli dire quello che dice, ma poi ricordatevi che non è vero. Rifiuta quello che ha da dire e etichettalo per quello che è: un tentativo di manipolarti e niente di più. Se riesci a respingerlo come poco più di un tentativo di manipolazione, sarai in grado di evitare gran parte dello stress che lo accompagna. I suoi tentativi di manipolazione emotiva diventano infinitamente meno potenti non appena gli togliete il potere rifiutando di permettere loro di turbarvi ancora. Sarà dura. Potrebbe anche far male, ma rifiutarsi di giocare e rifiutarsi di prenderla sul personale quando l'abusatore vomita le sue bugie significa che sarete in grado di fuggire e guarire.

# Capitolo 4: Guarire da un Abuso Emotivo

Quando finalmente avete premuto il grilletto e riconosciuto di essere stati in una relazione di abuso, può essere difficile sapere cosa viene dopo. Potreste sentirvi spaventati o insicuri di come procedere. Potreste rendervi conto che siete distrutti dentro, o che dovete guarire seriamente. Questo va bene - avete appena subito un grave danno emotivo, e ci vuole tempo per riprendersi. Prima di tutto, una volta che avete fatto il grande passo per lasciare una relazione emotivamente abusiva, dovreste celebrare il vostro potere: lasciare una relazione non è mai facile, e anche quando siete stati abusati, probabilmente avete ancora dei sentimenti molto reali per il vostro ex. Questo è naturale. Tuttavia, con il tempo, potreste sentirvi pronti ad uscire, a trovare una nuova relazione e un nuovo significato alla vita.

All'inizio potresti scoprire che, senza un'adeguata elaborazione del tuo abuso, questo tornerà costantemente a tormentarti. Potresti trovarti a lottare per fidarti delle altre persone, o avere la sensazione che l'altra scarpa stia per cadere da un momento all'altro. Potresti soffrire di ansia o DPTS, potresti soffrire di flashback o insonnia. Potresti essere stufo della sofferenza, ma non sapere come impedire che continui.

Quando si è sofferto per tutti questi abusi, si può avere la sensazione che non ci sia una fine. Tuttavia, quella fine esiste - tutto quello che devi fare è trovarla. Puoi riappropriarti della tua vita e cominciare a guarire le ferite che hai accumulato nel tempo trascorso con un partner violento. Non è necessariamente veloce, né facile, ma ci sono azioni e passi che puoi fare per aiutarti a guarire dall'abuso emotivo, poco a poco.

Potreste scoprire che aiuta pensare a questo processo un giorno alla volta. Se un giorno vi sembra troppo da elaborare, provate a pensarlo come un'ora alla volta, o anche un minuto o un secondo alla volta se scoprite che vi sentite particolarmente sensibili in quel momento. Inevitabilmente proverai dei momenti di debolezza durante i quali non vorrai altro che cedere e tornare dal tuo abusatore. Questo è comune: può essere più facile stare con l'abusante. Può essere più familiare e quindi più comodo. Può anche darsi che tu senta la mancanza del tuo passato e dei tempi in cui tu e il tuo partner eravate felici. Tuttavia, rafforza la tua determinazione e continua ad andare avanti. Non puoi impedire a chi abusa di abusare.

Questo capitolo ti servirà da guida per iniziare a riprenderti dall'abuso che hai subito. A poco a poco, se riuscirai a mettere in pratica queste tecniche nella tua vita e a seguirne i passi, scoprirai che le tue ferite inizieranno lentamente a guarire. Potrebbero lasciare le loro cicatrici, ma le ferite non saranno più incancrenite.

## Prenditi del tempo per soffrire

Può essere sconcertante per le vittime di abusi rendersi conto che sentono veramente la mancanza dei loro abusatori anche dopo aver sofferto per mano loro, sia fisicamente che emotivamente. Tuttavia, questo è normale. State soffrendo per la perdita di una relazione. State effettivamente rinunciando alla relazione che pensavate di avere. State rinunciando alla persona che pensavate di amare, che forse amate ancora profondamente, ma che non vi ha amato o rispettato. Questa può essere una delle cose più difficili che farete mai - vi rendete conto che non potete vivere la vostra vita in modo sano e felice se non lasciate il vostro partner, ma sapete anche che lasciare il vostro partner vi farà male.

È opportuno prendersi il tempo di cui si scopre di aver bisogno per elaborare il lutto. Passa il tempo a riconoscere il dolore che provi e la sofferenza che hai sopportato. Non è stata colpa tua, né te lo meritavi, ma questo non rende il processo più facile.

Il lutto si articola in sette fasi distinte: shock e negazione, dolore e senso di colpa, rabbia e contrattazione, depressione, svolta verso l'alto, ricostruzione e, infine, accettazione. Queste fasi non sono tutte lineari - potreste fare progressi solo per scoprire che un evento significativo o un anniversario passa e vi manda di nuovo alla negazione o alla rabbia. Questo è normale, e ricordate che non ci sono due persone che soffrono allo stesso modo. Ciò che rimane vero, comunque, è che se vi accorgete che il vostro senso di colpa è così opprimente che non riuscite a funzionare correttamente o ad affrontare le vostre giornate, o vi accorgete che state affrontando la cosa in modo malsano, potrebbe essere il momento di cercare aiuto da un amico fidato o da un membro della famiglia, o da un professionista che possa prendersi il tempo per parlarvi e aiutarvi a ottenere gli strumenti di cui avrete bisogno.

## Reclama la tua vita

Poiché gli abusatori emotivi cercano così frequentemente di impadronirsi della vostra vita e di trasformarla nella loro, assicurandosi che siate obbedienti e disposti a fare tutto il necessario per compiacerli, potreste scoprire che avete vissuto gran parte della vostra vita perdendo il vostro tempo e la vostra vita. Questo significa che avete passato settimane, mesi o addirittura anni a sacrificare il vostro tempo, i vostri desideri e le cose che avreste voluto provare, tutto in nome della relazione.

Un modo sano per iniziare a guarire da questo, dal dover sacrificare te stesso, i tuoi desideri e la tua felicità, è quello di reclamarlo. Reclamate il vostro tempo, spendetelo facendo ciò che volete fare. Mangia quella torta che ti avrebbe procurato uno sguardo di disapprovazione. Passa del tempo con quell'amico che il tuo ex odiava. Insegui quella passione che avevi messo da parte dopo che il tuo ex ti aveva detto che era un sogno irrealizzabile.

Questo può essere difficile da fare, specialmente se avete scoperto che avete davvero sofferto nella vostra relazione o se siete stati regolarmente puniti per aver fatto qualcosa per voi stessi. Tuttavia, il modo migliore per assicurarsi che tu possa recuperare la tua vita per te stesso e iniziare a guarire è semplicemente farlo. Flettete i muscoli per la cura di voi stessi e tornate ai vostri hobby. Raggiungi gli amici e i membri della famiglia che sono stati messi da parte. Trova nuovi modi di vivere la tua vita per te stesso, e seguili. Anche se all'inizio sarà difficile, ricadrai molto rapidamente nell'abitudine di recuperare la vita per te stesso e di amarne ogni momento. Ora, questo non significa che sarete necessariamente del tutto privi di stress, o che sarete guariti completamente, ma comincerete a sciogliere quei lacci installati che vi hanno detto che non potete assolutamente vivere per voi stessi.

# Create i vostri limiti e fateli rispettare

Spesso coloro che sono stati abusati sentono di non poter avere confini, o non sanno come far rispettare i confini che hanno stabilito. Può darsi che siano sempre stati del tutto ignorati, per cui ci si sente come se non avessero comunque importanza, oppure si può essere stati puniti o fatti sentire pazzi ogni volta che si è tentato di porre un limite, per cui è diventato più semplice rifiutare del tutto l'idea di avere quei limiti.

Tuttavia, i limiti sono sani. Sono normali e attesi nella maggior parte delle relazioni normali. Questi limiti sono il vostro modo di marcare che tollererete solo certi comportamenti e che qualsiasi cosa al di là di questi comportamenti sarà considerata inappropriata e non gradita da voi. Per esempio, un limite normale e sano da avere è quello di non accettare gli insulti. Potreste avere un limite di non essere chiamati per nome, e se qualcuno vi chiamasse per nome, fareste un passo indietro e rivalutereste del tutto quella relazione. Questa è una risposta sana a tale abuso, e nessuno batterebbe ciglio.

Tuttavia, il vostro ex violento potrebbe avervi fatto pensare che porre un limite ragionevole come quello sia problematico per la vostra relazione o che significhi che non vi fidate o non amate il vostro partner. Questo non è vero: anche i matrimoni hanno dei limiti, e questi limiti mantengono sana la relazione.

Quando fissate i vostri limiti, state dicendo alle altre persone che vi rispettate abbastanza da non tollerare la mancanza di rispetto. Dite a chi vi circonda che ci tenete a voi stessi e che non vi farete sentire meno significativi o indegni. Dichiarate che vi proteggerete e non vi lascerete cadere di nuovo nell'abuso.

Ciò che è importante qui è che tu stabilisca questi limiti e li faccia anche rispettare. Mettete una distanza tra voi e coloro che vogliono rompere i vostri confini. Se le persone vogliono ripetutamente calpestare i confini che avete stabilito, allora probabilmente starete meglio senza queste persone nella vostra vita.

Anche se la persona che sta costantemente violando i vostri limiti è un membro della famiglia o una persona cara, avete tutto il diritto di porre fine alla relazione e fare un enorme passo indietro. Ricordate, se chi vi circonda vi amasse veramente, rispetterebbe i vostri limiti, e chiunque sia disposto a calpestare ciò che volete o di cui avete bisogno non si preoccupa veramente per voi.

## Perdona te stesso

No, questo non significa che dovete perdonare il vostro abusatore. Tuttavia, tu meriti il perdono da te stesso. Quello che hai passato non va bene e non avresti mai dovuto vivere una vita di abusi. Non meritavi quello che ti è successo. Tuttavia, non perdere tempo a sentirti in colpa per essere rimasto troppo a lungo in quella situazione. Invece, impiega la tua energia per perdonare te stesso.

Ricorda che il perdono e l'oblio non sono la stessa cosa: tu hai assolutamente imparato dal passato e, solo leggendo questo libro in questo momento, ti stai sforzando di fare meglio in futuro. Ti stai impegnando per imparare come proteggerti e difenderti al meglio, e così facendo, prometti a te stesso che ti prenderai più cura di te.

Tuttavia, meriti ancora di perdonarti. Non hai chiesto tu di essere maltrattata. Non sapevi che la relazione sarebbe finita nel modo in cui è finita. Non sapevi che il tuo partner sarebbe diventato lentamente un mostro con la sua maschera, né hai mai voluto essere in quella posizione in primo luogo. Nessuno vuole essere maltrattato, ed è incredibilmente facile trascurare quei primi segnali di avvertimento, ricordando a te stesso che ami il tuo partner e che deve essere stato un caso isolato. Ti dici che non succederà più, e poi ti ritrovi intrappolato nel ciclo dell'abuso.

Ciononostante, ti sei impegnato a vivere una vita migliore. Hai lasciato la relazione, e questo dice che ti sei impegnato a migliorare te stesso. Lasciate andare il senso di colpa che avete provato verso voi stessi e perdonatevi una volta per tutte. Non stai trascurando o dimenticando l'abuso - stai semplicemente scegliendo di non lasciarlo più dominare la tua vita. State riconoscendo che non ve lo siete meritato. State riconoscendo che non l'avete chiesto voi. State riconoscendo che il vostro ex era quello con il problema. Soprattutto, state riconoscendo che vi siete liberati e state facendo una promessa a voi stessi che non succederà mai più.

## Reclama la tua storia

Quando eravate nel mezzo della vostra relazione, probabilmente avete scoperto che la vostra relazione e il vostro ex stavano cambiando costantemente la storia in base alla quale si viveva. Non solo ti veniva detto costantemente che ti sbagliavi su ciò che stava accadendo, ma probabilmente venivi anche incolpato degli abusi che subivi regolarmente. Potrebbe esserti stato detto che la colpa era tua quando l'abusatore perdeva la calma. Potrebbe esserti stato detto che sei una calamita per gli abusi. Forse vi è stato detto che qualsiasi cosa sia successa non era un abuso.

Ora è il momento di reclamare quella storia. Non devi più vivere secondo la dottrina dell'abusatore. Puoi determinare da solo ciò che è successo e assicurarti di dire a te stesso la verità. Non siete più obbligati a fare qualsiasi cosa l'abusatore vi abbia detto di fare. Non dovete più fare in modo di essere d'accordo con l'abusatore solo per essere sicuri di non soffrire ulteriormente.

Quando finalmente reclamate la storia, siete in grado di definire ciò che è realmente accaduto. Puoi raccontare la storia dal tuo punto di vista, riconoscendo che sei stato abusato e che non te lo sei mai meritato. Puoi indicare tutti i modi in cui il tuo ex ha cercato di costringerti a cedere alla narrazione che l'abusatore ha cercato di raccontare a tutti, e puoi finalmente dire agli altri la verità.

Quando reclamate la vostra storia, vi state effettivamente riprendendo il potere. Stai dicendo a te stesso che l'aggressore non ha più il controllo su di te. Stai mettendo in chiaro che la storia della tua vita è tua e che quello che è successo è stato orrendo, ma sei in grado di proteggerti ulteriormente. Puoi correggere la storia. Stai rifiutando il tentativo dell'abusatore di farti tacere, e stai rifiutando il costante gaslighting.

Questo è forse il più personale dei passi verso il recupero emotivo: state riconoscendo quello che è successo per quello che è. Stai scegliendo di chiarire a te stesso, e a chiunque tu scelga di condividerlo, che non meritavi quello che è successo. Ricorda che questa è la tua storia, e non sei obbligato a condividerla se hai scelto di non farlo. Mentre alcune persone trovano più forte condividere la storia con gli altri, tu potresti scegliere di tenerla per te, e va bene così.

## Cercate un aiuto professionale

Ci sono pochissime persone in questo mondo che non trarrebbero beneficio da una sorta di guida da parte di uno psicologo autorizzato ad un certo punto della loro vita. Se avete sofferto di abusi, potreste scoprire che ottenere questo aiuto è in realtà imperativo per la vostra guarigione. Quando ricevi l'aiuto di qualcun altro, sei in grado di ricevere i meccanismi di coping di cui hai bisogno per iniziare veramente a guarire dall'abuso.

Non c'è niente di intrinsecamente sbagliato nel vedere un terapeuta, anche se c'è ancora un certo stigma intorno ad esso. Non stai andando fuori strada per trovare una stampella, e non stai necessariamente cercando dei farmaci. Tuttavia, quello che stai facendo è capire come andare avanti nella vita e guarire. Giudicheresti qualcuno con uno squarcio gigante sul braccio per essere andato dal dottore a farsi mettere dei punti? Direst a qualcuno con un piede rotto di andarsene e di smetterla di essere un fifone? Probabilmente no, e dovresti guardare un problema di salute mentale allo stesso modo.

Se siete appena scappati da una relazione emotivamente violenta, non c'è dubbio: probabilmente avete delle ferite emotive. Queste ferite non possono iniziare a guarire finché non le ripulite, e la terapia può fornire le competenze necessarie per fare esattamente questo. Puoi imparare come affrontare meglio le tue emozioni, come annullare il danno emotivo e come iniziare a migliorare te stesso. Tutto questo si riunisce e puoi iniziare a guarire una volta per tutte.

Ci sono diversi tipi di terapia che puoi provare per guarire te stesso. Puoi scegliere di cercare un terapeuta che sia della tua stessa religione. Si può scegliere di indagare sulla psicoterapia tradizionale, in cui si parla dei propri sentimenti e processi di pensiero per un lungo periodo di tempo per cercare di arrivare a una sorta di risoluzione. Può scegliere di provare la EMDR (Desensibilizzazione e rielaborazione dei movimenti oculari), un tipo di terapia che è comunemente usata per aiutare i veterani con il loro PTSD in un periodo di tempo relativamente breve.

Una terapia comunemente usata che si può trovare utile è la terapia cognitivo-comportamentale. Questa è una terapia che cerca di combinare il meglio della terapia cognitiva e della terapia comportamentale in una forma di trattamento che affronta sia i vostri pensieri che i vostri comportamenti per aiutarvi a guarire. All'interno di questo tipo di terapia, vi verranno dati diversi strumenti per aiutarvi a identificare, ristrutturare e cambiare i vostri modi di pensare al fine di influenzare direttamente i vostri comportamenti. Questo funziona attraverso il riconoscimento del ciclo di pensieri che influenzano i tuoi sentimenti e che influenzano i tuoi comportamenti. Quando si cambia solo uno di questi cicli, si è in grado di creare un effetto domino che cambia tutto. Attraverso l'offerta di meccanismi di coping praticabili, come la creazione di affermazioni, l'apprendimento del processo di ristrutturazione cognitiva e altri strumenti simili, sarete preparati a gestire quasi ogni problema con gli strumenti forniti.

Questo significa che non solo sarete in grado di affrontare finalmente il vostro trauma associato alla relazione abusiva, ma inizierete anche a guarire ciò che vi ha reso vulnerabili a quell'abuso in primo luogo. Imparerai come evitare di diventare una vittima in futuro. Imparerai ad essere il meglio che puoi essere.

# Capitolo 5: L'Abusatore Narcisista

Affrontare l'abusatore emotivo è sempre una lotta, ma almeno l'abusatore emotivo è di solito consapevole delle sue azioni. L'abusatore narcisistico, d'altra parte, a volte può essere ancora più persistente, più pericoloso e più insidioso dell'abusatore emotivo. Il narcisista è spinto ad abusare da un disturbo di personalità, mentre l'abusatore emotivo può non esserlo, e questa è una delle principali differenze

Gli abusatori emotivi tendono ad abusare perché vogliono essere potenti. Abusano perché vogliono essere forti. Abusano perché vogliono il controllo. L'abusatore narcisistico, invece, è diverso. L'abusatore narcisistico è spinto da carenze di personalità e semplicemente non è in grado di aiutare se stesso. Non può aiutare il fatto che ha la tendenza ad abusare, e ancora peggio, il suo tipo di personalità gli impedisce di riconoscere che potrebbe essere stato la radice del problema per tutto il tempo.

Gli individui narcisisti sono incredibilmente bisognosi. Richiedono attenzione e consenso in ogni momento, e la sola idea che potrebbero non ottenere ciò che avevano originariamente voluto. Ciò che è interessante è che l'abuso narcisistico tende a seguire gli stessi identici modelli, non importa dove si vada. Può anche sembrare che le persone soggette all'abuso narcisistico si sentano come se tutti avessero letto gli stessi libri. Due persone che hanno sofferto per mano di due narcisisti diversi possono quasi sempre riunirsi e annuire con saggezza mentre ascoltano ciò che l'altro ha da dire sulla propria esperienza.

Mentre gli abusatori emotivi sono capaci di cambiare, e persone di tutti i tipi possono mostrare segni di abuso emotivo in qualche momento, come urlare a qualcuno di stare zitto nella foga del momento, il narcisista non lo fa. Il narcisista è qualcuno che non potrà mai cambiare a causa del suo tipo di personalità. Sono disordinati per natura, vale a dire che non pensano mai al mondo nel modo in cui lo farebbe una persona normale. C'è troppa mancanza nel tipo di personalità narcisista per permettere un cambiamento significativo o anche solo il riconoscimento che la vittima del narcisista era abbastanza umana da essere importante.

Alla fine della giornata, l'abusatore emotivo è, come minimo, una persona reale. Come state per vedere, il narcisista non lo è. Il narcisista si nasconde dietro una maschera che viene usata per proteggere il suo vero io dal vedere la luce del giorno, e questo può aggiungere un intero nuovo livello di lotta per recuperare dall'abuso emotivo che il narcisista naturalmente emana. Non ha intenzione di farlo, gli viene naturale.

Tuttavia, sapere che si tratta di un'intenzione naturale di un individuo disordinato, poco più di un tentativo delirante di attirare la vittima, non fa nulla per la vittima in termini di guarigione. Infatti, imparare che l'individuo che la vittima amava e conosceva era una bugia per tutto il tempo può essere particolarmente traumatizzante di per sé.

In questo capitolo, esamineremo cosa comporta il disturbo narcisistico di personalità per avere una comprensione completa di cosa sia. Vedremo come il narcisista tende a presentarsi al mondo, in particolare guardando la differenza tra i narcisisti occulti, eccessivi e maligni e come tutti interagiscono tra loro. Ci prenderemo il tempo necessario per esaminare ciò che il narcisista cerca in un bersaglio e, infine, cominceremo a spacchettare il disastro assoluto di disorganizzazione che è la mente del narcisista e il suo abuso.

## Disturbo narcisistico di personalità

Il disturbo narcisistico di personalità prende il nome dal mito di Narciso, che si diceva si fosse innamorato del suo stesso riflesso dopo aver rifiutato le avances di una giovane ninfa di nome Eco. Lei era così devastata dal suo rifiuto che svanì, dandoci la fonte dell'eco che si sentirebbe se si dovesse urlare qualcosa in montagna. Questo dà alla maggior parte delle persone l'impressione che il narcisista sia qualcuno vanitoso e amante di se stesso, ma non particolarmente pericoloso. Le tendenze narcisistiche possono essere viste in personaggi fastidiosi nei media, per esempio, che si dedicano inutilmente alla propria immagine. Tuttavia, c'è molto di più nel NPD che semplicemente ammirare il proprio riflesso.

Coloro che soffrono di NPD presentano tipicamente diversi tratti che si uniscono per creare qualcuno che manca di empatia, considera fortemente il proprio sé più importante degli altri e tipicamente richiede un costante ed eccessivo bisogno di ammirazione per sentirsi convalidato e come se contasse. Non è a suo agio nella propria pelle a meno che non sia in grado di ottenere l'attenzione e l'ammirazione degli altri.

Il NPD è conosciuto come un disturbo di personalità del gruppo B - si tratta di disturbi che hanno un impatto diretto sulla capacità di interagire socialmente e si trova insieme a quelli con disturbo istrionico di personalità, disturbo borderline di personalità e disturbo antisociale di personalità. Tutti e quattro questi tipi di disturbi sono particolarmente noti per la loro drammaticità e imprevedibilità. In particolare, sono di solito molto emotivi e difficili da gestire, e poiché il modo stesso in cui vedono il mondo è stato così incredibilmente distorto, fanno fatica a riconoscere che potrebbero avere qualche tipo di problema.

Con NPD in particolare, si vedranno diversi sintomi, di cui cinque devono essere presenti per essere clinicamente diagnosticabili. Questi sintomi devono presentarsi in diversi contesti in diversi momenti, mostrando che sono pervasivi sia nella ricorrenza che nella situazione. I sintomi in particolare che ci si può aspettare che il narcisista clinicamente diagnosticato mostri includono: un grandioso senso di autoimportanza, autostima che deve essere convalidata dalle azioni di altre persone, comportamento di sfruttamento, comportamento offensivo, una mancanza di empatia, un focus sul potere e sul successo, la presunzione di essere unico, un senso di diritto, e una fissazione con la perfezione.

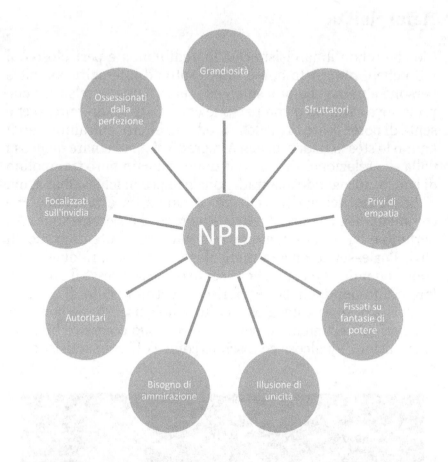

Il NPD esiste con persone che presumono di essere perfette, con illusioni su come meritano rispetto e potere, e poi fanno di tutto per sfruttare gli altri per ottenere quel potere. Sono completamente convinti di avere diritto a tutto ciò che vogliono perché sono così unici e perfetti. Si sentono come se nessuno intorno a loro possa relazionarsi con chi sono o capire le lotte dell'essere incredibilmente di alta classe come il narcisista, e a causa di questo, tipicamente passano meno tempo possibile con persone che ritengono essere al di sotto di loro. Preferiscono associarsi solo con persone che vedono come loro pari, il che significa che chiunque sotto di loro è destinato solo ad essere usato e abusato.

# Il narcisista

Ciò che rende il narcisista così incredibilmente pericoloso è il fatto che il narcisista non è interessato ad interagire con altre persone a meno che non siano suoi pari. Tutte le relazioni che promuove saranno o con persone che lui stesso ammira, o che sente di poter usare in qualche modo. In effetti, entrambi i modi hanno lo stesso risultato: egli è in grado di guadagnare qualcosa dalla sua relazione. Vede la relazione come un puro trampolino di lancio, attingendo alla tradizionale logica machiavelliana, ma a differenza del machiavelliano, il narcisista è probabile che commetta degli errori. Il narcisista crede che siccome lui è così perfetto e ha sempre ragione, non deve stare attento come gli altri. Pur essendo ancora meticoloso, alla fine farà quello che vuole, quando vuole, perché si sente come se avesse il diritto di fare esattamente quello. Preferisce essere in grado di agire in modi che ritiene vantaggiosi per lui. Vuole usare le persone per il proprio divertimento o per riempire il suo eccessivo bisogno di attenzione, qualcosa conosciuto come l'offerta narcisistica.

Alla fine della giornata, il narcisista cercherà forme valide di approvvigionamento da altre persone, e a seconda del tipo di narcisista con cui si ha a che fare, si possono vedere iterazioni molto diverse di come faranno di tutto per ottenere ciò che vogliono.

Il narcisista palese è quello a cui tutti pensano: è grandioso e rumoroso, esigente e pieno di aspettative. Sente di avere diritto a tutto ciò che vuole e lo otterrà in qualsiasi modo necessario per assicurarsi di essere soddisfatto. Questo è colui che crede di essere il miglior regalo all'umanità, anche se tutti sono appena tolleranti con lui come individuo. Non gli importa se è gradito o meno - tutto ciò che conta per lui è il suo successo e l'ammirazione che desidera.

Il narcisista occulto è quasi l'esatto opposto in molti modi: il narcisista occulto vuole essere legittimamente apprezzato. Vuole sinceramente essere il migliore che ci sia, piuttosto che credere semplicemente di esserlo, ma lotta con la propria regolazione emotiva. Mentre il narcisista grandioso sa di essere il migliore, il narcisista occulto ha bisogno della convalida degli altri per ottenerla. L'autostima del narcisista occulto dipende interamente da come le altre persone intorno a lui lo vedono in quel momento, e se non viene ricoperto di attenzioni, si sente indegno e spesso giocherà il ruolo di vittima per ottenere l'attenzione che desidera.

Infine, il narcisista maligno è il più spaventoso di tutti. A differenza degli altri due, che vogliono semplicemente essere convalidati e ammirati, il narcisista maligno vuole solo attenzione. Di solito è anche abbastanza sadico, il che significa che gode nel vedere le altre persone soffrire nella miseria. Questo significa che può trovare grande gioia nell'organizzare intenzionalmente situazioni che finiranno in disastri, solo per vedere tutto ciò che accade. Si diverte a ferire le persone solo per divertimento, a far crollare intenzionalmente le relazioni, ad accettare sfide come convincere qualcuno ad innamorarsi perdutamente di lui prima di scartarlo come spazzatura, e altro ancora. L'unica cosa che gli interessa è divertirsi in qualsiasi modo.

Riconoscere il narcisista, non importa quale sia la forma, può essere generalmente abbastanza difficile per un motivo: La personalità del narcisista cambia costantemente. Se avete mai visto un narcisista passare da una persona all'altra, può essere incredibilmente inquietante quanto le interazioni diventino diverse da persona a persona. Il narcisista può essere una personalità divertente e amante dello sport con una persona, per poi trasformarsi in riservato e analitico con quella successiva. La finezza con cui può cambiare personalità con facilità è incredibilmente scoraggiante. Tuttavia, questo è ciò che rende il suo abuso particolarmente doloroso da tollerare.

## Il bersaglio del narcisista

Prima di discutere i metodi di abuso, tuttavia, è imperativo comprendere i vari tipi di personalità che diventano i bersagli preferiti del narcisista. Proprio come il narcisista ha una serie di comportamenti che sembrano verificarsi indipendentemente da chi sia il narcisista, tutti tendono a condividere una preferenza di personalità incredibilmente simile per le loro vittime a lungo termine. Le vittime che saranno perseguite per relazioni a lungo termine sono quelle che saranno relativamente facili da sottomettere. I narcisisti sono particolarmente pigri quando si tratta delle loro relazioni con altre persone, e a causa di questo, sceglieranno il percorso di minor resistenza quando possibile. Decideranno intenzionalmente di lavorare verso una relazione con qualcuno che pensano sarà facile da gestire solo per avere sempre facile accesso all'offerta narcisistica che desiderano.

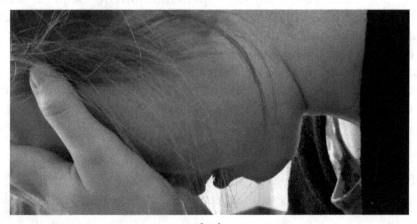

In particolare, sembrano esserci cinque distinti tratti di personalità che attraggono il narcisista, e il modo migliore per riassumerli tutti in una parola sarebbe chiamare il target codipendente. Mentre il bersaglio potrebbe non essere sempre codipendente, mostrerà diversi segni di codipendenza e avrà abbastanza delle caratteristiche che il narcisista non dovrà lavorare troppo. I tratti che il narcisista sembra favorire più di tutti sono le persone che sono empatiche, che hanno avuto un'educazione difficile, che sono caregiver per natura, che evitano i conflitti, che hanno bassa autostima e che sono naturalmente compiacenti. Questi cinque tratti si uniscono per creare una persona adatta a soddisfare ogni capriccio e bisogno del narcisista.

Un individuo empatico sarà in grado di relazionarsi con il narcisista o pensa di poterlo fare, e nel relazionarsi, l'individuo empatico si sentirà più incline ad aiutare. Vorrà aiutare il narcisista, vedendo qualcuno che è distrutto, ma che può essere guarito con compassione e cura. L'empatia dell'individuo tipicamente va di pari passo con la natura assistenziale dell'obiettivo del narcisista. Poiché vogliono aiutare le altre persone ad ogni costo, metteranno diligentemente il tempo e lo sforzo per tendere ai bisogni del narcisista. Questo porta il narcisista ad ottenere quella dose di rifornimento che voleva, anche se col tempo, diventa troppo per l'empatico da sopportare.

Facendo in modo che il bersaglio naturale del narcisista sia anche evitante di conflitti dopo essere cresciuto nella disfunzione, il narcisista è in grado di mettere in rete un bersaglio che ha molte meno probabilità di notare le bandiere rosse nella loro relazione. Le tendenze abusive, come la manipolazione emotiva, non sembreranno così allarmanti quando l'individuo che viene manipolato è cresciuto intorno a simili abusi. In effetti, il bersaglio empatico non ha mai costruito un solido confine tra l'abuso e una relazione sana, e a causa di questo, insieme al fatto che il bersaglio è probabilmente un uomo che vuole evitare il conflitto, il bersaglio semplicemente prenderà l'abuso senza una parola.

Obiettivi come questo sono comunemente considerati codipendenti - un termine che implica che stanno permettendo le tendenze abusive del narcisista. Il codipendente è effettivamente l'opposto del narcisista: lui o lei avrà il bisogno di sentirsi necessario, in perfetto contrasto con il bisogno di ammirazione del narcisista. Se il narcisista vuole sentirsi desiderato e il codipendente vuole sentirsi necessario, si potrebbe pensare che i due siano un'accoppiata naturale. Tuttavia, c'è un problema particolare con questa accoppiata: il narcisista continuerà a prendere finché il codipendente alla fine non si spegnerà.

Il codipendente è così completamente dipendente dalla relazione per qualsiasi tipo di convalida nella vita che potrebbe non rendersi conto di quanto sta rinunciando, o riconoscere che il danno che sta facendo è veramente problematico. Il narcisista non dovrebbe essere in grado di scavalcare tutti i bisogni del codipendente, eppure è esattamente quello che succede. Il bisogno della codipendente di sentirsi come se stesse aiutando altre persone le impedisce di prendersi veramente cura di se stessa.

La codipendente tende ad essere una persona che è già cresciuta con i suoi bisogni emarginati in favore di qualcun altro - questo significa che non è probabile che si preoccupi o noti molto del fatto che i suoi bisogni vengano dimenticati in favore del narcisista. Lo vedrà semplicemente come la vita di sempre e continuerà per la sua strada senza pensarci due volte.

Mentre il codipendente e il narcisista soddisfano assolutamente i bisogni l'uno dell'altro, questa è forse una delle combinazioni più tossiche di tipi di personalità: il narcisista è effettivamente abilitato, permettendo un'ulteriore giustificazione dell'abuso e del controllo che sente il bisogno di esibire. La codipendente continua a definire la propria autostima come interamente dipendente dal bisogno che il narcisista ha di lei. Alla fine, i due tirano fuori il peggio l'uno dall'altra, soddisfacendo il loro bisogno più desiderato in un modo che è dannoso per tutte le persone coinvolte. Diventano una relazione tossica, in cui entrambi sono incredibilmente pericolosi l'uno per l'altro. Queste relazioni raramente vanno particolarmente bene, perché finiscono con l'esaurimento e in ulteriori abusi.

## Identificare gli abusatori narcisisti

L'abuso narcisistico danneggia tutte le persone coinvolte, e poiché è così incredibilmente dannoso per le persone, è imperativo capire cosa cercare per sapere cosa evitare. Gli abusatori narcisistici, tuttavia, sono notoriamente difficili da identificare. Poiché sono comunemente in grado di passare da una personalità all'altra, cambiando i loro personaggi presentati più spesso di quanto le ragazze adolescenti cambino i loro vestiti, può essere incredibilmente difficile tenere traccia di chi è il narcisista e come è fatto.

Fortunatamente, c'è un metodo che si può usare per identificare l'abusatore narcisista una volta che si è avuto un po' di tempo per interagire con l'altra persona. Poiché i narcisisti possono essere così incredibilmente persistenti e sono così pericolosi e difficili da affrontare quando la maschera viene via, evitare è di solito la politica migliore, ma non è sempre facile evitare qualcuno se non si sa cosa si sta facendo. Per questo motivo, è importante che impariate a identificare il narcisista all'inizio. Imparando a identificare il narcisista, la prossima volta che credete che qualcuno possa esserlo, potete invece scegliere di evitarlo del tutto invece di tentare di interagire con lui.

Il metodo che userete per identificare il narcisista comprende tre semplici passi: guarderete come vi parlano, guarderete come ciò che dicono vi fa sentire e poi identificherete come si comportano. Ognuno di questi passi, se dedicherete del tempo a guardarli, vi aiuterà a capire se si tratta o meno di un narcisista o di un'altra personalità incredibilmente negativa.

## Cosa dicono

Quando si presta attenzione a ciò che il narcisista ha da dire, si cercheranno parole che risultano o troppo positive o troppo negative. Entrambe le estremità dello spettro sono di cattivo auspicio per lo status dell'individuo come individuo stabile. Se sentite parole fortemente positive, potreste essere inondati di affetto e lodi - tuttavia, queste lodi saranno molto più di quanto sia considerato normale. Erreranno sul lato dell'eccesso, come dire alla vittima che è il centro dell'universo del narcisista, o che il narcisista promette di fare della vittima la sua regina. Questo discorso eccessivamente positivo e sontuoso è un avvertimento per voi che lui vi sta costruendo. Mentre è normale sentire parole di affetto e ammirazione da parte di un partner, se possono andare avanti all'infinito su quanto siete amati, potrebbero semplicemente cercare di conquistarvi per il proprio tornaconto. Questo è noto come bomba d'amore e sarà discusso ulteriormente nelle tattiche del narcisista.

D'altra parte, le parole fortemente negative implicano che l'individuo è abbastanza negativo - possono parlare male delle altre persone intorno a loro, o sottolineare che il loro capo è una persona terribile. Si comportano come se fossero migliori di tutti quelli di cui parlano. Questo dovrebbe essere trattato come una bandiera rossa - se mai doveste opporvi al narcisista, sareste inseriti anche voi in questa categoria.

A volte, le parole del narcisista dimostrano che non c'è empatia - parleranno e si comporteranno come se tu non ci fossi, o risponderanno alle tue lotte. Se sembrano del tutto insensibili alle emozioni o a relazionarsi con voi quando dite di avere un momento difficile, è probabile che farete fatica nelle interazioni e conversazioni future.

Infine, un'ultima tattica comune delle parole del narcisista è quella di usare parole che lo dipingono come una vittima - mentre il narcisista è convinto di essere superiore a tutti, inevitabilmente soffrirà anche di quello che viene definito un danno narcisistico - questo avviene quando l'idea di perfezione del narcisista viene messa in discussione in qualche modo, come il narcisista che non ottiene quella promozione a cui mirava. Quando questo accade, sono improvvisamente la vittima - lo faranno sembrare come se fosse un affronto intenzionale piuttosto che qualcosa che è stato deciso perché la persona che è stata assunta era effettivamente competente e meritevole.

## Cosa si prova

Dopo aver passato il tempo ad ascoltare le loro parole, volete sapere come vi fanno sentire. Questo comporterà l'identificazione di come tendete a sentirvi quando siete esposti all'altra parte, come ad esempio chiedervi se vi capita di sentirvi normali. A volte, il narcisista vi farà sentire intenzionalmente in modo incredibilmente positivo o incredibilmente negativo - di solito, oscillerà tra i due. Ciò che è incredibilmente comune, tuttavia, è la sensazione di mancanza di controllo. In presenza del narcisista, il narcisista controlla tutto. Scelgono cosa fare, come farlo e come vi sentirete. Microgestirà tutto per ottenere i risultati desiderati, e se tenterete di combatterli, faranno tutto ciò che è in loro potere per rendervi il più miserabile possibile. Questo perché si sentono come se meritassero di avere ragione e rispetto - vogliono avere il controllo totale di tutto ciò che li circonda.

Quando vi rendete conto che spesso vi sentite come se steste galleggiando su una nuvola, potreste essere in presenza di un narcisista. Mentre è fantastico che vi sentiate così bene, vale anche la pena di chiedersi se le infinite lusinghe e l'affetto che state ricevendo sono state progettate per ferirvi. A volte è legittimo, ma molto più spesso è malizioso e deliberato per controllarvi.

D'altra parte, se vi accorgete che regolarmente vi sentite come se non foste abbastanza buoni o come se niente di quello che fate sarà mai abbastanza buono, potrebbe essere il momento di chiedersi se l'altra persona è un narcisista. Spesso passano così tanto tempo a parlare di se stessi, dei loro successi e di come vorrebbero raggiungere i loro obiettivi, che di solito invece ti abbattono involontariamente. Confrontano voi e loro senza pensarci - ma il narcisista pensa di essere il più grande dono sulla terra, quindi, naturalmente, sta andando a cantare le sue lodi mentre simultaneamente vi spazzola via come mediocri al massimo.

## Cosa fanno

Infine, volete capire anche le abitudini comportamentali del narcisista. Raramente il narcisista è effettivamente rispettoso del tempo di chiunque altro che non siano le persone che il narcisista crede siano suoi pari o superiori. Chiunque altro può aspettare, e non importa quanto l'altra persona sia infastidita. Di solito finiscono per essere abbastanza insensibili e maleducati, ma se mai si cerca di richiamare i comportamenti, si viene scrollati di dosso come se non avesse importanza.

Questa è la natura del narcisista: non gli importa delle altre persone. Troverà una scusa veloce o vi attaccherà se provate a chiamarlo fuori, dato che i narcisisti tendono ad essere particolarmente volatili quando interagiscono con qualcun altro, e poi scaricheranno la loro responsabilità. Troveranno un modo per fare la vittima, sia perché li avete accusati così maleducatamente, sia perché non si preoccupano di ciò che hanno fatto e di come questo abbia un impatto sugli altri.

Alla fine della giornata, se scoprite che la persona sembra comportarsi come un narcisista, usando parole estreme, scatenando sentimenti estremi, si arrabbia velocemente ed è disposto a deviare la colpa, potreste scoprire che è meglio se correte nella direzione opposta il più velocemente possibile. Anche se può essere allettante quando vedete quanto sia affascinante il narcisista, o quando sentite le lusinghe che il narcisista vi fa, ricordate che non ne vale mai la pena, e generalmente è meglio rinunciare ed evitare del tutto la situazione. Sarete più felici senza sprecare il vostro tempo cercando di stare al passo con i giochi mentali.

# Capitolo 6: L'Abuso Narcisistico

Infine, con questa immagine in mente di come il narcisista si presenta e perché il narcisista fa quello che fa, sarete in grado di capire meglio l'abuso che il narcisista è disposto a infliggere alle altre persone. Diventerà importante per voi riconoscere non solo i segnali d'allarme dell'abuso narcisistico, che sono un po' diversi da quelli riservati all'abuso emotivo, ma anche assicurarvi di essere in grado di riconoscere alcune delle più comuni tendenze all'abuso narcisistico.

Questo capitolo si concentrerà esclusivamente sull'insegnamento dell'abuso narcisistico. Vi verranno date delle guide su cos'è l'abuso, come funziona, perché è dannoso e perché è favorito. Maggiori informazioni su come combattere l'abuso del narcisista si troveranno nel Capitolo 8: Disarmare il narcisista, in cui vi verranno date diverse strategie per contrastare il narcisista nel momento, al fine di evitare di permettere al narcisista di calpestarvi più a lungo di quanto altrimenti tenterebbe di fare. Con la comprensione di questi metodi di abuso, sarete in grado di riconoscere quando l'abuso si sta verificando, permettendovi di combatterlo se vi siete trovati in una situazione in cui non potete semplicemente tagliare o evitare il narcisista, che sarà sempre il metodo più semplice ed efficace per evitare il danno che ne deriva.

## Segni di abuso narcisistico

L'abuso narcisistico è particolarmente insidioso. È progettato per controllare e costringere, proprio come molte delle tattiche di manipolazione emotiva, ma al di là di questo, l'abuso narcisistico è potente perché spesso il narcisista non è nemmeno consapevole dell'abuso mentre si verifica. Semplicemente vanno avanti con la loro vita senza autoconsapevolezza o consapevolezza sociale per capire cosa stanno facendo o come questo abbia un impatto sugli altri. Sono effettivamente schiavi delle loro emozioni, il che li rende particolarmente pericolosi. Se state costantemente cedendo al vostro stato emotivo, è probabile che stiate prendendo delle decisioni particolarmente pericolose che possono assolutamente rovinare le vostre possibilità di successo come desiderate.

Quando siete esposti all'abuso narcisistico, vi sentirete come se tutto il vostro mondo fosse stato messo sottosopra. Sarà come se niente avesse più senso, e come se non riusciste a distinguere il bene dal male. Immagina di girare più e più volte finché non ti gira la testa, e poi vieni gettato in acqua con una benda sugli occhi. Come fate a capire da che parte è su o giù se non potete toccare il fondo dell'acqua?

La risposta è che non si può.

La stessa cosa accade con l'abuso narcisistico. Senza una guida e senza capire i segni dell'abuso, ci si può sentire come quella persona nell'acqua senza alcun input visivo o sensoriale che aiuti a guidarla verso la superficie. Naturalmente, se erroneamente nuotano verso il basso invece che verso l'alto, ci possono essere dei seri problemi che potrebbero essere fatali. Mentre l'abuso narcisistico non è particolarmente probabile che vi uccida, poiché è principalmente di natura psicologica, può lasciarvi a dubitare di voi stessi, della vostra realtà e di tutto ciò che sapete.

In particolare, quando si vuole identificare che si è attivamente vittime dell'abuso narcisistico, sarà ancora una volta tempo di auto-riflessione. Mentre l'abuso narcisistico in sé può essere difficile da identificare, i segni dell'abuso nella vittima sono molto più evidenti, e se sai cosa stai cercando e puoi identificarli, puoi dire con sicurezza che sei stato vittima di un abuso emotivo o narcisistico.

Come prima, dovrai pensare a te stesso mentre attraversi questa sezione. Vedete quanto i segni di predazione emotiva da parte del narcisista sembrano ripercuotersi su di voi, e se trovate che potete relazionarvi fortemente con i segni forniti, è il momento di iniziare a guardare a lungo e duramente le vostre relazioni per trovare il narcisista che si nasconde in abiti umani.

## Dissociazione e abuso narcisistico

Uno di questi sintomi dell'abuso narcisistico è l'esperienza della dissociazione. Questo è effettivamente il modo della vostra mente di separare l'abuso da voi stessi - vi sentirete emotivamente e a volte anche fisicamente distaccati dal vostro corpo e dalla vostra mente. Questa è essenzialmente l'esperienza di un evento traumatico: la vostra mente cerca di far fronte separandosi dall'abuso e dal trauma per sopravvivere, o almeno per non soffrire più.

È risaputo che gli animali da preda si bloccano improvvisamente e smettono di muoversi quando vengono cacciati e catturati: questa è probabilmente una risposta molto simile. Si bloccano e si dissociano per non soffrire, e così facendo si distaccano da ciò che è successo. Quando questo accade a te, puoi scoprire che sei in gran parte insensibile come individuo. Le vostre emozioni non vi sembrano più così importanti o significative, e invece non sentite proprio nulla.

Naturalmente, questo non è il modo di vivere la propria vita. Dovreste essere in grado di godervi la vostra vita, il che significa che dovete essere in grado di liberarvi dell'aspetto traumatico.

## Bisogni insoddisfatti

Un altro segno comune che stai soffrendo di abuso narcisistico è che ti manca la capacità di soddisfare i tuoi bisogni, o hai scelto di non farlo. Se vi accorgete di avere diversi bisogni e desideri insoddisfatti che si accumulano, potreste voler considerare se questi sono insoddisfatti semplicemente perché non avete avuto tempo o risorse, o perché avete invece scelto di smettere di tentare di raggiungere ciò che avete sempre voluto per assicurarvi di soddisfare il narcisista nella vostra vita.

## La tua salute fisica sta cedendo

La mente e il corpo sono strettamente collegati, e se stai soffrendo di ansia o depressione come risultato diretto dell'abuso narcisistico che hai subito, potresti scoprire che anche il tuo corpo potrebbe iniziare a stare male. Il tuo corpo viene effettivamente inondato di ormoni dello stress a causa dei continui disordini, e questo stress costante porta anche il tuo corpo a logorarsi. Lo stress mette una tensione inutile sul tuo cuore e ti impedisce di dormire, il che logora anche il tuo sistema immunitario.

Se vi accorgete che vi state ammalando più spesso del solito, è possibile che la colpa sia di un narcisista, specialmente in tandem con molti altri dei sintomi di questa sezione. Se vi state ammalando di più, non cercate di liquidare la cosa come non correlata: la vostra mente e il vostro corpo lavorano insieme e, anche se il narcisista non vi ha mai messo le mani addosso, i suoi abusi possono comunque causare danni fisici significativi.

## Diffidate di tutti

Mentre il tuo corpo ti abbandona e scopri che sei infelice per la maggior parte del tempo, potresti anche renderti conto che insieme all'intorpidimento arriva questo senso di non potersi fidare degli altri - senti di non poterti fidare del fatto che anche altre persone non cerchino di farti del male e abusare di te, specialmente dopo essere arrivato alla conclusione che sei stato abusato. Sapere che qualcuno che si amava era in realtà un mostro sotto mentite spoglie può essere incredibilmente sconvolgente per l'individuo che lo attraversa. In effetti, non solo state affrontando il fatto che vi hanno mentito e abusato, ma state anche improvvisamente piangendo la perdita di una persona che pensavate di conoscere e che non è mai esistita. Questo è particolarmente traumatico, e se non affrontate questo trauma, probabilmente continuerete a lottare con la fiducia nelle altre persone.

## Proteggi il narcisista senza sapere perché

E il fatto che lo fai può farti impazzire. Non sapete perché state proteggendo il narcisista, ma vi sembra naturale. Questo perché chi è in una relazione abusiva tende a razionalizzare, minimizzare e poi negare l'abuso subito. Sebbene possiate essere cognitivamente consapevoli dell'abuso che state subendo, dovete anche riconoscere che l'abuso vi sta portando a proteggere l'abusatore.

È incredibilmente comune per le vittime di abusi dire a se stessi che l'abuso e l'abusante non sono così male - è l'unico modo in cui possono affrontare l'abuso mentre si verifica. Se ammettessero che l'abuso è così brutto come in realtà è, rimarrebbero bloccati con la dissonanza cognitiva di non uscire quando ne hanno bisogno, mentre continuano ad essere abusati. Diventa più facile per la mente semplicemente allontanare l'abuso e fingere che non sia stato così brutto come in realtà è stato.

Tuttavia, pensate all'implicazione che ne deriva: se state minimizzando l'abuso, state delegittimando la vostra esperienza. Stai dicendo che ti sta bene sopportare l'abuso perché non era abusivo in primo luogo. Stai effettivamente nascondendo la testa e fingendo che tutto vada bene perché non riesci a vedere quello che sta succedendo, anche se sta chiaramente accadendo, e tu ne sei, almeno in qualche misura, pienamente consapevole. Chiediti, però, se diresti a tuo figlio o a tua figlia di fare quello che stai facendo tu. Se fosse vostro figlio nella vostra posizione, lo incoraggereste a credere che l'abuso non è poi così male o gli direste di liberarsi e godersi la vita?

Quando dovete identificare se state sopportando o meno l'abuso del narcisista, vorrete considerare ognuno dei tratti precedentemente elencati. Sentite un incessante bisogno di proteggere il narcisista? Ti sembra che l'abuso non sia poi così grave? Scopri che la tua salute sta peggiorando o che vivi con un'ansia costante? Sei semplicemente intorpidito costantemente tra queste esplosioni di intorpidimento?

Questa è una realizzazione particolarmente dolorosa a cui arrivare, sapendo che sei stato vittima, ma è così incredibilmente importante. Dovete essere in grado di riconoscere se siete stati feriti in modo da poter dare la priorità alla guarigione. Sapendo che siete stati abusati, potete iniziare a fare uno sforzo per evitare che succeda di nuovo in futuro. Sarete in grado di reagire, ripulendo la vostra vita e trovando il modo migliore per ottenere la vita che sapete di meritare. Sarete in grado di raggiungere quella vita con facilità se vi darete il tempo di farlo.

Ora è il momento di approfondire le tattiche preferite dal narcisista per usare e abusare delle altre persone. Continuando a leggere da questo punto in poi, otterrete una speciale comprensione di cosa e perché il narcisista fa quello che fa. In particolare, affronteremo alcune delle tattiche di manipolazione più diffuse che il narcisista renderà parte del suo kit. Sarete guidati attraverso il rispecchiamento - l'arte del narcisista di cambiare chi si presenta in suo favore. Vedrete poi come il narcisista è in grado di mantenere quelle relazioni con la bomba d'amore e la svalutazione. Vedrete il gaslighting, l'arte di convincere le persone di cose che in realtà non sono vere. Vedrete la proiezione e come il narcisista ama deviare i propri difetti sulle altre persone. Vedrete come il narcisista è in grado di invertire così abilmente i ruoli e in qualche modo finire sempre come la vittima - ma solo la migliore vittima che ha avuto molto peggio di chiunque altro nella storia del vittimismo.

## Il rispecchiamento e il narcisista

Potreste aver sentito il termine rispecchiamento prima d'ora - di solito viene usato nel contesto della discussione sulla programmazione neuro-linguistica. Tuttavia, qui stiamo parlando di un tipo di rispecchiamento completamente diverso. Il narcisista ha un tipo speciale di rispecchiamento, durante il quale è in grado di proiettare esattamente quale personalità pensa sarà necessaria per ottenere il favore della persona che si vuole manipolare in un modo o nell'altro.

Quando il narcisista sta per rispecchiare qualcuno, prima si concentra su chi è il suo obiettivo. Diciamo che abbiamo il nostro narcisista, Ned, e il suo obiettivo, una giovane donna di nome Talia. Ned vede Talia e decide immediatamente che sarà il suo prossimo obiettivo. Va da lei, l'immagine perfetta del carisma e del fascino, e comincia a parlare. Fa un rapido giudizio basandosi sul suo abbigliamento, lei è interessata allo stile di vita di campagna, e parla di come lui muoia dalla voglia di andare a cavallo.

Si scopre che la sua ipotesi era esattamente giusta. Lei comincia a parlare di come ci andava con il suo ultimo fidanzato e di come il suo fidanzato fosse l'anima più buona e gentile che avesse mai visto. Decide quindi che ciò di cui lei ha bisogno è qualcuno di gentile e delicato. Ned si nutre costantemente degli spunti che Talia sta dando, mettendo insieme il quadro perfetto di ciò che lei sembra volere e di cui ha bisogno. Sembra essere sensibile e interessato ad ascoltare, nonostante il fatto che in realtà non gli importi di lei o di quello che dice - presta solo abbastanza attenzione per assicurarsi di avere abbastanza informazioni da usare in seguito.

Effettivamente, quindi, Ned creerà un personaggio, una sorta di pilastro che usa per presentarsi a Talia, nel corso dell'introduzione e dell'interazione. Capisce cosa lei vuole, diventa quella persona e la esegue perfettamente. Indosserà questa maschera per un po': vuole che lei sia attratta da lui e sia interessata ad altro.

## La bomba d'amore e il narcisista

Con Talia ufficialmente agganciata, Ned passa alla sua prossima tattica: il bombardamento amoroso. Questo funziona interamente con Ned che la inonda con laute lodi e attenzioni che sono state discusse come troppo belle per essere vere, perché lo sono. Lo sta facendo per una ragione molto specifica. Le persone sono abbastanza motivate da fattori molto specifici nella vita, e uno di questi fattori è se hanno creato un'associazione positiva tra ciò che ha la loro attenzione e ciò che faranno. In questo caso, Ned vuole che Talia crei un'associazione positiva con il passare del tempo con lui. Vuole che lei senta che lui è la persona migliore del mondo, e farà tutto il possibile per continuare a conquistarla.

Con la costante pioggia di lodi, spingendo la relazione a muoversi più velocemente, e la facciata di essere l'uomo perfetto per lei, è in grado di convincerla efficacemente a innamorarsi. Sono bastati alcuni regali, molte parole gentili e l'aver imparato un po' di cose su di lei. A questo punto, lui vuole facilitarle l'innamoramento il più rapidamente possibile, e continuerà a cavalcare il periodo della luna di miele per un po'.

Dopo un po' di tempo, però, quando la novità dell'intensa relazione comincia a svanire, lui comincia a lasciar cadere un po' la sua maschera. Smette di essere sempre perfetto per lei - dopo tutto, crede che il suo vero sé sia perfetto. Può anche usare ciò che è noto come svalutazione: la farà effettivamente cadere improvvisamente e inaspettatamente dal piedistallo a cui lei si è abituata. Nel buttarla giù, lei sarà effettivamente lasciata a lottare disperatamente per recuperare la sua posizione. Cercherà il più possibile di tornare a quel posto, cioè farà tutto ciò che lui le chiederà per riguadagnare il favore.

Questo perché i buoni sentimenti della fase della bomba d'amore sono inebrianti. Si sentono bene e creano dipendenza, e non appena non li avete più, li desiderate disperatamente ancora una volta. Farai tutto il possibile per reclamare quell'amore e quell'attenzione, come ha fatto Talia. Non appena riuscirà a riconquistare il suo favore, si sentirà di nuovo a suo agio nella sua posizione. Tuttavia, Ned ripeterà questo ciclo più e più volte a varie lunghezze, tutto perché vuole farla sentire instabile. Nel sentirsi instabile, lei non può prevedere con precisione cosa succederà dopo. Lei si sforzerà costantemente di rimanere dalla sua parte, il che significa che lui ha qualcuno che è sempre sull'attenti per dargli qualsiasi cosa lui voglia in quel momento.

## Gaslighting e il narcisista

Oltre al ciclo di convincere qualcuno a innamorarsi di lui, tuttavia, Ned una serie di altre tattiche nella manica. Una di queste tattiche è il gaslighting: quando si usa il gaslighting, si sta effettivamente convincendo l'altra persona di essere pazza. Questo è particolarmente atroce quando usato dal narcisista per una ragione: crede con tutto il cuore al suo gaslighting.

La maggior parte delle volte, il manipolatore farà intenzionalmente gaslighting, sapendo che è una bugia perché quella bugia servirà uno scopo che è importante. E' importante fare lo sforzo perché è visto come necessario. Tuttavia, il narcisista si esalta per una ragione leggermente diversa: la sua narrazione è semplicemente distorta. A differenza del manipolatore, la percezione che il narcisista ha della realtà è distorta: crede di essere la persona migliore. Crede di avere assolutamente diritto a tutto ciò che chiede o che si sforza di ottenere. Crede di meritare di essere riconosciuto come superiore. Tuttavia, come la persona normale sa, queste non sono altro che illusioni.

Queste illusioni sono incredibilmente potenti e il narcisista ci crede con tutto il cuore. Quando usa il gaslighting, quindi recitando la sua narrazione di ciò che crede sia successo, crede a ciò che sta dicendo. Crede di essere la vittima perché questa convinzione distorta è meglio dell'alternativa, che sarebbe stata riconoscere che lui non è così perfetto come cerca di essere. Se dovesse ammetterlo, lascerebbe andare tutto ciò che è parte integrante di chi è, così invece, si convince che la sua narrazione è quella giusta. Naturalmente, questo significa che la narrazione che tutti gli altri ricevono è altrettanto distorta.

Tuttavia, la narrazione del narcisista è più difficile da discernere dalla verità. Con i manipolatori di solito si possono cogliere i segni dell'inganno, ma con il narcisista no, loro credono in quello che dicono. Questo rende la cosa pericolosa: possono credere completamente che la persona che ha ottenuto la promozione l'abbia fatto per vendicarsi del narcisista. Potrebbero credere che la persona che li ha lasciati l'abbia fatto per poter andare a letto con qualcuno e ferire il narcisista - finché il narcisista è la vittima del gaslighting, il narcisista continuerà a recitare quella narrazione.

## La proiezione e il narcisista

Come una sorta di contrasto all'atto del rispecchiamento, i narcisisti sono anche abili nella proiezione. Prenderanno i propri tratti e li assegneranno ad altre persone a seconda che vogliano fare da capro espiatorio all'altra persona o favorirla. In particolare, si vede questo tipo di tattica comportamentale con i genitori narcisisti nei confronti dei loro figli - il bambino favorito sarà indicato come il bambino d'oro per questa sezione, ed è il bambino che non può sbagliare. Il narcisista di solito si identifica molto strettamente con il bambino d'oro e gli permetterà di fare qualsiasi cosa. Vede il bambino d'oro come l'estensione di tutte le cose buone di se stesso.

Al bambino capro espiatorio, invece, vengono dati tutti gli aspetti negativi. Se il narcisista crede di essere, per esempio, qualcuno con una bassa autostima, cosa che alcuni narcisisti sono, il capro espiatorio sarà trattato come una sorta di effigie per tutta quella negatività. Il narcisista incanalerà tutta la sua negatività sul capro espiatorio e se la prenderà con lui o lei.

Se il capro espiatorio vuole avere amici, viene punito. Se vuole vestiti nuovi, gli vengono dati di seconda mano, mentre il fratello minore può uscire e fare shopping nei negozi di marca. Il capro espiatorio è effettivamente vittimizzato e gli viene insegnato a sopportare gli abusi. Se qualcosa va male, è sempre colpa del capro espiatorio, senza eccezioni.

Questa, ovviamente, è una dinamica incredibilmente dannosa. Il bambino d'oro non impara mai le conseguenze e di solito finisce per essere lui stesso piuttosto narcisista, mentre il capro espiatorio viene invece attaccato con tutta la negatività e gli viene insegnato ad essere piuttosto codipendente, poiché i suoi bisogni non vengono mai soddisfatti, e gli viene inculcato che deve sempre compiacere il narcisista e il bambino d'oro. Il capro espiatorio implorerà ogni briciola di affetto e gentilezza, che vengono mostrati solo occasionalmente quando il capro espiatorio ha messo i bisogni del narcisista al primo posto.

## DARVO e il Narcisista

L'ultima tattica che discuteremo con il narcisista è la sua abile capacità di ribaltare quasi ogni argomento o problema. Anche se è lui il colpevole, troverà un modo per rigirare le cose se non avete familiarità con il suo metodo conosciuto come DARVO.

| Deny=<br>Negare | Attack=<br>Attaccare | Reverse=<br>Invertire | Victim=<br>Vittima e | Offender=<br>Colpevole |

DARVO (Deny, Attack, Reverse Victim, and Offender) che vuol dire negare, attaccare, invertire la vittima e il colpevole, DARVO è una tecnica incredibilmente potente. Se non si sa cosa si sta cercando, è quasi impossibile notarlo ed evitarlo accuratamente. Dovete essere in grado di riconoscere che il narcisista sta intenzionalmente cercando di far deragliare la discussione invece di fare effettivamente un buon punto.

Per esempio, torniamo a Ned e Talia. Talia sta piangendo perché si sente come se fosse stata sfruttata. Dice a Ned che è furiosa e che vorrebbe che lui non si fosse mai disturbato a venire perché avrebbe preferito essere in grado di piangere la perdita del suo fidanzato senza la sua presenza negativa.

Ned, allora, fa notare che lei ha sempre tenuto il suo fidanzato sulla sua testa e che lo ha sempre messo sotto pressione per cercare di essere all'altezza dell'immagine idealizzata di quest'uomo morto. Lui fa notare quanto sia difficile vincere su un uomo che è morto, andato, e che sarà sempre ricordato solo con affetto, e in risposta, lui fa notare come lei lo stia facendo anche adesso.

Fermiamoci un momento e consideriamo quello che è appena successo: Talia ha mai detto qualcosa sul fatto che Ned non sia abbastanza bravo? No, ha detto che avrebbe voluto non aver mai sopportato una presenza così negativa. Non ha mai paragonato i due e si è limitata a dire che avrebbe preferito evitare Ned e tutta la tossicità narcisistica che lui portava con sé. Tuttavia, Ned è stato in grado di rigirarla, e improvvisamente, era la povera vittima che aveva bisogno di compassione.

Era quello che veniva fatto sentire non abbastanza buono, nella sua narrazione. Era quello tenuto ad uno standard impossibile. Notate come ha effettivamente ribaltato la narrazione, il tutto negando ciò che Talia aveva detto prima, poi attaccandola per metterla sulla difensiva.

Con Talia sulla difensiva, lei sarà così occupata a cercare di proteggersi che lui riuscirà a cavarsela con la discussione. L'ha completamente distratta dalla sua rabbia iniziale e invece l'ha messa in guardia, il che significa che ora lui ha il completo vantaggio.

Questo è il potere del DARVO - è una tattica importante da ricordare perché se riuscite a identificarlo quando accade, potete effettivamente impedire che si verifichi. Tutto quello che dovete fare è rifiutarvi di cedere al tentativo di attacco e invertire - per esempio, invece di abboccare all'amo, Talia può menzionare che la descrizione di Ned delle cose non è mai avvenuta e che i suoi sentimenti su ciò di cui stava discutendo sono del tutto irrilevanti in quel momento, dato che stava affrontando qualcosa di non correlato al suo fidanzato. Voleva semplicemente che le fosse data la libertà di elaborare il lutto senza interruzioni, e si sentiva come se Ned le avesse rubato questa possibilità.

# Capitolo 7: Gli Effetti dell'Abuso Narcisistico

Ora, avete visto un po' di quello che il narcisista può fare se gliene viene data la possibilità. Avete visto come sono in grado di manipolare con facilità, e come hanno diverse tattiche che possono renderli particolarmente pericolosi quando interagiscono con altre persone. Tuttavia, finora, oltre a guardare alcuni dei segni di abuso all'interno delle relazioni, ciò che non è stato affrontato e discusso veramente è l'impatto che l'abuso narcisistico può realmente causare.

L'abuso narcisistico è diverso dal tradizionale abuso emotivo - questo è diventato palesemente ovvio. Tuttavia, l'abuso che il narcisista usa sembra lasciare cicatrici emotive molto più profonde. Forse in relazione al fatto che il narcisista è in grado di tradire le parti più sensibili e intime di voi: il vostro cuore. La maggior parte delle volte il narcisista è in grado di convincerti a credere nell'esistenza di qualcuno che non è mai esistito, convincendoti ad innamorarti di qualcuno che era poco più che un parto dell'immaginazione del narcisista.

Talia era così arrabbiata, non a causa di Ned stesso, o perché Ned non era abbastanza bravo, ma piuttosto perché Ned aveva mentito. Ned l'aveva fatta innamorare di qualcuno che lei pensava l'avrebbe resa felice, e così fu, per un breve periodo. Naturalmente, quella felicità molto rapidamente fu distrutta del tutto, lasciando Talia sconvolta mentre cercava di far fronte all'improvvisa realizzazione.

In definitiva, alcuni degli effetti dell'abuso narcisistico possono essere in qualche modo peggiori degli effetti dell'abuso emotivo, in particolare a causa del tradimento e della richiesta di totale obbedienza da parte del narcisista. In questo capitolo esamineremo cinque dei potenziali effetti collaterali dell'abuso narcisistico che molte persone in fase di recupero devono affrontare. Daremo uno sguardo all'ecoismo, all'impatto del narcisismo sulla fiducia in se stessi, allo sviluppo di una personalità codipendente, ai comuni problemi di salute mentale che sorgono e, infine, al disturbo post-traumatico da stress, una forma di ansia molto seria e debilitante.

Mentre leggete questo capitolo dopo essere usciti da una relazione abusiva, non abbiate paura e non lasciate che i vostri sentimenti abbiano la meglio su di voi - ricordate che state per imparare a superare questi effetti collaterali. Sei sulla buona strada per guarire, se hai fatto lo sforzo di leggere fino a questo punto questo libro, e sarai in grado di riuscire a guarire. Tuttavia, devi essere consapevole delle tue ferite prima di poterle trattare. Per quanto possa essere doloroso fermarsi a guardare tutti i modi in cui il narcisista nella vostra vita vi ha ferito, sia danneggiando la vostra autostima, sia causandovi ansia, sia portandovi all'ecoismo, potete guarire. Puoi reclamare la tua vita. Ripeti a te stesso: puoi e vuoi recuperare la tua vita, un passo e un giorno alla volta.

## Ecoismo

Il primo impatto significativo che esamineremo è l'ecoismo. Se avete familiarità con il mito di Narciso, sapete che una giovane ninfa di nome Eco si era innamorata di Narciso. Lui la respinse e lei svanì. Sconvolto dal rifiuto, Narciso fu punito, maledetto a fissare in una pozza d'acqua il suo riflesso fino a quando anche lui morì. Tutto ciò che rimase di Eco dopo il rifiuto fu la sua voce, una mera ombra di ciò che era prima che Narciso la rifiutasse.

Quando parliamo di ecoismo con gli esseri umani, allora stiamo guardando come le persone tendono a rispondere ai narcisisti e all'abuso dei narcisisti. In particolare, l'ecoismo è un tratto - questo tratto, in particolare, si misura come una paura di diventare un narcisista. Gli ecoisti, quindi, hanno paura dei propri bisogni. Sono gentili, ma terrorizzati dalla possibilità di gravare su chi li circonda. Desiderano sostenere gli altri senza riconoscimento e lode, preferendo invece rimanere sullo sfondo e mimetizzarsi. Di solito lottano con la lode e l'attenzione, sentendosi come se non potessero esprimere ciò che vogliono, anche se sanno di cosa si tratta.

L'ecoista, quindi, è come l'anti-narcisista. Mentre il narcisista ha bisogno di attenzione, l'ecoista la teme. Mentre il narcisista prospera nel controllo e nel determinare cosa accadrà, l'ecoista preferisce che gli si dica cosa fare. Quando il narcisista diventa abusivo, gli ecoisti si incolpano del problema.

In definitiva, quindi, l'ecoista è in grado di aiutare le altre persone a soddisfare i propri bisogni, ma fatica a riconoscere e soddisfare i propri. Si nascondono costantemente sullo sfondo. Mentre, naturalmente, alcune persone hanno questo tipo di personalità in modo naturale, anche senza aver mai sofferto per mano di un abusatore o di un narcisista, altri lo sviluppano apparentemente a causa del loro abuso. Sono diventati avversi al bisogno di essere soddisfatti, imparando che qualsiasi attenzione è scomoda perché significa che il narcisista rivolgerà i suoi occhi avidi e gelosi su di loro subito dopo. Diventa più facile quando la vostra vita è oscurata da un narcisista, lasciare semplicemente che tutto vi passi accanto mentre vi nascondete sullo sfondo. Le lodi vengono poi liquidate come fortuna o dicendo che è stato solo molto facile. Tuttavia, qualsiasi cosa negativa è automaticamente colpa dell'ecoista.

In genere, dopo essere stati resi inferiori e inculcati ad aiutare il narcisista piuttosto che prendersi cura di se stessi, gli ecoisti diventano disposti a fare esattamente questo. Simile al codipendente, si sentono come se il loro unico scopo nella vita sia quello di assicurarsi che tutti gli altri siano curati, e così facendo, fanno fatica. Mentre i bisogni si accumulano, completamente insoddisfatti, diventano sempre più insalubri. Si trovano infelici e spesso si sentono bloccati.

Se avete paura di essere un ecoista, non preoccupatevi - come per tutti gli altri aspetti negativi della scoperta di essere stati vittime di un narcisista, potete guarire anche questo.

## Perdita di fiducia in se stessi

Un altro effetto collaterale comune di una relazione con un narcisista è la perdita di fiducia in se stessi. Anche la persona più sicura del mondo alla fine sarà logorata intorno al narcisista senza la giusta protezione, quindi se vi è capitato di scoprire che il narcisista ha distrutto quello che una volta era un individuo sicuro di sé, non siete soli. Le tattiche del narcisista di solito passano del tutto inosservate, a meno che non vi prendiate il tempo di impararle, e se non lo fate, potreste trovare la vostra autostima in declino.

La fiducia in se stessi è fondamentale per le persone: è il modo in cui si impara a fidarsi di se stessi per prendersi cura di sé. Quando si ha fiducia in se stessi, si confida di essere in grado di fare la cosa giusta, e ci si fida intrinsecamente delle proprie decisioni e dei propri giudizi. Sei certo che ti comporterai sempre in modo vantaggioso per te e hai fiducia che avrai successo.

La fiducia in se stessi non è la stessa cosa della grandiosità nel senso che il narcisista è grandioso - la fiducia in se stessi è di solito sana. È bene essere sicuri di sé, purché la fiducia in se stessi sia accurata e giustificata, prendendo tempo per riconoscere che, come tutti gli altri intorno a voi, avete alcune debolezze che devono essere compensate.

Poiché il narcisista è così veloce nel dire alle persone che sono inferiori a lui in ogni modo possibile, sminuendo sempre le conquiste, è naturale che col tempo la fiducia in se stessi diminuisca. Dopo aver sentito il narcisista dirvi abbastanza volte che siete stupidi, lo interiorizzerete naturalmente, semplicemente perché le persone tendono ad essere più suscettibili alle credenze che sentono ripetere più e più volte. L'abuso del narcisista alla fine fa questo alla vostra autostima in generale, lasciandovi un guscio della vostra vecchia gloria.

## Diventare codipendente

La codipendenza è già stata toccata in questo libro, e sarà affrontata ancora una volta in modo un po' più approfondito, poiché è una conseguenza importante dell'abuso narcisistico in diverse situazioni. Quando si è esposti a un narcisista, ci vengono comunemente date due scelte: cedere o essere abusati. Il narcisista tenterà di costringere alla sottomissione quasi chiunque, e nel caso in cui la sottomissione sia impossibile, il narcisista rifiuta l'altra persona con la scusa di aver voluto farlo da sempre.

Quando si viene intimoriti e minacciati di essere costretti alla sottomissione, si impara molto rapidamente a temere il narcisista. Specialmente se siete stati un bambino cresciuto sotto un genitore narcisista, potreste scoprire che ogni volta che avete avuto dei bisogni, questi sono sempre stati messi in ombra e rifiutati del tutto. Non vi è stato permesso di avere dei bisogni senza essere puniti, o di avere quei bisogni soddisfatti a malapena.

La codipendenza si sviluppa quando qualcuno è costretto a rinunciare ai propri bisogni in favore di quelli degli altri più e più volte, ripetutamente, finché non ha più cercato di soddisfare quei bisogni. Per esempio, immaginate di essere cresciuti con un padre narcisista e una madre codipendente. Probabilmente ti è stato costantemente insegnato fin da piccolo a mettere i bisogni di tuo padre al primo posto. Tua madre dava da mangiare a tuo padre per prima cosa, in particolare ciò che lui voleva. Se tu stavi piangendo perché ti eri fatta male, ma tuo padre si stava scatenando in una sfuriata su qualcosa, tua madre si occupava di lui. Era addirittura così grave che quella volta che sei caduto e ti sei rotto un braccio, tua madre si è fermata e ha portato a tuo padre la sua cena e la sua birra prima di aiutarti, nonostante tu stessi piangendo per il dolore.

Questa sorta di costante trascuratezza alla fine ti ha insegnato che cercare di soddisfare i tuoi bisogni era inutile - non sarebbero mai stati soddisfatti comunque. Non sareste stati in grado di soddisfarli, non importa quanto duramente ci abbiate provato, e il messaggio che avete interiorizzato presto è stato quello di non avere bisogni. Non sono stati soddisfatti, quindi perché perdere tempo a pensarci? Potreste aver imparato a dimenticare la vostra fame o sete, finché non vi alzavate e vi girava la testa, realizzando che non avevate mangiato o bevuto acqua da un po'. Dimenticavi spesso di assicurarti di vestirti in modo appropriato o di essere preparato per eventi e uscite semplicemente perché non ti sei mai dovuto preoccupare dei tuoi bisogni.

Crescere o essere costretti all'ombra di un narcisista porterà le persone a diventare incredibilmente codipendenti. Scopriranno che la loro autostima va a scemare in modo strettamente correlato al calo della fiducia in se stessi. Diventeranno persone compiacenti, sentendosi come se dovessero prendersi cura di tutti gli altri senza lamentarsi. Faranno fatica a creare qualsiasi tipo di confine nelle relazioni, credendo che non siano importanti o che non debbano essere imposti. Si identificano strettamente con il custode, nel senso che devono essere costantemente impegnati con altre persone e prendersi cura di loro per trovare un valore reale nella loro vita. Devono mantenere una sorta di controllo, sia sui propri comportamenti sia sentendosi come se avessero il controllo del narcisista, di solito sotto forma di prendersi la colpa di tutto ciò che accade. Sono dipendenti dalle relazioni in cui si trovano, terrorizzati dall'essere rifiutati, e saranno ossessionati dalle loro relazioni e dall'ansia di essere rifiutati.

In definitiva, il codipendente diventa qualcuno difficilmente in grado di funzionare in modo sano nelle relazioni reali. Poiché il codipendente è così fissato nell'assicurarsi che tutti i bisogni siano soddisfatti senza fallire e nell'assicurarsi di prendersi la colpa per qualsiasi problema comportamentale all'interno della relazione, c'è sempre una dinamica malsana nelle relazioni di un codipendente, e solo per questa ragione, la codipendenza deve essere sconfitta.

## Problemi di salute mentale

In definitiva, l'abuso narcisistico causa anche problemi di salute mentale. A parte l'ecoismo e la codipendenza, si possono vedere anche disturbi molto reali e diagnosticabili. Le vittime dell'abuso possono continuare a soffrire di depressione, e con questa depressione, spesso sentono che non saranno mai in grado di uscirne. La relazione narcisistica può essere un costante svuotamento di qualsiasi pensiero sano o speranza all'interno dell'individuo, che alla fine sfocia completamente nella depressione. La depressione può essere duratura e pervasiva, poiché la vittima si ritrova isolata, sola e abusata regolarmente. Invece di essere in grado di fuggire, sono bloccati, soli e con nient'altro che abusi da mostrare.

L'ansia è un altro comune problema di salute mentale che si presenta. La vittima può trovarsi in ansia al solo pensiero del narcisista, o al dispiacere che sono certi sarà problematico in futuro. Sanno che il narcisista è abusivo e temono quell'abuso. Tuttavia, si trovano anche impotenti a fermarlo. Invece, si trovano a vivere costantemente in uno stato di forte stress.

# Disturbo da stress post-traumatico

Il disturbo post-traumatico da stress (PTSD) è un effetto collaterale molto specifico dell'abuso che il narcisista cerca di fare. Coloro che soffrono di PTSD spesso lottano nella vita: anche piccole cose che ricordano vagamente il narcisista possono essere sufficienti a far sì che la vittima si ritrovi nel bel mezzo di un attacco di panico, e questo è qualcosa che nessuna persona vuole dover sopportare.

Il disordine da stress post-traumatico nasce dalla mente che cerca di far fronte al trauma. La causa esatta non è ancora nota, anche se gli psicologi propendono per il fatto che sia legato alla capacità del cervello di elaborare i ricordi. Se il cervello dell'individuo con PTSD non è in grado di elaborare correttamente i ricordi, è molto probabile che l'individuo soffra ulteriormente degli effetti collaterali negativi. Avrà incubi ricorrenti sull'abuso o sul narcisista, o scoprirà di essere largamente incapace di proteggersi da qualsiasi flashback che possa sorgere in risposta a stimoli scatenanti.

Se scoprite di soffrire di PTSD, dovrete parlare con un medico o un altro professionista medico autorizzato. Possono essere dati tanti consigli attraverso un libro senza poter parlare direttamente con l'individuo che soffre di sintomi, quindi la cosa migliore che si può fare è quello di ottenere una diagnosi da un professionista medico adeguato e iniziare il trattamento con la terapia ed eventualmente farmaci.

Si può tentare di trattare i sintomi del PTSD a casa ma la gestione senza una guida non è sempre efficace. Può aiutare, ma se volete veramente trovare sollievo, dovrete assicurarvi di avere quella guida e quei consigli personalizzati che si possono ottenere solo in un'interazione uno a uno.

# Capitolo 8: Disarmare il Narcisista

I narcisisti sono notoriamente difficili da eliminare, anche se ci si prova. Molto spesso, se volete che il narcisista se ne vada, dovete capire come farlo in un modo che gli faccia pensare che andarsene sia stata una loro idea. Volete fargli credere di avere il controllo, così non prenderanno il vostro tentativo di evitarli come un modo per sovvertire il loro controllo percepito sulla situazione. Ricordate, il narcisista è convinto con tutto il cuore di essere interamente responsabile di tutto. Credono di controllare tutti quelli che li circondano, facendo fatica a vedere chiunque altro come un legittimo essere umano meritevole di rispetto o cura.

Quando vi trovate bloccati a interagire con un narcisista e cercate di liberarvene, o per lo meno di eliminare la sua capacità di farvi del male, ci sono diverse tattiche che potete usare e che non sono ancora state discusse in questo libro. Si può fare in modo di tagliare fuori il narcisista e sparire completamente, potenzialmente trasferendosi da qualche parte dove il narcisista non sarà mai in grado di trovarvi, ma questo non è sempre pratico o possibile. Per questo motivo, questo capitolo vi guiderà attraverso cinque modi per togliere potere al narcisista.

Naturalmente, il modo più efficace per disarmare il narcisista è quello di evitare completamente il contatto, e questo sarà il primo argomento discusso. A seconda delle relazioni con il narcisista, si può essere in una posizione in cui si può tagliare del tutto, e concedersi lo spazio di cui si ha bisogno. Oltre a questo, ci sono tecniche come la capacità di stabilire un confine che viene fatto rispettare, o diventare quella che viene comunemente chiamata la "roccia grigia" per far credere al narcisista che siete noiosi.

Ciò che è coerente indipendentemente dal metodo che scegliete, comunque, è assicurarsi di essere fermi in qualsiasi cosa scegliate. Se si taglia, si deve rimanere tagliati fuori. Se siete disposti ad mpostare dei confini, dovete sempre farli rispettare e stabilire le conseguenze del mancato rispetto di quei confini. Se cedete sui vostri tentativi di gestire il narcisista, anche solo leggermente, incoraggerete il narcisista - il narcisista sarà consapevole della debolezza scoperta, e questo significa che il narcisista sarà in grado di approfittarne in futuro, oltre a incoraggiare anche i tentativi futuri.

Mentre leggete questi metodi, tenete a mente che vorreste assicurarvi che qualsiasi cosa scegliate funzioni per voi. I narcisisti non sono una situazione unica, e dovrete capire esattamente cosa funziona meglio per il narcisista nella vostra vita. Alcuni sono relativamente addestrabili - con qualche rinforzo e l'uso costante dei limiti, potreste essere in grado di mantenere una sorta di rapporto a distanza con loro. In altri casi, sarà meglio tagliare i rapporti e andare avanti.

## Interrompere completamente il contatto

La prima tattica è di gran lunga la più efficace, ma non è sempre pratica. Se siete in grado di tagliare i contatti con il narcisista, fatelo. Scoprirete che, dopo lo stato iniziale di distacco, la vita diventa molto più tranquilla. Sarete molto più felici senza il narcisista che controlla la vostra vita e vi rende impossibile trovare piacere in qualsiasi cosa.

Se volete tagliare completamente i ponti con il narcisista, potete farlo dichiarando il vostro limite, ad esempio dicendo che non siete più interessati a una relazione e chiedendo che il narcisista non vi contatti più. Da lì, semplicemente ignorate qualsiasi tentativo di contattarvi. Se si presentano a casa vostra, potete chiamare la polizia e fargli dire di andarsene o rischiare una denuncia per violazione di domicilio. Se trovi che sono particolarmente persistenti, puoi sempre provare a spostarti, cambiare il tuo numero e andare avanti, specialmente se vivono piuttosto vicino a te. Se sono a distanza, può essere sufficiente bloccare i numeri, anche se potrebbero provare a farsi vedere di nuovo in futuro.

Quando si taglia fuori un narcisista, è probabile che si incontri resistenza - dopo tutto, il narcisista non saprà sottostare alle condizioni di qualcun altro, o almeno questo è quello che lui pensa. Potreste ricevere telefonate da membri della famiglia che vi chiedono come avete potuto essere così crudeli da tagliare fuori il povero nonno Frank, senza considerare il fatto che è stato violento negli ultimi anni. Ciò che conta qui più di ogni altra cosa, però, è che dovete rimanere fermi.

Se cedete alla richiesta di contatto, avete premiato il narcisista. Avete insegnato al narcisista che se vi spinge esattamente così tanto, può farvi cedere, e userà ancora quella tattica in futuro. Proprio come un bambino che fa i capricci non dovrebbe mai essere premiato, anche voi volete mantenere le distanze dal narcisista.

Tenete a mente che se interrompete, vi aspetterete quello che è noto come uno scoppio di estinzione - questo è essenzialmente il modo in cui il narcisista si comporterà in risposta al fatto che avete improvvisamente smesso di premiare i suoi tentativi di controllarvi, come avete sempre fatto. Improvvisamente state lavorando in un modo che non è normale, e che non si adatta alla sua mente. Pensate a come se doveste uscire, solo per scoprire che la vostra auto non parte, provereste ancora e ancora, diventando sempre più frenetici per alcuni minuti mentre cercate disperatamente di far partire la macchina. Dopo qualche minuto, probabilmente vi arrendereste e chiamereste il meccanico. Tuttavia, il narcisista non lo farà, lui farà ripetutamente girare la chiave fino a quando qualcosa non cederà. Ricordate, il narcisista è raramente in grado di vedere il mondo razionalmente ed è più probabile che sia guidato dalla sua visione del mondo falsata e distorta che da qualsiasi altra cosa.

In questo caso, tuttavia, la vostra obbedienza e attenzione sarebbero ciò che lui cercava invece di una macchina che parte, e ci proverà più e più volte. In particolare, vedrete le richieste aumentare esponenzialmente in un breve periodo di tempo, ed è importante che non cediate mai - se cedete durante questo periodo, sarà molto più difficile in futuro. Lasciate che lo scoppio dell'estinzione si estingua. Sarà dura per un breve periodo, ma dopo che avrete chiarito che non risponderete, c'è una buona probabilità che il narcisista dichiarerà semplicemente che non gli siete piaciuti e che vi ha tagliato fuori, e andrà per la sua strada.

## Diventare la roccia grigia

Un'altra tecnica che è un po' più realistica se non potete tagliare per qualche motivo, come se condividete dei figli con un ex narcisista, è quella di diventare la roccia grigia. Pensate all'ultima volta che avete fatto una passeggiata fuori. Forse avete attraversato il vostro giardino, o forse avete fatto un'escursione. Riuscite a ricordare qualcuna delle rocce che avete visto?

È probabile che non ci riusciate. E questo è normale. Le rocce sono così banali e irrilevanti per la vostra vita quotidiana che non avete motivo di concentrarvi su di esse. Guardare le rocce non ha importanza per voi perché sono noiose, e non ne impegnate nessuna nella memoria.

Vuoi avviare questo con il narcisista. Se puoi incanalare la noia e la banalità di quella roccia, puoi annoiare il narcisista a non disturbarti in futuro. Tutto quello che dovete fare è assicurarvi di essere il più semplici possibile in ogni interazione con loro.

Diciamo che avete dei figli con il vostro ex, e questo è il motivo per cui non potete semplicemente tagliarli fuori. Se lui vi chiede come state, ignorate semplicemente la domanda. Se vi chiede dei bambini, rispondete brevemente e con il minor numero di dettagli possibile. Se lui ha delle richieste per voi, invece di discutere su quanto siano ridicole, potete dire: "Ok". E lasciate perdere se avete intenzione di cedere, o ignoratele se non sono accettabili.

Proprio come con il metodo del taglio, scoprirete che il narcisista dilagherà nel tentativo di farvi rispondere, ma continuate ad ignorarlo. Non dovete riconoscere nulla di irrilevante per i bambini o altri sforzi condivisi. Questo significa che tutto ciò che non richiede una risposta non la otterrà, e col tempo il narcisista si annoierà di essere ignorato. C'è poco da guadagnare nell'essere completamente ignorati, e il narcisista lo sa.

Alla fine, il narcisista probabilmente perderà interesse e vi lascerà soli, proprio come con il metodo del taglio.

## Sfruttare il tempo

Un altro metodo comune che potete usare, preferibilmente insieme al metodo della roccia grigia, è quello di imparare ad usare il tempo a vostro vantaggio. Il narcisista è probabilmente abituato a farvi saltare ogni volta che ve lo chiede. Questo significa che si aspetta assolutamente che quel comportamento continui. Presumerà che salterai ogni volta che ti manderà quel messaggio. Se vi chiede aiuto, presume che lascerete perdere tutto e correrete in suo aiuto.

Quello che potete fare per eliminare questa particolare supposizione è assicurarvi di porvi attivamente fine. Impostate il narcisista su silenzioso sul vostro telefono, se potete, in modo che i suoi messaggi non vi disturbino mentre arrivano, e non rispondete. Dovreste stabilire un tempo arbitrario per rispondere a lui, se mai, semplicemente perché non c'è motivo per voi di rispondere ai suoi ordini. Se siete occupati, allora siete occupati, e il vostro telefono è una vostra utilità, non per il tornaconto di coloro che vi circondano.

Comincia a rimandare le tue risposte per qualche ora per un po'. Forse decidete che aspetterete di leggere i messaggi del narcisista per un'ora dopo il loro arrivo, e poi fate passare un'altra ora durante la quale state discutendo come meglio approcciare la vostra risposta. Questo significa che ci sarebbe un minimo di due ore tra il notare il messaggio e il rispondere se ritenete che meriti una risposta.

Questo sarà difficile all'inizio, specialmente se siete stati addestrati a rispondere al narcisista ogni volta che vi chiede di fare qualcosa. Troverete difficile superare quella programmazione che vi fa sentire come se non aveste altra scelta che rispondere immediatamente. Tuttavia, questo è esattamente ciò che il narcisista vuole, e voi dovete capire come superarla una volta per tutte. Superarlo è possibile se ci si mette d'impegno, e anche se sarà scomodo, ne varrà la pena.

Con il tempo, distruggerete l'aspettativa che il narcisista ha che sarete prontamente disponibili in qualsiasi momento se il narcisista determina che dovreste esserlo. Scoprirete che il narcisista vi manderà sempre meno messaggi, e questo vi sta assolutamente bene.

## Creare e far rispettare i limiti

Quando si è in una relazione sana, ci si aspettano dei limiti. Se avete intenzione di far rispettare i limiti, volete assicurarvi di stabilire quelli che sono significativi per voi. I vostri limiti sono fondamentalmente le leggi per il rispetto di voi stessi - sono la linea che tracciate che segna i comportamenti che non tollererete.

Per esempio, un confine molto comune che non viene detto nella maggior parte delle relazioni è che non ci sarà violenza fisica. Questo significa che entrambe le parti sono ben consapevoli del fatto che tutti si aspettano una completa mancanza di violenza fisica all'interno della relazione, ed entrambe le parti sono disposte a riconoscere e rispettare quel confine.

I narcisisti non amano i confini per una buona ragione: essi ostacolano il narcisista. Quando il narcisista vuole controllare qualcuno, non può proprio riuscirci se qualcuno ha un confine specifico sul voler essere libero di prendere decisioni per conto suo. Il narcisista allora vede quel confine come una sorta di sfida - vuole abbatterlo e dimostrare che non ha importanza. Dopo tutto, il narcisista è speciale, ricordate? Crede di meritare l'onore di potervi calpestare senza conseguenze semplicemente per la sua unicità e superiorità.

Naturalmente non è così. Voi potete e dovete assolutamente porre dei limiti, non importa cosa dice il narcisista, e se qualcuno cerca di calpestare completamente questi limiti, allora sapete che non sono persone sicure o rispettose da avere nella vostra vita. Se hanno intenzione di buttare via volentieri i vostri confini senza tener conto di come vi sentite, non potete fidarvi affatto di loro, e questo è un problema. Dovreste essere in grado di fidarvi delle persone della vostra vita.

Quando fissate un confine, dovreste assicurarvi di dichiararlo esplicitamente al narcisista, e di abbinarlo a una conseguenza. Per esempio, potreste dire al narcisista: "Se continuerai a sminuirmi, porrò fine a questa visita finché non sarai disposto a parlarmi come un adulto rispettoso. La prossima volta che ti sminuisce, e ti sminuirà di nuovo per testare questo limite, devi terminare la visita. Potete semplicemente alzarvi, impacchettare le vostre cose, riconoscere che non vi sta bene quel comportamento e andarvene, dicendogli che potrete riprovare quando sarà pronto ad essere rispettoso.

Molto probabilmente si lamenterà e farà una scenata su come siete così crudeli da punirlo per il suo cattivo comportamento, ma pensatela in questo modo: non lo state punendo, state proteggendo voi stessi. Stai stabilendo un limite ragionevole per non essere chiamato con nomi o sminuito, e non è una punizione che tu metta distanza tra lui e te. Lo chiameresti punire il serpente se ti rifiutassi di toccarlo perché sapevi che ti avrebbe morso? No, è proteggere te stesso.

Potete riprovare l'interazione dopo qualsiasi periodo di tempo che avete detto sarebbe intercorso tra la prossima inosservanza dei confini, ribadendo il confine che avete per voi stessi e la conseguenza di ignorarlo. Il trucco qui è che si deve procedere ogni volta che stabilite una conseguenza. Devi essere in grado di dire al narcisista che onorerai i tuoi confini per proteggerti, che gli piaccia o no, e lo farai per proteggerti. Il suo comfort non è una tua responsabilità, e se lui volesse davvero continuare la visita, non ti avrebbe causato così tanti problemi o ignorato i tuoi ragionevolissimi confini.

## Creare una certa distanza

A volte, l'approccio migliore a una relazione con un narcisista è quello di creare una lenta dissolvenza da quanto spesso lo contattate. In effetti, vi prenderete lentamente sempre più tempo per contattarli tra gli intervalli abituali, allungando il tempo rispetto alla frequenza iniziale di contatto rispetto a quella che vorreste raggiungere.

Per esempio, immaginate di avere un padre narcisista. Amate vostro padre, ma è incredibilmente estenuante da trattare. Attualmente, cerca di chiamarvi ogni giorno almeno due volte, e vi accorgete che sta mettendo a dura prova la vostra vita quotidiana. Dopo tutto, tu hai la tua vita e i tuoi figli, e anche se puoi capire che un padre voglia comunicare con suo figlio adulto, sai anche che sei troppo occupato per due conversazioni di un'ora durante la tua giornata, pari a un enorme 13% delle tue ore di veglia. Questo è tempo che potreste passare con i vostri figli, occupandovi di voi stessi, facendo i lavori di casa, o semplicemente sedendovi e godendovi il silenzio. Dopo tutto, tra il lavoro, la scuola per i bambini, i lavori di casa, i compiti e l'assicurarsi che tutti siano pronti per il giorno successivo, ti sembra di avere solo pochi minuti di pace per te stesso.

In questo caso, potresti fare in modo di creare lentamente una certa distanza con il tuo padre narcisista. Lentamente allungheresti la frequenza con cui chiami o rispondi a lui. Forse iniziate ignorando la prima telefonata ogni due giorni - questo è già significativo e vi fa recuperare qualche ora del vostro tempo alla settimana. Da lì, può decidere di far sapere a tuo padre che sei occupato quando chiama e che lo chiamerai durante il fine settimana quando le cose sono meno stressanti.

Col tempo, passerete da due telefonate al giorno, a una telefonata ogni due giorni, fino a una volta ogni settimana o due. Questo processo richiede tempo e pazienza, ma alla fine sarete in grado di allungare le chiamate. Aspettatevi qualche reazione, come con tutte le altre strategie narcisistiche, poiché il narcisista odia i cambiamenti che non sono alle sue condizioni. Il fatto che stiate cambiando il suo programma e le sue aspettative è un'enorme offesa per lui, e non ne sarà felice né lo rispetterà, nonostante il fatto che sia nel vostro interesse.

# Capitolo 9: Lasciare la Relazione Abusiva

A questo punto, potresti renderti conto che la tua relazione è rovinata. È danneggiata in modo irreparabile e sapete che dovete uscirne. Tuttavia, andarsene è sempre più facile a dirsi che a farsi, e specialmente se si convive e si condividono i figli, bisogna anche considerare tutti i tipi di aspetti legali per poter uscire senza problemi. Dopo tutte le intuizioni che avete acquisito leggendo questo libro finora, potreste ora riconoscere che l'abuso nella vostra relazione non va da nessuna parte - è lì per restare. Questo è terrificante per la maggior parte delle persone e non è qualcosa che si vuole necessariamente sopportare. Tuttavia, questo è esattamente il motivo per cui esiste questa guida. Potete andarvene. Questo capitolo ti dirà come andartene, spiegandoti in dettaglio cosa dovresti preparare. Puoi liberarti dalla presa dell'abusatore una volta per tutte, spezzando quelle catene e liberandoti dalla vita di tormenti e abusi che altrimenti dovresti sopportare.

Quando sei sicuro di essere pronto ad andartene, ricorda tre cose: Il vostro partner non cambierà. Non puoi aiutare il tuo partner a cambiare. Il tuo partner prometterà e implorerà di tenerti, ma questo è perché non vuole perdere il controllo. In definitiva, non farà mai lo sforzo a lungo termine per cambiare, specialmente se è un narcisista, perché il disturbo narcisistico di personalità di cui soffre gli impedisce di riconoscere che è lui il problema. Questo significa che rimarrà la persona violenta che è, non importa quanto tu voglia che cambi. Non è colpa vostra, e va bene soffrire per quella relazione che avete perso. Tuttavia, non lasciate che quel dolore vi trattenga dal rompere quelle catene e dal trovare libertà e salute.

## Metti le anatre in fila

Per quanto questa immagine possa essere carina, avere le anatre in fila è la vostra capacità di avere tutto in linea e pronto a partire. Cercherete attivamente di assicurarvi che tutto ciò di cui avrete bisogno nella vostra uscita sia in un posto e preparato.

Questa fase coinvolgerà qualsiasi cosa legale che potrebbe essere necessario fare. Condividete i bambini? Iniziate a chiedere la custodia e capire cosa dovrete fare per richiedere la custodia d'emergenza. È possibile che se avete una documentazione che prova l'abuso, potete ottenere la custodia d'emergenza dei vostri figli. In alcuni stati, se sei una madre non sposata, mantieni la piena custodia, anche se il padre di tuo figlio è sul certificato di nascita. Si assicuri di consultare un avvocato per ricontrollare la legalità di queste cose e si assicuri di non fare passi falsi che danneggiano la sua lotta per la custodia.

Vorrà anche assicurarsi che tutta la documentazione importante sia allineata. Sa dove sono i suoi documenti legali? Ha la sua carta di previdenza sociale e il suo certificato di nascita? Che ne dite di tutti i documenti per l'auto, l'assicurazione, la proprietà comune e qualsiasi altra cosa rilevante per voi? Assicuratevi di raccogliere tutti i documenti legali importanti e assicuratevi di raccogliere anche quelli per i vostri figli. Volete assicurarvi di avere i documenti che dichiarano la custodia, se è già stata stabilita. Se avete intenzione di presentare un ordine restrittivo e la custodia di emergenza, dovete ottenere anche tutto questo.

Con i documenti allineati, dovete assicurarvi di avere anche tutti i vostri oggetti sentimentali e insostituibili in un posto che sia facile da prendere. Assicuratevi di avere computer, hard disk, album di foto e qualsiasi altra cosa che sareste devastati di perdere se il narcisista decidesse di diventare distruttivo per punirvi per esservi allontanati. Vorrai mettere tutto questo in una borsa che puoi portare fuori velocemente, mettendola insieme con tutte le carte legali. Queste sono le vostre borse d'uscita - sono lì per voi per prendere e lasciare il più velocemente possibile se dovesse sorgere il bisogno.

Assicuratevi di aver fatto la ricarica, prendete un mazzo di chiavi della macchina di riserva, un po' di soldi, il caricabatterie del telefono e del computer, tutto ciò che vi servirà per i bambini se non avete tempo di fermarvi e comprare le cose, e qualsiasi altra cosa di cui sapete che avreste bisogno per un viaggio di poche notti.

Ricordate, in definitiva, i vostri beni fisici possono essere sostituiti, mentre dovreste fare lo sforzo di proteggere i vostri beni se potete, se non potete, non preoccupatevi. Concentratevi sull'assicurarvi che voi e i vostri bambini e animali domestici siate fuori, se potete.

---

**Lista di controllo delle anatre in fila**

- Tutti i documenti legali
- Certificato di nascita/SSNs
- Mutui/locazioni
- Documenti di proprietà dell'auto
- Informazioni bancarie
- Documenti del matrimonio
- Informazioni sull'assicurazione
- Diploma/prova d'istruzione
- Qualsiasi oggetto importante o sentimentale
- Caricabatterie del cellulare
- Chiavi
- Soldi

# Creare un piano di sicurezza

Lasciare la relazione è forse il momento più pericoloso in una relazione abusiva, e per questo motivo è necessario avere un piano di sicurezza. Pensate a questo come a un piano di emergenza nel caso in cui qualcosa vada storto: non volete mai usarlo, ma volete che ci sia, non si sa mai.

Questo piano di sicurezza dovrebbe comportare l'identificazione di diverse aree sicure nella vostra casa, così come i migliori percorsi per arrivarci. Vorrai assicurarti che, se ti accorgi che il tuo abusatore sta iniziando a peggiorare, puoi fare in modo di non essere intrappolato, il che significa che dovresti evitare aree con spazi piccoli o che possono bloccarti regolarmente. Vorrai anche assicurarti di evitare una stanza come una cucina, che è piena di utensili pericolosi.

Includi anche i tuoi figli nel piano di sicurezza: per quanto tu possa sperare che siano protetti dall'abuso, molto probabilmente sanno che sta accadendo. Abbiate una parola in codice che usate per dire ai vostri figli di venire da voi o di raggiungere un posto sicuro immediatamente e senza discutere. In particolare, dovrete assicurarvi di praticarla più volte, ad esempio trasformandola in un gioco. Forse la vostra parola d'ordine è "Nastro adesivo!" e appena i vostri figli la sentono, devono tutti correre e raggiungervi il più presto possibile per attaccarsi a voi come nastro adesivo. Questo è un buon modo per rimuovere un po' di paura e allo stesso tempo avere un richiamo immediato per i vostri figli.

# Creare un piano di fuga

Ora, con le anatre in fila, le tue cose pronte per i tuoi figli e per te stesso, preparati con un piano di sicurezza, è il momento di mettere insieme il tuo piano di fuga. La cosa più sicura può essere tentare di andarsene quando il tuo molestatore non è presente in casa, per esempio durante la giornata lavorativa, se possibile. In caso contrario, puoi provare nel mezzo della notte. Se il tuo partner è in casa, puoi sempre chiamare una scorta della polizia per far uscire te e i tuoi figli da casa in modo sicuro e senza incidenti.

Assicurati che il tuo piano di fuga comprenda dove andrai, come ci arriverai e come ti proteggerai. Puoi andare a stare da una famiglia che ti aiuterà a tenerti al sicuro mentre ti stabilizzi? Se no, prendi in considerazione un rifugio per la violenza domestica, perché sono ben protetti e possono tenere te e i tuoi figli al sicuro durante questo periodo pericoloso.

Quando è il momento, assicurati di non esitare - vai non appena hai detto che l'avresti fatto per proteggere te stessa e i tuoi figli e ricorda che stai facendo la cosa giusta.

Non è un processo facile - andarsene non è mai facile, specialmente se non avete denaro con voi o accesso alle finanze. Tuttavia, siate orgogliosi del fatto che non siete disposti a lasciarvi abbattere, incapaci di vivere la vostra vita in pace e sicurezza. State scegliendo di andare avanti verso la sicurezza e la felicità, e questo è abbastanza nobile di per sé.

Quando sei pronto a fuggire, tieni presente che la tua tecnologia può essere il tuo peggior nemico: se stai cercando di andartene, devi assicurarti che il tuo abusante non possa rintracciarti. Se hai uno smartphone, considera di lasciartelo alle spalle e compra un nuovo telefono usa e getta, se riesci a cavartela. Assicurati di fare il logout da tutte le iterazioni di monitoraggio familiare e GPS che possono esistere sui tuoi telefoni, tablet e computer. Oltre a questo, vorrai assicurarti di cambiare anche le tue password su tutti gli account, in modo che il tuo molestatore non possa accedere e rintracciare te o chi sta parlando con te.

## Le conseguenze

Subito dopo che te ne sei andato, è fondamentale che ti assicuri che le tue informazioni siano tenute il più private possibile. Dovrai assicurarti di usare un telefono usa e getta o un nuovo numero di telefono, che vuoi specificamente che non sia in elenco. Non volete che qualcuno sia in grado di rintracciare il vostro numero con il vostro nome.

Mentre la maggior parte delle volte, quando ci si sposta, si fa un punto per compilare un indirizzo di inoltro con l'ufficio postale per assicurarsi di ricevere tutta la posta, si consideri invece di avere tutto inoltrato a una casella postale. Questo significherà che l'unica notifica che il vostro ex può essere in grado di ottenere è che state usando una casella postale in una certa zona.

Mentre state impostando la vostra nuova vita, vorrete assicurarvi di disconnettervi da qualsiasi conto bancario o di credito che sono condivisi - assicuratevi di parlare con un avvocato sulla proprietà in anticipo, se possibile, perché questo può cambiare da stato a stato, a seconda dello stato civile e diversi altri fattori. Dovrai assolutamente evitare di usare qualsiasi carta a cui il suo ex ha accesso, perché il suo ex sarà in grado di vedere dove stai facendo transazioni, e questo può essere un'informazione sufficiente per mettere insieme un'idea generale di dove ti trovi, qualcosa che probabilmente volete evitare.

Se vi capita di rimanere nella stessa città o paese a causa del lavoro, della scuola o di altri obblighi, cambiate la vostra routine. Se avete figli a scuola e all'asilo, potreste considerare di reiscriverli altrove, dato che il vostro ex, supponendo che sia il loro padre, sarebbe probabilmente in grado di andarli a prendere senza proteste se lo volesse. Cambiare il più possibile la vostra routine vi aiuterà a non essere facilmente rintracciabili. Tenete a mente di avere sempre con voi il vostro cellulare carico in ogni momento, e non dovreste mai esitare a chiamare aiuto se ne avete bisogno.

Ancora una volta, ricordate che state facendo la cosa giusta a uscire dalla relazione. Seguire questi passi può essere utile, ma se non sei in grado di accedere ai fondi o alle necessità adeguate, o non hai un mezzo di trasporto per uscire di casa, puoi chiamare il centralino locale per la violenza domestica.

Dovrebbero avere delle risorse che possono aiutarvi a rimuovere voi stessi e i vostri figli dalla casa.

Come vantaggio, i centralini e i rifugi per la violenza domestica avranno accesso a diversi benefici che possono davvero aiutarti a uscire dalla relazione abusiva e a liberarti una volta per tutte. Avrai accesso ad avvocati, rifugi, aiuti finanziari, consulenti e altro ancora, tutti specializzati nell'aiutare e lavorare con persone in situazioni come la tua.

# Capitolo 10: Rimanere Liberi

Una volta che siete finalmente fuori dalla relazione, potreste scoprire che dopo qualche tempo, vi manca. Vi mancherà il vostro ex, e anche se può essere stato violento o minaccioso, avete comunque passato una parte della vostra vita con lui e sentite di volerlo indietro. È naturale sentire la mancanza di coloro a cui si tiene, ma alla fine, dovete avere la fiducia in voi stessi e l'autodisciplina per ricordare a voi stessi che avete preso la decisione giusta di andarvene.

In particolare, potreste scoprire che vi mancano i bei tempi, e questo è naturale. Se la vostra relazione non fosse stata altro che negativa, non sarebbe mai andata avanti oltre l'appuntamento iniziale: il narcisista doveva essere in grado di conquistarvi in qualche modo, e questo di solito comporta una sorta di facciata e di personaggio. Ciononostante, può essere incredibilmente difficile evitare i sentimenti di voler tornare dall'abusatore, anche dopo essere finalmente fuggiti una volta per tutte.

Tieni presente che se sei appena scappato dalla tua relazione e senti di voler tornare indietro, non sei solo. In media, ci vogliono almeno sette tentativi perché una persona si liberi da un partner violento. Tuttavia, il fatto di voler tornare indietro e di sapere che altre persone lo hanno fatto non significa che dovresti farlo anche tu perché ti manca il tuo ex - dovresti cercare di resistere. Conservate quella libertà per cui avete lottato così duramente e assicuratevi di rimanere liberi.

In particolare, questo capitolo si prenderà il tempo di fornirvi alcuni consigli che vi aiuteranno a non tornare alla vostra situazione di abuso, nonostante la tentazione e il desiderio che potreste avere di fare esattamente questo. Anche se sei depresso dove ti trovi, o senti che la tua casa sarebbe meglio della stanza di un rifugio in cui ti trovi, resisti. Ogni volta che ti sembra di desiderare che le cose siano diverse o quando ti dici che stai lottando a causa dei tuoi fallimenti, ricordati che l'abuso non è colpa tua. Non è colpa vostra se siete stati presi di mira da un narcisista. Siete stati predati dall'abusatore, e questo non ha niente a che fare con chi siete o con quello che meritate. Non avreste mai potuto sapere che tutto si sarebbe svolto nel modo in cui è avvenuto. Non è colpa vostra, e non lo sarà mai.

La strada verso la guarigione inizia con voi che non vi prendete più la colpa delle azioni del narcisista. Questo significa che devi rifiutare l'idea che tu sia in qualche modo in difetto per tutto quello che è successo. L'abuso è fermamente imputabile al narcisista, e dovete ricordarvelo. Ricordati che nessuno merita di essere abusato nei momenti di debolezza, e ricordati che forse non sei dove speravi di essere, ma almeno sei libero. Hai lasciato quella gabbia una volta per tutte e sei finalmente libero di spiegare le tue ali e imparare a volare.
Ora che sei lontano, è il momento di stare lontano. Puoi farlo.

## Trova un sostegno

Il primo modo che può aiutarti a rafforzare la tua determinazione durante quei momenti di debolezza è trovare un sostegno. Trovate amici o familiari a cui potete rivolgervi se avete bisogno di parlare in quei momenti, sapendo che sarete completamente e interamente sostenuti da loro quando lo farete. Assicurati di circondarti principalmente di persone che conosci e di cui ti fidi, o trova un gruppo di sostegno per persone con storie simili alle tue.
Se siete passati attraverso un rifugio per la violenza domestica, potreste già avere accesso a questo, avendo accesso a tutte le risorse che di solito seguono il rifugio. Probabilmente hanno dei gruppi di sostegno tenuti per coloro che vivono nel rifugio in un

dato momento. Se non hanno un gruppo di sostegno, possono sicuramente indirizzarvi nella giusta direzione per trovarne uno che vi sia utile.

È molto probabile che scoprirai che essere in grado di parlare con altre persone sarà incredibilmente benefico per te - quando puoi parlare con gli altri, sei libero di ascoltare altre storie. Il solo sapere che altre persone hanno vissuto quello che hai vissuto tu può aiutarti a trovare conforto in quei momenti di solitudine quando ti chiedi dove hai sbagliato. Sarete in grado di estendervi e fare nuovi amici che sono stati dove siete voi. Loro sapranno come aiutarvi semplicemente perché ci sono già stati, e il loro consiglio può essere assolutamente fondamentale per tenervi a galla in un periodo così buio.

## Scrivi le tue ragioni per andartene

Un altro modo che può aiutarvi a combattere tutte le tentazioni di tornare dal narcisista è quello di scrivere tutte le ragioni per cui ve ne siete andati. Passa il tempo, quando sei al sicuro, a rivedere cosa ti ha fatto finalmente premere il grilletto e andartene. Per Talia, era che il Ned che conosceva era una bugia. Non le piaceva essere ingannata nell'innamorarsi di qualcuno che non è mai esistito fondamentalmente. Per te, potrebbe essere che sei stanca degli abusi. Finalmente riconosci che meriti di meglio, o che i tuoi figli meritano di meglio.

Se hai dei figli, guardali. Meritano di crescere in una casa piena di disfunzioni? Volete davvero quella vita per loro? La maggior parte dei genitori non vorrebbe mai questo per i propri figli, e per loro, andarsene sarebbe la scelta più ovvia.

Naturalmente, solo perché sapete che vorreste di meglio per i vostri figli non significa che i vostri sentimenti si fermeranno. I vostri sentimenti sono solo questo: sentimenti, e non devono essere sostenuti.

Dopo aver scritto tutte le ragioni che vi vengono in mente per andarvene, potete riguardare la lista ogni volta che ne avrete bisogno. State pensando a quell'unico appuntamento che avete avuto, del tutto romantico, vicino alla spiaggia? Ricordatevi che probabilmente era una bugia e che il narcisista molto probabilmente non provava nulla per voi e rileggete la vostra lista. Ti stai rendendo conto che il tuo compleanno si avvicina e che dovrai passarlo senza un adulto con cui parlare? Rileggi quella lista e ricordati perché è così importante per te.

Considera anche di scrivere tutti i casi di sospetto gaslighting che ti vengono in mente. Pensa a tutte le volte che il tuo ex ti ha detto che qualcosa non andava o che non ricordavi bene le cose. Pensa a come ti sei sentito, sospettando che stessi lentamente perdendo la testa, e attaccati a quella rabbia. Dite a voi stessi che non accetterete di nuovo quel trattamento, e che non siete disposti a tornare ad essere trattati come se non poteste capire quello che avete davanti agli occhi.

## Trova un hobby

Forse uno dei consigli meno specifici che potrete mai ricevere è quello di trovare un hobby o qualcos'altro che vi tenga occupati nei momenti di debolezza. Solo avere qualcos'altro da fare per occupare il tempo può aiutare a non pensarci, anche quando vi sentite tentati di tornare dal narcisista per qualsiasi motivo.

Avete mai voluto provare qualcosa di nuovo o imparare una nuova abilità? Questo è il momento di farlo: cercate di capire esattamente cos'è che avete sempre desiderato nella vita e fatelo. Se avete sempre sognato di imparare a disegnare senza essere giudicati o derisi per qualsiasi cosa abbiate scelto come mezzo o soggetto, questo è il vostro momento. Volete fare un punto per imparare a lavorare a maglia? Prendi qualche soldo in più, se ce l'hai, e vai a prendere un kit per principianti. Hai solo del tempo a disposizione che prima era occupato dal narcisista - riprendilo e fai qualcosa per te stesso.

Questo porta a due cose: Non solo ti tieni occupato, ma stai anche facendo qualcosa per migliorare te stesso, e migliorare te stesso può aiutarti a sentirti meglio con te stesso. Aumentare la tua autostima quando hai successo in una nuova abilità è sempre un enorme bonus benvenuto.

# Capitolo 11: L'importanza dell'Empatia

L'empatia è una di quelle parole d'ordine che si sentono spesso in giro nella psicologia moderna e nelle fonti di auto-aiuto. Si può sentire parlare di empatia, specialmente in relazione al narcisismo. Si può sentire la gente dire che è un empatico nel cuore, o che è incredibilmente empatico. Tuttavia, sapete cosa significa chiamare qualcuno empatico?

Gli empatici sono persone che sono altamente in sintonia con l'ambiente circostante e con coloro che si trovano al suo interno. In particolare, di solito sono in grado di percepire i sentimenti degli altri con facilità. Questa è un'abilità conosciuta come empatia, ed è un'abilità critica da padroneggiare per le persone. L'empatia è l'abilità che il narcisista non ha: non può empatizzare, e poiché non può empatizzare, non riesce a relazionarsi efficacemente con le altre persone.

E voi? Sei empatico? Hai una buona idea di cosa sia l'empatia? Vuoi essere più empatico? Cosa può aiutarvi ad avere un comportamento empatico, e come può essere vantaggioso?

Tutte queste sono domande fantastiche da fare se non hai familiarità con il concetto stesso di empatia. Anche se non avete familiarità, non preoccupatevi: questo capitolo è incentrato sull'empatia e su come potete usarla per proteggervi. In particolare, ci addentreremo nell'esaminare cos'è l'empatia, quali sono i tipi di empatia e come l'empatia può essere usata per aiutarti a migliorare te stesso. Vedrete come l'empatia può combattere il narcisismo, così come potete usarla per diventare meno suscettibili al narcisismo nel suo complesso.

## Che cos'è l'empatia?

L'empatia, nella sua forma più semplice, è la capacità umana di relazionarsi con le altre persone. Si usa l'empatia per facilitare la comunicazione, per esempio, per capire meglio chi ci circonda. Vi permette di capire cosa provano in particolare coloro che vi circondano, permettendovi essenzialmente di mettervi nei panni dell'altra persona, relazionandovi con lei.

Immaginate per un momento di camminare per strada e di vedere un senzatetto seduto fuori sotto la pioggia. Vi sentite tristi per questa persona perché è bloccata fuori sotto la pioggia e fa freddo. Capite cosa significhi avere freddo e essere bagnato, qualcosa che vi è già capitato, anche se forse non nello stesso contesto, e provate empatia per quell'uomo. Sai che probabilmente sta soffrendo, e questo ti fa sentire triste e senza speranza. In effetti, assumete i sentimenti dell'altra persona per relazionarvi con lei.

Serve anche uno scopo secondario: Ti permette di regolare i tuoi comportamenti in modo appropriato. Per esempio, se notate che state facendo arrabbiare vostro figlio mentre urlate, è probabile che vi fermiate, sentiate quei sentimenti che vostro figlio sta provando in risposta alle vostre urla, e usate questa conoscenza per regolare le vostre emozioni. Quindi vi impegnate ad evitare di urlare perché sapete che sta causando problemi nel vostro rapporto con vostro figlio. Quando fate questo, state effettivamente usando la vostra empatia per regolare voi stessi e il vostro comportamento, e questa è un'abilità sociale critica da avere.

Sapete che il narcisista non ha questa abilità e questa è una delle ragioni principali per cui non è in grado di relazionarsi con chi lo circonda, ed è ciò che lo ha reso più propenso ad essere abusivo, dopo tutto. L'empatia ha quindi due funzioni molto serie: la comunicazione e la regolazione.

Quando si è in grado di comunicare il proprio stato emotivo ad altre persone, si è effettivamente in grado di fare in modo di trasmettere attivamente i propri bisogni. Dopotutto, le emozioni sono strettamente legate ai bisogni che devono essere soddisfatti, quindi quando stai facendo leggere le tue emozioni a qualcun altro, questo sta effettivamente imparando quali sono i tuoi bisogni. Se vedono che siete tristi, è probabile che sappiano che avete bisogno di sostegno, semplicemente perché questo è ciò che la tristezza trasmette: un bisogno di sostegno. Se vedono che avete paura, sapranno che ciò di cui avete bisogno è la sicurezza, perché qualcosa presente intorno a voi vi sta spaventando.

L'empatia permette poi la comunicazione non verbale. Permette alle persone di dire agli altri esattamente di cosa hanno bisogno in quel dato momento senza che debbano mai dire una parola. Pensate a quanto sia efficace: quanto tempo ci vorrebbe se ogni volta che avete una sensazione, doveste esprimere verbalmente che siete felici o tristi? Passereste molto tempo a parlare delle vostre emozioni costantemente fluttuanti, soprattutto perché le emozioni non sono particolarmente stabili. Le emozioni fluttuano costantemente; a volte, dopo pochi secondi, e l'empatia permette di comunicarle facilmente.

## Tipi di empatia

L'empatia esiste principalmente in tre forme che sono importanti da capire. Queste tre forme sono cognitiva, emotiva e compassionevole. Ognuna serve uno scopo leggermente diverso, ma è solo quando si è in grado di essere completamente empatici che si diventa veramente capaci di usare tutto ciò che l'empatia ha da offrire.

**L'empatia cognitiva** è la capacità di comprendere le emozioni. È interamente cognitiva, senza nulla a che fare con le emozioni o i sentimenti. È la vostra capacità di guardare qualcun altro, vedere un sorriso e capire che deve essere felice. Non c'è bisogno di provare attivamente quella felicità - si sa semplicemente che è quello che si sta provando semplicemente perché si sa che sorridere è un segno di felicità.

Questa forma di empatia è abbastanza semplicistica, ma ha i suoi usi. Si possono ancora fare buone inferenze sugli stati emotivi degli altri e, quindi sui bisogni che hanno in quel momento, se si è in grado di leggere come qualcuno si sente. Questo significa che si può dire cosa sta succedendo senza sentirsi veramente obbligati verso qualcosa.

**L'empatia emotiva** va un passo avanti. Quando si è in grado di empatizzare emotivamente, si è in grado di sentire le emozioni dell'altra persona. Vedi quella persona sorridere e senti il bisogno di sorridere anche tu. Quel sorriso diventa completamente contagioso, e non puoi fare a meno di sentire il bisogno di sorridere anche tu. Questo è anche incredibilmente importante da capire - quando si può entrare in empatia emotivamente, si capisce meglio la mentalità dell'altra persona. È più probabile che vi relazioniate bene se potete sentire anche i sentimenti dell'altra parte. Per esempio, è più probabile che tu senta di doverti relazionare. Se vedi qualcuno che ha paura e senti quella paura solo guardando l'altra persona, è più probabile che tu voglia aiutarlo.

Questo ci porta all'**empatia compassionevole**. Questa forma di empatia consiste interamente nel combinare altre forme di empatia. State essenzialmente assumendo l'empatia cognitiva e quella emotiva e riconoscendo ciò che ciascuna porta di buono. Nel riconoscere lo stato cognitivo dell'altra parte, si ottiene una buona idea di ciò che sta succedendo nella mente dell'altra persona. Si può iniziare a mettere insieme il motivo per cui si sentono nel modo in cui si sentono. Con l'aggiunta dell'empatia emotiva, si scopre che si è più obbligati ad aiutare. Potete sentire come si sentono e volete assicurarvi che anche le altre persone si prendano cura di voi. Questo significa che potete usare la vostra empatia per assicurarvi che chiunque vi circondi sia in grado di fare in modo che i suoi bisogni siano soddisfatti in qualsiasi momento.

L'empatia compassionevole è ciò che dovrebbe essere ricercato. Permette alle persone di prendersi cura l'una dell'altra, unendosi per garantire che i bisogni di tutti vengano soddisfatti. Come specie sociale, siamo fortemente dipendenti l'uno dall'altro per garantire che possiamo effettivamente impegnarci con altre persone. Siamo in grado di assicurarci di poterci prendere cura l'uno dell'altro semplicemente perché ci relazioniamo l'uno con l'altro.

Quando tutti provano empatia compassionevole per gli altri, le persone sono felici di aiutare semplicemente per aiutare. Capiscono che se aiutano i loro vicini, anche i loro vicini probabilmente li aiuteranno quando avranno un momento di bisogno. Questo è incredibilmente importante: quando si può contare sui propri vicini, la sopravvivenza della specie è più probabile.

Naturalmente, al giorno d'oggi, non abbiamo bisogno di dipendere dagli altri per la sopravvivenza. Non ci si deve più preoccupare di piantare abbastanza cibo per tutto l'inverno: si può semplicemente andare al negozio. Puoi chiamare le persone e pagarle per aiutarle. Non devi più coltivare queste strette relazioni di vicinato, ma questo ha un costo piuttosto significativo: non stai più creando quei legami che una volta erano comuni.

## Empatia per combattere il narcisismo

Quando si cerca di affrontare un narcisista, ci si può trovare a lottare immensamente. Scoprirete che è quasi impossibile affrontare la situazione e capire come convincere il narcisista che ha torto, perché è programmato per negare l'idea di avere torto. Devono avere sempre ragione, anche se questo comporta il costo di ferire altre persone. Anche se le persone possono cercare di insegnare al narcisista a comportarsi bene e a prendere in considerazione i sentimenti degli altri, non è probabile che si vada molto lontano. Invece, quello il modo migliore per gestire il narcisista è quello di avvicinarsi al narcisista con empatia.

Quando vi avvicinate al narcisista con un approccio empatico in mente, non lo fate per avere le vostre azioni ricambiate - sapete già che il narcisista non lo farà in nessun momento. Tuttavia, potete usare la vostra empatia per riconoscere cosa sta succedendo al narcisista. Solo perché il narcisista non entra in empatia da solo, non significa che non possiate rimuovere alcune delle minacce avvicinandovi al narcisista con una prospettiva empatica.

Questo non significa nemmeno che dovete avvicinarvi al narcisista, tutto quello che dovete fare è essere disposti a considerare il fatto che il narcisista è semplicemente cablato in modo diverso e che i suoi tentativi di controllo non dovrebbero essere accolti con rabbia e frustrazione.

Pensateci in questo modo per un momento: se il narcisista fosse un serpente, lo biasimereste davvero per avervi morso? La risposta è probabilmente no: vi aspettereste che vi mordesse, e quindi prendereste le misure necessarie per mantenere la vostra distanza. Questo è esattamente ciò che farete con l'empatia e il vostro approccio ai narcisisti. Se potete identificare qualcuno come narcisista, lasciatelo stare. Date loro la loro pace e il loro spazio e semplicemente rifiutate di impegnarvi. Se riuscite a fare questo, affrontando la situazione in modo pragmatico ed empatico, rimuovete gran parte del pericolo. Il narcisista avrà difficoltà a infliggere danni emotivi se lo avete già screditato e ignorato.

E se, invece di sentire che il narcisista è veramente malvagio, guardaste al perché lui è come è? Potreste fermarvi e considerare che anche voi a volte vi sentite grandiosi, come quando avete successo in qualcosa. Forse avete sentito quella piccola fiammata di grandiosità quando finalmente siete scappati. Questa non è una cosa negativa - quella sensazione ha un ottimo scopo di rinforzo. Tuttavia, il narcisista è incredibilmente grandioso fino all'eccesso e fino al punto in cui può effettivamente essere fastidioso e problematico. Causa problemi con la sua grandiosità perché la sua grandiosità è incontrollata. Tuttavia, è colpa sua, o è a causa del suo disturbo di personalità?

Ora, mentre non vi verrà mai detto che dovete assolutamente trattare il narcisista come il vostro migliore amico, dovreste ricordarvi di empatizzare con lui di tanto in tanto. Ricordate che empatizzare non equivale a perdonare, né a dire che siete disposti a dargli un'altra possibilità. Più di ogni altra cosa, è la vostra capacità di riconoscere di cosa è capace il narcisista e perché è come è. Dopo tutto, se sceglieste di ignorare la vostra capacità di entrare in empatia con il narcisista, sareste migliori di lui? Il narcisista non entra in empatia perché non gli viene naturale. Tuttavia, se a voi viene naturale, dovreste automaticamente affrontare il mondo con quell'empatia?

Molte persone direbbero di sì, che l'empatia è gentile e compassionevole e renderà il mondo un posto migliore. Nel complesso, starà a voi decidere se volete usare l'empatia con il narcisista, ma dovreste fortemente prenderlo in considerazione.

## Empatia per aumentare la consapevolezza di sé

Oltre che per capire le persone, l'empatia è in realtà abbastanza utile anche nello sviluppo di altre abilità sociali. In particolare, l'empatia è un grande seguito per l'autoconsapevolezza, e questa autoconsapevolezza può davvero aiutarvi a combattere la tendenza a cadere in relazioni aggressive o abusive. Quando sei consapevole di te stesso, ti riconosci. Sapete quali sono le vostre vere capacità e sentimenti, e che la vostra autoconsapevolezza è accurata. In particolare, l'autoconsapevolezza è necessaria se si vuole essere in grado di regolare i propri comportamenti, grazie alla conoscenza dei propri limiti.

Quando non si è particolarmente consapevoli di sé, si incorre in molti degli stessi problemi di cui soffre il narcisista. Scoprirete che non potete regolarvi efficacemente e se non riuscite a capire i vostri sentimenti, non sarete nemmeno in grado di capire i sentimenti degli altri.
Tuttavia, se avete già una base di grande empatia, potete cercare di usare questa empatia per aiutarvi a capire anche le altre persone.

In definitiva, la vostra autoconsapevolezza e la capacità di empatizzare sono molto più vicine di quanto possiate pensare, e più empatia avete, più è probabile che facciate in modo di regolare ciò che state dicendo. Questa capacità di capire cosa sta succedendo è ciò che vi aiuterà nello sviluppo dell'autoconsapevolezza. Se sapete che le vostre azioni stanno turbando le altre persone, per esempio, vi state presentando in un modo che è chiaramente inappropriato agli occhi degli altri. Questo significa che le altre persone sono del tutto insoddisfatte di come vi state presentando, e avrete bisogno di capire perché.

La vostra empatia vi permette quindi di iniziare a capire perché sono infelici. Che cosa avete fatto che lo ha causato? Se vedi che, in particolare, le persone sembrano essere infastidite dalla tua insistenza a fare qualcosa in un certo modo, potresti supporre che il tuo desiderio di completare qualsiasi cosa sia il problema. Forse vi stavate presentando come insistenti.

Ora, siete in grado di riconoscere che le persone erano infastidite da voi, e poi capire esattamente perché. Quando siete consapevoli di quello che state facendo e di come sta influenzando chi vi circonda, è molto più probabile che siate prudenti in futuro. Sarete quindi più consapevoli di voi stessi.

Effettivamente, quindi, l'autoconsapevolezza è regolata dall'empatia, e questo rende i due abbastanza potenti quando vengono usati in tandem.

## Empatia per costruire l'autostima

Proprio come l'empatia e l'autoconsapevolezza sono strettamente correlate, dovete anche essere in grado di riconoscere il fatto che l'empatia e l'autostima condividono un legame simile. L'autostima è fondamentale per come vediamo noi stessi. La vostra autostima è in gran parte il modo in cui vi vedete nel mondo. Siete felici di ciò che siete, o sentite che qualcosa della vostra personalità è intrinsecamente difettosa? Senti che la tua capacità di aiutare gli altri è così incredibilmente limitata che non sei particolarmente prezioso, o pensi di essere una brava persona?

Pensa per un momento all'autostima e a ciò che le parole possono significare. State letteralmente creando una stima di voi stessi. Stai effettivamente definendo il tuo valore, così come lo vedi ai tuoi occhi. Se hai un'alta autostima, o una sana autostima, ti vedi abbastanza positivamente. L'autostima di alcune persone può essere troppo alta, come il narcisista, ma con moderazione, l'autostima è fondamentale per avere successo nel mondo che ci circonda. Se avete una sana autostima, avete i vostri confini e limiti per voi stessi. Sei effettivamente in grado di dire che ti rispetti e di mettere una linea su dove sia questo rispetto. Puoi dire cosa pensi di te stesso guardando quella linea.

Una bassa autostima, tuttavia, implica che la tua immagine di te stesso è piuttosto negativa. Senti che l'immagine che presenti è problematica o imperfetta, o senti che la persona che sei è intrinsecamente negativa. Quando hai una bassa autostima, non hai fiducia in te stesso. Non si pensa che la persona che si è sia degna di rispetto o di amore, o si può anche pensare di essere uno spreco di spazio e di tempo nel mondo.

L'autostima è uno di quei tratti che si desidera con moderazione per essere sani, e l'empatia può aiutarvi a raggiungere proprio questo. Considerate, per un momento, l'effetto dell'empatia reciproca.

Per esempio, immagina che tu e il tuo amico siate in grado di entrare in empatia l'uno con l'altro. Siete in grado di rispettarvi l'un l'altro e mostrarvi a vicenda quanto vi importa l'uno dell'altro. Siete in grado di mostrare all'altra persona la vostra valutazione del suo valore. Voi li stimate e siete in grado di mostrarlo attraverso la relazione con i loro sentimenti. Più si entra in empatia con qualcuno, più si apprezza chi è, cosa gli piace e come lo si vede.

Ora, se hai appena empatizzato con il tuo amico, come pensi che questo lo abbia fatto sentire?

La risposta è che probabilmente si è sentito abbastanza bene - era giustificato dal fatto che tu riconoscessi la sua posizione e i suoi sentimenti, e questo è stato qualcosa che ha veramente apprezzato. Gli hai dimostrato efficacemente che gli importava, e in risposta, era più felice di quanto non lo fosse da un po'.

Ora, considerate che l'empatia è reciproca - lui è entrato in empatia con voi quando stavate parlando del problema con il narcisista da cui siete recentemente fuggiti. Anche voi vi sentite apprezzati e sostenuti.

Quando sentite che le persone vi apprezzano e vi sostengono, sentite che le altre persone stanno ascoltando chi siete e si preoccupano davvero di quello che state dicendo. Questo significa che siete in grado di vedere che le altre persone stanno, di fatto, riconoscendo voi, i vostri sentimenti e i vostri gusti. State vedendo che, diversamente da come vi ha detto il narcisista, avete un valore intrinseco. Il narcisista può aver danneggiato la tua autostima rifiutandosi di riconoscere i tuoi valori e le tue emozioni, ma tu puoi iniziare a guarire da questo. Puoi attingere all'empatia degli altri per cominciare a guarire quelle ferite.

L'empatia vi ricorda che gli altri nel mondo, in effetti, si preoccupano di voi. Si preoccupano di ciò che pensate del mondo. Si preoccupano di come vi sentite e se potete affermare che tutti i vostri bisogni sono stati soddisfatti. Vogliono assicurarsi che tu sia in grado di prenderti cura di te stesso, e sono in grado di aiutarti.

Se anche degli estranei a caso che non conoscete possono entrare in empatia con voi, allora questo cosa vi dice? Ti dice che la tua autostima dovrebbe migliorare. Vi dice che i tentativi del vostro ex narcisista di sminuirvi e buttarvi giù erano poco più che strumenti per tenervi facilmente sottomessi, e senza la presenza del narcisista, dovreste essere disposti a riconoscerlo.

Questo significa allora che senza il narcisista a continuare a buttarvi giù dovreste essere in grado di iniziare a guarire sempre di più. Potete assicurarvi che state effettivamente iniziando a sentirvi meglio, e a riconoscere che avete un valore intrinseco che le altre persone vedono. L'empatia vi ricorderà di guarire quel valore intrinseco. Aiuterà quell'autostima danneggiata e appassita a cominciare a sbocciare e fiorire ancora una volta, nutrita dall'amore e dall'empatia delle altre persone. Se gli altri possono vedere il vostro valore senza conoscervi, allora dovete averne un po'.

# Capitolo 12: Proteggersi dagli Abusi Futuri

Finalmente ce l'hai fatta: questo è l'ultimo capitolo del libro. Congratulazioni per il tuo viaggio e buona fortuna mentre inizi a entrare nel capitolo dedicato al miglioramento di te stesso! Anche se non è in alcun modo colpa tua se sei stato abusato e manipolato, ti starai chiedendo cosa puoi fare in futuro per non esserne di nuovo vittima. La risposta è che non c'è un vero modo per non essere più vittima di una relazione abusiva, a meno che tu non ti metta mai in una relazione. Tuttavia, questo è un modo incredibilmente malsano di vivere la vita. Le persone desiderano la vicinanza e l'intimità delle loro relazioni, e voi meritate di riconoscere questo bisogno, anche se è difficile farlo.

Anche se non si può esattamente creare una guardia infallibile contro l'abuso, quello che si può fare è assicurarsi di aver scelto un modo per farsi una sorta di scudo. Potete corazzarvi per diventare qualcuno che sia un bersaglio meno attraente per l'abuso emotivo e narcisistico.

Pensate per un momento al bersaglio preferito del narcisista: quanti di questi tratti avevate voi? Se dovessi indovinare, direi che in realtà ne hai avuti diversi - e va bene così. Tuttavia, dovrete assicurarvi di migliorare attivamente voi stessi per rimanere il più protetti possibile. Se ti manca la fiducia in te stesso, imparare ad esserlo è il passo successivo naturale. Se sentite che il problema è qualcosa di intrinseco in voi, potreste trovare beneficio dalla terapia. Puoi decidere di sviluppare la tua intelligenza emotiva nel tentativo di proteggerti meglio in futuro, o puoi creare affermazioni che ti aiutino a costruire un po' di coraggio e autostima. Qualunque cosa scegliate di fare, sarete in grado di riconoscere che state migliorando voi stessi in qualche modo per aiutarvi a rimanere al sicuro in futuro.

Mentre leggi questo capitolo, non sentirti limitato a ciò che viene discusso. Se vuoi costruire la fiducia, ma hai un metodo diverso che vorresti usare, allora fallo. Abbiate fiducia in voi stessi e nel vostro giudizio. Dopotutto, ora sei una persona libera e puoi scegliere cosa fare e dove farlo. Non hai bisogno del permesso di un libro per assicurarti di poter ottenere la fiducia e la protezione che desideri!

## Costruire la fiducia

Iniziamo definendo ancora una volta la fiducia: è la tua capacità di sentire che puoi contare su te stesso. Se sei sicuro di te, senti di essere degno di fiducia e che ti proteggerai in qualche modo. Se sei sicuro di te, ti assicurerai effettivamente di poterti fidare del tuo giudizio, permettendoti di resistere all'impulso di cadere in qualsiasi futuro tentativo di gaslighting.

Ricordate, la ragione per cui siete stati probabilmente così suscettibili a molte delle tattiche di abuso è stata una mancanza di fiducia. Quella fiducia è forse il vostro più grande scudo che vi proteggerà da un manipolatore emotivo. Poiché la fiducia significherà che vi fidate intrinsecamente di voi stessi, dei vostri pensieri e delle vostre percezioni, rimuovete il potere di potervi convincere che avete torto. Il narcisista ha bisogno di qualcuno che non sia particolarmente sicuro di sé proprio perché è molto facilmente manipolabile e controllabile. Questo significa che i migliori obiettivi sono quelli che non hanno la fiducia in se stessi e il rispetto di se stessi per lasciare qualsiasi tipo di situazione abusiva.

Quando si vuole sviluppare la propria fiducia, si sta effettivamente insegnando a fidarsi del proprio giudizio. Questo significa che farete diversi piccoli esercizi di fiducia per assicurarvi che siate effettivamente in grado di rimanere al sicuro. Per fortuna, la fiducia non è fissa - è un'abilità che si può sviluppare nel tempo attraverso la pratica. Si tratterà di trovare aspetti della vita che vi aiuteranno ad avere fiducia in voi stessi.

Vi piace lo sport? Forse ti iscrivi a un corso di arti marziali rivolto a chi è sopravvissuto a un abuso domestico per contribuire a promuovere un senso di fiducia in se stessi. Vi piacciono i videogiochi? Scegline uno nuovo e diventa bravo. Indipendentemente da quello che fai, la parte importante è che devi scegliere qualcosa a cui dedicarti, permetterti di andare fino in fondo e poi assicurarti di riconoscere a te stesso che hai fatto tutto quello che ti sei prefissato di fare.

Con il tempo, scoprirai che la tua sicurezza aumenterà. Potreste scoprire che le interazioni sociali con le persone diventano più facili perché non vi vergognate più di voi stessi. Potreste fare meglio nei colloqui di lavoro perché vi sentite meglio su chi siete, o perché avete un valore più alto di prima. Non importa quale tecnica userete, assicuratevi solo di attenervi ad essa e di continuare a riconoscere voi stessi e le vostre capacità nel tempo. Tutto quello che dovrete fare è assicurarvi di essere la persona che state cercando di essere. Sforzarsi attivamente di essere migliore vi aiuterà a vedere i migliori risultati.

# Terapia cognitivo-comportamentale

Se siete stati facilmente vittimizzati dal manipolatore o dal narcisista, potrebbe valere la pena passare un po' di tempo nella terapia cognitivo-comportamentale. In particolare, questa terapia è abbastanza abile nel fare in modo che siate in grado di proteggere voi stessi. Sarete in grado di imparare diverse abilità che saranno in grado di aiutarvi ad avere il successo che desiderate.

In particolare, la TCC si concentra su come insegnarvi ad essere in grado di affrontare qualsiasi problema che dovete affrontare. La vostra autostima è bassa? Con la TCC puoi imparare a identificare il motivo per cui la tua autostima è bassa prima di tutto e poi capire come iniziare a ristrutturare quei pensieri in qualcosa che sia più produttivo, vantaggioso per tutti e capace di aiutarti a diventare più felice. La TCC è tutta una questione di ristrutturazione cognitiva, capire come identificare quei pensieri che ci pongono le maggiori sfide e poi diventare capaci di correggerli per assicurarci di stare meglio in generale.

Pensate per un momento alla differenza tra la TCC e una terapia tradizionale: una psicoterapia tradizionale si concentra sulla capacità di parlare dei vostri problemi. Può aiutarvi a risolvere quell'unico problema che vi ha fatto impazzire, ma farà davvero in modo che siate pienamente capaci di risolvere i problemi da soli? No, non lo farà.

La TCC cerca di insegnare tutti i tipi di meccanismi di coping diversi che possono essere usati per aiutare a migliorare se stessi. Avrete tecniche per sconfiggere le fobie e per imparare a cambiare i vostri pensieri. Imparerai come affrontare lo stress e come renderti una persona molto più forte. Sarete in grado di fare tutto questo, grazie al fatto che imparerete abilità che sono abbastanza vaghe da essere usate in quasi tutti i contesti.

Questa è la magia della TCC e il motivo per cui è così efficace: è basata su strumenti. Tutto quello che farete è capire come usare gli strumenti che vi aiuteranno a superare lo stress, e questo è potente. Pensa alla possibilità di sapere insegnare a un uomo a pescare e di nutrirlo per tutta la vita. La TCC ti sta effettivamente insegnando a pescare, e tu potrai riutilizzarli più e più volte. Finché sarete disposti a continuare ad usare quelle tecniche, scoprirete che sarete in grado di continuare a vedere effetti più e più volte.

Tenete a mente che non c'è vergogna o danno nella terapia. Non dovreste mai sentirvi come se foste meno capaci perché vi siete fatti aiutare ad affrontare i vostri problemi. Infatti, essere disposti ad ammettere che avete bisogno di aiuto è molto più ammirevole che rifiutarsi di andarci. Se siete stati disposti a fare lo sforzo con le vostre capacità, imparando ad affrontare i vostri problemi, meritate questo riconoscimento.

Ancora meglio, fare questo vi aiuterà a proteggervi dal narcisista una volta per tutte. Sarete in grado di rattoppare tutti quei tratti di cui quel narcisista gode, in modo da non essere così suscettibili. Sarete in grado di dire a voi stessi che potete sviluppare autostima. Sarete in grado di capire il vostro problema di codipendenza. Sarete in grado di capire esattamente perché eravate così disposti a sopportare tutti quegli abusi per così tanto tempo e come potete finalmente superarli. Imparerete a capire il modo migliore per aumentare la vostra autostima e la vostra sicurezza, così come a usare efficacemente la vostra empatia, il tutto con l'aiuto di questa terapia che altrimenti potreste aver scelto di evitare per paura delle critiche.

## Intelligenza emotiva

Un altro set di abilità che può essere utile per proteggere se stessi è imparare ad essere emotivamente intelligente. L'intelligenza emotiva è definita come la capacità di comprendere e identificare le proprie emozioni, nonché di regolarle. Con questo set di abilità sarete anche in grado di identificare e regolare i sentimenti delle altre persone.

In particolare, coloro che usano l'intelligenza emotiva riconoscono che ci sono quattro insiemi di abilità distinte che convergono in essa: c'è l'insieme di abilità di autoconsapevolezza, l'insieme di abilità di autoregolazione, l'insieme di abilità di consapevolezza sociale e l'insieme di abilità di gestione delle relazioni. Ognuno di questi è utile in modi diversi, ma quando tutti e quattro si uniscono, è possibile creare leader competenti che sono empatici, persuasivi, benvoluti e sicuri di sé.

L'autoconsapevolezza nell'intelligenza emotiva è un focus su come comprendere le proprie emozioni e capacità. Guarderete efficacemente come vi comportate e come vi sentite. Guarderete anche più da vicino quanto accuratamente potete identificare i vostri punti di forza e di debolezza. Dovete essere in grado di capire le vostre debolezze e i vostri punti di forza se sperate di migliorare voi stessi e assicurarvi di sapere di cosa siete capaci. Quando sapete di cosa siete capaci, potete prendere solo gli impegni che sapete di poter portare a termine, e se sapete in cosa lottate, potete chiedere aiuto senza preoccuparvi di come fallirete se tenterete di andare fino in fondo cercando di lavorare con le vostre debolezze.

L'autoregolazione si concentra sulla vostra capacità di controllarvi. Capirete come evitare di rispondere a quegli impulsi emotivi che sentite e che vi spingono verso comportamenti che altrimenti sarebbero problematici, come ad esempio fare attivamente in modo di evitare di urlare, nonostante abbiate una gran voglia di urlare. Quando si riesce ad autoregolarsi, si evita di ferire le altre persone per negligenza.

La consapevolezza sociale si riferisce alla vostra capacità di entrare in empatia con le altre persone e di capire le emozioni degli altri. Quando si è in grado di entrare in empatia con le altre persone, si può capire direttamente cosa stanno provando e pensando, il che fornisce una visione preziosa dei bisogni e delle motivazioni. Con la vostra capacità di immedesimarvi nell'intelligenza emotiva, siete in grado di iniziare a capire come regolare anche i comportamenti degli altri.

Quando imparate a regolare anche i comportamenti degli altri, state imparando l'abilità della gestione delle relazioni. State imparando a determinare con precisione di cosa sono capaci le persone, a vedere come interagiscono con le altre persone e a capire come sono in grado di beneficiare al meglio tutte le persone coinvolte. In modo efficace, quindi, siete in grado di iniziare a influenzare i comportamenti degli altri con facilità. Lo si fa osservando come i propri comportamenti influenzano gli stati emotivi degli altri, al fine di capire l'approccio migliore.

Sviluppare l'intelligenza emotiva non deve essere difficile, tutto ciò che serve è un po' di pazienza e la volontà di leggere libri, non diversi da questo. Se pensate che potreste beneficiare dell'intelligenza emotiva, è una tecnica altamente raccomandata e si allontana dalla comprensione dell'abuso e dalle ragioni che stanno dietro l'abuso.

## Affermazioni

Infine, l'ultima tecnica che ti verrà data per aiutarti è come creare un'affermazione. Questa è una tecnica incredibilmente comune che può essere usata per aiutarvi a cambiare la vostra mentalità poco a poco. Quando usate un'affermazione, sarete effettivamente in grado di fare in modo di dirvi qualcosa di breve che vi ricordi di cambiare il modo in cui state pensando in quel momento. Comunemente usato per combattere i pensieri negativi, questo può essere particolarmente utile se il narcisista ha davvero fatto un numero sulla vostra autostima.

Per creare un'affermazione, dovete semplicemente seguire tre regole specifiche: deve essere positiva, deve essere personale e deve essere al presente. Vediamo perché ognuno di questi punti è importante.

Quando fate un'affermazione positiva, vi assicurate che vi mantenga nella giusta mentalità. Dopo tanto tempo che il narcisista vi parla in negativo, è ora di staccarsi una volta per tutte. Questo significa che dovrete capire come formulare al meglio tutto ciò che desiderate in positivo. Per esempio, se volete non essere così negativi, potete invece scrivere la vostra affermazione per concentrarvi a pensare positivamente.

Quando fate un'affermazione personale, assicuratevi che sia qualcosa su cui avete il controllo. Potete controllare voi stessi, quindi volete assicurarvi che la vostra affermazione sia rivolta a voi stessi. Quando lo è, potete assicurarvi che sia qualcosa che potete regolare abbastanza efficacemente. Per esempio, potete dire a voi stessi che penserete pensieri positivi, ma non potete dire a voi stessi che farete pensare il narcisista in modo positivo. Questo è esattamente il motivo per cui la vostra affermazione deve essere personale, in modo da poterla regolare.

Infine, quando vi assicurate che la vostra affermazione sia al presente, state affermando che è vera proprio in quel momento. Se fosse formulata al tempo futuro, potreste dire che non comincerete a lavorarci fino ad un certo momento nel futuro, il che significa che non è effettivamente vera in quel momento, e allo stesso modo, se fosse orientata al passato, potreste negare che sia effettivamente vera proprio in quel momento. Per questo motivo, deve essere al tempo presente.

Così ora avete tre requisiti: deve essere personale, positiva e al presente. Per capire la vostra affermazione, capite prima cosa volete. Se volete sentirvi più sicuri di voi stessi, per esempio, potreste organizzarvi in modo da ripetere a voi stessi note di positività. Dite a voi stessi che siete abbastanza buoni con un'affermazione come: "Sono felice di chi sono oggi". Notate come è al presente, è positivo, ed è personale. Questo significa che è efficace.

Da lì, l'affermazione può essere usata ogni volta che sentite di aver bisogno di una piccola spinta in più verso la mentalità positiva che state cercando di mantenere. Per mantenere quella positività, potete assicurarvi che venga ripetuta ogni volta che iniziate a dubitare di voi stessi. Ogni volta che vi sembra di essere meno che entusiasti di voi stessi, ricordate a voi stessi che siete felici del voi che siete quel giorno.

Inoltre, le affermazioni sono particolarmente efficaci quando vengono usate regolarmente mentre stai facendo qualcos'altro di abituale. Forse ripetete la vostra affermazione ogni volta che vi allacciate la cintura di sicurezza in macchina o ogni volta che vi fermate a prendere l'acqua durante la giornata. Ripetendo la vostra affermazione per tutto il giorno, vi rendete più propensi a interiorizzarla e a crederci nel tempo. Proprio come il narcisista era in grado di inserire pensieri negativi nella vostra mente con la ripetizione, anche voi potete creare i vostri pensieri positivi con la vostra ripetizione.

# Conclusione

Grazie per aver raggiunto la fine di Recupero dall'abuso emotivo e narcisistico. Questo libro è stato concepito per darvi un ritratto completo di chi sono l'abusatore emotivo e il narcisista come persone, comprendendo esattamente quanto possano essere crudeli e insidiosi, e come recuperare voi stessi.

Durante la lettura di questo libro, vi sono stati forniti diversi promemoria sul fatto che l'abuso non è mai colpa vostra. Quando si subisce un abuso, qualcun altro ha fatto la scelta di farti del male, e questo non si riflette su chi sei tu come persona. Dovete ricordare questo: non potete essere ritenuti responsabili del fatto che qualcun altro abbia abusato di voi. Tuttavia, puoi scegliere come gestire quell'abuso.

In questo libro ti è stato mostrato esattamente come dovresti trattare l'abuso che hai subito se hai passato la tua vita con un narcisista. Sei stato guidato su come identificare se sei stato abusato in passato, come identificare l'abusatore e come iniziare a guarire. Siete stati guidati attraverso i tipi di abuso che sono comuni con i narcisisti e come potete reagire.

In definitiva, visto che avete finito questo libro, si spera che abbiate trovato questo libro benefico e informativo. È stato fatto ogni sforzo per assicurarsi che non solo contenesse molte informazioni sulla comprensione del narcisista e dell'abusatore, ma anche su come combattere l'abuso in un modo che fosse praticabile. Leggendo questo libro, dovreste aver trovato almeno alcune tecniche che vi potrebbero aiutare.

Da qui, la cosa migliore è continuare a lavorare su se stessi. Se siete stati catturati in una relazione narcisistica, prendetevi il tempo per guarire e lavorare su chi siete. Costruisci l'autostima e la fiducia in te stesso poco a poco. Imparate a combattere l'abuso e la manipolazione, in particolare. Potreste decidere che volete spendere del tempo per diventare più intelligenti emotivamente per aiutarvi a costruire quella fiducia ed empatia, e questo sarebbe un fantastico punto di partenza. La terapia cognitiva comportamentale sarebbe un altro posto stellare dove andare da qui.

Ciononostante, mentre concludete questo libro, vi prego di accettare il mio sincero apprezzamento per aver voluto intraprendere questo viaggio. Ricorda che non meritavi di essere abusato, né dovresti mai tollerare l'abuso che hai subito in passato. Meriti di essere trattato con amore e pazienza e di trovare qualcuno che ami la persona che sei. Se riesci a trovare quella persona, scoprirai che la vita migliora moltissimo.

Ricorda i segnali che sono stati dati per il narcisista e l'abuso narcisistico mentre continui il tuo viaggio, e infine, se hai scoperto che il libro fornito ti ha aiutato in qualche modo veramente significativo, sia attraverso la comprensione fornita, negli strumenti dati a te, o nella comprensione del narcisista, non esitare a spostarti su Amazon e lasciare una recensione con la tua opinione onesta. Il feedback dei lettori è sempre molto apprezzato e incoraggiato. Il vostro feedback aiuterà il prossimo libro ad essere ancora migliore!

Grazie e buona fortuna ancora una volta - Puoi farcela!